日本比較法研究所翻訳叢書 58

法と革命 II
ドイツとイギリスの宗教改革が
欧米の法制度に与えた影響

ハロルド・ジョセフ・バーマン 著

宮島直機 訳

LAW and REVOLUTION, II:
The Impact of the Protestant Reformations
on the Western Legal Tradition

By
HAROLD J. BERMAN

中央大学出版部

LAW and REVOLUTION, II:
The Impact of the Protestant Reformations
on the Western Legal Tradition
By
Harold J. Berman

Copyright© 2003 by the President and Fellows of Harvard College
Japanese translation rights arranged with Harvard University Press
through Japan UNI Agency, Inc., Tokyo.

装幀　道吉　剛

はじめに

　「ドイツとイギリスの宗教改革が欧米の法制度に与えた影響」などといったたいそうな副題と詳細な脚注がついているが、とくに法律の専門家向けに書かれた本ではない。法律の専門家のみならず、さまざまな読者が読むことを想定して書かれている。法律は国際問題・政治問題のみならず、経済・犯罪・人種・性差・スポーツなど、さまざまな問題にかかわってくるからである。

　また、ヨーロッパ史とキリスト教の問題が論じられているが、歴史や宗教も専門家だけのものであってはならないと私は考えている。法律の専門家は専門分野に閉じこもりがちで、歴史や宗教の問題を法律の問題と結びつけて考えようとしない。法律の問題を政治の問題と結びつけて考える専門家がいないわけではないが、法律の問題が宗教や歴史の問題と関連していると考える専門家は数少ないのが現状である。

　前著『法と革命Ⅰ』（ハーバード大学出版部、1983年）を読んだ法律や歴史の専門家は、欧米の法制度が12-13世紀の教皇革命によって登場してきたという説明に驚いたものである（「序論」を参照して頂ければ判るが、ふつう「叙任権闘争」とか「グレゴリウス改革」とか呼ばれている出来事を、バーマンは「教皇革命」と呼んでいる。それが教会だけにかかわる出来事ではなく、カトリック教会圏の政治・経済・社会のあり方を根底から変えてしまった革命的な出来事であったと考えるからである）。教皇革命のおかげで教会は、皇帝・国王・領主の支配から自由になり、最初の近代法ともいうべき教会法を作り上げることができた。王国法・封建法・都市法・商人法などの世俗法がカトリック教会圏に登場してきたのは、教会法に刺激されたからであった。こうしてカトリック教会圏には教会法と複数の世俗法が登場してくることになった。

　この本では、ドイツとイギリスの宗教改革が16世紀初め-18世紀初めにカトリック教会圏の法制度を大きく変えたことを説明するつもりだが、この説明に

も多くの読者が驚きの声を上げるに違いない。宗教改革の結果、国家が法制定権を独占することになり、教会がもっていた精神的な権威も国家が肩代わりすることになった。20世紀までは、このことも常識とされていたが、20世紀になるとそれが忘れ去られてしまった。カトリック教会圏で共有されていた法制度の伝統が忘れ去られてしまったからである。

カトリック教会やプロテスタント教会が法制度に与えた影響が問題になるのは、それが欧米の法制度を作り、また変革してきたからである。自分が何者であるかを理解するためにはみずからの過去を振り返るしかないが、法制度を理解するためにも、それがたどってきた歴史を振り返ってみる必要がある。歴史とは「共有された記憶 group memory」である。歴史を忘れるということは、「共有された記憶」を失くしてしまうことを意味する。

過去を知らずして未来を語ることはできない。200年以上も前にバーク Edmund Burk がいったことだが、先祖の経験を無視する者に子孫の行く末は見えてこないのである。またテヤール゠ド゠シャルダン Pierre Teilhard de Chardin によれば、未来を予測するには過去を手掛かりにするしかないのである。

最近、欧米の法制度がキリスト教の教義を前提にしていることが忘れ去られて、キリスト教の教義ぬきで法制度が論じられるようになっている。1952年に連邦最高裁判所のダグラス判事がいったことだが、アメリカ人は「キリスト教を大切に考える国民であって、アメリカの法制度はキリスト教の教義を無視しては理解できない」(Opinion of Justice William O. Douglas in *Zorach v. Clauson*, 343 U.S. 306, 313/1952) のである。いまでも政治家なら、おなじことをいうかもしれないが、そんなことを口にする判事はいなくなってしまった。信仰は個人の内心の問題とされ、法制度について論じるときにキリスト教の教義に言及することがなくなってしまった。おかげで欧米の法制度は、かつてもっていたような権威と効力を失ってしまうことになった。

しかし、21世紀になって欧米は世界のさまざまな文明圏と交流をもつことになり、みずからの法制度が前提にしているキリスト教の教義を意識せざるをえ

なくなっている。かつて欧米は世界の中心にあって、世界に宣教師・商人・軍人を送り出していた。いまや欧米が世界の中心であった時代は終わり、グローバル化の時代を迎えようとしている。交通・通信手段はグローバル化し、科学・技術もグローバル化している。また市場のグローバル化と共に、環境破壊・疫病・貧困・圧制・紛争のグローバル化が起ころうとしている。法制度も国家の枠組みを超えてグローバル化の時代を迎えようとしており、「世界法 a world law」の時代が訪れようとしている。世界法は世界のさまざまな宗教を前提に作られるべきであり、そのためにも欧米の法制度がたどってきた歴史を振り返る必要がある。

　欧米の法制度は、長い歴史のなかで少しずつ変化してきたが、この経験が「世界法」を作る上で役に立ちそうである。かつてカトリック教会圏では、神は「世直し reformation of the world」をする者に天国を約束すると考えられていた。カトリック教会圏の法制度は何度かの革命によって変化してきたが、それはよき世界の到来を信じて暴力の行使も厭わなかった「世直し」運動の結果なのである。革命後に登場してきた新しい法制度が、革命以前の旧い秩序と何とか折り合いをつけてきた結果なのである。欧米の法制度が「世界法」の時代に貢献できることがあるとすれば、それはこの経験の豊富さであろう。継続性を維持しつつ、なおかつ変化する現実に対応してきた経験の豊富さである。

　欧米の法制度がもっている特徴は、「新しい現実に主体的に対応していく能力 self-conscious adaptation to new circumstances」にある。いま欧米には、法制度のあり方をめぐって2つの考え方が存在するが、その1つは「実定法主義 legal positivism」と呼ばれているもので、法制度は支配者が政策を実行するための道具にすぎないとする考え方であり、もう1つは「自然法理論 theory of natural law」と呼ばれているもので、法制度は正義を実現するための手段であるとする考え方である。19世紀には、そのほかに「歴史法学派 historical school」が存在していたが、いまでは少数派である。というのも、この考え方は特定の民族・国民の経験を重視しすぎるからである。たとえば、ドイツで「民族精神 Volksgeist」と呼ばれ、アメリカで「建国の父祖たち

Founding Fathers」の思想と呼ばれていたものが法制度のあり方を決めると考えられてきた。この本では、この3つの考え方が1つに結びついていた時代、つまり法制度が経験を重視し、かつ秩序維持と正義の実現のあいだでバランスを考えて機能するものだとされていた時代を扱うことになる。かつてラテン語の「統合する integrare」が「癒す heal」ことを意味し、「統合 integratio」が「刷新 renewal」を意味していた時代である。

16-17世紀に起きた宗教改革が欧米の法制度に及ぼした影響は、現在の欧米の法制度、ひいては将来の欧米の法制度にもかかわってくる問題である。過去を無条件で賛美するつもりはないし、ルターやカルバンの宗教改革が国王や貴族の階級支配を肯定し、悲惨な宗教戦争を引き起こしたりしたことを否定するつもりはない。プロテスタントが異端者・棄教者・ユダヤ人を迫害し、魔女とされた者を虐待したことを否定しようというのでもない。

宗教改革が法制度のあり方を刷新して正義の実現に貢献してきたこと、また欧米の法制度がキリスト教の教義を前提にしていることを改めて強調しておきたい。16-17世紀に宗教改革を実現した人たちはモーゼの十戒を信じていたが、10ある戒律のうち、最後の6つ（両親を大切に・殺すな・盗むな・貞節であれ・嘘をつくな・他人のものを欲しがるな）は、どの文化圏にも共通のルールであって、このことは人類学者も認めているところである。

私がこの本を書くことにしたのは、欧米の法制度がキリスト教の教義を前提にしていることを指摘してみせるだけでなく、法制度が宗教的な枠組みを前提にしていることを知って頂くことで、欧米以外の文化圏と対話が可能になると考えたからである。そうすることで、世界共通の「世界法」を作り上げることができると考えたからである。

著　者

法と革命 II

目　次

はじめに

序　　論……………………………………………………… 1

I　16世紀のドイツ革命と法制度の改革……………… 31

　第1章　宗教改革（1517-55年）……………………… 33
　　第1節　「帝国 Reich」と「領国 Land」……………… 34
　　第2節　変化の兆し…………………………………… 38
　　第3節　ルターと教皇：宗教改革…………………… 41
　　　(1)　ルターの考え方　41
　　　(2)　ルターの生き方　46
　　第4節　改革運動の拡大……………………………… 49
　　第5節　ルターと諸侯：政治改革…………………… 50
　　第6節　都市が果たした役割………………………… 54
　　第7節　農民戦争：大衆による革命………………… 56
　　第8節　ドイツ革命がヨーロッパに与えた影響…… 60
　　第9節　法制度の改革………………………………… 64
　　第10節　残された課題………………………………… 70

　第2章　ルター派の法思想…………………………… 72
　　第1節　ルターの法思想……………………………… 74
　　第2節　メランヒトンの法思想……………………… 78
　　　(1)　自然法と「神の法」の関係　80

(2)　自然法が実生活で果たす役割　　82

　　(3)　自然法と実定法の関係　　83

　第3節　オルデンドルプの法思想……………………………………89

　　(1)　「神の法」・自然法・実定法　　90

　　(2)　「公正であること equity」の意味　　93

　　(3)　支配者と国家　　97

第3章　新しい法学の登場……………………………………………105

　第1節　「古典古代研究者＝法学者」による問題提起…………107

　第2節　「古典古代研究者＝法学者」による一般的な
　　　　　「法原則」・「法概念」発見の試み………………………110

　第3節　法学の体系化：「ルター派の法学者にとって
　　　　　ローマ法・教会法が意味したこと usus
　　　　　modernus protestantorum」……………………………114

　第4節　メランヒトンの「課題の整理・分析法
　　　　　Topical Method」…………………………………………117

　第5節　ア　ペ　ル……………………………………………………120

　第6節　ラ　グ　ス……………………………………………………125

　第7節　新しい法学のその後…………………………………………131

　第8節　新しい法学の登場が意味したこと…………………………134

第4章　ドイツ革命と刑法……………………………………………138

　第1節　シュワルツェンベルク・バンベルク刑事裁判令・
　　　　　カロリーナ刑法典………………………………………144

　第2節　シュワルツェンベルクの刑法改革とドイツ革命………155

　　(1)　宗教革命との結びつき　　157

(2)　科学革命との結びつき　160

　　　(3)　政治革命との結びつき　164

第5章　ドイツ革命と民法・経済法……………………………… 166
　第1節　債権法（債務法）…………………………………………… 166
　　　(1)　法学者が研究した「ヨーロッパ共通の法 jus commune」：
　　　　　ローマ法・教会法　166
　　　(2)　制定法・慣習法　168
　第2節　物権法（所有権法）………………………………………… 176
　　　(1)　「法学者の法 jus commune」　176
　　　(2)　制定法・慣習法　180
　第3節　会　社　組　織………………………………………………… 185

第6章　ドイツ革命と社会法…………………………………………… 186
　第1節　教会法に取って代わった世俗法………………………… 189
　　　(1)　典　　礼（式次第）　189
　　　(2)　婚　　姻　194
　　　(3)　教　　育　195
　　　(4)　不道徳な行為の禁止　197
　　　(5)　救　　貧　199
　第2節　世俗法の宗教性について………………………………… 202

Ⅱ　17世紀のイギリス革命と法制度の改革…………………… 209

　第7章　イギリス革命1640-89年…………………………………… 211
　　第1節　17世紀ヨーロッパの全般的危機………………………… 211

第2節　イギリス「革命」について……………………………… 216

第3節　イギリスにおける「宗教改革」…………………………… 219

第4節　チューダー朝の統治機構………………………………… 223

第5節　革命の予兆………………………………………………… 225

第6節　長期議会・内乱・共和政………………………………… 228

第7節　クロムエルとその遺産…………………………………… 233

第8節　王 政 復 古………………………………………………… 236

第9節　名 誉 革 命………………………………………………… 238

　(1)　政治問題の解決　　239

　(2)　宗教問題の解決　　242

第8章　新しい法思想の登場 ……………………………………… 245

　第1節　絶対王政の理論：ジェイムズ1世と
　　　　　ボダン………………………………………………………… 249

　第2節　クック卿：国王に忠実な国王の反対派 ……………………… 254

　第3節　セルデンの法思想……………………………………………… 261

　第4節　ヘイル卿の功績………………………………………………… 265

　第5節　ヘイル卿の法思想……………………………………………… 269

　(1)　自然法と、「歴史性」が宿命とされる
　　　　「実定法 positive law」について　　271

　(2)　イギリス法制史の特徴について　　273

　(3)　コモンローとは「先人が築き上げてきた道理
　　　　artificial reason」であるというテーゼ：
　　　　ホッブスに対する反論①　　275

　(4)　支配者の権限：ホッブスに対する反論②　　279

第6節　イギリスにおける歴史法学の登場と
　　　　17世紀の宗教思想……………………………………… 282
第7節　イギリスの法思想と17世紀の科学革命……………… 285

第9章　新しい法学の登場……………………………………… 290

第1節　新しい「判例主義 doctrine of precedent」の登場…… 293
第2節　新しい「訴訟方式 Forms of Action」の登場………… 296
第3節　所有権保護のために利用された「擬制 legal fiction」… 299
第4節　主要な3つの債務を処理するために拡大解釈
　　　　された「訴訟方式」……………………………………… 302
第5節　新しい民事訴訟手続きと刑事訴訟手続きの登場……… 307
　(1)　判事の支配から陪審員が独立　　309
　(2)　刑事裁判における被告の権利が確立　　311
　(3)　証拠をめぐって原告と被告が直接、対決する
　　　　「当事者制 Adversary System」を採用　　313
　(4)　有罪の決め手となる証拠の新しい評価方法
　　　　（刑事裁判）と責任の有無を判断する証拠の
　　　　新しい評価方法（民事裁判）の登場　　316
第6節　新しい法学の登場……………………………………… 319
第7節　経験を重視する新しい法学…………………………… 325
第8節　新しい法学とイギリス革命…………………………… 329

第10章　イギリス革命と刑法………………………………… 334

第1節　さまざまな刑事裁判所が共存していた時期
　　　　（12-17世紀初め）……………………………………… 335
第2節　コモンロー裁判所の優位が確立
　　　　（17世紀末-18世紀）…………………………………… 343

第 3 節　「土地貴族」の勝利が刑法に与えた影響……………… 344

第 4 節　カルバン派の教義と犯罪……………………………… 347

　(1)　「罪を避けた生き方」と信仰だけが救済を可能に
　　　すること　350

　(2)　「意図的に犯された罪」と「人間的な弱さゆえに
　　　犯された罪」　351

　(3)　罪人を減らすのが「地域共同体 community」の義務　352

第 5 節　カルバン派の教義が刑法に与えた影響……………… 355

　(1)　殺人罪に対する影響　355

　(2)　「共同謀議 conspiracy」罪の登場　357

　(3)　新しい刑罰の登場　359

第11章　イギリス革命と民法・経済法……………… 362

第 1 節　土　地　法……………………………………………… 362

　(1)　封建的な土地保有制度の廃止　363

　(2)　共有地「囲い込み enclosure」の合法化　363

　(3)　「厳格な長子相続制 strict settlement」の登場　365

　(4)　「信託」制度と抵当制度　368

第 2 節　契　約　法……………………………………………… 370

第 3 節　会　社　法……………………………………………… 376

第 4 節　経　済　法……………………………………………… 378

　(1)　国王による独占権付与の廃止　378

　(2)　新しい融資制度の登場　379

　(3)　特許制度・著作権制度　381

　(4)　保　険　制　度　382

第12章　イギリス革命と社会法……………………………… 385
　　第1節　典　　　礼……………………………………… 387
　　第2節　婚　　　姻……………………………………… 388
　　第3節　不道徳な行為の禁止…………………………… 389
　　第4節　初等教育：「貧民向けの初等学校 charity school」…… 394
　　第5節　救　貧　活　動………………………………… 399

結　　　論……………………………………………………… 411
　　⑴　時代区分の問題……………………………………… 415
　　⑵　社会理論の問題……………………………………… 417
　⑶　「法思想」の問題……………………………………… 419

謝　　　辞　421

略　語・注　423

訳者あとがき　587

索　　　引　607

序　論

　ルターの宗教改革に端を発した16世紀のドイツ革命と、カルバン派による宗教改革に端を発した17世紀のイギリス革命がカトリック教会圏の法制度のあり方を大きく変えたこと、またこの２つの革命は法制度のあり方のみならず、国家・統治・経済・階級のあり方を変え、さらに歴史に対する考え方から「事実に対する考え方 concepts of truth」まで変えてしまったことについて論じるつもりである。この２つの革命によって、ドイツとイギリスの政治制度や社会制度は根底から変わり、またその影響はヨーロッパ全土に及ぶことになった。

　ドイツ革命は、1517年10月31日にルターが「95ケ条の提言 Die 95 Thesen」をウイッテンベルク Wittenberg 城の教会扉に張り出すことで始まった。その結果、カトリック教会の聖職者制度が廃止され、ルターの宗教改革に賛同するドイツ諸侯とそれに反対する皇帝のあいだで戦争が始まった。またイギリス革命は、1640年11月に召集された長期議会がスコットランドに長老派教会を設立しようとしているとして、チャールズ１世が下院議員を逮捕させるために400人の兵士を送り込んだことが切っ掛けで始まった。

　欧米の法制度が登場してくる歴史については、前著『法と革命Ⅰ』で詳しく説明したとおりである[1]。11世紀末-12世紀に起こった教皇革命の結果、12-13世紀に最初の近代法である「新しい法律 jus novum」（教会法）が登場してきた。また、それに刺激される形で複数の世俗法（王国法・封建法・都市法・商人法）も新しく登場してきた。世俗法は教会法をモデルに作られたのである。16-17世紀のドイツ革命とイギリス革命のあと、18世紀のフランス革命・アメリカ革命と20世紀のロシア革命によって欧米の法制度はさらなる変化を遂げ、20-21世紀初めに危機的状況に陥ることになる。

　「序論」では、16-17世紀に起きたドイツとイギリスの法制度の変化を、11世

紀末以降の法制度の歴史のなかに位置づけてみるつもりである。900年に及ぶ欧米の法制度の歴史をたどることで、なぜ現在それが危機的状況に陥ることになったのか説明してみたい。

まず、「ヨーロッパ West」・「法制度 law」・「伝統 tradition」・「革命 Revolution」といった言葉の意味を説明しておく。

「ヨーロッパ」とは、12世紀初め-16世紀初めにカトリック教会圏に属していて、教会制度はもちろんのこと、法制度や政治制度も共通であった地域を意味する。また16-20世紀に何回か革命を経験し（カトリック教会の変革を目指した宗教改革もその1つである）、その影響はカトリック教会圏全域に及ぶことになった。またカトリック教会圏の人間が入植してきたアメリカや、東方正教会圏にありながらカトリック教会圏と密接な関係をもち、カトリック教会圏から大きな影響を受けてきたロシアも「ヨーロッパ」に含めて考える必要がある（訳語として「西欧」を使用せず「ヨーロッパ」で統一したが、アメリカを含める場合は「欧米」とした）。

また「法制度」とは、12世紀にカトリック教会圏に登場してきた広い意味での法制度（つまり法制度のあり方を定めた法律のみならず、法思想・法学・刑法・民事法なども含む）を意味する。カトリック教会圏では16世紀の宗教改革まで、教会の問題以外にも婚姻・家族・性道徳・教育・救貧の問題は、すべて教会が処理することになっていた。宗教改革の結果、それを国家が処理することになったのである。

「伝統」は、ふつう過去から未来へ継承されていくものだが、とくに法制度について「伝統」という場合、それは古いものを大切にしつつ新しいものを付け加えていくことを意味する。ペリカン Jaroslav Pelican の言葉を借りるなら、「伝統主義 traditionalism」が「古いものをただ古いというだけで大切にすること dead faith of the living」と違って、「伝統」は「古いもののなかに新しく生かせるものを見つけていくこと living faith of the dead」を意味する[2]。これは、「過去・至上主義 historicism」と「過去・利用主義 historicity」の違いと言い換えてもよい。またシルズ Edward Shils は「伝統」を定義して、「たんなる過

去のことではなく、ちょうど園芸家が開花させる花を選別するように、過去から優れたものを選び出し、それを開花させていくこと」だとしている[3]。欧米の法制度がもつ特徴は、「法制度」を「1つのまとまった体系 a body」と考え、また長い時間を掛けて「変わっていく grow」ものだと考えることにある。しかも変化は「気まぐれに at random」起きるのではなく、現在の問題や将来の問題を解決するために「主体的に過去を解釈しなおす conscious reinterpretation of the past」ことで起きるのである。法制度は「過去・現在・未来と変わっていくもの it has a history」であり、そこには「一貫性 a story」があるはずだと考えられている。また教皇革命で始まったカトリック教会圏の法制度の歴史は、500年のあいだに幾つかの革命を経験しているが、それはカトリック教会圏の主要な民族が経験した民族革命の歴史でもあった。漸進的な変化と急激な変化の繰り返し、これが欧米の法制度に見られる特徴なのである。

　「革命」は政治制度や社会制度の根底からの変化、暴力行為を伴った急激な変化、また変化の結果が永続することを意味するが、さらに制度のみならず、人間の考え方・生き方が根底から変わることも意味する。「革命」という言葉は、1789年にバスチーユの牢獄に民衆が押しかけたときルイ14世が、「これは反乱だ」といったのに対して、リアンクール公爵 Duke Liancourt が「いや陛下、これは革命です」といったとされているところからきている[4]。「革命」という言葉は、1776-83年のアメリカ独立戦争の意味でも使われており、さらに1905年と1917年のロシアの出来事を指すときにも使われているが[5]、おなじ用法に従うなら、1640年のピューリタン革命とそれを終わらせた1689年の名誉革命は「イギリス革命」と呼ばれてよいはずである。また、ルターによる宗教改革とその結果は「ドイツ革命」、また1075-1122年のグレゴリウス改革は、教皇グレゴリウス7世が始めた革命ということで「教皇革命」と呼ばれてよいはずである。この6つの「革命」に共通していることは、まず暴力行為を伴った反乱であったこと・内戦があったこと・「聖書に示されている理想 apocalyptic vision」の実現が目指されていたことである。「革命」は「人間が守るべき原則 fundamental law」に従って「理想」の実現を目指したとされている。「革命」

が目指した「理想」は、新しく登場してきた法制度によって実現されることになるが、「革命」は法制度を新しく変えながら、同時にその「伝統」は保持し続けているのである。

それは過去にこだわるだけでなく、未来への展望も視野に納めるような「伝統」であった。最初の3つの「革命」、つまり教皇革命・ドイツ革命・イギリス革命は新約聖書に従って「新しい天と新しい地（ペテロの手紙 II 3: 13）」の実現を目指しており、またアメリカ革命とフランス革命は新約聖書にこそ言及はしないものの、神から授かった「知性 reason」を使って「人権 God-given inalienable rights and liberties」を守ることを目指していた。ロシア革命も無神論を掲げてはいるものの、階級なき社会の実現を目指すその姿勢に宗教的な情熱が感じられる点では他の「革命」とおなじである。

1．教皇革命と近代的な法制度の登場

すべては聖俗分離から始まった。聖俗分離の結果、教会は皇帝・国王・領主の支配から解放され、教皇を頂点にした聖職者の階層制が確立されたのである。同時に聖職者間の紛争を処理し、また教皇の裁定を実行するために教会裁判所が設置されることになった。教皇革命が1075年に教皇グレゴリウス7世によって始められ、1122年のウオルムス Worms 協約で終結するまでの約50年間、ヨーロッパでは内戦が続くことになるが[6]、その結果、カトリック教会が最初の近代国家として登場してくることになった。そのとき登場してきた法制度が、のちにグラチアヌス Gratianus によって体系化され（『お互いに矛盾する教皇令を矛盾しないように解釈する1つの試み A Concordance of Discordant Canons』1140年刊）、最初の近代的な法制度である教会法が登場してくることになるのである。また教会法の登場に刺激されて13世紀、ヨーロッパに世俗法（王国法・封建法・荘園法・都市法・商人法）が登場してくることになった。

王国法は王国内の領地をめぐる争いや凶暴な犯罪に裁定を下し、封建法は領主と家臣の紛争、荘園法は領主と農民の紛争に裁定を下していた。また都市法は12-13世紀、ヨーロッパに数多く登場してきた都市の紛争に裁定を下し、商

人法は市場の紛争に裁定を下していた。さらに教会法は俗人間の紛争も扱っていたので、世俗法と管轄が重なることもあった。たとえば、契約をめぐる争いは教会法の方が世俗法より良く整備されていたので、俗人も教会法による裁定を好む傾向があった。このように教会法と世俗法はお互いに競合関係にあり、また世俗法のあいだにも競合関係があって、裁定を希望する者は複数ある法制度から希望するものを選択できたのである。

　複数の法制度が共存・競合していた結果、法制度に高い権威が認められることになった。教会でも王国でも、法制度が最終的な決定権をもつことになったのである。それには、12世紀に法律の専門家が登場してきたことも貢献している。教皇革命が最高潮に達した11世紀、ユスチニアヌス帝が6世紀に収集させたローマ法が発見され、さまざまな事案から一般的な原則を見つけ出す努力がスコラ学と呼ばれる新しい学問体系によって試みられることになった。

　また法制度は変化していくものだと考えられたことから、変化する現実に対応することが可能になった。法制度は、何世紀もかけて完成するゴシック様式の聖堂と似ている。つまり、法制度の内部に変化のメカニズムが組み込まれているのである。現在の問題や将来の問題に対応するために、過去の原則や規則を解釈しなおすのである。

　さらに12世紀以降のヨーロッパの法制度には、支配者の気まぐれに左右されないという特徴があった。国王や教皇は立法権をもつが、立法権は恣意的に行使されてはならず、また国王や教皇もみずから制定した法律に従わねばならないと考えられていた。13世紀初めにブラクトン Henry de Bracton がいったとされる有名な言葉がある。「国王は神と法に従わねばならない。なぜなら法が国王を作ったからである」[7]。また、『ザクセン人の鏡 Sachsenspiegel』を書いたとされるレプガウ Eike von Repgau も、こういっている。「神が法であり、法は神にとって大切なもの」[8]。

2．ルターによる宗教改革とドイツ革命

　教皇革命は聖界と俗界・教皇と国王・聖職者と俗人の対立と和解が生み出し

たものであり、また国王・封建領主・都市同士の対立と和解が生み出したものであった。それが可能であったのは、教会が「両剣 two swords」と呼ばれた2つの権限、つまり「地上の国にかかわる問題を処理する権限 secular sword」と「天上の国にかかわる問題を処理する権限 spiritual sword」を真面目に考えていたからであった。ところが時間の経過と共に、教皇革命で確立された教会の権限が腐敗していくことになった。

　14世紀末-15世紀に起こった改革運動は、腐敗が進行した結果であった。ところが教会は改革を求める声を無視し、15世紀末には腐敗の極致に至ることになる。16世紀初めのルターによる宗教改革以前、すでに不満が爆発寸前の状態にあったことは多くの識者が認めているところである。ギルモア Myron Gilmore の言葉を借りれば、「グレゴリウス7世による教皇革命の成果が失われてしまった」のである。「教会が世俗の君主に託した権限は正義を実現するため」という教皇の言葉を「誰も本気にしなくなった」のである[9]。

　1517年、ルターは教会裁判が無効だと宣言した。教会とは目に見えない信者の集まりを意味するにすぎず、神の前では聖職者ですら「1人の信者 a private person」にすぎないのであって、信者は神の言葉を記した聖書に対してだけ責任を負えばよいとしたのである。教会に立法権はなく、立法権は君主やその役人など「お上 Obrigkeit」のものだとされた。

　教皇革命で主張された「両剣論 two swords theory」に代えて、ルターは「両国論」two kingdoms theory」を主張した。「天上の国 heavenly kingdom」にある「目に見えない教会 invisible church」では聖書に書かれていることがすべてであり、「目に見える教会 visible church」が存在する「地上の国 earthly kingdom」では君主やその役人が作る法律がすべてなのである。

　ルターは信者が救われるためには神の「慈悲 grace」にすがるしかなく、「教会の法制度によって by works of law」救われることはないとしたので、ルターには独自の法思想も法制度改革のアイデアもなかったといわれるが、これは間違っている。ルターは、十戒に基づいて作られる法律が「地上の国」に必要だと考えていた。法律は犯罪者に罪を自覚させ、刑罰で脅すことによって反社

会的な行為を防ぎ、さらに正義や「公共の福祉 common weal」という言葉がもつ意味を信者に教えるからである。

　ルター派の諸侯たちは、それまで教会の権限とされていたことを「法令 Ordnungen」として公布していった。それが教会のあり方を定めた教会令、婚姻や家族のあり方を定めた婚姻令、不道徳な行為の禁止を定めた規律令、公教育のあり方を定めた学校令、貧窮者・病人・寡婦・孤児・ホームレス・失業者の救済方法について定めた救貧令なのである[10]。「法令」を作ったのは、法学者でもあったルター派の神学者たちであった。ルター自身もこれにかかわったが、この分野で活躍した法学者として有名なのはメランヒトン Philip Melanchthon である。

　メランヒトンに代表されるルター派の法学者たちは、まず法律が体系的に1つにまとまっていると考えた。それをさらに公法・私法に分け、ついで私法は物権法・債権法（債務法）、さらに債権法は契約法・不法行為法・不当利得法という風に整理していくべきだとした。このメランヒトンが提唱した「課題の整理・分析法 topical method」は、スコラ学者の分類法とは異なっていた。スコラ学者は法学を学問の1分野と規定し、さらに法学をこまかく分類していくのであって、メランヒトンのように法学を独立した学問体系だとは考えていなかった。メランヒトンの「整理・分析法」は、のちにヨーロッパの研究者が「共通の法 jus commune」を論じる際にも採用されることになる。なお、ここでいう「共通の法」とは、かつてヨーロッパで通用していたローマ法・教会法のことであり、さらに複数の王国法・封建法・商人法・都市法に共通する法原則・法概念を意味する。

　法学は大学で学ぶ専門分野とされ、大学で法学を学んだ者が役人や判事として「国民 laymen」を支配することになった。また難しい事案については、裁判所は大学教授に「事案を送ること Aktenversendung」で解決する制度が導入され、それがドイツでは1878年まで存続していた。

　法源は聖書にあった。教会法は7つの秘蹟（洗礼・堅信・聖餐・懺悔・終油・叙階・結婚）を根拠に作られていたが、メランヒトンの分類法に登場してくる

法律は十戒を根拠にしていた。オルデンドルプ Johann Oldendorp はメランヒトンにならい、刑法の根拠として第6戒律「汝、殺すなかれ」、財産法の根拠としては第8戒律「汝、盗むなかれ」を挙げている。また家族法の根拠としては第7戒律「汝、姦淫するなかれ」、契約法と不法行為法の根拠としては第9戒律「汝、偽証するなかれ」と第10戒律「汝、隣人の物を欲するなかれ」を挙げている（このオルデンドルプの論文は、合衆国連邦最高裁判所・判事を務めたことがあるストーリー Joseph Story の文庫に所蔵されている）。このようにメランヒトンの「整理・分析法」は単に法律をすべての学問分野に共通する方法に従って整理しただけでなく、それを十戒に関連づけたのである。従来のように、ただ複数の法律を並べる方法と違って、下位に位置づけられた法律は上位の法律の趣旨に従って解釈され、最終的には聖書に従って解釈されることになった。これは新しい聖書解釈学の方法、つまり従来べつのものとされてきた旧約聖書と新約聖書を一体のものとして体系的に扱う方法を応用したやり方であった。こうして体系的なドイツ刑法が登場してくることになる。

　ルター派の法律家は法律を支配者の意志とする「実定法主義」の立場を堅持していたが、その法律を適用する判事は、みずからの良心に植えつけられた神の教えに従うべきだとする「自然法理論」の考え方も採用していた。

　ルターの宗教改革に始まるドイツ革命は、ヨーロッパ全土に影響を及ぼすことになった。イギリスのようなプロテスタント教国では、君主が国教会の首長になり、すべてのイギリス人は国教会への帰属が義務づけられるが、フランス・スペイン・オーストリアのようなカトリック教国でも国王の権限が強化され、各国に独自の法制度が登場してくることになった。

3．カルバン派によるイギリス革命

　ドイツ革命の後、宗派間の対立はプロテスタント教国でもカトリック教国でも先鋭化していった。とくにプロテスタント教国の宗派対立は深刻で、ルター派と対立した宗派の1つにフランスの神学者カルバン Jean Calvin を支持するカルバン派があった。ルター派から見ればカルバン派は過激な左派で、右派の

カトリック教会と共に危険な存在であった。こうした宗派間の対立が原因で始まったのが三十年戦争（1618-48）である。三十年戦争は政治的な対立の結果でもあった。立法権・司法権・行政権すべてを独占する「絶対 absolute」君主が、その権限ゆえにみずから制定した法律に「縛られない absoloved」と主張したからである。教皇の至上権を拒否してイギリス国教会を成立させたヘンリ8世や、同時代のフランス国王フランソワ1世がその代表的な例である。ボダン Jean Bodin が16世紀後半に書いた『主権論』は、このような絶対王政を擁護するものとして国王たちに歓迎された[11]。

　17世紀になると、イギリスの絶対王政がカルバン派や「土地貴族 landed gentry」から批判されるようになった。カルバン派は王政に代えて貴族政を導入すべきだと考えていたし、「土地貴族」は国王の圧政に苦しめられていたからである。17世紀中頃になると小規模な反乱がヨーロッパ各地で勃発するようになるが、その代表的なものが1640年に始まるイギリス革命であった。イギリス革命は1642-49年の内乱を経て1649-60年に一旦、共和制に移行し、1660-88年の王政復古の後、1688-89年の名誉革命で終息することになる。

　1640-89年のイギリス革命で議会の優位が確立したが、それは民主主義の確立を意味しなかった。投票権をもっていたのは成人男性の2-3%にすぎず、それは貴族政の確立を意味していた。120人の「爵位貴族 titled nobility」に代わって、8000-10000人の「土地貴族」と数百人の有力商人が支配権を確立したのである[12]。議会でも、「土地貴族」や富裕な商人を代表する「下院 House of Commons」が「爵位貴族」を代表する「上院 House of Lords」より優位とされるようになった。

　名誉革命後もイギリスはプロテスタント教国に留まったが、教会は議会の監督下に置かれることになり、原則としてすべてのイギリス人は「イギリス国教会 Anglican Church」に属することになった。ただし1689年の「寛容法 Act of Toleration」によって、1640年の革命を開始したカルバン派だけはイギリス国教会に所属しなくてもよいとされた。イギリス国教会は、1640-60年のピューリタン革命を起こしたカルバン派の教義を多く受け入れていたからである。

この革命によって、イギリスの法制度は大きく変化することになった。もはや判事が国王の意志に縛られることはなくなり、その地位は終身・保証されることになった。チューダー朝時代に設置された「国王裁判所 prerogative courts」が廃止されたが、なかでも不評だったのが「星室裁判所 High Court of Star Chamber」と「高等宗務官裁判所 Court of High Commission」であった。またコモンロー裁判所が、「大法官裁判所 Court of Chancery」や「海事裁判所 Court of Admiralty」（大法官が判事を任命する）より優位だとされるようになった。陪審員制度も改善され、陪審員の判断が判事の意見に左右されることはなくなり、証人の証言と証拠の提出が義務づけられるようになった。財産法・契約法・不法行為法の訴訟手続きは古いまま残されたが、法律の内容が新しく改められた。コモンローの大原則である判例主義では、先例として残されるべき「判決理由 holding」と、そうでない「付随意見 dicta」が区別されるようになった。ドイツでは役人が一元的に支配する国家が登場してきたために法制度も一元化されたが、イギリスでは過去との連続性が重視され、ホイッグ党とトーリ党（ともに貴族を代表する）が交代で政権を担当する議会で制定される法律と、貴族出身の判事と弁護士が作り上げて行く判例が法制度として登場してきた。ドイツでは判例が「法概念 legal concepts」として整理しなおされたが、イギリスでは原告と被告の対決からえられる判例から「法原則 legal principles」が導き出され、それが法制度を作っていくことになった。

　17-18世紀初めのイギリスの法制度は、カルバン派が生み出したものである。「ピューリタン Puritans」と呼ばれたイギリスのカルバン派はさまざまな宗派に分かれていたが、歴史が神の計画の現われと考える点では共通していた。彼らは、自分たちが神の計画を実現する選民であると信じていた。神は「世直し reformation of the world」を彼らに命じており、その道具の１つが法制度であった。またカルバン派は、信者共同体を重視する「共同体重視者 communitarian」だったことが挙げられる。彼らは自分たちが人の模範たるべき「この世の光……山の上にある町」（マタイによる福音書5: 14）だと考えていたことから、勤勉・禁欲・倹約・規律・自己研鑽などの美徳が登場してくることになる

が、さらに人類全体・地域共同体・所属組織などへの忠誠心を重視する「公共心 public spirit」も養われることになった。

「神の選民 God's elect nation」という意識がさらなる改革を促すことになったわけだが（ピューリタン詩人で哲学者のミルトン John Milton は、1650年代に「改革のさらなる改革 reformation of the reformation」を唱えている）、それはチューダー朝以前の時代に帰ることを意味した。マグナカルタの時代、かつて存在していたとされたコモンローの時代に復帰するために革命が行なわれたのである。こうしてイギリスのカルバン派は、カトリック教会の「自然法理論」やルター派の「実定法主義」に加えて、さらに伝統を重視する「歴史法学」的な考え方を提唱することになった。

4．フランス革命と「理神論 Deism」に基づく合理主義

16世紀のドイツ革命はルター派の考え方を反映し、17世紀のイギリス革命はカルバン派の考え方を反映していたように、1789-1830年のフランス革命は「理神論」の考え方を反映していた。

「理神論」とは、18世紀にヨーロッパで普及していた考え方で、キリストが神であることは信じなくても、「この世界 this universe」が神によって創られ、また「この世界」を善くするために、人間は神から「知性 reason」を授けられていると信じていた。ボルテール・ディドロー・ルソーら、18世紀に「思想家 philosophes」とか「指導者 lumières」と呼ばれた人たちは、すべて「理神論者 Deist」であった。すべての人間は生まれながらにして自由・平等で、神から与えられた「知性」を使って知識を獲得すれば、幸福になれると彼らは信じていた。19世紀初期になると、ドイツをはじめ各国で彼らの考え方は「啓蒙主義 Enlightenment」と呼ばれるようになるが[13]、その起源はキリスト教にあった。理神論者の「知性」信仰と科学の発展で、人間は生まれながら原罪を負っているとか、人間の歴史は神の計画の実現であるとかいったカトリック教会やプロテスタント教会の教義は疑いの目で見られるようになったが、それでも「理神論者」はカトリック教徒やプロテスタントとおなじように、神が人間を

創り、「知性」を授け、戒律を課し、また「世直し」の手段として法制度を与えてくれたと考えていたのである。

　この「知性」信仰がフランス革命の勃発と共に、フランスの法制度を大きく変えることになった。ドイツ革命では君主と「君主の権限 royal prerogatives」が強調され、イギリス革命では貴族政と「貴族の特権 aristocratic privileges」が強調されたが、フランス革命では民主政と「国民の権利 civil rights and liberties」が強調された。1789年に公布された人権宣言の言葉を借りるなら、「人が生まれながら有する不可侵の権利 natural and imprescriptible rights of man」ということになる。まず貴族の特権が廃止され、つぎに国王の専制支配が廃止されて民主政が確立し、中産階級の意見を反映した議会が立法権を握ることになった。行政権は政府がもち、司法権は裁判所がもつことになり、立法権は議会に委ねられることになった。

　またフランス革命は、法学のあり方も大きく変えることになった。ドイツ革命では法学者によって「法原則」の体系的な整理が行なわれ、イギリス革命では判事によって判例主義が確立されたが、フランス革命では議会による立法が重視されることになった。法学者による「法原則」の体系的な分類や判事による判例主義の確立よりも、議会がまとまった形で法典を作ることが重視されるようになったのである。16-17世紀初めに影響力をもった「自然法理論」や、17-18世紀初めに影響力をもった「歴史法学」は重視されなくなり、19世紀には「実定法主義」が影響力をもつようになったのである。それが20世紀に欧米で大きな影響力をもつことになる。

　フランスの新しい法学が生み出したのが、1804年に成立した有名な「フランス民法典 Code civil」である。ナポレオンみずから起草にかかわり、フランス革命の成果を形にしたのがこの「民法典」であった。この新しい「民法典」によって、私有財産と私人どうしの契約が特別に保護されることになった。不法行為については過失主義が採用され、故意か過失がないかぎり責任は問われないことになった。また婚姻は他の民事契約と同様、合意によって成立することになり、「離婚原因 cause」が存在するか「性格の不一致 incompatibility」が

証明されたときは、婚姻契約の解消が可能になった。夫が妻・子供に対してもっていた懲罰権も制約を受け、妻の財産権や人権が強化されることになった[14]。

　刑法も大きく変わることになった。刑法の遡及的な適用は禁止され、「推定無罪の原則 presumption of innocence」が導入された。また身分の違いにかかわりなく、平等に刑罰が適用されることになった。罪刑法定主義も、このとき導入されている。ナポレオンが1810年に制定した「フランス刑法典 Code pénal」は刑罰を報復と考えるのではなく、刑罰によって犯罪を防ぐことを重視していたが、それは18世紀末の功利主義的な考え方を反映したものである。「知性」が教えるところによれば、犯罪者を厳しく罰すれば他の者も犯罪を思い止まり、本人もふたたび罪を犯すことはなくなると考えられたのである。これは犯罪を道義的に許されないこととし、刑罰によって思い止まらせるべきだと考えたルター派の法学者とも、また犯罪は伝統的な「共同体規制 community standards」に反することで、共同体規制の存在を思い知らせるために刑罰を科すると考えたカルバン派の法学者とも違っていた。

　フランスの新しい法学に見られる合理主義・個人主義・功利主義の考え方は古いカトリック教会の考え方と違っていたが、それでも人間は「創造神 a Creator God」から「知性」を授けられていると考えており、表現の自由や平等なチャンスさえ与えられれば人間は「知性」によって幸福になれると信じられていたのである。

5．イギリス革命・フランス革命の影響を受けたアメリカ革命

　アメリカ革命は、イギリス本国の人間とおなじ権利を獲得するための革命であった。そのことは、1774年の第1回大陸会議で採択された権利宣言が、「自由なイギリス国民がもっている権利」を要求していることからも判る[15]。この入植者の要求は認められず、そこで独立戦争が始まったわけだが、当時のイギリスの法律によれば、アメリカの入植者にコモンローが適用されるのは「枢密院 Privy Council」が特別に認めた場合だけであった。植民地では、マグナカ

ルタ・権利請願・人身保護令・権利章典などが自動的に適用されることはなかったのである。陪審制の裁判を受ける権利も認められていなかった。植民地総督は国王が任命していたし、植民地の判事も国王が任命していた。1640-89年にイギリス革命で廃止されたはずの「国王の権限 royal prerogatives」が、植民地では生き続けていたのである。とくに問題になったのが、イギリス議会に植民地の代表がいなかったことであった。アメリカ革命は、イギリス革命でイギリス人が獲得した権利をアメリカ人が獲得するための革命であった。これがアメリカ革命に対するイギリス革命の影響である。

他方でアメリカ革命は、イギリスにはない新しい法制度の導入を目指した革命でもあった[16]。革命後にジェファソン Thomas Jefferson が、こんなことを書いている。「アメリカ人はイギリスからコモンローで保障された権利をもってきたと言われているが、それは間違っている。イギリスと戦っているときは、そう考えられていたかもしれないが、アメリカ人の真意は違っていた。アメリカ人が植民地にもってきたのは……人間としての権利である」[17]。

ジェファソンによれば、すべての人間は生まれながら平等であって、それを認めようとしない政府は廃止されてよいのである。1776年6月12日に公布されたバージニア権利章典にも、また同年7月4日に公布された独立宣言の「すべての人間は平等に作られ」という文言にも謳われていることだが、これは伝統的・貴族的・共同体主義的なイギリス革命とは異質な考え方で、むしろ合理主義的・民主的・個人主義的なフランス革命と共通する考え方であった。

考え方の出発点は違っていても、バーク Edmund Burk もペイン Thomas Paine もアメリカ革命に同情的であった。バークは『フランス革命の考察』(1790)でイギリス革命を擁護して、伝統と共同体を大切にするイギリス人を称えている。国家は相互契約によって形成されるが、それは売買契約のような一時的なものではなく、過去・現在・未来の世代を縛る長期的なものであるとバークは考えていた[18]。自由を保障してくれるのは気紛れな世論などではなく、指導者たる議員や判事であった。それに対してペインは『人間の権利』(1791)でフランス革命を擁護し、「知性」の大切さを訴え、国家は個人が「知性」に従っ

て自由意志で結成した団体であるとしている。ペインの場合、自由を保障するのは世論であった。そこでバークはアメリカの「独立戦争 War of Independence」を支持し、ペインはアメリカの「革命戦争 Revolutionary War」を支持したのである。

もっとも、アメリカ革命の指導者たちがかならずしもバーク派であったわけでもないし、ペイン派であったわけでもない。当時の指導者たち（アダムズ John Adams・ウイルソン James Wilson・マジソン James Madison）は、むしろ両方の考え方を支持していた。のちに憲法作成で活躍することになるこの3人は熱心なプロテスタントであったが、フランクリン Benjamin Franklin・ペイン・ジェファソンのような理神論者たちと違って、教条主義者ではなかった[19]。たしかに熱烈な民主主義者で個人の人権を擁護していたが、多数派の決定がつねに正しいとは考えていなかった。イギリスのコモンローが重視する伝統の大切さも認めていたのである。一方でフランス革命の考え方を支持しながら、他方でバークのような保守主義者の考え方、あるいはミルトン John Milton・ヘイル卿 Sir Matthew Hale のイギリス革命の考え方も支持していたのである[20]。

このイギリス革命の貴族主義・保守主義とフランス革命の民主主義・自由主義をうまく取り入れてできあがったのが、アメリカの憲法・民法・刑法であった。連邦憲法についていえば、連邦議会の上院議員は任期が長く（6年。州の代表ということで、もともと州議会が選出していたが、いまは州民の直接選挙で選ばれる）、イギリスの下院議員のように国を代表している。それに対して下院議員はフランスの国民議会と同様、それぞれの選挙区を代表している。また、9人いる連邦最高裁判所の判事はイギリスの「貴族院議員 Law Lords」と似て終身制で、最終審を担当する。さらに大統領も選挙で選ばれるとはいえ（上院議員と同様、当初は州議会が選んでいたが、いまは州民が選挙人を選ぶ間接選挙制になっている）、外交政策については国王とおなじ強い権限をもっている。

このように、イギリスの伝統をアメリカに導入したウイルソンやマジソンらがフランス革命の考え方を憲法に導入したのである。1) 成文憲法を導入したこと、2) 三権分立としたこと、3) 政府は有権者に直接・責任を負うこと、4)

信教・言論・報道・集会の自由を導入したことなどがそれであった。このように、アメリカの憲法は18世紀の政治思想、つまりすべての人間は誰もが生きる権利・自由である権利・財産をもつ権利を与えられており、政府はその権利の行使を妨害してはならないとする考え方を体現していた。

　民法についても同様である。いくつかの州では、植民地時代のコモンローのように判例だけで対応すべきか、「フランス民法典」のように成文化するか争われたことがあった。民法が成文化された州もいくつかあり、また刑法についてもコモンローの伝統は早くから放棄されていて、連邦最高裁判所は刑法典を連邦議会で制定するように要請していた。

　このようにアメリカの法制度は対立する2つの考え方、つまりイギリス革命のピューリタン主義・伝統主義・共同体主義とフランス革命の理神論・合理主義・個人主義をうまく融合したものになっている。また政治制度ということでも、貴族の「公共心 public spirit」に依存したイギリスの貴族政とフランスの「世論 public opinion」に基づく民主政をうまく統合したものになっている。また、アメリカ独自の制度も生み出している。その1つが、アメリカに特有の連邦制度である[21]。また、連邦制度と関連した「大陸主義 continentalism」もアメリカ独自のものである。領土を大陸規模に広げるべきだとする考え方・人間や物資を大陸規模で移動させるべきだとする考え方・そのために移民を無制限に受け入れるべきだとする考え方がそれである。また議会が制定する法律を裁判所が合憲か否か判定する憲法裁判制度も、アメリカに特有のものである。このアメリカの法制度がもつ3つの特徴が特徴として明確になってくるのは、第二次世界大戦後のことであった。

6．ロシア革命と無神論者の国家社会主義

　第一次世界大戦が勃発した1914年の時点から過去を振り返ってみると、欧米の法制度がたどってきた800年の歴史は、既存の法制度の廃止を目指した暴力革命によって何回か断絶していながら、暴力革命を超えて継続性を維持しつつ新しく作り直されてきたことが判る。

維持されてきたのは、複数の法制度の並存・対立する意見に折り合いをつける努力、具体的な事案から一般原則を引き出してくる努力、法制度は変わりうるものだという確信、紛争は法制度が処理できるし処理すべきだとする考え方などである。

ヨーロッパの法制度は、キリスト教の教義を基盤にしてきた。まずカトリック教会の教義が登場し、ついでルター派・カルバン派の教義、さらに「神の法 divine law」に代えて「神より与えられた知性 God-given reason」と世論への信頼を標榜する「理神論」が登場してきた。また「理神論」の登場にもかかわらず、1914年の時点でも実定法の根拠は「神の法」（その代表的なものは十戒である）に求められており、また「知性」を使って知ることができる自然法（良心という形で心に植えつけられている）の存在や「法の適正な適用 due process of law」と「平等に法の保護を受ける権利 equal protection of laws」（その代表的なものがマグナカルタである）の存在が信じられていた。

法制度は変えうるもので、既存の法制度を変えるためには暴力革命も止むをえないとされたのは、ヨーロッパのどの国民の場合もおなじであった。そのときに根拠とされたのが、つぎのようなイエスの言葉であった。「禍いだ、お前たち律法学者とファリサイ人よ、偽善者どもよ。お前たちは薄荷と、いのんどと、茴香の十分の一税を払っていながら……律法の最も重要なものをなおざりにしている。すなわち正義と憐れみと信頼である」（マタイによる福音書23：23）。

ヨーロッパでは、1914年になっても複数の法制度と複数の法学が並存していた。聖俗分離についても、カトリック教会の考え方と共にルター派・カルバン派・「理神論者」の考え方が並存していた。立憲君主政の国もあれば貴族政・民主政の国もあったし、ドイツ皇帝の「権限 prerogatives」・イギリス議会を支配する貴族の「特権 privileges」・フランスの国民議会やアメリカの下院を選出する「国民の権利 rights of the citizens」が並存していた。さらに、それぞれの国のなかでもアリストテレスのいう専制的な要素・貴族的な要素・民主的な要素が並存していた。

法学の並存ということでは、教皇革命で始まった近代（これを中世盛期とする従来の時代区分法は間違っている）のスコラ学者が1914年になっても存続しており、それがドイツの「概念重視の考え方 conceptualism」・イギリスの「経験重視の考え方 empiricism」・フランスの「学説重視の考え方 doctrinalism」と並存していた。また、どの国においても判例主義と実定法主義が並存しており、法制度は国別になっていても、その根底には「共通の法 jus commune」が存在していた。

　これが1914年、つまり19世紀を締めくくる第一次世界大戦が始まったときの状況であった。

　1000年も続くヨーロッパの歴史は、ここで論じるには長すぎるかもしれない。しかし、人類の歴史に比べれば、1000年の歴史など一瞬にすぎない。いま人類は、初めてグローバル化の時代を迎えようとしており、世界経済の一体化・「単一の世界社会 a world society」（いくつもの国のたんなる集合体にすぎない「国際社会 international community」とは区別される）・「単一の世界法 a body of world law」の登場が実現しようとしている。そこで1000年といわず、さしあたり1914年に始まり2000年代初めに終わる20世紀について考えて見ることにしたい。まず20世紀は、ヨーロッパ各国間の「内戦 civil war」（本来、ヨーロッパは１つの国のようなものだと考えるバーマンにすれば、ヨーロッパ各国間の戦争は「内戦」ということになる。注26を参照）で始まり、さらに２つの世界大戦を引き起こした戦争の世紀であった。また20世紀は、大量虐殺の世紀でもあった。また同時に、戦争や大量虐殺を招いた対立と衝突が相互依存を促進した世紀でもあった。違った文化圏の間で通信手段と交通手段のグローバル化・経済のグローバル化・環境問題のグローバル化が始まった世紀でもあった。この20世紀の始まりを告げた出来事が、ロシア革命だったのである。

　ロシアをヨーロッパの一部だとしたり、ロシア史をヨーロッパ史の一環としたりとすることには異論があるだろうし、ロシア革命をドイツ革命・イギリス革命・アメリカ革命・フランス革命と同列に扱うことには異論があるだろう。東方正教会に属するロシア教会は、11世紀末-12世紀初めの教皇革命に反対で

あったし、カトリック教会を独立した国家と考えることにも、また教会法を世俗の国家から独立した法制度と考えることにも反対であった。またロシアはルター派・カルバン派・「理神論」による革命も経験してこなかったし、ドイツのような「お上」による支配体制・イギリスのような貴族が支配する議会制度・アメリカとフランスのような民主主義に基づく三権分立も経験してこなかった。1917年の革命までロシアは皇帝が支配する専制国家であって、皇帝が教会でも国家でも最高位の地位を占めていた。ロシアがヨーロッパと密接な関係をもつようになるのは18世紀になってからのことで、そのとき初めて支配層がフランス啓蒙主義の影響を受けるようになった。ロシア初の大学であるモスクワ大学が設立されたのは1756年のことで、ヨーロッパ初のボローニャ大学設立から700年も後のことであった。ロシアにヨーロッパ的な法制度（専門教育を受けた法律家の登場・法制度の体系化・体系的な法学文献の登場）の導入が始まったのはナポレオン戦争の後で、体系的な裁判制度の登場に至っては、1860年代まで待たねばならなかった。

　それでもロシアは18世紀以降しだいにヨーロッパ化が進み、1917年にロシア革命が起きたときは、すでにヨーロッパ的な考え方を受け入れていた。マルクス主義者が提唱していた無神論は、異端とはいえキリスト教的な考え方であったし、階級なき社会や法制度不要の国家も、かつてドイツ革命・イギリス革命・フランス革命の過激派が夢見た理想であった。もちろん、ロシア特有の現象も見られたが、それはドイツ革命・イギリス革命・アメリカ革命・フランス革命の場合も同様である。それよりも重要なのは、ロシア革命が19世紀にヨーロッパで展開されていた社会主義運動の結果であり、またロシア革命はヨーロッパ全土に大きな影響を与えたということである。

　ヨーロッパの法制度とソ連の法制度はまるで異質なもので、ソ連には法が国家や支配者を縛るといった考え方は存在しないとか、土地・生産手段は国有化されており、言論の自由・出版の自由・信仰の自由などは認められておらず、共産党の独裁が政治局と書記長の独裁を許していると考えられてきた。しかし、ソ連の法制度もよく考えてみると（とくにスターリン死後、なかでもゴルバチョフ

時代)、それなりにヨーロッパ的な要素を有しており、逆に大恐慌以降の欧米の法制度には、ソ連的な要素が数多く存在しているのである。

スターリン死後のソ連の民法典・刑法典・裁判制度には欧米との共通点が多く、1950年代末-80年代には「法の支配 rule of law」はなくても「法による支配 rule by law」は存在していた。1991年12月にソ連が崩壊したとき、ソ連には大学で専門教育を受けた法律家が25万人もいたが、それでもソ連の法制度は、つぎの2点で欧米の法制度と違っていた（共産党による独裁体制は考慮に入れない）。1）経済活動と「国民生活 social activities」が政府の強い統制下にあった。2）政府が法制度に教育的な役割を期待していた[22]。ルエリン Karl Llewellyn は、これを「家父長主義的な法制度 parental law」と呼んでいたが、彼によるとアメリカの法制度もいまや「家父長主義的になりつつある」ということになる[23]。

このソ連の法制度がもっていた特徴（国家が法制度を使って経済活動と思想を統制すること）が、20世紀に欧米の法制度にも影響を与えることになった。たしかにロシア革命が目指した理想が革命後、一気に実現することはなかったが、それでも一部は立法化され、スターリンの死後、少しずつ実現していった。働く権利・老後に年金を受け取る権利・無料で医療を受ける権利・無料で高等教育を受ける権利などがそれである。人種・性差による差別は刑法で禁止され、上司による人種差別やセクハラも刑法で禁止されていた。

ソ連の法制度は、無神論と「人間性善説 fundamental goodness of human nature」を前提に作られていた。さしあたりは仕事に応じて給与が払われているが、ゆくゆくは必要に応じて給与が与えられるようになり、国民は階級的な搾取と宗教的な迷信から解放され、喜んで献身的な指導者の指示に従うようになるはずであった[24]。

ソ連が崩壊したのは、この理想を誰も信じなくなったからである。あまりにも法制度に期待を寄せすぎたのである。計画経済のもとで国有企業を何とかうまく機能させようと工夫が凝らされ、個人のやる気を引き出す工夫が凝らされたが、最後まで計画経済がうまく機能することはなかった。家族・近隣社会・

学校・職場などで仲間意識を強化する工夫がなされたが、結局はそれを弱めただけであった。

　1990年代になってロシア革命が目指したことが実現不可能なことが明らかになったが、フランス革命も1870年代にナポレオン3世が登場してきたとき、理想の実現に失敗したことが明らかになっている。またイギリス革命も1800年代初めに理想が実現しなかったことが明らかになっているし、ドイツ革命も100年後に三十年戦争が始まったとき、その理想が実現しなかったことが明らかになっている。たしかにロシア革命は失敗したが、それでも政府が「国民生活 social life」や経済活動に大きな役割を演じるようになり、法制度が家父長主義的になるという世界的な傾向は、強まることはあっても弱まることはないのである。

　20-21世紀になると欧米各国では、経済活動・交通通信手段・教育・医療活動・労働条件など、国民生活のあらゆる分野を政府が統制するようになった。それも正規の立法によらず、「行政措置 administrative regulations」によってそれを行なうのである。おかげでフランスの民法典・イギリスのコモンローによる判例主義・ドイツの法学者による法概念・法原則の体系化などが大きな影響を受けることになった。アメリカも例外ではなく、ヨーロッパほどではないにしても、経済活動や国民生活が政府の統制を受けるようになっている。しかも裁判所までが経済活動や国民生活に干渉するようになり、それが「司法の積極主義 judicial activism」として容認されるようになっている。

　経済活動や国民生活に対する政府の干渉は国民の思想や考え方にまで及ぶようになり、人種・性差・年齢・階級の違いを理由に差別が行なわれないよう、政府が国民教育に精を出すようになった。家族・学校・教会・職場などがもつ教育的な役割を強化するために、立法・行政・司法による統制が強化されている。望ましいとされる生活態度を政府が教えるようになったという点では、ロシアと欧米のあいだに違いはない。ポーランドの詩人ミーオシュ Czesław Miłosz がいうように、「国家が社会を飲み込んでしまった」のである[25]。

7．新しい時代区分

いまや1つの時代が終わろうとしており、新しくグローバル化の時代が始まろうとしている。我々は将来を見通すために、改めて過去を振り返ってみる必要がある。

20世紀が終わろうとするときになって、やっと第二次世界大戦まで支配的であった国べつの歴史観が見直され、ヨーロッパを一体として捉えなおす新しい歴史観が登場してくることになった[26]。時代区分の仕方も、違ったものが要求されるようになってきている。ヨーロッパは大きな転換期を迎えようとしており、それにふさわしい時代区分が必要になってきている。

ほとんどの歴史学者は、あいかわらず古い時代区分を当たり前と考えるか、あるいは狭い専門分野に閉じこもってしまって、時代区分の問題に関心をもたなくなっている。20世紀の偉大な歴史家ローゼンシュトック＝ヒュシー Eugen Rosenstock-Huessy にいわせれば、「科学的」で「客観的」だと称していた19-20世紀の歴史家は、歴史学を歴史と無関係なところに追いやってしまい、歴史を細分化しすぎて全体的な見通しを見失ってしまったのである。歴史家たる者、日々の出来事や出来事の正確な年号に注意を払うだけでなく、もっと大きな歴史の流れを読み取る努力をする必要がある。さもないと「無意味な細部にこだわるか、無意味な一般化しかできない」ことになってしまう[27]。ヒュシーは11-20世紀の西欧の歴史を、6つの革命によって区分すべきだとしている。この本も、ヒュシーの時代区分法に従っている。

いま当然視されている時代区分法（古代・中世・近代に区分するやり方）は16世紀に登場してきたもので、これは時代区分法として間違っている。さらに中世を5-11世紀の初期、12-15世紀の盛期に区分したり、近代を16-17世紀の前期、18-20世紀の後期に区分したりしているが、これでは自分たちの時代区分法が間違っていることを認めるようなものである。そもそも「中世」つまり「中間の時代 medium aevum, Mittelalter」なる言葉が、16世紀にルターによって創られたことを皆さんはご存知だろうか。ルターは、キリスト教が本来の姿を失

った（と彼が考えた）時代をこう呼んだのである。またルターと同時代の「古典古代研究者 humanists」も、古典古代が失われた（と彼らが考えた）時代を指す言葉として、「中世」という言葉を使うようになった[28]。いま「中世」とか「中間の時代」などといってみたところで、はたしてどれほどの意味があるのだろうか。

とくにヨーロッパの法制史で宗教改革以前の時代を「中世」とか「中間の時代」と呼ぶことほど不適切なことはない。教皇革命の支持者たちが、すでに自分たちの時代を「近代 modern」と呼んでいたからである[29]。聖俗分離を実現し、近代的な法制度の登場を可能にした彼らは、自分たちの時代を「近代」と呼んでいた。また「中世」にあった制度ということで、18世紀に使われるようになった「封建制 feudalism」という言葉も適切ではない。領主と家臣の関係のあり方を規制した封建法や封建的な土地制度は、1789年にフランスの国民議会が「封建制の廃止」を宣言する200年も前に、すでに消滅していたのである[30]。フランス革命で目の敵にされた貴族の特権も、消滅していたものが一時的に復活しただけであった。12-14世紀に登場してきた何千ものヨーロッパの都市は封建制とは無縁であったし、教会や商人も封建制とは無縁であった。

19世紀中頃に登場してきた「ルネッサンス（再生）」という言葉も、誤解を招く言葉である。かつて15世紀末-16世紀にイタリアに登場してきたこの文芸運動が「近代」の始まりだとされてきたが、いまでは14世紀の画家ジョット Giotto di Bondone やダンテ Dante Alighièri までもが、「ルネッサンス」の人間だということになっている。そういえば『12世紀ルネッサンス』というタイトルの本まで存在する[31]。

ヨーロッパの「近代」は宗教改革に始まるとか、「近代」とは資本主義の時代を意味するとかいわれている。またスコラ学者が「古典古代研究 humanism」に取って代わられたときに「近代」が始まるとか、「近代」とはナショナリズムの時代のことだといわれるが、これでは「近代」の本当のルーツが判らなくなってしまう。少なくとも法制度については、そうである。

近年になってヨーロッパの「近代」は、11世紀に始まり最近まで続いていた

とする考え方が受け入れられるようになってきているが、それは近年になってグローバル化の時代が始まり、「単一の世界経済 a world economy」と「単一の世界社会 a world society」の時代が始まったからである。とくに経済学者が「ヨーロッパ世界の興隆 Rise of the West」の切っ掛けを11-12世紀の商業革命に求め、それを可能にしたのは新しい法制度の登場であったことを認めるようになってきている[32]。

経済学者がヨーロッパの経済発展に法制度が重要な役割を果たしたことを認めるようになった今、今度は法制史家が法制度の根底にキリスト教の教義が存在することを認めるときである。「世界社会」の登場と「世界法」の必要性が痛感されるようになってきた今、それが要求されるようになっている。はたしてヨーロッパの法制度は他の文化圏に輸出可能なのであろうか。キリスト教圏以外の文化圏でも、ヨーロッパの法制度は機能することができるのであろうか。ヨーロッパの法制度の何を変えれば、新しい「世界法」の登場に寄与することができるのであろうか。

もっとも、この本はこの問題に答えを出すことを目的として書かれたわけではない。この本では、ヨーロッパの法制度の根底にキリスト教の教義が存在することを示してみたいだけである。

8．プロテスタントの教義と「ヨーロッパ世界の興隆」：
　　ウエーバーは間違っている！

20-21世紀になって、16-17世紀の宗教改革は否定的な評価しかされなくなっている。過激なナショナリズム・粗野な個人主義・金儲けのことしか考えない資本主義・「冷徹な計算高さ rational securalism」を生み出したのが宗教改革で、宗教改革は16-17世紀に「ヨーロッパ世界の興隆」を可能にしたが、また同時に20-21世紀の「没落 decline」の原因にもなっているとされ、ヨーロッパの法思想や法制度の登場にルターやカルバンが大きく貢献してきたことが無視されている。

この間違った評価をただすためには、宗教改革がドイツやイギリスの法制度

改革、ひいてはヨーロッパ全体の法制度改革で果たした大きな役割を改めて再確認してみる必要がある。上で挙げたさまざまな問題は、宗教改革によって登場してきた新しい「正義 justice」観や新しい「秩序 order」観とは無縁のもので、むしろ19-20世紀初めにプロテスタント教会(そしてカトリック教会)が腐敗・変質したために発生してきたものなのである。

プロテスタンティズム、なかでもカルバン派がヨーロッパの資本主義登場にとって不可欠な存在であったことは、ウエーバーが強調して止まなかったことであった。20世紀を代表するこの社会学者は、同時に資本制経済が将来、社会福祉を重視する新しい秩序に取って代わられることも予言していた。彼が書いた『プロテスタンティズムの倫理と資本主義の精神』[33]は歴史家・社会学者・神学者・経済学者・政治学者・法学者などに大きな影響を与え、彼の理論に関して無数の本や論文が書かれることになった。批判的な意見もなかったわけではないが、基本的に彼の理論は「ヨーロッパ世界の興隆」をうまく説明しているとされてきた。

ここでウエーバーを取り上げるのは、まず広く受け入れられている彼の理論が間違っていることを示すためであり、またそのことを16-17世紀に宗教改革が生み出した法制度を説明することで示すことができるからである(ちなみに、ウエーバーは法制度のことを全く無視している)。この本の「序論」として、ウエーバー批判ほどふさわしいものはない。

よくウエーバーは、「敵からも味方からも誤解されている」といわれる。誤解の原因は、彼がよく微妙な言い方をするからである。たとえば彼は、はっきりと「プロテスタンティズムが資本主義の原因だ」とはいわない。彼は、「カルバン主義、それもとくにイギリスでピューリタン主義と呼ばれていたものが、のちにヨーロッパに登場してくる産業資本主義の精神を生み出した」というのだが、一方でイギリスのカルバン主義が無限の富を追求する資本家を生み出したといいながら、他方でおなじカルバン主義は富の追求を罪深い拝金主義として非難しているという。そして、この矛盾を説明するために彼は「予定説」を持ち出してくる。誰が救済されるかは神があらかじめ決めているが、その神の

決定を人間は知ることができない。手掛かりなしの状態に置かれた信者は不安になるのだが、神の召命によると考えられていた自分の職業で成功すれば、それが救済の証拠だと彼らは考えた。カルバン派の資本家が富の蓄積に精を出す理由は、この不安が原因だというのである。カトリック教会の場合、救済は「日常生活を離れたところで行なわれる禁欲生活 außerweltliche Askese」によってしかえられず（日常生活を離れて修道院に入り、罪を避けた禁欲生活を送る）、したがって富が蓄積されることはないが（ウエーバーにいわせれば、日常生活から離れたところで救済を求めるという点ではルター派もおなじ）、「日常生活のなかで行なわれる禁欲生活 innerweltliche Askese」が特徴のカルバン派の場合は、富の蓄積が可能になるのである。「一切の自然な享楽を厳しく退けて、ひたむきに貨幣を獲得しようとする努力」[34]の結果、富がえられれば神に祝福されている証拠となり、自分が救済される証拠となるのである。

さらにウエーバーは富の追求を勧めた者として、17世紀中頃にイギリスで活躍したピューリタンの代わりに、18世紀にアメリカで活躍した「理神論者 Deist」のフランクリン Benjamin Franklin を挙げている（フランクリンはカルバン派ではない）。これこそ「資本主義の精神」だということでウエーバーはフランクリンの吝嗇ぶりを紹介しているが[35]、これでは議論が混乱するだけである。またウエーバーは、資本制の典型だと彼が考える「産業資本制 bourgeois industrial capitalism」が登場してくるのは19世紀になってからであって、17世紀に登場してきたのは18世紀に「資本主義の精神」を生み出すことになった「プロテスタントの倫理」にすぎないというのである。もし18世紀のフランス啓蒙主義・フランス革命・イギリス功利主義が19世紀の産業資本主義を生んだというなら、さしずめ彼の本のタイトルは『プロテスタンティズム倫理の衰退と資本主義の精神』とすべきであろう。

ウエーバーが提唱したような「予定説」による資本家精神の説明は問題があるにしても、カルバン主義が資本制の登場に貢献したことは事実である。また、資本家個人の欲望が富の蓄積を可能にしたというウエーバーの説明には問題があるにしても、資本家が利益を最大にする努力をしたのも事実である。

つまり17-18世紀の資本家精神を生み出したのはカルバン派の救済論などではなくて、カルバン派に特有の信者共同体のあり方だったのである。「救済のあり方 soteriology」が原因だったのではなくて、「教会のあり方 ecclesiology」が原因だったのである。カルバン派もルター派も信者どうしの仲間意識を大切にしており、彼らは神との契約を軸に強い絆で結ばれていた。ルター派もカルバン派も個人主義的だとする社会学者の常識と違って、彼らは「共同体主義者 commutarian」であった。ルターによれば、信者は神と向きあうときは「私人 private person」だが、家族・教会・「お上」との関係では「公人 social person」なのである。牧師に統率されたルター派の信者も長老に統率されたカルバン派も、固い結束を誇った自治的な「盟約団体 covenanted fellowship」を形成していた。信者と神との個別契約および信者どうしの団体契約は、ともにルター派にもカルバン派にも見られたが、とくにカルバン派では信者どうしの団体契約が重視されていた。16-17世紀の資本制は、まだ「産業資本制」ではなかったが、それはすでに「共同体的 communitarian」であった（なお、ウェーバーがいうように「禁欲的」であったわけではない）[36]。

　17世紀の資本主義が「共同体的」であった例として、「株式会社 joint stock company」を挙げることができる。複数の信者が共通の目的のために、共同で出資して作った会社である。1692年にイギリス議会は「ロンドン商人会社 Company of Merchants of London」に株式会社の資格を認める法案を制定しているが、それはこの会社がグリーンランドにもっていた権益が外国に奪われたことを「公益 public purpose」に反すると考え、それを取り返すために共同出資を認めたからであった[37]。このように公益のためということで株式会社の設立が認められた例は、他にも多い。こうした会社は出資者に利益を配分するだけでなく、同時に「公益 public cause」に貢献することも目的にしていた。その代表的なものが、対仏戦争の戦費を政府に提供するため、1694年の法案で設立されたイングランド銀行である。国王が任命する「理事 commissioner」が出資金を集め、国王は「出資者・その相続人・譲受人などを集めて株式会社を作る」と規定されている[38]。出資者はイギリスの経済的な国益を念頭に置く

ことが義務づけられていたが、出資者の多くは法案を作った議員自身であった。また26人いた初期の理事のうち、6人がのちにロンドン市長になっている。銀行の定款によれば、理事会は毎週、開催されることになっており、また出資者総会は「銀行の経営状態を考慮し、出資額に応じて配分すべき利益を決定するために」年1回、開催されることになっていた[39]。

おなじような制度として、他に「信託制度 trust」が登場している。この制度も株式会社と同様、多くの出資者が事業や慈善を目的として組織を作り、出資の目的を実現するために出資金の運用を受託者に委任する制度である。

以上の例から判ることは、17世紀のイギリスで起きていたことがウエーバーの理論とはまるで違っていたということである。こうした組織を作っていた人たちは、けっしてウエーバーがいうように「予定説」に怯えていたわけでもなければ、それが理由で「禁欲」に励んでいたわけでもなかった。彼らは「公共心に富んだ人たち community-minded men」で、公益のために組織づくりをしていたのである。彼らは、のちに通説が主張するような「個人の欲望 personal greed」を満たすために株式会社・イングランド銀行・信託制度を作ったわけではなかった。「土地貴族 landed gentry」や有力な商人がお互いに協力ができたのは、彼らが信者仲間との絆を大切にする「共同体主義 communitarianism」の信奉者だったからである。ウエーバーがいう17-18世紀初めの「資本主義の精神」は、彼がいうような「日常生活のなかで行なわれる禁欲生活」が原因だったのではなくて「公共心」が原因だったのである。また「予定説」に怯え、職業を召命と考えていたからではなく、カルバン派に特徴的な「盟約団体 covenanted community」の重視者だったからである。

このようにウエーバーの理論はプロテスタンティズムについても資本主義についても誤っていたが、その原因は彼が法制度の問題を考えるとき、「政治的な現実 facts」と「法的な価値判断 values」が無関係だと考えたからであった。また、彼は法制度が政治の道具にすぎないとも考えていた。ウエーバーは膨大な数の法社会学の論文を書いているが、その論文で彼は、法制度が政治家の意志を実現するための手段にすぎないとしている。法制度の「理念型 Idealtypus」をいくつか挙げているが、いずれの場合も法制度は強制を効率よく行なうための手段にすぎないと考えていた。イギリスの法制度は先例を重視する「伝統主義的 traditional」なもので、それに対してフランスとドイツの法制度は成文法を重視する「形式合理的 formal-rational」なものであるとしながら、他方でイギリスのカルバン派は「反伝統主義的 anti-traditional」であって、だからこそ「資本主義の精神」に不可欠な「形式合理的」な法制度がイギリスでも生まれてきたとウエーバーはいう。しかしイギリスのカルバン派であった「ピューリタン」が国王軍と戦ったのは、イギリスの「伝統」とされていたコモンロー優位の法制度を勝ち取るためであった。

　さらにウエーバーは、キリスト教について何も理解していなかった（ウエーバー夫人にいわせると、彼は「宗教音痴 religiously unmusical」であった）[40]。とくに16-17世紀のルター派やカルバン派について、彼は何も判っていなかったようである。また当時の両国の法制度についても極端な実定法主義の立場を取っていて、その実情は理解していなかったようである。

　この本では、ドイツ革命とイギリス革命によって実現した法制度の変革が経済制度の変革を可能にしたことを見ていくことになる。ウエーバーの説明と違って、両国の革命が法制度を大きく変えたことを示して見たい。ともに暴力行為・破壊・狂信・迫害・圧政・不正行為と無縁であったわけではなかったが、それでも2世代後には革命が掲げた理想と伝統のあいだに妥協が実現している。ヨーロッパの法制度を大きく変えながら、それでもヨーロッパの法制度に特有の伝統は守ったのである。

Ⅰ
16世紀のドイツ革命と法制度の改革

第1章　宗教改革（1517-55年）

　ふつう16世紀のドイツ革命は、ドイツの領国君主がルター派を支援して教皇・皇帝と戦い、その結果、領国の支配者としてその地位を確立した革命だとされているが、ドイツ革命の意味はそれだけではない。

　ドイツ革命のもっと大きな意味は、「お上 Obrigkeit」と称される領国君主やその役人のほかに、「自由都市 Freistadt」の市長・市議なども教皇・皇帝との戦いに参加していたことである。カトリック教会が非合法化された領国では教会財産が没収され、聖職者・貴族は領国君主の支配下に置かれることになった。またカトリック教会を非合法化しなかった領国でも、君主の権限が大幅に強化されることになった。

　ドイツ革命は、宗教改革のための革命でもあった。領国君主・自由都市と教皇・皇帝の戦いは、ルターが主導した宗教改革と密接に結びついていたのである。

　また教皇・皇帝と戦ったのは、「お上」や教会指導者だけではなかった。商人・職人・農民・坑夫・貴族・聖職者・法律家・学者など、あらゆる階層のドイツ人が教皇・皇帝との戦いに参加していた。それは社会・経済制度のあり方まで変えてしまい、文化・知識のあり方や法制度のあり方まで変えてしまった革命であった。

　ドイツ革命はヨーロッパ革命の一環を構成しており、その影響はヨーロッパ全土に及ぶことになった。ドイツ革命が起こる100年以上もまえから、すでにヨーロッパ中で改革の必要性が説かれていた。ドイツで革命が始まる以前、すでにスペインでは強力な王権の支持のもとでカトリック教会が改革を断行していた。またドイツで革命が始まってからは、プロテスタント教会の登場と王権の強化がヨーロッパ各国で見られるようになった。それにカトリック教会自身

も、のちに「対抗・宗教改革 Counter-reformation」と呼ばれることになる改革を実施することになる。つまりドイツ革命とは、全ヨーロッパを巻き込んだ文化革命だったのである。ドイツ人のみならず、すべてのヨーロッパ人を巻き込んだ文化革命であった。

話の順序として、まずドイツから説明を始めたい。領国君主・皇帝・教皇・ルター・ルター派は、それぞれ誰であり何をしたのか、そのことから説明を始めたい。

第1節 「帝国 Reich」と「領国 Land」

西暦1500年のドイツは、人口が1200万ほどのヨーロッパ最大の国であった[1]。「領国」と呼ばれた数百の小さな国と数十の自由都市が緩やかなまとまりを形成しており、それが12世紀には「ローマ帝国」、13世紀には「神聖ローマ帝国」、15世紀には「ドイツ人の神聖ローマ帝国」と呼ばれていた。15世紀に「ドイツ人の」とわざわざ断るようになったのは、「帝国」の領域がロンバルディア地方・ネーデルラント地方・ブルゴーニュ地方（フランシュコンテ）・スペイン・ポルトガルにまで広がっていたので、ドイツ人が住む地域を特定する必要があったからである。

カール大帝が「帝国」の基盤を築いたときは、まだ「ローマ帝国」とは呼ばれずに「フランク人の王国」とか「キリスト教徒の王国」と呼ばれていた。カール大帝の死後、「王国」が3つに分割されたとき、国王の地位は東部の国に引き継がれたが、そこに住む東フランク人が「ドイツ人 teutonici = deutsche」と呼ばれることになった[2]。

11世紀初めに「フランク王国」は「ローマ帝国」と称されるようになり、国王はローマで教皇に戴冠されて「ローマ人の皇帝」を名乗るようになった。これはフランク王が、キリストの代理人であり教会の長であるコンスタンチヌス帝の地位を継承していることを意味していた。11世紀末-12世紀初めに教皇がキリストの代理人を名乗るようになり[3]、「ローマ人の皇帝」は教会の長であ

ることを止めて俗界を支配するだけの皇帝となった。それでも「ローマ人の皇帝」は、教会の保護者として大きな権威を保持し続けていた。

この「ローマ帝国」には、首都も独自の統治機構もなかった。独自の法廷が登場してきたのは、1495年になってからのことである。課税権もなく、帝国各地にあった皇帝領からの収入が唯一の財源であった。最高の権威を誇るとはいえ、皇帝は11世紀末-12世紀には選挙制になり、12世紀末にはマインツ大司教・ケルン大司教・トリール大司教・ライン宮廷伯の4選帝侯のほかに、さらにザクセン侯・チェコ王・ブランデンブルク辺境伯の3選帝侯が加わって、7人で選出することになっていた。

12世紀初め-16世紀初めに、皇帝にも独自の権限が認められるようになった。たとえば、もともと皇帝は各地に出かけていって、諸侯・貴族・都市の裁定に対する不満を受け付ける最終審の権限をもっていたし、13世紀には「帝国議会 Reichstag」に聖俗諸侯・帝国騎士・帝国都市の代表を定期的に招集するようになっていた。皇帝は「帝国議会」で「平和令 Landfriede」などを制定して（ただし強制力はない）、領国や都市の法制度に大きな影響を与えていた[4]。

13-15世紀に領国君主の権限が強化され、逆に皇帝の権限は弱体化する一方であったが、それでもドイツとしてまとまりが失われたわけではなかった。まず共通のドイツ語があった。またドイツ語で書かれた文学があった[5]。そして何よりも重要なことは、共通の法制度が存在していたことである。その代表的なものが『ザクセン人の鏡 Sachsenspiegel』であった。1220年頃にレプガウ Eike von Repgau が書いたもので、まずラテン語で書かれ、さらにそれがドイツ語に翻訳された。当時の法制度を簡潔に説明しており、現在の復刻版で240ページほどの書物である。内容はザクセン侯国の慣習法・封建法とドイツの帝国法について書かれており、財産法・相続法・刑法・裁判制度・国の制度・領主と臣下の関係が説明されている。早くから『ザクセン人の鏡』はドイツ語圏に普及し、ドイツ共通の法典として受け入れられていた。『ザクセン人の鏡』を真似て、『フランク人の鏡 Frankenspiegel』・『シュワーベン人の鏡 Schwabenspiegel』も登場している[6]。

ドイツとしてまとまりを維持していくうえで、都市の法制度が果たした役割も大きい。11-15世紀にドイツには何百という都市が新しく登場してきたが、いくつかの有力な都市の法制度が他の都市で採用されていた。12世紀に登場してきたマグデブルク市の法制度は800以上の都市で採用されていたが、他にもリュベック市の法制度が43都市、フランクフルト（アム・マイン）市の法制度が49都市、フライブルク市の法制度が19都市、ミュンヘン市の法制度が13都市で採用されていた。新しく登場してきた「娘都市 Tochterstadt」が「母都市 Mutterstadt」に法制度の導入を要請すると、母都市は娘都市に新しく法制度を用意することになっていた。また難しい事案は娘都市から母都市に問い合わせがなされ、母都市で裁定が下されることになっていた。つまり都市ごとに法制度は独立していても、その法制度はドイツ全土で共通だったのである。『ザクセン人の鏡』のように成文化されたものもあったが、大部分は成文化されない慣習法であった[7]。慣習の違いは都市間で大きくなっていったが、それでも法制度は共通していたのである。

　国民国家という意味ではないが、このように西暦1500年には「ドイツ Deutschland」と呼べる国が登場していた。共通の言語・共通の文学・共通の法制度・共通の文化が存在していたのである。共通の歴史意識も存在し、過去だけでなく未来も共有していると意識されていた。その意味では、当時のフランスやイタリアと変わるところはなかった。

　さらにカトリック教会圏には、共通の教会法があった。教会法の法源は、教会の法廷で下された裁定・法学者の意見・教皇の命令（「教令 decretals」）・グラチアヌスの論文（「教令集 Decretum」）・教会会議の決定などであった。教会法はヨーロッパ全土で適用され、「共通法 jus commune」と呼ばれていた。ただ地域に特有の法制度もあり、それは「地域特有の法 lex terrae」とか「特例法 lex propria」と呼ばれていた。教会法の法域は聖職者と教会財産にかかわる問題以外に、教育・救貧・婚姻・家族など俗人の日常にかかわる問題、さらに異端・魔術・性犯罪・不道徳な行為などキリスト教の教えに反する行為の問題、さらに誓約にかかわる契約・財産の問題なども含まれていた（キリスト教徒が契

約を交わす場合、相手との約束を守ることを神に誓う)。俗人は、契約・財産・不法行為の問題を教会の法廷に好んで持ち込んだものである[8]。14-15世紀のドイツは、イギリスと並んで教会裁判所が一番、活躍した国であった。

教会法の用語や条文は、6世紀にユスチニアヌス帝が編纂させたローマ法に由来していた。11世紀の再発見以来、ヨーロッパの法学者はローマ法に注釈を加えたり、体系化に努めたりしてきた。ヨーロッパ全土で適用されたということで、このローマ法も共通法と呼ばれていた。ただ教会法と違って、ローマ法は大学で学ぶことになっていた。ローマ法に期待されていたのは、既存の法制度では対処できない問題に対処することであった。ローマ法のなかにはヨーロッパ各地で法律として採用されたり、裁定の根拠にされた条文もあったが、基本的には既存の法律や慣習法の穴埋めが期待されていただけである。

このように、ドイツは帝国法・共通の慣習法・教会法・共通の信仰・共通の言葉と文学で1つにまとまっていたが、政治的には大きな「侯国 Herzogtum」(オランダに匹敵する人口を抱えていた)から小さな「辺境伯領 Grafschaft」(人口が200-300人)まで、さまざまな規模の独立した領国に分裂していた。他にもさまざまな規模の司教領・大司教領など、聖界の支配者を頂く領国や自由都市が存在していた。1521年に神聖ローマ帝国を構成していたのは、1皇帝領・7選帝侯領・50大司教領と司教領・83大修道院領・31侯領・138伯領・85自由都市で、全部を合わせると400もの領国に分かれていた[9]。

以上で挙げた領国のほとんどが、12-15世紀に当時のイギリス・フランス・シチリア王国に匹敵する独自の法制度や官僚制度をもっていた[10]。専門家によって構成された裁判所・行政院・財務院が存在し、また神判や「雪冤宣誓 oath-helping」のような「形だけの証拠 formal proof」でなくて、「道理にあった証拠 rational proof」を導入した近代的な刑事裁判や民事裁判の制度をもっていた。また14-15世紀のドイツではイタリア・フランスの大学でローマ法を学んだ法学者によってローマ法の用語や概念が導入され、やがてドイツでもローマ法を教える大学が設立されるようになった[11]。

教皇革命後にヨーロッパ中に登場してきた法制度が、西暦1500年のドイツに

も登場してきた。つまり聖俗２つの法制度と複数の世俗の法制度である。ドイツでは皇帝と諸侯が対立していたため、聖俗の対立がどこよりも先鋭化していた。さらに皇帝と諸侯の対立がドイツ特有の事情を生み出していた。1493年に皇帝に選出されたマキシミリアン１世が皇帝の権限強化に乗り出したのである。1495年に彼が召集した帝国議会が「平和令 Landfriede」を公布するが、そのとき初めてローマ法を帝国の法制度として採用することが宣言された。しかしローマ法は領国では適用されず、また「帝国都市 Reichsstadt」以外の都市でも効力は認められなかった。帝国裁判所が設置され、ローマ法が適用された。領国裁判所と都市裁判所の判決に不満があれば、そこに上訴できることになっていたが、あくまでも帝国法の管轄下にある事案に限られていた[12]。

第２節　変化の兆し

　マキシミリアン１世が統治していた「帝国」は広すぎたし、その内情も複雑すぎて、彼の目指した軍事・政治面での改革は大きな抵抗に直面することになった。彼は父親からハプスブルク帝国を相続し、さらに結婚によってブルゴーニュ侯国（フランドル地方とホラント地方を含む）を手に入れていた。彼の統治期間の大部分は、この相続した領地を確保するためにフランス国王と戦うことに費やされた。彼はドイツ諸侯に不人気であった。戦費の負担を強要したからである。

　1519年にマキシミリアン１世が死に、その後を継いだ孫のカール５世は、さらに領地を広げていった。19歳で皇帝に選出されるが、父親の領地のほかに母親からスペインと南イタリアを相続していた。すでに14世紀中頃から現実的でなくなっていた「教皇と皇帝が統べるカトリック教会圏」の再興が彼の理想であった。しかし彼がやったことは相続した領地を確保するためにフランス国王と戦争することだけであった。彼が育ったのはブルゴーニュ侯国であり、ドイツ語が不得意であったこともドイツ諸侯との関係を悪化させる原因になった。

　またドイツ諸侯は、教皇に対しても悪感情をもっていた。とくに問題になっ

たのは、大司教区・司教区が領国と権限を競っていたことである。たとえばザクセン侯国には6つの司教区があって、6人の司教がザクセン選帝侯と裁判権を競っていた。司教は教皇と皇帝の影響下にあり、ザクセン選帝侯にとって目障りな存在であった[13]。しかもドイツ全土の3分の1はカトリック教会のもので、皇帝は課税を免除していた。教会の裁判権と富が諸侯の怨嗟の的になっていた。また庶民も教会に搾取されていた。この教会に対する不満が、教皇と密接な関係にあった皇帝に向けられることになった。11世紀末-12世紀初めの教皇革命で聖界から追放されたとはいえ、神聖ローマ皇帝はあいかわらず教会に対して宗教的な義務を負うと考えられていたのである。

　ドイツの都市にも独特な緊張関係が生まれていた。都市を支配していた市長・市議会議員は富裕な商人の出身で、急激な改革は望んでいなかった。しかし、それでも教皇・皇帝の政治・経済的な圧力は歓迎していなかった（商人・職人・貧民は、もちろん歓迎しなかった）。しかも諸侯と対立するとき、彼らは教皇・皇帝に保護を求めざるをえない立場に置かれていた。

　問題が表面化する切っ掛けになったのが、「免罪符」の販売であった。教皇革命以来、教皇は信者が死後、煉獄で受ける罰の軽減を生前に神に執り成すことができるとされていたが、1476年に教皇令によって、すでに煉獄にいる者についても教会に寄付をすれば執り成しが可能とされるようになった[14]。また11世紀末の第1回十字軍以来、特別な事情で十字軍に参加できない者は教会に寄付をすれば、それで参加に代えることができるとされた。こうした教皇の権限が、14-15世紀になると課税の手段に利用されるようになった。教会に寄付をすれば、教会による執り成しが保障されることになったのである[15]。「免罪符」の販売はドイツに限られていなかったが、ドイツがいい鴨にされたのは事実である。教皇の「盗みと強請り」を批判した文書のなかで、ルターは「なぜドイツ人だけが猿あつかいされるのか」と書いている[16]。

　こうして西暦1500年には、皇帝と諸侯・教会と諸侯・教会と都市の対立がドイツでとくに激しくなった。王権強化と教会に対する王の統制強化はヨーロッパ全土で見られた現象で、教会の横暴を統制するために国家と教会の改革を求

める声がヨーロッパ全土で強まり、また都市の自治権強化を求める声もヨーロッパ全土で強まっていた。

1384年にウイクリフ John Wyclif が死んだあとも、ロラード派（ウイクリフの追随者は「小声でつぶやく lollaerd」ので、こう呼ばれた）は16世紀の革命までイギリスで活動を続けていたし[17]、チェコでもフス派は1415年にフス Jan Hus が処刑されたあとも活動を続けていた[18]。皮肉なことにフスを処刑した1415年のコンスタンツ公会議は、教会内の分権化を進め、また教義の解釈を緩やかにするために召集された公会議であった。その後に開催された公会議でも、ドイツ諸侯は教会改革を要求したが、彼らの声は無視されたままであった。15世紀末-16世紀初めに活躍したスペインの異端審問は、もともとキリスト教に改宗したユダヤ教徒やイスラム教徒を対象にしたものであったが、この恐怖政治を止めさせようと、エラスムス Desiderius Erasmus に代表される北欧の「古典古代研究者 humanists」は教会改革を要求していた。しかし腐敗の極みに達していたカトリック教会は、改革の要求を無視し続けた[19]。

ドイツでは、教会改革の要求が諸侯から出ていたことに特徴がある。1438年に広く出まわっていた『ジギスムントの改革 Reformatio Sigismundi』は皇帝ジギスムントの名前をかたった改革案だが[20]、15世紀に何度も公表されながら何ら成果をもたらさなかった。都市のなかには法制度改革と教会改革に成功したところもあったが[21]、それで問題が解決したわけではなかった。農民が各地で反乱を起こし、浮浪者・乞食・強盗が街道を徘徊するようになって犯罪が急増していた。困窮化していた騎士階級も改革を要求して反乱を起こすが、彼らの試みも失敗している。このように、あらゆるところで教会は攻撃の的になっていたが、それでも教会はみずからを変えようとしなかった。

誰の目にも不満の爆発が避けられないことが判っていたが、それでも誰も行動を起こそうとしなかった。ルターが登場してくるまで、誰も声を上げることをしなかったのである。ギルモア Myron Gilmore にいわせれば、「教会が世俗の君主に託した正義の実現は、もはや誰も信じなくなっていた」のである[22]。

革命は避けられなくなっていた。教皇革命の成果が失われてしまったのであ

る。政治制度と法制度は根本的な改革が求められていたが、誰もそれを実現できなくなっていた。とくにドイツで事態は逼迫していた。

第3節　ルターと教皇：宗教改革

　1517年、ドイツ革命に火をつけたのは、ウイッテンベルク大学の神学教授でアウグスチノ修道会の会士ルター Martin Luther（34歳）であった。すぐに多くの名士が彼の始めた運動に参加し（なかには彼と対立する者も現われた）、ルターは1546年に亡くなるまで運動のリーダーであった。その理由は、彼の考え方と生き方にあった。

(1) ルターの考え方

　免罪符の販売に代表されるような教会の腐敗に対する異議申し立ては、ルターが始めた改革運動の核心をなすものではない。免罪符の販売に対する抗議運動は、すでに100年以上も前から行なわれていた。ただ、そのときに提案された改善策は担当者の交代だけであった。フス派・ウイクリフ派が制圧されたあとも改革を要求する声は絶えなかったが、提案された改善策は既存の考え方を超えるものではなかった。あくまでも教皇グレゴリウス7世の「両剣論 two swords theory」が前提にされていたのである。マルシリウス Marsilius of Padova は教会を世俗君主の統制下に置くべきだと主張したが[23]、ルターが唱えたのは教会の統制でなく廃止であった。

　ルターは、教会がもつ立法権・司法権・行政権のすべてを廃止すべきだと主張した。1517年にマインツ大司教に送りつけ、またザクセン選帝侯のウイッテンベルク城の教会扉に貼り出した「95ケ条 Die 95 Thesen」の内容がこれであった。たんに免罪符に代表されるような教皇の腐敗を批判しただけでなく、神と信者の間を取りもつ権限など聖職者にはないと主張したのである[24]。さらに秘蹟の執行権を聖職者に限定する必要はないと主張した。ルターにいわせれば、信者の生き方を決める権利など教会にはないのである。教会とは目に見えない

信者の集まりであって、信者すべてが秘蹟の執行者であり、聖職者ですら神の前では「１人の信者 a private person」にすぎないのである。信者は、神の言葉を記した聖書に対して責任を負うだけであった[25]。

グレゴリウス７世の「両剣論」に代えて、ルターは「両国論 two kingdoms theory」を主張した。ルターによれば、教会は聖書が支配する「天上の国 heavenly kingdom」に属しており、罪と死が支配する「地上の国 earthly kingdom」、法制度が必要な「地上の国 this world」に教会は存在しないのである。ルターは、自分の考え方の革命性を確信していたようである。「法制度が支配する地上の国と聖書が支配する天上の国の違い、この違いに気づいていた教父は１人もいなかった。ヒエロニムスでさえ、そのことに気づいていなかった」[26]。

こうしてルターは、階層化された政治制度と法制度をもつ教会を否認し、教会とは心のなかにしか存在せず、「天上の国」にしか存在しないと主張した。「神が認める justified」のは信仰のみであり、信仰だけが「天上の国ゆき salvation」の可能性を与えてくれるのである。人間は自分の力で「天上の国」に入ることはできない。人間は、どうあがいても「天上の国ゆき」が保証されることはないとルターは考えた。人間は堕落した存在であり、何をしても何を考えても自分のことしか考えないのである。人間は、神が「天上の国ゆき」を可能にしてくれるのを待つしかないのである。聖職者による仲介など、そもそも無意味であった。また教会とは信者の集まりにすぎず、法的な権限などもちようがないのである。信仰心ですら神が「恩恵 grace」によって信者に与えるもので、神に選ばれた者だけに許された特権なのである。

「天上の国ゆき」に値しない罪深い人間が神の「恩恵」によって「天上の国ゆき」がえられるとは矛盾した考え方だが、これがルター神学の核心であった。12-15世紀のカトリック教会では、基本的に人間の「意志 will」や「知性 reason」に悪意を見ることはなかった。人間を罪深い存在だとはしていても、努力しだいで理想的な存在になれるのである。またカトリック教会の教義によれば、洗礼を受ければ「原罪」（すべての人間はアダムが神の禁令を破った罪を受け継

いでいるが、これが原罪である）は消滅する。ただし自由意志によって「みずから犯す罪 actual sins」に対しては責任を問われ、聖職者が命じる「善行 good works」によって償いをしなければならないのである。信者に「善行」を命じ、また罪を許す聖職者の権限は神から与えられたもので、それによって信者は「天上の国ゆき」が保証されることになるのである。しかしルターによれば、洗礼は「天上の国ゆき」の可能性を与えてくれるだけで、それを保証するものではなかった。罪を許すかどうかは神の一存に掛かっており、また許されるかどうかを人間があらかじめ知ることはできないのである。

　ルターによれば、人間は自分の力で堕落した状態から抜け出すことはできないのである。このような暗い人間観は、啓蒙主義を経験したヨーロッパの人間には受け入れがたいものかも知れないが、16世紀初めのヨーロッパでは当たり前のことであった。圧政・腐敗・悲惨が日常的な現実のなかで、教会が説く人間観はあまりにも楽天的であった。

　表面的には、ルターの「地上の国」観には絶望しかなかったように思える。人間の「意志」と「知性」だけでは、この罪と死が支配する「地上の国」から逃れる術はないのである。政治制度や法制度を利用して神の「恩恵」を手に入れたり、「真の信仰 faith」を手に入れたりすることは不可能なのである。それでは「恩恵」と「真の信仰」によって、政治制度や法制度のあり方をただすことはできないのであろうか。ルターは人間の本性に絶望していたが、しかしそんな人間を創り、そんな人間が住むこの世界を創ったのも神であった。悪にまみれた「地上の国」にも神は存在するのである。ただ人間の目に見えないだけであった。キリスト教徒のやるべきことは、「神の命ずることを地上の国で実現すべく努力すること to work the work of God in the world」なのである。信者は、その「意志」と「知性」を使って善をなすべく努力しなければならないのである。罪深い人間のなかにも「隠れた神 hidden God」は存在するというのがルターの基本的な人間観であった。「この世を創り、この世のあり方を定めたのは神であった。我々は生きている間、最善を尽くす義務がある」とルターは書いている[27]。

この「両国論」と密接に結びついていたのが、すべての信者は聖職者であり、すべての職業は神の「召命 Beruf, vocatio」だとするルターの考え方であった。聖職者に特別な能力は認めず、聖職者もふつうの信者とおなじだとするルターの考え方から、すべての信者はお互いにお互いの聖職者でなければならないという結論が出てくる（お互いに他の信者のために祈り・教え・奉仕することになる）。また、カトリック教会では修道士・聖職者になることを意味した「召命」という言葉の意味を広げ、すべての職業を「召命」によるものとした。大工・君主・主婦・判事は、すべて神が命じた職業であり、職業人としてやるべきことを遂行するのがキリスト教徒の義務なのである。とくに「役人 public officials」は「地域共同体 community」のために特別な義務を負うとされた。個人として負う義務以外に、「公人としての責務 social ethic」が要求されるのである。「1人の信者としては as a private person」敵を愛し・不正に耐え・復讐を諦めねばならないが、「公人としては as a public person」不正をたださねばならず、そのためには暴力の行使や流血すら覚悟せねばならないのである[28]。

ルターは、とくに君主がキリスト教徒として心掛けるべき統治の心得、つまり国民の福祉に努めるべきことを強調していた[29]。「地上の国」の支配者たるもの、「不正を許さず・悪人を罰し・正義を守らねばならないのである」[30]。

ルターの君主論は同時代の有名なマキャベッリ Niccoló Machiavelli と違って、君主に正義の実現を求めていた。マキャベッリも「神の法 divine law」を排除した世俗国家のあり方を支持し、「両国論」と似た考え方の持ち主であったが、彼が念頭に置いていたのは権力保持の問題だけであった。正義の実現は念頭になかったのである。宗教も、国民を満足させて1つにまとめ、従順にする手段でしかなかった。ところがルターの君主は、君主と国民の関係や国民どうしの関係を宗教によって決めようとしていた。ルター派のドイツ諸侯は、利己心・権力欲を君主の統治原理としたマキャベッリの考え方に反対であった。自分たちが支配する「地上の国」を悪魔に任せることはしなかったのである[31]。その点で彼らは、カトリック教会の伝統を守っていた。

またルターの君主論は、君主の「絶対的な権力 absolute authority and pwer」を擁護したボダン Jean Bodin の考え方とも違っていた。ボダンの君主も正義の実現を目指し、「神の法」に従うことになっていたが、彼は神の代理人であり、「絶対的な absolute」君主であった。つまり地上のいかなる権威にも「縛られず absoluted」、みずから制定した法律を守る必要もなかった[32]。ところがおなじように神に由来する支配権の持ち主で、自分の国では最高位の支配者であっても、ルターの君主には制度的に縛りが掛けられていた。彼は1人で統治しているのではなく、「宮廷 Haus」と呼ばれていた宮廷役人・顧問官や、「お上 Obrigkeit」と呼ばれていた役人たちと共同で統治していたのである。ボダンの本がドイツ語に訳されたとき、「君主の権限 souveraineté」が「お上 Oberkeit = Obrigkeit」と訳されていたことからも、そのことが判る。君主が相談相手として頼りにしていた大学教授は、君主の決定に反対することもできたし、君主と折り合いが悪ければ他の国に移り住むこともできた。さらにルターの君主は国民より神に近いところにいたわけではなかったし、聖書の教えに反する法律や命令に国民は従わなくてもよかった。

　ルターは、君主の地位が十戒にある第4の戒律「両親を敬え」に由来すると考えていた。国民が君主に従うのは、子供が父親に・妻が夫に・信者が神に従うのとおなじなのである[33]。つまり君主は国民に対して、正義・愛・奉仕の精神を忘れてはならないのである。「国父 Landesvater」たる君主は、家庭・財産のよき管理者として模範的な人物でなければならなかった。君主政が専制政治に陥りやすいことをルターは心配していたが、同時に専制君主に反抗することも「神の法」に反するとして禁じていた。

　ルターの考え方はカトリック教会のあり方を正面から批判するものであったが、改革のために過激な行動を呼び掛けていたわけではなかった。問題は単純ではなかった。もしカトリック教会がなくなったら、それに代わって誰が秩序を維持するのか。信仰のあり方・洗礼・婚姻・聖職者任命・不道徳な行為の取り締まり・教義のあり方は誰が決めるのか。公教育・貧者救済・教会財産の管理は誰がするのか（ドイツ全土の3分の1・ヨーロッパ全土の4分の1はカトリック教会のものであった）。

こうした問題にルターの救済論は何の答えを用意しておらず、彼の「両国論」も「召命」論も答えを用意していなかった。彼は多くの問題を発生させながら、何の解答も用意していなかったのである。

しかし1517年以降ドイツに登場してくることになる新しい法制度に、ルターの考え方は大きな影響を与えることになった。まず行動を起こしたのはルター自身であった。ついで彼の新しい考え方に賛同する同僚・君主・役人・市長・市会議員・ふつうのドイツ人が行動を起こすことになった。そのとき初めて革命は現実となったのである。また革命のあり方を決めたのは、革命を起こした側だけではなかった。革命によって影響を受ける側も、革命のあり方を決めたのである。

(2) ルターの生き方

1483年にザクセン侯国の比較的裕福だった坑夫の家庭に生まれ、1501年にエルフルト大学に入学。哲学・神学・教会法を学んで、1505年に修士号を獲得している。さらに法学で博士号を取るべく進学するが、その年の夏、落雷にあって危うく命を落としそうになり、それが切っ掛けで修道士になる決心をした。エルフルト市のアウグスチノ修道院に入り、そこで教会法と教会政治のあり方を研究して、1507年に司祭の資格を認められ、1510年に教皇の前で実施されたアウグスチノ修道会の論争にエルフルト聖堂参事会を代表して参加している。1511年にエルフルト修道院を出てウイッテンベルク大学（ザクセン選帝侯フリードリヒ賢侯が1502年に設立）に入学して神学を学び、神学博士となったあと同大学で聖書学を教えている。1516年にそこで開始した「詩篇」と「ローマ人への手紙」の講義には、すでに後の新しい考え方がうかがえる。1517年に免罪符の販売を教皇による専横と批判して、ヨーロッパ中を驚かせることになった。

有名な「95ケ条の提言」はまずラテン語で書かれ、ついでドイツ語に翻訳された。ドイツ全土から周辺国にまで印刷物として広まり、それが大きな反響を呼ぶことになった[34]。1518年10月、教皇特使と対決したあと（自説の撤回を拒否）、1518-19年にさまざまな人物と論争を展開している。1520年6月に教皇は60日

以内に自説の撤回と文書の焼却を命ずるが、ルターは逆に同年12月、ウイッテンベルク大学の教師や学生を引き連れて市郊外に行き、そこで教皇の勅書と共に教会法関係の本を焼却している。さまざまな本が火のなかに投げ込まれたが、最後にルターは教皇の勅書をポケットから取り出して、つぎのようにいいながら火のなかに投げ込んだ。「神を冒瀆した汝、炎のなかで燃え尽きるがいい」[35]。

1521年１月、教皇は再度、勅書を公布してルターを破門にふし、皇帝にその執行を命じることになった。同年、神聖ローマ皇帝カール５世はウオルムス市で開催されていた帝国議会にルターを召喚し、教皇が異端とした考え方を文書にしたことを認めるか否か、また自説を撤回するか否か糾問している。ルターは文書の作成は認めるが自説の撤回は拒否するといったあと、つぎの有名な言葉を口にしたとされている。「自分がここにいるのは召喚に応じたからであって、自説を撤回するためではない」[36]。それに対してカール５世は、ルターを「修道服姿の悪魔」と決めつけた「ウオルムス追放令」に署名するが、その内容は、つぎのとおりであった。

「すべての諸侯・諸身分・国民は……公然・非公然を問わずルターに宿・食べ物・飲み物を提供すること・言葉を交わすこと・手助けをすることを禁ずる。もし彼を見掛けたら居場所を朕に直ちに知らせるか、捕らえて朕のもとに送りつけなければならない。……さらに教皇と皇帝の名において彼の仲間・協力者・支持者・保護者も、心を入れ替えて教皇に許しを請わない限り、捕らえて財産を没収するよう命じる。さらにルターが書いたものは、ラテン語・ドイツ語その他いかなる言葉のものであれ買ったり・売ったり・所持したり・書き写したり・印刷したりすることを禁ずる。またすべての身分の者、とくに役人Oberkeitと判事には、帝国・領国中のルター派の文書・本・絵画を集め、引き千切り、焼き払うことを命じる」[37]。

諸侯の多くは、この皇帝の追放令を無視した。ルターの君主であったフリードリヒ賢侯はルターをワルトブルク城に保護し、ルターはそこに滞在した約１年を新約聖書の翻訳に費やした。この彼が翻訳した新約聖書とのちに彼が翻訳

した旧約聖書のドイツ語は近代ドイツ語の成立に大きく貢献しており、また彼が作詞・作曲した多くの讃美歌は、ドイツ語の讃美歌の基本になっている。

　その後、ルターはウイッテンベルク大学に戻って神学を教えるほか、ドイツ各地を広く旅行しているが、さすがに帝国議会が開催されている場所は避けている。形のうえでは、あくまでも彼は法の保護を受けない「法外者 outlaw」であった。さらに彼は牧師・神学者・法学者・政治指導者と熱がこもった内容の手紙を交換しており、さらに新しい教義に従った内容のパンフレットや説教を数多く書いている。運動が広まりをみせると政治問題にもかかわるようになるが、政治の問題で彼が正面に立つことはなかった。

　1525年に貞節の誓いを破って尼僧だったカタリナ Katharina von Bora と結婚したが、そのことで彼は、独身制に象徴される聖職者の優位という考え方を破棄してみせた。さらに部族・血族といったものとは無縁な新しい家族のあり方、新しい夫・父親のあり方を示すことになった。ルターが築いた父親優位の家庭は、彼が理想とした家父長的な君主のあり方に対応したものであった[38]。

　こうしてルターは、みずからの生き方においても新しい考え方を体現していたのである。追放令のおかげでつねに逮捕・処刑される危険に晒されていたが、書面・面談によってドイツ中に改革運動を広めて行く努力を続けることになる。「ルター主義」とか「ルター派」という呼び方は、もともと敵側の呼び方であった。ルター自身は、むしろ「福音派 evangelische Kirche」という言葉を使っていた。これは「福音書」を意味するドイツ語 Evangelium からきている言葉である。もっとも、やがてルター派も「ルター派」とか「ルター主義」という言葉を使うようになる。

　同時代の人たちは、ルターが神に遣わされた預言者、新しいモーゼ・エリア・ダニエル・洗礼者ヨハネだと考えていた。当時のルターの肖像画には、頭上に聖霊を意味する鳩が描かれたり、後光が描かれたりしているものがある[39]。彼があれほどの影響力をもてたのは、彼の優れた頭脳のおかげであった。当時、彼ほど独創的な神学者はいなかった[40]。それに彼は話術に優れ、優れた説教師でもあった。また讃美歌の作詞・作曲家・歌い手としても有能であった[41]。彼

にそれほどの能力とエネルギーがあったのは、彼が神に選ばれた者だからだと考えられていたが、その情熱ゆえに敵対者に対する言葉遣いには度を越えたところがあった。キリスト教に改宗することを拒否したユダヤ人を激しく攻撃しているが[42]、その激しさは教皇・再洗礼派・トルコ人などに対するものと変わらない[43]。激しい性格の持ち主であったということでは、1073年に教皇グレゴリウス7世となった修道士ヒルデブラント Hildebrand とそっくりであった。かつてヒルデブラントも、友人にして同志であったダミアニ Petrus Damiani に「聖なる悪魔」と呼ばれていた[44]。

第4節　改革運動の拡大

　ルターは教皇グレゴリウス7世と違って、教会内にいかなる地位も有していなかった。彼は大学教授にすぎず、1人の研究者・教師にすぎなかった。では誰が彼の革命的な考え方を実行に移したのか。

　まず彼は教皇に新しい考え方を提示している[45]。教皇が自分の考え方に反対なのを知ったルターは、つぎに皇帝に助けを求めたが[46]、皇帝がルター追放令を公布したのでザクセン選帝侯の保護を受け入れている。選帝侯は彼を保護したが、かならずしもルターの考え方に賛成していたわけではなかった[47]。ルターの考え方に賛同して最初にプロテスタントに改宗した君主は、20歳のヘッセン侯フィリップであった。1524年のことである[48]。ルターの改革運動は、まず大学の同僚が支持し、ついで外部の神学者・哲学者・法学者たちが支持するようになった。彼の強い個性や説教の巧みさ、書いたものの魅力に惹かれたのである。その後の支持者の拡大は急速であった。司祭や司祭に率いられた信者たちが支持し、さらに都市の指導者が支持するようになった。

　ルターにとって重要な意味をもったのは、メランヒトン Philip Melanchthon・ブゲンハーゲン Johann Bugenhagen・ブツァー Martin Bucer たちの存在であった。もし彼らの協力がなければ、ルターの改革運動は失敗していたかもしれない。他にも6人ほどの有力な協力者がいて、彼らが都市民の改宗を成功させ

ている。なかには、のちにルターと意見を異にして対立することになる者も含まれていた[49]。

　1520年代初めには、スイスや南ドイツの都市が数多く改宗している。チューリヒ・バーゼル・シュトラスブール・ニュルンベルク・アウグスブルク・コンスタンツなどであった[50]。帝国騎士のあいだにも新しい信仰は広まり、彼らは1522年に皇帝・教皇に対して反乱を起こしている（騎士戦争）。その指導者であったジッキンゲン Franz von Sickingen・フッテン Ulrich von Hutten は、反乱を正当化するためにルターの考え方を利用している[51]。改革運動には農民・坑夫・職人も参加しており、1524-25年には農民戦争が起きているが、彼らもルターの考え方を使って反乱を正当化していた。ルターが神学の問題を理由に始めた改革運動は、こうしてすべてのドイツ人を巻き込んだ革命へと発展していくのである。

　他の革命とおなじように、ドイツ革命にも左派と右派が登場していた。左派はツイングリ Ulrich Zwingli 派・カルバン派、極左は再洗礼派、中道右派は「古典古代研究者 humanists」、極右はカトリック教会内部の改革派であった。ルターは右派に対しても左派に対しても批判的であった。また帝国騎士や農民のように、武力に訴えるやり方にも反対であった。もちろん、再洗礼派のように教会組織の存在や国家の存在を認めようとしない極左にも反対であった。さらにエラスムスのように、人間の「意志 will」や「知性 reason」を信仰心以上に重視する考え方にも反対であった[52]。信仰のあり方に関するルターの考え方はツイングリやカルバンと似ていたが、教会のあり方に関しては両者と決定的に違っていた[53]。

第5節　ルターと諸侯：政治改革

　1517年から10年ほどの間は、ルターが始めた運動は何ら統制を受けることなく広まっていった。ところが1524年に農民戦争が勃発し、また再洗礼派が登場してくると、どうやって秩序を維持するかが問題になってきた。1517年以前の

教皇と皇帝が支配していた体制に戻るか、あるいは改革運動を諸侯の統制下に置くかを選択する必要に迫られることになった。結果的にはドイツの大部分でルター派と諸侯の同盟が実現し、諸侯の統制下でルター派の勝利が確定することになる。

ルターを支持した諸侯は、かならずしも全員がルターの考え方に賛同していたわけではなかった。なかには皇帝・教皇との対立が原因で、自己保身のためにルターを利用した諸侯もいた。たとえばルターの保護者であったフリードリヒ賢侯は最後までカトリック教徒であったし、ルターに会ったのも1521年のウオルムス帝国議会だけであったが、教皇・皇帝と対立していたのでルターを保護することにしたのである。1521年のルター追放令を守らなかった諸侯のなかには、神学上は正反対の立場にあったマインツ大司教（帝国宰相でもあった）もいた。

1520年代半ばに政治情勢が急変することになった。1525年、改革運動を潰すためにカトリック派の諸侯が同盟を結んだからである。そのなかにはザクセン侯（ニーダーザクセン Niedersachsen を支配していた選帝侯ではなく、オバーザクセン Obersachsen の支配者）・マインツ大司教・ブランデンブルク選帝侯がいた。それに対して、ヘッセン侯フィリップ・ザクセン選帝侯フリードリヒの後を継いだヨハン Johan・メクレンブルク侯・アンハルト侯・ブラウンシュヴァイク＝リュネブルク侯がルター派として対立していた。1529年にシュパイヤー市で帝国議会が開催されるが、そこで多数を占めたカトリック派が追放された司教を復位させると、ルター派の上記の5侯と14の都市がこれに「抗議 protest」した。「魂を救済するには各自が神に対して責任を負うしかない（とするプロテスタントの考え方こそ正しい）」と考えていたからである[54]。「プロテスタント」という呼び方は、このシュパイヤー市での「抗議」に由来する。

1530年にアウグスブルク市の帝国議会に出席したカール5世に対して、カトリック派の神学者はルター派・ツイングリ派・再洗礼派が犯した404の過ちを文書に列挙して提出した。それに対してルター派は、メランヒトンが作成した「アウグスブルク信仰告白 Augsburgische Bekenntnis」を皇帝に提出している。

「信仰告白」には、シュパイヤー市で「抗議」に参加した上記の5侯といくつかの都市の代表が署名していた。ルター派の諸侯が閉会前に議場から去ると、カトリック派の諸侯はルター派を異端として禁止すること・没収された教会財産を回復すること・印刷物と説教の内容を検閲することを決議した。それに対して「信仰告白」に署名した諸侯と都市は1531年、シュマルカルデン市で同盟を結んだ。のちに他の諸侯や都市も参加したが、トルコとの戦争準備に忙しかった皇帝は、このシュマルカルデン同盟をどうすることもできなかった[55]。

カール5世がシュマルカルデン同盟に対して軍事行動を起こしたのは、1546-47年になってからであった。皇帝軍との戦闘に破れたルター派は、1552年にフランス国王アンリ2世と結んで皇帝軍を破っている。1555年にふたたびアウグスブルク市で帝国議会が開催されて和議が成立し、ドイツ諸侯はみずから支配する領国の宗派を自由に選べることになった。ドイツ革命が成功したのは諸侯が味方したからであった。

「アウグスブルクの宗教和議 Augsburger Reichs- und Religionsfrieden」によって、35年もの間ドイツで続いた内戦は終わりを迎えることになった[56]。自分の領国で宗派を自由に選べることになった諸侯は、教会に対して支配権を確立した。この原則をラテン語で「領国の君主が領国の宗派を決める cuius regio eius religio」というが、注意しなければならないのは「選べる宗派」がルター派とカトリック派に限られていたことである。再洗礼派・カルバン派などは「選べる宗派」に含まれていなかった[57]。

また、諸侯の選択権にも一定の制約があった。帝国都市でルター派とカトリック派が共存している場合は、そのまま共存が認められたし（第14条）、帝国騎士は領国君主の選択に従う必要はなかった（第13条）。また第11条によれば、君主が選んだ宗派に反対の場合、他の領国に移る「移住の権利 jus emigrandi」が認められていた。ただし税金の滞納がないこと・農奴でないこと（移動の自由がない）が条件になっていた。さらに皇帝は、ルター派に改宗した騎士・都市をカトリック派に強制復帰させないことを口頭で約束させられていた[58]。

「宗教和議」で一番、多くの成果を獲得したのは、ルター派の諸侯であった。

「改革の権利 jus reformandi」、つまり領国民にルター派を強制できることになったのである。もっとも、カトリック派に譲歩した点もなかったわけではない。君主がカトリック教を選んだ場合、ルター派はその領国では禁止されたし、ルター派の君主が支配する領国でも帝国騎士はカトリック教徒に留まることができた。またルター派の帝国都市でもカトリック教徒は改宗を強制されなかったし、ルター派の君主はカトリック教会の財産を自由に没収できたわけではなかった。「宗教和議」の第5条は、司教・大司教がルター派に改宗した場合、その財産や収入はカトリック教会のものになるとしている。もっとも、おなじ第5条にルター派の諸侯・都市は、この決定に反対であるとの追記もある。また第6条は、1552年のパッサウの和議以前にルター派の諸侯が没収した教会の財産は返却しなくてよいとしている。

　「宗教和議」は「現状の追認」にすぎず、「将来の展望を示していなかった」。それが60年後の「三十年戦争（1618-48）」の原因となっているという歴史家もいる[59]。「宗教和議」で宗派対立が収まったわけではなかった。カルバン派がドイツで力をつけてきたからである。まずプファルツ選帝侯フリードリヒ3世が1563年にカルバン派に改宗し、カルバン派を領国の公認宗派とした。さらに1577年にはナッサウ伯、1580年代にはブレーメン市・アンハルト市がカルバン派に改宗した[60]。またカトリック派の巻き返しもあり、1570年代にはウユルツブルク Würzburg 司教区が復活し、1600年代初期にはフルダ修道院の支配地でもカトリック派の復権が実現している。またケルン選帝大司教も1580年代のルター派の攻勢を跳ね返して生き延びていた。オーストリア侯国やバイエルン侯国でもカトリック派が勢いを盛り返して、どの宗派の領国でも強制的な改宗が常態になりつつあった。それが1648年のウエストファリア条約の締結で三十年戦争が終わり、カルバン派の容認と君主の改宗は退位を意味するとされたことになった。また、「宗教和議」で認められた原則が再確認されることになった。

　歴史上およそ先例がないものはないというし、永遠に存続するものはないというが、「宗教和議」でドイツにおけるカトリック派の影響力は失われてしまった。カール5世が目指したカトリック帝国統一の夢は破れ、1556年に彼は退

位して修道士になっている。一時は、ルター派の皇帝が誕生する可能性すら存在していた[61]。

さらにルター派・カルバン派の諸侯が領国の宗派を決めることができるようになって、カトリック派に留まった諸侯の権限も強化されることになった。領国がカトリック派に留まったのは君主の意志によるのであって、教皇の意志によるのではなかったからである。

「宗教和議」は、その内容の曖昧さにもかかわらず（あるいは曖昧さゆえに）ドイツ革命に終息をもたらすことができた。ルターの理想は完全に実現することはなかったのである。妥協によって「旧体制 ancien régime」も生き残ることができた。しかしドイツ革命の影響は、ドイツを越えてヨーロッパ全土に広まっていくことになる[62]。

第6節　都市が果たした役割

以上は、ふつうドイツ革命を説明するときの図式、つまり「ルター＋諸侯」⇔「教皇＋皇帝」の図式に従った説明である。しかし最近の研究で、この図式は「お上 Obrigkeit」が果たした役割を重視しすぎていることが判ってきた。宗教指導者と諸侯が協力して革命を実現したのではなく、都市の商人・職人が果たした役割が大きかったとされるようになっている。そんな新しい捉え方を提唱している歴史家の1人は、つぎのようにいっている。伝統的にドイツ革命は、「ルターの新しい神学 → 騎士戦争 → 農民戦争 → 諸侯による革命」と説明されてきたが、ドイツ革命は基本的に「都市の革命」であった。「古い都市行政のあり方に対して、説教師・文書作成者・印刷業者が起こした革命であった」[63]。言い換えれば、「ドイツ革命は都市の革命であった」ということになる[64]。逆にドイツ革命の大衆性を強調する研究者は、1524-26年の反乱を起こした農民と都市の貧民が果たした役割を重視する。

どちらが正しいかといったことは、この際、問題ではない。学者の議論は、とかく極端に走り勝ちだからである。むしろ諸侯・都市の有力者・農民・都市

の貧民・説教師・法学者・古典古代研究者すべてが、ドイツ革命で重要な役割を果たしたと考えるべきであろう。オズメント Steven Ozment がいうように、「どの側面を重視するかによって、ドイツ革命は説教師の革命ともいえるし、庶民の革命ともいえる。また、諸侯の革命ともいえる」のである[65]。

ドイツ革命は、すべてのドイツ人を巻き込んだ「全体革命 total revolution」であった。特定の個人や階級が特定の考え方や生き方を他の者に強制した革命ではなかった。勝者も敗者も参加した革命では、強者の意志も弱者の反応に左右されるのである。革命の動向は勝者だけが決めるのではなく、勝者と敗者の相互作用によって決まるのである。とくにドイツ革命のような「全体革命」の場合、たんにカトリック教会がルター派・カルバン派に取って代わられただけでなく、政治制度・経済制度・社会制度がすべて変わってしまったのである。ドイツ革命の「本当の原因 first cause uncaused」など探ってみたところで、あまり意味があるとは思えない。それよりも何がどのように起きたのか、またその結果、何がどう変わったのかを探るべきであろう[66]。つまり「ルターと諸侯」から話を始め、ついで革命にかかわった集団が果たした役割を説明し、最後に革命後も存続することになる政治制度・法制度のことを説明すればよいということになる。

都市の場合、農村と違って支配層と被支配層を区別することが難しい。支配層が被支配層と利害や感情を共有していることが多いからである。市長や市議会議員が都市民の多数派と意見を異にする場合は、ふつう騒動が起きて市長や市議会議員が交代することになる。それに都市の騒動は、ふつう領国の「お上」の意向に沿って解決されることが多い。

1500年のドイツでは、都市住民が全人口に占める割合は小さく、平均して10パーセント以下であった。多い場合でも、せいぜい20パーセント以下である(たとえば、ザクセン侯国)。当時ドイツには大小の都市が約3000あったが、そのうち約2800の都市は人口が1000人以下であった。ルターが住んでいたウイッテンベルク市の人口は約2500人であった。人口が1万5000人以上の都市はドイツに12あったが、一番、人口が多かったケルン市で4万5000人、ついで多かった二

ュルンベルク市で3万8000人であった。ドイツの都市人口は、当時のヨーロッパの都市としては平均的なものであったが、パリ・ナポリ・ミラノ・ベネチア・プラハ・グラナダほど多くの人口を抱えた都市は存在しなかった[67]。

　知的水準が高い都市では、ルターの新しい考え方は普及が早かった。オズメントの言葉を借りると、「宗教改革が都市で成功したのは、文字が読める者が多かったからである。とくに改革運動に熱心であったのは、政治・経済的な力をもつようになった新興勢力であった」[68]。ただ、彼らがルター派の受け入れに熱心であった理由が、はたして諸侯やその役人たちとおなじであったか否かは判断が難しい。経済的な理由として、カトリック教会の財産を手に入れることができたとか、政治的な理由として教会裁判を排除できたとか教会の政治的影響力を排除できたといったことが挙げられるが、農村と違って都市でとくに重要な意味をもったのは、「信者の集まり congregation」が大きな影響力をもっていたということである。ただし、つぎの事実は忘れるべきでない。つまり帝国都市を除いて、どの都市も領国君主の選んだ宗派を受け入れねばならなかったという事実である。

　結局、約65あった帝国都市のうち、半分以上が16世紀中にプロテスタント派を受け入れたのである。それ以外の都市では、カトリック派とプロテスタント派が並存することになった。なかには一時的にプロテスタント派を受け入れながら、後でカトリック派に戻った都市もあった。少なくとも12の帝国都市はカトリック派に留まったのである[69]。以上のことから、はたして宗教改革が「都市の出来事」であり、「都市共同体の考え方」を反映したものであるといえるか否か問題である。宗教改革が「領国の出来事」であって「領国君主が起こした出来事」であり、「お上」の考え方を反映したものだともいえるからである。結局、都市も領国も大きな役割を果たしたということになる。

第7節　農民戦争：大衆による革命

　1524年6月、南ドイツで大規模な農民反乱が勃発した。何十万という武装し

た農民が、職人・坑夫・説教師らと一緒になって起こした反乱であった。すでに1488年、「シュワーベン同盟 Schwäbischer Bund」を結成していた諸侯は鎮圧に乗り出し、1526年初めに反乱は鎮圧されてしまった。反乱に参加した農民や指導者は容赦なく死刑に処され、10万人ほどが戦場と刑場の露と消えたと報告されている[70]。

　反乱を起こしたのが農民だったことから、のちに「農民戦争」と呼ばれることになったが、この反乱は農民のほかに都市・農村の貧民も参加しており、「聖俗の支配者 spiritual and temporal powers」に対する「大衆 common man」の反乱であった[71]。反乱は、ルター・ツイングリ・ミュンツァーらの新しい考え方に基づく平等の実現を目指していた。古典的な革命観の持ち主であるドイツの歴史家ブリックレ Peter Blickle にいわせると、1525年の革命（反乱）は失敗したということになるが、1525年の革命は失敗した革命と考えるべきでなく、むしろ1517-55年の成功した革命の一環と考えるべきである。

　1525年初めに反乱の指導者が公表した「12ケ条」は「キリスト教徒」に宛てたもので、要求ごとに聖書を引用してその正当性を根拠づけている。まず序文で、聖書は「人間愛・平和・忍耐・協力」を説いており、自分たちはこの聖書の教えに基づいて要求を掲げているのに、悪魔が要求の実現を拒んでいると主張している[72]。ついで教区の信者が牧師を選ぶ権利をもつこと（第1条）、穀物に課せられる十分の一税は信者から選ばれる教区委員が集めるべきこと、また集められた税金は牧師の生活費に当てられるべきこと、もし余ればまず貧者に配分されるべきであり、さらに余れば村の防衛費に当てられるべきことが要求されている。「そうすれば貧しい者が税金で苦しめられることは無くなる」というのである。家畜に課せられている税金は、すべて廃止されるべきことも要求している（第2条）。第3条では、一方で「領主が農民を私有財産のように扱う」農奴制の廃止を要求しながら、他方で「神が選んだ正統な支配者には喜んで従う」とも付け加えている。また第4～11条では、狩猟と漁労の制限を撤廃すべきこと・農民に森林入会権を返還すべきこと・賦役の削減・農地の賃貸期間の厳守（領主の都合で勝手に短縮して農地を没収すべきでない）・賃貸料は収穫高

に応じて決定すべきこと・刑罰は「成文化された法律に従い、また事情を考慮して決められるべきであって判事の勝手な判断によるべきでない」こと・村の共有牧場と共有畑の返還・死亡税（遺産相続税）の廃止が要求されている。そして最後の第12条では、「以上の要求が神の言葉に反することを聖書に基づいて証明されれば、我々は喜んで要求を取り下げる」と宣言している。

注目すべきことは、農民の不満が15世紀末－16世紀初めに新たに導入された慣習に向けられていることである。この時期、領主は経済状況の悪化に対処するため、それまで長く認められてきた農民の権利を廃止していた。反乱の大義名分には、たんに古くから認められてきた権利の回復だけでなく、キリスト教の教義に基づいた革命的な平等主義もあった。のちのマルクス Karl Marx を思わせるようなことを指導者のミュンツァーは要求している（彼は再洗礼派であった）。「誰もが必要に応じて与えられるべきであり、これを認めない領主は絞首刑か断頭刑がふさわしい」。このようなキリスト教の教義に基づく平等主義の要求は、南ドイツ各地に登場してきた「キリスト教同盟 Christenbund」のものである。やがて「キリスト教同盟」は1つに統合され、共和国の設立が計画された。小規模な領国は農村共同体や都市共同体が選出した役人が統治する共和国となり、大規模な領国では多くの共同体の「代表者集会 Landschaft」が結成されることになっていた[73]。聖書が憲法であった。聖書にある「公共善 common good」とは貧者の救済を意味し、聖書にある「キリスト教的な人類愛 Christian brotherly love」とは正義をどの身分に対しても平等に適用することを意味するとされた。また「信者共同体の自治 autonomy of Christian community」とは、聖俗の支配者を信者共同体が選ぶことを意味するとされた。このように革命は宗教的な改革だけでなく、政治制度・経済制度の改革も目指していたのである。

この「大衆による革命 revolution of the common man」は、ルターにとって大きな挑戦であった。ルターは暴力に訴える農民に対して批判的であったし、農民の正当な要求を認めようとしない領主に対しても批判的であった。ルターが農民に批判的であったこと、またルターが味方した領主側の苛烈な弾圧が原

因で、南ドイツの農民はカトリック教会に戻ることになった。しかし一旦は農民が再洗礼派に帰依したことで、ドイツ革命はマイナスの意味でもプラスの意味でも大きな影響を受けることになった。マイナスということでは、ルター派の普及を遅らせ、領国君主が皇帝・教皇と戦う上で不利な条件となった。またプラスということでは、結果的に農民の負担を軽減することに成功し、また領国君主の支配を農民が平和裏に受け入れることを可能にした。

1526年にシュパイヤー市で開催された帝国議会は、皇帝の命令で「大委員会 Large Committee」が設立され、農民の不満に対処する方法を模索することになった。この「大委員会」が皇帝に提出した「国民の権利濫用と負担過重に関する報告書 Memorial Concerning the Abuses and Burdens of Subjects」が議論の出発点にしたのが、かつて農民たちが要求した「12ケ条」であった。それまで教皇に支払われていた多くの税金を廃止することが提案された。なぜなら、税金の大部分は大衆が支払っており、それが「反乱と不服従の原因 cause for rebellion and other forms of disobedience」になっていると考えられたからである。さらに家畜税の減額・死亡税（遺産相続税）の減額か廃止・領主が農民に課す賦役の制限も提案された。「報告書」は農奴制の廃止までは提案しなかったが、農民に移動の自由を認めることを提案しており、領主が農民から奪った漁場と森林を農民に返還すべきこと・農民裁判を無視しないこと・刑罰を軽減すべきことを提案している[74]。こうした提案がすべて帝国法として実現したわけではなかったが、農民の要求が正当なものであることを公認する効果はあった。都市も農民の要求を受け入れており、「シュワーベン同盟」に参加していた領国君主も、反乱が鎮圧された後、農民の要求を実現させている[75]。

オズメント Steven Ozment が宗教改革と農民戦争を表裏一体の出来事とし、したがって農民戦争の敗北は宗教改革の失敗を意味するとしたのは間違いだということはすでに指摘したとおりだが、敗北した農民戦争が「後に何も残さなかった」[76]としているのも間違いである。反乱は失敗して苛烈な弾圧を招いたが、農民の要求は認められたのである。

第8節　ドイツ革命がヨーロッパに与えた影響

　ドイツ革命はカトリック教会のあり方を改め、さらに王権を強化するために続いてきたヨーロッパ革命の一環でもあった。1517年にドイツで始まり、やがてポーランド・イギリス・デンマーク・スエーデン・イタリア・スペインに広まっていくことになる。国によって革命のあり方に違いはあった。スカンジナビア諸国ではルター派の普及がドイツ以上に早く、しかも過激な形を取った。1520年代初めにはデンマーク（当時デンマーク領であったノルエーとアイスランドも含む）とスエーデン（当時スエーデン領であったフィンランドも含む）に広まり、しかもルター派以外の宗派は厳しい取締りの対象となった[77]。

　ポーランド（16世紀には、ウクライナ・ベラルーシ・リトアニアと連合王国を形成していた）の貴族も、その多くが1530年代-40年代にルター派に改宗し、また1540年代-50年代には下級貴族の約半分がカルバン派に改宗していた。ポーランドでは最終的にプロテスタントは消滅するが、ルター派はラトビア・エストニア・東プロイセンに広まっていくことになる。この地域は教皇に直属するドイツ騎士修道会の支配地域であった。このドイツ騎士修道会が1525年にルター派に改宗して、修道会は解散されることになる[78]。

　ルター派がドイツから中央ヨーロッパ・東ヨーロッパに広がっていったのに対して、カルバン派はフランス・オランダ・スコットランド・イギリスへと広まっていった。フランスで生まれ、フランスで教育を受けたカルバン Jean Calvin は、まずルター派に改宗し、1535年（26歳のとき）に迫害を逃れてスイスに移住している。1536年に有名な『キリスト教要綱 Institutio christianae religionis』を発表した。ジュネーブに落ち着いて教会改革に携わるが、救済や秘蹟に関する考え方はルターのものと違わない。ルターの考え方と大きく違っていたのは教会組織のあり方に対する考え方と、最終的な決定権をもつのは誰かという問題であった。とくに重要な違いは、カルバンが信者共同体の選出する長老会議を最終的な決定権をもつ機関としたのに対して、ルターは領国君

主に最終的な決定権を認めたことである。

ルター派とおなじように、カルバン派も国によって現われ方が違っていた。フランスでは（「ユグノー Huguenots」と呼ばれていた）[79]、1534年にパリをはじめ4つの大都市で教会の扉（および、アンボワーズ城に滞在中の国王の寝室扉）にカトリック教会の聖餐に対する考え方を攻撃するポスターが貼られた「檄文事件 Affaire des Placards」が切っ掛けで迫害が始まり、それが1562年から30年間、続くことになる「ユグノー戦争 Guerres de religion」を引き起こすことになる（断続的に8回の内戦が繰り返される）。多数のユグノーたちが虐殺された1572年の「聖バルテルミーの虐殺 Massacre de la Saint-Barthélemy」はとくに有名だが、最終的には1598年にアンリ4世が「ナントの勅令」でユグノーの存在を公認して決着している[80]。

オランダでは、1520年代初めにまずルター派が普及し、カルバン派は1540年代-50年代に普及し始めた。皇帝カール5世は1555年の退位を前にして異端審問をオランダで実施し、多くのプロテスタントを処刑している[81]。さらに後継者のフェリペ2世は、軍隊を派遣してオランダを占領している。20年ほどのあいだ断続的に戦争が続いたあと、1581年にオランダはカルバン派のオラニエ侯ウイレム Vilhelm de Oranie のもとで独立を果たした。

そのオランダを援助したエリザベス1世のイギリスでは、1520年代-30年代にプロテスタント諸派の対立に加えて、イギリス国教会内部でもカトリック派とプロテスタント派のあいだで対立が起きていた。イギリスのカトリック派は1534年にヘンリ8世によって非合法化され（その息子エドワード6世もおなじ政策を継続）、1553年にヘンリ8世の長女メアリーによって合法化されたあと、ふたたびメアリーの後継者エリザベス1世によって1558年に非合法化されているが、その後も長く影響力を維持し続けることになった。イギリス国教会の「共通祈禱書 Book of Common Prayer」はカトリック教会の聖務日課を基に作られているが、ルターの影響を強く受けている。ルターの領国君主を重視する考え方がイギリスの事情に合っていたからである。イギリスでルター派は普及しなかったが、ルター派より過激なカルバン派は16世紀後半に普及し、17世紀に

議会優位の制度を作り上げることになる。

　イタリアやスペインのようにカトリック派に留まった国でも、プロテスタントは大きな影響を与えることになった。ただし、影響の与え方はネガティブな形を取っていた。教皇を批判した少数のプロテスタントは異端審問によって粛清されたが、異端審問と死刑執行を担当したのは世俗の支配者であった。とくにスペインでは、異端審問は王権強化の手段として利用された。また教皇も、プロテスタントによる宗教改革に対抗して教皇の権限強化に乗り出している。それを助けたのが、1530年代にロヨラ Ignatius Loyola らによって設立され、1540年に教皇から認可を与えられたイエズス会であった。カトリック教の宣教に熱心であったイエズス会士は、教皇に従順であることを第1に考える宣教師であった。

　のちに「対抗・宗教改革 Counter-Reformation」と呼ばれることになるカトリック教会の攻勢は、積極的な対応策であった。対応策の中身を決めたのは、トリエントの公会議である（1545-47年・1551-52年・1562-62年と3回、開催されている）。カトリック教会の教義を再確認する一方で（信仰のみで救済はえられないこと・7つの秘蹟はすべて有効であること・聖書の解釈権は教皇のみがもつことなど）、プロテスタントが批判した教会のあり方は改善している。聖職者の教育水準を上げたり規律を強化したりしたし、聖書を教会や学校で読むようにしたり、伝承を重視しすぎることなく聖書の重要性を認めたりしている。内縁関係も有効な婚姻と認めていたカトリック教会の姿勢をプロテスタントは批判していたが、そこで教会婚は司祭と2人の証人が立ち会うことになり、内縁関係を有効な婚姻関係と認めないことにした。イエズス会は俗人教育に熱心で、ヨーロッパ中で多くの学校を創設している。その教育効果の高さはプロテスタントも認めており、プロテスタントの子弟も喜んで入学するほどであった。

　スペインなどで実施された改革は、プロテスタントに対抗するために行なわれたわけではない[82]。たとえば、トレド大司教（のちに枢機卿）のシスネロス Francisco Jimenez de Cisneros は聖書の重要性を認め、1517年にギリシャ語・ヘブライ語・ラテン語（ラテン語は、伝統的にカトリック教会で使われてきたヒエロ

ニムス Hieronimus のウルガタ版に代えて新しく翻訳）の聖書を横に並べて印刷したものを出版している[83]。また1506年には、聖職者のために大学を創設し、彼の周辺には優れた学者が数多く集まっていた。なかでも有名なのが神学者・法学者のビトリア Francisco de Vitoria で、彼が書いた『法律論 De Lege』と『戦時国際法論 De Jure Belli』は、のちにプロテスタント法学者が参考にしたほどである[84]。ビトリアを始めスペインの法学者たちはアクイナス Thomas Aquinas の復権と新解釈を主張して「ネオ・トマス主義者 neo-Thomist」・「ネオ・スコラ学者派 neo-scholastic」と呼ばれているが、彼らが作り上げた法思想・法学はプロテスタント法学者の業績に匹敵するものである[85]。

　ドイツ革命の影響は政治的な面でも大きかった。ヨーロッパ全土で「支配者が宗派を決めるやり方 Konfessionalisierung」が採用されることになった[86]。支配者が決めた宗派が、その国の宗派とされることになった。カトリック教会の場合も、各国べつの教会が連合体を形成するような形を取ることになった。トリエントの公会議で教義は統一されることになったが、各国の法制度は国王の統制下に置かれることになったからである。1つのカトリック教会圏がいくつもの国に分かれていたのが、国別に宗派を決める体制に変わってしまったのである。

　この「国家と宗派の一致」が、初めてヨーロッパ全土を巻き込むことになる三十年戦争（1618-48年）の原因となった。1555年の「宗教和議」はドイツの内戦を終結させたが、およそ60年後にオーストリア皇帝フェルディナント2世は、プロテスタント諸侯に没収されたカトリック教会の地位と財産を取り戻すべくプロテスタント諸侯に対して攻撃を開始した。それから30年間、主としてドイツを舞台に皇帝の傭兵軍とデンマーク・スエーデン両国王の傭兵軍が戦いを繰り返し、さらにフランス・スペイン・イギリス・オランダなどが参戦することになった[87]。宗教的な動機は無視され、おなじカトリック教国のフランスとスペインが戦ったりしし、傭兵の将軍たちが雇い主の国王に合わせて宗派を変えたりするようなことが平気で行なわれた。ドイツの農村も都市も、この戦争で大きく荒廃することになる。たとえば、アウグスブルク市の人口は戦後、8

万人から1万6000人に激減し、ドイツ全体の人口も、1200万人から800万人に減少している。この荒廃からドイツが立ち直るのに、およそ1世紀半かかっている。

　三十年戦争はウエストファリア講和会議で終結するが、そのとき採用された原則は90年前のアウグスブルクの宗教和議とおなじであった。つまり君主が自国の宗派を決定できることになったのである。もっとも、アウグスブルクの場合と違って君主が選んだ宗派以外の宗派も存在が許され、子供の宗教教育も自由に行なえることになった。こうしてヨーロッパでは、ルター派・カルバン派・カトリック派が共存できる寛容の原則が確立したのである。ただしプロテスタント教国では聖職者の特権は剥奪され、聖職者も俗人とおなじように国の法制度に従うことになった[88]。

　ドイツ革命で確立した原則、つまり君主が教会・国家をともに支配下に置くという原則がウエストファリア講和会議で再確認されたわけだが、これが国際法の新しい原則である「国家の平等 state sovereignty」という考え方を生み出すことになった。ドイツの領国のみならず、ヨーロッパのすべての国家が平等な権利を認められることになった。かつて神聖ローマ帝国に属していたスペイン・オランダ（ネーデルラント連邦共和国）・スイス・オーストリアなどは、すべて平等な権利をもつ国家として存在が承認された。逆に神聖ローマ帝国は名前だけの存在となり、法制定権・課税権・軍隊を動員する権利を失って、ふたたび国家として機能することはなかった。

　つまり、ドイツで「宗教和議」の結果、確立した原則が、ヨーロッパ全土に拡大したのである。ふつう近代的な国際法の体系は1648年のウエストファリア講和会議に始まるとされるが、本当の始まりは1555年のアウグスブルクの「宗教和議」なのである。

第9節　法制度の改革

　ルターの宗教改革やドイツ革命の歴史は、よく知られたことである。しかし、

それが法制度の改革と密接に結びついていたこと、つまり16世紀にドイツなどで法制度を改革した人物がプロテスタントの教義に強く影響されていたことは、あまり知られていない。その理由として、いわゆる「中世」に法制度がキリスト教の教義と密接に結びついていたことが16世紀に忘れられてしまったことがある。またドイツなどプロテスタント教国で法制度の形成に君主が大きな影響を与えたことが無視されてきたことも、その理由として考えられる。歴史家は宗教改革には注目するが、16世紀にドイツの法制度が大きく変わったことには、あまり注目しない。また法制史家は法制史家で、法制度の変化が宗教改革と密接に結びついていることを無視してきた。これではドイツ革命の本当の姿は見えてこないことになるし、今後、法制度のことを考えるうえでも問題になってくる。

　ルターによる宗教改革が始まったとき、改革運動の指導者たちは古い法制度を非難攻撃しただけでなく、法制度そのものを不要と考えていた。革命が開始されたばかりの頃は理想ばかりが強調され、ルターは信仰さえあれば問題ないと考えていた。教会の法制度が「天上の国ゆき」を保障するとしたカトリック教会を批判したルターは、神の「慈悲 grace」だけが「天上の国ゆき」を可能にするとして、法制度の必要性を認めなかった。「信仰と法制度は敵同士の関係にある」と彼は書いている。「神を信じている法律家など存在しない。……彼らが法律を学ぶのは金銭欲のためである」[89]。さらに再洗礼派は、聖書さえあれば信者どうしの問題は解決できると考えていた。このように教会法だけでなく、世俗法（新しく体系化され近代化されたローマ法で、まず都市法として普及し、ついで王国法、1495年以降は帝国法に導入される）までが攻撃の対象とされていたのである。

　しかし改革が進むにつれて、法制度の必要性が認識されるようになった。とくに1524-25年のミュンツァー率いる農民蜂起が、そのことを痛感させた[90]。このとき、罪まみれの「地上の国 earthly kingdom」も神が創ったものであり、その存続のために法制度が必要なことをルターは認めている。こうしてルターと領国君主・都市当局は手を結ぶことになり、新しい法制度の登場が可能にな

った。

　詳しいことは以下の章で説明することにして、さしあたり簡単に何が起きたかだけ説明しておく。1517-55年のドイツ革命が成功したといわれるのは、革命が実現を目指した理想が法制度として永続的な形を取ることができたからである。

　ルターと領国君主の協力で新しい法制度が作られ、それが聖・俗の世界を支配することになった。プロテスタント派を選んだ領国・都市では、1530-40年代に「法令 Ordnungen」が公布されてカトリック教会は閉鎖され、断食・懺悔・聖人崇拝・免罪・死者のためのミサ・托鉢修道士への献金・教会暦の祝祭や休日などが禁止されることになった。オズメント Steven Ozment の言葉を借りるなら、「あまりにもプロテスタントの教義に忠実な法令を作成したため、とても法令とは思えないようなものができてしまった。不注意な読者なら、1520年代の説教や宗教文書と勘違いすることであろう」[91]。

　領国君主・都市当局は、教皇に代わって教会の問題を処理することになっただけでなく、婚姻・家族・不道徳な行為の禁止・公教育・貧者救済など、それまで教会が処理していた世俗の問題も領国君主・都市当局が処理することになった。不倫・遺棄が新たに離婚理由として追加され、異端・瀆神・異常な性行為・浮浪・乞食・不品行・贅沢な服装は犯罪とされた。また公教育と公共図書館が聖堂付属学校に代わって登場し、大学も教会に代わって領国君主・都市当局が監督することになった。領国君主・都市当局には誰もが聖書を読めるようにする義務があるとされ、すべての子供たちに初等教育を行なわねばならなくなった。寡婦・孤児・病人・老人の世話は、それまで教会法に基づいて修道院など教会施設が担当していたが、これも領国君主・都市当局が世俗法に基づいて担当することになった。

　領国君主・都市当局が公布した法令で新しい法制度が導入されたように見えるが、その原型は教会法にあった。担当者が教会から世俗の支配者に交代しただけなのである。教会法が世俗化されると、今度は世俗法が教会法に代わって「神聖視される spiritualisation」ことになった。

領国君主とその役人が支配者になることで、「身分制国家 Ständestaat」が「領国 Fürstenstaat」ないしは「宮廷国家 Hofstaat」に変わったのである。「身分制国家」では、高位聖職者・大貴族・第3身分（下級貴族・富裕な商人）が支配層を形成し、農民・職人などは政治的な発言権を認められていなかった。15世紀になるとヨーロッパでは、国王・領国君主などが支配権を強化していたが、それでも課税するには身分制議会の承認が必要であったし、宰相クラスの役人は高位聖職者に頼るしかなかった。こうした事態を変えてしまったのがドイツ革命であった。農民や職人のような低い身分の出身者が大学教育を受けて役人として活躍するようになり、プロテスタントの領国君主は教会財産を没収で手に入れただけでなく、独自の課税権も手に入れたのである。身分制議会は廃止されず、統治にはその同意が必要とされることもあったが、基本的には役人に対する不平不満の表明場所になってしまった。実権を握ったのは、「宮廷会議 Hofrat」と「宮廷裁判所 Hofgericht」であった[92]。

　領国君主を「国父 Landesvater」と位置づけたルターは、領国君主に立法権を認め、また国民は理不尽な命令でも領国君主に従うべきだとした。なぜなら、領国君主は神が認めた地位だからである。ただし、領国君主の命令が神の課した使命を逸脱していると考えられる場合、逆に国民は命令を拒否する義務があるとした。ただルターは、抵抗権の承認に消極的であった。なぜなら、聖書は専制に耐えることを説いているからである。ルターはカトリック教会の不正と悪法には徹底的に抵抗することを呼び掛けていながら、「真にキリスト教的な支配者」と彼が呼んだプロテスタントの領国君主には、抵抗しないよう呼び掛けている。

　抵抗権の問題はともかく、領国君主が専制君主になるのは事実上、不可能であった。まず領国君主は役人を使って統治しており（君主と役人が「お上 Obrigkeit」であった）、その役人も領国君主と同様、「公益 public interest」を念頭に置くことが義務づけられていた。それに役人は領国君主に対して強い立場にあった。領国君主が気に入らなければ、他の領国に出ていくことができたからである。大学教授も「お上」の一員であったが（そこで聖職者以上に誠実さが

求められた)、彼らも自由に大学を移動することができた。

　よく似た立場の領国君主が事実上の連合体を形成していたことも、領国君主の専制化を防ぐうえで効果的であった。1517年までの神聖ローマ帝国は、皇帝を頂点に諸侯・辺境伯などが階層状に存在し、さらに聖職者・貴族・都市民の諸身分があって、お互いに複数の法制度に縛られていた。ところが1555年以降、すべての領国君主は対等であるとされるようになった。もちろん領土の広さや豊かさに違いはあった。しかし、どの領国君主も宗派は自由に選べたし、「法律 Landesrecht」も自由に制定することができた。自由に役人や顧問を選ぶこともできたし、事実上の連合体を形成している他の領国君主の承認さえあれば、独立国として自由に外交政策を展開することもできた。

　また「領国 Land」という新しい領域概念が登場してきたことも、領国君主の専制化を防いでいた。1500年以前、君主たちは複雑な封建関係に縛られており、自国内で自由に支配権を行使できたわけではなかった。ところが16世紀になると、複雑な封建関係を排除した領域支配権が登場してくることになった[93]。それが「領国」であり、その「領国」がお互いに牽制しあうことで、領国君主の専制化が防止されていた。

　さらに「法治国家 Rechtsstaat」という新しい統治概念も、領国君主の専制化を防いでいた。領国君主は自由に法律を制定できたが、領国君主もその法律に縛られていたのである。ルター派の教義、つまりすべての人間は十戒に代表される聖書の戒律と、神が人間の良心に植え付けた自然法に縛られているとする考え方も、領国君主の専制化を防いでいた。つまりドイツの領国君主は、絶対君主というより立憲君主だったのである。

　教会の法制度を廃止したプロテスタント派の領国では、刑法・民法などの法制度の他に、法思想・法学の分野でも空白が発生してきた。この空白を埋める作業がこの本のテーマになるわけだが、ここでは簡単につぎのことを指摘しておきたい。つまり刑法の分野において、ヨーロッパで初めて(あるいは人類史上、初めて)体系的で包括的な法制度が実現したということである。また民法も含めたドイツの法制度全体の特徴として指摘できることは、議会による立法で法

制度が整備されるのではなく、大学の法学者が書く論文と、これを裁判所で適用する判事の判決によって法制度が整備されたということである。これもヨーロッパ最初の快挙であり人類史上、初の快挙といえるかもしれない。ドイツの「法治国家」では、学者の書く論文が法令や慣習と並んで重要な法源になっていた。

　刑法と民法の体系化においては、ルターの法思想も大きな役割を果たしている。ルターによれば、法律の規定は可能な限り意味が明確でなければならないし、人間の本性は邪悪であり、法律によって強制しない限り悪をなくすことはできない。自然法だけで悪は排除できないのである。また判事が法律の適用を恣意的に行なう可能性があり、そこで法律の規定は可能な限り意味が明確でなければならないのである。さらに法律の意味を解釈するに際しては法制定の目的を重視すべきであって、そこから論理的に結論を導き出すべきであるとルターは考えていた。法は「適用すべき to apply」ものであって、スコラ学者が考えていたように「発見すべき to find」ものではないのである。スコラ学者は、権威ある文献の欄外注や注釈から一般的な原則を引き出してくることしか考えていなかった。

　このように「法原則 legal principles」を論理的・体系的に具体的な事案に適用する方法が採用された結果、大学教授の役割が決定的に重要な意味をもつことになった。16世紀になると「難しい事案を大学の法学部に送って裁定を仰ぐ習慣 Aktenversendnug」が登場してくることになり、領国や都市の裁判所のみならず帝国の最高裁判所ですら、判断に苦しむと事案に関するすべての書類を大学の法学部に送り、大学教授が出した結論を判決として採用した。この制度は1878年に廃止されるが、それがドイツの法制度に与えた影響は計り知れない。大学教授は多くの時間をこの作業に割くことになるが、それだけに実入りのよい作業でもあった。包括的な論文を書いて法制度を体系化するというドイツ特有の法学のあり方は、ここからくる。また刑法については、包括的で体系的な立法が行なわれることになるのである。

第10節　残された課題

　1500年代初めのドイツ革命と1600年代中頃のイギリス革命の時代に、なぜ法制度の全面的な改革が必要とされたかという事情については、以下の章で詳しく見ていくことにするが、最後にドイツ革命でもイギリス革命でも解決されずに残された問題と、今後の研究課題について触れておきたい。

　まずユダヤ人解放の問題が残された。16世紀のルター派の領国や都市でも、あいかわらずユダヤ人はキリスト教に改宗しない限り「ゲットー」と呼ばれた特別な地区に住むことが義務づけられ、ユダヤ人であることが判るようダビデの星を身につけることが義務づけられた。また職業も限定され、主として金貸し業が彼らの仕事となった。そんなユダヤ人は君主・貴族にとって好都合な存在で、君主・貴族は彼らの存在を歓迎していた。しかし金貸し業者以外のユダヤ人は排斥され、容赦ない迫害の対象とされた。イギリスのカルバン派は寛容で、1290年の追放から500年後にユダヤ人をふたたび受け入れているが、それでもゲットーは廃止されず、またイギリス人とおなじ権利は認めていない。

　魔女が犯罪でなくなるのも、もっと後のことである。1490年の教書で教皇インノケンチウス8世は、初めて魔女を悪魔に自分を売った異端と定義している。それ以降、魔女とされた者は異端の罪に問われることになった。16-17世紀に作られた魔女取締法は、カトリック教国でもプロテスタント教国でも似たような内容になっている。ユダヤ人に対して寛容だったイギリスのカルバン派も、この問題ではルター派のドイツやカトリック教国より厳しかった。

　また戦争法規が国際法として登場してくるのも、もっと後のことである。おなじカトリック教会圏に400年も属していながら、ヨーロッパでは戦争が絶えることがなかった。15世紀には、おなじカトリック教国のフランスとイギリスが断続的に100年にわたって戦争を続けていた。1648年のウエストファリア条約で初めて戦争法規が登場してくるが、その規制範囲は狭いものでしかなかった。

この本で触れることができなかった重要な課題に、カトリック教国で実施された法制度改革の問題がある。スペインでは、15世紀末-16世紀初めに法制度と法思想が大きく変わり（カトリック改革 Catholic Reformation）、スペインの教会は国王の統制下に置かれることになった。異端審問で有名なフェルディナンド2世とイサベラ1世の共同統治の時代（16世紀）に、「ネオ・トマス派」と呼ばれた有能な法学者がルター派より早く新しい法思想・法学を登場させていた。プロテスタントに対抗するために設立されたイエズス会はプロテスタントに対抗的な姿勢を強調していたが、16世紀に登場してきたスペインの法学者は同時代のドイツの法学者と似たことをやっており、お互いの仕事を評価しあっていた。このスペインの「遅れてきたスコラ学者」とドイツの「早すぎた聖書学者」を比較した本を、そのうち書いてみたいものである（この課題を果たせないまま、2007年11月にバーマンは逝去）。

第2章　ルター派の法思想

　従来の法制史は、16世紀にルター派の法学者が果たした役割を無視してきた。16世紀の出来事は、中世のスコラ学者と17世紀の近代法学のたんなる通過点としてしか考えていなかったのである。「16世紀の法学者は、近代法学の門番にすぎず……独自の法学を確立できていない」というのが、ふつうよく見られる評価であった[1]。せいぜい「中世」（括弧つきなのは、バーマンが時代区分の仕方として「中世」を認めていないから。すぐあとの「ルネサンス」もおなじ。「序論」を参照）を代表するアクィナス Thomas Aquinas・オッカム William of Ockham からホッブス Thomas Hobbs・ロック John Locke のあいだを仲介しているにすぎないと考えられていた。また16世紀の法学はルターの宗教改革ではなくて、イタリア・フランスの「ルネサンス」法学（ローマ法の原義探求と体系化を目指していた）と結びつけて考えられるか、アクィナスの再評価を進めていた「ネオ＝トマス主義者 neo-Thomism」・「ネオ＝スコラ学派 neo-scholastism」と結びつけて考えられていたにすぎない[2]。ルター派の法学者は無視されたままであった[3]。

　またルターしか注目されず、他の法学者は無視されたままであった。ルターが断片的に書き残した法学関係の文書だけに注目し、教義などに関する文書を無視してきたし（ルターは教義の問題を論じるときも法学の問題に言及している）、メランヒトン Philip Melanchthon・アペル Johann Apel・ラグス Konrad Lagus・オルデンドルプ Johann Oldendorp らを無視してきた。

　その理由として考えられるのは、ルターの改革が宗教に限定されていたと誤解していたことである。法制度の問題を世俗の支配者の問題にしてしまって、ルターが問題にしたのは宗教だけだったと誤解したのである。誤解の原因を作ったということでは、トレルチ Ernst Troeltsch の責任も大きい。「プロテス

タントの法理論・法制度は、中世のままであった」と彼は書いている[4]。このような視点を前提にすれば、ルター派の法学者がやったことには独創性がないとか、せいぜい折衷的で表面的なものにすぎず、キケロや教父たちがいっていたことと大して違わないということになるのも当然である。しかし、事実は逆であった。ルターの「地上の国」と「天上の国」を対比させる考え方、法制度と信仰を結びつける考え方は、新しい神学だけでなく新しい法学を生み出していたのである。

　ルター派の法学は、はたして自然法学派に属するか実定法学派に属するかといったことを問題にする研究者もいる。「分析法学 analytical jurisprudence」の手法に従って、法令の性質・権利の源泉・法制度の定義・政治制度との関係などを検証しようというわけだが、こうした問題設定の仕方では、ルター派の法学者がやり遂げたことは理解できない。

　ヨーロッパ独自の法制度の登場は、11世紀末-12世紀初めの教皇革命のときのことである[5]。このとき初めて教会法学者・ローマ法学者が、法制度のあり方・目的・根拠・種類と正義や秩序と法制度の関係を明らかにしたのである。彼らはプラトン・アリストテレスを引用し、ギリシャ・ローマのストア派や教父たちを引用しているが、彼らが法学を哲学や神学と混同することはなかった。

　さらに12-13世紀になって、ヨーロッパ独自の法制度がその輪郭を明確にしてくることになった。当時の法学者によれば、「人の法 human law」は「自然法 natural law」、自然法は「神の法 divine law」に基づいており、自然法は「知性 reason」だけを頼りに知ることができるが、「神の法」は聖書と教会の伝承も手掛かりにする必要がある。人間は利己的で自惚れや権力欲が強く、自然法や「神の法」に反する「実定法」が登場してくる可能性があるが、「知性」によってそれを正すことができるので、犯罪は罰せられるべきこと・契約は守られるべきこと・信義は大切にされるべきこと・嫌疑を掛けられた者には反論の機会が与えられるべきこと・法令や手続きは正義の実現にふさわしいものであるべきことなどを人間が了解することは可能なのである。

　12-13世紀に登場してきたこのようなカトリック教会の考え方は、ルター派

の法学者も受け継いでいた。またルターがスコラ学者を攻撃したやり方は、かつてスコラ学者が採用したやり方とおなじであった。

しかし、それでもルター派には革命的な側面があった。以下でそのことを詳しく説明するつもりだが、ルター派を代表する人物としてルター Martin Luther・メランヒトン Philip Melanchton・オルデンドルプ Johann Oldendorp の 3 人を取り上げてみたいと思う。3 人とも神学・哲学・法学を習得していたが、どちらかというとルターは神学、メランヒトンは哲学、オルデンドルプは法学が得意であった。

第 1 節　ルターの法思想

まとまったものは書いていないが、ルターは法学に強い関心をもっていた。1501年にエルフルト大学に入学したとき、父親からローマ法に関する本を与えられて法学を勉強するように勧められ、哲学・神学・教会法で1505年に修士号を取ったあと、法学の博士課程に進学している。2ケ月後に大学を辞めてエルフルト市のアウグスチノ修道院に入ることになるが、教会法の研究は続けていた。1510年にはアウグスチノ修道会内部の争いで、エルフルト支院を代表してローマの教皇庁に赴いたこともあった。1511年に新設されたばかりのウイッテンベルク大学で神学部教授に就任し、そこでシュルフ Hieronymus Schürff・アペル Johann Apel らと知り合っている。2人とも優れた法学者であった[6]。

1517-22年にルターは教皇と激しい論争を展開することになるが、そのとき神学の知識と教会法の知識が役に立つことになった。1517年の「95ケ条の提言 Die 95 Thesen」でルターはカトリック教会の信仰のあり方を批判しているだけでなく、教会法も批判している。彼にいわせれば教皇の権限に法的根拠などなく、カトリック教会は聖書の教えを無視しているのである[7]。

その後、20年にわたってルターは旧約聖書に関する注釈や説教を行ない、また有名な『教理問答 Katechismus』で十戒について詳しく解説しているが、そこでルターはローマ法と教会法を数多く引用している。また婚姻・犯罪・高利

貸・財産・商業・社会福祉などについて講演を行なったり、論文を書いたりしていた。救貧法・学校法のりっぱな草案を起草したこともあるし、ローマ法の復元に協力したり、大学の法学教育改革に努力したりしている。ヨーロッパ中の法学者と頻繁に手紙のやり取りもしていた[8]。

ルターによれば、すべてのキリスト教徒は「神の法 divine law」たる十戒に従って日々の生活を送るべきであり、また十戒の趣旨に沿って制定された法律に従うべきなのである。世俗の支配者は神に代わって「地上の国 earthly kingdom」を支配するのであり、したがって制定する法律は「神の法」に従ったものでなければならず、気まぐれで恣意的な支配は許されないのである。十戒は自然法そのものであり、そこで異教徒も十戒には従わねばならない[9]。またローマ法は人間の「知性 reason」を結集したものだが、罪深い人間が作ったものなので欠陥があるのは止むをえないとしている[10]。

「政治制度も経済制度も知性 reason が作るものである。つまり知性こそが最も重要であり、法律の制定にも正義の実現にも知性の存在が欠かせない」[11]。「知性」はキリスト教徒だけのものではなく、「異教徒の本でも美徳・法・知性の大切さが説かれている。しかし聖書のように、天上の国で永遠の命を手に入れる方法は説かれていない」。ホメロス・プラトン・デモクリトス・ウエルギリウス・キケロ・ウルピアヌスらは偉大であったが、あくまでも「地上の国の使徒・預言者・神学者・説教師にすぎない」のである[12]。

このように、ルターの法思想は基本的にカトリック教会のものとおなじであったが、その基礎となる考え方は違っていた。カトリック教会の考え方によれば、「良心 conscientia」は「知性に仕える召使 handmaiden of reason」にすぎないのである。人間には「理解能力 synderesis」・「応用能力 conscientia」があり、「理解能力」を使って自然法の何たるかを知り、「応用能力」を使って実際にそれを応用するのである。たとえば、隣人を大切にしなければならないと考えるのは「理解能力」のおかげであり、さらに「応用能力」を使って貧しい人や困っている人を助けたり、約束を守ったりするのである。スコラ学者にいわせれば、「知性」は認識を司る知的な能力であり、認識したことを実際に応

用するだけの良心より優れていた[13]。逆にルターは、「知性」より良心が大切であると考えた。ルターによれば、良心は自然法を人間に教えるだけでなく、「神と人間を結びつける絆 bearer of man's relationship with God」なのである。人間の考え方や行動の仕方を決める「宗教的な基本枠組み religious root」なのである[14]。「良心が働かなければ知性は働かない」が、「良心が働けば知性も働く」のである[15]。どんな人間にも善悪の区別をする能力があることはルターも認めていたが（それは知性のおかげである）、この能力はカトリック教会がいうように良心と無関係であるとか、良心より優れているとは考えなかった。ルターによれば、良心は信仰から生まれるものであり、良心は「神の法」や自然法を実際に応用するときに必要なだけでなく、そもそも「神の法」とは何か・自然法とは何かを知るためにも必要なものなのである。

ただし、こうした能力を身につけたからといって天国ゆきが保証されるわけではなかった。実定法も自然法も「神の法」も「地上の国」のものであり、「天上の国」とは無関係なのである。ルターによれば、たとえ法制度は神から与えられたものであっても、神へ至る道を保証するものではなかった。神へ至る道を保証するのは「信仰のみ sola fide」であり、神へ至る道を示しているのは「聖書のみ sola scriptura」であった。十戒をはじめ、すべての戒律は罪深い人間のために神が与えてくれたものだが、それに従ったからといって人間の罪が消えてなくなるわけでなく、また神へ至る道が保証されるわけでもないのである[16]。

それでは戒律をはじめ法制度は、いったい何のためにあるのか。神は何のために、そんなものを人間に与えたのか[17]。カトリック教会では、こうした疑問が発生してくる余地はなかった。法制度は信仰とおなじように神が人間に与えたものであって、その存在を疑問視すること自体、問題になりえないからである。法制度の「効用 uses」が問題になりえないのは、信仰や神の効用が問題になりえないのとおなじなのである。

ところがルターは、「法制度の効用 usus legis」を3つ挙げている。まず刑罰によって脅すことで、人間が間違ったことをしないようにできる。この効用

をルターは、「政治的効用 political utility」と呼んでいた。罪深い人間といえども悪事は避けるべきであり、両親を大切にする・殺人を犯さない・盗みをしない・貞節を守る・偽証はしないなど、十戒が要求する戒律は守らねばならないのである。そうすれば、「地上の国で平和と秩序が維持できる」のである[18]。罪深い人間は戒律を守りたがらないが、刑罰で脅せば守ることになる。この「政治的効用」は「神の法」である十戒にも、また実定法にも認めることができるものであった[19]。

19世紀に登場してきた「実定法主義 positivism」も、この「政治的効用」を根拠にしていた。ルターによれば「世界を破滅から守り、平和を維持することで商業活動などを守るには、厳しい刑罰が必要」なのである[20]。秩序維持のためには明確な規則が必要で、それは犯罪を防ぐためだけでなく、判事が規則の適用を恣意的に行なうのを防ぐためにも必要なのである。悪い時代に自然法だけで悪を防ぐことは不可能であり、法制度が不可欠なのである[21]。ルターも法制度が国家の意志の現われであり、国家の意志を強制するために刑罰が用意されているとする点では「実定法主義」とおなじなのであった。

ただルターの考え方は「実定法主義」と違って、国家や国家の意志の現われである法制度や国家の意志を強制するための刑罰は、すべて神が人間に与えたものだと考えていた。つまり法制度には「神学的効用 theological utility」もあるということになる。「神の法」・自然法・実定法によれば、人間は神と隣人に奉仕すべきことが義務づけられているが、同時に神の助けなしには義務の遂行は不可能なのである。つまり法制度があるからこそ、人間は神を必要とするようになるのである。その根拠としてルターは、パウロの十戒に関する発言を挙げている。つまり十戒があるのは、信者に罪を自覚させて改悛を迫るためなのである[22]。

さらに3つ目の効用として、ルターは「教育的効用 educational utility」を挙げている。悔悛を済ませた信者が、さらにりっぱな行為を行なうよう促す効果のことである。この「教育的効用」についてルターは直接、言及していないが[23]、彼が書いたものから間接的に知ることができる[24]。ルターのこの3つの

効用について詳しく説明しているのは、ルターの同僚であり親友であったメランヒトン Philip Melanchton であった。

第2節　メランヒトンの法思想

　ルターが「神の正義 justice of God」を説いたのに対して、メランヒトンは「社会正義 social justice」を説いた。メランヒトンの社会正義論は、「アリストテレス・アクィナス・ライプニッツらが説いた社会正義論や、19世紀のドイツ法学が説いた社会正義論に匹敵する内容になっている」のである[25]。ディルタイ Wilhelm Dilthey はメランヒトンを「宗教改革運動の良心 ethicist of the Reformation」と呼んでいるし、「スコラ学者の詭弁から哲学を救った16世紀最大の哲学者」とも「新しい息吹を吹き込んだ哲学者」とも呼んでいる[26]。同時代の人たちは、メランヒトンのことを「ドイツの導き手 praeceptor Germaniae」と呼んでいた[27]。メランヒトンの正義論は、それまでのカトリック教会やアクィナスの正義論と違って、新しい「自然法理論」や「実定法主義」に基づく社会正義論であった。

　1497年に生まれたメランヒトンは10歳のときに両親をなくしたが、早くから天才の評判が高かった。ハイデルベルク大学で学士号を獲得したのが14歳のときで、17歳でチュービンゲン大学の修士号をえている。1514-18年に（18-21歳のときに）出版社で編集の仕事をしており、そのとき自分で翻訳したギリシャ語の詩とギリシャ文法の本を出版している。

　1518年（21歳のとき）にウイッテンベルク大学に最初のギリシャ語教師として赴任し、「教育改革について」と題する見事な就任講演を行なっている。その講演でメランヒトンは同僚たちに「不毛で無意味なスコラ学を捨て」、ギリシャ古典と原始キリスト教に帰るべきだと説いていた[28]。メランヒトンの講演を聴いたルターはこれを賞賛し（当時、ルターは35歳)、この若い同僚を終生の同志としたのである。

　ルターの影響を受けたメランヒトンはルターの支持者となり、ウイッテンベ

ルク大学でギリシャ語と弁論術を教えるかたわら、神学の研究に携わることになった。1519年に神学で学士号をえている。やがて神学教授として有名になり、600人もの学生が彼の講義を聴きにきたという。彼はルター神学の普及者でもあった。1519-20年にルターの神学を擁護する論文をいくつか書いており、またルター神学を紹介した小冊子も書いている。1521年には、有名な『神学総論 Loci Communes Rerum Theologicarum』を書いているが、これはルター派の神学を体系的に説明した最初の論文であった[29]。

1520-30年代のカトリック教会とプロテスタント過激派を相手にした論争では、ルター派の中心的な存在であった。1530年に『アウグスブルク信仰告白 Confessio Augustana』を書いて帝国議会に提出し、翌年にはカトリック教会の批判に答えて『アウグスブルク信仰告白の弁明 Apologia Confessionis Augustanae』を書いている。また、1537年には『シュマルカルデン条項』の起草にかかわっている。その他、ルター派の教理問答や聖書の解説書を数多く書いており、また『神学総論』を何度も書き改めている（1535年・1543年・1555年・1559年）。

メランヒトンが書いたものは、情熱的なルターが書いたものと違って体系的・論理的だが、その意味することはおなじであった[30]。のちに弟子たちはルター派とメランヒトン派に分かれて対立することになるが、ルターとメランヒトンが主要な問題で意見を異にすることはなかった[31]。メランヒトンはギリシャ・ローマの古典をよく引用しているが、つねにルターの「両国論」・人間不信・「信仰のみ」・「聖書のみ」・天職論・万人司祭論に合わせてギリシャ・ローマの古典を解釈しなおしている[32]。

メランヒトンは法思想についても多く書いており、大学でローマ法について講じていて、法制度の神学的・思想的な根拠について論じている。都市法・領国法を数多く起草し、難しい事案について何度も参考意見を述べたりしていて、ルター派の法思想を体系的に展開している。以下でそれを3つに分けて説明することにする。(1)自然法と「神の法」の関係、(2)自然法が社会生活で果たす役割、(3)自然法と実定法の関係[33]。

(1) 自然法と「神の法」の関係

すべての人間の心には人間として守るべきルールが書き込まれており、そのルールは「知性 reason」によって知ることができるとしている点では、メランヒトンもカトリック教会もおなじであった。またメランヒトンはカトリック教会とおなじように、これを「自然法 lex naturae, jus naturale」と呼んでいた。神が人間に「知性」を授けたのは、人間がこの自然法を知り、かつそれに従うためであった。

しかしメランヒトンは、人間の本性を説明するために自然法をまったく新しい視点から解釈しなおしている[34]。ルターの「両国論」に従って、神はすべての人間に「理解能力 elements of knowledge, notitiae」を授けてくれたが、それは天上から人間を照らしてくれる「光 natural light」であり、これがないと人間は「地上の国」で生きていけないと考えた[35]。この能力には、論理的に考える能力、たとえば全体は部分より大きいとか、モノは存在するか存在しないかのいずれかであるといったことが判る能力のほかに、神はよき存在である・社会を害する行為は罰せられるべきである・約束は守らねばならないといったことを理解する「善悪の判断能力 moral concepts」も含まれているのである[36]。

以上の能力はすべての人間が生まれながら神から与えられているもので、その存在は人間が「知性」を使って論理的に探求しても、その存在を確かめることはできない。なぜなら、それこそが「知性」の「生みの親 premises」だからである[37]。この点で、メランヒトンはカトリック教会と違っていた。カトリック教会によれば、「善悪の判断能力」は、人間が「知性」を使って論理的に探求すれば、その存在を確認できるはずであった[38]。またメランヒトンは、すべての人間が生まれながら「善悪の判断能力」を神から与えられているからといって、正義がすべての人間に受け入れられるとは限らないとして、これを肯定するスコラ学者を批判した。彼が「万民法 jus gentium」を自然法と認めなかった理由は、これである[39]。

すべての人間は原罪によって堕落しており、したがって人間が善悪の判断能力をもっていない可能性があるし、もっていても十分に能力を発揮できないでいる可能性がある[40]。スコラ学者も「知性」が我欲によって歪められることは認めていたが、メランヒトンのように、つねに歪んでいるとは考えなかった。メランヒトンによれば、人間は強欲で権力欲が強く、「知性」はつねに悪い方にしか働かないのである（ルターもおなじように考えていた）[41]。

そこでメランヒトンの「自然法理論」はジレンマに陥ることになった。一方で「自然法とは知性によって知ることができる神の法のことである」[42]としながら、他方で人間は堕落しているので「自然法を正しく認識できない」[43]としているからである。このジレンマをメランヒトンは、聖書を持ち出すことで解決した[44]。聖書（メランヒトンによれば、これこそが「神の法」である）に依拠すれば、堕落した人間も正しく自然法を認識することができるのである[45]。「神の法」は十戒に要約されていると考えたメランヒトンは、十戒を最初の３つの戒律と後の７つの戒律に分け[46]、前の３つは神と人間の関係を規定しており（我の外なにものも神とせず偶像も刻んではならない・神の名を濫りに口にしてはならない・安息日には仕事をしてはならない）、後の７つは人間同士の関係を規定している（両親を敬え・殺してはならない・姦淫してはならない・盗んではならない・嘘をいってはならない・隣人のものを欲しがってはならない）とした。

このようにメランヒトンは、ルターに従って自然法の根拠を「知性」ではなくて聖書、なかでも十戒に求めたのである。カトリック教会（とくに15世紀のカトリック教会）も十戒は重視しており、「古い戒律（つまり十戒）に自然法の意味がはっきり示されている」としていた[47]。しかし、その場合でもカトリック教会は十戒が信者の実生活をコントロールする自然法だとは考えられておらず、十戒は信者の心のあり方をコントロールするだけだと考えていた。そこでカトリック教会で十戒が問題にされたのは懺悔のときなどだけで、十戒が法学書に登場してくることはなかった[48]。ところがメランヒトンの場合、十戒こそが自然法の根拠であり、世俗の支配者が制定する実定法の根拠であった。

信仰と「知性」の関係もメランヒトンとカトリック教会では違っていた。メ

ランヒトンによれば、人間の「知性」が自然法や「神の法」を知ることができるのは信仰のおかげなのである。また、彼にとって自然法も「神の法」も十戒とおなじことであって、両者を区別することはしなかった。こうしてメランヒトンは自然法を聖書と結びつけたのである。

メランヒトンの十戒論は、ルターの「両国論」からきている。最初の3戒律（カルバン派は最初の4戒律）は信者と神との関係に関するものなので「天上の国」における戒律であり、あとの7戒律（あるいは6戒律）は人間社会のあり方、つまり「地上の国」における戒律なのである。そこで信仰によって最初の3戒律（あるいは4戒律）を守ることが、あとの7戒律（あるいは6戒律）を実定法にする前提となるのである[49]。

(2) 自然法が実生活で果たす役割

ルターとおなじように、メランヒトンも「信仰の強さ faith」と「神の慈悲 grace」の「せめぎあい drama」が展開される「天上の国」では、法制度は「何の役にも立たない」と考えていた[50]。「では法制度は、そもそも何のために存在するのか」[51]。メランヒトンが「法制度」という場合、それは十戒のあとの7戒律（あるいは6戒律）を体現した実定法を意味したが、それは「地上の国」でのみ意味をもつ法制度なのである。この点でも、メランヒトンはルターとおなじであった。

しかしメランヒトンは、ルターと違って法制度の有用性を体系的に説明していた。まず刑罰によって脅すことで、悪を避け善を行なわせることができる[52]。もちろん、このような「外見だけの善人ぶりを神が最善と認めることはない」が、「それでも神はよしとする」のである[53]。なぜなら、そのおかげですべての人間が平和に暮らすことができるからである[54]。平和であれば信者は、神による「召命」である職務の遂行が可能になるし、また神も「信者共同体 a Church」を存続させることができる[55]。

また法制度なしでは、「意志」の力と「知性」だけで人間が悪を避け、善を行なうことは不可能なのである[56]。この自覚があって初めて人間は神の助けが

必要なことが判るし、神の「慈悲」を求める気にもなるのである[57]。

メランヒトンが3つ目に挙げる「教育的効用」とは、「神の言葉と聖霊のおかげで神を信じるようになった者に……神を喜ばせるには何をすべきか教える」ことであり、そのためにも法制度は必要なのである[58]。聖人といえども完全無欠ということはありえないとルターは考えていたが（明言はしていない）、メランヒトンはこのルターの考えに従って、法制度がもつ3つ目の効用を説いている。人間には聖人・罪人の両面性があり、人間は「地上の国」の住民でもあり「天上の国」の住民でもある[59]。聖人といえども「人間の弱さと罪を免れることはできず」、「その罪ゆえに天上の国を追われることはないにしても神の意志を知ることはできないのであり、またすべての罪を自覚することもできない」のである[60]。

この「教育的効用」ゆえに、自然法は地上の国と天上の国を結びつけることになる。シナイ山で神から人間に授けられた戒律はすべての人間の心に植えつけられており（それが自然法である）、信者であるか否かにかかわりなく神が人間に何を期待しているか人間は知ることができる[61]。権威を敬い・他人との関係を気遣い・公正と正義を重んじ・誰にも恥じない生活を送ることに心掛けるようになるのである。これをメランヒトンは、自然法の「政治的効用」と呼んでいるが、これで「宗教的な救済が保障されるわけではない」。しかし、自然法が「有用であること useful benefit」に変わりはないのである[62]。

(3) 自然法と実定法の関係

聖人・罪人の違いに関係なく自然法は人間に「何が正しいか」教えることができるというメランヒトンの考え方から、自然法と実定法の関係が規定されてくることになる。神は自然法という形で人間になすべきことを示しているわけだが、国家はこの自然法が示す原則を実定法という形で具体化することになる（メランヒトンは、「国家」という言葉を近代的な意味で使っている）[63]。それが国家に対して自然法がもつ「教育的効用」なのである。国家は実定法を制定することで国民に対して「教育的効用」を実現するが、神は国家に自然法を示すこと

で「教育的効用」を実現するのである。

　メランヒトンはルターとおなじように、支配者を「神と国民のあいだを仲介する者 mediator」・「神の召使 minister」と考えていたが、そこで国民は支配者に対しても、神に対するように従順でなければならないと考えていた[64]。しかしメランヒトンはルターと違って、支配者は神が支配者に課した任務を「道理にかなった実定法 rational positive laws」の形にして実行すべきだと明言していた[65]。そして実定法が「道理にかなった rational」「正統な legitimate」ものになるためには、実定法は自然法に基づかねばならないのである。つまり実定法は、「社会的な有用性 social utility」・「公共善 public good, Gemeinnutz」を実現しなければならないのである。こうしてメランヒトンは、まず実定法が自然法に基づくべきこと、また実定法は適用される場所と時代に合ったものでなければならないことを明確にした。

　実定法が自然法に従うべきことを説明する際、「支配者は十戒が守られているか否かを監視する者 magistratus est custos primae et secundae tabulae legis」であることを前提にメランヒトンは議論を展開していた[66]。つまり支配者が実定法を制定・執行する場合、支配者は神と人間の関係を定めた前半の3戒律だけでなく、人間どうしの関係のあり方を定めた後半の7戒律にも従う義務があるというのである。

　最初の3戒律を国民に守らせるため、支配者は偶像崇拝・瀆神行為・祝祭日の不厳守を防ぐだけでは義務を果たしたことにならない[67]。さらに教義を正し・典礼を正し・間違った教義を禁止し・命令に従わない者を罰することで異教や異端を根絶する義務がある[68]。このメランヒトンの考え方を出発点にしてルター派の領国や都市では、正統とされる信仰・教義・讃美歌・祈りの言葉・典礼を定めた多くの宗教法が制定されることになった。アウグスブルクの宗教和議（1555年）とウエストファリア条約（1648年）の宗教条項で定められた「支配者が宗派を選んでよい cuius regio eius religio」という原則は、前半の3戒律を根拠に実定法を定め、それを執行することを意味したのである。

　また、後半の7戒律を国民に守らせるために支配者は、神が定めた人間関係

のあり方に国民を従わせる義務があった[69]。そこで第5の戒律「父母を敬え」に従って両親・支配者・教師・雇用主などに対する不服従・不敬・侮蔑を罰し、第6の戒律「殺すな」に従って殺人・暴力・暴行・怒り・憎悪などを罰し、第7の戒律「姦淫するな」に従って不貞・色情狂・売春・ポルノ・猥褻行為を罰し、第8の戒律「盗むな」に従って窃盗・住居侵入・横領だけでなく無駄・贅沢なども罰し、第9の戒律「偽証するな」に従って不正直・詐欺・根拠のない誹謗中傷・詐取などを罰し、第10の戒律「他人のものを欲しがるな」に従って不法行為を罰する義務があるということになる。

カトリック教会は、こうした行為を懺悔制度によって防ぎ（心の内面から防止）、教会法によって裁くことで防いできたが（さらに外面からも防止）、メランヒトンはそれを支配者の義務とした。支配者が制定する実定法は、「社会的な有用性」と「公共善」によって根拠づけられることになった[70]。しかも支配者は、十戒と聖書を根拠に「神の法と、それに基づいて作られた領国法によって秩序維持と平和の実現すること」が義務づけられていた[71]。しかし十戒にも領国法にも、それを実現するために必要な体系的な法制度が存在しなかった。そこでメランヒトンは、体系的な刑法と民法の制定を提唱することになる。

刑法によって犯罪を罰しなければならない理由として、メランヒトンは4つ挙げている。(1)神は賢明・公正であって、善意でみずからに似せて「知性 reason」をもつ人間を創った。したがって、もし正義に反することをすれば、神はそんな人間を許さないであろう。つまり犯罪を罰する第1の理由は、この神の正義を実現するためなのである。(2)人間のなかには悪い奴がいる。殺人・姦淫・盗みを犯すような奴がいれば、我々は平和に暮らせない。(3)みせしめのために誰かが罰を受ければ、他の者は神の恐ろしさを知り、その罰を恐れるようになる。(4)神の裁きの厳しさと地獄で科せられる罰（永遠の業火に焼かれる）の恐ろしさを人間に教え、それを免れるためには神にすがるしかないことを教えることができる。神のみが正義の何たるかを知っているからである。神にすがることでしか罰を逃れられないことを人間に教えることができる[72]。犯罪の処罰は、神による報復・犯罪の抑制・教育を目的としているのである。

民法の必要性を説明する場合のメランヒトンは、刑法の場合と違っていた。民法によって支配者は、個人が他人と関係を結ぶのを手助けするからである。メランヒトンがとくに問題にしたのは、契約・家族・教会であった。従来この3つの問題は、カトリック教会が教会法によって処理してきた。誓約・信仰告白・婚姻・家族・教会の問題は、すべて教会法の管轄とされてきたからである。メランヒトンは、これを国家による立法の問題、つまり民法の問題とした。

　売買・賃貸・交換・雇用・融資・信用供与などに際して、神は人間に契約を結ぶよう命じたとメランヒトンは考えた[73]。支配者は契約法を制定して、「対等な立場を前提にした公正で正義に適った fair, equal and equitable」契約の締結を可能にし、詐欺・脅迫・錯誤・強制による契約や、良心・道徳・公共善に反する契約は無効としなければならないのである。メランヒトンは基本的に契約法の原則を述べているだけで個別の問題については言及していないが、過重な利息を取立てること・債務をはるかに凌ぐ金額の担保を要求すること・雇用者が労務の完遂を賃金支払いの条件とすること・対等な立場でない者の間で売買契約を交わすことを激しい調子で非難している。

　支配者は家族法の制定も義務づけられていた。家族法は異性間の一夫一婦制だけを正式な婚姻と認めるべきであり、同性間の結婚・一夫多妻制・重婚は「不自然なもの unnatural」として禁止すべきなのである。また婚姻契約は両性の自由な意志によるべきであって、詐欺・脅迫・錯誤・強制によるものは無効とされた。婚姻は子供を生み育てるためのもので、避妊・堕胎・間引きは禁止された。家族法は妻や子供に対する夫の家長権を保護する内容になっていたが、同時に夫の不貞・扶養義務の放棄・近親相姦・虐待に対しては厳罰を科すよう規定していた[74]。

　教会も支配者が立法によって統制することになっていた。支配者は教義・典礼のあり方を規定すべきであり（十戒の最初の3戒律がその根拠）、教会内部の規律維持・教会財産の管理も支配者の義務とされた。メランヒトンによれば、支配者は領国教会の「最高位の司教 summus episcopus」なのである[75]。農村や都市の信者集会・領国の宗教会議のあり方を定め、教会の世話役を任命して給

与を支払い、必要と認めれば罰を下すことで規律を維持し、大学や学校を設置して牧師・神学教師・教会役人を育成し、教会を建設・維持する義務も負っていた。教会財産の管理も支配者の責任とされた[76]。

　以上から判るように、メランヒトンは支配者に実定法の制定・執行を期待した近代的な「実定法主義者 positivist」であった。しかし同時に、実定法が聖書と自然法（人間の心に良心として書き込まれている）によって規制されていることも強調していた。支配者が実定法を制定できるのも、自然法がそう命じているからであった。また支配者は、みずから制定した実定法に従う義務があった。自然法がそう命じているからである。

　メランヒトンは支配者の義務の他に、国民の義務についても規定している。メランヒトンも若い頃は、ルターとおなじく支配者が恣意的で正義に反することを命ずる場合でも、国民は支配者に無条件で服従すべきであるとしていた。1521年に彼が書いていることだが、「支配者が専制君主のように気紛れであっても、我々は耐えなければならない。なぜなら、事態を変えようとすると騒動が避けられないからである。もし騒動なしでべつの場所に移住できるなら、移住する方を選ぶべきである」[77]。メランヒトンは、この無条件の服従義務をパウロのつぎの言葉によって根拠づけている。「神によらない権威はない。その権威に逆らう者は、神の定めに反抗することになり、それら反抗する者たちは、自分自身に裁きを招くであろう」[78]。

　しかしドイツ諸侯の権力が強化されてくると、メランヒトンは諸侯の専制から国民をどう守るかという問題を真剣に考えるようになった。遅くとも1555年には、自然法を根拠に専制君主に対する国民の抵抗権を認めるようになっている。しかし、それでも「正統な支配者に理由なく服従を拒否することは罪であり、この罪ある行為を改めない者は永遠の業火に焼かれることになる」[79]としている。メランヒトンは支配者が定める実定法が自然法（とくに十戒）に反する場合、それに従う義務はないとしているが、これはカトリック教会の教会法も認めていたことであった。しかし、プロテスタント教国では世俗の法制度と教会の法制度が競い合うことはなく、支配者の定める実定法が自然法に反して

いるかどうかを教会の裁判所が判断する必要はなかった。つまり、その判断は国民を代表する領国議会か帝国議会が行ない、支配者に抵抗すべきかどうかも議会が決めるということになる。

メランヒトンは早くから、実定法を成文化することで恣意的な支配は防げるとしていた[80]。メランヒトンによれば、ローマ法をはじめ偉大な文明の法制度は、すべて成文化されていたのである。法律が成文化されていれば無視することは難しくなるし、違反した場合どうなるかもよく判り、法令が忘れ去られることもない。支配者が気まぐれに国民を逮捕したり国民から財産を奪ったりすることもなくなるし、支配者も国民の不当な要求に対抗できることになる。支配者にとって、成文化された実定法は「民衆の要求に対抗する鉄壁」なのであり、平和と秩序を維持するために必要な道具なのである[81]。

メランヒトンによれば、ローマ法にも専制的な支配に対する歯止めが存在していた。ローマ法は皇帝が制定した「実定法 positive law」であって文書化されており、規定の仕方も詳細であった。それは「書かれた道理 ratio scripta」であって（この点ではカトリック教会の法学者とおなじ）、自然法そのものなのである。ローマ法は異教徒の法律であってキリスト教徒のものではないとする意見には反対で、「たしかに異教徒の支配者が制定したものだが、それでも神はよしとされる」というのが彼の考え方であった。「それは人間の知性が生み出したものというより、神の知性が生み出したもの」で、異教徒に示された「聖霊の賜物 visible appearance of the Holy Spirit」なのである[82]。「お上 Obrigkeit」もローマ法に従わねばならないのである。ローマ法も「お上」が国民に従わせるために制定した法令と同様、領国の法令なのである。古い法典に対する注釈の形を取っているので、そのままでは法令として施行するわけにいかないが、文書化されているので「お上」を縛る効果は期待できるのである[83]。

メランヒトンはローマ法をよく研究しており、ユスチニアヌス法典の内容やイルネリス Irnerius・バルトルス Bartolus de Saxoferrato の注釈書に精通していた[84]。ローマ法に関して議論を交わした大学の同僚・友人には最高の権威

とされた学者が数多くいたし[85]、大学でローマ法の講義を担当したこともあった。彼にいわせると、ローマ法には「民衆による権力簒奪」を防ぐ方法も「専制君主の支配から民衆を守る」方法も示されているのである[86]。このメランヒトンの考え方をイエリング Rudolf von Jhering (1818-92) は、「ローマ法は体系として完結している Romanum ius … quandam philosophiam esse」と言い換えている[87]。

ドイツの法思想は、17世紀に至るまでメランヒトンの影響下にあった。16世紀の主要な法学者であるオルデンドルプ Johann Oldendorp・シュルフ Hieronymus Schürff・アペル Johann Apel・ラグス Konrad Lagus・モンネル Basilius Monner・クリンク Melchior Kling・シュナイデウイン Johannes Schneidewin・ウイゲリウス Nicolas Vigelius らはメランヒトンの学生・同僚・文通相手であって、メランヒトンから直接、影響を受けていた[88]。17世紀末になってもメランヒトンが書いたものは大学の教科書として使われており、ドイツの法学者に大きな影響を与えていた。

第3節　オルデンドルプの法思想

ルター派の法思想を代表していたのは、メランヒトンだけではなかった。メランヒトンの考え方を基本的に受け入れながら、それを違った形で発展させた法学者が数多く存在していた。その1人がオルデンドルプである。

19世紀のドイツの法制史家シュティンツインク Roderich von Stintzing の言葉を借りれば、オルデンドルプは「16世紀最大の法学者の1人」[89]で、「物書き・教師として」オルデンドルプほど「大きな影響力を振るった人物」はいなかった[90]。1480年代にハンブルクに生まれ[91]、1504-08年にロストック大学で法学を修めたあと、さらに当時、古典古代研究の中心であったボローニャ大学で1508-15年の8年間、学んでいる。1516年にグライフスワルト大学でローマ法と民事訴訟法を担当する教授に就任しているが、この時期にプラトン・アリストテレス・キケロの他、ローマ法を熱心に研究している。

1520年代初め、オルデンドルプはルターの宗教改革に協力する決意をしている。1526年グライフスワルト大学を辞してロストック市の「法律顧問 Stadtsyndicus」になり、そこで宗教改革を指導している。ロストック市議会が宗教改革を支持することにしたのは、オルデンドルプが熱心に説得したからであった。教会改革にも熱心に取り組み、青年教育のために学校も設立している。しかしロストック市ではカトリック教会の勢力が強く、1534年にオルデンドルプはロストック市を去らざるをえなくなった。リュベック市に移住し、そこで法律顧問になっている。リュベック市でも宗教改革に熱心に取り組んで同市からも追放されている。1536年にフランクフルト（アン・デア・オーデル）大学で教授職に就き（1520-21年にも同大学で教えていたことがあった）、さらに1539年、ケルン大学に移ると共にケルン市の法律顧問に就任している。ケルン大司教であったヘルマン枢機卿 Hermann von Wied はプロテスタントに改宗して、オルデンドルプのよき協力者になっている。このときオルデンドルプはメランヒトン Philip Melanchton やブツァー Martin Bucer（ストラスブール市で宗教改革を指導）と知り合っている。1541年にオルデンドルプはケルン市を追われ、マールブルク大学でしばらく教えたあと、ヘルマン枢機卿に請われてケルン市に戻るが、1543年にふたたびケルン市から追放されている。その後、宗教改革が成功したマールブルク市に戻って、1567年に亡くなるまでの24年間、同市の大学で法学部教授をしていた。

マールブルク大学に戻るに際してオルデンドルプは、当時ヨーロッパでユスチニアヌス法典を教えるとき採用されていた「イタリア方式 mos italicus」の教授法（ユスチニアヌス法典を聖書のように神聖視し、許されるのは注釈と解釈だけだとする教授法）を採用せず、「神の言葉（である聖書）に基づいて教える」[92]ことを認めるよう要求していた。彼の要求は領国君主であったヘッセン候フィリップ Landgraf Philip von Hessen が認めるところとなり、これがマールブルク大学で法学の教授法として採用されることになった[93]。

オルデンドルプの膨大な著作には、ギリシャ哲学・ストア派哲学・ローマ法・スコラ学者・古典古代研究など、さまざまな分野の研究成果が独自のやり方で

組み合わされ、聖書の教えに従って法思想にまとめ上げられている[94]。オルデンドルプもメランヒトンに負けず劣らず熱心な古典古代研究者であり、またルター派の法学者であった。

オルデンドルプの法思想を、つぎの3つに分けて説明したい。(1)「神の法」・自然法・実定法、(2)「公平であること equity」の意味、(3)政治のあるべき姿。

(1) 「神の法」・自然法・実定法

オルデンドルプによれば、「法 Recht, ius」とは「法規範すべて totality of legal norms」を意味するのである。では「法規範」とは何か。それは「人間にある種の行動を命じたり・禁止したり・罰したりする神の法」を意味する。この神の法がさらに具体化されたものが「実定法 Gesetze, leges」なのである[95]。

したがって「支配者が公布する実定法 leges rei publicae」は、神が人間の心に良心として植えつけた「内心の法 lex in hominibus」である「自然法 lex natu- ralis, ius naturae」に沿ったものでなければならない。「聖書の戒律 leges Bibliae」として信者に示された「神の法 lex divina」は、オルデンドルプによれば信者の良心にも書き込まれているのである[96]。

つまりオルデンドルプの場合も、12世紀の偉大な教会法学者グラチアヌス Gratianus とおなじく法を3つ(「神の法」・自然法・実定法)に区別して考えていたのである。ただしオルデンドルプの場合、神の法は十戒に限定しており、その点ではグラチアヌスと違っていた。オルデンドルプもルターやメランヒトンと同様、旧約聖書に登場してくるさまざまな戒律は問題にせず、キリスト教徒にとって重要なのは十戒だけだと考えていた。グラチアヌスやアクィナス Thomas Aquinas は、聖書のほかにも「神の法 lex aeterna」が存在すると考えていた。

またオルデンドルプは、グラチアヌスやアクィナスのように「内心の法」(＝自然法)は人間の「知性 reason」が生み出したものとは考えず、神の言葉を記した聖書に由来すると考えていた。なかでも旧約聖書の十戒と、「愛と誠実

love and truthfulness」(信者共同体の仲間や隣人を自分自身のように大切にすることを命じた黄金律 Golden Rule) を説いた新約聖書に起源があると考えていた[97]。神から良心を与えられた人間は、その良心によって自然法を認識し、自然法に従うのである。オルデンドルプにいわせれば、たしかに良心は「知性 ratio」に違いないが、それは人間の心に植えつけられた「神の知性 ratio divina」であり、これをオルデンドルプは「自然界の知性 ratio naturalis」とも呼んでいた。オルデンドルプの考え方によれば、「自然界 natura」とは神の創造する力を意味し、「自然界は万物の創造主である神そのもの」なのである[98]。神が人間の良心に書き込んだ自然法は、「人間には消すことができない。なぜなら、神が書き込んだものだからである」[99]。したがって「良心があやまちを犯すことはない」のである[100]。

また、人間の「知性」は「法制度の知性 ratio civilis」でもあった。なぜなら、それは領国の法制度のもとで機能する「知性」だからである。ところで、この法制度もオルデンドルプはルターやメランヒトンと同様、聖書に由来すると考えていた。「地上の国 weltliches Regiment」の法制度は十戒の第5戒律「両親を敬え」に由来すると考えていた (オルデンドルプによれば、領国君主は両親とおなじ)。またオルデンドルプはメランヒトン以上に明快で、刑法は第6戒律「殺すな」、財産法は第8戒律「盗むな」、訴訟法は第9戒律「偽証するな」に由来すると考えていた。またメランヒトンと違って、オルデンドルプは家族法が第10戒律「他人の妻を欲しがるな」に由来すると考えていたし、税法は黄金律「隣人を自分自身のごとく大切にすべし」に由来すると考えていた[101]。

オルデンドルプがとくに重視したのが第8戒律「盗むな」であった。それは財産法の根拠であるだけでなく、契約法の根拠でもあった。ここで彼は、アリストテレスの「4因論 four causes」を使って契約法の趣旨を説明している。契約法に効果をもたせる「起動因 efficient cause」は「自然法もしくは神の法」であり、またすべての人間に共通する「万民法 jus gentium」であった。神はすべての人間を仲間として創造し、そこで人間は「お互いに自由意志に従って sine ullo gravamine」お互いの利益のために契約を結ぶことができるのである。

また契約法の「質料因 material cause」は、さまざまな内容の契約に共通の形式を与えるものであり、契約法の「形相因 formal cause」は、売買・賃貸・寄贈など資産の処理方法を契約によって決めることを可能にするのである。ここでオルデンドルプは、相手の弱い立場を利用して有利な契約を交わすことを非難している。契約法の「目的因 final cause」が最も重要で、契約を交わした者が対等な立場で相互の責任を果たすこと、つまり負担する経費も手にする利益も平等でなければならず、相手の弱みに付け込むことはせず、また取引を永続させることが重要なのである[102]。

このように、オルデンドルプは当時のドイツの「法制度 leges rei publicae」が神から与えたものだとしていたが、それでも「人の心に内在する自然法 lex in hominibus」・「神の法 leges Bibliae」によって法制度を検証し、もし違反が見つかれば良心に従ってこれが違反であることを指摘し、違反を是認することがあってはならないとしている。「メランヒトンがいっているように実定法が自然法に反するようなことがあってはならず、自然法に反する実定法には従うべきではない」[103]のである。オルデンドルプは、聖職の売買・離婚・高利貸を認めるような実定法は「神の法」に反しているとしているし、悪意で獲得した所有権・相続権の剥奪・裁判の意図的遅滞・利害関係がある事案に判事がかかわること・自然法に反する特権・攻撃開始の直前に宣戦布告すること・奴隷制は「人の心に内在する自然法」に反するとしている[104]。また、他者による使用が何ら損害をもたらさないなら、私財を公共の利用に供すべきであり、そうしないことは自然法に反するとしている[105]。のちに見るように、オルデンドルプは国家も自然法によってさまざまな義務を課されていると考えていた。

冒頭で指摘したオルデンドルプの「法 Recht, ius」の定義は「実定法主義」的なものであったが、オルデンドルプは、さらに聖書に書かれた「神の法」と信者の心に書き込まれた良心によって制約を加えていることが判る。

(2) 「公正であること equity」の意味

オルデンドルプにとって、もう1つ重要な問題が残っていた。それは「神の

法」・自然法・実定法を個々の具体的な事案にどう適用するかという問題であった。これはルターもメランヒトンも言及していなかったことであった。オルデンドルプによれば、一般的な法原則しか定めていない「神の法」・自然法・実定法も、個々の具体的な事案に適用することは前提にされているのである。ただ、適用の方法が定められていないだけであった。オルデンドルプから200年後に、カント Immanuel Kant がオルデンドルプのこの考え方を簡潔に表現している。「法の適用方法を定めた法はない there is no rule for applying a rule」[106]。

　メランヒトンは、この問題をスコラ学者とおなじように考えていた。つまり判事は、「一般的な法原則を状況に合わせて適用すればよい」としたのである[107]。のちに20世紀の有名なアメリカの判事がおなじことをいうことになるが、メランヒトンによれば、自然法が定めているのは一般的な法原則だけであって、自然法によって個々の具体的な事案に判断を下すことはできないのである[108]。「もし一般的な法原則によって個々の事案に正義に反する判決が下されることがあるなら」、判事が「公正と慈悲の心で equitably and bene- volently」その判決を排除すべきなのである[109]。しかし、個々の事案に対して正義に反するような判決が下されるようなことがあるからといって、自然法のような一般的な法原則が不要だということにはならない。なぜなら、自然法のような一般的な法原則がないと「人間は善悪の判断ができなくなる」からである[110]。

　ところがオルデンドルプは「公正であること Billigkeit, aequitas」を、スコラ学者とは違った意味に理解していた。オルデンドルプによれば、「公正であること」とは個々の事案を念入りに調べることを意味するのである。個々の事案を念入りに調べれば、判事は自然法のような一般的な法原則だけでも正義にかなった判決を下せるのである[111]。オルデンドルプは「公正であること」の意味を、スコラ学者やメランヒトンが依拠していたアリストテレスとは違った意味に理解していた。アリストテレスの場合「公正であること」とは、例外的な事案を一般的な法原則に従って裁くと正義に反する場合に、それを訂正する

ことを意味した[112]。つまりアリストテレスは、「公正であること」を「厳格な法の適用 strict law」をしない例外的なことだと考えており、「公正であること」が「すべての法の適用 all law」に当てはまることだとは考えていなかったのである。スコラ学者は、このアリストテレスの考え方に従って「公正であること」とは、貧窮者・弱者を保護すること、信頼を裏切らないことだと考えていた。それに反する判決は「公正ではない」のである[113]。ところがオルデンドルプによれば、「すべての法律は厳格に適用されなければならない all law is strict law」のである。すべての法律は一般的・抽象的な法原則を定めており、法原則に例外を認めることはできないのである[114]。言い換えると、すべての法律は「公正に」適用されるべきなのである。「法を守ること＝公正であること Recht und Billigkeit, ius et aequitas」なのである[115]。

オルデンドルプによれば、「公正であること」には3つの意味があった。最初の意味は良心に反する法律は適用しないこと。2つ目の意味は寡婦・孤児・老人・病人を保護すること。3つ目の意味は、すべての法律を以上の2つの趣旨に沿って適用することであった[116]。カトリック教会もオルデンドルプとおなじように「公正であること」を自然法として認めていたが、3つ目の意味は「公正であること」の意味だとは考えていなかった。オルデンドルプは、この3つ目の意味を他の2つの意味以上に重視しており、彼が「神の法」・自然法・実定法を一体として考えていたことが、このことからも判る[117]。

「公正であること」は、オルデンドルプにとって「良心の法 law of conscience」そのものであった。それは「自然法 lex naturalis, ius naturae」そのものであり、「内心の法 lex in hominibus」そのものであった。それは人間が決めることではなく、また「人間の知性 reason」が生み出すものでも「法的な道理 civil reason」が生み出すものでもなかった[118]。「公正であること equity」は自然法であり、神が人間の良心に書き込むものであって、「人間が善悪の判断ができる」のは、そのおかげなのである[119]。

一般的な法原則を個々の具体的な事案に適用する場合に問題となる良心を、オルデンドルプはスコラ学者とおなじように考えていた。アクイナス Thomas

Aquinasとおなじように、オルデンドルプも良心とは個々の事案に善悪の知識を適用するものであるとしている[120]。しかしアクイナスはオルデンドルプと違って、良心の問題が法原則の問題であるとは考えていなかった。またオルデンドルプは、ルターにならって良心の問題を信仰にかかわることだとしており、アクイナスのように知的な能力や道義上の問題であるとは考えていなかった。罪深い人間の良心は、信仰があって（つまり神の慈悲がえられて）初めて善悪の判断ができるようになるのである[121]。

　では一般的な法原則を具体的に個々の事案に適用するとき、どうすれば良心は「公正な判断」を下せるのだろうか。自分の判断が良心によるものなのかどうかは、どうすれば判るというのであろうか。オルデンドルプの答えは、ルター派の信者でなければ納得しかねるものかもしれない。オルデンドルプによれば、「良心による判断 Gewissensentscheidung」とは個々の人間の「良心が行なう判断 iudicium animae」のことである。法律家が最初に行なう判断は「法的な判断 Rechtsentscheidung」で、法的な訓練を受けた人間が「法的な道理 civil reason」を適用して注意深く事案の調査・分析・体系化を行なうが、そのとき神が人間に授けた「生まれながら人間がもっている判断基準 natural reason」も働いて「良心 anima」は聖書の戒律に従うことになるのである。オルデンドルプによれば、「良心が善悪の判断を行なうためには、自分の判断が公正か否かを決める基準がなければならない。つまり人間の良心にその基準になる聖書の戒律が書き込まれていなければならない」のである[122]。法律家が「公正である」ためには、まず最大限に「法的な道理」を働かせ、さらに聖書をよく読み、神に祈り、自分の良心のなかに判断基準を探らねばならないことになる。

　こうしてオルデンドルプは、ルターのように最終的な善悪の判断基準を信者の良心に求めたのである。ルターが叙階の誓い（童貞・清貧・従順）を破棄し、ウオルムスの帝国議会で皇帝カール5世と対決できたのは、「神と良心」に従ったからであった[123]。自分の良心に反する規則に従う必要はないと考えたのである。オルデンドルプは、このルターの考え方を法思想にまで発展させたの

(3) 支配者と国家

　良心に書き込まれた自然法が実定法より上位にあると考えたからといって、オルデンドルプは抵抗権を簡単に認めたわけではなかった。オルデンドルプもルターやメランヒトンのように、支配者の権限や支配の体制（これをオルデンドルプは、civitas, weltliches Regiment, politien Regiment, res publica, ordo civilis, Obrigkeit, universitas civium など、さまざまな呼び方をしている）は神に由来するものであり、したがって国民は無条件でこれに従う義務があるとしていた[124]。しかしオルデンドルプはルターやメランヒトンと違って、良心に反する規則や命令に対しては抵抗権を認めていた。またルターやメランヒトンと違って、支配者には聖書の戒律・「内心の法 lex in hominibus」たる自然法・実定法（支配者自身が制定した法律も含まれる）・万民法に従う義務があることを強調していた。「支配者が上か法が上かという古くからの論争」に対するオルデンドルプの回答は、こうである。「支配者は法の召使でなければならない」[125]。「支配者は法に反することが許されると考えるのは間違っている。支配者にふさわしいのは法に仕えること」なのである[126]。

　またオルデンドルプは、支配者の義務ということでもメランヒトンと違った考え方をもっていた。支配者は自然法と「神の法」の召使であり、そこで神の意志に沿った法制度を作る義務があった。その際には、他国の法制度を（過去のものも現在のものも）参考にしなければならないのである[127]。また、「真の信仰 true faith」を広めることにも励まなければならなかった。とくに十分な教育と訓練を受けた牧師を必要な人数、確保して十分な給与を与え、神の言葉だけで（つまり暴力なしで）不信心者と戦わせなければならないのである。貪欲・怠惰・贅沢な服装などの行為を取り締まり、学校・大学を建設・維持して臣民を教育し、神の課す使命を臣民が達成できるようにしなければならないのである[128]。

　支配者は他国と平和な関係を築く義務も負っていた。すべてのキリスト教国

はおなじ「キリスト教共同体 corpus Christianum」に所属しており、自然（つまり神）が命ずるように「共存すべきであって敵対すべきではない」[129]のである。戦争は不法な攻撃から自国を守る場合にのみ許されるのである。また支配者は攻撃を受けた場合でも、可能な限り平和裏に事態を収拾するように努力すべきであり、攻撃してきた国に考え直す余裕を3日だけ与えてから自衛権を行使すべきなのである。また自衛権の行使は必要最小限に留めなければならない。なぜなら、自衛権の行使は平和の回復が目的になっているからである[130]。

またオルデンドルプは、国家を法人だと考えていた。つまり人間とおなじように権利をもち義務を負うのである。他国との関係では国際法に従わねばならず、また「条約や協定を守る義務も負う pacta sunt servanda」のである。国民に対しても国家は義務を負っていた。国家が不法行為によって国民に損害を与えたとき、国家には賠償責任が発生してくるのである。その根拠としてオルデンドルプが挙げているのが、14世紀の法学者バルトルス Bartolus de Saxoferrato である。バルトルスによれば、裁判所は（バルトルスは、それがどのような裁判所なのか明言していない）「国家 res publica」が法律で定められた義務を果たさなかったり、立法・司法・行政上の義務を果たさなかったりした場合、国民は国家に対して刑事罰や民事罰を科すことができるというのである[131]。

マッケ Peter Macke によれば、オルデンドルプは法制度を使ってキリスト教の教義を実生活に浸透させることを考えており、ルターよりもエラスムス Desiderius Erasmus に似ているということだが[132]、このマッケの意見は間違っている。オルデンドルプによれば、「法制度は、信者がこの世で信者としての生涯を全うし、神のもとで永遠の命をえられるようにするために存在する」[133]のである。彼は法制度の第3の効用、つまり「教育的効用」を重視していた。法制度は「キリストに至る道を教えてくれる教師 pedagogus noster ad Christum」なのである[134]。オルデンドルプはアダム以来の人間の堕落を強調する一方で、人間がもつ「知性 reason」の可能性を信じていたようである。アダム以来の堕落にもかかわらず、人間には「知性」の「小さな光 igniculum」が残っているのである[135]。この「小さな光」が大きな炎となって、「知性」・

良心・聖書が1つに結びつくことになるのである。「知性」の「小さな光」とは、メランヒトンには思いもよらないことであった。

　ルター派の神学者は「信仰のみ」・「すべての信者が聖職者」という考え方を根拠に、教会法と秘蹟を主宰する聖職者の存在理由を否認し、カトリック教会の法制度を崩壊させてしまった。その結果、領国の立法権・行政権・司法権は、すべて領国君主が掌握することになった。言い換えれば「両国論」ゆえに、それまで世俗の支配者（国王・封建領主・都市当局）にカトリック教会が付与していた宗教的な権威づけは、すべて失われてしまったのである[136]。

　またルター派は、「知性」を信仰と同一視し、信仰によってしか知ることができない「神のお告げ revelation」を「知性」だけで知ることができるというカトリック教会の教義を認めなかった。カトリック教会の「自然法理論」には、「知性」だけで「神のお告げ」を知ることができるという考え方が前提になっていた[137]。しかしルター派によれば、人間の理屈を展開する能力は驕慢・貪欲などの悪徳によって歪められており、したがって「知性」だけで「神のお告げ」を知ることはできず、「知性」だけで人間の行動を裁いたり実定法の是非を判断したりすることはできないのである。

　教会による宗教的な権威づけもなく、死後の救済も保障せず、人間の「知性」もあてにならないとしたら、どうして法制度はたんなる命令以上のものになりうるのか。強制されない限り誰も法律を守らなくなるのではないか。

　ルター派は、この問題に「両国論」で答えていた。つまり「地上の国」にも神は存在するのであり、ただ人間の目に見えないだけなのである。人間はどれほど悪徳にまみれていようとも、「地上の国」で神が課した使命を果たさねばならないのである。どれほど欠陥に満ちたものであっても、秩序を維持し正義を実現しなければならないのである。秩序の維持も正義の実現も天国を約束してくれるわけではないが、「地上の国」で神が課した使命は果たさねばならないのである。人間がこの「地上の国」で生き、かつ信仰をもつことを神は望んでいるからである。

　この種の教義を法思想と同一視することには問題があるにしても、少なくと

もルター派が個人の信仰しか問題にせず、政治や法制度の問題に無関心であったとするのは間違っていることは判る。神に対する義務のほかに、隣人に対しても義務を負っていることはルター派も認めていた。

その根拠になっていたのが十戒であった。カトリック教会の教会法に代えて、ルター派は十戒によって「神の法」・自然法・実定法を根拠づけていた。十戒にある後半の6戒律が公法と私法を根拠づけ、「お上」・人命・家族・財産権・正当な裁判・他人の権利を大切に思うことが根拠づけられているとしたのである。

またルター派は、法制度の根拠を聖書だけに求めていたわけではなかった[138]。聖書は信者だけのものであり、国民が全員、信者であるとは限らないからである。しかし、支配者は異教徒にとっても支配者であった。そもそも法制度が必要なのは、人間がアダム以来、堕落しているからなのである。罪深い人間に何をなすべきか、またそれが如何に難しいことであるかを示すためであった。そこで神はすべての人間の良心に、十戒（これは信者のためのものである）とおなじ内容の判断基準を書き込んだのである。これをメランヒトンは「理解能力 elements of knowledge, notitiae」と呼んだ。「理解能力」は「知性」とおなじものだが、「知性」によって神の意志を知ることはできない。しかし「知性」に信仰が加われば、良心に書き込まれた神の意志は確認できるのである。いわば「知性」は信仰によって救われるのである。オルデンドルプの言葉を使えば、良心とは「人間の知性 ordinary reason」ではなく「神の知性 divine reason」なのである。

こうしてルター神学は「知性」と信仰を結びつけ、「地上の国」を「天上の国」と結びつけることによって支配の正統性を説明したのである。これがメランヒトンやオルデンドルプの強調する法制度の「3つ目の効用」であった。良心や十戒に存在する自然法が信者、とくに支配者に正義・公正・利他心・平和の大切さを教えることになるのである。

自然法が「教育的効用」をもつように、実定法も「教育的効用」をもつ。自然法が支配者になすべきことを示すように、実定法は国民になすべきこと示す

のである。メランヒトンとオルデンドルプは、さまざまな実定法（刑法・民法・教会法・憲法）が秩序と福祉の向上のほかに、道義心の向上にも役立つことを説明している。

　オルデンドルプが優れていたのは、法制度の一般性と客観性が美点であると同時に欠点でもあることに気づいていたことであった。またオルデンドルプは、その欠点が良心に従って法制度を運用することで改善できることにも気づいていた。哲学者メランヒトンは法規範を「知性」と良心に関連づけるのに、哲学者らしく言葉の意味を広く解釈することで解決していたが、法学者オルデンドルプは個々の法規範の適用例を事案ごとに詳しく調べ、一般的な法規範を個々の具体的な事案にそのまま適用すると困ったことになることを証明してみせた。そこでオルデンドルプが下した結論は、つぎのようなものであった。つまり、どんな場合でも条文を解釈するに際しては「公正 equity」の精神を重視すべきであり、また解釈によって法規範が一体性を損なわないようにすべきなのである。法規範の一体性とは、たんに論理的に一貫しているということだけでなく、解釈が法規範の精神に沿っているか否かということも意味する。オルデンドルプは、法規範の一体性を維持する役割を良心に期待した。欧米の法制度がルター派の法思想に一番、多くを負っているのが、このオルデンドルプの考え方であった。一般的な法規範を個々の具体的な事案に適用するに際して「公正」であるとは、良心に従って判断することを意味するとしたオルデンドルプの考え方は、欧米の多くの法制度で現在、採用されている考え方である。とくに英米法で採用されている「判事の良識による裁量 judicial discretion」や「陪審員の裁量 jury equity」という考え方には、個人の良心を重視する考え方がよく現われている[139]。

　個人の良心が正義の実現において決定的な役割を演じるというルター派の考え方は、正義の実現・信仰の擁護・不道徳な行為の禁止・「公共の福祉 common weal」の実現などで支配者が果たすべき役割を重視するという考え方と対をなしていた。ルターは「お上」たる支配者の使命という考え方が、自分の法思想における貢献の１つだと考えていた[140]。ルター派による宗教改革の結果、

それまで教会が担っていた役割を支配者が代わって担うことになったのである。ルター派に改宗した領国では、聖職者の監督・教会財産の管理・公教育・貧者救済・医療制度の整備・非宗教的な行為や不道徳な行為の取締り・婚姻・家族・遺言など、カトリック派を選択した領国で教会が教会法によって処理し続けることになった問題を、教会に代わって役人が処理することになった。ドイツ語の「お上 Obrigkeit」という言葉はラテン語の「上位者 superanitas」を訳したもので、フランス語の「国家の権利 souveraineté」（これが英語に入って sovereignty となる）と語源はおなじである。

　それまで教会が担っていた支配者に対するチェック機能が失われ、支配者が法のコントロールを受けない「絶対的な権限 absolute power」を手にする可能性が発生してきた。しかもルター派は支配者の権限が神に由来するとして、国民に「国父 Landesvater」たる君主に無条件で服従することを義務づけていたのである。しかし、ルター派の法思想に暴君に対抗する理屈がないわけではなかった。まず「国父」という考え方に、君主は暴君であってはならないという意味が込められていた。また、ルター派は法の成文化を重視しており、それが結果的に暴君の登場を防ぐ役割を果たしていた。さらにローマ法が理想的な法として神聖視されていて、ローマ皇帝の権限を引き継ぐとされた領国君主も、ローマ法の専門家である法学者の解釈を無視できなかった。それにルター派の法学者は、聖書の教えと国民の良心に暴君に対する抵抗権の根拠を見ていた。良心は服従だけでなく、不服従も義務づけていたのである。実定法が自然法に反する場合、国民は神に由来する支配者の命令に従うか、それとも神に由来する良心に従うかという選択肢に直面することになった。

　アメリカ人なら、ルター派が合理的な根拠を挙げてどちらかを選ばないことに苛立ちを覚えるかもしれないが、現在の「実定法主義」も「自然法理論」も、ともにルター派の法思想に由来していることは忘れるべきでない。「実定法主義」ということでは、ルター派は法律が刑罰によって実行を担保された立法者の意志だと規定し、その目的は秩序維持だとしていた。メランヒトンは「政治」（これを国家といったり「お上」といったりもしている）の目的が「正統と認められ

た秩序を維持すること」であり、「財産・契約・相続などの問題を処理するために」法律を制定することであるとしている[141]。ここに初めて、ドイツ語でいう「法治国家 Rechtsstaat」が定義されたのである[142]。制定された法律が効力を発揮するためには、その法律はまず公布されなければならず、また違反した場合にどんな罰が待っているかが明白になっており、適用に際して例外は認めず、また国民だけでなく支配者も縛るものでなければならないのである。法制度の内部には、法制度が「知性と正義に適ったもの expression of reason and justice」か否かを判断する基準は存在せず、判断基準はあくまでも法制度の外部に存在するのである。「実定法主義」が前提にしている考え方、つまり法制度はモラルの問題と区別されるべきなのであり、法制度が理想的なものになりうるなどと考えてはいけないのである。法制度にモラルの問題を持ち込むと、法制度そのものが不安定になって秩序維持が不可能になるし、教義の問題と法制度の問題が混同されて正義の実現が不可能になるからである。

　そこでルター派はアクィナスの考え方を認めなかった。アクィナスによれば、法制度とは人類全体のために人間が「知性」を使って作り出すものなのである[143]。しかし、それではあまりにも人間を信じすぎることになり、正義実現の道具にすぎない国家を信じすぎてしまうことになる。支配者が公布する「法令 Ordnungen」は、場合によっては恣意的な目的のために恣意的なやり方で制定されることもあるが、それでも「法令」は「法令」なのである。

　しかし、ルター派の法学者も自然法は認めていた。人間は、「お上」に対する敬意・人命尊重の考え方・財産を大切にする考え方・家族に対する責任感・公明正大な訴訟手続きを求める気持ちなど、自分の権利だけでなく他人の権利も大切にしなければならないといった考え方をもっているが、それは良心のおかげなのである。良心こそが自然法の法源なのである。しかしルター派はカトリック教会と違って、自然法はモラルの問題を処理するものだと考えており、自然法が法制度になりうるとは考えていなかった。正義の何たるかを知り「知性」を働かせる動機づけにはなっても、それで正義が実現することにはならないと考えていた。「知性」とは利己的なもので、つねに正義を求めるとは限ら

ないからである。モラル上の問題に関して意見がよく食い違い、しかもそれぞれの意見にそれなりの合理的な根拠が存在するのである。意見が食い違ったとき、判断の基準として最後に頼りになるのは良心だけであった。

　自然法を実定法と区別したということからいえば、ルター派の法思想は「実定法主義」だといえるが、一般的な法規範を具体的な事案に適用するに際して良心を持ち出してきていることから、簡単に「実定法主義」ともいえないことになる。一般的な法規範を具体的な事案に適用するとき、正義に反するような判決が下されないようにするためには、原告と被告の性格・両者の主張の根拠・判決がもたらす結果などに配慮すべきなのである。また立法の際にも、立法が必要になってきた理由・その法律が適用されたときに起きてくる問題も予測する必要がある。つぎの第3章「新しい法学の登場」で見るように、ルター派の法学者（そして16世紀のドイツの法学者）は、一方で公法・私法の両分野にある大量の法規範を分類・体系化しながら、他方で法規範の適用は良心に基づくべきこと（これを彼らは「公正であること」の意味だと考えた）を提唱したのである。

　こうしてルター派の法思想は、現在の法思想にとっても有益な考え方を提供した。つまり平等とかプライバシーは法制度を超えたもので、支配者でも侵すことができない「神の法 higher law」だとする考え方と、法制定の権限をもつ支配者が法と認めないものに法的な拘束力はないとする考え方のあいだで、どう折り合いを見つけるかという問題にルター派は解答を用意したのである。ルター派によれば、この問題は「知性」によっては解決できず、良心によるしかないのである。では良心による解決方法とはいったい何なのか。それに対してルター派は、神学による説明しか用意していない。ルター派の神学を受け入れられない者には、彼らの「良心による解決方法」は受け入れられないが、しかし彼らの議論が傾聴に値する何かをもっているのも事実なのである[144]。

第３章　新しい法学の登場

　16世紀のドイツでは、宗教改革に平行して新しい法学が登場してきた。ルター派の法学者は、彼らが「方法 method」とか「科学 science」と呼んでいた分類法を使って法規範を分類・体系化し、判決や法令を一般的な法原則・法概念・法理論で説明しようとした。この新しい法学は前章で見てきたように、11世紀末-12世紀に登場してきたカトリック教会の法学を否定するものではなかった。11世紀末-12世紀に登場してきた大学では、法学は独自の知識の体系とされて、判決・裁定・法令が法原則・法概念・法理論によって分類・体系化されていた[1]。これこそヨーロッパで登場してきた最初の「科学」であった（もちろん、のちに登場してくる自然科学とも文学・美学・哲学・神学とも違った意味の「科学」であった）。この体系的な法学の伝統は、16世紀に登場してきたドイツの法学にも受け継がれていたが、彼らは11世紀末-12世紀に登場してきた法学の方法を「スコラ的 scholastic」方法と呼んで、自分たちの「課題別 topical」に整理・分析する方法とは区別していた。

　1-6世紀に登場してきたローマ帝国の法学は極端に「個別先例主義的 casuistic」で、11-12世紀に登場してきた法学とは違っていたが、11-12世紀に登場してきた「一般原則重視 principled」の体系的な法学が適用しようとしたのは、教皇革命の最盛期に発見された「個別先例主義的」なユスチニアヌス法典であった。このユスチニアヌス法典に、16世紀に登場してきたルター派の法学者は新しい「課題別 topical」に整理・分析する方法を適用したのである。しかもルター派の法学者にとって、ユスチニアヌス法典は「スコラ的」な法学以上に重要な意味をもっていた。

　「ローマ法」の意味はさまざまで、古代ローマの十二表法の意味で使われることもあれば、ユスチニアヌス法典以後に公布された東ローマ帝国の法律とい

う意味でも使われる。しかし、この２つの「ローマ法」が欧米の法制度に影響を与えることはなかった。また、欧米の法制度に大きな影響を与えたユスチニアヌス法典にしても、それが編纂されたときとは違った意味で理解されていたことに注意する必要がある。11-15世紀のヨーロッパのローマ法学者が重視したのは『学説彙纂 Digesta』で、そこに登場してくる膨大な数の法令の意味を彼らは解釈しなおして体系化した[2]。ところが16-18世紀初めになると、法学者は『法学提要 Institutiones』の方を重視するようになった。『法学提要』に見られる一般的な法原則・法概念を使って、当時のヨーロッパの実定法（教会法・帝国法・王国法・都市法・商人法・封建法）を分類・体系化しようとした。

こうしてローマ法は、ヨーロッパの法制度に組み込まれていった。多くの法制史家は、15世紀末-16世紀がローマ法の「実際に施行された practical reception」時期、11世紀末-15世紀がローマ法の「理論として受け入れられた theoretical reception」時期としているが、実はいずれの時期にも両方のやり方が存在していたのである。ローマ法はユダヤ教やギリシャ哲学とおなじように、ヨーロッパ全土で「継受されていた received」のである。旧約聖書・プラトン・アリストテレスとおなじように、ユスチニアヌス法典にも新しい解釈が施され、新しい命が吹き込まれていたのである。

中世盛期にローマ法は理論として受け入れられていただけで、ローマ法が現実に適用されるようになったのは15世紀末-16世紀初めになってからであるとする法制史家は、すでに12-13世紀に教会法や王国法などがローマ法を取り入れていたこと、またローマ法の概念・法原則・法令が教会法や王国法で使われていたことを無視している[3]。ピサ市など、いくつかのイタリア都市国家を除けば、ユスチニアヌス法典がそのまま法令として施行されることはなかったが、「法源 source of law」として教会法や世俗法の空隙を埋める役割を担っていた。1495年、皇帝マキシミリアンは神聖ローマ帝国に法廷を設置したときローマ法の導入を命じているが、そのとき「ローマ法」ということで彼が念頭に置いていたのはローマ法そのものではなく、当時のローマ法学者がユスチニアヌス法典に施した解釈・注釈であった。判事に任命されたのも、ローマ法を専門にし

ていた大学教授であった[4]。それ以外の場合、ローマ法はあくまでも理想的な法制度・「文字で書かれた知性 ratio scripta」と考えられており、施行されていた法令の解釈や適用を正当化する手段に使われていたにすぎない。

11世紀末-13世紀に登場してきたスコラ学者の法学は、15-16世紀初めに「古典古代研究者 humanists」と呼ばれた法学者によって批判されたが、そのとき「古典古代研究者」がまず批判したのは、ユスティニアヌス法典の原文の読み方であり、つぎに批判したのが解釈・注釈の仕方であった。その背景には、言語・歴史・哲学・法制度に関する新しい考え方の登場があった。それまで、400年間にわたってヨーロッパを支配してきたスコラ学者の考え方が覆されたのである。まず言葉と歴史に対して新しい考え方が登場し（「問題提起 skeptical」の段階）、ついで「一般的な法原則発見の試み principled」の段階が訪れ、さらに「体系化 systematic」の段階が訪れている。いずれの場合も「古典古代研究 humanism」の立場からスコラ学者が批判されたが[5]、ドイツ革命は最後の体系化の段階に対応している。

第1節 「古典古代研究者＝法学者」による問題提起

14世紀中頃のイタリアで、まずペトラルカ Francesco Petrarca とボッカチオ Giovanni Boccacio がスコラ学者の法学を批判している。彼らにいわせると、スコラ学者は古代ローマの偉大さを知らず、ローマ法の何たるかが判っていないのであった。どうでもよいことを長々と議論するし、そのうえ使っているラテン語は下品で、法学の何たるかも全然、判っていないのである[6]。15世紀になると、「文献学者 phylologist」のバッラ Lorenzo Valla がおなじようなことをいってスコラ学者の法学を批判している[7]。古典ラテン語が専門であったバッラは、明晰なラテン語を高く評価していた。ケリー Donald R. Kelly によると、「バッラたちにとって……物事を理解するためには言葉が決定的に重要であり、絵画や造形は問題外であった。物事と言葉のあいだには厳格な対応関係が存在すると考えていたのである。言葉は入れ物 sign であり、意味はその中身 sigification なのである」[8]。つまり、言葉の意味は言葉を介してしか知ることができないのである。言葉の意味を本当に理解するためには、その言葉を最初に使った者がどういう意味で使ったかを知る必要があると彼は考えた。ユスニティアヌス法典で使われている言葉の意味を本当に理解するためには、この法典を編纂したトリボニアヌス Tribonianus が使っていた意味だけでなく、トリボニアヌスが引用している原文を書いた法学者が使っていた意味も知る必要があるというのである。バッラは、トリボニアヌスが法典編纂に際して原典に「修正 interpolatio」を加えていることを証明してみせている[9]。

バッラはローマ法の注釈学者たちが書いているラテン語の下品さを散々こきおろしており、もともとの意味を歪めてしまっていると非難している。彼にいわせると、注釈学者のラテン語は「吐き気を催させる」そうである。ラテン語に「ゴート語」を持ち込み、教会法で使われている誤ったラテン語をローマ法に持ち込んだというのである。もっと悪いことに、アリストテレス学者がギリシャ哲学を歪めてしまったように、注釈学者はローマ法を歪めてしまった。屁理屈や揚げ足取りを並べ立てて、ローマ法を歴史から切り離してしまった。「白鳥の如く高貴な」古代ローマの法学者より、「鶩鳥の如く下品な」バルトルス Bartolus de Saxoferrato・アックルシウス Accursius を好む偽善者どもには軽蔑しか覚えないそうである[10]。

1250年頃に完成したアックルシウスの『標準注釈書 Glossa Ordinaria』（『大注釈書 Magna Glossa』とも呼ばれる）は、ヨーロッパで最初に『学説彙纂 Digesta』の注釈を書いたとされるイルネリウス Irnerius 以来の注釈を集大成したものとされており、その高い権威ゆえに『学説彙纂』に取って代わってしまっていた。バッラにいわせれば、これこそが原典を蔑ろにするやり方の好例なのである。たとえば、バルトルス Bartolus de Saxoferrato は『標準注釈書』の注釈は書いているが、肝心の『学説彙纂』の注釈は書いていない。注釈学者たちの考え方について議論が展開されることはあっても、『学説彙纂』そのものには関心を払おうとしなかったのである[11]。バッラはバルトルスがローマ法を歪めてしまったとして、バルトルスのことを「馬鹿 ass」・「阿呆 idiot」・「気違

い madman」などと罵っている[12]。バルトルスに対する低い評価は当時の「古典古代研究者＝法学者」に共通のもので、とくにバッラに限られたものではなかった。

　バッラのような考え方から、せっかくスコラ学者が築き上げた研究成果は完全に無視されてしまうことになった。ユスチニアヌス法典が従来、有していた権威をユスチニアヌス法典から奪ってしまい、ユスチニアヌス法典が権威ある法源として利用できなくなってしまったのである。スコラ学者はユスチニアヌス法典が聖書とおなじようなものだと考えており、変更を加えることは認めていなかった。実際には都合が悪い箇所は無視されていたが（とくにキリスト教の教義にそぐわない箇所）、それでもユスチニアヌス法典は「神の法」の1つだと考えられていた[13]。ユスチニアヌス法典は正義・美徳・合法性といった人間に要求される資質のみならず、公正な法手続き・契約上の義務・過失による債務などを定めた「聖なる法典 sacred meta-law」と考えられていたのである。ところがバッラたちは、ユスチニアヌス法典を6世紀の人間が書き残したふつうの文書としか考えず、しかもスコラ学者がその意味を変えてしまったと考えたのである。ユスチニアヌス法典に対して注釈を加えることで、ユスチニアヌス法典がもともともっていた内容が歪められてしまったと考えたのである。

　「古典古代研究者＝法学者」は文献批判によってローマ法・ビザンツ法・ゲルマン法・教会法の原典に加えられた改変を明らかにし、また偽作を暴露していった[14]。またその過程で、原典の復刻を実現してきた。15世紀末-16世紀にフランス・イタリア・ドイツ・スイス・オランダ・スペイン・イギリス各国の法学者たちは、ローマ法のさまざまな原典を見つけ出してきて、その復刻に貢献している[15]。スコラ学者が新しく付け加えたことを明らかにし、またローマ法で使われている法学用語の意味も明らかにしてきた。しかし彼らには、当時の法的な問題は解決できなかったのである。そこで登場してきたのが一般的な「法原則 legal principles」・「法概念 legal concepts」発見の段階であった。

第2節　「古典古代研究者＝法学者」による一般的な「法原則」・「法概念」発見の試み

　1500年代初めに、「古典古代研究者＝法学者」の新しい世代が登場してくることになった。前世代の「古典古代研究者＝法学者」とおなじように、彼らもスコラ学者の粗雑な原典の読み方・解釈の仕方を批判したが、同時に『学説彙纂』の内容が16世紀の法制度にはふさわしくないことにも気づいていた。そこで彼らは、まず旧世代の文献批判を重視するやり方を放棄し、原典から導き出してきた一般的・普遍的な枠組みを使って個々の事案を判断する方法を採用することにした。その結果、現実に存在する法制度の問題や個々の法律が抱えている問題にも対応が可能になった。

　まだ文献批判的なやり方が重視される分野もあったが、しだいに文献批判よりも法制度のあり方を考えることが重視されるようになってきた。ローマ法の原典だけに注目するのではなく、そこから一般的な「法原則」・「法概念」を読み取ってきて、それを法制度が抱える問題の解決に利用するようになったのである。その結果、個々の事案にどう対処すべきかを論じた法学者の意見集にすぎない『学説彙纂』ではなくて、学生向けに一般的な「法原則」・「法概念」を解説した（ただし定義の仕方・整理の仕方は厳密ではない）『法学提要』が重視されることになった。

　また新世代の「古典古代研究者＝法学者」は、スコラ学者の「イタリア風の法学教育 mos juris docendi italicus」に代えて、「フランス風の法学教育 mos juris docendi gallicus」を採用している（「イタリア風」とか「フランス風」といっても国名とは関係なく、イタリアの大学でもフランス風の法学教育が採用されていたし、フランスの大学でもイタリア風の法学教育が採用されていた）[16]。「フランス風の法学教育」では注釈学者の注釈は教授科目から外され、教育内容が簡略化されていた。また「問題提起」の段階とおなじようにユスチニアヌス法典の解読が重視され、古典ラテン語の教育も重視されたが、「問題提起」の段階と違って、ま

ず法原則・法概念の説明がなされたあとで個々の事案への法の適用が説明されるようになった。またスコラ学者と違って「古典古代研究者＝法学者」による「法原則」・「法概念」の説明は、ユスチニアヌス法典とは無関係に、それ自身で自明のものであると考えられていた。つまり「フランス風の法学教育」は、一般的な「法原則」・「法概念」から個別の法律の必要性を導き出す演繹的な方法を採用しており、その意味では従来にない新しい法学の登場を意味したのである[17]。それに新世代の「古典古代研究者＝法学者」は、旧世代と違ってスコラ学者の法学に敬意を払っていた。注釈書だけを重視して原典を無視するスコラ学者のやり方は批判したが、個々の法律問題に対するスコラ学者の解決策を採用することには積極的であった。また、彼らが「法原則」・「法概念」を自明な前提としたやり方は、スコラ学者がユスチニアヌス法典を神聖視して、それを自明の前提としたやり方とおなじであった。

　新世代の「古典古代研究者＝法学者」を代表する人物として、ドイツ人のザシウス Uldarius Zasius (Ulrich Zäsi) とイタリア人のアルチアツス Andreas Alciatus (Andrea Alciato) を取り上げてみたい。エラスムス Desiderius Erasmus はこの２人のほかに、さらにフランス人のブダエウス Guillelmus Budaeus (Guillaume Budé) を加えて「ローマ法の３権威」と呼んでいるが[18]、ブダエウスは一般的な「法原則」・「法概念」には無関心で、むしろ原典の意味解明とスコラ学者による意味改変の指摘に関心があり、バッラと同様、法学者というよりは文献学者と呼ぶ方がふさわしい[19]。

　ザシウスはバッラやブダエウスに対して批判的で、２人がローマ法について無知で、彼らがローマ法に与えた被害は「地獄の業火で焼かれようとも許されるものではない」と書いている（1518年）。彼らが犯した罪はアダムの原罪より重いのである。なぜなら、「アダムは真実の木の実を食べただけだが、この２人は真実の木を根こそぎ引き抜いてしまった」からである[20]。

　他方でザシウスもバッラやブダエウスと同様「原典に帰るべきだ」と考えており、原典を無視して注釈書だけを重視するスコラ学者のやり方と「間違いだらけの corrupt」ラテン語には批判的であった。しかし、ザシウスは法学者で

あった。バッラやブダエウスのように原典至上主義者ではなかったし、意味が曖昧な原典からおかしな結論を導き出してくることもなかった。原典を自分の都合に合わせて解釈することは、「誰とでも寝る娼婦とおなじである」とまでいっている[21]。ユスチニアヌス法典が意味していることを正確に理解するためには、それなりの努力が必要とされるのである。

しかしザシウス自身は、法学以外にも弁論術・詩学をフライブルク大学で教えていた教養人であった。彼の講義と書物は評判を呼び、多くの聴講生が押し寄せた。また彼はヨーロッパ中の著名人と文通をしていて、エラスムスも彼の友人の1人であった。フライブルク市の役人を兼務していて実務家としても有能で、さまざまな事案に対する彼の「意見書 consilia, responsa」は公刊されて、多くの国で問題解決に利用されている。とくに重要なのは彼が起草したフライブルク都市法で（1520年に発効）、ドイツでさまざまな都市が都市法を制定する際のモデルとされた[22]。

ザシウスは1508年から法制度に関して著述を開始し、さまざまな問題について多くの「意見書」を書いている[23]。スコラ学者と違ってザシウスは、ユスチニアヌス法典に潜んでいる「法原則」を重視し（スコラ学者は権威とされていた注釈学者の注釈を重視）、個々の事案は「法原則」の具体的な現われにすぎないと考えていた。そこでザシウスはユスチニアヌス法典の文献批判的な研究だけでなく、そこで紹介されている個々の事案から一般的な「法原則」・「法概念」を導き出す努力をしている。「法的価値 Rechtswahrheit」は、正確な解読ができているか否かとか「道理 reason」に合っているか否かで決まってくるのであって、注釈学者の権威の高さで決まってくるのではないと考えたのである[24]。原典に忠実でない学説や「道理 Rechtsvernunft」に反する学説は「真実に対する罪 sin against truth」を犯しているのである[25]。こうしてザシウスは「法的価値」や「法的道理」を重視することで、旧世代の「古典古代研究者＝法学者」に批判的ではありながら、旧世代が実現した成果を評価することもできた。

アルチアツスはザシウスが高く評価していた同世代の「古典古代研究者＝法

学者」であったが、彼もザシウスとおなじような役割を果たしていた。ミラノ生まれのアルチアツスは、パビア大学とボローニャ大学で法学を学んだあとミラノに帰って数年間、実務に携わり、その後フランスのアビニヨン大学で教授に就任している（1518年のことで、彼は弱冠21歳であった）。1518-22年に同大学でローマ法を教え、1522-27年にミラノでふたたび実務に携わったあと、1527-29年にふたたびアビニヨン大学に帰り、さらに1529-33年にブールジュ大学で教えたあとイタリアに帰って、1550年に死ぬまでパビア大学とボローニャ大学で教えたり実務に携わったりした。彼の講義にはヨーロッパ中から学生が聴講に訪れ、聴講生のなかにはフランス国王フランソワ１世もいたそうである[26]。

　アルチアツスはスコラ学者の間違いを指摘しただけでなく、ユスチニアヌス法典の間違いまで指摘している。早くからエラスムスと親交を持ち、ザシウスとおなじようにユスチニアヌス法典に潜んでいる一般的な「法原則」・「法概念」を見つけ出す努力をしていた。その成果を彼は実務に生かしていたのである。スコラ学者を批判しただけでなく、『学説彙纂』を批判するバッラやブダエウスに対して『学説彙纂』を弁護することもあった。

　ザシウスも法学者でありながら実務にも精通していたが、アルチアツスも法学者でありながら実務に精通していた。彼が書き残したものを見ると、彼が実務家の養成・現実的な法律問題の解決を重視していたことが判る。ザシウスとおなじように、都市法・教会法・封建法・刑法・遺言法・契約法など実務上の問題について多くの「意見書」を書き残している[27]。２人のあいだには31もの年齢差があったが、２人の考え方はよく似ていて、お互いの意見を熱心にやり取りしていた。バッラやブダエウスの原典至上主義や「過去・至上主義 historicism」に批判的であった点でも、２人は共通していた。

　とくに２人が努力したのは、ローマ法を細部にわたって細かく分析し、そのなかから一般的な「法原則」を見つけ出してくることであった。アルチアツスやザシウスたちが書いた『債務について De Verborum Obligationibus』という論文集は契約法に関する論文を集めたもので、ザシウスは742ページ、アルチアツスは1020ページもの長い論文を書いている。

ザシウスとアルチアッスは新しい法学の提唱者として有名であったし、法制史家による評価も高い。しかし書き残したものを詳細に検討してみると、彼らは新しい法学の創設者というよりは過渡期の人物であったことが判る。彼らは「問題提起」の世代（ボッカチオやバッラを始め、16世紀のフランスの「古典古代研究者＝法学者」）がスコラ学者に下した否定的な評価を覆し、スコラ学者に正当な評価を与えていた。また法学教育にも新しい方法を導入していたし、さまざまな分野の法律に関してまとまった論文を書いたのも彼らが最初である。スコラ学者の極端に道徳主義的な法制度観を改めたのも彼らであった。アルチアッスはスコラ学者のようにユスチニアヌス法典を神聖視することはなく、文献批判的な研究を重視したが、同時にそこから導き出した一般的な「法原則」・「法概念」は自明の前提だと考えており、その点では「問題提起」の世代とは違っていた。

しかしザシウスとアルチアッスは、法学のあり方を根本的に変えてしまったわけではなかった。彼らは法学の「体系化」までは考えていなかったからである。彼らが貢献したこととして評価できるのは「技術的な改善に留まる。教授法の改善、つまりは法学知識の伝達方法を改善したにすぎなかった」のである[28]。法分析のやり方を根底から変え、複雑な学説を簡潔な概念に置き換えることはしなかった[29]。彼らの長所も短所も、スコラ学者の影響を引きずっていたことにあった。

第3節　法学の体系化：「ルター派の法学者にとってローマ法・教会法が意味したこと usus modernus protestantorum」

ヨーロッパの法制度は、「古典古代研究者＝法学者」による「問題提起」と「一般的な法原則・法概念発見の試み」の段階を経て「体系化」の段階を迎えることになった。1520年代-30年代にルター派の法学者は、一般的な「法原則」・「法概念」から個々の法律の必要性を説明したばかりか、法制度の必要性まで説明

したのである。これは新しい法学の登場を意味した。

　11世紀末-12世紀のスコラ学者は、権威とされていた法典や権威とされていた法典注釈書の法令を分析・整理し、そこから「道理 reason」に従って「法原則」・「法概念」を導き出してくる方法を採用していた。教会法・ローマ法は、あらゆるところで通用する普遍的な法制度であり、「事実とは何か」・「正義とは何か」を判断する基準になると考えたのである。また教会法・ローマ法にも、足りない点・不明確な点・矛盾する点は存在するので、「対話形式の dialectical」論証が必要であると考えた。まず「論証すべき課題 quaestiones」を提示し、それが意味していることを明らかにし、さらに反対の考え方を挙げ、最後にどちらが正しいかを論証するという手順を踏むのである。この方法に従えば、普遍的な「法原則」が何かを判断する基準が見つかると考えたのである。法典が正しいか否かは、そう信じるか否かの問題であって、正しいと信じることで初めて「道理」に従った論証も可能になるのである。アンセルムス Anselmus Cantuariensis の「信じるからこそ論証もできる Credo ut intelligam」（伝統的には「理解するために信じる」と翻訳されてきたが、これは間違っている）という言葉は、このことをうまく表現している。ザシウスやアルチアツスもこの考え方を変えておらず、それをもっと精緻なものにしただけであった。まず法典があり、そこから「法原則」・「法概念」を導き出してきたということでは、スコラ学者と変わるところはなかった。

　ところが1520年代-40年代に登場してきたルター派の法学者は、まず「良心 conscience」と「道理」に従ってあるべき「法原則」・「法概念」を導き出し、個々の法律・法制度をこの「法原則」・「法概念」によって説明したのである。彼らも「古典古代研究者＝法学者」の研究成果を前提にしていたが、考え方は逆になっていた。「法原則」・「法概念」がまずあって、そのつぎに法律や法制度がくるのである。

　たしかに「古典古代研究者＝法学者」の第２世代も法律上の問題を説明したり解決したりする方法として、「法原則」・「法概念」を重視していた。しかし、彼らはそれを個々の法律の問題と考えていたのであって、法制度全体を説明し

たり法制度全体の問題を解決したりする方法だとは考えていなかった。個々の法律の問題は考えていても、法制度全体を「体系化」することは考えていなかったのである。なかには「体系化」を考えていた者もいたが[30]、大部分の者は「体系化」の必要性を認めていなかった（ザシウスもその1人である）[31]。古典古代研究からは、そのような発想は生まれてこなかったからである。スコラ学に代わる新しい法学が生まれてくるためには、ルター派の登場を待たねばならなかった。彼らが1520年代-1540年代の「体系化」を可能にしたのである。

　ルター派は「古典古代研究者＝法学者」と違った考え方をもっており、「古典古代研究者＝法学者」の考え方をルター派的に変えてしまった。そのよい例がメランヒトン Philip Melanchton であった。また新しく登場してきた法学は、スコラ学者の成果も取り入れていた。メランヒトンのあと登場してきたルター派の法学者たち（アペル Johann Apel・ラグス Konrad Lagus・オルデンドルプ Johann Oldendorp・ウイゲリウス Nicolas Vigelius・アルツジウス Johannes Althusius）は、ルターやメランヒトンのみならず、スコラ学者にも多くを負っていることを認めていた。もしスコラ学者の成果がなければ、ルター派の新しい法学が生まれてくることはなかったであろう。

　ルター派の法学者たちは、「人の法 human law」も「地上の国」に存在する他のものと同様、神から与えられたものだと考えていたが（この点ではスコラ学者とおなじ）、さらに人間には、それを可能な限り「神の法」（十戒）に近づけるよう義務づけられているとも考えていた。またローマ法・教会法が変更不可能な神聖なものとは考えず、その注釈書に特別な権威を認めることもなかった（この点ではスコラ学者と違っており、「古典古代研究者＝法学者」とおなじであった）。しかし、「人の法」を解釈するに際しては、神が人間の「良心」に書き込んだ「法原則」・「法概念」を手掛かりにすべきだと考えており、その点ではスコラ学者とも「古典古代研究者＝法学者」とも違っていた。つまりローマ法・教会法のなかに目に見える形で神の意志は存在せず、そこから神の意志を読み取ってくるためには、「良心」に存在する「法原則」・「法概念」を手掛かりにするしかないのである。法学者がやるべきことは、スコラ学者が考えていたように権威

ありとされた注釈書から「法原則」・「法概念」を見つけ出してきて、その正しさを「道理」に従って論証することではなく、法学者の「良心」に存在する「法原則」・「法概念」に適っているか否かによって法制度の正統性を判断することなのである。

ルターは古い法制度の保証人であった教皇と皇帝の権威を否認したが、それが原因で「古典古代研究者=法学者」の反感を買うことになった。エラスムスが「ローマ法の3権威」と呼んだザシウス・アルチアツス・ブダエウスやエラスムスは、当初ルターの主張に賛成していたが、ルターがカトリック教会の廃止を目指していることが判ったとき、彼らはルターに背を向けたのである。カトリック教会の廃止は法制度の崩壊を意味し、誰も法律を守らなくなることを彼らは恐れていた。

ルターは法制度が不要だと考えていたわけではなかった。当時、教会と帝国を支配していた古い法制度に反対だっただけであり、キリスト教の教義に沿った新しい法制度が創設されるべきだと考えていたのである。16世紀の多くの法学者がルターと親密な関係を築いていたのは偶然ではなく[32]、彼らは法とは何か・法制度を「体系化」するにはどうすればよいのか・法律の底に存在する「法原則」・「法概念」をどう「体系化」すればよいかを研究していたのである。それはもう法学だけの問題ではなかった。

第4節 メランヒトンの「課題の整理・分析法 Topical Method」

メランヒトンが1518年にウイッテンベルク大学にやってきて、新しい法学の体系を作り上げることになった[33]。前章で指摘したように、1521年に公刊されたメランヒトンの『神学総論 Loci Communes Rerum Theologicarum』は[34]、新しい体系的な神学の登場を意味した。その本でメランヒトンは、「共通の課題 loci communes」の「整理・分析法 methodus」を神学に適用することでルターの神学を体系化したが、この方法は神学のみならず法学にも応用可能なも

のであった。

　メランヒトンによれば、「すべての学問分野 loci communes」に適用できる共通の「整理・分析法 methodus」とは、⑴まず考察の対象となる「課題 locus」を特定し、⑵つぎにそれを「下位概念 genus」・「下位概念の下位概念 species」とこまかく分析してゆき、⑶ついで分析の根拠を示し、⑷分析の結果を示して、⑸さらに特定した課題に関連する他の事物・概念の有無を確認し、⑹それが特定した課題と同種であるか、⑺それとも異種であるかを確認しなければならない[35]。さらに「それぞれの学問分野 ars」に「固有の課題 praecipui loci」を発見し、その学問分野に固有の「整理・分析法」を適用して、それを簡潔かつ体系的に整理・分析しなければならない[36]。この「整理・分析法」によれば、神学に「固有の課題」である教義を簡潔かつ体系的に整理・分析できるし、法学に「固有の課題」も簡潔かつ体系的に整理・分析することができるのである。

　アリストテレスに由来する「課題 loci」という言葉を、すでにスコラ学者はアリストテレスと違った意味で使っていたが、さらに15世紀に古典古代研究者は、スコラ学者の使っていた意味に変更を加えている。この古典古代研究者を代表していたのがアグリコラ Rudolphus Agricola で、彼が1479年に書いた『弁証法の発見 De Inventione Dialectica』からメランヒトンは大きな影響を受けていた。しかし、メランヒトンが「課題」の意味を変更するよう提唱するまでは、せいぜい整理のための項目をアルファベット順に並べる程度のことしか意味せず、メランヒトンが提唱するような「課題の整理・分析法」が神学や法学に適用されることはなかった[37]。

　スコラ学者は「課題」を「修辞学 rhetoric」に属するもの、つまり展開されるべき「議論 debate」の題目としか考えていなかった。ところが15世紀末-16世紀初めの古典古代研究者は、彼らが発見・証明の科学的な方法と考えていた「弁証法 dialectic」に「課題」は属すると考えるようになった。しかし、彼らが重視したのは実は「課題の発見 inventio」であって、「課題の証明」（それを彼らは「課題の正否判断 iudicium」と呼んだ）ではなかった。つまり古典古代研究

者にとって問題だったのは「課題の発見」だけであって、そのために必要な「弁証法」が彼らのいう「科学的方法 methodus」だったのである。メランヒトンは1520年に、「古典古代研究者が科学的方法と呼んだのは課題発見の方法にすぎなかった」と書いている。メランヒトンは、それ以上のことを考えていたのである。

「課題」の意味を変更してみせたのは、フランスのラテン語学者・論理学者であったラムス Petrus Ramus だとする歴史家もいる[38]。たしかにラムスは、「課題の発見 inventio」と「課題の正否判断 iudicium」の両方が重要だといっているが、しかし、ラムスが重視していたのは「課題の発見」であって、「課題の正否判断」ではなかった[39]。「課題の発見」方法によれば「課題の正否判断」もできることを証明してみせたのは、ラムスではなくてメランヒトンであった。まず、どんな学問分野にも適用できる「課題の整理・分析法」を使って、その学問分野の内容を特定するのである。メランヒトンによれば、この「整理・分析法」は言語学や哲学だけでなく、神学や法学にも適用できるはずであった。さらに「下位概念 genus」・「下位概念の下位概念 species」にもおなじ「整理・分析法」を適用することによって、その学問分野に「固有の課題」を整理・分析する。たとえば「罪 sin」は神学の「下位概念」だが、では「下位概念の下位概念」は何か。そのように分析できる根拠は何か。「罪」と関連する「慈悲 grace」とは何か、といった具合に整理・分析を進めていくのである。この方法によれば、「戒律 Law」と「福音 Gospel」の本当の違いを明らかにできるとメランヒトンは考えた。メランヒトンはパウロの言葉を根拠に、神学に「固有の課題」である「罪」・「慈悲」・「戒律」を整理・分析してみせている[40]。また「法制度 law」については、前章で説明したように十戒によって憲法・家族法・刑法・財産法・詐欺や不道徳な行為の取締り法などを根拠づけている。

メランヒトンの後継者たちも十戒を根拠に法制度の整理・分析を行なっているが、さらにローマ法にも「下位概念」・「下位概念の下位概念」という考え方を適用して、規則・公平、実体法・手続法、債権法・債務法、契約法・違法行為法のように整理・分析している。神学の「整理・分類法」を法学に適用する

ことで法学の問題を簡潔かつ体系的に整理・分析し、法学の新しい視点・意味・問題処理の方法を見つけ出してきているのである。彼らもメランヒトンのように、「課題発見」の方法が「課題の正否判断」を可能にすると考えていた。

第 5 節　ア　ペ　ル

　メランヒトンの新しい「課題の整理・分析法」に最初に賛同したのは、ウイッテンベルク大学の同僚であったアペルであった。アペルはルターより 2 歳年下で、メランヒトンより20歳年上であった[41]。ニュルンベルク市で1486年に生まれ、16歳のときに新設されたばかりのウイッテンベルク大学に入学しているが、さらにエルフルト大学・ライプチヒ大学でも学んでいる。自由 7 科目を専攻したあと、法学で博士号を獲得している。彼が最初に講義を担当したのがどの大学だったかは判っていないが、ウユルツブルク Würzburg 司教座聖堂の参事会員となったり（ただし聖職者には叙任されなかった）、ウユツブルク司教コンラートの相談役になったりしている。独身の誓いを立てていたが、1523年に貴族出身の修道女と結婚している。『我が婚姻の正当性を論ず Defensio pro suo Coniugio』と題した論文のなかで、愛による結婚は神の意志に適うもので、皇帝・教皇も反対できないと主張している。結婚したことが原因なのかその正当性を主張した論文が原因なのか不明だが（両方が原因なのかもしれない）、 2 人はコンラート司教に逮捕・投獄されている。しかし、この事件が評判になったおかげで 2 人は釈放され、その翌年、アペルはウイッテンベルク大学の法学教授に就任した。そこで彼はルターやメランヒトンと親交を結び、1525年のルターの結婚式にも出席している。

　1524年に 1 年間だけウイッテンベルク大学の学長を務めたあと、1525年にザクセン選帝侯の顧問官になり、1529年にザクセン「高等裁判所 Hofgericht」の判事に任命されている。このあいだウイッテンベルク大学でローマ法・教会法の講義も担当していた。1530年にウイッテンベルク大学を辞めてケーニヒスベルク市に移り、プロイセン侯アルプレヒトの宰相となり、 4 年後には生まれ故

郷のニュルンベルク市に戻って市参事官となり、また弁護士の仕事にも就いていた。亡くなったのは1536年のことである。

アペルも当時の法学者と同様、判事・顧問官など都市や領国で実務に従事していたが、さらに大きな本を２冊、書いている。１冊は『メトディカ：法学と弁証法』であり[42]、この本は法学を体系的に整理・分析したものである。また、もう１冊は『イザゴゲ：法学入門』で[43]、体系化された法学の教授法を解説したものである。

『メトディカ』は、1535年に初版が出版されており、彼が1530年にウイッテンベルク大学を去るまで担当していた講義の内容を本にしたものである。ユスチニアヌス法典の『法学提要』を解説したものだが、伝統的なやり方に従って内容の要約・言い換え・解説などはせず、メランヒトンの「課題の整理・分析法」を使って、『法学提要』にある無数の法令を整理・分析してみせている。法とは何か・法の「下位概念 genus」は何か・「下位概念の下位概念 species」は何か・分析の根拠は何か・分析の結果はどうか・法に関連した概念は何か・法と対比される概念は何かといった「課題 topics」に答えていく形で法の整理・分析を行ない、さらにどんな条件のもとでなら答えが違ってくるかを考察したものである[44]。それぞれの「課題」が１つの章を構成し、例示や図を使って判りやすく説明している。「課題」を積み重ねる形で整理・分析を進め、『法学提要』が前提にしている「法原則」・「法概念」を見つけ出してくる努力をしている。19世紀のドイツの法制史家シュティンツィンク Roderich Stintzing によると「法の体系化を試みた法学者は多いが、アペルほど独創的だった者はいない」とのことである[45]。

『イザゴゲ』は、凡庸な法学者アルベリヒ Alberich・学生のセンプロニウス Sempronius・アペルの分身のスルピチウス Sulpitius の鼎談の形で議論が展開されている。３人とも『学説彙纂』の注釈書を使った法学教育が退屈で有害なものだと批判しており、学生のセンプロニウスは出席が義務づけられている講義が「まるでロシア語のように意味不明だ」と嘆いている。あんな退屈な講義を５年間も我慢しなければならないかと思うとゾッとすると嘆くセンプロニウ

スに、アペルの分身であるスルピチウスは『法学提要』の受講を薦めている。講義は1年で終わるし、「この小さな本には法学のエッセンスが詰まっている」からである。

ここで終わっていれば、アペルも「古典古代研究者＝法学者」の第2世代と変わらないということになるが、アペルはそこで終わらなかった。彼は『法学提要』に、体系化された「法原則」が存在すると考えていた。メランヒトンとおなじように、「人間は生まれながら基本的な法原則・法概念を良心の形で与えられている」と考えていたが[46]、それだけではなかった。メランヒトンが提唱した「課題の整理・分析法」を使って『法学提要』の内容を全面的に編成しなおして法学教育に利用しようとしただけでなく（つまり、学生が理解できるよう大量の法令を簡潔かつ体系的に整理しなおしただけでなく）、合理的・包括的な「法原則」に従って体系的な法学を作り上げようとしたのである。『メトディカ』の研究成果は『イザゴゲ』でも生かされていた。

1994年に亡くなったローマ法の専門家ウイアーカー Franz Wieacker はアペルに批判的で、アペルは『法学提要』を古典として重視する振りをしていながら、実は全く新しいものに変えてしまったという[47]。しかし、ウイアーカーのアペル評は間違っている。アペルが『法学提要』を高く評価するのは、バッラ Lorenzo Valla のようにそれが古典だからではない。アペルは、ルターやメランヒトンたちが聖書を解釈するときに採用した方法を『法学提要』に応用したのである。16世紀のプロテスタントは、聖書に秘められたメッセージを当時の状況に合わせて解釈したが、それは彼らが聖書に秘められたメッセージを過去の問題と考えず、現在や未来の問題と考えたからであった。聖書の文言にこだわるのではなく、聖書の趣旨を重視し、細部の解釈は聖書全体がいわんとしていることを前提に行なうべきだとした。「聖書は聖書の趣旨に沿って解釈されるべきである Scriptura sui ipsius interpretes」が彼らのモットーであった[48]。彼らは伝統的な権威を無視していた。信仰心と学識さえあれば解釈は自由なのである。こうして聖書の文言や伝統的な権威に囚われることなく、聖書の趣旨を体系的に理解しようとした。

このプロテスタントの聖書解釈法を初めて法学に応用したのがアペルであった。おかげで、彼は論理だけを頼りに「法原則」・「法概念」の体系を築き上げることができた。彼の同僚たちが神学で成し遂げたことを、彼は法学で成し遂げたのである。

ユスチニアヌス法典の分類法にアペルは反対であった。ユスチニアヌス法典は法令を「人」・「行為」・「物」に分類しているが、言葉の定義は不十分だし体系的でもなかった。また分類は「人」から始めるべきではなく、「物」から始めるべきだとアペルは考えた。アペルは、まず「物 res」から「物に内在する権利 jus in re」と「物に対する権利 jus ad rem」を導き出し、さらに「物に内在する権利」を「物権（所有権）dominium」と呼び、「物に対する権利」を「債権（債務）obligatio」と呼んで、「行為」を「物権」と「債権」の下位概念としている。「物に対する権利」という考え方は、ユスチニアヌス法典には存在しなかった。これは12世紀にスコラ学者が考え出したもので、これがのちにヨーロッパの法制度に定着することになる[49]。また民法を「物権」（直接的な所有権・間接的な用益権）と「債権」（契約・疑似契約・不法行為・疑似不法行為）に分ける方法は[50]、21世紀の欧米でも採用されている分類法である。アペルは民法の「下位概念」である「物権」・「債権」、さらにその「下位概念」を挙げて、根拠と結論・関連する概念の有無・民法との関連・違った分類が可能になる場合といった具合に整理・分析を進めている。「人」は最後の「違った分類が可能になる場合」とされ、「行為」は民法の「下位概念」である「物権」・「債権」が結果的に発生させることだとしている。アペルの分類に特徴的なことは、さらに図を使って法体系全体を判りやすく説明していることである（注50のあとに挿入した Figure1 を参照。構想の趣旨を示せれば十分なので翻訳していない）。

ローマ法の「ユス・キビレ jus civile」という言葉を、財産法・契約法・不法行為法など個人同士の関係を規制する法律の意味で初めて使ったのはアペルであった。ローマ法で「ユス・キビレ」といった場合、それはローマ市民が関係する法律すべてを意味しており、16世紀に「私法 private laws」と呼ばれるようになる法律以外に、憲法・行政法・刑法・教会法などの「公法 public laws」も含まれていた[51]。教皇革命のあと、婚姻法や刑法などは教会法・ローマ法のなかでも独立した法分野として意識されるようになったが、「ユス・キビレ」が「私法」の意味をもつようになったのは16世紀以降のことである[52]。16世紀のドイツで刑法・「公法 Polizeiordnungen」が「私法」と区別されるようになり、アペル以降「ユス・キビレ」を扱ったドイツの法律に「公法」は含まれなくなった。たとえ含まれるにしても、それは「国王の法律 law of persons」（「複数形の個人 persons」とは「国王」を意味する）に限定され、刑法が含まれることはなくなった。所有権・国民の義務・相続・家族などを規定した「私法」に限定されるようになったのである。同時に、民法と民事訴訟法が区別されるようになった。

　言葉の意味を厳格に定義して、さらに法律の分野を「下位概念」・「下位概念の下位概念」とこまかく分類していくことで、民事法の体系ができあがっていった。契約と所有権の獲得が区別されるようになったのも、アペル以降のことである。アペルによれば、契約は債権（債務）発生の「原因 causa」だが、そのとき発生する債権（債務）は「資産に対する権利」は意味しても「資産に内在する権利」たる所有権の獲得は意味しない。所有権の獲得には占有・相続以外に契約によっても可能だが、所有権獲得の「原因」となる契約（たとえば販売契約）は所有権獲得の「遠因 remote cause」にすぎず、「近因 proximate cause」ではない。販売契約は、個人に商品の引渡しを義務づける債権（債務）の「近因」にすぎないのである。つまり販売済みの商品の引渡しを要求する権利が発生するだけなのである。また、その引渡しは占有者の変更を意味するだけで（占有者の変更は形式だけでもよい）、かならずしも所有権の移転を意味しない。つまり所有権獲得の「近因」ではないのである[53]。

　このアペルの分析方法はドイツのみならず、ヨーロッパ全土で採用されることになった（アメリカも例外ではない）。いまでも買い手の所有権と買い手の引渡し請求権（商品は売り手が占有している）は区別されている。すでに買い手が所有権を獲得している場合、買い手は第3者に対しても所有権を主張できるが、引渡し請求権しか有しない場合（所有権は獲得していない）、買い手は売り手に

対して引渡し義務違反を理由に損害賠償が要求できるだけである。しかもこれは動産の場合で、不動産の場合は契約によって発生する引渡し請求権と所有権の違いは一層、鮮明である。土地の所有権移転と実際の引渡しは、全く別問題なのである。

アペルが重視したのは、民法の論理的な一貫性であった。ウイアーカーも認めているように、アペルらは「古い法学の権威を否認しても、それで自動的に新しい法学が生まれてこない」ことをよく知っていたのである。「イタリア方式」を止めてみると、「全体 Zusammenhang」がよく見えてきたのである[54]。

アペルの『メトディカ』以降、16世紀の法学者による法学の体系化が実現することになった。法学者の大部分はドイツ人で[55]、しかもプロテスタント[56]であった。

第6節 ラ グ ス

アペルの『メトディカ：法学と弁証法』以上に詳しいのが、8年遅れで出版されたラグスの『メトディカ：ローマ法と教会法 Traditio methodica utriusque juris』であった。彼がウイッテンベルク大学で教えていたのは1522-40年のことで[57]、ラグスもアペルと同様、自由7科目を教えているときに法学と出会っている。1529年に自由7科目で修士号を獲得しているが、法学で博士号を獲得したのは1540年と遅い。しかし、その間も法思想・法制度の問題について講義を担当していたし、弁証法・神学についても講義を担当していた。またラグスも実務経験が豊富であった。1539年にツイッカウ市の法制改革にかかわり、1540年にはグダンスク（ダンチヒ）市の法律顧問に就任するためウイッテンベルク大学を辞している。ルターやメランヒトンの考え方に賛同していた点でもアペルとおなじだし、メランヒトンの神学の方法、とくに「固有の課題 praecipui loci」を発見する方法を使って法学を体系化しようとした。「下位概念 genus」から、さらに「下位の概念 species」を整理・分析していくのは当然であると考えていたし[58]、『法学提要』に注目していた点でもメランヒトン

やアペルと似ている。ラグスによれば、『法学提要』には「法の体系 structure of the legal order」が存在するのである[59]。ただし、ラグスもアペルとおなじように『法学提要』の整理方法は無視して、『法学提要』に紹介されている法令と用語だけを使って『メトディカ』を書き上げている。執筆したのは1536-40年のことで、この本が出版されたのは1543年のことであった。830ページもある大部の本で（アペルの本の6倍の厚さ）、ローマ法や教会法に見られる「法原則」を体系的にまとめた内容になっている[60]。この本でラグスは、「法学の基本」を体系的に示そうとしている[61]。この本の出版社は、400年ものあいだ誰も書かなかった法学の「概説 compendium」（この言葉は、当時「メトディカ methodica」とおなじ意味で使われていた）だと宣伝していたが[62]、ラグス自身も13世紀に活躍した法学者のホスチエンシス Hostiensis・アゾ Azo 以来の成果だと自負しており、しかも彼らが実現できなかった体系化に成功したと考えていた[63]。ラグスが目指したのは学生に法学の全体像をまず示し、そこから「下位概念 generus」、「下位概念の下位概念 species」とたどることで個々の法律を導き出す道筋を示すことであった[64]。

　ラグスはアペルの名前を挙げていないが、ラグスが採用したのは、民法を物権と債権に分けていくアペルの方法であった。またメランヒトンにも言及していないが、ラグスが前提にしていたのはメランヒトンとおなじ良心に書き込まれた「法原則」・「法概念」であり、メランヒトンの「課題の整理・分析法」であった[65]。

　このように、ラグスの法学はアペルの法学とよく似ていたが、アペル以上に包括的で豊かな内容になっていた。アペルの『メトディカ：法学と弁証法』では、弁証法によって一般的な原則から個々の事案に議論が展開されているが、法律の目的が思想として説明されていない。アペルが目指したのは法律の体系化であって、個々の事案に「法原則」を適用する際に欠かせないとされていた「公平 equity」については議論を展開していない。ところがラグスは『メトディカ：ローマ法と教会法』を2部構成にして、思想篇で（1544年版では58ページがこれに当てられている）法律の意味と『メトディカ』で採用されている方法が

議論され、さらに歴史篇で（830ページのうち766ページがこれに当てられている）法律の詳細な分析が展開されている。

ラグスは、アリストテレスの「4因論 four causes」（「始動因 efficient cause」「質料因 material cause」「形相因 formal cause」「目的因 final cause」）を使って法学の体系化を試みている。アリストテレスの「4因論」を使った分析はスコラ学者にも馴染みのものであったが、これを法学の体系化に使ったのはラグスが最初であった。アペルもメランヒトンにならってアリストテレスの「4因論」を使っているが、体系化のためではない[66]。しかし、ラグスはアペルのやり方をさらに一歩進め、まず法令を「始動因」、つまり法源ないしは法令の制定者によって分類している。自然法の法源は「人間が生まれながらもっている善悪の判断能力 sense of nature or the judgment of reason」であり、「国民の同意 consent of the people」が必要な制定法や慣習法とは区別される。さらにラグスは制定法や慣習法を帝国法・教会法・都市法、さらには法務官や皇帝が制定した法律などに分類している。

ついで「質料因」、つまり法令の内容によっても法令を分類している。まず教会・墓地など神聖視されている場所・聖職者にかかわる「神の法 divine law」と、軍隊・封建制・宗教的な儀式や伝統（これを「神の法」に分類していないことに注意）など「人間の問題 negotia civilia」にかかわる実定法に分類され、さらに実定法を公法・私法に分類し、公法・私法をさらにこまかく分類している。

「形相因」による3つ目の分類では、まず法令を「厳格な執行を要求する法令 strict law」・「公平を実現するための法令 equity」に分け、さらに「公平を実現するための法令」を成文化された法令・成文化されていない法令（つまり自然法）に分けている。

4つ目の分類法は「目的因」によるもので、法令が制定された目的によって、「公共の問題 res publicae」を扱う法令と契約・傷害など個人の問題を扱う法令に分類しているが、さらにラグスは公共の利益を守ることは「個人の利益 utilitatem singulorum」を守ることにもなり、また個人を守ることが「公益

salus publica」のためにもなるとして、「すべての法令は公益の保護を目的とする」としている。

「4因論」による法令分析をラグスは、つぎの言葉で締めくくっている。つまり公益と個人の利益の保護がすべての法令の目的とするところであり、それが実現できなくなれば法令は「拘束力 obligatio」を失うのである。

ラグスがアリストテレスの「4因論」を使って法令分析を行なったことは、法制度に対する考え方を変える上で大きな意味をもった。それは「実定法主義」の考え方（始動因の1つとして法制定者を挙げている）と「自然法理論」（目的因を論じたところで、公益に反する法律は無効としている）の萌芽を見ることができるからである。さらに重要なことは、法令の体系化が試みられていることである。『メトディカ』の歴史篇では、アリストテレスの「4因論」によって議論が展開されている。その1つの例が「質料因」による分析結果である（注65のあとに挿入した Figure 2 を参照。構想の趣旨を示せれば十分なので翻訳していない）。ラグスの後継者たちは、「始動因」・「形相因」・「目的因」も含めて「すべての法令 universum」を図示する方法で整理していくことになる。

ラグスは歴史篇を、1）人間に関する法令、2）「財産 res」の獲得・譲渡・喪失、3）同意と債務、4）訴訟と抗弁、5）判決、6）特権と特権の付与と6章に区分しているが、思想篇で展開された法理論と「4因論」が歴史篇でも「法原則」・「法概念」から個々の法令を導き出すために利用されている。ラグスによれば、「この6つの章にすべての法令が包括されているはず」ということである[67]。

各章では、それぞれの法令（法学の「下位概念 genus」に相当する）が「下位概念の下位概念 species」に区分され、さらに個々の法令に区分されて分析が行なわれている。第1章「人間に関する法令」では家族法（家族構成員の権利・義務）と憲法（皇帝・君主・役人の権限・義務）が論じられており、第2章「財産の獲得・譲渡・喪失」では財産法・相続法・夫婦間の財産が論じられている。第3章「同意と債務」では契約・不法行為などで負う債務、刑法、さらに婚姻・離婚が論じられており、第4章「訴訟と抗弁」では民事訴訟・刑事訴訟が論じられてい

る。第5章「判決」では裁判所の構成、第6章「特権と特権の付与」では憲法（国家に貢献した者に与えられる特権など）と国家の義務（性差・年齢に応じて法の適用を公平にすべきこと）が論じられている。「下位概念」から「下位概念の下位概念」、さらに個々の法令へと体系的に分析が行なわれており、ドイツの中世史家トイヤーカウフ Gerhard Theuerkauf がいうように「ラグスの議論は決められたやり方に従って細部に分け入っていく」のである[68]。

すべての法令を体系的に整理するというアペルの構想を実現してみせたのがラグスであった。そこには、2つの新しいやり方が見られる。その1つは、スコラ学者がローマ法の注釈書に従って「課題 loci ordinaria」を一貫しないやり方でバラバラに論じていたのに対して、ラグスはメランヒトンの「課題の整理・分析法」とアリストテレスの「4因論」を使って、法学を体系的に論じたことである。

もう1つは、ラグスが初めてローマ法と教会法を区別することなく分析の対象にしたということがある。ラグス以前には、ローマ法と教会法が一緒に扱われることはなかった。ローマ法はローマ法学者によって論じられ、教会法は教会法学者によって論じられてきた（ただし、教会法で使われている「法原則」・「法概念」はローマ法のものである）[69]。ところがラグスはローマ法と教会法を共通の「法原則」・「法概念」によって分析してみせたのである[70]。アペルはローマ法の体系化を考えただけで、教会法は念頭に置いていなかった。ラグスの『メトディカ：ローマ法と教会法』では、ローマ法と教会法の「共通する課題 loci communes」が一緒に論じられている[71]。

ラグスは自分のやり方の斬新さを自覚しており、伝統主義者から批判が出ることを予想していた。そこで自分の学生に講義の内容を自分の許可なく公表することを禁じ、また『メトディカ』の出版も認めようとしなかった。1538年に（まだ彼が「私講師 Privatdozent」のとき）、ローマ法の伝統的な解釈を十分に習得していないという理由でザクセン選帝侯から講義する資格を剥奪されている。なぜ彼が1540年に（41歳のとき）ウイッテンベルク大学を辞することになったのか本当のことは判っていないが、その3年後、彼の許可なしに『メトディカ』

がフランクフルト（アム・マイン）で出版されたとき、それに抗議して『自分の未完の注釈書がエゲノルフによって出版されたことに抗議する Protestatio adversus improbam suorum commetariorum editorem ab Egenolpho factam』と題する本を出版して自分の分析方法を説明し、かつ釈明に努めている。

ところが、ラグスの『ローマ法概説 Compendium Juris Civilis』（出版社が Methodica につけたタイトル）は売れに売れたのである。1543-92年に少なくとも8版を重ね（どの版も増刷している）、1571年のバーゼル版が1581年に再版されたときは、「法律家だけでなく、知識を求めるすべての人のために」というのが謳い文句であった。トイヤーカウフによれば、1580年代末-90年代になって体系的な内容の法律書が数多く出回るようになって、やっとラグスの『ローマ法概説』は絶版になったそうである[72]。その頃になると、アペルが先鞭をつけラグスが完成させた体系的な法学は、ドイツの主流になっていた。

「課題の整理・分析法」が一旦、法学に導入されると、おなじ方法が「領国法 Landrecht」・「都市法 Stadtrecht」・「帝国法 Reichsrecht」などにも適用されるようになるが、この分野でもラグスは先駆者であった。『ザクセン人の鏡 Sachsenspiegel』・『マグデブルク法』を中心にザクセン侯国の法制度を体系化した『ザクセン法概説 Compendium juris Saxonici』を1540年頃に書いている。『ザクセン人の鏡』は、1220年頃にドイツ語で書かれた最初の法律書で、ザクセン侯国の慣習法とザクセン侯国でも適用された「帝国法」（成文法と慣習法）を扱っているが、法令は詳細に紹介されていても、「法概念」・「法原則」による分析も具体的な事案の紹介もなされていない。書いたのはレプガウ Eike von Repgau という1人の法律家にすぎないが、権威ある法律書とされて注釈書も多く、ドイツの「領国法」・「都市法」・「帝国法」を補う法律書とされてきた。しかし1534年にザクセン侯国の最高裁判所はザクセン選帝侯に対して、内容が古すぎることを理由に改定を要請している。ラグスの『ザクセン法概説』は、この改定に備えて書かれたのであろう。

ラグスは『ザクセン法概説』も『ローマ法概説』と同様、思想篇と歴史篇に

分けている。また、各篇の構成も『ローマ法概説』とおなじである。思想篇では、法源・法令の分類・法令の適用・法令の解釈が論じられ、歴史篇では「人間に関する法令」・「財産法」・「債務」・「行為」・「抗弁」・「裁判」が論じられている。

『ローマ法概説』でも『ザクセン法概説』でも、ラグスは法令を「すべての人間がもっている善悪の判断能力 God-given reason」・「支配者の意志 will of public authority」・慣習の3つで説明しているが、ローマ法・教会法とザクセン法は別のものだとしている。ザクセン侯国では、ローマ法・教会法はザクセン法を補足する場合にだけ適用されており、まずザクセン法が優先されていた。「帝国法 Reichspolizeiordnungen」ですらザクセン侯国ではザクセン法が優先された。またラグスは「領国法 Landrecht」を「お上 Obrigkeit」が制定した法令の意味で使っており、『ザクセン人の鏡』ですら「お上」の暗黙の了解がない限り無効であるとしているし、制定法の方が優先されるとしている[73]。『マグデブルク法』の場合も同様で、この都市法はマグデブルク市以外の多くの都市でも採用されていて、ラグスはザクセン侯国でも有効としていたが、やはり「お上」が制定した法令が優先するのである。つまりラグスによれば、「領国 Land」では「領国法」が優先されるべきなのである。「領国法」より優先されるのは「神の法」（＝十戒）と自然法（＝神がすべての人間の良心に植えつけた善悪の判断能力 inborn reason planted by God in every person）だけなのである。

第7節　新しい法学のその後

　1520年代末-30年代にウイッテンベルク大学でアペルとラグスによって始められた法令の体系化は、16-17世紀にドイツを中心にヨーロッパ全土で実現されることになった。16世紀後半にドイツで活躍したのは、ウイゲリウス Nicolas Vigelius とアルツジウス Johann Althusius である。ウイゲリウスはマールブルク大学時代のオルデンドルプの弟子で、1560-94年に同大学で教鞭を取っている[74]。彼が書いた『全法令の分析方法 Methodus Universi Iuris

Civilis』は、1561年に出版されたが、そこで彼は法令をまず公法・私法に分けている（このやり方は16世紀に法分析の常識となっていた）。全25巻のうち最初の3巻が公法に当てられており、つぎの22巻が私法、最後の1巻がその他の法令を扱っている[75]。

ラグス同様、ウイゲリウスもローマ法だけを念頭に置いていたわけではなかった。彼が「全法令」という場合、それはローマ法だけでなく帝国法・領国法・都市法などドイツで施行されていたすべての法令を意味した。「法概念」や用語はスコラ学者のものを使っているが、ローマ法の原典については古典古代研究者の第1世代とおなじように、厳密な校訂を行なっている。また古典古代研究者の第2世代とおなじように、『法学提要』に見られる「法原則」を使って法令の体系化を行なうことの重要性をよく認識していた。しかしウイゲリウスの最大の貢献は、アペルやラグスの後を受けて、法令をすべて「下位概念」・「下位概念の下位概念」と分類していくことで法令を体系的に分類したことである。法令をまず公法・私法に分け、公法を立法権・執行権・司法権の権限に関する法令に分け、私法は「人に関する法令 law of persons」（家族法・主人と下僕に関する法令・後見人に関する法令など）・財産法・相続法・信託法・贈与法、さらに契約・不法行為・不正利得から発生する債務関係の法令に分類していくのである。この方法は、今でも欧米の法学者が採用している方法である。

ウイゲリウスもラグスのように、『全法令の分析方法』で採用した分類法を図表にしている。1581年版の図表は8ページ分もの大きさがあるが、ラグスのものと3つの点で違っていた。まず「神の法」と自然法が省略され、実定法しか扱っていない。また、契約・不法行為・不法利得を所有権獲得の方法と考えており、債権の問題とは考えていない。さらにラグスの図表が著書の一部しか扱っていないのに対して、ウイゲリウスの図表は著書全体を対象としている。

このウイゲリウスのやり方をもっと徹底させたのがアルツジウスである。アルツジウスはドイツのカルバン派で、法学のみならず政治学でも活躍した人物であった[76]。1586年にバーゼル大学で法学博士号を取得し、同年『ローマ法 Jurisprudentia Romana』を出版している。1603年に全面的に改訂され、『法学

の論理 Dicaelogica』と改題されて出版された。17-18世紀に何度も増刷されたこの本は、ラグスやウイゲリウスの伝統を受け継いだ内容になっている。つまり、アルツジウスも法令をまず公法・私法に分け、つぎに私法を所有権・債権に分けたあと、債権を契約・不法行為・不正利得に分けており、一般的な「法原則」・「法概念」から個々の事案に適応すべき法令にたどりつく方法を採用しているのである[77]。

アペル・ラグス・ウイゲリウスらが16世紀のドイツで始めた新しい法学は、その後2世紀以上を掛けてヨーロッパ全土に（カトリック教国も含めて）普及していくことになった。この新しい法学は、スコラ学者の法学とも古典古代研究者の法学とも違っていた。メランヒトンが始めた「課題の整理・分析法 topical method」を使って法令を体系化すると共に、ヨーロッパで施行されていたすべての法律、つまりローマ法や教会法のみならず、王国法・都市法・封建法・商人法を整理分析しており、その結果、16-18世紀に「共通法 jus commune」が生まれてくるのである。またヨーロッパの法学者はヨーロッパ中で通用する「法学者身分 Juristenstand」を形成し、出身国に限定されることなく法律家として活躍することになる[78]。

この新しい「共通法」は、ヨーロッパ最初の「共通法」であった教会法と違って、世俗国家が公式に認めた「共通法」であった。また2つ目の「共通法」であるローマ法学者が注釈したユスチニアヌス法典とも違って、ローマ法に内容が限定されていなかった。さらに両者を一緒にしたものとも違っていた。20世紀の法制史家は、よく「ローマ法・教会法の継承」ということをいうが、ローマ法と教会法を一緒にした法体系は、実は存在しなかったのである。新しい法学は、「共通法」と呼ばれていたローマ法と教会法から、それぞれ個別に「法原則」・「法概念」を取り入れていたのである（ローマ法と教会法を総称する場合は「2つの法 utrumque jus」と呼ばれていた）[79]。また新しい法学は王国法・封建法・商人法・都市法からも影響を受けていたが、この4つの法は、あくまでもローマ法や教会法とは区別して考えられていた[80]。かつてヨーロッパでは法律書を整理する場合、1つの国で施行されている複数の法制度を論じたものを1つの

分野にまとめる方法が採用されていたことがあったが[81]、その場合でもローマ法と教会法だけはヨーロッパの「共通法」として特別視されていたのである。それは新しい「自然法 jus naturale」であった[82]。

第8節　新しい法学の登場が意味したこと

　新しい法学が必要とされたのは、伝統となっていたローマ法の注釈書が権威を失っていたからである。そこで、まず「古典古代研究者＝法学者」の登場ということになった。その第1世代が「問題提起」をしたパッラとブダエウスであり、第2世代が「法原則」・「法概念」の発見を重視したザシウスとアルチアッスであった。この第2世代は、第1世代が評価しなかったスコラ学者の業績を評価した。それは古典古代の原典が古典古代の原典であるというだけで有り難がるのではなく、またスコラ学者の権威を権威だからという理由だけで無視するのでもなかった。業績は業績として評価したのである。しかしこの第2世代は、新しく登場してきたドイツの領国が必要とする法学は提供できなかった。

　新しい法学は、16世紀にルター派の法学者が提供することになった。彼らが新しく登場してきた領国に正統性を付与し、その統治を可能にする法制度を提供したのである。スコラ学者の法学が正統性を付与し法制度を提供していたのは、カトリック教会によって統合されていた複数の世俗国家であった。しかし、このスコラ学者の法学を批判した「古典古代研究者＝法学者」は、新しく登場してきた領国の要請に応えることができなかった。彼らはスコラ学者を批判したものの、彼らも教会法や複数の世俗法の存在を当然と考えていたからである。スコラ学者は複数の法制度のあいだに矛盾があっても、そのことを問題にしなかった。たとえば、教会法は「たんなる口約束 nudum pactum」にも拘束力を認めたが、ローマ法は「たんなる口約束」に拘束力は認めていなかった。また封建法は農奴制を認めていたが、都市法は農奴制を認めていなかった。さらに商人法は契約抜きの為替手形でも有効性を認めていたが、王国法はそれを認めていなかった。この矛盾した状況は、違った法制度が競い合っていた「連邦

制」のカトリック教会圏では問題にならなかったが、宗教改革後のドイツの領国では許されないことであった。

　新しい法学の特徴は、ローマ法・教会法のみならず、都市法・封建法・商人法まで1つの法制度に統合してしまったことである。16世紀のドイツで「ローマ法の継受」が行なわれたと歴史家はいうが、「ローマ法の継受」とは、実はこの複数の法制度（そのなかにローマ法も含まれていた）の統合を意味したのである。

　さまざまな世俗法と教会法を「お上 Obrigkeit」のもとで1つの法制度に統合するには、すべての法制度に共通する「法原則」を探り出し、それによって法制度を体系化してくれる法学の方が、政治的にも都合がよかったのである。

　またルター派の法学者が確立した新しい法学は、法令の「始動因」（つまり誰が法を制定するかということ）と「目的因」（何のために制定するかということ）を明確に区別していたが、これが政治的に重要な意味をもっていた。「始動因」は法令が制定者の意志に由来することを明確にしていたし、「目的因」は法令の制定と適用が別のことであることを明確にしていたからである。法令を制定した支配者の意志とは別に、法令の適用は良心に照らし合わせて「道理 reason」と「公平の原則 equity」に拠らねばならないのである。

　このように、新しい法学と新しく登場してきた領国のあいだには密接な関係が存在していたが、さらに法学者もこの現実とは無縁でなかった。宗教改革以前の時代にも法学者は教皇・皇帝・国王の顧問官を務めたり、判事に意見を求められたりすることはあった。しかし16世紀ドイツの領国（プロテスタント派）のように、法学者が大規模に直接、宰相や判事として動員されることはなかった。そこには政治的な理由が絡んでいたことも考えられるが、何よりも重要だったのは法制度があまりにも複雑であったため、専門教育を受けた者でなければ対処できなかったということがあった。

　ドイツに登場してきた新しい法学には、重要な思想的前提があった。たしかに支配者は法令の制定者であったが、法令の制定者として支配者が超えてはいけない一線があった。それが新しい法学の思想的な前提である。新しい法学は、

まず法を「神の法 divine law」(＝十戒) と「人の法 human law」に分け、つぎに「人の法」を自然法と実定法に分けて、実定法を公法と私法に分けた。たしかに支配者は公法の「始動因」であったが、「神の法」と自然法、さらに多くの私法は支配者といえども、どうにもできない領域であった。しかもすべての法令は「公平に」施行されねばならなかった。また、神が良心に書き込んだ「道理 reason」に従って施行されねばならないのである。ルター派の法学ほどマキャベリズムから遠いものはないし、彼らが支持した領国君主ほどボダン Jean Bodin が支持した絶対君主から遠いものはないのである。

またドイツに登場してきた新しい法学には、科学的な証明方法（それを彼らは「弁証法」と呼んでいた）が備わっていた。それを作り上げたのがメランヒトンである。彼によれば、法学の「固有の課題 praecipui loci」を整理・分析するには、学問全体に「共通する課題 loci communes」の整理・分類法によって「固有の課題」は何か、その意味は何かといったことを解明しなければならないのである。このメランヒトンが提唱した方法は、自然科学の発展にも貢献することになる。

こうしてアペル・ラグス・ウイゲリウスらは、16世紀にドイツの大学で新しい法学を確立させたわけだが、のちにカトリック教国も含めてヨーロッパ中で新しい法学が登場してくることになった。それはヨーロッパ中で見られた現象であったが、ドイツほど法学者が大きな役割を演じた国は他にない。

たとえばフランスでは、ブダエウス Guillelmus Budaeus のあとを受けて、クヤチウス Jacobus Cujacius・オトマヌス Franciscus Hotmannus らが登場してきたが、彼らはあいかわらず原典の文献批判とフランス固有の歴史にこだわり、法令の整理・分析には関心を示そうとしなかった[83]。ローマ法の原典を重視するあまり、その注釈書が現実の問題を解決する手段であったことを認めず、「ガリア」の伝統に帰ることを主張するだけであった。その結果、フランスの法学者は現実の法制度とは無縁な存在となり、歴史と神学の研究に専念することになってしまった。それが当時のフランスでは重要な政治的課題だったからである。コラシウス Joannis Corasius・ボダン Jean Bodin らも、やがて当初

の法学に対する興味を失って、絶対君主制を支持する政治理論を完成させることになる。彼らによれば、支配者は法令の「始動因」であり、したがってみずから制定した法令には縛られないのである。フランスでは、16世紀にメランヒトンの方法を使ってユスチニアヌス法典を整理・分析してみせた3人の法学者ズアレヌス Franciucus Duarenus・ドネルス Hugo Donellus・モリナエウス Molinaeus (Charles Du Moulin) のうち、ズアレヌスはプロテスタントに同情的であったし、ドネルスとモリナエウスはプロテスタントに改宗してドイツで活躍することになる。

　16世紀にヨーロッパで新しい法学が登場してきたときの様子は、20-21世紀初めにアメリカで法学が置かれている状況を考えるうえで大変、参考になる。1920年代末-40年代に登場してきた「法の現実重視派 Legal realism」は、15世紀末-16世紀初めにヨーロッパに登場してきた「古典古代研究者＝法学者」の第1世代によるスコラ学批判とよく似ていた。つまり施行されている法令が文言どおり解釈・適用されていないと主張したのである。ところが1950年代末-70年代になると「法手続き legal process」を重視する学派が登場してきて、「法の現実重視派」の言い分を一部、認めながらも、一般的な「法原則」が存在することを重視して法の手続きを重視すべきだと主張したが、これは「古典古代研究者＝法学者」の第2世代であるザシウスやアルチアッスが主張していたことと似ている。「法は手続きが大切」と考える学派は、条件つきながら法制度の客観性を重視するようになり、個々の法令を一体として考える考え方を復活させたが、しかしまだ法制度を1つの体系として示すことはできず、また「法の現実重視派」が否認した事実認定の客観性を証明することもできないでいる。21世紀の今になっても、アメリカ法の体系を支える「法原則」が客観的な形で存在するということが法学者のあいだで了解されていない。また、少なくとも法学者のあいだでは、良心が個々の事案に正しい判決を下せるという確信が欠如していることも事実である。こうしたアメリカの状況を見ていると、ドイツのプロテスタントたちが成し遂げたことが如何に大変なことであったかということがよく判る。

第4章　ドイツ革命と刑法

　ドイツの刑法は、16世紀に大きく変わることになった[1]。変わった理由の1つは、15世紀末-16世紀初めのドイツで治安が急激に悪化していたことである。膨大な数の浮浪者・無法者・ジプシー・巡礼者・修道院を逃げ出した修道士や修道女・元学生・乞食などが街道にたむろし、犯罪の加害者になったり被害者になったりしていた。また武装した強盗貴族が旅人を襲撃したり農村を略奪したりしていた[2]。当時の刑法は安定した共同体の存在を前提にしていたので、広範囲に大量の人間が移動するなかで発生するプロ・セミプロの犯罪者を取り締まるのは不可能であった。すでに教会裁判所は権限の多くを世俗の裁判所（領国や都市の裁判所）に奪われていたが、世俗の裁判所も急増する多様な犯罪に対処できないでいた。ドイツほどではなかったが、似たような状況はイギリスやフランスなどでも見られたのである。

　しかし刑法の体系を全面的に作り変えることは容易でなかった。すでに何十年も前から作り変える必要性は感じられていたが、どう作り変えればよいのか誰にも判らなかった。

　それまでドイツで行なわれていた裁判は、刑事裁判・民事裁判ともに7-12人の「シェッヘン Schöffen」と1人の「リヒター Richter」が担当していた。現在のドイツ語で「リヒター」は「判事」を意味するが、16世紀までは「シェッヘン」が「判決 Urteil」を与える「判事 Urteiler」であって、「リヒター」は裁判の進行を司会する「監督」にすぎなかった。12-15世紀のドイツでは慣習こそが法であり、たとえ大学教育は受けていなくても地域の賢者であり知恵者であった「シェッヘン」が地域の慣習を一番よく知っていたからである。のちに慣習のなかには『ザクセン人の鏡』のように成文化されたものも現われるが、それで慣習法のあり方が変わったわけではなかった。その適用は、あいかわら

ず「リヒター」の監督のもと素人の「シェッヘン」が行なっていた[3]。

この「シェッヘン」裁判には、12世紀以前の部族時代に行なわれていた刑事裁判の特徴が残されていた。それは被害者や被害者の血縁者・友人が訴え出ることで裁判が始まり、被告が誓約したあとで無罪を主張し、さらに「宣誓保証人 compurgator」が宣誓のあとで被告の言い分を支持すれば被告は無罪とされた。もし被告が有罪になれば、被告は原告か原告の血縁者に「和解金 composition」を支払うことになっていた。この「宣誓保証人」と「和解金」の制度は、「神明裁判 ordeal」や決闘・戦闘による神判と同様、判断を神に委ね、またそうすることで部族内部の争いを丸く収める工夫であった。もちろん、刑事・民事の違いは意識されていなかった[4]。

それが12世紀になって教皇革命が始まる頃になると、ドイツのみならずヨーロッパ全土で部族時代の裁判制度は終わりを迎えることになった。「重罪 felony」が「軽罪 misdemeanor」・「不法行為 delict」と区別されるようになり、死刑や「手足の切断 mutilation」刑が科せられるような裁判は（つまり重罪を裁く場合）、もはや被告・原告の話し合いでは解決できず、裁判所が判決を下すことになった。「神明裁判」や決闘・戦闘による神判は教会によって禁止され、しだいに消滅していくことになる。また「身元が確かな without slip or trip」保証人による誓約保障の制度が廃止され、もっと合理的な制度が登場してくることになった。「シェッヘン」が「宣誓保証人」を指名できるようになり、証言内容の信憑性も判断できるようになった。また信用できる証言がえられる場合には、宣誓は不要とされるようになった。

さらに12-13世紀になると、深刻な犯罪は領国君主や都市当局が告発できるようになり、役人が被疑者を尋問できることになった。多くのドイツの領国や都市では検察官が任命され、彼らが犯罪者を尋問した。犯罪者・被害者・証人を尋問する方法は、すでに教会裁判所が作り上げていた（これを現在の法学者は「ローマ法・教会法 Roman-canon」的な制度と呼ぶが、ローマ法の尋問制度は全く別物である）。それが、しだいに世俗の裁判所にも浸透していくことになる[5]。ドイツでは、もともと刑事裁判は告発した者と告発された者のあいだで争われ、そ

こで出た結論は神が下した判決だと考えられていた（告発型 accusatorial）。ところが11世紀以降になると、これに教会法の「尋問型 inquisitorial」が付け加わることになった。つまり告発された者と証人の尋問を裁判所が行ない、それに基づいて裁判所が判決を下したのである。それは神が下した判決ではなくて、あくまでも人間が「道理 reason」と「良心 conscience」に基づいて下した判決だと考えられた。15世紀になると、「告発型」よりも「尋問型」の方が優勢になり、さらに16世紀になるとドイツ革命の影響で「尋問型」が精巧で体系的なものになってきた。ただし「告発型」も死刑が科せられない「軽罪」については、16世紀まで効力を認められていた[6]。

「尋問型」の特徴は、告発された者から自白を引き出すために拷問が行なわれたことである。歴史家は、この拷問の登場を第4回ラテラノ公会議（1215年）が神判を禁じたことで説明する。つまり神判に代わる証拠が必要になり、そこで自白を強制する必要が出てきたというのである。2人の信頼できる目撃証人の証言がえられるか、あるいは公開裁判で被告が自発的に自白すれば、それが「確実な証拠 full proof」とされた[7]。「確実な証拠」がえられない場合（状況証拠は十分に揃っていても、信頼できる目撃証人が1人しかいないような場合）、自白を強制するために拷問が行なわれたというのである。状況証拠だけでは、判事の主観的な判断が入り込む可能性があると考えられたからだという。

この歴史家の説明は通説になっているが[8]、問題が多いといわざるをえない。まず死刑が科せられない「軽罪」（暴行・文書偽造・窃盗・高利貸し・喧嘩・泥酔・瀆神行為）の場合に、なぜ「確実な証拠」が要求されなかったかが説明できない。たとえば窃盗犯の場合（罰金・さらし刑・水責め・鞭打ち・追放が科せられる）、盗んだ金があり、動機があってアリバイがなく、こそこそした行動が目撃されたといった状況証拠と信頼できる1人の証人の証言があれば、それで有罪とされた。このように「軽罪」については「確実な証拠」を要求しない裁判所が、なぜ「重罪」については「確実な証拠」を要求したのか。

また、自白は「証拠の王様 queen of proofs」と呼ばれたが、拷問でえられた自白がどこまで信頼できたかということがある。だからこそ裁判の場で自白

の自発性が確認されたのである。しかし裁判で自白を否認すれば、被疑者はふたたび拷問によって自白を強制され、裁判で自白の自発性を認めるよう要求されたはずである。このように自白は証拠として信頼できないことは明白であった。それなのに何故、自白が強制されたのか。

さらに反逆罪と異端の罪は別にして、すべての人間に拷問が科せられたわけではなかった。貴族・高級役人・聖職者・医師・法学教授・12歳ないしは14歳以下の子供・妊婦・病弱で拷問に耐えられそうもない者は拷問を免除されていた[9]。自白が「証拠の王様」だというなら、なぜ医師や法学教授が自白を迫られることがなかったのか。

それに自白の内容が他の証拠によって確証されれば（たとえば共犯者が逮捕された場合）、そもそも自白は必要がなくなるのである。したがって裁判で自白を認めさせる必要もなくなる。証拠を提出すれば済むのに、さらに自白が要求されたのは何故か。

つまり「ローマ法・教会法」の制度に自白は不可欠であったという説明は、特定の集団に属する人間が犯した「重罪」にしか適用できないということになる[10]。しかも、その場合でも信頼できる目撃証人が1人しか存在せず、それだけでは証拠として不十分なので自白が強制されたということは説明できない。

それに、そもそもローマ法と教会法は一緒にされるべきではないし、ローマ法についてもユスチニアヌス法典そのものと、11-15世紀に注釈学者が行なったその解釈（これも「ローマ法」と呼ばれていた）は区別する必要がある。さらに、注釈学者の解釈と世俗の支配者が注釈学者の解釈を根拠に制定した実定法（これも「ローマ法」と呼ばれていた）も区別する必要がある。2人の目撃証人・自白・拷問については、ユスチニアヌス法典でもあちこちで言及がなされているが、その意味は注釈学者が使っていた意味とは全く違っている。なぜなら、1100年以降ヨーロッパに登場してきた刑事裁判の考え方は、ユスチニアヌス法典の考え方と全く違っていたからである。

ユスチニアヌス法典の注釈学が盛んであったイタリアでは、13-15世紀に都市国家が独自の刑事裁判のやり方を定めており、2人の目撃証人は要求してい

ないし、自白も要求していない。なかには「重罪」についても「確実な証拠」は要求せず、「市長 podestà」に「不確実な証拠 half proof」（状況証拠と目撃証人が1人だけ）で判断することを認めている都市国家も存在していた[11]。刑法を起草した注釈学者のなかには、判事は「みずからの判断 arbitrium」で「2人の目撃証人」原則を採用する必要はなく、証拠全体を見て有罪・無罪を決めてよいとしている者もいた。14世紀のイタリアの法学者バルトルス Bartolus de Saxoferrato によれば、「確実な証拠」とは2人の目撃証人や自白ではなくて、「提出された証拠物件によって訴えられていることについて信用できると思えること」なのである[12]。

ところが教会法学者は逆で、注釈学者ほど「判事の良識 judicial discretion」を信用せず、2・3の者しか知らない「ほとんど秘密の pene occultum」重罪については、厳格に2人の目撃証人と自白（拷問の可能性あり）を要求していた[13]。もちろん異端の罪がその典型で、異端の場合は自白が最良の証拠であるとされた。

このように犯人であることを確証するためとは思えないような場合でも自白が要求されたのは、死刑を執行する前に犯人に改悛をさせて地獄ゆきを免れさせる配慮からであった。その証拠に、初めて自白に拷問が採用されたのが13世紀の異端を裁く教会裁判であったということがある。そもそも異端かどうかは、本人の証言以外に確認の仕様がないということがあった。場合によっては異端の判決が下る前に被告は心を入れ替えて改悛し、異端でなくなる可能性があった。また異端とされた被告の魂が悪魔から離れ、教会の元に帰るようにする必要もあった。ただし異端の判決が下る前に被告が異端でなくなっても、異端の説を唱えたり異端とされる行為を行なったりした罪は消えず、したがって死刑を免れることはできなかった。しかし、そもそも異端かどうかは自白によって初めて明らかになったわけではなく、自白の前に他の証拠から異端の疑いを掛けられたわけで、だからこそ自白が求められ改悛が求められたのである。

しかし、2人の証人がいれば自白が要求されなかった理由は依然として不明なままである。

第4章　ドイツ革命と刑法　143

　14-15世紀のドイツでは、死刑が宣告される可能性がある教会裁判所の裁判は（「確実な証拠」が要求される裁判を含めて）、その多くが世俗の裁判所に管轄を移されていた。反逆・殺人・強姦・放火・強盗・反乱・通貨偽造・文書偽造・瀆神行為・異常な性行為がその代表的なものである。被疑者の魂を地獄ゆきから救うだけでなく、犯罪を容赦なく取り締まるためにも（こちらの方が動機としては強い）「リヒター」は教会裁判所の判事と同様、自白を引き出すために拷問を行ない、引き出した自白は他の証拠と共に「シェッヘン」に提出したのである。

　とくに15世紀末になって街道での犯罪が深刻な問題になると、「よそ者 Landschädliche」が「世評の悪さ Leumund」だけを理由に訴えられ、拷問で自白を強制されることになった。この乱暴なやり方は、もともと暴力を伴なう犯罪の場合、犯人を捕らえた者は犯人を殺しても構わないし、被害者に対する補償を「死んだ犯人」に要求して（宣誓保証人を立てる必要がある）、犯人の家族に支払わせることができるとした古いゲルマン法が起源になっていた。12世紀以降になると、この慣習を「現行犯」に適用するようになり、告発者は宣誓すれば訴えることができることになった。被告が「危険な存在 socially dangerous」であることを証明するだけで罪に問えたのである。たとえ拷問による自白がなくても、このやり方では無実の人間が処刑されるのは避けられないことになる。事実、多くの人間が身に覚えのない罪を理由に殺されていった。また逆に、宣誓保証のおかげで犯人が無罪になることも珍しくなかった。

　死刑を適用する刑法に重大な欠陥が存在したのである。それはドイツだけでなく、ヨーロッパ全土の刑法についていえることであった。それに、どんな犯罪なら死刑が適用されるのか明確な定義は存在せず、殺人罪に等級分けはなく、状況に応じて刑を軽くしたり重くしたりする方法も明確になっていなかった。未遂なら犯罪とはみなされなかった。共犯も犯罪とはみなされなかった。

　15世紀に犯罪が急増してくると、領国君主や都市当局は処罰を厳しくすることで対処しようとした。しかし、もともと刑法そのものに欠陥があり、犯人を無罪解放したり身に覚えのない者に罪を着せたりしていては犯罪の減少に効果

を上げることはできなかった。1497-98年のフライブルク帝国議会は、つぎのように決議している。「領国君主や帝国都市が無実の者を十分な証拠もなしに死刑にしているという非難が寄せられており……帝国で犯罪を裁く方法を改善することが必要になった」[14]。

20-21世紀にヨーロッパで犯罪が急増している現状を知っている我々は、15世紀末-16世紀初めにドイツで展開された「犯罪の抑制が優先されるべきか crime control model」それとも「法の適正な運用が優先されるべきか due process model」という論争の深刻な意味がよく判る[15]。

刑法の改革には、まず法思想と法学が変わる必要があった。法思想の分野では、正義の実現と目の前の現実との兼ね合い・伝統をどこまで守り改革をどこまで進めるかということの兼ね合い・国民レベルの法意識と法学者の法意識の兼ね合いを計る基準を新たに設ける必要があった。また法学の分野では、世俗の刑法と教会の刑法が混在するなかで、その場かぎりの法令を個別に公布するのではなくて、刑法全体を合理的で体系的なものに変えていく必要があった。つまりドイツの刑法は、これまで議論してきたような法思想と法学の変化に応じて変える必要があった。また、そんな刑法の体系を作り上げることができるような知識・能力・気力・想像力をもった人物の登場が必要とされていた。

第1節　シュワルツェンベルク・バンベルク刑事裁判令・カロリーナ刑法典

そんな人物の1人がシュワルツェンベルク Johann von Schwarzenberg であった。彼は「宗教改革時代に登場してきたドイツ最大の法学者」であり「ドイツ最大の思想家」であった[16]。

シュワルツェンベルクが生まれたのは、1463年ないしは1465年だとされている。父親はブランデンブルク司教に仕えた騎士でブランデンブルク侯国の「最高裁判所 Hofgericht」で働いていたこともあった。息子は武芸を習得したあと騎士として皇帝マキシミリアン1世に側近として仕え、その後、ウユルツブル

ク帝国都市・ザクセン侯国・バンベルク司教領で役人として働いている。1500年代初めにバンベルク司教の「執事長 Hofmeister」・「判事長 erster Justizbeamter」を兼務していた。また後にはブランデンブルク侯国の「最高裁判所」でも「判事長」を務めている。さらに父親から相続した領地で判事も務めていた。1521年のウオルムス「帝国議会 Reichstag」にブランデンブルク侯国の代表として参加しており、1522-24年に「帝国統治院 Reichsregiment」で中心的な役割を演じている。

シュワルツェンベルクの幼少期や青年期のことはよく判っておらず、なぜ彼が最初の近代刑法典を書き上げることになったのか判っていない。正式な法学教育も受けておらず、ラテン語も知らなかったようである。しかしキケロをはじめ古典古代の作家はドイツ語訳で読んでおり、ドイツ語の達人でもあった。切れ者で詩人としても優れた才能に恵まれており、判事としても法学者としても第1級の人物であった。ルターの熱心な支持者で、1520年代にはルターと親交をもっていたことが判っている。

1507年に(シュワルツェンベルクは40歳過ぎ)バンベルク司教領で最初の刑法を作成し(もちろん協力者はいた)[17]、それがドイツ中に普及していくことになった。有名な『バンベルク刑事裁判令 Bambergische Halsgerichtsordnung』である(ラテン語のタイトル Constitutio Criminalis Bambergensis を省略して、ふつう「バンベルゲンシス Bambergensis」と呼ばれる)。1516年にはブランデンブルク侯国でこれをモデルにした刑法が制定され、さらに他の領国でもこれをモデルにした刑法が制定されていくことになった。1521年にはウオルムスの帝国議会でも同様の刑法制定に向けて作業を開始することが決定され、皇帝カール5世はシュワルツェンベルクに、『バンベルク刑事裁判令』を基にして帝国刑法典を作成するよう依頼した[18]。1523年・24年・29年・30年と提出された法案は4回、帝国議会で改訂を求められ、1532年に(シュワルツェンベルクの死後、4年経っていた)『バンベルク刑事裁判令』をほぼ踏襲した形で[19]、『カロリーナ刑法典 Constitutio Criminalis Carolina』(ふつう略して「カロリーナ Carolina」と呼ばれる)が成立した[20]。

シュワルツェンベルクの宗教的な信念と刑法典起草のあいだには密接な関係があったが、そのことは第2節で説明することにして、その前にまず『バンベルク刑事裁判令』と『カロリーナ刑法典』の内容と歴史的意義について説明しておきたい。

バンベルク司教(侯)が公布した『バンベルク刑事裁判令』は、世界初の体系的な刑法典であった。それは死刑を科せられる可能性がある26の犯罪 (瀆神罪・偽証罪……強盗罪・殺人罪) について詳しく規定している。それより3世紀も前から、すでにローマ法学者や教会法学者が刑法について体系的な論文は書いていた[21]。シュワルツェンベルクは言及していないが、彼や彼の協力者たちは、それを参考にしていたはずである。裁判所はその法的な効力を認めていたが、支配者が制定した制定法ではなかった。『バンベルク刑事裁判令』以前すでにドイツでは、15世紀初めにローマ法の概説書『訴訟の鏡 Klagspiegel』や、いくつかの刑法典が皇帝や領国君主によって公布されていた[22]。また、13-15世紀のイタリアでも、都市国家が「法令 statuti」を公布して犯罪に応じた刑罰を定めていたが、これも『バンベルク刑事裁判令』や『カロリーナ刑法典』を作成する際の参考資料になっていた[23]。しかし、どの法令も『バンベルク刑事裁判令』のように体系的でも包括的でもなかった。

なお、『バンベルク刑事裁判令』と『カロリーナ刑法典』の違いにも触れておく必要がある。『カロリーナ刑法典』は帝国唯一の裁判所「帝国最高法院 Reichskammergericht」が適用する刑法であって、その管轄範囲は領国や都市の裁判所ほど大きくなかった。また、『カロリーナ刑法典』は領国で刑法を制定する際にモデルになるはずであったが、それを領国に強制しない旨、断った条項があり、ほとんどの領国は『カロリーナ刑法典』を無視していた。『カロリーナ刑法典』の最後の条項で皇帝は、選帝侯ら諸侯・諸身分に帝国法改正への協力を期待する旨、断ったあとで、「この刑法典によって、伝統として認められている合法的で正当な権限を奪うつもりはない」としている[24]。『カロリーナ刑法典』は、それを採用した領国でも補助的な役割しか果たしていなかったのである。しかし、それが与えた影響には無視できないものがあった。とく

にドイツの刑事裁判や刑法典の起草に重要な役割を果たしていた大学の法学教授が、『カロリーナ刑法典』の普及に大きく貢献していた。多くの領国で体系的な刑法が制定されるようになると、『カロリーナ刑法典』は「ドイツ共通の刑法典」（ドイツの法制史家マウラッハ Reinhart Maurach の言葉）になっていったのである[25]。『カロリーナ刑法典』は1870年まで、帝国の刑法典として機能していた。

『バンベルク刑事裁判令』と『カロリーナ刑法典』は改革時代の産物であった。シュワルツェンベルク自身、1503年のバンベルク裁判所の改革のほか、ニュルンベルク市・ウオルムス市・フランクフルト（アム・マイン）市などで法制改革に携わっていた[26]。改革の理念は『バンベルク刑事裁判令』にあるとおり、「正義と公共善 Gerechtigkeit und Gemeinnutz」の実現であった[27]。「正義」は神が命じた理念であり、「公共善」は目の前の現実に対応するための理念であった。

この２つの理念が不可分の関係にあることを示すため、シュワルツェンベルクは教会法・ローマ法のみならず、イタリア都市国家の法令・ドイツで慣習となっていた刑法・「素人が参加していた lay participation」ドイツの刑事手続法などを総動員している。『バンベルク刑事裁判令』は素人の判事である「シェッヘン Schöffen」が適用することになっていた。つまり、素人の彼らが理解できるドイツ語で書く必要があった。それから300年後（1814年）、サビーニー Friedrich Karl von Savigny は『カロリーナ刑法典』のドイツ語を最良の法令ドイツ語とまでいっている[28]。

シュワルツェンベルクに「シェッヘン」たちを法学者にする意図はなかったし、外国の刑法典をドイツに輸入するつもりもなかった。ドイツの世俗法を改善するため、教会裁判所と大学の法学者たちが作り上げた法学を利用しただけであった。

『バンベルク刑事裁判令』も『カロリーナ刑法典』も「正義と公共善」を実現するため、つまり15世紀にドイツの世俗裁判所に登場してきた「尋問型」の裁判で死刑が科せられる犯罪を裁く刑法を改善するために作られたのである。

『カロリーナ刑法典』に挙げられている死刑が科せられる犯罪は、瀆神行為・偽証・誓約違反・魔術・文書による誹謗・通貨偽造・公文書偽造・度量衡詐欺・地所境界線の勝手な変更・依頼人に対する弁護士の義務違反・不自然な性行為・近親相姦・婦女誘拐・強姦・不倫・重婚・売春婦にするために妻子を売り飛ばすこと・ポン引き行為・裏切り・放火・強盗・煽動行為・意図的な法令無視・不和（以上の犯罪については、それぞれ１ケ条が当てられている）・殺人（28ケ条が当てられている）・窃盗（25ケ条が当てられている）である。

　これらの犯罪はシュワルツェンベルクらが考え出したものではなく、すでにドイツなどで慣習として犯罪視されていたものである。また、犯人に科せられる残酷な刑罰、たとえば裏切りの場合は「車裂きの刑 execution on the wheel」・斬首刑・絞首刑・「馬で引きずり回して殺す刑 death by being dragged」・内臓開き刑・４つ裂き刑が科せられたし、放火犯は火あぶり刑、嬰児殺しは水没刑が科せられた。情状酌量の余地がある場合や軽罪には、手の切断刑・鞭打ち刑・追放刑などが科せられた。1500年のヨーロッパでは、いまと違って犯罪を防ぐ目的で残酷な刑罰を公開の場で執行するのが伝統であった[29]。

　『バンベルク刑事裁判令』と『カロリーナ刑法典』の功績は、それまでの刑法がもっていた曖昧で恣意的な運用を排除したことであった。手続きの面では証拠の評価方法を合理的なものにして拷問を制限し、また無実の者を犯人と誤審しない可能性を高めたのである。また刑罰の面では、さまざまな犯罪の要件を明確に定義し、故意か過失かによって有罪の程度を区別するなど、犯人が負うべき責任の程度に応じて刑罰の重さを決めるようにするなど、正義の実現に向けた工夫が凝らされることになった。

　『バンベルク刑事裁判令』と『カロリーナ刑法典』で実現した刑法（手続法）の重要な改善点は、つぎの10点である。

1）「人命金 Wergeld」（殺された者の親類縁者が犯人を仇討ちする「血の報復 Fehde」を避けるため、犯人が被害者の親類縁者に金を払う）のような個人的な賠償制度は廃止され、「血の報復」も厳しく制限されることになった。

2）「雪冤宣誓 compurgation」ないしは「宣誓補助人 oath-helper」による

証言制度(被告ないしは原告の証言が間違っていないことを何人かの証人が誓約の上で保障する)が廃止された。

3) 私人が刑事訴追を行なえる事案が制限され[30]、しかも訴追が認められる場合も、起訴に至らない場合や無罪が証明された場合は、訴追に要した費用や被訴追人が被る損害を訴追人が賠償することになり[31]、もし訴追人に費用負担や賠償ができそうもない場合は、訴追人は裁判を待つあいだ被訴追人と一緒に収監されることになった[32]。その結果、個人が刑事訴追を行なうケースが少なくなった(とくに重罪について)。

4) 裁判を主催する「リヒター Richter」が「訴追人 Ankläger」に代わって被疑者を訴追する検察官を任命し、検察官が訴追を担当することになった。しかも検察官の権限は限定され、「尋問型」の証拠調べは判事が担当し、被告と証人の尋問は「リヒター」と「シェッヘン」が一緒に行なうことになった。

5) 「悪評 Leumund」だけが理由で起訴できる制度は廃止された。

6) 証拠にも高度な確実性が要求されるようになった。どの犯罪についても「信頼するにたる手掛かり redliche Anzeigung」が要求されるようになり[33]、「信頼するにたる手掛かり」が存在する場合だけ、容疑者を拷問にかけて自白を引き出すことが認められた(それも死刑が科せられる犯罪に限られる)。なお拷問にかける前に、容疑者は容疑を掛けられることになった証拠について反証を行なう機会が与えられた[34]。「信頼するにたる手掛かりが存在することが証明されない限り、捜査は行なわれない。また、たとえ拷問によって自白がえられたとしても、それだけで有罪とされることはない。もし「お上」ないしは判事が拷問を行なった場合は、この不法な拷問を受けた容疑者は……怪我・苦痛・損害に対して補償を受けることができる」[35]。つまり拷問が許されるのは、他の証拠によって有罪であることが確実な死刑囚だけだということになったのである。また『カロリーナ刑法典』によれば、「十分な証拠が示されているにもかかわらず nach genugsamer Beweisung」被告人が自白をしない場合でも(多分、取調べ中

に拷問が行なわれている)、その証拠によって(ふたたび拷問を受けることなく)被告人は有罪とされる」[36]。つまり新しい刑法では、死刑が科せられる犯罪については「確実な証拠 full roof」(つまり自白)があった方が望ましいとされても、それが不可欠の要件ではなかったことが判る。さらに病気や怪我をしている容疑者に対する拷問も禁止されていた[37]。

7) 犯罪ごとに被疑者とされる条件がこまかく規定されることになった。たとえば「殺人 clandestine murder」の場合、「容疑者は血がついた衣服か武器を所持し、疑わしい行動が目撃されていなければならない。あるいは被疑者は被害者の所持品を所持しているか売るか誰かに与えているかしていて、疑いを晴らすのに十分な証拠がない場合」[38]に限定されていた。また「毒殺 secret poisoning」の場合は、「被疑者が毒物を購入したこと、あるいは毒物を扱っていたこと、さらに被害者と争っていたか、被害者の死によって利益をえる可能性があったこと、あるいは犯罪が疑われるような人物であったこと、しかも他の目的で毒物を入手したのではないことが証明された場合」[39]にのみに限定された。「窃盗 theft」は、「盗品が被疑者のところで発見されていること、あるいは被疑者が盗品を全部または一部、所持するか売却するか無償で誰かに与えるか浪費していること、しかも被疑者が譲り受けたと称する者、あるいは買ったと称する者を指名して盗品でないことが証明できないか、合法的な方法で入手したことが証明できない場合」に限定されていた。また、「盗品の金額が特別に大きい場合は、急に金使いが荒くなっていないかどうか、もしそうなら金の出所が正当であることを証明できるかどうか、窃盗を犯しそうな人物であるかどうか、窃盗を疑うに十分な証拠があるかどうか」[40]を確認しなければならないのである。ただし「裏切り treason」の場合は、「被疑者が裏切ったと思われる者に対して被疑者が隠れて普通でない行動を取っているところを目撃され、被疑者がその人物との面談を嫌がり、また裏切り行為をしそうだと信じられているだけで十分」であった[41]。

8) 証人尋問は「リヒター」と資格が認められた2人の者が「決められたや

り方に従って according to law」「念入りに diligently」行ない、これを書記が記録することになっていた。書記は「証言に一貫性があるか否か、証人が証言を翻していないかといったことにとくに注意を払い、もしそういうことがあれば記録に残すために審議のあいだ証人の振る舞いをよく観察すること」とされていた。また被疑者は、みずからの疑いを晴らすために証人を喚問する権利を認められていた。証人は「知っていることを詳しく証言すると共に、証言の根拠も示さなければならなかった」。「伝聞は証拠として不十分である」[42)]として認められなかった。

9) 被疑者は有罪でない限り無罪放免されることになっていた。また被疑者は正当防衛を主張する場合、みずからそれを証明する義務があった[43)]。

10) 「リヒター」と「シェッヘン」は、難しい事案に関しては「法律に詳しい者 rechtsverstendigen」（大学とか上級裁判所にいる専門家）に「助言を求める seek advice」よう繰り返し指示されていた。『カロリーナ刑法典』の犯罪内容を定義した77ケ条の条文のうち、42ケ条が「助言を求める」よう指示している[44)]。さらに実体法条項の序文になっている第105条には、有罪であることは明白であっても科すべき刑罰が「判らない」ような「異常で理解不能な事案」については、「リヒター」と「判事 Urteiler」は「法律に詳しい」者に「助言を求めなければならない shall seek advice」としていたし、最後の第219条には、「この法典で随所に助言を求められていたことからも判るように、すべての刑事裁判所は手続き・審議の進め方・判決などで疑問がある場合は上級の裁判所か……あるいは近くの大学・都市など法律に詳しい者がいるところに助言を求めるべきである」とある。

さらに度量衡詐欺について規定した第113条では、とくに第219条に言及して度量衡詐欺が繰り返される場合は、死刑を科すべきか否か助言を求めるべきであるとしている。また、殺人事件で目撃者がいない場合とか正当防衛であったことが証明できない場合など、殺人事件のさまざまなケースについて事案を挙げている第142条では、「微妙なケースで、素人に判断が難しい場合は」専門家に助言を求めるべきであるとしている[45)]。

このように『カロリーナ刑法典』は、素人の「シェッヘン」には理解できない事案があったり、たとえ理解できても、新しい刑法が要求する責任とか証拠に対応できないことがあったりすることを心配していたことが判る[46]。逆に法律の専門家（大学教授とか上級裁判所の判事）には信頼を寄せており、一審裁判所の判決を判例に従って評価するよう求めている。たとえばヘッセン侯国では、1540年に制定された刑法で死刑が宣告された地方裁判所の事案は、すべて上級裁判所に裁定を仰ぐべきだとしている。またザクセン侯国では17世紀初めに、重罪はすべて上級裁判所か大学の法学部に書類一式を送付することが義務づけられた。地方の裁判所が判決を下せたのは、軽罪のみであった[47]。

　実体法においても、ドイツの刑法典は全面的な改定が必要であった。「告発型 accusatory ないしは当事者主義 adversarial」の裁判が盛んであった頃には、慣習法（ふつう成文化されていない）による裁判が行なわれていた。何が犯罪かは地域共同体が「知っている」ことになっていた。しかし15世紀になって「尋問型」の裁判が教会裁判所にならって導入され始めると、慣習法による裁判は世俗の役人が恣意的に行なうようになって、犯罪の定義や有罪・無罪の判断の根拠を明確にすることが求められるようになった。

　その要求に応えたのがシュワルツェンベルクである。彼が実体法の分野で貢献したことをいくつか列挙してみる。

1）　全部で219ケ条ある『カロリーナ刑法典』のうち、最初の105ケ条は犯罪と刑罰を定義した「刑法総論」になっている。たとえば、まず第19条で「犯罪の手掛かり Anzeigung」を定義し、ついで第20条で「法的に犯罪の手掛かりが十分、根拠づけられない限り、誰も取調べで拷問を受けることはない」として、つづく第21条で「犯罪の手掛かりがあると判断できる根拠を証明する方法」が示されている[48]。

2）　『カロリーナ刑法典』に挙がっている犯罪は、そのほとんどが念入りに定義されており[49]、これはドイツの世俗法では初めてのことであった[50]。「正当防衛」・「共犯」・「未遂」の意味も定義されており、「故意」と「因果関係」の有無が重視されている。また、どういう場合に無罪になるかも示

されている。

3) 犯罪ごとに決められた刑罰が適用されることになり（ただし、つねに適用されるわけではない）、しかも犯罪の種類とか、犯人が負うべき責任の重さに応じて適用される刑罰が決められた。たとえば、車裂きの刑は「故意による殺人 Mord」に適用され、斬首刑は「故意によらない殺人 Totschlag」に適用された。このように犯人が負うべき責任の重さに応じて刑罰を科したのは、犯罪と刑罰のあいだにはバランスが必要だとする古い考え方が背景にある。またバランス論によって情状酌量が実現し、「重罪 capital offense」が「軽罪 misdemeanor」に変わると、刑罰は追放刑・鞭打ち刑とか「民事罰 civil penalties」と呼ばれる罰金刑に変わり、被疑者に拷問が行なわれる事案が大幅に減少することになった[51]。

4) 刑事責任を問われるのは、故意か過失による場合に限られることになった（過失の場合、適用は限定的）。「罪ある行為を行なう意図 Schuld, mens rea」がなければ、刑事責任は問われないことになったのである。正当な理由があって怒りを抑えきれずに犯罪行為に走ることと、故意による犯罪は区別されるようになった。『カロリーナ刑法典』の第150条には、「怒り provoked anger」が原因で殺人を犯しても、殺意がなければ刑罰は科せられないとしている。また第166条には、飢えに直面した者が本人・妻子のために食料を盗んでも罪にはならないとしている。

5) 『カロリーナ刑法典』では（『バンベルク刑事裁判令』もおなじ）、犯人の意志に反して犯罪が未遂に終わった場合、被害の有無にかかわらず刑事責任を問えるとしているが（第178条）、これは伝統的なドイツの世俗法と違った判断であって、教会法の考え方に沿ったものである。この考え方の変化は重要で、12世紀までドイツにあった「被害に対する補償 compensation」という考え方がなくなり、国王・領主が「刑罰として罰金を課する retribution for harm」という新しい考え方が12世紀以降、登場してきたことを示している。シュワルツェンベルクは、教会法が採用していた「宗教的な罪 sin」に対して責任を問うという考え方を採用したのである。そ

れは「報復 vengeance」のためではなく、「罪ある行為 sinful offense」に対して罰として金銭的な負担を強制するのである。そもそも刑事責任の発生が「非難すべき罪 Schuld」に原因しているなら、「非難すべき罪」が罰せられるのであって、犯罪が成功するか否かは関係ないということになる。

6) 同時にシュワルツェンベルクは、犯罪によっては被害がなければ責任を問われないとしている。たとえば「魔術 sorcery」は、実際に「傷害ないしは被害 injury or disadvantage」がない限り犯罪ではないとしている[52]。魔女狩りが盛んであった時代に『バンベルク刑事裁判令』と『カロリーナ刑法典』は、実害が証明されない限り魔女の罪に問うことはできないとしていたのである。ドイツの法制史家ウオルフ Erik Wolf によれば、この考え方はシュワルツェンベルクが判事をしていたときの経験によるそうである。「魔法のような迷信に基づく行為は魂が病んでいるから起きるのであって、実害が発生することがないことをシュワルツェンベルクはよく知っていたのである。実害の証拠がない限り火刑に処すべきではないと考えたのである」[53]。

7) 「犯罪に対する責任能力 capacity to commit a crime」について『バンベルク刑事裁判令』と『カロリーナ刑法典』は、「未成年・精神疾患が原因で理解能力がない」場合、刑事責任は問えないとしている。また、この問題については大学や都市などの専門家に助言を求めるべきであり、「その助言に基づいて被疑者の扱い方・罰し方を決めるべきである」[54]としている。

8) 正当防衛が殺人の口実に使われるのを危惧して、『バンベルク刑事裁判令』と『カロリーナ刑法典』は正当防衛に厳しい条件をつけている。まず正当防衛であったことの立証責任は被疑者にあるとしている。「適切な方法で füglich」その場を逃れることができず、殺人以外に自分を守る方法がなかったことを証明しなければならないのである。さらに先に手を出した場合、正当防衛は一定の限界を超えてはならないとした。ラングバイン John Langbein によると『カロリーナ刑法典』の第140条の「正当防衛の

定義は、カロリーナ刑法典のなかでもとくに時代を先取りしたものになっている」[55]。

第2節　シュワルツェンベルクの刑法改革とドイツ革命

　シュワルツェンベルクが『バンベルク刑事裁判令』を書いたのがルターのカトリック教会批判より10年早かったことを考えると、まるでシュワルツェンベルクの刑法改革は宗教改革と無関係であったように思えてくる。また1532年、つまりルターが活動を始めてから15年後に制定された『カロリーナ刑法典』が『バンベルク刑事裁判令』を手本にしたもので、さらにルターの仇敵であった皇帝カール5世が公布したものであったということを考えると、シュワルツェンベルクの刑法改革が宗教改革と無縁であったように思えてくる。たしかに、宗教改革がなくても『カロリーナ刑法典』は公布されていたことであろう。その先駆けになった『バンベルク刑事裁判令』も、宗教改革以前に公布されていたからである。

　しかしシュワルツェンベルクは熱心なルター支持者で、新しい神学を提唱していたルターと文通をしていたし、バンベルク司教(侯)によって1524年、ルター支持者であることを理由にバンベルク司教領から追放されている。そのときシュワルツェンベルクはブランデンブルク侯国（ルター派）にあった自分の領地に戻っているが、おなじ年にルターを支持したということで「帝国統治法院」も辞職させられている。『カロリーナ刑法典』の編纂委員をしていたときは、その立場を利用してルターやルターの支持者を保護しており、1522年にはルターをワルトブルク城にかくまっていたフリードリヒ賢侯に対してウオルムス勅令が適用されるのを防いでいた。さらに翌年には、ルター派の牧師たちにウオルムス勅令が適用されるのも防いでいる。シュワルツェンベルクは『カロリーナ刑法典』が公布されるまえに亡くなっているが（1528年）、彼の後任は、やはり熱心なルター支持者であったザクセン選帝侯国宰相のバイアー Christian Baier であった[56]。

ドイツの刑法改革が宗教改革以前に始まっていたことや、プロテスタントだけでなくカトリック教徒も刑法改革を支持していたことから、ほとんどの歴史家はこの2つの改革のあいだには関係がないと考えているようである[57]。シュワルツェンベルクの偉業も「古典古代研究 humanism」と結びつけて理解しており、「古典古代研究」の結果、ローマ法の継受が行なわれたとしか考えられていない。『バンベルク刑事裁判令』も『カロリーナ刑法典』もヨーロッパの「共通法 jus commune」の一部だとしか考えられておらず、それが16世紀初めにドイツで新しい刑法典として登場してきたことは不可解な現象だとされてきた。

しかし『バンベルク刑事裁判令』がルターに先行していたからといって、両者のあいだに関係がないということにはならない (「後のものは前のものの影響を受けているはず *post hoc ergo propter hoc*」)。シュワルツェンベルク自身がそのことを証明している。それに多くのドイツのプロテスタント領国が『バンベルク刑事裁判令』とよく似た内容の刑法典を制定しているし、ドイツのプロテスタント法学者が刑法典を起草するときは『カロリーナ刑法典』を参考にしており、シュワルツェンベルクが始めた刑法改革とルターが始めた宗教改革のあいだには密接な関係が存在していたことが判る。ドイツに登場してきた新しい刑法は、「宗教改革の精神が作り上げたものだ」とする研究者もいる[58]。19世紀のドイツの法制史家シュティンツィンク Roderich von Stintzing によれば、「宗教改革がどのように『カロリーナ刑法典』に影響を与えているか具体的に個別の事案を指摘するのは難しいが、宗教改革が全体的に影響を与えている事実は否めない」のである[59]。また20世紀のドイツの法制史家ウオルフ Erik Wolf によると、シュワルツェンベルクの宗教的な信念は多くの点でルターの神学と似ており、それが『バンベルク刑事裁判令』に (したがって『カロリーナ刑法典』にも) 反映されているのである。ただし、ウオルフは「時代精神 Zeitgeist」が反映されているというだけで、それ以上、詳しくは説明していない[60]。

ウオルフが指摘しているように、『バンベルク刑事裁判令』は後にルターやルター派の神学者が提唱することになる教義を反映した内容になっている。また新しく登場してきた刑法は、つぎの2点でもドイツ革命と (したがってルター

の神学と）密接に結びついていた。つまり1つの「法原則」・「法概念」から「課題の整理・分析」を始めることで知識の体系を築き上げるというメランヒトンの方法を採用しており、また領国君主とその役人に法制定権を認めることで領国内の複数の法制度を1つにまとめるという考え方を採用していた。つまりシュワルツェンベルクの刑法改革は、ドイツ革命が実現した3つの革命（宗教革命・科学革命・政治革命）と密接に結びついていたのである。

(1) 宗教革命との結びつき

『バンベルク刑事裁判令』を起草したとき、シュワルツェンベルクはまだカトリック教徒であったこと、またシュワルツェンベルクが起草にかかわった『カロリーナ刑法典』はカトリック派の皇帝カール5世が公布していること、さらにドイツの領国でカトリック派に留まったところもシュワルツェンベルクが起草した新しい刑法典の影響を受けていること、こうした一見、矛盾するような現象は、そもそも宗教改革がカトリック教会内部で起こったことで説明できる。ルターはウイクリフ John Wyclif・フス Jan Hus と同様、もともとカトリック教徒であった。彼が最初に意図したのはカトリック教会の神学と教会論の部分的な改定であって、それを全面的に否定することではなかった。シュワルツェンベルクの場合もおなじである。彼が意図したのはカトリック教会が築き上げてきた法制度を部分的に改定することであって、それを全面的に変えることではなかった。しかし、結果的にルターはカトリック教会の教義と教会論を全面的に否定し、メランヒトンが提唱した新しい方法論はスコラ学の方法論に取って代わり、領国君主の法制定権が領国内の複数の法制度を1つにまとめたように、シュワルツェンベルクの新しい刑法典は古い刑法のあり方を変えてしまったのである。

『バンベルク刑事裁判令』・『カロリーナ刑法典』は、ルターの法思想を反映していた。つまり聖書の戒律に反する「宗教的な罪 sin」と「世俗の法律に反する犯罪 crime」はともに「地上の国」の問題であって、それさえ犯さなければ「天上の国」にいけるというカトリック教会の教義を前提にしていない。カ

トリック教会の教義は、「煉獄」という考え方を前提にしていた。「地上の国」で「罪 sin, crime」の重さにふさわしい罰を受けていなくても、死後に「煉獄」で不足分を償えばよいのである。また「地上の国」で善行を積めば、その分だけ「煉獄」で償う罰は軽くなることになっていた。つまりカトリック教会の教義では、教会裁判所が「教会法で定める犯罪 crime」に科す罰と、懺悔で告白される「宗教的な罪 sin」に神父が科す罰は、1つに結びついていたのである。ところがルターは、「煉獄」の存在も懺悔の制度も認めなかった。「天上の国」ゆきは「信仰だけ」が可能にしてくれるのである。

　シュワルツェンベルクは、このルターの考え方を支持していた。「天上の国」ゆきは信仰（つまりイエスの磔刑死によってアダムが犯した原罪が償われたと信じること）だけが可能にしてくれるのであって、聖書の戒律に従って立派な生き方をしたからといって「天上の国」ゆきが可能になるわけではないと彼は考えていた。ウオルフ Erik Wolf が指摘しているように、「これは、2-3年後にルターが新しい神学として提唱することになる考え方そのものであった」。またルター派の法学者たちはアリストテレスを評価しなかったが（スコラ学者は評価していた）、シュワルツェンベルクもアリストテレスを評価しなかった。彼が評価していたのはキケロであった[61]。

　しかし、もし戒律を守り法令を守っても「天上の国」にいけないのなら、そもそも戒律や法令は何のためにあるのか。この疑問に対してルターは、第2章で見てきたように、3つの答えを用意していた。罪が何であるかを人間に教える「神学的効用」・刑罰で脅すことで罪を避けさせる「政治的効用」・神が考える正しい行為とは何かを人間に教える「教育的効用」の3つである。シュワルツェンベルクも刑法の効用としてこの3つを挙げているが、彼がとくに重視していたのは「教育的効用」であった。『バンベルク刑事裁判令』の序文でシュワルツェンベルクは、それが法令であると同時に「生き方を説いた教科書 Lehrbuch」でもあると書いている。つまり「帝国の法令とよき習慣に従って生きる方法」を教えているのである。また「法令が間違って理解されないように」、判りやすくする方法が工夫されている。あちこちに短い詩文を挿入した

り木版画を挿入したりして、法令の意味やその宗教的な根拠が判りやすく示されている。たとえば『バンベルク刑事裁判令』の口絵には虹に腰掛けたイエスが描かれており、「最後の審判でこの世の生き様が裁かれることになる Das Urteil dort wird dir gefällt / wie du gelebt hast in der Welt」と詩文が警告している。

またシュワルツェンベルクの刑法改革が、キリスト教の教義を前提にしていることを忘れてはいけない。シュワルツェンベルクもルターとおなじように、「地上の国」で人間にできることには限界があることを認めていた。彼が目指したのはドイツの慣習刑法を改めることであって、それを全く違ったものと置き換えることではなかった。すでに見てきたように、『バンベルク刑事裁判令』・『カロリーナ刑法典』は、ともに拷問に制約を加えているが廃止はしていない。嬰児殺しに適用されていた生き埋め刑は廃止したが、それに代えて水死刑を科している。また魔術は具体的な被害の発生が証明されない限り問題にされなかったが、それが犯罪でなくなったわけではなかった。被疑者が裁判を待つあいだ収監されたが、「牢獄は収監だけを目的に建てられるべきであって、被疑者を苦しめることが目的とされてはならない」のである[62]。

未成年者（ただし年齢は挙げていない）・精神病者・病弱者は、刑罰の対象とすべきか治療の対象とすべきか専門家に助言を求めるべきであり、被疑者の症状が悪化する可能性がある場合、拷問は科すべきではないとしている。ウオルフは、こうした考え方が「エラスムス流の温情主義ではなく隣人を愛せよ（とくに病人・病弱者・精神病者）というキリスト教の教えからきている」としている[63]。

さらに『バンベルク刑事裁判令』・『カロリーナ刑法典』の３つの「効用 uses」という考え方は、世俗法が支配者の政治的な意志の反映であって、カトリック教会が説いたように人間が元来もっている「知性 reason」の産物ではないという考え方からきている。16世紀のドイツでは（イギリス・フランス・オランダでも）、支配者の「制定法 Ordnungen」（『バンベルク刑事裁判令』・『カロリーナ刑法典』はその代表的なもの）が重要な役割を果たしているが、それはルタ

ーの「両国論」と密接に結びついていた。

　シュワルツェンベルクは、教会法の考え方を受け入れていた（故意か過失がなければ犯罪とならないと考えていたし、伝聞を証拠とするのに慎重で、正当防衛の立証責任は被疑者にあった）。しかし彼には、教会法学者のように道義的な行為を奨励するために法制度を作り上げるという発想はなかった。彼がやろうとしたことは、既存のドイツの慣習法を改善して、「正義と公共善 justice and the common weal」を実現することであった。あまりに苛烈な刑罰は避けながら、同時に秩序維持は実現するという2つの対立する目的を実現することを期待されていたのは、支配者とその役人たち、なかでも「法律の専門家 those learned in the law」であった。彼らの「意志 will」と「知性」が法制定と法執行の要であった。権威ありとされた法文献に反映されているというカトリック教会の良心（自然法）を否認し、信者個人にこそ良心（自然法）は存在するとしたルターの法思想は、このシュワルツェンベルクの法思想とおなじである。

(2) 科学革命との結びつき

　以上のように『バンベルク刑事裁判令』・『カロリーナ刑法典』にはルターの神学と共通点が多かったが、のちにメランヒトンを始めルター派の法学者たちが採用することになる新しい方法論とも共通する点が多い。特定分野の法令（たとえば刑法）を成文化するという発想自体がドイツ革命に固有のものであった。ルターがドイツ語に翻訳した聖書のように、誰にでも理解できる平易なドイツ語で書かれた法令で、しかもルターの聖書のように専門家でなければ正確な解釈ができない法令を作るという発想である。すでに指摘したように『カロリーナ刑法典』で個々の犯罪を定義した77ケ条のうち、42ケ条は処理が難しい事案について「法律に詳しい者 rechtsverstendigen」に助言を求めるべきであるとしている。誰にでも理解できる平易なドイツ語で書かれた法令でも、聖書と同様、正しく解釈して具体的な事案に良心的に適用するためには、専門的な知識が要求されるのである。

　シュワルツェンベルクの刑法典には、メランヒトンの方法論が採用されてい

た。法典をまず2つに分け、最初の箇所ですべての犯罪に適用される一般的な法原則が叙述され、つぎに個々の犯罪にその法原則を適用していくのである。この「総論」と「各論」に分けて刑法を叙述する方法は、その後ヨーロッパ中に普及していくことになる。またそこで取り上げられた「法原則」が、刑法の内容を具体的に構成していくことになる（メランヒトンが「固有の課題 praecipui loci」と呼んだものである）。シュティンツィンク Roderich Stintzing の言葉を使えば、シュワルツェンベルクは未遂・正当防衛・刑の加算といった基本的な刑法の概念を「初めて定義した」のである[64]。16世紀のルター派の法学者ウイゲリウス Nicolaus Vigelius も（すでにメランヒトンの方法論を使ってドイツのすべての法令を体系的に分類していた）、『カロリーナ刑法典』に基づきながらドイツの刑法をメランヒトンの方法論で整理・分析している。これは、ドイツの刑法を体系的に論じた最初の論文である。

　『バンベルク刑事裁判令』・『カロリーナ刑法典』は一方で体系的な一貫性を厳格に守りながら、他方で個別の事案に法令を適用するときは柔軟性も忘れないというメランヒトンの方法論に忠実で、これはルターの良心論とおなじである。

　また『バンベルク刑事裁判令』・『カロリーナ刑法典』では犯罪の内容を厳格に定義しているが、これもルター派の法学者が採用していたやり方であった。教会法学者・ローマ法学者が論文に書き、教会裁判所で採用されていた学説が定義しなおされ、法令として公布されたのである。ラングバイン John Langbein によると、「『カロリーナ刑法典』で、ほぼすべての犯罪が定義されてしまった」のである[65]。また刑事責任の意味についても厳格に定義された。たとえば『カロリーナ刑法典』の第140条で正当防衛は、つぎのように定義されている。

　「危険な武器で挑戦・攻撃されたとき、身体・生命・名誉を傷つけられるのを避ける方法が他にない場合、自衛のために反撃しても罪に問われることはない。また反撃によって相手を殺しても、また反撃のために先制攻撃をしても罪に問われることはない。この法令は、すべての既存の成文法・慣習法に優先す

もちろん、この定義にも問題はある。しかし正当防衛の定義は、最後の文章にあるように、従来のドイツの刑法を大きく変更するものであった。他の条文にも問題はあるが[66]、『カロリーナ刑法典』は定義の包括性・説得力・明快さという点で特筆に価する。

　ウオルフ Erik Wolf もシュワルツェンベルクが採用している方法について、つぎのように書いている。「犯罪の基本的な定義 Typisierung を最初に行なったのはシュワルツェンベルクである。窃盗・通貨偽造・嬰児殺し・堕胎などの定義は不十分なものだが、正当防衛・未遂の定義は、のちの研究の出発点となるものであった。共犯の定義も適切である」[67]。ウオルフは、暗黙のうちにシュワルツェンベルクのやり方をスコラ学者や初期の古典古代研究者と比較しており、シュワルツェンベルクがメランヒトンの方法論を刑法に適用していることが、彼の結論からも判る。

　ここで私は『バンベルク刑事裁判令』・『カロリーナ刑法典』の方法論の新しさ・革命的性格を強調したが、学界の通説はまるで異なっている。シュワルツェンベルクは、14-15世紀に蓄積された教会法の経験と研究成果をドイツの刑法に応用しただけだとする研究者もいれば、「ヨーロッパ共通の法 jus commune」であった「ローマ法・教会法 Romano-canon law」を15世紀末-16世紀初めにドイツに適用しただけであるとする研究者もいる。あるいは、イタリア都市国家の「法令 statuti」がシュワルツェンベルクに与えた影響を重視する研究者もいる。シュワルツェンベルクが「外国の法律」を知らなかったとか、彼がラテン語を読めなかったことは事実と認めながら、それでもドイツ語で読むことは可能だったはずだとか、ラテン語が読める同僚に教わることができたはずだということになっている。『バンベルク刑事裁判令』・『カロリーナ刑法典』には教会法からの影響が存在するし、各地の大学で教えられていたローマ法の用語やイタリアの法論文で使われていた用語・概念が『バンベルク刑事裁判令』・『カロリーナ刑法典』でも使われている。また、イタリア都市国家の「法令」用語や概念が使われていることも事実である（ただし、こちらは稀）。しかし重

要なのは、シュワルツェンベルクの2つの法典が最初の独立した刑法典であったということである。そのことを理解するためには、影響を与えた過去の法令を確認するだけでは不十分で、同時代に起きていた変化を確認する必要がある。

すでに見てきたように、ドイツ人にとってローマ法も教会法も「外国の法律」ではなかった。カトリック教会がヨーロッパ全土に普及していたように、ローマ法も教会法もヨーロッパ全土に普及していたのである。バンベルク司教領で役人をしていたシュワルツェンベルクは、教会裁判のことはよく知っていたはずである。教会法からの影響が指摘されているが、教会裁判のやり方を世俗法に取り入れていることは、むしろ彼の新しさとして評価すべきであろう。16世紀のローマ法（もっと正確には、ローマ法学者が作り上げた法学）にしても、イタリア人・スペイン人・フランス人（そしてイギリス人）にとって馴染みのものであったように、ドイツ人にとっても馴染みのものであった。それはヨーロッパ各地の大学で教えられており、ヨーロッパ各地の教会裁判所・世俗裁判所で補助的な役割を果たしていたからである。たしかに、ユスティニアヌス法典の条文がヨーロッパの刑法に採用されることはなかった（いくつかの用語は別である）。ウイアーカー Franz Wieacker によれば、「ローマ法には、刑法を他の法令と区別して独立した法体系とする考え方はない」[68]からである。しかし、14-15世紀のローマ法学者（たとえば、イタリアのガンディヌス Albertus Gandinus・バルトルス Bartolus de Saxoferrato・バルドス Baldus de Ubaldis）は、ローマ法の用語を使って（教会法に依拠しながら）刑法に関する論文を書いており、それをシュワルツェンベルクは『バンベルク刑事裁判令』・『カロリーナ刑法典』で利用している。

イタリア都市国家の「法令」が16世紀のドイツの刑法典に与えた影響を重視する研究者もいる。イタリア都市国家の「法令」は犯罪を列挙し、それに科せられる刑罰を挙げているだけだが、シュワルツェンベルクがそこから影響を受けている可能性は否定できない。しかし、そんな類似点よりも重要なのは相違点である。イタリア都市国家の「法令」にはシュワルツェンベルクの刑法典に見られるような総論の部分がなく、あってもそれは訴訟手続きに限定されてお

り、しかも簡単で表面的なものでしかない[69]。「法令」に挙げられている犯罪も簡単に定義されているだけで、シュワルツェンベルクのように犯罪に特有の心理状況・犯罪でないとされるための条件など、ドイツ語でいう「犯罪の構成要件 Tatbestand」は無視されている。これは、両者を比較してみれば簡単に判ることである[70]。

またドイツの刑法改革は、その後に続くフランス・イギリスの刑法改革とも違っていた。たとえば、フランスで1539年に制定された『ビレル・コトレ王令 Ordonnance de Villers-Cotterêts』はフランス刑法の不合理な点を改めているが、ラングバイン John Langbein が指摘しているように、それは判事に宛てた命令であって、しかも部分的な改正に留まっている。また1554年に制定されたイギリスの「保釈法 bail statute」や「収監法 committal statute」も捜査や告発の手続きを定めただけのもので、刑法と呼べるようなものではなかった[71]。

『バンベルク刑事裁判令』と『カロリーナ刑法典』はドイツの刑法典であった。たしかに、教会法・ローマ法・イタリア都市国家の「法令」から影響を受けていたが、それは当然のことである。興味深いのは、そこから特定のものが選択されているという事実である。それをドイツ独自のものと合わせて近代的な刑法典に仕上げていることである。

(3) 政治革命との結びつき

ドイツの刑法改革は、ドイツで国家のあり方が大きく変化したことも関連していた。すでに見てきたように、15-16世紀初めにドイツの領国君主は、その多くが教皇と皇帝の影響力を排除し、また国民に対する支配権を強化していた。ところが1517年にルターの宗教改革が始まるまでは、その統治体制は古いままであった。また15世紀末-16世紀初めには皇帝と教皇の連携が強化され、ルターがカトリック教会の裁判権を否認すると皇帝の裁判権にも影響が及ぶことになり、結果的に領国君主の支配権が強まることになった。またドイツの騎士階級がルターの宗教改革に反対したため、ルター派は領国君主との連携を強める

ことになった。これもすでに見てきたことだが、ルターの神学は領国君主を「国父 Landesvater」と規定して（十戒の５番目の戒律「両親を敬え」が根拠になっている）、国民に忠誠を義務づけていた。

『バンベルク刑事裁判令』は、バンベルク司教(侯)とその役人を「お上 Obrigkeit」と規定して、バンベルク司教領(侯国)内の犯罪は、すべてバンベルク司教(侯)の管轄下にあるとしている。他の領国君主も、おなじような刑法典を公布していた。また『カロリーナ刑法典』は、帝国唯一の裁判所である「帝国最高法院 Reichskammergericht」で扱える犯罪を限定しているが、そんな限定的な刑法典でも敢えて制定したのは、領国君主にならって皇帝も刑法典をもちたかったからである。エンゲルス Friedrich Engels が150年ほど後に書いているように、「皇帝は、ますます領国君主に似てきた」のである[72]。

第5章 ドイツ革命と民法・経済法

　国家体制と刑法が変わったように、16世紀のドイツでは民事法と経済法も大きく変わることになった。とくに債権法（債務法）・物権法（所有権法）・商取引法が大きく変わった[1]。そのことは、16世紀前後のドイツの法学論文、とくにローマ法・教会法を解釈しなおす形で民事法について書かれている論文や、16世紀に領国と都市が経済慣習法を変えるために制定した法令で確認することができる。ドイツ革命の政治・社会経済・宗教が民事法の変化にどうかかわったかを確認するためには、「ヨーロッパ共通の法 jus commune」・制定法・慣習法の3つで何が変わったかを確認する必要がある。

第1節　債権法（債務法）

(1) 法学者が研究した「ヨーロッパ共通の法 jus commune」：ローマ法・教会法

　16世紀になって初めて、1つにまとめられた体系的な契約法がヨーロッパに（したがってドイツにも）登場してくることになった。それまで契約は、王国法・教会法・封建法・都市法・商人法のなかでそれぞれ別個に規定されていたのである。11世紀末-12世紀にローマ法が再発見されて教会法が登場してくる以前から、すでに部族国家や王国では誓約が交わされ誓約の証拠となる物品が交換されることで成立した契約は、法的な拘束力を認められていた。またローマ法でも、決められた形式が「着せられた vestitus」契約は自動的に効力が認められていた（ちなみに決められた形式に反する「裸の約束 nudum pactum」は「契約 contractus」と認められない）。またローマ法では、貸金契約・質入契約・売買契約・賃貸契約・組合契約などの名前がつけられた正式の契約の他に「名前がない契

約 contractus innominati」があって、この「名前がない契約」は、決められた物品または仕草を交わすことで契約が成立するとされていた。契約が法的な効力を認められるためには、決められた物品または仕草を交わす必要があり、また相手に契約の実行を迫るためには、まず自分の方で契約を実行する必要があった。つまりローマ法でも12世紀までのドイツでも、たんなる約束は契約と認められなかったのである。

ところが12世紀に教会法学者は、当事者にその意志さえあれば契約は成立すると考えたのである。決められた形式を「着せられる」必要はなく、「裸の約束」も契約として認められた。この考え方は聖書からきている。聖書では、約束を守らないことは「宗教的な罪 sin」とされていた。また、教父たちが書き残した「自然法理論」や教会法の「公平 equity」という考え方も教会法学者に影響を与えていた。教会法学者にとって契約は「善意 bona fide」で交わされるのであって、契約を破ることは「裏切り fidei laesio」を意味するのである。教会裁判所も、この考え方を前提にしていた。

教会法によれば、当事者の「合意 offer and acceptance」さえあれば契約は成立するのである。この考え方がすべての契約に適用された。ただし「正当な目的 causa」に反する契約、詐欺・脅迫・誤解による契約は無効とされた。当事者の一方が「優位な立場を利用した laesio enormis」契約も無効であった。しかし教会法学者は、こうした考え方をすべての「合意」に適用できる一般原則とすることはなかった。彼らの「契約論 tractatus de pactis」は、婚姻契約など教会が行なう秘蹟にかかわる契約や司教が教会財産を処分する契約など、教会法が扱う契約に限定されていた[2]。

ところがドイツで領国君主が教会法・世俗法の区別を排して法制度を１つに統合すると（とくにプロテスタント教国）、ドイツの法学者は、不法行為・不当利得も含めて契約法を独立した１つの法令とし、それをすべての「合意」に適用することを始めたのである。そのとき彼らは、「善意による契約 Vertragtreue」・「合意」・「正当な目的」を前提にする考え方や、「優位な立場を利用した」契約や詐欺・脅迫・誤解に基づく契約を無効とする教会法の考え方を受け入れ

ていた。その他、16世紀に「ヨーロッパ共通の法 jus commune」として受け入れられたのは、寄付の約束は有効であること・善意の第3者は保護されるべきこと・権利譲渡の契約は有効であること・代理人の契約は依頼人を縛ること・販売者の瑕疵担保責任などである[3]。

ユスチニアヌス法典にも一般的な契約の概念がなかったわけではないが、その意味はとくに定義されていない。たとえば、『法学提要』の序文にある契約・不法行為・「準契約 quasi-contract」・「準不法行為 quasi-delict」の4つの債務名にドイツの法学者は言及しているが、『法学提要』はこの4つの債務名で法令を整理しているだけで、その内容を詳しく定義することはしていない。またドイツの法学者は「名前がある契約 tractatus nominati」と「名前がない契約」というローマ法の区分にも言及しているが、彼らの契約論はその区分を無視して展開されている。

教会法の「当事者主義 consensualist position」を採用することでドイツの契約法を体系化した法学者たちは、ほぼ全員がルター派であった[4]。ドイツで「継受した」とされるローマ法より教会法の方が重視されていることを指摘している法制史家はいるが[5]、ドイツにおける契約法の体系化が宗教的な動機によるものであることには気づいていない。

(2) 制定法・慣習法

15世紀に、すでに包括的な内容の「法令 Polizeiordnungen, Landesordnungen」が領国や都市でときおり制定されていたが、それが16世紀になると急増することになった[6]。1500-1600年の100年間に、ある領国では450以上の「法令」が制定されたという研究結果が報告されている[7]。この「法令」によって慣習法に変更が加えられ、慣習法は体系化されていくことになった。

現在の法制史家は16世紀のローマ法学者の論文を根拠に、16世紀の領国における民事慣習法(契約法・財産法など私人同士の関係を規制した慣習法)の成文化は16世紀の民事法の体系化と関係がないとするが、これは間違っている。コンスタンツ市を例に挙げると、16世紀初めに多くの制定法が公布されていたにも

かかわらず、16世紀の有名な法学者ザシウス Ulrich Zasius は自分の論文で、コンスタンツ市の法令には一切、言及していない（しかし役人の経験を生かして、1520年に制定されたフライブルク市法を起草している）。彼が生まれたのはコンスタンツ市で、役人として訓練を受けたのもコンスタンツ市であった。20世紀になって1510-48年にコンスタンツ市で制定された200以上の法令を出版した編集者は、つぎのようなことをいっている。「中世ドイツの都市で発展を遂げていた経済法は、ローマ法のように法学者の研究対象とはされなかった。ザシウスは、それが研究する価値があるものとは考えていなかった」[8]。しかし、16世紀のドイツでは実務家向けの法学書が数多く書かれており、ローマ法と領国法・都市法の違いが数多く指摘されている。

　「ヨーロッパ共通の法」であるローマ法・教会法は（「法学者の法 learned laws」とも呼ばれていた）、制定法・慣習法では判断が難しい事案に判断を下すときに参考にされていた。ただし両者のいずれかを選択しなければならなくなると、つねに優先されていたのは制定法・慣習法であった。そうでない場合にだけ、ローマ法・教会法は制定法・慣習法を解釈する際に参考にされた。領国・都市・地方の裁判所で働いていた判事は大学で法学を学んでいたし、彼らが判断に迷ったときに事案を送って判断を仰いだのは大学の法学教授であった。領国・都市で法令が制定されるときも、ローマ法・教会法は参考にされた。しかし、それでも16世紀にドイツの民法を大きく変えたのは制定法・慣習法の方であった。

　「ヨーロッパ共通の法」の特徴は（とくに契約法など民法の分野で顕著）、それが法学者によって体系化されていたことである。制定法・慣習法はそれほど体系的でなく、一般的な「法原則」を重視していなかった。社会・経済的な現実の方を重視していたのである。16世紀のプロテスタント法学者ウエーゼンベック Mattheus Wesenbeck の論文では、契約による債権（債務）や契約が成立する条件、契約が有効・無効であるための条件など、契約の一般原則に関する議論や契約の種類に関する議論は存在するが、実際の取引で交わされる契約は無視されていた。またおなじことが、16世紀のドイツの法制度を論じた19-20世

紀の法制史家の論文についてもいえる。

　法学者が「ヨーロッパ共通の法」ということで論文に書いている契約論と、現実に領国や都市で交わされている契約のあいだには大きな違いがあった。たとえば「ヨーロッパ共通の法」は「裸の約束 nudum pactum」も契約として有効であるとしていたが（たとえば、ウエーゼンベックの論文）、1555年に制定されたウユルテンベルク Württemberg 侯国の「法令 Landesordnung」では、土地所有権の移転契約は当事者立会いのもと裁判所が登記しない限り拘束力はないとしている[9]。また当時、大きな役割を果たすようになっていた約束手形・為替手形に関する慣習法も、形式的な要件を満たすよう求めている。

　ウユルテンベルク法は、他のドイツの領国や都市の「法令」と同様、「ヨーロッパ共通の法」にならって、違った種類のどの契約にも適用される一般的な「法原則」を定めていた。たとえば第2章「契約と所有権の移転」の冒頭では、ローマ法学者にならって「貸借 Leihe」を「消費貸借 mutuum」・「使用貸借 commodatum」・「土地貸借 locatio」と3つに分け、さらに寄託・売買・賃貸・贈与・質・担保と規定を展開している。このように、ウユルテンベルク法とローマ法学者・教会法学者の定義の仕方に大きな違いはないが、具体的な事案が問題になる場合は扱い方が大きく違っていた。たとえば、ほとんどすべての契約はウユルテンベルク法では形式的にも実質的にも細かな規制が設けられていて、土地所有権の移転は裁判所の承認がなければ「登記簿 Gerichtsbuch」に登記できなかった。つまり、ほとんどの「裸の約束」は契約として認められなかったのである。ローマ法の「名前のない契約」は、決められた物品や仕草の交換がないと有効と認められなかったが、16世紀のヨーロッパに登場してきた商業には適用不可能な規則であった。

　この「法学者の法」と16世紀にドイツで施行されていた制定法・慣習法の違いは、貸し金や売買に対する考え方の違いに典型的に現われている。12-15世紀のローマ法学者は、賃貸・担保・貸付による土地・物品・金銭の所有権移転について定めた法令をユスチニアヌス法典から見つけてきたが、彼らが生きていた世界はユスチニアヌス法典の時代と全く異なっており、ユスチニアヌス法

典の法令をそのまま適用するわけにはいかなかった。そこで彼らは、ユスチニアヌス法典の法律用語を違った意味に解釈することにしたのである。さらにカトリック教会の神学者が高利貸を禁止し[10]、「不公正な値段 unjust price」による売買を禁止した[11]。それを「宗教的な罪 sin」とし、かつ「法令に違反する犯罪 crime」として禁止するため、教会は懺悔の制度と教会裁判所を活用したのである。また世俗の裁判所もこれに協力し、不正と判断された支払い金の返還を求める訴訟を受け付けたり、犯罪として訴追したりしていた[12]。

このカトリック教会の「公正な値段 just price」という考え方と高利の禁止は16世紀の法学者も受け入れており、それもカトリック教国だけではなかった。20世紀の歴史家はこのことを誤解している。公正な値段と高利禁止に関する限り、ルター派の神学者もカルバン派の神学者も14-15世紀のカトリック教会の神学者とおなじ考え方を採用していたのである。またルター派の法学者もカルバン派の法学者も教会法学者とおなじように考えており、教会裁判所の判断を支持していた。

さらに「公正な値段」という考え方や高利禁止が資本制経済の登場を妨げたという通説も間違っている[13]。「公正な値段」とは、12世紀以来、市場で売り手と買い手が合意した値段という意味に理解されていた（もちろん、詐欺・偽りがあってはならない）。また生活必需品である食料などは、貧窮者にも入手可能な値段でなければならなかった[14]。また高利禁止も12世紀以来、利息禁止は意味しておらず、法定利息を超えてはならないという意味であって（現在もおなじ）、貸主の労力・経費・リスクをカバーする以上のものであってはならないという意味であった[15]。つまり市場経済を機能させるに必要な原則（公正な競争を良心的に行なうという原則）そのものだったのである。

もちろん商業目的以外の金貸しは無利子でなければならず、そこで利子を取れば高利貸であった。なかには、商業目的の金貸しも無利子にすべきだとする神学者もいたが[16]、教会法学者は例外なく合法的な利息と非合法な高利を区別していた。貸付条件が「適切なもの reasonable」であれば（ただし、それが何を意味するかは法令で規定されていなかった）、それは合法的な利息と認めていた。

教皇も借金したときは利息を払っていたし、貸金をしたときは利息を取っていた[17]。ある研究によれば、14世紀に都市で借金すると長期債務は年率5-15％で、リスクが高い国王・諸侯の場合は年率15-50％であった[18]。多くの都市は最高税率を法令で規制しており、13世紀のジェノバ市では年率15％、チューリヒ市では43.3％（ただし、一時的なもの）、フランス王国では20％に定められていた[19]。利息は借主の信用度によって違っていた。年割賦払い・商品先物取引・為替手形の割引など、15世紀に急増した支払い方法については、市場の利息率を大幅に超えない限り規制を受けることはなかった。

ウエーバー Max Weber は、カトリック教会が高利のみならず利息まで禁止していたというが、これは間違っている[20]。カトリック教会もプロテスタントとおなじ考え方を採用していたことについては、すでに説明したとおりである。1524年に書いた『高利論 Treatise on Trading and Usury』でルターは、一方で著しく不公正な価格・高い利息を非難しながら、他方で商品の販売や信用貸しによって正当な利益をえることを認めている。ルターは貪欲を非難したが、同時に適切な利益の獲得は正当な行為と認めていた。「払った経費・労力・リスクをカバーするだけの利益を商人が手に入れるのは、正当な行為である」。「市場で決まる値段で商品は売買されるべきであり、その結果、手にする利益は正当なものである」[21]。しかし、値段の引き上げを狙った独占と買い占めは、不当な行為として法令で禁止されるべきなのである。ルターは適切な利息として年率5％を考えていた（例外的には、6-7％）。この場合もルターが根拠に挙げているのは、貸し手が負う経費・貸すことで失う儲けの機会・借り手が返さないリスクの3つである。貸し手が引き受けるリスクは商人の労力とおなじで、法令によって適切な利益が保護されるべきなのである。このルターの考え方は、カトリック教会の神学者とおなじであった[22]。また、カルバン派の神学者もおなじように考えていた[23]。

しかし、16世紀にルター派の神学者や法学者が置かれていた環境は、それまでのものと決定的に違っていた。まず、経済的な環境が違っていた。信用取引が飛躍的に増大していたのである。封建制に基づく土地保有が減少し、農民は

土地を領主から賃貸したり購入したりするようになっていたが、その資金を農民は信用貸しによって手に入れていた。また農民のなかには、飢饉に備えて予備の作物を育てるために借金する者もいた。その際に利用されたのが担保制度であった。また16世紀になると軍事作戦が大規模化し、国王や諸侯は傭兵を雇って戦う必要があった。膨大な金額の軍資金は、高利で銀行家が融通したのである。

さらに物価の高騰や（16世紀前半のドイツのインフレ率は50％と推定されている）[24]、人口増（1500-1600年の人口は、1200万から1500万に増えており、これは年率にすると25％以上ということになる）[25]が信用取引を増大させることになった（同時に不払いのリスクも増大）[26]。さらにスペインによるメキシコ征服（1519-21年）やペルー征服（1532年）で金・銀が大量にヨーロッパに流入し、高価な絹などの輸入増もあって利息が高騰することになった。

16世紀は商業も金融業もヨーロッパ全土で大きく発展した時期であった。そこで経済史家は資本制経済が15世紀末-16世紀に登場してきたというが、しかし実は300年以上も前から全ヨーロッパ的な規模の商業圏は確立していたのである。ふつう資本制経済を定義する際に挙げられる利益目的の生産・価格競争・個人による信用取引・資本の蓄積などは、すでに12-14世紀に存在していた。14世紀中頃-15世紀後半は黒死病や英仏間の百年戦争によって人口減が加速され、不況期を迎えていた。しかし、その後1400年代末-1600年代初めに経済成長の時代が始まり（ブローデル Fernand Braudel のいう「長期の16世紀 long 16th Century」）[27]、第2次商業革命が開始されたのである。この第2次商業革命は、1000年代末-1200年代初めの「長期の12世紀」の成果が前提になっていた[28]。

16世紀にルター派の神学者・法学者が置かれていた政治・法的な環境も、それまでのものと決定的に違っていた。「不公正な値段」による売買・高利貸は、もともとカトリック教会が禁止すべき「宗教的な罪 sin」としており、それを「宗教的な罰 penitential sanction」によって処理していた。宗教改革の結果、それが領国君主の処理すべき問題とされることになり、領国君主は「法令」を制定してこれを取り締まるようになった。たとえばヘッセン侯国のフィリップ侯と

息子のウイルヘルム5世は熱心なルター支持者で、商品の値段と利息を規制すべきだというルターの考えに応じて、これを「法令」として公布し、また豊作のときに穀物を倉庫に蓄えて飢饉に備えたり、担保物件をすべて登録させて貸し手も借り手も保護する政策を採用していた[29]。ウユルテンベルク Würtenberg 侯も熱心なルター支持者で、自分の侯国でおなじような政策を採用している[30]。

　この時代は経済史家が「重商主義」の時代と呼び、国王や諸侯が経済活動に大きく介入した時代であった[31]。国王や諸侯は特定の商品に重税を課したり、輸出用の商品生産を奨励したりした（これも課税が目的である）。外国製品の輸入には制約を加え（課税が目的である）、独占的な商取引（とくに穀物と羊毛）は禁止した（これも課税が目的である）。同時に農民・織工たちを加重債務から保護する政策を採用している。戦争の仕方が大きく変わり、封建的な軍役に頼る騎士軍に代えて傭兵隊が登場したおかげで、国王や諸侯は膨大な借金を大銀行家に負うことになった[32]。もともと信用取引は小額商品の売買だけを対象にしており、さしあたり商品を手渡しておいて、代金はあとから取立てるために利用されていた。ところが借金の額が膨大になってくると債務不履行を防ぐため、貸し手はまず担保物件を手に入れておいてから金を貸すようになった。その結果、大銀行家は戦争に負けて借金を払えなくなった国王や諸侯から鉱山などの資源を手に入れることになった[33]。「法学者の法」（=「ヨーロッパ共通の法 jus commune」）は、この現実を無視したままであった。

　ドイツの契約法は16世紀に大きく変化することになった。まず領国君主が制定法によって物価や利息など商品取引にかかわる行為を規制するようになり、さらに慣習法にも変化が見られるようになった（金融業に関する慣習法も変化したものの1つ）。とくに銀行業と商取引のあり方に大きな変化が訪れてきた。その原因の1つは領国君主が軍事作戦を活発化し、また商取引への介入を活発化したことにあったが、さらにもう1つ、商人間の金銭決済量が急増したことがあった。その結果、「為替手形 bills of exchange」の流通が活発になってきたのである。すでに「為替手形」は、12-13世紀の第1次商業革命で小規模なが

ら利用が始まっていたが、それが16世紀の第2次商業革命で大規模に利用されるようになった。

　まず「約束手形 promissory notes」が遠隔地貿易の決済に利用されるようになった。行商していた商人が行商を止めて定住するようになると、都市間の通信網を利用して将来の代金支払いを約束する手紙を外国の売り手に送ったり、外国の買い手から受け取ったりするようになった。遅くとも14世紀以降になると、この「約束手形」が持参人払いでも名宛人払いでもよくなり、さらに裏書によって受取人を変更できるようになった[34]。ただ何時から現在のように、振出人が受取人に対して詐欺などを理由に支払いを拒否することが認められなくなったかについては、歴史家のあいだで結論が出ていない。なぜなら、この種の決済方法は成文法によらず慣習法によって処理され、しかも当時の法学者がこの種の決済方法を論文で論じることは稀だったからである。ただ、16世紀になってヨーロッパで遠隔地貿易が急増し、他方で取引の決済方法に関する慣習法が合理化・体系化されて、譲渡できない「約束手形」（振出人は理由を挙げて受取人に支払いを拒否できるし、譲渡人も被譲渡人におなじように支払いを拒否できる）と譲渡できる「約束手形」を区別する必要が出てきたということがある。

　とくに外国で支払うことを約束した手紙は、「為替手形 bill of exchange」と呼ばれた。「為替 exchange」とは違った貨幣を交換することを意味し、「手形 bill」はラテン語の「手紙 bulla」からきている。商人がヨーロッパ中を旅行しながら商品を売買するようになり、さらに国際的な定期市で商品の売買をするようになると、代金の支払いを両替商に依頼するようになった。当時、各国の支配者や都市が発行していた貨幣は金・銀・銅から作られており、その交換は重さを比較することによって行なわれていた[35]。もちろん当時、紙幣は存在していなかった（印刷機もまだ存在しない）。そこで14-15世紀になって商人が定住し始めると、遠距離間の支払い方法が問題になってきた。大量の金属貨幣を長距離、運ぶのは大変だったからである。そこで銀行家と商人のあいだで契約が交わされることになった。契約の当事者は4人いた。1）その土地の通貨で外国商人から商品を購入するその土地の商人。2）その土地の商人に商品を売っ

た外国商人の代理人。この代理人が、その土地の商人に払うことになる金額を提示する（手数料は差し引いてある）。3）その土地の銀行家。銀行家は商品を売った外国商人の所在地にいる自分の代理人宛に表示された金額をその土地の通貨で支払うよう手紙を書く（この場合も手数料は差し引いてある）。4）商品を売った外国商人。銀行家の代理人から売った商品の代金を受け取ることになる。

16世紀に商品が売買されたとき交わされた為替契約の手紙が、やがて通貨の代わりとなり信用付与の手段に使われるようになった。商品の売買がなくても、その土地の銀行家に手紙を書いてもらえば外国で支払いができたし、外国の債権者に対する債務の処理ができるからである。その手紙には「持参人払い or bearer」とか「名宛人払い or order」という言葉を書き加えることもできたし、受取人が裏書によって受取人を変更することもできた。16世紀になると手紙の依頼人が最終的な債務者となり、最後の受取人が債権者となる「為替手形」が登場し、これが通貨代わりに流通するようになった。当時、紙幣は存在せず、そこで外国商人はポンド・ルーブル・ギルダーなどで表記された「仮の貨幣 ghost money」で取引を行なっていた[36]。これが大規模な商取引の決済手段になり、狭い地域内の小規模な取引だけが貨幣か現物で決済されていた。

従来、この種の問題を法制史家が扱うことはなく、もっぱら経済史家の扱う問題だとされてきた[37]。しかし、この問題は法制史にとっても重要な意味をもっている。ところが16世紀の契約法は商人と銀行家の慣習法でローマ法にも教会法にも登場してこなかったため、当時の法学者は誰1人として「為替手形」の問題など議論しようとしなかった。

第2節　物権法（所有権法）

(1)　「法学者の法 jus commune」

契約法と同様、物権法（所有権法）も16世紀になると支配者の法制定権によって統一されことになり（それまでは教会法・王国法・封建法・商人法などでバラバラに規定されていた）、新しい物権法（所有権法）を法学者が起草することになっ

た。とくにプロテスタント教国では教会が国王の統制下に置かれるか（イギリスの場合）、教会法そのものが廃止されて、新しい物権法（所有権法）が登場してくることになった。

　教会法・王国法・封建法・商人法などでバラバラに規定されてはいたが、そこには共通した所有権の概念が存在していた。それはラテン語の「支配権 dominium」という言葉で表現されていた概念で、土地や物品に対する支配権だけでなく、「人間に対する支配権 lordship, Herrschaft」の意味もあり、契約などによる債権（債務）とは明確に区別されていた。封建法では土地に対する排他的・一元的な「所有権 ownership」概念は存在せず、上位者や下位者との関係で決まってくる保有権・利用権・処分権が混在していただけである。最上位の「支配権」を保有する国王でさえ、下位者に対する封建的な義務を負っており、また身分制議会で課税と交換に約束した諸身分に対する義務を負っていた。国王でも土地を勝手に処分できなかったのである。下位者も上位者の許可なしには、保有する土地を処分できなかった。

　宗教改革の頃には、ヨーロッパ全土の3分の1から4分の1がカトリック教会の土地だとされていたが（ドイツの場合も同様である）、土地に対する権限は教会法によって厳重に規制され、とくに土地の処分権は著しく制限されていた。

　それにフランチェスコ修道会のように、土地はおろか何も所有しないことを原則にした修道会も存在していた。無所有では修道会の活動すらままならないことになるが、「利用権 jus ad rem」さえあれば「所有権 jus in re」なしでも問題はなかった。封建法が定める土地保有権も、土地の「利用権」であって「所有権」ではなかった。この封建法の考え方をヒントに、13世紀に処分権がある「完全な所有権 dominium directum」と、処分権がない「利用の所有権 dominium utile」という概念が教会法学者によって新しく考え出された[38]。

　さらに教会法学者は、上級の保有権者が下級の保有権者から実力で土地や物品を奪うことを防ぐため、「法の適切な適用 due process of law」という考え方を導入して、自力救済を禁止した。教会裁判所に判断させることにしたのである[39]。さらに所有に実効的支配は要件とせず、それを「占有権 saisina, seisin, Gewere」と規定して、巡礼や十字軍で不在にしていても、土地に対する「占有権」は失われないとした。不在中に土地が奪われても、「占有権」があったことを証明できれば占有を回復することができた。

こうした教会法の考え方は、もともと司教職をめぐる紛争を平和裏に解決するための制度であって、それがフランスとイギリスの世俗裁判所で土地紛争の解決に応用されるようになり[40]、さらにドイツでも教会裁判所が土地紛争の解決に応用するようになったものである。16世紀になるとドイツでは、世俗の裁判所が土地や物品に対する「占有権」だけでなく、税金を受け取る権利・奉公を受ける権利・物品の引渡しを受ける権利・利息を受け取る権利などに応用されるようになった[41]。ドイツのローマ法学者は、こうした「占有権 Besitzrecht」概念を新しく制定された体系的な「物権法（所有権法）Sachenrecht」に導入したのである[42]。そのときローマ法学者たちは、法源を教会法に求めずにユスチニアヌス法典に求めていた。裁判所の命令以外に「占有権」を奪われることはないという判断の根拠として、ローマ法の「不動産保全命令 interdictum uti possidetis」・「動産保全命令 interdictum utrubi」を挙げているが、これは、それぞれ不動産・動産の保有状態を最終的な判決が出るまで保全するようにという政務官の命令であった[43]。

また16世紀のドイツでは、「完全な所有権」と「用益の所有権」の違いが強調された。16世紀になると賃貸が急増し、「用益の所有権」が重要になってきたからである。封建制を支えてきた領主・臣下の関係や領主・農民の関係に代わって、ローマ法学者が「永代小作契約 emphyteusis」あるいは「抵当小作契約 hypotheca」と呼ぶ貸主・借主の関係が重要になってきたのである。「永代小作契約」は、長期間、土地を利用する代価として物品・奉公・金銭を支払うことを意味し、「抵当小作契約」は、土地の買主が土地の所有権を売主に残したまま土地を利用して収益を上げ、土地代を支払う形で賃料を支払うことを意味した[44]。

15世紀末-16世紀初めにドイツでは経済・社会事情が大きく変化し、所有権に関する規則を変える必要が出てきた。それまで物権（所有権）に関する規則は、

教会法・王国法・封建法・都市法・商人法などでバラバラに規定されていた。また封建的な主従関係が弱まり、荘園制に基づく農業経営が衰退し始めると、土地に対する考え方を従来と違ったものに変えて土地の所有権を保護する必要が出てきたのである。つまり保有権・利用権・処分権から所有権を明確に分離して、所有権を保護する必要が出てきたのである。物権（所有権）と債権（債務）の明確な分離である。

これをやり遂げたのが、ルター派の法学者アペル Johann Apel であった。彼が1520年代末-30年代初めにウイッテンベルク大学やニュルンベルク市で行なった講義が1535年・40年に出版されているが[45]、アペルの仕事を引き継いだのはウイッテンベルク大学の若い同僚であったラグス Konrad Lagus であり、フランスのカルバン派法学者ドネルス Hugo Donellus であった。

アペルは、それまでローマ法学者が『法学提要』に従って物権法（所有権法）の分類に使っていた「物に関する法令 jus de rebus」・「行為に関する法令 jus de actionibus」という分類方法を放棄した。ローマ法でいう「物 res」の意味は非常に広く、土地・物品の他に「債権（債務）obligatio」までも含んでいた。逆に「行為 actio」は非常に意味が狭く、訴訟の意味でしか使われていなかった。また「債権（債務）」は、「物」に対しても「行為」に対しても存在すると考えられていた。この混乱した用語法を体系的に定義しなおしたのが、11世紀末-15世紀の注釈学者たちであった。しかし注釈学者たちも「物に関する法令」・「行為に関する法令」は区別していなかった。たとえば、ローマ法で債権（債務）は売ることができたので、債権（債務）は「物」でもあり「行為」でもあると考えられていたのである。

メランヒトンの「課題の整理・分析法」を応用してアペルは、この混乱した分類方法を根本から改め、今でも使われている「物権法（所有権法）law of property」・「債権法（債務法）law of obligations」という分類方法を採用した。土地・物品に対する所有権を扱う「物権法（所有権法）」は、所有権を手に入れるために交わされる契約などを扱う「債権法（債務法）」とは明確に区別されたのである。アペルによれば、債権（債務）は損害賠償のように何らかの行為を「人

person」に対して要求する権利であり、物権（所有権）は「物に対する real」権利、つまり土地・物品を所有・利用・処分する権利なのである。また「所有権 jus in re」には「完全な所有権 dominium directum」の他に「用益の所有権 dominium utile」も含まれ、他人の土地・物品を利用して利益をえる用益権も意味する。「用益の所有権 dominium utile」は、もともとローマ法でいう「用益権 jus ad rem」を意味していて、所有権を根拠にした権利ではなく、契約などでえられる権利しか意味していなかった。ラグスは、このアペルの考え方をさらに進め、「所有権 dominium」から「人に対する支配 Herrschaft」の意味を排除して「所有物 proprietas, Eigentum」とおなじ意味で使っている。また「不完全な所有権」でしかないとされた賃貸人・質権者の権利は、「他人の土地・物品に対する用益権 jus in re aliena」と規定され、債権（債務）と区別されることになった[46]。

　アペルが民法を物権法（所有権法）・債権法（債務法）に区分したときは反対が多かったが、この分類方法がヨーロッパ中に広まっていくことになった[47]。ヨーロッパ大陸各国の民法では、土地・物品に対する物権（所有権）と、契約・不法行為・不正利得によって発生してくる債権（債務）とは明確に区別されているし、英米法でも債権法（債務法）の形ではないが、契約法・不当行為法・不正利得法（最後の不正利得法は「原状回復法 law of restitution」と呼ばれている）は物権法（所有権法）と明確に区別されている。現在、欧米では土地の売買契約だけでは土地の所有権移転は実現せず、売主が契約違反をしたときに買主は損害賠償請求ができるだけである。これがアペルの考えた分類方法の結論であった。土地の賃貸契約の場合も、貸主・借主は物権（所有権）とは関係なく締結できるのである。イギリス法は大陸法の「物 real (res → realis → real)」権（所有権）という考え方は採用していないが、「信託法 law of trusts」と「譲渡法 law of conveyancing」によっておなじ結論を導き出している。

(2) 制定法・慣習法

　アペルを始め、16世紀のドイツの法学者が新しい「ヨーロッパ共通の法 jus

commune」を起草したのは、当時ドイツで起きていた経済・社会の変化に対応するためであったが、制定法・慣習法の分野でも変化は起きていた。契約法の場合と同様、物権法（所有権法）も新しく制定法として公布された。また、これも契約法の場合とおなじだが、領国や都市で制定された法令の内容は、法学者が論文で主張していたこととは違っていた。とくに法学者が主張したような物権（所有権）の考え方は、さまざまな形態の封建的な土地保有の考え方に簡単に取って代わったわけではなかった。ローマ法学者が考え出した「永代小作 emphyteusis」とか「抵当 hypotheca」の概念だけでは、さまざまな土地保有のあり方をすべて包括することができず、そこで領国や都市の制定法で対応する必要があった。アペルより若かったオルデンドルプ Johann Oldendorp は、すべての土地賃貸契約を「永代小作契約 emphyteusis」としているが、その理由は、この契約によって土地に対する「完全な所有権 jus」も「用益の所有権 dominium utile」も貸主から借主に移転されるからである。それが「ドイツ農民 nostros rusticos」の慣習であった（とくに新しく土地を開墾するとき）と彼は書いている[48]。またアペル・オルデンドルプらは、担保によって保障された賃貸契約をすべてローマ法の「抵当賃貸契約 hypotheca」に分類しているが、実際にはその概念に収まりきらないさまざまな慣習が存在していた。

とくに16世紀の「法学者の法 jus commune」に欠けていたのは、現実に何が変わったかを詳細に分析する作業であった。そこで16世紀には、「法学者の法」と領国の制定法・慣習法との違いを挙げて解説した法学書が多く出版されている。ある法学書は、「法学者の法」とザクセン侯国の法令のあいだに343の違いがあると指摘しており、その違いを埋め合わせるために1572年だけで162の法令がザクセン侯国で制定されたとしている[49]。また、こうした違いを指摘する法学書の著者は、どちらかを選ばざるをえないときは、つねに制定法が優先されていたことを指摘している。ところが現在の法制史家は「法学者の法」にしか注目せず、制定法・慣習法に注意を払っていない。また逆に経済史家や社会史家は、経済・社会の変化に注目するだけで制定法や慣習法、とくに「法学者の法」に関心を払おうとしない。

「法学者の法」でも制定法でも、物権法（所有権法）は当時、貴族・農民、農産物生産者・商人たちを規制していた慣習法に大きな変化が訪れていたことを反映していた。ただし法学者と法制定者が取った対応策には、大きな違いがあった。法学者は、ローマ法・教会法の「法原則」・「法概念」で対応しようとした。そこで彼らが使う用語は、封建的な領主・家臣の関係、荘園制を前提にした領主・農民の関係が優勢だった時代のものであったが、すでに15世紀末-16世紀には封建法も荘園法も効力を失いつつあった。騎士階級は経済的にも政治的にも影響力を失っていて、逆に農民は領主が課していた封建的な束縛を脱して自営農民化しつつあった。また、貴族に代わって領国君主が土地保有や課税の当事者として台頭してきた。貨幣・信用取引が工業製品・農産物の生産・販売に大きな役割を演じるようになり、それに対応して慣習法が変化し、さらに新しい制定法が登場してくることになった。法学者の仕事は、この慣習法の変化や新しい制定法の登場をローマ法の言葉に置き換えて「法学にふさわしいものにする verwissenschaftlichen」ことであった。しかし法制度として有効に機能するためには、用語・表現は制定法・慣習法から採用するしかなかった。20世紀のドイツの法制史家の言葉を借りれば、16世紀の法学者は法制度のあり方を変えたのではなくて、当時の慣習をローマ法・教会法の言葉を使って「法学者の法」に取り込んでいっただけなのである[50]。

このように制定法・慣習法を「法学者の法」に取り込むことには、長所もあったし短所もあった。ウユテンベルク Württemberg 侯国の「賃貸 Leihe」法を例に取り上げてみよう。この法令の起草にはローマ法学者が関わっており、冒頭の条文で当時、侯国で行なわれていたさまざまな賃貸の慣習をすべて「包括する」理論が展開されているが、詳細に渡る「消費貸借 mutuum」・「使用貸借 commodatum」・「賃貸借 locatio」の規定は慣習法・制定法の欠陥を補う補助的な役割しかになっておらず、主役はあくまでも制定法・慣習法であった。たとえば、制定法では借地人は地主の許可なしで借地を又貸しできたが、「法学者の法」では領主の許可なく封土を処分できないという封建法を適用して、又貸しを禁止していた。また制定法は地主の許可なく土地を又貸しするとき、

土地の資産価値を減じることは禁じていた。つまり、又貸しによって土地の資産価値が減じられる可能性がある場合は、「法学者の法」を適用して又貸しを禁止したのである。

　16世紀のドイツには（そしてヨーロッパの他の地域でも）、ローマ法にはない所有権移転の方法が登場していた。ドイツ語で「定期的に支払いを受ける権利の購入 Rentenkauf, Zinskauf」（ラテン語では census）と呼ばれていたものがそれである（ドイツ語の「利息 Zins」はラテン語の「利息 census」からきている。フランス語 rente・イタリア語 rendita, reddita・スペイン語 cense もおなじ）。この制度は、もともと12-13世紀に土地の保有者が教会に土地の産物（果物・ワイン・穀物・家畜など）を毎年、寄付する方法として考え出されたものである。教会が獲得した寄付を受ける権利は永代に渡るものもあり、その場合は将来の土地保有者もこの契約に縛られることになった。寄付者に契約を守らせる担保として、教会は契約によって土地の所有権を獲得していたが、教会に寄付をするという趣旨から、この契約は封建法の制約を免除されて領主の許可を必要としなかった。もともと封建法が適用されなかった都市の土地に限られていたものが、やがて都市以外の土地にも適用されるようになったのである。

　この制度は15-16世紀にヨーロッパ全土に広まり、毎年、寄付されるものが、しだいに物品から金銭に変わって、土地売買の方法として利用されることになった。土地の購入者は「頭金 Kapital」を払い、残金を毎年、金銭か生産物によって支払ったのである。こうして「定期的に支払いを受ける権利の購入 Rentenkauf, census」は、現在の不動産担保制度とよく似た制度に変わっていった。現在の不動産担保制度と違うのは、所有権を移転しない点である。返済が滞ると貸主は裁判所の許可をえて不動産を競売に掛け、返済が滞った分を取り返すことができた。

　「定期的に支払いを受ける権利の購入」には、さまざまなやり方があった。「頭金」の支払いによって土地は売却されることもあれば賃貸されることもあり、毎年、支払われる賃貸料もその土地の産物の場合もあれば現金の場合もあった。支払う期間も年数が決められた場合もあれば賃貸人が一生、払い続ける場合も

あり、支払いが孫・子の代まで永代に渡ることもあった。支払いが滞って買戻しができるようになる場合もあれば、滞り期間が1年だけで十分な場合もあり、それ以上の期間が必要な場合もあって、買戻し金額もすでに受け取った金額でよい場合もあれば、それ以上が必要な場合もあった。また購入したり賃貸した土地を支払いを肩代わりすることを条件に売ったり又貸ししてよい場合もあれば、それができない場合もあった。

16世紀にドイツ・フランス・イタリア・スペインなどの農民が保有地を私有地化できたのは、この制度のおかげである。なお、イギリスで農民が保有地を私有地にできたのは、これとは違った方法による[51]。ローマ法学者は「定期的に支払いを受ける権利の購入 census」を違いに応じて違ったラテン語名で呼んでいたが、これはもともとあったローマ法とは関係なく、ヨーロッパに昔からあった慣習法が16世紀に制定法として公布され、それにローマ法学者がラテン語名を付けただけなのである。ドイツのプロテスタント教国では、支払期間・「利息 Zins」・「頭金 Kapital」の額が法令で厳しく制限されていたが、これはルターが賃貸人側に有利すぎる条件（とくに支払いが滞った場合の買戻しの条件が賃貸人に有利になっていた）に批判的だったからである[52]。

ドイツでは、「定期的に支払いを受ける権利の購入」も不動産所有権移転の方法ということで裁判所に登記することが義務づけられ、当事者の同意事項は「裁判記録簿 Gerichtsbuch」と「土地台帳 Grundbuch」に登記された[53]。登記されるまで取引は終わったことにならず、当事者は何時でも取引を中止することができた。また取引の条件があまりに不公平だと裁判所が判断した場合とか違法な取引の場合は、裁判所が登記を拒否することができた。また領国の法令は、支払期間を限定したり（10年以内）、利息を制限したりしている（5-6％）。土地の売主が債務不履行の場合は土地を没収できたのに対して、買主は支払い義務を「買い戻すこと Wiederkauf」ができた。未払い残金を払って抵当を解除するのである。イギリスの「抵当権法 law of mortgage」では、これを「買戻し権 equity of redemption」と呼んでいた。

第3節　会社組織

　16世紀のヨーロッパでは生産・商業がともに飛躍的に増え、それに合わせて物権法（所得権法）・債権法（債務法）が変化してきたが、経営組織のあり方は、ほとんど変わっていなかった。資金集めなどは、あいかわらず「個人的な関係 partnership」によって行なわれていて、遠隔地との取引に必要な代理人も家族が派遣されていた。銀行業も同様で、業務の量と規模は拡大したが、「個人的な関係」と家族が経営組織の基本であった。生産を担当する職人組合の投資額（職人に払う前払い金）が増大し、大規模な商取引が金融取引所の登場を促すまでになったことを以って資本制経済の登場とする経済史家もいるが[54]、資本制経済の根幹をなす株式会社も自由市場も、まだ登場していなかった[55]。これでは、せいぜい重商主義の登場でしかない。スエーデンの経済史家ヘクシャー Eli Heckscher によれば、重商主義とは「国家が経済活動の中心にいること」なのである[56]。

　16世紀に「国家」（領国君主とその役人・国王と側近の貴族）が台頭してきたのは、カトリック教会が消滅するか（プロテスタント教国）、衰退した結果である。とくにドイツのプロテスタント教国では、新しい神学が新しい物権法（所有権法）・債権法（債務法）の登場を促し、信用取引の発展を促した。しかし、新しい会社組織が最初に登場してきたのはドイツでなくイギリスであった。

第6章　ドイツ革命と社会法

　聖俗の区別は、キリスト教の教義に由来する。イエスは「カエサルのものはカエサルに与えよ、しかし神のものは神に」（マタイによる福音書 22: 21）・「肉から生まれたものは肉であり、霊から生まれたものは霊である」（ヨハネによる福音書 3: 6）・「人は、水と霊によって生まれなければ、神の国に入ることはできない」（ヨハネによる福音書 3: 5）といっているし、パウロは「神の律法を喜んでいる」（ローマ人への手紙 7: 22）者と「肉のうちにあったとき……欲情が私たちの肢体のうちにあって働いていた」（ローマ人への手紙 7: 5）者を対比させている。また「肉の思いは死であるが、霊の思いは生命と平和である」（ローマ人への手紙 8: 6）ともいっているし、「霊の賜物」として知性……知識……信仰……癒し……奇跡……預言」（コリント人への第1の手紙 12: 1-10）が信者に与えられているともいっている。内心の霊に導かれた信者は、「地上の国 time-bound world」で「悪 materialism」と戦わねばならないのである。

　それから4世紀後にアウグスチヌスは、罪でいっぱいの「地上の国」を「神の国」と対比させている。アウグスチヌスにいわせれば、教会も帝国も「この忌まわしい現世 in hoc maligno saeculo」のものなのである。イギリスの歴史家ブラウン Peter Brown にいわせれば、「アウグスチヌスにとって、地上の国 this seculum は忌まわしい存在でしかなかった。罪深い存在であり……意味のない存在であった」[1]。神が人間に授けてくれた記憶と想像力・知性と知力・情熱と愛（三位一体に対応）の「わずかな残りかす vestiges」によって何とか理想を実現できる唯一の場所は、「神の国」だけなのである[2]。

　ところが11世紀末-12世紀初めの教皇革命の結果、「地上の国」と「神の国」の意味が一変することになった。カトリック教会が皇帝・国王・領主の支配から解放され、カトリック世界全体を統べる「法人 corporate legal identity」と

して登場してきたからである。「神の国」はカトリック教会と同一視されるようになり、聖職者は「霊の者 spirituales, Geistliche」と呼ばれるようになった。教皇に支配されるカトリック教会は「霊の剣 spiritual sword」を手にして、「地上の剣 secular sword」をもつ皇帝・国王・領主・都市当局に対抗することになった[3]。教皇グレゴリウス7世によれば、「皇帝・国王・領主は、霊のものよりも自分の利益を優先する」が、カトリック教会は「肉のものよりも神のものを大切にする」のである[4]。しかし教皇は、アウグスチヌスのように「地上の国」に絶望していなかった。「地上の国」が聖職者（教会の構成員であると同時に「地上の国」の役人でもあった）の優位を認めさえすれば、「天上の国」ゆきの可能性があると考えていたからである。

カトリック教会は、最初の近代法である教会法を「霊の法 jus spirituale, geistliches Recht」と呼び、王国法・封建法・商人法などをまとめて「世俗の法 jus temporale, jus seculare, weltliches Recht」と呼んでいた。カトリック教会が公布・執行する「霊の法」は、秘蹟・典礼・教義・聖職者統制・教会財産・教皇・司教・司祭など教会の問題を扱うだけでなく、俗人の婚姻・教育・犯罪・救貧などの他に、教会裁判を希望する俗人の財産・契約などの問題も扱っていた[5]。王国法・封建法・都市法など「世俗の法」は、教会法と違って管轄権の範囲が狭くて体系的でなかったし、煩雑な形式遵守を要求していた。教会法学者によれば、「霊の法」である教会法は「神の法 divine law」や自然法との密接な関係のおかげで、「世俗の法」より優れていた[6]。

ルターが、このカトリック教会の「世俗」と「霊」の意味を変えてしまったのである。ルターの「両国論」によれば、「目に見える教会 ecclesia manifesta」は「地上の国」に属するのであって、聖職者は支配者（「お上 Obrigkeit」）や家族（政治・経済の基本単位）とおなじ「世俗」の1身分にすぎないのである[7]。カトリック教会が「霊の者 Geistliche」と呼んだ聖職者も、プロテスタント教会では「教会の役人 kirchliche Beamten」にすぎず、罪深い「地上の国」の人間にすぎないのである。天上にある「目に見えない教会 invisible church」の信者こそが「霊の者」であって、彼らだけが「天上の国」に属するのである。

ルターのいう「地上の国」には、アウグスチヌスの「地上の国 civitas diaboli」（直訳すれば「悪魔の国」）と違って希望があった。ルターの神学は、「世俗の法」にも効用があることを認めていたからである。教会法のみならず、「神の法」たる十戒もルターにいわせれば「この世のもの weltlich」であって「肉のもの leiblich」であった。ルターが「霊の法 geistliche Recht」と呼んだのは、信仰・愛・「慈悲 grace」を意味する「特別な法 special law」であって、この「法」は刑罰とは無縁であった[8]。ルターによれば、十戒すら罪深い人間を刑罰で正すための手段であった。「神の法」であっても「霊の法」ではなく、神と人間を結びつける手段にはならないのである。ルター派の「福音教会 Evangelische Kirche」は神と人間を結びつけるためにだけ存在しているのであり、カトリック教会のような法人でもなければ法制度とも無縁な存在であった。法制度を使って統治する（教会もその対象となる）のは、支配者とその役人（つまり「お上」）の仕事なのである。もちろん支配者はプロテスタント教育を受けており、福音書の教えを守る義務があった。また「地上の国」で教会の活動を援助するため、さまざまな法令を制定する義務があった。「お上」が法令を制定できるのは、パウロの「神に由来しない権威はない」（ローマ人への手紙 13: 1）という言葉による（ルターがよく引用した言葉である）。ルターによれば、「お上」が制定する「教会関係の法令 Kirchenordnungen」は「霊的な効用」を有するのである[9]。「お上」が制定する法令は神の意志たる十戒を具現化しており、国民に罪を自覚させるという効用が存在するのである。そこに「霊的な要素 Geistlichkeit」が存在することをルターは認めていた。

この「霊的な要素」と「地上の国」との関係は、16世紀にルター派の領国君主や都市当局が制定した何百という教会関係の「法令 Ordnungen」（「秩序 Ordnung」を維持するために制定されるワンセットの規則）で確認することができる。教会関係の「法令」をルター派では「霊の法 geistliche Recht」とは呼ばなかったが（現在のドイツ語でもおなじ）、カトリック教会では「霊の法」と呼んでいた。

世俗の支配者が制定した法令には、「教会関係の法令」・「婚姻法 Eheordnungen」・「学校法 Schulordnungen」・「不道徳な行為を禁止する法令 Zuchtordnungen」・「救貧法 Armenordnungen」などがあった[10]。それを起草したのは有力なルター派の神学者で（ルターやメランヒトンのほかに、ルターの親友であったブゲンハーゲン Johann Bugenhagen を例として挙げることができる）、「法令」にはルター神学の教義が反映されていた。

「法令」は、4つの点で革命的であった。まず、それは教会が制定したものではなかった。「福音教会」の首長であった領国君主のもとで、「お上」が制定した「法令」であった。また、違反すれば教会裁判所ではなくて世俗の裁判所で裁かれることになっていた。さらに「法令」が前提にしていた教義は、カトリック教会の教義と違っていた。最後に、教会法・ローマ法や、世俗の王国法・都市法・封建法などを1つに統合した新しい法制度の存在を前提にしていた[11]。

第1節　教会法に取って代わった世俗法

もともと教会法で扱われていた問題が、プロテスタント支配者が公布した「法令」で扱われることになった。⑴典礼　⑵婚姻　⑶教育　⑷不道徳な行為の禁止　⑸救貧の5つである。

⑴　典　　　礼（式次第）

ルター派の神学者[12]が起草した「教会関係の法令」には[13]、教会の制度を定めたもの以外に典礼のあり方を定めたものがあった。とくに「聖餐 Abendmahl」・洗礼・懺悔・罪の許し・礼拝・説教に関する「法令」が重要で[14]、カトリック教会の典礼は、「教会関係の法令」によって大きく変更されることになった[15]。

まず典礼用語がラテン語からドイツ語に変更された。ルターはみずからラテン語の十戒・主の祈り・信仰告白・洗礼式の言葉などをドイツ語に翻訳している。また信者が秘蹟の儀式と礼拝[16]に参加することが重視され、ルターが作詞・

作曲した讃美歌を唄うことが奨励された。

　ルターは聖餐式に信者が参加することを重視したが、それはルターの神学に原因がある。カトリック教会の聖餐式では、司祭は信者にパン（イエスの体を象徴する）だけを与え、ワイン（イエスの血を象徴する）は司祭が飲み干してしまう。また、司祭が「これは我が体 Hoc est corpus meum」（プロテスタントは、これを「ちちんぷいぷい hocus pocus」というまじないの言葉にして馬鹿にする）といえば、パンはイエスの体に変わるとされている。つまり秘蹟は司祭の独占物となり（司祭が1人だけで行なうこともある）、信者の参加は重視されていない。カトリック教会は信者に聖餐式への参加を年に1回、聖週間（復活祭前の1週間）に義務づけているだけである（あらかじめ懺悔を行なう）。ところがルターは、まず信者がワインを飲むことを認め、また毎週、聖餐式に参加することを義務づけた。すべて「お上」が「法令」で義務づけたが、これは「万人司祭 priesthood of all believers」というルターの考え方が背景にあってのことである。ルターによれば、「聖餐式は、信者共同体の一員であることを確認するためにある。……すべての聖人がイエスと一体であるように、すべての信者は信者共同体と一体なのである」[17]。何か問題を抱えている信者は、「聖餐式に参加して仲間たちに助けを求めるべき」なのである[18]。

　このように、聖餐式には社会的な意味も存在していた。ルターの言葉を敷衍すれば「困っている市民は、市当局や他の市民に助けを求めるべきだ」という意味にもなる[19]。事実ルターは、飢餓や病気で苦しむ者を救う義務が市当局にあるとしているし、困っている者のために「戦い・働き・祈る」ことを市当局に求めている。また、「かつて（原始キリスト教の時代には）、聖餐式に際して信者は教会で食料などを集め、これを飢えている者に配っていた」[20]ともいっている。

　洗礼式でも、まず儀式の言葉がラテン語からドイツ語に翻訳されたが、これもルターにいわせれば重要な意味があった。ルターもカトリック教会のように幼児洗礼を認めており、再洗礼を認めていなかった。また止むをえない理由がある場合は、教会の外で信者が洗礼を施すことも認めていた。さらに洗礼を施

された幼児を信者として立派に育てる義務が信者共同体に有るとしている点でも、ルターはカトリック教会とおなじであった。ただし、ルターの場合は信者共同体の責任をカトリック教会以上に重視しており、だからこそ洗礼式の言葉をドイツ語に翻訳したのである。それは、信者が一体となって幼児を悪魔の誘惑から守れるようにするためであった[21]。洗礼式に悪魔祓いの意味を認める点ではカトリック教会とおなじであったが、「洗礼式に立ち会ったすべての信者に幼児を悪魔から守るようお願いする」。なぜなら「ふつう幼児の洗礼式に立ち会った者は、式が終わると幼児のことに無関心になってしまうし、そもそも洗礼式にもあまり参加したがらない」からである[22]。

　典礼用語をドイツ語に翻訳したことに関連して、讃美歌の扱い方もカトリック教会と大きく違っていた。16世紀、ドイツのカトリック教会で讃美歌が唄われることは稀であった。また歌詞はラテン語で、唄い手も専門の歌手・聖歌隊・聖歌隊長・司祭であって、信者が唄うことは稀であった[23]。そもそも、楽譜を読める信者がいなかった。ところがルターは音楽の訓練を受けており、また聖歌隊でテノール歌手としても活躍していて、「歌手 Meistersinger」ギルドの熱心な支援者でもあった。ルターにいわせれば、音楽は神が人間に与えた素晴しい贈り物であり、信仰告白の最高の手段であった。耳は「キリスト教徒の大切な器官」であって、「奇跡は目よりも耳に現われる」のである[24]。

　ルターは1520年代初めから数多くの讃美歌を作っているが、メロディーは当時の民謡から採っており、歌詞は聖書から選んでいる。1524年に出版されたドイツ最初の讃美歌集に彼は序文を寄せており、8つある讃美歌のうち4つは彼が作ったものである[25]。存命中、100冊以上の讃美歌集に序文を寄せている[26]。

　1525年に出版された『ドイツ語のミサとその式次第 Deutsche Messe und Ordnung des Gottesdiensts』(『歌ミサ Lied Messe』とも称される)でルターは、カトリック教会のミサで司祭・聖歌隊長・聖歌隊がとなえたり唄ったりしていた箇所を信者に担当させている。またカトリック教会では、「歌ミサ」は毎年、1回だけ聖週間に行なわれることになっていたが、ルター派の「歌ミサ」は毎日曜日に行なわれている。また「ニケア信条 credo」も毎日曜日、信者がとな

えたり唄ったりしていた[27]。

1524年にルターが1人の友人宛に書いていることだが、彼が「ドイツ語の賛美歌をドイツ人のために作るのは、神の言葉がドイツ人の口にのぼるようにするためである。……そこで歌詞は『詩篇』にあるように、可能な限り単純で明快なものでなければならない」[28]。メロディーも美しいものを選び、「できるだけ広く唄われる」ものでなければならない[29]。また「歌詞も音楽もドイツのものでなければ、猿真似でしかなくなる」とも書いている[30]。ルター派の賛美歌は、教会音楽だけでなく世俗音楽のあり方まで変えてしまった。カトリック教会のように多旋律は重視せずに単旋律を重視し、また当時、流行していた世俗音楽と違っておなじ長さの音符を並べることでリズムを単純にし、歌詞の意味を強調する効果を出している。もとドイツ人で、第二次世界大戦の直前、カナダに亡命したプロテスタント音楽の専門家レウポルト Ulrich Leupold によれば、ルターが作った讃美歌は「メロディーと歌詞の意味がよく合っている」のである[31]。

「ルターはカトリック教会の讃美歌を数多く利用していた Luther sang many millions out of the Roman Catholic Church」といわれている[32]。なかでも有名なのが「神は我が堅き砦 Ein feste Burg ist unser Gott」で、この讃美歌は「宗教改革運動の闘争歌」と称されている。また「ああ神よ天よりご覧ください Ach Gott vom Himmel Sieh Darein」は、信者に慕われていた牧師をある領国君主が復職させなかったとき、宮殿前の広場で400人もの信者が唄った抗議の讃美歌として有名である[33]。

この新しい讃美歌のあり方は、典礼改革の意味をよく現わしている。つまりプロテスタント教国の典礼のあり方は、プロテスタント神学者の指導のもと、支配者とその役人(「お上」)が決めることになったのである。また、それまで聖職者が典礼を主催していたが、それが信者に代わったのである。カトリック教会の教会法では聖職者が「霊の人」であって、信者は聖職者の問い掛けに時々、答えるだけの受動的な存在でしかなかった。ドイツ革命は、ふつうの信者を「霊の人」に変えたのである。典礼で主役を演じるのは聖職者でなく信者

であった。世俗音楽を教会音楽に変えたのである。讃美歌を唄う信者たちは、「万人司祭」というルター神学の体現者であった。

　ルターは説教の意味も変えてしまった。牧師の説教が聖餐式の中心となり、牧師は自分の良心に従って自由に説教してよいことになった。説教で信者を教え導く責任を負うことになったのである。もちろん、カトリック教会の聖餐式でも説教は行なわれていた。しかし、それが中心的な役割を演じることはなく、聖書から採ってきた話を決められたやり方で紹介するだけであった。ところがルター派の牧師は、信者に「天上の国」ゆきの道を説く説教をしなければならなかった。ルター神学のある研究者にいわせれば、「説教は聖餐式の中心をなすものであった。説教に対するルターの扱い方は、まるで秘蹟であった。……プロテスタントにとって大切なのは、説教台・開かれた聖書・信者に向かって説教をする牧師の3つである。……説教の重要性は、教会への出入りを禁止された信者ですら聞くことを許されていたことからも判る。神の言葉はすべての信者に開かれているのである」[34]。

　ルターによれば、説教は聖書の言葉を生きた現実に合うように解釈したものでなければならず、牧師は「神の言葉 Word」を信者の言葉で語らなければならなかった。内容は神学に関するものであっても、誰もが判る言葉で語る必要があった。「私が説教する相手は知識人ではなく小さな子供たちである」[35]とは、ルターの口癖であった。

　ルター派には、説教の自由という考え方があった。1525年の農民戦争のとき、牧師は農民が自由に選んでよいといって支配者の介入にルターは反対している。「支配者は説教の内容に介入すべきでない。たとえ福音書にないことを説教していても介入すべきでない。介入が許されるのは、反乱の煽動が行なわれている場合だけである」[36]。ルターものちに厳しいことをいうようになるが[37]、基本的にルター派の教会で説教は自由であった[38]。

　「法令」の制定権は支配者に認められたが、支配者は「神の言葉 God's Word」や「我らが主イエスの命令」に従う義務があった[39]。キリスト教徒には、イエスの教えに反する「法令 Gesetz」には従うべきでないという「法 Recht」

が存在していた[40]。「神の法 divine law of grace」には強制力はないが、それだけが神の前で「正しいとされる justified」ための根拠なのである。「実定法」に従うべきかどうか判断する根拠も「神の法」であった[41]。

(2) 婚　　姻

「教会関係の法令 Kirchnordnungen」、あるいは特別に制定された『婚姻法 Eheordnungen』には、両性の合意・結婚式・婚姻障害・夫婦の義務・離婚などが定められていた[42]。カトリック教会の教会法と同様、一夫一婦制で生涯、添い遂げることが理想とされ、夫婦が家族の基本単位とされた。ただし婚姻は秘蹟ではなく、洗礼・聖餐と違って「天上の国」とは無縁の「世俗の問題 outward, physical, and secular station」であった[43]。そこで、もし相手が貞節の誓いを破って不倫・遺棄を行なった場合、離婚が可能であった（カトリック教会の教会法では、婚姻は秘蹟であって人間の都合で解消できない）。カトリック教会が聖職者の独身を婚姻に優る「霊的なこと spi-ritual」としていたのに対して、ルターは婚姻が家族（神が定めた3つの身分の1つ）を形成する原因であるとして「神聖視 sacred」していた。

ウイッテ John Witte Jr.（エモリ Emory 大学の法制史・婚姻法の教授でバーマンの元学生）が指摘しているように、ルターの神学では婚姻は社会的な結びつきであり、両親・信者仲間・地域共同体の問題でもあった。そこでカトリック教会の教会法と違って、婚姻が有効であるためには両親の同意と公開の結婚式が必要であった。さらに結婚式には2人の証人が立ち会うことが要求され、さらに教会でも式を挙げて教会の登記簿に本人と証人が署名しなければならなかった。教会の結婚式では牧師が夫婦の負うべき責任を説き、もし違反すれば破門もありうると警告することになっていた。カトリック教会の教会法では、同棲の事実さえあれば教会は有効な婚姻として認めており、この点でルター派の婚姻法はカトリック教会の場合と決定的に違っていた。

ルターによれば、婚姻は「世俗の worldly」問題であり、したがって婚姻の条件を決めるのは世俗の支配者であって、婚姻をめぐる問題を裁くのは世俗の

裁判所でなければならなかった。ところがメランヒトンはルターほど厳格でなく、婚姻が有効か否かを決める権限を教会にも認めている（「教会評議会 consistory」で決める）。この問題は領国や都市によって処理の仕方がさまざまで、婚姻問題を裁く場合に限って牧師が世俗の裁判所に同席する方法を採用したところもあれば、法学者や神学者が教会で開かれる「教会評議会」に同席する方法を採用したところもあった。17-18世紀初めになると婚姻は聖俗にかかわる問題と考えられるようになり、婚姻をめぐる問題は牧師と俗人が同席する「教会評議会」が扱うケースが増えていった[44]。

(3) 教　　育

「教会関係の法令」・「婚姻法」と同様、多くの「学校法 Schulordnungen」も16世紀にルター派の領国や都市で制定された。それも神学的な内容の布告の形を取る場合と、「法令」の形を取る場合があった[45]。また、教会法のやり方も採用していた（「教会関係の法令」・「婚姻法」もおなじ）。さらに14-16世紀初めにイタリアなどで採用されていた世俗学校のやり方も取り入れていた。この世俗学校は、カトリック教会が独占していた教育制度に代わる新しい選択肢を提供していたのである[46]。しかし、従来の教会学校・世俗学校にはない特徴がルター派の学校制度にはあった。それは「義務教育 universal public school」という考え方である。

これもルターの神学からきていた。ルターの「両国論」によれば、福音書の知識を広めるためには（つまり信者が「地上の国」で「天上の国」に行く準備するためには）、教育が不可欠であった。ルターによれば、「教育は教会のつぎに重要なこと」なのである[47]。それに「天上の国」に行く準備とはべつに、学校教育は「地上の国」で必要不可欠な制度であった。学校教育によって「多くの有能で賢明な国民」が誕生するからである[48]。メランヒトンも書いているように、「教育があれば行儀作法もよくなり、行儀作法がよくなれば世界は住みやすくなる」[49]のである。

カトリック教会も教育の重要性は認めていた。しかしルター派のように、す

べての信者が教育を受けるべきだとは考えていなかったし、世俗の支配者に教育の義務があるとは考えていなかった。ルター派によれば、「お上」は「義務教育」を実施する責任を負っているのである。この考え方は、すべての職業を神の召命と考えるルター派の神学からきている（カトリック教会が神の召命と考えるのは聖職のみ）。また、神が定めた３つの身分（家族・牧師・「お上」）は、信者が「天上の国」に行けるように協力するのである[50]。

　ルター・メランヒトン・ブゲンハーゲンは、義務教育に必要なカリキュラムを作成していた。1523-1600年に諸邦や都市で制定された100以上の学校法では、彼らのカリキュラムが採用されている。設立された学校はラテン語を教える学校と教えない学校があったが、ラテン語を教える学校では、まず１年生はラテン語の読み方と初級文法、お祈りの言葉（こちらはドイツ語）を学び、２年生になると古典ラテン語・「古典古代研究者 humanists」の文章を読みながら文法の知識を増やし、さらに詩篇・福音書・主の祈り・十戒・信仰告白を学ぶのである。またテレンチウス Publius Terentius Afer・プラウツス Titus Macius Plautus・エラスムス Desiderius Erasmus の詩とイソップ物語（ルター自身がドイツ語に翻訳した）も読むことになっていた。３年生は、オウイディウス Publius Ovidius Naso・キケロ Marcus Tulius Cicero・ウエルギリウス Publius Vergilius Maro を読み、さらに論理学・弁論術・詩論を学ぶことになっていたし、３年間、音楽・数学・科学・歴史が教えられることになっていた。のちにルター派はこのカリキュラムを改善して、修学期間を10年に延長している[51]。

　ラテン語を教えない学校のカリキュラムは、ブゲンハーゲンのものが簡潔で実務的である。まず手元にある教材を使ってドイツ語の読み書き・算数を教え、さらに十戒・主の祈り・使徒の信仰告白を暗記し、ついで詩篇を読み、讃美歌を覚え、聖書の歴史を学ぶのである。その後で農業・商業・家事が教えられた。授業はドイツ語（しかも方言）を使って教えられ、能力と意欲のある生徒だけが、ギリシャ語・ラテン語・ヘブライ語の勉強をすることになっていた[52]。

　カトリック教会と違ってルター派の学校は中央集権化されておらず、教師を

採用したのは都市や村の当局であった。もちろん、教材は聖書であった。すべての子供が出席するはずになっていたが、実際には仕事が忙しいとか金銭的に余裕がないということで学校に来れない子供がいた。そこで多くの「学校法」は、貧しい生徒に奨学金を用意していた[53]。

それまで教皇と司教が管理していた学校教育を領国と都市当局が管理するようになったことは、ふつう「教育の世俗化 secularization of education」とされるが、逆に「世俗支配者の宗教化 spiritualization of secular autorities」の一環と考えるべきである。「国父 Landesvater」たる世俗の支配者は、国民の宗教教育に責任を負っていたのである。また従来、聖職者養成に限定されていた教育制度をすべての信者に開放したことも「教育の世俗化」と理解されているが、これも「俗人の宗教化 spiritualization of laity」と理解されるべきで、ウイッテ John Witte, Jr. の言葉を使えば「教育の目的が聖職者養成から俗人教育に取って代わられた」のである。

(4) 不道徳な行為の禁止

「教会関係の法令」として公布されることもあったし、独立の法令として公布されることもあったが、「不道徳な行為を禁止する法令 Zuchtordnungen」は都市当局と領国君主が制定した。カトリック教会に代わって世俗の支配者が道徳の問題を担当することになったのである。典礼・婚姻・学校教育の場合と同様、神学者（ふつう法学教育を受けている）や法学者が起草し、それを世俗の支配者が制定・公布した。

その内容は、基本的にはカトリック教会の教会法と違わない。ウイッテによれば、日曜と祝日には止むをえない場合を除いて働いてはならず、レジャーも控えて教会で聖餐式に参加することが義務づけられた。瀆神行為・魔術・錬金術・偽証などが禁じられ、華美な服装・贅沢な生活・度を越した宴会や葬式も禁止された。近親相姦・重婚・一夫多妻・多夫一妻・ホモ・売春は「不自然な unnatural」性関係として禁止され、自慰行為・獣姦・男色・ポルノ・露出癖は「undignified 不名誉な」性行為として禁止された。泥酔・馬鹿騒ぎ・下品

な踊り・ギャンブルや、運試しのゲームなども禁止された。法令の制定者が教会から世俗の支配者に代わっただけでなく、その取締りも厳しくなった。

　以上で挙げたような行為が「宗教的な罪 sin」とされるのは、それが神によって禁止されているからで、その禁を破って罪を犯せば神から遠ざかることになるとする点では、カトリック教会もルター派もおなじであった。違っていたのは、罪を犯した者に対する処置の仕方であった。カトリック教会では、罪を犯した者は司祭にそれを告白して（少なくとも年に1回）償いを条件に許しをえればよかった。これが懺悔の秘蹟であり、それで罪を犯した者も地獄ゆきを免れ、煉獄の滞在期間も短縮されることになっていた。罪の告白をせず、したがって償いをしなければ地獄ゆきが待っていたのである。ところがルターの神学は懺悔の秘蹟を認めておらず、それは信者と神の関係を妨害する怪しからぬ行為であった。教会が罪を罰するのは当然としても、それは「地上の国」の問題であって信者が神と和解するためではないのである。「アウグスブルク信仰告白」の言葉を使えば、「天国に行くためではない」のである。カトリック教会が「償いを信者統制のためでなく神との和解のためとしているのは、迷信にすぎない」のである[54]。

　またカトリック教会は、不道徳な行為を規制するために「内の法廷 internal forum」と「外の法廷 external forum」を用意していた。「内の法廷」は司祭が担当する懺悔の秘蹟で、「外の法廷」は司教・大司教・教皇が担当する教会裁判所であった。「外の法廷」が開廷されるのは、「犯罪 crime」とされるほど重大な「宗教的な罪」、たとえば聖職者による殺人・教会財産の窃盗（聖職者による場合もあれば俗人による場合もあった）・異端・魔術などを裁くためであった。こうした「犯罪」を犯した場合、聖職者には修道院への幽閉（一時的な場合もあれば生涯の場合もあった）が待っていたし、異端・魔術の場合は世俗の支配者が教会に代わって死刑を執行していた（教義に反するので教会は死刑を執行しない）。

　ルター派の「法令」は、こうしたカトリック教会の方法は採用しなかった。まず懺悔の意味づけがカトリック教会と違っていた。土曜日に夜の礼拝で会衆による懺悔の礼拝が行なわれた後、信者個人の懺悔が行なわれるが、そのとき

信者は牧師に犯した罪をいちいち告白せず十戒を犯したと告白するだけで、牧師も十戒の意味を説明して、それを守る方法を助言するだけである。償いが求められることもあるが、それは罪を許してもらうためではなかった（罪の許しがえられるか否かは信者の信仰の強さと神の慈悲の有無に掛かっており、牧師にはどうすることもできない)[55]。教会が科する最大の刑罰も、せいぜい聖餐式への参加を禁止するくらいのことで、その場合でも礼拝に参加して牧師の説教を聞くことはできるのである。

またルターは、司教区に設けられた「教会評議会」のような裁定機関の権限を狭く限定していた。軽罪の告白を聞いて罰金を科したり、鞭打ち・さらし者の刑を科したりすることしか許されておらず、カトリック教会の教会裁判と違って正式な裁判制度とは認められていなかった[56]。さらに「宗教的な罪 sin」と「法律上の犯罪 crime」が明確に区別されていた。「法律上の犯罪」とされた場合、「宗教的な罪」でも世俗の裁判所が刑罰を科していた。つまりカトリック教会にあった「内の法廷」・「外の法廷」の区別がなくなったのである。16世紀には、ルター派もカルバン派と同様、「宗教的な罪」に刑罰を科すのに熱心であった。

(5) 救　　貧

16世紀までカトリック教会は、典礼・婚姻・学校教育・不道徳な行為の禁止を担当していただけでなく、救貧も担当していた。キリスト教は、どの宗派もユダヤ教からの影響で、貧者・病人・ホームレス・寡婦・孤児などの面倒を見るよう教えていた。カトリック教会は、この教えを守るためにさまざまな施設を12世紀に設立している[57]。教会法によれば、司祭（司祭が不在の場合は代理人）は教区の貧者・ホームレス・病人などに、教会収入の一部（金額は司教が決める）を与えるよう義務づけていた。また修道院も、食料・宿泊所・衣料・医療を提供していた。俗人の国王・諸侯・大商人・商人ギルド・都市当局も病人・ライ病患者のための病院、老人・貧窮者の収容施設、巡礼・旅行者の宿泊所、孤児院、出産所などを教会に寄付していた[58]。16世紀初めにカトリック教会では、

収入の４分の１が貧者の救済に充てられていた。

　ドイツ革命の結果、こうした教会や修道院の慈善事業を世俗の支配者が担当することになった。すでに１世紀半前から黒死病・戦争などで貧者・ホームレス・病人の数が急増し、新しい救済策の必要性が痛感されていた。すでに15世紀、カトリック教会の救貧活動はルター派の活動を示唆するような方向を目指し始めていたが、決定的な変化をもたらしたのがドイツ革命であった[59]。

　ルターの救貧に対する考え方は、カトリック教会と３つの点で違っていた。まず信者共同体（上は領国君主から下は農民まで）の責任を重視し、教会の責任は重視していなかった。また、救貧の直接の責任者を教会ではなく世俗の支配者に求めていた。さらに怠惰・貪欲に対する態度がカトリック教会に比べて厳しく、乞食・浮浪を本人の怠惰と結びつけて考える傾向が強かった。

　1520年代からドイツの都市で「救貧法 Armenordnungen」が制定されるようになるが、それを起草したのは法学教育を受けたルター派の神学者たちであった。1517年の「95ケ条の提言 Die 95 Thesen」で貧者に対するカトリック教会の対応を批判したルターは[60]、1520年に「ドイツ貴族に訴える An den christlichen Adel deutscher Nation」と題する公開状で支配者が救貧に責任を負っていることを説き[61]、1520年代以降、都市当局がキリスト教徒として救貧の義務を果たす方法を具体的に示すようになった。1520年にはカールシュタット Andreas Karlstadt と共同でウイッテンベルク市の「救貧法」を起草しているが、乞食を禁止すると同時に救貧の方策を具体的に提案している。『乞食撲滅論 There shall be no beggars among Christians』と題したパンフレットでカールシュタットは、それまで各都市で無統制に実施されていた慈善事業に代えて「共同基金 gemeiner Kasten」を設けることを提案している[62]。その財源になったのが、解散させられた修道院・教会施設の資産であった。1522年にはニュルンベルク市でも似たような内容の「救貧法」が制定され、1523年にはルターみずからライスニヒ Leisnig 市の「共同基金法」を起草し、都市に住む貴族・商人・農民に相応の寄付を義務づけている[63]。これが法令として公布されたのは1529年のことで、６年の遅滞が承認の難しかったことをよく物語っている。

1522-30年に25の都市がルターの起草した法令と似た内容の「救貧法」(「共同基金法」も含む)を制定することになった[64]。

16世紀にはドイツ中の都市で「共同基金」が設けられることになるが、カトリック教会の慈善事業と違って支給対象は広く、また運営方法も違っていた。ライスニヒ Leisnig 市の場合、基金の運営委員は教区内で（周辺の農村も含む）援助を必要としている者を調査して名簿を作成し、毎週、援助の相談に乗っていた[65]。ライスニヒ市の法令には、こう規定されていた。「教区内の都市・農村の孤児は、相応の年齢に達したとき職業訓練を受ける機会を与えられ、自活できるようにすべきである。また孤児や貧窮家庭の少年が有能と認められた場合、勉学の機会が与えられる。…また女子の孤児や貧窮家庭の少女は、結婚するときに持参金が与えられる。止むをえぬ事情で貧困化し、かつ援助が期待できる血縁者がいない教区の信者は、病気・老齢で働くことができず困っているときは毎日曜日、あるいは必要に応じて援助を受けるものとする。教区の信者が乞食をすることがあってはならない」[66]。

ライスニヒ市では市民集会が年に1回、開かれて10人の運営委員が選ばれた（貴族2人・市議会議員2人・市民3人・農民3人）。運営委員は年に3回、市庁舎に集まって運営委員の報告を聞き、将来やるべきことを決めていたが[67]、他の都市の「救貧法」（やはり法学の素養がある神学者が起草していた）も、ほぼライスニヒ市のやり方を踏襲していた[68]。16世紀が終わる頃、すべてのルター派・カルバン派の領国（カトリック派の領国もいくつか含む）で「共同基金」が設置されている。この問題で興味深いのは、ブゲンハーゲン Johann Bugenhagen が「救貧法」に与えた影響である（ブゲンハーゲンはルターの個人的な相談相手を務めた牧師で、またウイッテンベルク大学の同僚でもあった。北ドイツの8つの都市と領国、さらにデンマークで宗教改革を指導した)[69]。彼が8つの都市・領国で起草した「救貧法」は、神学だけが根拠になっていたわけではなかった。ルターとおなじように、ブゲンハーゲンも「あなたがたが互いに対して愛をもつなら、それによって、あなたがたが私の弟子であることを、すべての人が知るようになるであろう」（ヨハネによる福音書 13:35）というイエスの言葉を挙げているが[70]、そ

れは神の「慈悲 grace」をえるのが目的ではなく、よきキリスト教徒であるためだとしている。「隣人を助けたいと思う気持ちはキリスト教徒として当然のもので、天国に行くためではない」のである[71]。

またブゲンハーゲンは、今なら「施しではなく仕事を replacing welfare with workfare」とでもいいそうなことを考えていた。「聖なる貧困 Holy Poverty」は修道院生活の原則であったし（修道士は無所有。ただし修道院は大土地所有者で大金持ち）、フランチェスコ会（ドミニコ会と並ぶ托鉢修道会）の原則であったが、これはブゲンハーゲンの神学とは無縁な考え方であった[72]。「救貧法」が対象としていたのは、「援助する価値がある貧者 deserving poor」であった。ブゲンハーゲンが「共同基金」で援助すべき者としていたのは、「職人・労働者たちで、怠惰・泥酔とは無縁な働き者。真っ正直な生活を送っていながら貧困から抜け出せない者で、さらに瀆神行為を避けて、りっぱな生活を送っている者」であった[73]。

ルター派の「救貧法」には、政治的な意味もあった。つまり世俗の支配者は、信者がキリスト教徒として、りっぱに生きるのを手助けする義務があった。ブゲンハーゲンによれば、「救貧法」は都市民が制定し、都市民が運用することになっていた。ドイツの都市民は「理想的なキリスト教徒」でなければならないのである[74]。ブゲンハーゲンが起草した「救貧法」はデンマーク国王やポメラニア侯にも採用されたが、これを実際に運用したのは都市当局であった。たとえばブゲンハーゲンの「救貧法」を採用したブラウンシュワイク Braunschweig 市では、すべての教区が「共同基金」を設置していた。

第2節　世俗法の宗教性について

（冒頭の段落でバーマンは、ルターが使っていたドイツ語と現代ドイツ語 geistlich, geistig, heilig, spirituell の違いを指摘し、ルターの時代には典礼・婚姻・教育・不道徳な行為の禁止・救貧に関する法令が、すべて現代ドイツ語なら「人間の内心にかかわる法令 spirituelle Recht」とでも呼ぶべきものであったとしている。つまりルターの時代

には、世俗法も宗教的な意味をもっていたのである。ところが現代のドイツでは、そのことが忘れ去られており、それがルターのドイツ語と現代ドイツ語の違いに現われている。この違いを英語と比較しながら説明しているこの箇所は大変、興味深いが、日本語に訳すのは不可能だし意味があるとも思えないので、省略した)。

　20世紀になって、「世俗的 weltlich」という言葉の意味が変わってしまった。今では、この言葉が「霊的 geistlich」という言葉と対をなしていたことは完全に忘れ去られている。すでに1918年にウエーバー Max Weber は、「非魔術化 Entzauberung der Welt」ということをいっていた。ウエーバーによると、「非魔術化」は「近代」の合理主義・個人主義・官僚制が生み出したものなのである[75]。またトレルチ Ernst Troeltsch は1906年に、「世俗化」の出発点を宗教革命に求めている。宗教改革で信仰が個人の問題とされることになり、その結果、「世俗化」が実現したというのである[76]。この２人の考え方が広まって、「近代」の「世俗化」が定説になってしまった[77]。

　哲学者のブルーメンベルク Hans Blumenberg にいわせると「世俗化という考え方までが世俗化されてしまった」のである[78]。ルターは神が「地上の国」で「隠れただけ absconditus」と考えたが、今や神は「地上の国」から消えてしまったのである。我々もルターと同様、法令は国家が制定した世俗法だと考えて、それに従うことは天国ゆきと関係ないと考えている。しかし、ルターのように国家が神学者の起草した「教会関係の法令」・「婚姻法」・「学校教育法」・「不道徳な行為の禁止令」・「救貧法」を制定することで信者の「信仰生活を助けている fostering spiritual gifts」とは考えていないし、神学者が国家に指示を与えることができるとは考えていない。信仰は個人の内心の問題であって国家が介入することはできないと考えているし、「霊的」な世界と対比させられていた「世俗的」な世界は、今や政治だけが問題になる世界になってしまった。

　この間違った定説に歴史家も惑わされている。16世紀にルターたちは、宗教改革によって「近代」が始まったと考えていたが、ルターたちが「近代」という言葉に込めた意味は、歴史家が使っていた意味とは違っていた。ルターは「聖書だけを根拠にした新しい信仰の時代」という意味で「近代」という言葉を使

っていたが、歴史家は逆に「世俗化の時代」という意味で「近代」とい言葉を使っている。また「世俗化」の意味も、ルターたちは「神が隠れた状態」の意味で使っていたが、歴史家は非合理的・非現実的な伝統・権威を否認し、目前の現実のみを重視するという意味で使っている。

「世俗化」の意味をこのように誤解していることから、歴史家はルター派の神学者が起草した法令の宗教的な意味が判らなくなっている。そのことを「不道徳な行為を禁止する法令」・「救貧法」を例に説明してみよう。

16世紀にルター派が起草した「不道徳な行為を禁止する法令」を「近代初期」の歴史家は、絶対主義体制を築き上げるための方策だと考えた。登場しつつあった絶対王政は、国民を従順化して秩序維持を容易にし、国家権力を強化するためにこの法令を制定したというのである。ウエーバーは近代国家が登場してくるためには「形式合理主義」という新しい「考え方の枠組み paradigm」が必要だったと考えたが、このウエーバーの言葉をもじるなら、さしずめ「社会的な規律の強化 Sozialdisziplinierung」という新しい「考え方の枠組み」が登場してきたということになる[79]。

あることを理由に新しい学説が登場してくると、それを真っ向から否定するのではなくて、違ったことを理由に新しい学説が間違っていることを証明するやり方がよく採用されるが、「社会的な規律の強化」説に反対する歴史家は、「社会的な規律の強化」よりも「ルター派信仰の強制 Konfessionlisierung」の方が宗教統制を容易にし、国家権力の強化を容易にするからだと主張している[80]。

この両説に共通しているのは、ドイツの「近代初期」が絶対王政の時代であったとしている点である。しかし「不道徳な行為を禁止する法令」が制定される過程は、すでに見てきたように神学者がまず起草し、それを領国君主なり都市当局が法令として制定しているのである。たしかにドイツ革命の結果、それまでカトリック教会が管理していた典礼・婚姻・教育・不道徳な行為の禁止・救貧は世俗の支配者が管理することになったが、しかし世俗の支配者は法令の起草・執行に際しては神学者に頼っていた。

また世俗の支配者が制定した法令を見れば判ることだが、ルター派の領国君

主は、けっして「絶対的な absolute」君主ではなかった。彼らも自分が制定した法令から「自由 absoluted」ではなかった。自分が制定した法令が「神の法 divine law」に規制されており、もし国民が聖書の教えに反していると判断した場合は、効力を失うことをよく知っていた。当時のドイツには多くの領国が並存しており、ドイツ人は自分の領国が気に入らなければ、何時でも他の領国に移住することが可能であった。

「救貧法」の場合もおなじである。歴史家はルター派の「救貧法」が、領国君主だけでなく支配階級にとっても都合のよい法令であったと考えている。支配階級は乞食・放浪を禁止して安い労働力を確保しようとしたというのである[81]。この場合も欠如しているのが、宗教的な視点である。乞食・放浪者のように他人の資産に寄生している者よりも、最低限の賃金で働いてくれる労働者の方が領国君主や支配階級にとって都合がよいことは確かである。しかし、乞食・放浪者よりも真面目に働く者の方が神の目に適う存在であり、世のため人のためになる存在であると考えられていたことも事実なのである。ルター派はカトリック教会のように、貧困を象徴する托鉢行為に宗教的な意味は認めていなかった[82]。

また現代の「世俗主義者」は、ルター神学が国家の教会利用を認め、その権力強化を助けていたというが、逆に教会が国家を宗教的な目的のために利用していた。ルターによれば、国家の大切な役割は福音と秘蹟（ただしルター派が秘蹟として認めたのは洗礼と聖餐だけ）を国民に教える教会を援助することであった[83]。ルターにいわせると、罪悪や悪魔と戦うために神は「お上」の役所にも臨在したのである[84]。

このようなルター派の法令から、ルター派の領国では教会と国家が「貨幣の両面のような関係 two faces, two aspects of a single order」にあったことが判る。かつてカトリック教会が複数の国王・領主・都市を１つに束ねていた時代の「両剣」の関係でもなければ、18世紀末以降のように完全に切り離された関係でもなかった。また、少なくともドイツでは絶対王政の国で見られたような関係ではなかったし、「教皇・皇帝の兼務体制 Caesaro-papism」の国で見ら

れたような関係でもなかった。ローゼンシュトック゠ヒュシー Eugen Rosenstock-Huessy の言葉を使えば、すべての役人は「神学者・支配者が協力して制定した法令に縛られていた」のである[85]。

　今、我々は２つの「世俗化」論に直面している。１つは16世紀以降の政治思想が主張する神学の「世俗化」論であり[86]、もう１つは18世紀以降、登場してきた神学とは無関係な「世俗化」論である[87]。ここで私は、さらに３つ目の「世俗化」論がありうることを指摘しておきたい。この章で取り上げてきた法令が、その具体例である。そこでは、「世俗的 weltlich」なことと「宗教的な geistlich」ことが表裏の関係にあった。12世紀の教皇革命から始まる「第１の近代 First Modern Age」が生み出したこの表裏の関係は、さらに16世紀の宗教改革から始まる「第２の近代 Second Modern Age」によって典礼・婚姻・家族・公教育・道徳・救貧の法令として完成したのである。

　国家が制定したか教会が制定したかに関係なく、こうした表裏の関係が生み出した法令は、「近代」・「ポスト・モダン」の時代にヨーロッパで見られた「世俗化」の意味を考えるうえで非常に参考になるし、法制度と宗教の関係はどうあるべきかを考えるうえでも非常に参考になる。

　広い意味では、どの法令にも宗教的な意味が存在する。どの法令もよい行ないを奨励し、道義に反する行為を禁止し、隣人とのよき関係を構築するよう奨励しているからである。ただ法令によって宗教がもつ意味に違いがあり、それが法令に大きな違いをもたらしている。たとえば婚姻法と商人法では大きな違いが存在するが、それは婚姻が人間にとって商業以上に根源的な意味をもっているからである。商人法は経済的・功利的な視点、つまり欧米で「世俗的」視点と呼んできたことを重視する。ところが婚姻法は子供を生み育てる両親の権利・義務、つまり人間の心にかかわってくる問題を重視する。教育法・不道徳な行為の禁止法・救貧法と商人法の違いもおなじである。教育法・不道徳な行為の禁止法・救貧法は、個人の人生・生命にかかわる問題を扱っているのである。人間の心の問題を扱っているのである。

　ユダヤ教・キリスト教・イスラム教のような唯一絶対の神を前提にする宗教

の場合、とくに人間の内心を重視する。『詩篇』に、こうある。「潔い心を私に創って下さい、神よ、確かな霊をわが内に新たにして下さい」(51:12)。またエゼキエルは神の言葉をこう伝えている。「お前たちに新しい心を授け、新しい霊をお前たちの内に授ける。……わが霊をお前たちの内に授ける。こうしてわたしは、お前たちがわが掟に歩み、わが公正を守り行うようにする」(エゼキエル書 36:26-28)。

20-21世紀になって、欧米の法制度が2つの考え方の緊張関係から生まれてきたことが忘れられるようになった。欧米では、「心が命ずるよき習慣 habits of the heart」(トックビル Alexis de Toqueville)・「我らがよき心 better angels of our nature」(リンカーン Abraham Lincoln の第2回就任演説) が実際的・功利的で計算ずくの考えとせめぎあっているのである。16世紀のルター派にも、またそれ以前のカトリック教会にも、肉体と心・肉と霊・「地上の国」と「天上の国」の緊張関係が存在していた。

16世紀になると、それまでカトリック教会の聖職者が教会法によって統制してきた典礼・婚姻・教育・不道徳な行為の禁止・救貧の問題が領国君主や都市当局によって処理されるようになり、「世俗化」が始まることになった。しかし、そのために世俗の支配者が制定した法令は「宗教的な法令 spiritual law」であった。それまで教会が担当していた「信仰にかかわる問題 spiritual responsibilities」を世俗の支配者が担当することになったのである。つまり、世俗の支配者が制定する法令が「宗教化 spiritualized」されたのである。この世俗法の「宗教化」を促進したのが神学者であり、彼らが起草した法令であった。

今では、婚姻・教育・不道徳な行為の禁止・救貧の問題が「宗教的な spiritual」問題だと考える者は少ないし、国教制度を導入した絶対王政を評価する者は欧米にはいない。しかし16世紀のドイツ革命が現代の家族法・学校教育法・社会福祉法に与えた影響は重要である。歴史家・法学者は、そのことを忘れるべきでない。

II

17世紀のイギリス革命と法制度の改革

第7章　イギリス革命1640-89年

　1640-89年のイギリス革命も、1517-55年のドイツ革命とおなじヨーロッパの革命であった。イギリスが直面していた危機に応えるためだけでなく、ヨーロッパ全体の危機に応えるために起きた革命であった。またイギリス革命の結果は、他のヨーロッパ諸国にも大きな影響を与えていた。したがってイギリス革命は、イギリスの歴史だけを念頭に置いていたのでは、その意味を理解できない。ドイツ革命もイギリス革命もドイツとイギリスの事情が生み出した革命であって、ドイツとイギリスを大きく変えてしまったが、ヨーロッパの事情が生み出した革命でもあって、ヨーロッパも大きく変えてしまったのである。

第1節　17世紀ヨーロッパの全般的危機

　つい最近まで、イギリスの歴史家はイギリス革命のイギリス的な特徴ばかり強調してきて、ヨーロッパ大陸各国との共通点を無視してきた[1]。この「島国根性 insularity」が改まったのは、1959年にトレバー゠ローパー Hugh Redwald Trevor-Roper が「17世紀の全般的危機」[2]と呼んだ問題を研究する歴史家が増えてからである。トレバー゠ローパーは危機の原因を絶対王政とそれに反対する勢力の対立・抗争に求めたが（この点では賛成できる）、それを「土地貴族 landed gentry」（トレバー゠ローパーは、これを「地方 country」と呼んだ）と「国王の役人 royal bureaucracy」（トレバー゠ローパーは、これを「宮廷 court」と呼んだ）の対立だけで説明している。しかし「全般的な危機」というからには、もっと広い視野でこの問題を考える必要がある[3]。

　つまり、この「危機」はヨーロッパ全体の宗教的・政治的危機であり、また社会的・経済的危機だったのである。「宗教的危機 religious crisis」とは、

1555年にドイツに登場した「アウグスブルクの宗教平和令 Augusburger Religions friede」や、フランス・イギリスなどで16世紀に登場したおなじ趣旨の「宗教平和令」が実現するはずであった「平和」が実現しなかったことである。「アウグスブルクの宗教平和令」でドイツの領国君主は宗派を自由に選べることになったが、選択肢はカトリック派・ルター派の2つしか存在せず、カルバン派は選べなかった。ところが16世紀末-17世紀初めにドイツでもカルバン派が勢力を拡大しており、それが宗教的な対立・抗争の原因になっていた。またカトリック派の領国にプロテスタント派の君主がやってきたり、プロテスタント派の領国にカトリック派の君主がやってきたりして、対立・抗争が激化していた。それに「アウグスブルク宗教平和令」には、一方の宗派が優勢な領国で他方の宗派(少数派)に信仰の自由を保障する規定が存在せず、これも対立・抗争の原因になっていた。ドイツ以外の国でも支配者が自国の宗派を自由に選べることになっていたが、ドイツとおなじように対立・抗争が絶えなかった。カトリック派のスペイン国王が支配していたネーデルラントは、カトリック派の地域とカルバン派の地域に分かれていたので、さしあたり対立・抗争が表面化することはなかったが[4]、フランスでは8次にわたる宗教戦争後、1598年にアンリ4世が「ナントの王令」を公布してユグノー(カルバン派)の保護を約束し、やっと宗派間の対立・抗争に終止符が打たれた。またイギリスではエリザベス1世（1558-1603）の統治下でプロテスタント派が選択されたがピューリタン（穏健なカルバン派）も存続を許されており、また個人がカトリック派の礼拝を行なうことは認められていた。しかしドイツとおなじように、フランスでもイギリスでも「宗教的危機」が去ったわけではなかった。ヨーロッパ全土を巻き込んだ三十年戦争（1618-1648）の勃発が、そのことをよく物語っている。フランスでは、1685年に「ナントの王令」が廃止されてユグノー弾圧が再開され、イギリスでは国王によるピューリタン弾圧が始まって、それが内戦を引き起こすことになった。

この「宗教的危機」と密接に関連していたのが「政治的危機 political crisis」であった。立憲王政という考え方と絶対王政という考え方のあいだで

対立・抗争が絶えなかったが、それが宗派間の対立・抗争と結びついていたのである。16世紀のドイツでは、ルター派の支配者はキリスト教徒としての「良心」と「お上 Obrigkeit」と呼ばれていた役人たち（彼らも「良心」に縛られている）から制約を受けていたが、他のプロテスタント教国でも支配者は、権力行使に際しておなじような制約を受けていた（ただし、制約の程度はドイツほど強くなかった）。カトリック教国では教会が国王の統制下に置かれるようになり、「絶対王政 absolute monarchy」という考え方が定着しつつあった。国王は「絶対的 absolute」であって、「いかなる人の法 all human laws」（国王自身が制定した法令も含む）にも「縛られない absolved」のである。自然法と「神の法 divine law」には縛られるとされていたが、それを支配者に強制する手段は存在しなかった。17世紀になると「絶対王政」に対する批判が、まずカルバン派から提示されるようになり（カルバン派は貴族政を要求した）[5]、さらに「宮廷」や「国王の役人」による圧制に苦しんでいた「土地貴族」からも批判が提示されるようになった。1640年代-50年代にはヨーロッパ各地でイギリス革命に似た王政に対する反乱が頻発するようになるが、まだその規模は小さく、成功したものもなかった。

　ヨーロッパ各国における「宗教的危機」と「政治的危機」は、ヨーロッパ全体の危機とも密接に結びついていた。ヨーロッパ全体の危機を象徴する三十年戦争に直接、参戦していたのは、神聖ローマ帝国・ドイツ諸邦・スエーデン・デンマーク・ポーランド・フランス・スペイン・ネーデルラントであったが（参加国の多さからも判るとおり、三十年戦争は「ヨーロッパの内戦 European civil war」である）、イギリスのように直接、参戦していなかった国も間接的に戦争にかかわっていた[6]。宗教的な対立と政治的な対立が交錯して複雑な合従連衡が繰り返されたが、基本的にプロテスタント教国は立憲王政ないしは共和政を支持し（立憲王政を支持した例としてルター派の領国を挙げることができるし、共和政を支持した例としては、ネーデルラントとスイスを挙げることができる）、カトリック教国は絶対王政を支持した。またプロテスタント教国は神聖ローマ帝国の枠内で領国君主による緩やかな「新教連合 Union」を結成したが、カトリック教国は

中央集権的な「旧教連盟 Liga」を結成した。しかし「絶対王政」を選んだプロテスタント教国もあったし立憲王政を選んだカトリック教国もあり、また「新教連合」を支援したカトリック教国もあったし「旧教連盟」を支援したプロテスタント教国もあって、事態は複雑であった。宗教的な対立で始まった三十年戦争は、最後には国益追求だけが目的の戦争になっていた（そこから「国益 raison d'état」という言葉が登場してくる）[7]。

　ヨーロッパ全体の危機を解決したのが1648年のウエストファリア条約だが、そこでドイツ諸邦とヨーロッパ各国に「国としての権利 sovereignty」（他国の干渉を受けない権利）が認められることになった。その後のヨーロッパの国々のあり方を決めたのは、この条約であった。カトリック派・ルター派・カルバン派の信者は、支配者が選んだ宗派にかかわりなく良心の自由・信仰の自由・亡命の自由が保障されることになった。ただし、ハプスブルク家が支配する神聖ローマ帝国では、カトリック派以外にこの種の自由は認められなかった。また皇帝・選帝侯に代わって「帝国議会 Reichstag」が帝国内の紛争処理機関として重要な役割を果たすことになり、1663年以降はレーゲンスブルク市に常設されることになった（それまでは皇帝が必要に応じて召集していた）[8]。

　ヨーロッパにおける17世紀の社会経済的危機は16世紀の統治機構、つまり15世紀までのように封建的な身分や聖職者身分ゆえに権力と富を手にするのではなく、国王に忠実であるがゆえに権力と富を手にしていた「国王の役人」による支配が原因していた。16世紀まで国王の権力は、教会・貴族・都市から制約を受けていたし、国王の財源は王領地からの収入・輸入税・貢納金に限られていた。ところが16世紀になると教会・貴族・都市は国王の統制下に置かれるようになり、封建的な義務を負わない「土地貴族」や自営農民が登場してきて、土地の売買が自由に行なえるようになった。他方で傭兵隊の登場によって戦費は急増し、国王は王領地を担保に多額の借金をしたため、敗戦が王領地の喪失を意味することになった。そこで国王は戦費調達のために「土地貴族」と商人に重税を課すことになり、「土地貴族」と商人は課税の責任者である「国王の役人」に対して怨嗟の声を上げるようになった。イギリス革命の勃発である[9]。

フランス・ネーデルラント・スペインでも、イギリスほどの規模ではないが似たような現象が起きていた。フランスでは、1648-53年にフランスの「土地貴族」が国王と枢機卿マザラン Jules Mazarin に対して何回か反乱を起こしているし(「フロンドの乱 la Fronde」と総称される。イギリスの「土地貴族」が起こした同時期の反乱と相互に影響を与えあっていた)[10]。スペインでは、1640年にカタロニア貴族とポルトガル貴族がスペイン国王(フェリペ2世)に対して反乱を起こしていた(ポルトガル貴族の反乱は成功し、ポルトガルはスペインから独立することになる)[11]。どの反乱にも各国特有の現象は見られたが、共通していたのは戦費の増大に直面した国王が「土地貴族」に重税を課し、それに対して「土地貴族」が反乱を起こしたという点である。ドイツでおなじことが起きなかったのは、領国同士の宗教的・政治的対立が激しくて、「土地貴族」と「お上」の対立が表面化しなかったからである。

17世紀のヨーロッパを襲った「全般的な危機」の社会経済的な側面を議論するとなると、「危機」の経済的理由が問題になってくるが、有名なイギリスのマルキスト経済史家は、17世紀前半を封建制経済が資本制経済に移行する最終段階の時期として、その証拠に人口・通商取引・海外進出の減少を挙げている[12]。しかし、この現象はヨーロッパ全土で見られた現象ではなく、とくにイギリスはヨーロッパ大陸で見られたような経済的危機は経験していない[13]。イギリス革命の経済面については、あとの章で詳しく見ていくことにして、ここではつぎのことを指摘するに留めたい。つまり人口・通商取引・海外進出の減少は、当時の「危機」の規模の大きさや政治的・宗教的変化の大きさに比べれば、さして重要ではなかったということである。封建制や教会の拘束から解放された「土地貴族」が国王の課す重税に対して起こした反乱こそが(反乱は宗教的・政治的理由によって正当化された)、「全般的な危機」の主役なのである。

イギリス革命はイギリス国内の危機だけが原因で起きた革命ではなかったこと、つまりヨーロッパ全体の危機が原因で起きた革命であったことは、当時のイギリス内外の著述家が書き残したものからも判る。下院議員であったホイッタカー Jeremiah Whittaker が1643年に書いていることによると、「今は変革の

時代である。……しかも変革は、プファルツ・チェコ・ドイツ・カタロニア・ポルトガル・アイルランド・イギリスと、ヨーロッパ中で起きている」[14]。また1653年にイタリア人のアボガドロ Birago Avogadro が当時の新聞記事を使って書いた本には、過去10年間にカタロニア・ポルトガル・シチリア・イギリス・フランス・ナポリ・ブラジルで起きた「反乱」が紹介されている[15]。さらに1651年にイギリスのブレイク提督 Admiral Robert Blake は（クロムエル Oliver Cromwell 政府のスペイン大使であった）、カディス市の公共広場でヨーロッパ中の王国が共和政に移行すると予言していたと報告されている。イギリスに続いてフランスが移行を目指しており、スペインも10年後には共和政に移行することになるだろうというのである[16]。

第2節　イギリス「革命」について

　伝統的にイギリスでは、1640-89年の出来事を「革命」とは呼んでこなかった。イギリスで法令の制定日を記録する際に使われていた「元号表 Table of Regnal Years」によると、チャールズ2世はチャールズ1世が処刑された1649年1月30日に即位したことになっており、クロムエル父子 Oliver/Richard Cromwell が「護国卿 Lord Protector」として統治した1649-60年の「空位期」にチャールズ2世はオランダに亡命していたにもかかわらず、「空位期」は存在しなかったことになっている。1640-60年の出来事を「ピューリタン革命 Puritan Revolution」と呼ぶ歴史家もいるが、それが革命であったことを認めず、あいかわらず革命当時の呼び方に従って「大反乱 Great Rebellion」と呼んでいる歴史家もいる[17]。

　1660-88年の時期は、今も当時とおなじように「王政復古 Restoration」と呼ばれているが、チャールズ2世が帰国してスチュアート朝が復活したという意味では、たしかに「王政復古」には違いない。しかし、それを1640年以前の状態に戻すこと、つまり1640-60年の「ピューリタン革命」は一時的な現象にすぎなかったと考えるなら、それは間違っている。『イギリス革命の原因』とい

う本を批判してイギリスのある有名な歴史家は、「これほど短期間で終わり、簡単に元の状態に戻ってしまったものは革命とは呼べない」と書いているが[18]、もしフランス革命やロシア革命を「革命」と呼び、16世紀のドイツ革命や11世紀の教皇革命を「革命」と呼ぶのなら、1640年以降にイギリスで起きたことは「革命」であった。スチュアート王朝の復活は、一歩後退であると同時に一歩前進でもあったと理解すべきである。つまり「革命」の新しい段階の到来と理解すべきなのである。事実、チャールズ2世は「革命」の成果を維持したばかりか、さらに「革命」を前進させていた。

伝統的にイギリス人が「革命」と呼んできたのは1688-89年の出来事だけであって、議会が新しい王家を迎えて議会の統制下に置いたことを意味した。オレンジ侯ウイリアムが1万5000の兵を率いてイギリスに無血上陸を果たしたことが当時、「名誉革命 Glorious Revolution」と呼ばれたのである[19]。しかし、それは1640年に始まった「革命」に終止符を打った出来事にすぎない。

ドイツ革命と同様、イギリス革命もその成果が根づくまでには2世代を経る必要があった。まず過激な変革の時期があり（第1段階）、その後の反動がくる保守の時期（第2段階）、そして孫の世代が妥協を実現して革命が終息している（第3段階）。

イギリス革命の第1段階は「ピューリタン革命」が成功した時期、第2段階はスチュアート王朝が復活した時期、第3段階は議会主導でハノーバ王朝の支配が始まった時期だが、当時いずれの時期も「復古」と考えられていた。第1段階では、スチュアート朝によって蹂躙された伝統的な「特権 liberties」（マグナカルタに代表される中世以来の特権）が復活したと考えられていたし（1649年の「共和国国璽 Commonwealth's Great Seal」には「自由回復の第1年 First Year of Freedom Restored」の文言が見える）[20]、第2段階ではスチュアート朝が復活しただけでなく、1650年代に独裁者クロムエルが無視していた1640年代の法制度が復活した時期でもあった。また第3段階の名誉「革命 revolution」は、ジェイムズ2世が議会を無視してカトリック派を復活させた時期以前に「戻ること revolution」を意味した[21]。1640-89年のあいだイギリス人は、過去を見すえな

がら実は未来を切り開いていたのである。

　「革命」が「復古」を意味したということでは、イギリス革命だけが保守的であったわけではない。ルター派の神学者や領国君主は、教皇・皇帝体制が登場してくる以前の原始キリスト教の時代に戻ることを目指していたし、教皇グレゴリウス7世は、カロリング王朝以前にあったとされた「教会の自由」を取り戻すことを目指していた。このように過去にあったという伝説の黄金期を取り戻すと考えたということでは、フランス革命もロシア革命もおなじである（フランス革命では「自然状態」に帰ることが目指されていたし、ロシア革命では「無階級社会」を復活させることが目指されていた）。

　しかしイギリス革命には、他の革命にはない特徴があった。それは過去との連続性を維持してきたという神話の存在である。イギリスの歴史家は、つい最近までこの神話にこだわっていた。とくに法制史家にその傾向が強い。イギリスの歴史家がイギリス革命を扱う際の「島国根性 insularity」については、すでに触れたとおりだが、彼らはイギリス革命の特徴として「急激な変化を嫌う icrementalism」ということも強調したがる。「急激な変化を嫌う」傾向はイギリス革命以前からイギリスに存在していたというが、革命以前のスチュアート朝やエリザベス1世の時代に、とくに「急激な変化を嫌う」傾向が強かったわけではない。

　1640年以前、イギリスは絶対王政の統治下にあり、国王が議会を召集することはまずなかった（1640年にチャールズ1世は議会を召集するが、それまで11年間、彼は議会を召集していない）。ところが1689年以降、議会は国王の召集と関係なく常設されることになっていて、しかも国王に代わって国権の最高機関となっていた（外交と海外植民地に関しては、まだ国王が強い権限を保持していた）。また1640年までイギリスでは国王を首長とする国教会しか公認されていなかったが、1689年以降は議会が国教会の事実上の首長になり（形式的には、あいかわらず国王が首長であったが、実権はない）、さまざまなプロテスタント諸派も公認されていた（ただし公職には就けない）。1660年代には先例のない政党（ホイッグ党・トーリー党）が初めて登場しているし、下院が貴族院より強い権限をもつこと

になったが、これも先例のないことであった。「土地貴族 landed gentry」が「爵位貴族 titled nobility」に代わってイギリスを支配するようになったのも、先例のないことであった。

　法制度も大きく変化している。1640年以前、裁判官は国王の統制下にあった。ところが1689年以降、裁判官は国王の統制から解放され、終身の身分が保証されることになった。またチューダー朝時代に設置された「王室裁判所 prerogative courts」（17世紀初期に設置された「星室裁判所 Court of Star Chamber」はとくに評判が悪かった）は廃止され、それに代わって「コモンロー裁判所 common law courts」が登場している。コモンローがイギリスの法制度になったのである。陪審員も裁判官から影響を受けることなく審議が行なえるようになり、審議には証人と証拠が必要とされるようになった。財産法・契約法・不法行為法も近代的なものに変わり、コモンローに特徴的な「判例主義 doctrine of precedence」も近代的なものに変わっている。

　このように、1640-89年のイギリス革命にはヨーロッパのほかの革命とおなじ特徴が存在していた[22]。根本的で急激で・暴力を伴った・永続的な変化がイギリス革命の特徴でもあった。変化が定着するまでに1世代以上の時間を要しており、新しく登場してきた法制度は「革命」が実現を目指した理想の一部を実現していた。以下で、そのことを詳しく見ていくことにする。

第3節　イギリスにおける「宗教改革」

　16世紀のプロテスタントによる宗教改革は、国によって現われ方が違っていた。君主が権限を強化したということでは似ていたが、たとえばドイツでは領国君主が権限を強化する一方で、同盟を結んでお互いに牽制しあう関係を作っていた。またドイツでは、目に見える救済施設とされた教会の存在を認めないルター神学が重要な役割を果たしていたが、イギリスの「宗教改革」では神学は問題にならず、教皇に代えて国王を教会の「首長 Head」にする政治運動として開始された。そこで「宗教改革」を開始したヘンリ8世（在位1509-47）は

カトリック教会を国教会として教皇の影響下から解放したが、カトリック教会の神学や典礼は変更していない。プロテスタントであったエドワード6世（在位 1547-53）とエリザベス1世（在位 1558-1603）の治世下になって初めて国教会にルター派とカルバン派の教義が取り入れられたのである（1553-58年は、メアリ1世によってカトリック教会が復活した時期）。

ヘンリ8世が国教会を創設したことを歴史家のエルトン G. R. Elton は「本物の革命 genuine revolution」と呼んでいるが[23]、イギリスでもドイツとおなじ「宗教改革」が進行していたのである。このとき、イギリスの王権・「国王評議会 council」・議会・裁判のあり方が大きく変化したのである。この「宗教改革」なしに17世紀のイギリス革命は起こりえなかった。つまりイギリスでは「革命」が2回、起きていたことになる。16世紀の国教会の登場は、ドイツで起きた宗教改革の余波と考えられるべきであり、16世紀にイギリス国王が教会の「首長」になれたのは、全ヨーロッパ的規模で教皇の権威が低下していたからであった。しかし、16世紀のヨーロッパを代表する革命といえば、やはりドイツ革命であったし、17世紀のヨーロッパを代表する革命といえばイギリス革命であった。フランスでもおなじようなことが16-17世紀に起きていたが、「フランス革命」という呼称は、18世紀のヨーロッパの危機に対処するためにフランスで起きた1789年の出来事と呼ぶのにふさわしい。

ヘンリ8世が始めたイギリスの「宗教改革」は、「王権の強化」と「反教皇」ということではドイツの宗教改革と共通していたが、その動機は政治的で、ドイツの宗教改革のように神学が根拠になっていたわけではなかった。1535年にモア卿 Sir Thomas More とフィシャ司教 Bishop John Fisher を反逆罪で斬首刑にしているが、その理由は彼らが教会法の規定（教皇を国王より優位とする）に忠実だったからである。1533年、ヘンリ8世はクランマ大司教 Archbishop Thomas Cranmer（プロテスタントに改宗していて、ルター派と交流があった）に「神以外に王を越える権威は存在しない」といっていたし、「地上の国の法律に従うつもりはない」ともいっていた[24]。だからこそ修道院を解散して、その所有地を自分のものにできたのである（イギリス全土の4分の1が修道院領であった）。

ヘンリ8世は自分の政策を議会の決議で正当化したが、エルトンはヘンリ8世の動機が、あくまでも「個人的なものであった」としている[25]。

　反教皇政策を採用したからといって、ヘンリ8世はプロテスタントに対して好意的だったわけではなかった。1531・1533・1540年にルター派を異端として火刑に処している[26]。しかしルター派の影響はイギリスにも及んでおり、またヘンリ8世も離婚問題に対する同意をウイッテンベルク大学に求め、またドイツのルター派諸侯の支持を必要としていたこともあって、ルター派の影響を一時的に奨励していたこともあった。1535年に「カバデイル聖書 Coverdale Bible」（初めて旧約・新約聖書を英語に全訳）が出版されるが、それにはルターのドイツ語訳聖書が利用されていた。しかし、1538年にクランマ大司教らイギリスの神学者がルター派の神学者と会って教義の統一について協議していたのをヘンリ8世は中止させており、1539年にはカトリック教会の教義を正統とする「6ケ条法 Act of Six Articles」を議会に制定させている[27]。

　エドワード6世・エリザベス1世の時代にドイツからの影響が強まって英語訳の聖書を印刷・配布することが認められるようになり（当時のカトリック教会はラテン語の聖書しか印刷・配布を認めていなかった）、聖職者の結婚も許されるようになった。1549年にクランマ大司教が中心になって作成された『共通祈禱書 Book of Common Prayer』が出版されたが（1552年に改訂）、これにはルター派からの影響が大きい。またエドワード6世は、死の直前に「信仰42ケ条」も公布させている（メアリ1世の時代に破棄された後、エリザベス1世時代に「信仰39ケ条」として法案化され、これによってイギリス国教会の教義が確立される）。

　エドワード6世のあとを受けて即位したメアリ1世はカトリック教徒で、イギリスをふたたびカトリック教会に復帰させた。プロテスタントに対する弾圧が再開され、イギリス革命の専門家ディケンズ A. G. Dickens によれば、「囚人の数が激増することになった」[28]。メアリ1世は5年間イギリスを統治したが、そのあいだに290人が火刑に処せられ（クランマ大司教も処刑される）、少なくとも40人のプロテスタントが獄死している。また800人以上のプロテスタントが海外に亡命した（彼らは「メアリの亡命者 Marian exiles」と呼ばれた）。

25歳で即位したエリザベス1世の宗教政策は、ふたたびエドワード6世の時代に戻すものであった。しかもエリザベス1世は、この政策変更を最小限の犠牲で実現するつもりでいた。即位後ただちに議会を召集して（1559年みずから至上法 Act of Supremacy」を制定させ、みずからを国教会の「最高統治者 Supreme Governor」とした（「首長 Head」とする法案が貴族院で否決されたのを受けて彼女が示した妥協案）。さらに「礼拝統一法 Act of Uniformity」によってすべての信者に日曜日の礼拝参加を義務づけ、聖職者にも信者とおなじ『共通祈禱書』（1552年の改訂版）を使用するよう義務づけた。この『共通祈禱書』は「工夫された曖昧さ studied ambiguity」が特徴で、穏健なプロテスタントなら受容が可能な内容になっており（ただしピューリタンは拒否）、また穏健なイギリスのカトリック教徒なら受容可能な内容になっていた（ただし教皇派のカトリック教徒は拒否）。

1570-80年代にはスペイン軍の侵攻が危惧されていたし、1570年に教皇がエリザベス1世を破門してイギリス人に反乱を呼びかけたため、1571年にカトリック派のミサは禁止され、また国教会での日曜日の礼拝出席を全国民に義務づけた。1582年には布告を出してイエズス会を禁止し、イエズス会士は反逆者として死刑に処せられることになった（1585年に制定法となる）[29]。

このようなエリザベス1世の宗教政策に、その治世末期、ピューリタンが反対することになった。しかし注意しなければならないのは、当時「ピューリタン」と呼ばれた人が全員エリザベス1世の宗教政策に反対したわけではなかったということである。強硬に反対していたのはカルバン派であった。彼らは16世紀末に国教会を「浄化 purify」する必要性を唱えるようになり（そこから「ピューリタン Puritan」という呼称が生まれた）、国教会の典礼・組織・運営のあり方に反対していた。彼らは「非国教徒 Nonconformist」と呼ばれていたが、そんな「非国教徒」のなかに「長老派 Presbyterian」がいた。彼らは国教会の聖職者を聖職者と認めず、教会運営は信者集会で選ばれた聖職者（1人）と長老（複数人）に任されるべきだと主張した。その他にも「分離派 Separatists」・「独立派 Independents」・「会衆派 Congregationalists」などと呼ばれた宗派が「非国教徒」であったが、どの宗派も国教会の正統性を認めていなかった。

第4節　チューダー朝の統治機構

　イギリスも他のヨーロッパ諸国とおなじく、まず王権を強化したあとで教皇と関係を絶っている（カトリック教会に留まった国でも、国王が教会を統制下に置くことになる）。国王は聖俗の封建貴族や家臣に依存することを止めて（すでにヘンリ7世にその傾向が見られたが、ヘンリ8世で明確化する）、ドイツの諸侯とおなじように忠誠心と能力を基準に選ばれた側近に依存するようになっていた。1536年に創設された「枢密院 Privy Council」がそれで、「枢密院」を構成していたのは常勤の役人であった。また、それ以前の「国王評議会 King's Council」のように時々、召集されて国王の諮問に答えるのではなく、「枢密院」は常設の官僚機構として創設された（この「枢密院」の創設にかかわったクロムエル Thomas Cromwell は、新しく登場してきた役人の典型であった。縮絨業・醸造業者の出身で、ウルジ枢機卿 Cardinal Thomas Wolsey のもとで働いたあと、ヘンリ8世に側近として取り立てられている）。「枢密院」は、国王個人の家政部門で働く役人と「政府高官 great officers」（カンタベリ大司教・大法官・財務長官・海軍提督など）約20人で構成され、さらに構成員は構成員で専門家の役人を抱えていた。のちに内閣制度に発展していくことになる「枢密院」は、ドイツに登場してきた「お上 Obrigkeit」のイギリス版であった。

　「国王評議会」が「枢密院」に代わったことに対応して、議会の役割・機能も変化した。もともと議会は重要な裁判で判決を下したり、法律を制定したりしていたが、その主な仕事は課税を認めることで国王を財政的に支援したり（新しく国王が即位したときなど）、国王に対する不満を請願したりすることであった。議会の召集・解散は国王の権限であって、国王は必要に応じて議会の召集・解散を行なっていた。貴族院は高位聖職者（司教・大修道院長）と世襲の爵位貴族（「議会貴族 peerage」とも呼ばれた）、下院は各地の「農村部 shire」と「都市部 borough」から2名ずつ選ばれた代表で構成されていた。

　16世紀には、まだ議会の古い性格に変化は見られなかった。国王は2・3年

に1回、議会を召集し、2・3ケ月あとに解散していた[30]。たとえばエリザベス1世は45年の在位期間中に10回、議会を召集しており、議会の開催日数は全部で140週にも達していない。平均して4年半ごとに14週間、開催されていたことになる。このように国王は議会を統制下に置いていたが、それでも王権の強化などを国民に認めさせるためには議会の承認が必要であった。「国王評議会」が常勤の役人が構成する「枢密院」に代わり、教会が国王の統制下に置かれるようになって政治的な統合が進むと、もはや国王が王位をめぐる争いに悩まされることはなくなったが、その代わりに国民の意志を代表する議会の抵抗に悩まされることになった。

　チューダー朝時代の議会は、まだ裁判所の機能もになっており（ただし貴族院のみ）、そこで「最高法廷たる議会 High Court of Parliament」と呼ばれることもあったし、国王に財政支援をしたり、国王に不満を表明する場としても機能したりしていたが、しだいに主な仕事は法律の制定に変わっていた。しかし、まだ国王が議会の「主宰者 head」であって、17世紀の議会のように国王の政策に反対したり国王の権限に制約を加えたりすることはなかった。国王は「議会・枢密院と協力して in his council in his parliament」統治することになっていたのである。さらに立法権は、まだ議会の独占的な権限ではなかった。国王も立法権をもっていたのである。国王が公布したものは「王令 proclamations」と呼ばれ、「議会が制定した法律 statutes」と区別されていたが、「法律 laws」として効力は認められていた。エリザベス1世の治世は540月間であったが、そのうち500月間は議会が開催されておらず、そのあいだにエリザベス1世は何百という数の「王令」を公布している。形式的には議会の制定法に変更を加える権限は国王になかったが、チューダー朝時代の議会も法廷も、そのことを問題にしていない[31]。

　「国王評議会」が「枢密院」に代わり、議会も国王の政策執行機関に変えられて、さらに国王は裁判制度にも変更を加えることになった。伝統的なコモン・ロー裁判所だけでは新しい政治・経済問題に対処できず、また国王の意志に迅速に対応できなかったからである。それまで「枢密院」が担当していた裁判機

能を独立させて、「星室裁判所 Court of Star Chamber」・「請願裁判所 Court of Requests」・「ウエールズ地方裁判所 Court of Marches」・「高等宗務官裁判所 Court of High Commission」が作られ、さらに新しく「海事高等法院 High Court of Admiralty」が作られた。また従来、大法官が担当していた裁判所は新しく「大法官高等法院 High Court of Chancery」と名前を変え、その権限も強化された[32]。国王が新しく創設したこの種の裁判所は「高等法院 High Court」とか「国王裁判所 Prerogative Courts」と呼ばれ、カトリック教会が使用していた教会法と、ヨーロッパの大学（イギリスでは、オックスフォード大学とケンブリッジ大学）で何世紀ものあいだ研究・教授され、16世紀に新しく体系化されたローマ法を適用していた。

第5節　革命の予兆

　1603年にスコットランド国王ジェイムズ6世がイギリス国王に即位するが（ジェイムズ1世と名乗る）、ジェイムズ1世とその息子チャールズ1世の治世時代にイギリスの政治・経済・社会は大きく変化し、ピューリタンと国教徒の対立・「地方 country」と「宮廷 court」の対立が先鋭化することになった。さらにジェイムズ1世は、即位直後から下院やコモンロー裁判所と問題を抱えていた。彼が本まで出版して絶対王政の正統性を強硬に主張するようになったのは、この下院やコモンロー裁判所との対立が原因している。もっとも、歴史家のなかには、この対立を重視しない者もいる（とくにチャールズ1世が親政を開始する1629年までの対立は、それほど決定的なものではなかったとしている）[33]。たしかに国王と議会は妥協が可能だったはずで、1642年に国王軍と議会軍が戦闘を交えるようなことは避けれたはずである。しかも絶対王政に反対していた者が、かならずしも国王に対して不忠だったわけではなかった。彼らが望んでいたのは伝統的な制限王政であった。

　国王と議会のあいだで最大の問題になっていたのは、課税をめぐる対立であった。すでにエリザベス1世が40万ポンドもの負債を残していたが、それが

1606年には70万ポンドに膨れ上がっていた。そこでジェイムズ1世は国王がもつ貿易統制権を根拠に、議会が認めていた「トン税・ポンド税 tunnage and poundage」以外に「貿易課徴金 impositions」を徴収することにした[34]。1610年に召集された議会でジェイムズ1世は、議会が国王の貿易統制権に口を挟む権利はないと主張するが、この国王の主張に対して下院は「イギリス国民にかかわる問題を下院は自由に議論する権利がある」と反論した[35]。国王と議会のあいだで妥協が成立したかに思えたとき、国王は議会を解散してしまった。1614年に議会が再召集されると、下院は議会が認めた「トン税・ポンド税」以外の「貿易課徴金」を非合法とし、さらに国王が議会の苦情を聞き入れない限り新しい課税は認めないと決議したため再度、国王は議会を解散し、会期中に不敬な発言があったとして何人かの議員を投獄してしまった。

おなじ頃、ジェイムズ1世はコモンロー裁判所である「民訴裁判所 Court of Common Pleas」・「王座裁判所 King's Bench」とも問題を起こしていた。この2つの裁判所は、「財務府裁判所 Court of Exchequer」と共に12世紀に「国王評議会 King's Council」から独立してできた裁判所で、教会法・荘園法・封建法・都市法・商人法のように管轄が限定されていた各法の裁判所とは区別されて、「コモンロー裁判所」と呼ばれていた(「コモンロー common law」とは「全国に通用する法律」を意味する)。またコモンロー裁判所は、「公平・公正 equity」を実現するために14-15世紀に登場・発展してきた大法官の裁判所とも区別されていた。このコモンロー裁判所が、16世紀になって「枢密院」から独立して作られた幾つかの「国王裁判所」や新しく改組された「大法官高等法院 Chancery Court」・「海事高等法院 Admiralty Court」に対抗して自己主張を強めてきたのである。また裁判所の管轄が問題になった場合、国王が「国王裁判所」に優位性を認める傾向が強まっていたことも問題の背景にあった。

16世紀に始まったこの「国王裁判所」とコモンロー裁判所の確執が、ジェイムズ1世の時代に表面化することになった。クック卿 Sir Edward Coke に率いられた12人の「民訴裁判所」と「王座裁判所」の判事が、「国王裁判所」をはじめ「大法官高等法院」や「海事高等法院」の権限に制約を加えようとした

のである。1606-16年に「民訴裁判所」の主席判事だったクック卿が（のちに「王座裁判所」の主席判事も務める）、イギリス伝統のコモンロー裁判所が「国王裁判所」より優位であると宣言し、かつ国王はコモンロー裁判所の権限を制約できないと宣言した。1616年に国王はクック卿を罷免したが、クック卿が主張したコモンロー裁判所・優位説は、国王と議会のあいだにあった絶対王政の問題点を浮き彫りにしていた。だからこそ1640年代に下院にやってきた過激派ピューリタンのリルバーン John Lilburne は、聖書のほかにクック卿の『コモンロー判例集 Reports』を手にしていたのである。

のちにクック卿は国王に許され、1621年に下院議員に選ばれて下院で指導的な立場を占めることになる（「苦情処理委員会 Committee of Grievances」の委員長に選ばれる）。

1625年にチャールズ1世が即位すると、国王と議会の対立は一層、激しさを増すことになった。慣例になっていた「トン税・ポンド税」の承認すら議会は拒否したのである（慣例として新国王は即位のとき、この税収が保証されることになっていた）。そこでチャールズ1世は強制借上げによってその穴埋めすることになり、それに応じない者を投獄してしまった[36]。1628年に召集された議会は、強制借上げとそれに応じない者の投獄について、それが国民の権利である「身体の自由 Subject's Liberty in his Person」を侵害したとして、不法な投獄・人身保護令違反・保釈拒否・議会が認めない課税の実行・私人住居への兵士の宿泊割当強制・平和時であるにもかかわらず戒厳令を布告して略式裁判を行なったとして、チャールズ1世に対する問責決議を採択した。これが「権利請願 Petition of Rights」としてクック卿によって文書化され、国王とその役人に国民の権利を尊重するよう国王に求めたのである。チャールズ1世は下院の求めに応じて「権利請願」を裁可・布告したが（「請願」は法律ではないが、両院の賛成と国王の裁可があれば法的な効力をもつ）、それが国王の権限を制約するものではないことをチャールズ1世は強調し、議会も「権利請願」が国制の変更を意味しないことを認めた[37]。

1629年に議会を停会にしたチャールズ1世は、1640年まで議会を召集しなか

ったが、ヘンリ8世やエリザベス1世のときですら、これほど長期にわたって議会を召集しなかったことはなかった。また税徴収のやり方は前例のない強引なもので[38]、宗教政策もピューリタンの離反を招いたばかりか、国教会徒の反発すら買うようなものであった。そこでこのチャールズ1世が親政を行なった時期は、「専制の11年間 Eleven Years' Tyranny」と呼ばれることになる。

とくに問題になったのが宗教政策であった。1633年にチャールズ1世がカンタベリ大主教に任命したロード William Laud のもとで、カトリック教会とよく似た教義と典礼が導入されたからである。さらに、これに反対する者には厳しい弾圧が待っていた。聖職者であれ俗人であれ、新しい教義と典礼に反対する者には「高等宗務官裁判所」や「星室裁判所」で残酷な刑罰が科せられた[39]。この弾圧が原因で、約2万人のイギリス人が1630-40年にマサチューセッツ湾植民地に逃れ、またそれ以上の数の者がネーデルラントに亡命している。当時、ある国教会徒がいっていたことだが、「バビロン（罪の国）から逃れるようにイギリスから人々は逃げていった」のである。

第6節　長期議会・内乱・共和政

チャールズ1世の政策は内政でも外交でも破綻をきたすことになった。1637年にスコットランドでイギリス国教会と似た祈禱書を強制しようとしたが（チャールズ1世は1633年、スコットランド国王に即位）、スコットランドの教会は大部分が長老派（カルバン派）の神学を採用しており（16世紀にノックス John Knox が導入）、1638年にスコットランドの教会会議は新しい祈禱書を拒否しただけでなく、スコットランドにあった国教会制度そのものを廃止してしまった。それに対してチャールズ1世は1639年に軍隊を派遣するが敗北し、そこで翌年11月に軍隊の再派遣に必要な資金援助を求めて議会を召集した。これが1659年まで開催された「長期議会 Long Parliament」である。チャーチル Winston Churchill にいわせると、これは「イギリスでもっとも注目すべき議会」であった[40]。

「長期議会」は「権利請願」の教訓を生かして、まず「星室裁判所」・「高等宗務官裁判所」が逮捕・投獄した者を釈放させ、ついで「専制の11年間」の責任者（ストラフォード伯 earl of Strafford・ロード大主教など）をロンドン塔に幽閉した（のちに処刑）[41]。さらに1641年、国王の権限に制約を加える法律を制定するが、それはつぎの3つに分類することができる。

1) 「3年議会法」によって議会は3年を超えて閉会されてはならず、また50日間の開会期間を経過した後でなければ、みずからの意志に反して解散させられることはないとされ、べつの法律で「長期議会」はみずからの意志に反して解散させられことがないことになった。つまり議会は常設の制度となり、国王の気まぐれで召集・解散されることはなくなったのである。

2) 先例のない課税は禁止され、トン税・ポンド税は2ヶ月間に限ってのみ課税が認められることになり（従来は国王が生きている限り課税が認められていた）、国王の御料林は以前の状態に戻された（チャールズ1世は消滅していた古い御料林の権利を復活させ、その所有者から罰金を徴収していた）。また「騎士身分にかかわる古い王権の乱用 vexatious proceedings touching the Order of Knighthood」を防ぐためということで「騎士強制金 knight fines」が廃止された（年収40ポンド以上の土地を所有する者は新王の即位に際して騎士身分を国王より受ける義務があり、それを実行していない者から罰金を徴収した）。つまり課税権は議会だけがもつことになったのである。

3) 「星室裁判所」・「高等宗務官裁判所」などの「国王裁判所」を廃止する法律が成立し[42]、また「枢密院」も民事・刑事の裁判権を奪われることになった。さらに国王や「枢密院」の命令による拘禁が不当か否かを判断するため、「人身保護令 habeas corpus」によって身柄をコモンロー裁判所に移すことができるようになった。つまり民事・刑事にかかわりなく、コモンロー裁判所が最終的な裁定を下すことになったのである。

チャールズ1世の宗教政策も批判の的になった。1641年春に国教会制度を「根こそぎ with all its dependencies, roots and branches」廃止する法案が下院に提出されたが、この法案は下院を通過しなかった。ところが11月になってアイ

ルランドでカトリック教徒による大規模な反乱が起きると、「教皇派の陰謀 popish plot」を恐れた下院と貴族院は、「大抗議文 Grand Remonstrance」と呼ばれた法案を可決した。ただし「根こそぎ法案」の内容とは違って国王のカトリック教徒的な心情を批判するに留まっており、また国教会の主教がもつ権限を制限し、かつ貴族院から追放することが決定されただけであった。国王が大臣を任命する際も議会の同意が必要になったが、これも国王の任命権に制約を加えるためというより、議会との協力を国王に求めるのが趣旨であった[43]。つまり国王側で過剰な反応さえ示さなければ、議会との妥協は可能だったのである。ところが国王は議会が長老派教会の導入をスコットランド人と策謀しているとして、5人の下院リーダーを逮捕するために親衛隊を派遣した。さらに議会が5人の引渡しを拒否すると、チャールズ1世は400人の兵士を率いてみずから議会に向かったが、5人はすでに逃走していた[44]。1641/42年1月2日のことである[45]。その後、国王と議会のあいだで軍事的な対立が始まり、翌年8月に議会は軍隊を組織することになった。1642-46年・48年の内戦の開始である。

　イギリス革命の初期は暴力的で、しかも革命推進派のあいだで対立・分裂が繰り返された時期であった。1645年に議会は長老派（カルバン派）をイギリスの宗派に選んだが、同年のうちに長老派より過激な「独立派」が「新型軍 New Model Army」と呼ばれた議会軍の主導権を握ることになった。「独立派」は長老・信者で構成される長老会議を地方教会会議・全国教会会議とまとめていくやり方に反対で、「信者会議 congregation」がそれぞれ独立して教会運営に当たるべきだと主張していた。また「新型軍」には、「独立派」よりさらに過激な「平等派 Levellers」がいた。彼らは「人民協定 Agreement of the People」なる文書を作成し、人民主権に基づく憲法案・既存の法制度や経済制度の改革（専売制度の廃止を含む）・救貧法の改正・減税・信仰の自由・選挙権の拡大を提案した。1648年10-11月に「独立派」（軍幹部）と「平等派」の兵士代表が構成する「全軍会議 Genereal Council of the Army」で「人民協定」の内容について議論が交わされた（ロンドン郊外の開催地名から「パトニ討論 Putney

Debates」と呼ばれている)[46]。「独立派」は「平等派」の言い分を認めず、その結果「平等派」兵士による反乱が起きている。

1649年1月、すでに前年12月に長老派を排除して「独立派」だけで構成されていた議会（そこで「残余議会 Rump Parliament」と呼ばれる）で135人の裁判委員からなる「特別法廷 special High Court of Justice」が設置され、この「特別法廷」がチャールズ1世に反逆罪で死刑を宣告した。当時、議会軍の司令官であったクロムエル Oliver Cromwell を含む59人の裁判委員が死刑宣告書に署名し、1649年1月30日にチャールズ1世は断頭台の露と消えた（国王の処刑はヨーロッパで初めて)[47]。「残余議会」は王政と貴族院を廃止し、共和政を宣言してイギリス革命の第1段階は終わりを迎えたのである[48]。

共和政のイギリスを統治したのは「国務会議 Council of State」であった。40人のメンバーのうち31人は「残余議会」の議員であったが、1653年に4年間、アイルランド・スコットランドに遠征に出かけていたクロムエルが帰国し、武力で「残余議会」を解散してしまった。「そのとき議場で異議を唱えた犬は1匹もいなかった its passing occasioned not so much as the barking of a dog」とは、そのときのクロムエルの言葉である。新しい議会はクロムエルが主催する「士官会議 Council of Officers」が指名した140人の議員から構成され、「聖人議会 Parliament of Saints」と呼ばれたり、ロンドン出身の「独立派」議員の名前 Praise-God Barebone を冠して「ベアボン議会 Barebone's Parliament」と呼ばれたりしている。この議会に急進的な法案が提出された。世俗法を廃止して十戒をはじめモーゼが定めた戒律による支配を実現すること・十分の一税の廃止（聖職者は十分の一税によって生活していた）・民事婚の合法化・大法官制度の廃止・士官の俸給削減・地方行政改革（地方を支配する「土地貴族 landed gentry」の影響力を排除）などである。急進派による伝統的な秩序の解体を恐れた穏健派は1653年12月に「聖人議会」を自主解散し、クロムエルに統治を委ねることにした。クロムエルは「護国卿 Lord Protector of the Commonwealth of England, Scotland, and Ireland」に就任し、穏健派の部下が起草した「統治章典 Instrument of Government」によって統治することになった。議会軍の

総司令官でもあったクロムエルによって15人の「国務会議」メンバー(任期は終身)が選ばれ、クロムエルの死後(クロムエルの任期も終身)、後継者は「国務会議」が選ぶことになった。国権の最高機関は「護国卿」と議会であり、議会が制定した法律は議会しか変更できず、また議会は3年ごとに召集され、5ヶ月間、開催されることになっていた。しかし、1654年に召集された議会が翌年にクロムエルによって解散させられ、クロムエルの独裁体制が確立すると「統治章典」は放棄された。

「聖人議会(ベアボン議会)」はクロムエルにとって過激にすぎる議員の集まりであった。そこで彼は自主解散させたのだが、「統治章典」によって召集した議会は、逆に穏健すぎる議員の集まりであった。そこで、この議会も彼によって解散させられた。つまり国王と議会の対立が内乱を引き起こしたように、「護国卿」と議会の対立が統治不能の状態を生み出すことになったのである。1653-60年に重要な法案は何ひとつ成立せず(1658年にクロムエルが死亡し、1660年に王政復古が実現する)、統治体制には何の変更も加えられなかった。

クロムエルは新しい宗教体制の樹立にも失敗していた。彼は「信者会議」に自治を認め、また「プロテスタント諸派 tender consciences」に信仰の自由を認めることが必要だと考えており、長老派にもそのことを要求していた。しかし他方で長老派の全国組織が崩壊して聖職者(その大部分は長老派)は私有財産を奪われ、生活の糧を失っていた。私有財産を守るか「寛容」を求めるべきかという選択肢に直面してクロムエルは[49]、「独立派」が反対していた税金による聖職者の生活維持に賛成し(つまり私有財産を守ることを優先し)、「寛容」の問題は解決を先送りしたのである。内乱の原因になっていたピューリタンと国教徒の対立が、「信者会議」の独立か全国教会会議(長老派)による統制かという形で再現されることになった。

しかもクロムエルの統治には正統性が欠けていた。1640年に召集された「長期議会」は正式に解散しておらず、したがって「聖人議会(ベアボン議会)」もその後の議会も正式な議会ではなかった。議員は、クロムエルと「国務会議」が選んでいたのである。1653年にクロムエルを「護国卿」に任命した「統治章

典」は議会の承認をえていなかったし、すべての条項が守られていたわけでもなかった。チャールズ１世の処刑後も王位の継承は行なわれず、また1657年に議会から提供された王冠をクロムエルは受けなかった。それでもクロムエルは王座にあって、「国王陛下 Your Highness」と呼ばれていた。

　1658年９月にクロムエルが死去すると、「護国卿」体制は崩壊することになった。そのあとを継いで「護国卿」になった息子のリチャードが、すぐに辞任してしまったからである。1659年５月、「残余議会」が復活して正式に「長期議会」の解散を決議し、1660年４月に「仮議会 Convention Parliament」（国王の召集令状なしに召集された）が召集され、チャールズ１世の息子チャールズ２世を亡命先のオランダから呼び寄せて王位に就けた。

第７節　クロムエルとその遺産

　クロムエルは、ヘンリ８世の有名な宰相トマス Thomas Cromwell の遠縁に当たり、生まれたのは1599年で、両親は「土地貴族 landed gentry」であった。父親は議員を務めていたが、クロムエルも1628年の議会選挙と1640年の「長期議会」選挙で議員に選ばれている。「長期議会」でも活躍していたが、彼が頭角を現わすのは内乱期に議会軍で活躍するようになってからであった。最初は出身地のハンティンドンシャ Huntingdonshire の騎兵隊長、ついで「東部連合 Eastern Association」軍の副司令官、さらに「新型軍」の副司令官を務めている。第１次内乱が終わると下院議員の仕事に復帰するが、1648年に第２次内乱が始まると、ふたたび軍隊に戻っている。国王軍とスコットランド軍を制圧してロンドンに帰還し、国王裁判に参加している。1649年にはアイルランドの反乱を制圧し（徹底した弾圧が行なわれた）、1650年にはスコットランドに遠征に出かけている。

　クロムエルは共和主義者ではなかった。「パトニ討論」では「平等派」の過激な要求に反対したし、1648年にチャールズ１世との交渉を打ち切ったのも、チャールズ１世が立憲王政を一切、認めようとしなかったからであった。カル

バン派に属し、良心の自由を大切にしていた。1630年代初めにロード William Laud 大主教が国教会からカルバン派の影響を排除しようとしたときは、アメリカ（ニューイングランド）への移住を真剣に考えたほどであった[50]。1641年に国教会制度の廃止を求める「根こそぎ法案 Root and Branch Bill」が議会に提出されたときはこれを支持しているが、また抑圧的な長老派のやり方にも反対であった。1643年には下院で「ウエストミンスタ宗教会議 Westminster Assembly」（教会のあり方を決めるために聖職者と俗人の代表がウエストミンスタ修道院に集まる）の承認に努力しているが、それは「全国規模の体制教会に従うことができない者に対して、神の言葉 Word に従って平和 public peace を実現するために何とか寛容な心 tender consciences で臨む方法を見つけ出す」ためであった[51]。

　5年間の統治でクロムエルが考えていたことは実現できなかった。しかし、それが無意味であったと考えるのは間違いである。まず「護国卿」時代のイギリスは、ヨーロッパ初の共和政国家であった。しかもイギリス初の成文憲法である「統治章典」は行政権と立法権を分離しており、さらに他の法律によって裁判権も独立が保障されていた。議会は定期的に召集することが義務づけられ、法律の改正には議会の同意が必要であった。問題は、以上の3権がすべて「護国卿」に従属していたことである。おなじ制度を後期スチュアート朝も採用して失敗している。しかし、のちにイギリスで議会が国権の最高機関とされることになる原点がここにあり、またフランス革命で実現することになる3権分立の原型をここに見ることができる。

　宗教体制も国教会制度が復活することになって、クロムエルが考えたような地域の「信者会議 congregation」がそれぞれ独立して教会運営に当たるやり方が全国規模で採用されることはなかったが、しかし地域によっては採用されたところもあった。1640年代のように国教会か長老派教会かの2者択一を迫るようなことはなくなり、非国教徒も信仰の自由が認められることになった。下院で「神を冒瀆する者」としてクエーカー教徒のフォックス George Fox とネイラ James Naylor に有罪判決が下されたとき、クロムエルは2人の減刑に成

功している。このことからも判るとおり、プロテスタント諸宗派に対する寛容が根づいたのは「護国卿」時代だったのである。ユダヤ教も寛容の対象とされた。1655年には、エドワード1世が1290年に追放したユダヤ人の帰還を奨励したりしている[52]。差別の対象とされたのはカトリック教徒だけであった(アイルランドでは迫害の対象とされる)[53]。

またクロムエルの考え方は、イギリス人の思想に大きな影響を与えている。彼はイギリス人が「神によって選ばれた elect」「新しい選民 a new Israel」であり、偉業を成し遂げるべく運命づけられていると考えていた。「クロムエルの偉大さは、仕官・兵士たちに自分たちが神の計画を実現するために選ばれていると確信させたことであった。自分たちが神の尖兵であると確信させたことであった」[54]。それに彼は「平等派」や国王派の狂信が嫌いであった。共和政を採用したが、その具体的な中身は決めていなかった。やるべきことは神が示してくれると考えていたからである。おなじピューリタンでも、狂信的なピューリタンと違って彼は楽天家であった。「向かうべき方向が判らなくなったら天を目指せばよい(向かうべき方向は神が示してくれる)」[55]。

彼は公共精神の発揮や弱者保護にも熱心であった。1650年9月、スコットランドに駐留していたとき議会議長宛にこう書いている。「弱者保護に精を出すように。囚人の苦しむ声に耳を傾けるように。職権乱用は許さないように。我らが共和国に多くの貧乏人と僅かの金持ちしかいないようであってはならない」。しかし弱者保護と公共精神の発揮がいつも両立するとは限らなかった。国のため国民のために尽くす公共精神は「地主貴族」の専売であったが、彼らがかならずしもが弱者に同情的であるとは限らなかった。とくに怠け者や敵対する立場の弱者に対して彼らは残酷であった。クロムエルがアイルランドを征服したとき、この矛盾が表面化している。女流・伝記作家のフレーザ Antonina Fraser によれば、クロムエルは「公の場で散々、カトリック教会の聖職者を非難しながら、個々の司祭や修道士には寛容であった」。同様にスコットランドの長老派を移住させるために北アイルランドのカトリック教徒・貴族から土地を奪うことをしながら、「個人に対しては寛容であった」[56]。

第8節　王政復古

　1660年にチャールズ2世がオランダから帰国すると、ピューリタン革命はなかったことにされた。1642-60年の内乱期は「大反乱 Great Rebellion」の時期とされ、1649年のチャールズ1世の処刑から1660年までの空位期については、チャールズ2世が王位にあったことにされた。しかし歴史の針を元に戻すことは、実際には不可能であった。1660年にチャールズ2世は「長期議会」(1641-42年) が制定した法律を承認し、チャールズ1世のときのような国王の直接統治が復活することはなかった。またチャールズ2世はイギリスに帰国する前に、亡命先のオランダで「ブレダ宣言 Declaration of Breda」を発表した。のちに議会が指名する者はべつとして、「よき国民として忠誠と服従を誓う return to the royalty and obedience of good subjects」者、全員に「無条件で全面的な大赦 free and general pardon」を約束し、また「すべてのプロテスタント宗派に信仰の自由 liberty to tender consciences」を約束した。「王国の平和を乱さない限り、誰も宗教をめぐる意見の違いを問題にされることはないし、議会が寛容を認める法律を制定すれば、それを承認する」ことも約束した。さらに土地所有権の問題についても「長年にわたる騒乱と革命のなかで起きた所有権移転をどう処理するかは議会に任せる」と宣言し、士官や兵士に対する給与未払いの件も議会の決定に従うことを約束した[57]。

　どこまで本気であったかは判らないが、チャールズ2世はイギリス革命が実現を目指した議会の優位と信仰の自由を認めたのである。しかし最後には、チャールズ2世もジェイムズ2世 (チャールズ2世のあとを継いだ弟) もこの約束を守らず、スチュアート朝はイギリスの王座から追われることになる。

　最後には約束を破ることになるチャールズ2世とジェイムズ2世も、革命以前の状態に事態を戻すことができないことは判っていた。新しい秩序のために闘った者を糾弾・弾劾することはせず、国民和解の政策を採用したのである。チャールズ2世とクラレンドン伯は1660年の「仮議会」で「大赦法 Act of

Free and General Pardon, Indemnity and Oblivion」の採決のために努力したが、それは「ブレダ宣言」の約束を実現するためであった。「大赦法」が適用されなかったのは、1641年の「アイルランド反乱」の参加者と「国王弑逆者 Regicides」(国王の死刑判決状に署名した者と死刑執行にかかわった者) だけであった。しかも「国王弑逆者」のうち死刑になったのは13人だけであった[58]。また「大赦法」には、今後3年間のあいだ「最近の意見の違いを思い出させる人名や言葉に故意に触れる者」は、ジェントルマンもしくはそれ以上の階級の者は10ポンド、それ以下の階級の者は40シリングの罰金が科せられることになった。しかし信仰の自由は実現しなかった。国教会に十分の一税を払わない者や国教会に属さない者には厳しい刑罰が科せられることになったからである。

　スチュアート朝が帰ってきただけでなく、昔の議会も帰ってきた。もっとも、貴族院が復活して主教たちが貴族院に帰ってきたが、下院の優位 (とくに財政問題の処理) は維持された[59]。やがて国王と議会の対立が始まると、2大政党制が登場してくることになる (ヨーロッパ最初の政党制)。ピューリタンの流れを汲む「ホイッグ党 Whigs」と国教会・国王派の流れを汲む「トーリ党 Tories」の登場である。クラレンドン伯がチャールズ2世に「ホイッグ党 Roundheads」が多すぎると嘆くと、チャールズ2世は「トーリ党 Cavaliers」をこれ以上、増やすと共和政に逆戻りすることになると答えたそうである。つまり王政復古は反革命であると同時に、革命の第2段階でもあった。チャールズ2世は、この「反革命」と「第2段階の革命」を微妙に調整しながら統治していたのである。のちにチャールズ2世の統治は「反革命」が優位を占めるようになり (後を継いだジェイムズ2世の統治で「反革命」は決定的となる)、ふたたび革命が起きることになるが、この革命は以前のように暴力的でもなかったし、大きな変化を伴うものでもなかった。

　チャールズ2世は議会の同意ぬきで課税が不可能なことがよく判っていたので、「議会と一体となって in Parliament」統治はしないまでも、「独自の立場から議会と協力する形で with Parliament」統治することにしていた。軍隊に対する命令権は国王がもつことになったが、議会は財布の紐を握って軍隊の規

模と行動をコントロールすることができた[60]。最初の10年間、議会は毎年、召集されていたし、つぎの10年間は2年ごとに召集され、会期も最短でも2ケ月、ふつうは3ケ月かそれ以上であった。

　チャールズ2世はコモンローとコモンロー裁判所の優位も認めていた。1660年に議会は、チャールズ2世の勧めで「国王裁判所 prerogative courts」の廃止を決めた1641年の決議を再確認している。また「大法官高等法院」・「海事高等法院」は、従来どおりコモンロー裁判所である「王座裁判所」・「民訴裁判所」より下位にあるとされた[61]。また「国王・下院・貴族院 His Majesty and the Lords and Commons in parliament assembled」は、1660年に制定した法律で内乱の勃発から王政復古までに裁判所が下した判決がすべて有効であることを再確認した。ただし、1641年5月から王政復古までに議会が制定した法律・議会が発した命令・裁判所の判決によって、反逆を理由に国王派から買い取られた土地は例外とされた。また1640年以前からコモンロー法学者によって始められ、1640-60年にピューリタンが推し進めた法制度の改革は、王政復古後も継続された。

第9節　名誉革命

　内乱の原因となったことを「長期議会」もクロムエルも解決できなかったが、再登場してきたスチュアート朝も解決できなかった。議会と国王の対立・ピューリタンと国教会の対立・「地主貴族」と宮廷役人の対立である。1680年代になるとチャールズ2世とジェイムズ2世は、チャールズ1世・ジェイムズ1世時代の絶対王政・「カトリック的な国教会のあり方 High Church」・中央集権的な官僚制を目指すようになった[62]。それが決定的になったのが、ジェイムズ2世が1687年に「信仰自由宣言 Declaration of Indulgence」を公布して「審査法 test Act」（1673年に制定された法律で公職を国教徒に限定した）の適用を非国教徒に（したがってカトリック教徒にも）免除し、さらに1688年6月、カトリック教徒の王妃に男子が誕生したときのことであった[63]。そのとき、ジェイムズ2

世が解散した議会は、「ホイッグ党」・「トーリ党」ともにジェイムズ2世の長女メアリと結婚していたオランダのオレンジ侯ウイリアムを国王として招くことにしたのである。

新しい王朝が政治・宗教の問題を解決してハノーバ朝として安定するまで、さらに50年の歳月が必要であった。

(1) 政治問題の解決

1688年11月5日、ウイリアムは1万5000の兵と300隻の艦隊を率いてイギリスにやってきた。彼を迎えたのは、1681年にチャールズ2世が解散した議会の下院議員たちであった（この議会がスチュアート朝、最後の議会である）[64]。ウイリアム軍に抵抗する者はほとんどいなかった。1688年12月にジェイムズ2世がイギリスを脱出している。1689年1月に「仮議会 Convention」が召集され（1660年の「仮議会」に続く2回目の召集である）、ウイリアムを王位に就けること、およびウイリアムが統治する際の条件が決定された[65]。イギリス法制史の専門家ホルズワース W. S. Holdsworth によれば、このとき以降、イギリスでは議会が国王の即位・廃位を決めることになった。

オレンジ侯ウイリアムがウイリアム3世としてイギリス国王になったことを当時、「革命 a Revolution」とか「名誉ある革命 a Glorious Revolution」と呼んでいたが、やがて「名誉革命 the Glorious Revolution」と呼ばれるようになった[66]。コモンローの国らしく、1689年当時のイギリス人は「革命」を過去に帰ること、つまり「復古 restoration」の意味で使っていたのである。1660年にスチュアート朝が帰ってきたときも「革命」だと考えられていた。

「名誉革命」の成果が「権利宣言 Declaration of Rights and Liberties of the Subject」であった。「仮議会」が採択し、1689年2月13日に両院の議員が見守るなかでウイリアム3世とメアリ2世によって承認され、3月には正式に法律「権利章典 Bill of Rights」として制定された[67]。「故ジェイムズ2世がみずから任命した性悪な顧問官・判事・大臣らと一緒になってイギリス国民のプロテスタント信仰・法・特権を廃止しようとした」として、国王が犯した13の悪行

を列挙している。また、「故ジェイムズ２世は政務と王座を放棄したので空位となり、オレンジ侯は神の命に従ってカトリック教会に媚を売る専制政治からイギリスを解放すべく、貴族院・下院の有力者の助言のもと議会召集令状を公布し」、議会は「まず伝統に従って古くからの権利・特権の回復を再確認して、つぎのように宣言する」と続けている。

そのあと、さらに国王が守るべき13の項目を挙げ、さらに「オレンジ侯が13の項目を守り、国民の信仰・権利・特権を侵すことがないと信じて、オレンジ侯ウイリアムと侯妃メアリをイギリス国王・王妃と宣言」した。国王・王妃はこの議会の宣言を受け入れたが、さらに議会は「宣言で挙げられた権利・特権は古来よりイギリス人の権利・特権であり、これを法律として制定する」としている。

「権利章典」は４つの理由を挙げて、チューダー・スチュアート朝時代の絶対王政（王権神授説を主張した）から議会統制下の立憲王政への移行が正当であるとしている。１）もともと立憲王政であったものをジェイムズ２世が「恣意的・専制的な王政」にしてしまったこと、２）ジェイムズ２世が退位したこと（つまりカトリック教徒はプロテスタント教国であるイギリスの王位には就けないこと）、３）オレンジ侯ウイリアムは新しい議会の召集を約束し、かつ議会がイギリス国王と宣言する際に統治の条件としたことに同意したこと、４）ウイリアムが同意した立憲王政は伝統的にイギリス人の権利・特権であること。

また「権利章典」が挙げている重要な権利・特権は、つぎのとおりである。
1) 議会選挙は国王の干渉から自由であること。
2) 議会での発言は免責されること。
3) 議会は頻繁に開催されること。
4) 議会の同意なしに国王が法律を棚上げしたり、法律の執行を停止したりすることは許されないこと。
5) 過大な保釈金・過大な罰金・残酷で異常な刑罰は適用されないこと。
6) 陪審員の選定は「適切に duly」行なわれること。
7) 有罪判決が下るまで罰金・財産没収が行なわれることはないこと。

なお「権利章典」は、「国王の権限 prerogatives」に制約を加えるとは明言していない。外交政策と大臣・判事の任免は国王の専管事項だが、これに制約を加えることはしていない。議会の召集・休会・解散も国王の専管事項であり、また国王は議会が役人に対して行なう問責を免除したり、議会が制定した法律を否認したりすることもできたが、この国王の権限を制限することもしていない。国王は従来どおり「職務によって議席を与えられた役人 placemen」を使って議会に働きかけを続けていたし、むしろ自分に認められている権限を強化することに努めていたが、事態は国王にとって不利であった。議会の優位・立憲王政の原則は「権利章典」の前提になっており、それは革命（皮肉なことに、それ自体は非合法）によって不動のものになっていたのである。

　1690年代には、まだ議会はウイリアムがオランダから連れてきた顧問官の意見を入れたり、イギリスの利益よりもオランダの利益を優先したりするのを防げなかったが、1701年に「王位継承法 Act of Settlement」を制定して、ジェイムズ２世の死後に王位を継いだアン女王（ジェイムズ２世の次女）のあと王位を継承する者をハノーバ選帝侯妃ソフィア（ジェイムズ１世の孫娘）に指名したとき、外国人が公職に就くことを禁止し、外国出身の国王が外国にある自領を守る戦争をするときは議会の承認を得なければならないことにした。1691-92年に議会が「判事法 Judges' Bill」を制定して国王から判事の罷免権を奪ったときはウイリアム３世が拒否権を行使して「判事法」を葬ったが、「王位継承法」で判事は「適正な職務執行が行なわれてさえいれば quamdiu se bene gesserint」職を解かれることはなくなり（事実上、議会が解任しない限り終身の身分が保証されることになり）[68]、ウイリアム３世も「適正な職務執行を行なっている」判事は、すべて再任していた。

　その他に1701年の「王位継承法」は議会が問責した役人に対して恩赦を与えることを禁止し、さらにカトリック教徒がイギリス王位に就くことを禁止した。「王位継承法」の正式名称「国王の権限をさらに制限し、国民の権利・特権をよりよく保障するための法律 Act for the further limitation of the Crown and better securing the Rights and Liberties of the Subject」が示すとおり、この

法律によって名誉革命の成果が確保され、ウイリアム3世の王権強化の試みは封じ込められたのである。

ウイリアム3世は国王が議会を召集しない権利（議会選挙を行なわない権利）を制限しようとする法律を否認しているし、1690年代に導入された国王の財政支出を議会の監視下に置くやり方にも反対であったが、その結果、議会は国王の民政・軍事の費用を承認するため毎年、開催されることになった。こうして国王の外交政策決定権も議会の監視下に置かれることになり、平和時においてすら軍隊の経費を認めてもらうために毎年、議会が召集されることになった。1685年11月-89年11月には1回も開催されなかった議会も（チューダー・スチュアート朝の130年間には75回、召集されただけ）、1689年以降は毎年、召集されている。

王政のあり方が変わったことがよく判るのは、即位に際して国王が行なう宣誓の文言である。ウイリアム3世までは、国王は前任者が認可した法律と慣習を守ることを誓っただけで、議会に言及されることはなかった。ところがウイリアム3世は、「議会が承認した法律・慣習に従って according to the Statutes in Parliament agreed on, and the Laws and Customs of the same」統治すると誓っているのである[69]。

1689年に実現した議会を国権の最高機関とする原則は、1640年代に実現した原則と違って王政の廃止も王政の無能化も意味していなかった。国王は強力な官僚制度と内閣制度のおかげで、むしろ大きな行政権を掌握することになった。議会は最高の国権機関になったが、行政は国王に委任したのである。たとえば植民地では、伝統的な「国王の権限」は変わることなく維持された（これがアメリカ革命を引き起こす原因となる）。

(2) 宗教問題の解決

宗教問題も1689年に解決された。オレンジ侯ウイリアムの誓約文に、「法律によって定められたプロテスタント信仰を維持する maintain ... the Protestant Reformed Religion established by Law」という文言があった。ちょうど共和主義者の「ホイッグ党」と王権神授説を支持する「トーリ党」が協力して

議会優位の政治制度を作り上げたように、非国教徒のピューリタンと国教徒が協力して国教会を体制教会とし、かつ長老派・独立派・会衆派など三位一体の教義を認めるプロテスタント諸派は「容認される tolerated」宗教体制ができあがったのである。もっとも、ユニテリアンやクエーカーのような過激なプロテスタント諸派は迫害され、ユダヤ人も宗教活動に大きな制約を課せられることになった。また、カトリック教徒は厳しく差別されることになった。

国王も教会のあり方に一定の影響力は発揮できたが、教会のあり方を最終的に決めたのは議会であった。議会は国王が任命した大主教・主教を否認することができたし、教義・典礼のあり方を決めたのも議会であった。

オレンジ侯ウイリアムがプロテスタント妻のメアリとイギリス王位に就いて最初にしたことは、1671年の「審査法 Test Act」を廃止することであった。この法律は公職に就く者に国教会で聖餐の秘蹟を授かることを義務づけており、事実上、非国教徒（ウイリアム侯も非国教徒）を公職から排除することになっていたからである。さらにウイリアムは、チャールズ2世・ジェイムズ2世時代に制定された非国教徒プロテスタントを差別する法律を無効にする法律を制定している。この法律は「寛容法 Toleration Act」と呼ばれているが、「寛容 toleration」という言葉はどこにも使われていないし、非国教徒を差別する法律を無効にするとも謳っていない[70]。一定の条件さえ満たせば刑罰を免除することにしたのである。刑罰を免除することで、事実上、容認することにしたのである。

このやり方は急激な変化を実現しながら、過去との連続性・維持ということで変化を正当化してきたイギリス革命のやり方とおなじである。エリザベス1世・ジェイムズ1世の時代に制定された法律によれば、日曜日に国教会のミサに参加しない者は1日につき1シリング・1ヶ月につき20ポンドの罰金を払うことになっていたが、「寛容法」は国王に忠誠を誓い、国王が国教会の首長であることを認め、聖餐式でパンとブドウ酒がイエスの体と血に変わるというカトリック教会の教義を否認し、三位一体の教義を認めるプロテスタント諸派の教会と認められた教会でミサに参加するなら、罰金は免除されることにした。

また非国教徒の聖職者も、「信仰39ケ条」に同意さえすれば（ただし、プロテスタント諸派が認めない教会の首長を国王と定めた条項と幼児洗礼を定めた条項に同意する必要はない）、「礼拝統一法 Act of Uniformity」に定められた刑罰を免除されることになった。さらに公職に就いたり私企業の事務職に就いた非国教徒が、国教徒に求められる誓約を拒否したり国教会で聖餐の秘蹟を授からなくても刑罰を科せられることがないよう、毎年、議会で免責する法律を制定することにした。「イギリス特有の奇妙なやり方 curious English practice」とは、法制史家メイトランド F. W. Maitland の言葉である。「法律は存在するが、それを誰も守ろうとしない。なぜなら、守らない者を免責する法律が毎年、制定されるからである」[71]。

　チャールズ2世のときは、ユダヤ人の扱いがはっきりしていなかった。非国教徒だということで、カトリック教徒や三位一体の教義を認めないプロテスタントのように差別すべきなのか、それとも外国の商人だということで高い税金を払わせるべきなのか決まっていなかったからである。そこでジェイムズ2世は何回か「信仰自由宣言 Declaration of Indulgence」を公布して、ユダヤ人も「王国政府に忠実であるなら、信仰の自由は認められるべきである」とした[72]。この政策がウイリアム3世の治世でも継続され、ユダヤ人のなかにはウイリアム3世の側近に取り立てられた者もいれば、ウイリアム3世に武器・弾薬を供給していた武器商人もいた。少なくとも1人のユダヤ人が「貴族 peer」に取り立てられているし、1701年には「立派な新しいシナゴーグ grandiose new synagogue」が建てられている[73]。それでもユダヤ人は「自治体法 Corporation Act」・「審査法」によって公職に就くことができなかった。ユダヤ人がイギリスの大学に入学できるようになったのは19世紀のことであり、イギリス人としての権利を享受できるようになったのは、1860年に「ユダヤ人法・改正法 Jews Act Amendment Bill」が成立してからのことである[74]。

第8章　新しい法思想の登場

　ピューリタン革命までのイギリスでは、教会法学者・ローマ法学者はヨーロッパ大陸の教会法学者・ローマ法学者とおなじ法思想を説いていたし、イギリスの大学でもヨーロッパ大陸各国の大学とおなじ教会法・ローマ法の講義が行なわれていた。神学についてもおなじで、イギリスの神学者はヨーロッパ大陸各国の神学者とおなじことを説いていた。つまりイギリスもヨーロッパ大陸各国とおなじカトリック教会圏に属し、共通のカトリック信仰をもち、共通のラテン語を使っていたのである。16世紀以前のイギリスでは、「国王が設置した裁判所 royal courts」であるコモンロー裁判所（「民訴裁判所 Common Pleas」・「王座裁判所 King's Bench」・「財務府裁判所 Exchequer」）が、ヨーロッパ大陸各国の国王裁判所とは違った法律を適用していたとこれまで考えられていた。通説では、イギリス特有の法思想が12-13世紀のコモンロー以来、存在していたことになっていた[1]。12-13世紀に活躍した法学者グランビル Ranulf de Glanville・ブラクトン Henry de Bracton、15-16世紀初めに活躍した法学者フォテスキュー Sir John Fortescue・セント゠ジャーマン Christopher St. Germain らがイギリス法に誇りを抱いていたことが無意味だったとはいわないが、たとえばフォテスキューが「イギリス法の素晴らしさを賛美するために in praise of the laws of England」書いたという本の内容は、同時期のドイツ・フランス・イタリアの法学者が書いた本の内容とほとんど違わない。

　フォテスキューは17世紀にイギリスで法思想として支配的になる「過去・至上主義 historicism」の先駆者とされているが、その評価どおり、彼はイギリス独自の法制度の歴史がローマによる支配以前からすでに始まっていたとしている。たしかに彼はイギリス法の独自性を讃えているが（亡命中の若い君主と大法官の対話形式で議論は展開される）、しかしイギリス法が基本的にヨーロッパ大

陸の法律とおなじだったことも認めている。イギリス法にはイギリス特有の慣習法も含まれているが、さらにイギリス法にもイギリス法で「人類共通の法原則 maxims」と呼んでいるもの、また「ローマ法学者 civilians」が「法の支配 rule of law」と呼んでいるものも存在するとしている[2]。それにフォテスキューの自然法論は、アクィナス Thomas Aquinas の自然法論とおなじであった。つまり、法は「神の知性 divine reason」に由来し、その目的は「公共善 common good」の実現なのである[3]。15-16世紀初めのイギリスの法学者は14世紀に活躍したオッカム William of Ockham から強い影響を受けて「意志派 voluntarist school」に属しているが（オッカムは法が「神の知性 divine reason」に由来するのではなくて「神の意志 divine will」に由来するとしていた）、彼らが「イタリア的」としているアクィナスと比べて彼ら自身、格別「イギリス的」なわけではなかった[4]。

　セント゠ジャーマンもイギリス法の確立者としてかならず名前が挙がる１人である。1531年（イギリス革命の直前）に彼が書いた『神学博士とイギリス法学徒の対話 Doctor and Student』に、のちのイギリス法・特殊論の萌芽を見ることができるが、それでもセント゠ジャーマンは16世紀のヨーロッパ大陸の法学者とおなじなのである（カトリック教会の神学とスコラ学を批判した）。またアクィナスの自然法論とよく似た考え方をもっていたが、さらに15世紀のフランスの神学者ジェルソン Jean Gerson（オッカム主義者）に依拠しながら、すべての法律（イギリス法も含む）は自然法・「神の法」・「人類共通の慣習 general customs」・「人類共通の法原則 maxims」に由来するとしており、それを前提にイギリス法の独自性を指摘している。まず法律を「第１原理の法律 law of primary reason」と「第２原理の法律 law of secondary reason」に分けているが、「第１原理の法律」とは具体的な事情を超えた人類共通の法律で、たとえば殺人・偽証・「騒乱 breaking the peace」を禁止した法律である。ところが「第２原理の法律」は時代や地域の具体的な事情を考慮に入れる必要がある法律で、さらにセント゠ジャーマンはこれを「一般的な第２原理の法律 laws of secondary reason general」と「特殊な第２原理の法律 laws of secondary reason particular」に区分している。「一般的な第2原理の法律」はヨーロッパ大陸各国にもある法律で、それに対して「特殊な第2原理の法律」は、イギリスにしかない法律である[5]。このようにしてセント゠ジャーマンも、16世紀のフランスの「古典古代を研究した humanist」法学者と同様、イギリス固有の法律を「人類共通の法原則」と関連づけているのである。

17世紀にイギリス特有の法制度が確立するうえで必要とされた神学的・法思想的基礎を提供したのは、1590年代にフッカー Richard Hooker が書いた『教会統治論 Of the Laws of Ecclesiastical Polity』であった。フッカーがこの本を書いたのは、ピューリタンの国教会批判に答えるためであったが、彼が意図したのはカルバン派との妥協点を探ることであった。もちろん、国教会の首長が国王であることの正当性も論証しているが、同時に彼は教会が自治権を有していること、また国王は「イギリス人全員で決めた法律 law of the Commonweal」（つまり議会が決めた法律）に従うべきことも論証している[6]。フッカーはアリストテレスやアクィナスの考え方も利用しているが[7]、肝心な点では両者の考え方を批判している。彼は「慎重なフッカー judicious Hooker」と呼ばれていたが、後世の研究者が妥協の実現を目指す彼の微妙な物言いを無視して、その考え方を一面的に歪めてしまったのである[8]。

フッカーは、イギリスで始まった宗教対立が内乱を引き起こすことになるのを危惧していた。『教会統治論』の序文で彼は、この本を書いた目的を「我々が事態の推移を黙って見過ごしていなかったことを後世に伝えるためである」としている。彼が書いていることを読むと、まるでイギリス革命が終わってから書いたような印象を受ける。この本が書かれてから100年もたって（イギリス革命が終わりを迎える頃）、この本が国教会の神学・政治思想の古典として受け入れられたのも当然であった。ロック John Locke は、1680年代に書いた『第2統治論』でフッカーのこの本を利用している。18-19世紀になっても、彼の本はイギリスの政治思想・宗教思想を代表するものとして読み継がれていくことになった。「リベラル」とか「啓蒙 Enlightenment」的とかいわれる本よりも、はるかに大きな影響力を後世に及ぼしたのである。

フッカーは法制度が登場してきた原因として、人間の「知性 reason」・「道義心 morality」・「社会性 sociability」を挙げているが、この点ではスコラ学派の自然法理論とおなじである。しかしフッカーは、さらに「同意を与える意志 will」・「政治 politics」（人間の本性は堕落しており、「社会性」を発揮させるためには政府が命令に従わせる必要がある）を挙げている。つまり、人間が本来もっている「社会性」を発揮させるために政府が必要になってくるのである。政府の形態にはさまざまな種類があるが、それを決めるのは国民の明示的・暗示的同意である。そして、この最初の同意が政府の制定法に拘束力を与えるのである[9]。つまりフッカーの考え方は「同意の有無を重視する考え方 volutarism」であり、政府の正統性は過去に国民が同意を与えたことに由来するのである。フッカーによれば、一旦、「団体 civil society」形成に同意すれば、それは永久に政府の命令に従うことに同意したことになるのである[10]。なぜなら、「国家 political community」は「死ぬことのない団体 corporate nature」という特性を有するからである。「500年前に形成された団体 public society は、現在もそのまま存続している。なぜなら、団体 corporation は死ぬことがないからである。つまり我々は祖先が作り上げたもののなかに生き、また祖先は我々のなかに生き続けているのである」[11]。

これが理由で過去に制定された法律が現在も効力をもち、その法律が王国の全員（国王も含む）を縛ることになるのである。また法律を変えることは可能だが、それは合法的に行なわれる必要がある。なぜなら、政府の形成に最初に同意したとき、暗黙のうちにそのことにも同意しているからである。つまり、「国民の同意がえられない法律は有効ではない」[12]のである。国民の代表が国民に代わって制定する法律だけが有効ということになる。また、絶対君主が制定する法律も有効である。なぜなら、絶対君主は神から統治権を与えられているか、国民の同意によって統治権が与えられているかのいずれかだからである（フッカーによれば、イギリスの場合は後者）。

フッカーの「慎重さ」をよく示しているのは、「妥協できない necessary」ことと「妥協してよい probable」ことを区別していることである。彼にいわ

せれば、ピューリタンは儀式や教義が本当は「どうでもよいこと adiaphora」（メランヒトンの言葉）なのに、それに固執しすぎるのである。政府の形態にしても、神によって根拠づけられるか国民の同意によって根拠づけられるかしていれば、それ以上フッカーは問題にしない。法制度についても同様で、盗みは自然法（フッカーは「道理 law of reason」と呼んでいる）[13]によって悪いことになっているが、どのような罰を下すかは個々の政府が実定法によって決めればよいことなのである[14]。真の信仰・正統な政府・正統な法制度を議論する際のフッカーは、あまり厳格なことを要求しない。統治の正統性が問題になる場合でも、暗黙の了解があったはずで済ませる。政府は「変更が許されない基本法 fundamental law」には従わねばならないが、「さほど重要でない法律 subsidiary law」は、場合によっては変更して構わないのである。

フッカーの『教会統治論』は、17世紀に展開された法制度の問題をめぐる議論（法とは何か・法源とは何か・法の目的とは何か）の切っ掛けになった本であった。しかし、17世紀初めにまず注目されたのは、ジェイムズ1世が書いた本であった。

第1節　絶対王政の理論：ジェイムズ1世とボダン

ジェイムズ1世は、1598年に書いた『自由な君主国の真実なる法 The Trew Law of Free Monachies』で「神の法 divine law」・自然法・「人の法 positive law」の関係をみごとに説明している。彼がこの本を書いたのは、彼がまだスコットランド国王だったときで、カルバン派の王政批判とカトリック派の教皇優位説に反論するためであった。とくにカルバン派は、法律が国王を国王たらしめているのであり、したがって国王は法律に従わねばならないと主張していた。それに対してジェイムズ1世は、神が国王に統治権を与えたのであり、国王の統治権は国民との「社会契約 social contract」に由来するのではないと主張した。

「神の法」が神の意志であるように、「人の法」は国王の意志なのである。神が定めた法則が自然の秩序を維持するように、国王が定めた法律が「社会秩序 order in society」を維持するのである。アンセルムスやアベラルドス以来、神から与えられた「道理 reason」が人間の意志に関係なく自然界にも人間界にも存在すると信じられてきたが、ジェイムズ１世にいわせれば、それは間違っている。「道理」は国王の意志すら規制するものだが、「道理」の具体的な中身は国王が決めるのである。またときには神が自然の法則を無視して奇跡を起こすように、国王は「道理」を無視してよいのである。なぜなら、国王は地上における神の代理人だからである[15]。

　国王の意志は神に由来する「道理」によって規制されるが、国王は「社会 society」存続のために不可欠な存在である。もし国王がいなければ、「社会」は指導者なしの烏合の衆と化してしまうからである。またジェイムズ１世は、国王と国民の関係が女王蜂・働き蜂や父親・家族の関係に似ていて、国王が魂なら、国民は国王の肉体のようなものだともいっている。国王がいなければ、その国は魂ぬきの肉体にすぎないのである。

　ジェイムズ１世が主張していたことは、ヨーロッパで当時、流行していた絶対君主論であった。彼は、その主張の多くを16世紀のフランスで大きな影響力を振るったボダンから借用している。ボダンによれば、自然界で神が絶対君主であるように、人間界では国王が絶対君主なのである。神が「国王に支配権を与えた」のである[16]。制限君主論を唱える者は16世紀になって初めて登場してくるが、ボダンが主張したような絶対君主論はボダン以前から存在していた。ただボダンは、それを「国王の権限 sovereignty」という形で整理し、すべての法律が「国王の権限」に由来するとした。また「絶対君主 absolute monarch」は、みずから制定した法律に「縛られない be absoluted」ことを論文にした最初の人物であった。100年後に登場してくるホッブス Thomas Hobbes を髣髴させるやり方で、秩序維持には法律制定権をもち、かつ制定した法律に縛られない最高権力の持ち主（個人であっても集団であってもよい）が必要であることを論証した。ただボダンはホッブスと違って、それを神に由来するとして

いた（ホッブスは神を持ち出さない）。

1576年にボダンが『国家論 La République』[17]を書いたのは、権力分立・制限君主論・抵抗権を主張するユグノー（フランスのカルバン派）に反論するためであった。ユグノーは聖書を根拠に暴君を殺す権利と義務を国民に認めていたが（12世紀にソルズベリのジョン John of Salisbury もおなじことをいっていた）[18]、すべての国民にこれを認めず、長老など指導的立場の人間だけに認めていた（これは貴族政の主張につながる）。ボダンもカルバン派が主張するような貴族政の可能性も否定しなかったが、貴族政より王政が優れているとした[19]。そのことを証明するため、彼は宗教的な対立によって騒乱が一定の周期で起きること、それを防ぐには絶対王政しか方法がないことを証明してみせている。また気候・風土が人間の行動に影響を与えることも根拠に挙げて、ヨーロッパの気候・風土には絶対王政が最適であるとも結論づけている[20]。

おなじような考え方をイギリスで提唱したのは、ジェイムズ1世の法務長官であったベイコン Francis Bacon であった。彼も絶対王政が必然であること、また法律は絶対君主だけが制定できると考えていた。1621年に議会で演説したとき、絶対王政以外の政体は「長く続かない be apt to dissolve」といっている[21]。40年後にホッブスも絶対王政が必然であり、それは物体の運動法則が必然なのとおなじだといっている。

このような考え方、つまり国王は「神の法 divine law」によって支配権を託されており、国王だけが法律・制定権をもち、しかも制定した法律には縛られないという考え方は、当時のヨーロッパで流行していた科学思想から大きな影響を受けていた。その科学思想とは、あらゆる自然現象・社会現象（星の運行・ビリヤードのボールの動き・政体など）は、すべておなじ法則に支配されており、おなじように説明できるはずだという考え方である。ボダン・ベイコン・デカルト René Descartes・ホッブス・フィルマ Robert Filmer たちは、全員この種の考え方に取り付かれていた。

ボダンのいう「絶対君主」は、かならずしも専制君主になるわけでない（ジェイムズ1世のいう「絶対君主」の場合もおなじ）。むしろ逆で、「絶対君主」は神

の代理人として、正義の実現を義務づけられていた。神は国王に正義の実現を義務づけており、自然法に従う(つまり、「道理 reason」・「良心 conscience」に従う)ことを義務づけていた。ボダンも国王が即位宣誓で、法的義務のほかに「道義的 moral」義務を守ることを誓わせている。しかし絶対君主は、神だけに責任を負えばよいのである。もし誓いを破って専制君主になることがあっても、国民はそれに耐えるしかないのである。それは国民の罪を罰するために神が課した試練と考えるべきなのである。

理想をいえば、国王は権限の行使に際して国民の協力を求める方がよい。しかし法的には国王の権限は他者に分与できないことになっており(たとえ国王が望んだとしても)、ましてや国王の権限行使を妨害するような役人がいれば、ただちに罷免すべきなのである。「権限の行使 voie de justice ということでは、国民が国王の権限を制約することは有りえない。なぜなら、すべての権限は国王に属しているからである。国王は自由に役人を罷免できるし、ギルド・身分・団体・共同体に解散を命ずることもできる」のである[22]。

ボダン研究者のフランクリン Julian H. Franklin は、つぎのようにいっている。「17世紀にイギリスで政体論争が起きたとき、ボダンは絶対王政論者に解答を用意していた(もっと正確には、議論を展開するための枠組みを用意していた)。つまりボダンの『国家論』には、中世に国王の権限を制約していたさまざまな条件を回避する方法、つまり王令や王の布告が非合法であるとする裁判所の判断を無視する方法、議会には国王の諮問に答えるか、国王の決定に補完的な助言をする程度の機能しか認めず、国王が公布した特許状・約束の類は一時的な効果しかないとする方法が示されていた。ボダンがフランス国王のために用意したこの処方箋は、少し変更を加えるだけでイギリス国王も利用可能だったのである」[23]。17世紀にコモンロー法学者は国王の権限を制約する権利が裁判所・議会に「伝統として認められてきた inheritance」と主張するが、それに対してジェイムズ1世は、それは国王が「黙認 toleration」していたにすぎず、いつでも取り消し可能だと反論していた。

ジェイムズ1世は歴史も自分の正しさを裏づけていると主張した。身分や議

会が登場してくる以前から国王は存在しており、国王が身分を作り、議会を召集したのである。「国王が法律を作ったのであって、法律が国王を作ったのではない kings were the authors and makers of the laws and not the laws of the kings」とはジェイムズ１世自身の言葉である。一旦、世襲王朝が確立すれば国王が法律に縛られることはなくなり、せいぜい国王は「善意から、あるいは国民によき見本を示す of his good will and for good example-giving to his subjects」ために法律に従えばよいのである[24]。国王はいかなる制約からも「自由 free」なのである。議会は「国王の支配下にある法廷にすぎず、国王の臣下にすぎない nothing but the head court of the king and his vassals」のである[25]。その根拠にジェイムズ１世は、チューダー朝時代の先例を挙げている。もっとも、彼は無作法であった。エリザベス１世なら、彼が1603年に議会で行なったような演説はできなかったであろう。「朕はイギリスの島全体を妻に娶った。朕が頭であり、イギリスの島は朕が手足である I am the Husband and the whole Isle is my lawful Wife : I am the Head, and it is my Body」[26]。

　多くの議員は、新しい国王が絶対王政を宣言したことに驚いたはずである。もっとも、チューダー朝時代から絶対王政を支持する声がなかったわけではなかった。公然と主張する者がいなかっただけである。とくにエリザベス１世時代の45年間、ピューリタンとカトリック教会に対抗するために女王は低姿勢を貫き通した。しかし絶対王政的な統治原理は、すでにチューダー朝時代から存在していたのである。ジェイムズ１世がチューダー朝時代の先例を絶対王政の根拠に挙げたのも当然であった。

　それにジェイムズ１世は（チャールズ１世も）、イギリスの法制度を（コモンローも含めて）尊重するつもりであった。ところがコモンロー判事やコモンロー法学者（クック卿 Sir Edward Coke はその代表者）に対抗する必要から、あえて絶対王政の統治原理に固執することになったのである。

第2節　クック卿：国王に忠実な国王の反対派

　念のために付言しておくが、クック卿らはピューリタンやカトリック派には反対であっても、ジェイムズ1世の考え方には反対でなかった。クック卿は絶対王政の支持者ですらあった。たしかにクック卿はコモンロー崇拝者で、国王といえどもコモンローの施行を妨害すれば容赦しなかったが、国王がイギリスにとって不可欠な存在であること・国王が最高の法制定権者であること・国王は判事を自由に任免する権限をもつことは認めていた。彼がエリザベス1世の法務長官として「国王至上法 Act of Supremacy」の成立に尽力したとき、「議会はイギリス国王が絶対君主であることを認めている」と発言している[27]。クック卿はピューリタンの聖書至上主義・会衆制・長老制に反対であった。カルバン派ではなかったからである。また、教皇が王権を統制すべきだとするカトリック派の考え方にも反対であった。クック卿は国教会制度と絶対王政の支持者であった。国王は教会と国家の首長たるべきであって、ピューリタンやカトリック派のようなやり方では国家運営が不可能になると考えていた。しかし、それでも彼はコモンロー裁判所の主席判事のときも（1606-16年）、また議員になったときも（1620年代）、国王の権限をコモンローによって制約することに熱心であり、国王を議会の統制下に置くことに熱心であった。

　では絶対王政を支持しながら、なぜ彼はジェイムズ1世と対立することになったのか。そこにはクック卿の個人的な資質・当時イギリスが置かれていた状況・クック卿の法思想がかかわっていた。

　ジェイムズ1世のいう「法律」と「国王」の意味が曖昧であったことがまずある（ボダンの場合も曖昧である）。国王は最高の法制定権者であり、国王が自分で制定した法律を無視しても、誰もそれを咎めることができないという意味で国王は、たしかに法律を超えた存在であった。しかし実際に法律を解釈・適用する者は、法律の意味を確認するために国王の考えをいちいち確かめることはできない（そもそも、そんなことは期待されていなかった）。法律の解釈・適用をす

る者にとって大切なのは、「法原則」・「法概念」を条文から読み取ってくることである。過去の法律が現在も効力をもつということは、いわば法制度に宿命のパラドックスであった。現行の法律は過去の遺産なのである。国王の場合も同様であった。法制定権をもつ国王とは、現に王座にある生きた国王であると同時に、かつて王座にあった国王でもあり、また将来、王座に就くであろう国王でもあった。ところでクック卿にとって法律とは、現に王座にある国王が制定した法律だけでなく、かつて王座にあった国王が制定した法律のことも意味した。チューダー朝のみならず、プランタジネット朝・ノルマン朝・アングロサクソン時代の国王が国王評議会・議会・宮廷で制定してきた法律すべてが効力を有するのである。これも法制度に宿命的なパラドックスであった。過去の法制定者が現在と未来の法制定者も縛るのである。そこでコモンロー主席判事に任命されたクック卿は、何世紀も前に過去の国王が制定したコモンローに忠実であることが、現に国王の座にあるジェイムズ1世に忠実であることだと考えたのである[28]。

　ジェイムズ1世とクック卿が対立することになった原因は、クック卿が過去の先例に効力を認めたことにあった。1621年に議会でジェイムズ1世の対スペイン政策と対カトリック教会政策が問題になったとき、ジェイムズ1世は議会で議論することを禁止したが、そのときクック卿たちは発言の自由が昔から認められていた特権だと主張した。それに対してジェイムズ1世は、その特権は「黙認されていただけで、けっして公認されていたわけではない rather a toleration than an inheritance」と答えている。そこでクック卿は、下院の議事録に「議会の特権はイギリス国民の生得の権利であり公認された特権である liberties, franchises, privileges and jurisdictions of Parliament are the ancient and undoubted birthright and inheritance of the subjects of England」という「抗議文 Protestation」を記載させたのである。それが理由でクック卿は「枢密院 Privy Council」を追われ、さらにロンドン塔に7ケ月間、幽閉されることになった[29]。

　このようにクック卿はジェイムズ1世の考え方を支持しながら、国王として

の権限の行使に異議を唱えたのである。まず彼がコモンローの熱心な支持者であったこと、第２にジェイムズ１世のいう「法律」や「国王」の意味が曖昧であったことをその原因として挙げることができるが、さらに第３の原因として、17世紀にイギリスが直面していた事情を挙げることができる。イギリスでは90年前にカトリック教会の影響力を排除し（それまで400年にわたって国家は教会の影響力を認めてきた）、国家も教会も国王の支配下に置かれるべきだとするエラスツス Thomas Erastus の考え方を採用した。しかし1600年代初めには、まだイギリスでは激しい宗派間の争いに決着がついておらず、またジェイムズ１世が主張していた絶対王政の正統性をめぐる争いにも決着がついていなかった。クック卿は、コモンロー裁判所や議会が王権に制約を加える根拠として過去の先例（つまり過去に国王が認めてきた先例）を挙げていたが、このクック卿のやり方にはジェイムズ１世も反対できなかった。なぜなら、ジェイムズ１世自身も過去の先例を根拠に、絶対王政の正統性を主張していたからである。

　クック卿はジェイムズ１世の法思想を支持しながら、ジェイムズ１世がそれを政策として実施することには反対することになったが、この困った状況を解決するためにクック卿は、ジェイムズ１世（そしてボダン）の法思想とイギリス伝統の法思想を区別することにした。

　ふつう法思想は、法とは何か・法源とは何か・法と道徳の関係・法と政治の関係・権利と義務の問題などをヨーロッパ全体にかかわる一般論として展開するものであり、17世紀にイギリスで法思想を一般論として展開していたのは、ホッブス Thomas Hobbes・フィルマ Richard Filmer・ロック John Locke・ハリントン James Harrington たちであった。彼らもイギリスの法思想は問題にしたが、それは一般論の一例としか考えていなかった。ところがクック卿は、イギリスの特殊性・イギリス法の独自性に注目したのである。法思想を一般論として展開することより、イギリスの特殊な歴史に注目したのである。

　しかもクック卿は、イギリス法のなかでもコモンローだけに注目した。「王立裁判所 royal courts」（「民訴裁判所 Court of Common Pleas」・「王座裁判所 King's Bench」・「財務府裁判所 Court of Exchequer」）で施行されていたコモンローに注

目したのである。そしてイギリスでも施行されていた教会法・ローマ法は無視した。もちろん、教会法・ローマ法のことは彼もよく知っていた。しかし彼は、それを「イギリス独自の法律ではない foreign laws」と考えたのである[30]。「イギリス独自の法律 English Law」という考え方を最初に提唱したのはクック卿であった。しかも、その言葉を彼は「コモンロー English common law」の意味で使ったのである。彼は「大法官高等法院・教会裁判所・海事高等法院で適用されていた法律や……商人法 Law of the Merchants・軍隊法 Martial Law など」、イギリスで施行されていたコモンロー以外の法律は無視した[31]。

クック卿がジェイムズ1世の絶対王政論（それなりに一貫している）に反対して展開した議論は、一貫性に欠けるものであった。法律が「道理 reason」そのものだというジェイムズ1世の考え方に彼は賛成していたし、法律は法制定者の「意志 will」だとするジェイムズ1世の考え方（のちに「実定法主義 positivism」と呼ばれることになる考え方である）にも賛成であった。ただ彼は「法一般 law in general」を問題にせず、イギリス法のみ、それもコモンローのみを問題にし、しかもその歴史だけを問題にしたのである。彼の議論は歴史、それも伝統と先例のみを問題にするものであった。彼の議論がそれで済んだのは、ジェイムズ1世も伝統と先例を重視していたからである（ただし、その言葉に込めた意味は違っていた）。自分が正統な国王であると主張するためには、ジェイムズ1世にも伝統と先例が必要であった。

クック卿の議論に一貫した法思想がないからといって、彼の議論におよそ思想的な要素が欠如していたわけではない[32]。彼には「先人が築き上げてきた道理 artificial reason」という考え方があった。それは神から与えられる「道理」とはべつのもので、長い時間をかけて先人が築き上げてきたものなのである[33]。クック卿によれば法律とは、やるべきことを命じ、やっていけないことを禁ずる「完璧な道理 perfect reason」なのである[34]。このクック卿の言葉には、ジェイムズ1世もアクィナスも賛成するはずである。ジェイムズ1世がクック卿に、法律は「道理」そのものであり、ジェイムズ1世もクック卿とおなじ「道理」を心得ているからには、おなじように法解釈の能力も認めてもらってよい

はずだといったとき、クック卿は国王が「道理」を心得ていることは認めるが、法律とはジェイムズ１世の「道理」のことではなく、「先人が築き上げてきた道理」のことなのだと答えている[35]。コモンローは「責任感と知識をもった先人 grave and learned men」が、長い時間をかけて経験・観察・研究した結果、見つけ出してきた「完璧な道理」なのである。「コモンローはどんな人間よりも優れている *Neminem opportet esse sapientiorem legibus*」というのがクック卿の返答であった[36]。

イギリスのコモンローには、何世代もの法律家の努力の結晶である「完璧な道理」が秘められている、これがクック卿のコモンロー観であった。このような「道理」観はヨーロッパの法思想でも他に例を見ない。12-15世紀のスコラ学にも、16世紀の「古典古代研究者 humanist」にもなかった「道理」観である。彼らは、神より与えられた「道理」によって人間は物事を理解し、判断を下すとしか考えていなかった。スコラ学者は「正義 justice」を識別し、「正義」を好ましいものと認識する人間の能力は「道理」によると考えていた。そこで「道理」は「公共善 common good」の実現を可能にするし、「道理」に反する「実定法 positive laws」は守る必要がないということになる。これがスコラ学者のいう自然法であった。「古典古代研究者＝法学者」も（プロテスタント派もカトリック派も）おなじような「道理」観をもっていたが、スコラ学者ほど「道理」に対して楽観的になれず、そこで法律を使って意図的に「公共善」の実現を図らなければならないと考えた。彼らは「道理」よりも「意志」（それも政治的な「意志」）を信頼していたのである（「意志」は「道理」と違って人間の「感情 emotion」が生み出すもので、人間の考えや行動をコントロールして特定の目的を実現させる）。

クック卿もスコラ学者のいう「道理」や自然法を知らなかったわけではない。それに付け加えて、さらに「歴史的道理 historical reason」とでも呼ぶべきものを彼は提唱したのである。それは、イギリスの法律家が何世紀もかけて法律問題を解決する過程で築き上げてきた「道理」であって、神がすべての人間に生まれながら用意してくれている「道理」とは別物なのである。そんな「個人の道理 private reason」とは別物なのである。それは何世代にもわたる法律家

第8章　新しい法思想の登場　259

たちの経験と知恵の結晶であって、それを特別に学び習得した者だからこそ、何が「道理に適っており reasonable」「常識 common sense」に適っているか判断できるのである[37]。素人なら途方にくれるような複雑な法律問題すら、彼らには解くことができるのである。

　特定の法律問題については、そのことに詳しい専門家に判断を任せるべきであるということなら、コモンローだけでなく教会法・ローマ法・自然法・「神の法 divine law」についても、おなじことがいえるはずである。しかしクック卿がいうコモンローの「道理」は、イギリスにしかないものであった。イギリスにしかない「道理」・論理・意味・目的がコモンローには存在するのである。それはイギリスの歴史上しか存在しなかったものなのである。自然法もコモンローの一部であり（カルビン裁判 Calvin's Case の判決文で、クック卿は自然法がコモンローの一部であると書いている）[38]、みずからかかわる事件をみずから裁くことはできないという法原則もコモンローの一部なのである（医師ボンハム裁判 Dr Bonham's Case の判決文を参照）[39]。また『イギリス法提要 Institutes』には、「被告の反論する権利 right to be heard in one's own defense」が「神の正義 divine justice」だとして、15世紀の「民訴裁判所」の主席判事の言葉を引用している。「聖書の言葉は重要である。それはコモンローだからである」[40]。つまり自然法の効力をクック卿も認めていたのである。なぜなら、それはコモンローだからであった。

　クック卿にいわせれば、「実定法」もコモンローであった。クック卿が「法律 legislation」という場合、それはイギリスのコモンロー裁判所の判例・「マグナカルタ Magna Carta」のようなイギリス議会が制定したコモンロー制定法・さまざまなイギリスの法律（憲法・行政法・行政手続法・刑法・刑事訴訟法・民法・民事訴訟法など）の複雑な法概念・法原則・法規則・法制度などに関する裁判官や弁護士の了解事項の意味であった。こうした「法律」は、すべてイギリス人が長い歴史のなかで作り上げてきたものなのである。イギリス人の政治的・経済的な価値観・「考え方の基本となる道義観 fundamental morality」が生み出したものなのである。「法律」の意味を理解して個々の事案に適切な判

断を下すことができるのは、この長いイギリスの法制史に詳しい者だけであった。

いわばクック卿は、イギリスの「歴史法学派 historical school of jurisprudence」創設者であった。彼の後を継いだ17-18世紀のイギリスの法律家たちが、それを「自然法理論 natural law theory」・「実定法主義 legal positivism」に並ぶ法理論に完成させたのである。それぞれの国の法律は、それぞれの国の歴史が生み出したもので、それぞれの国の過去の法律は、現在と未来の法律も縛るのである。このような考え方を前提にすると、慣習・先例が決定的な意味をもつことになるのは当然であった。しかも「自然法理論」で重要な意味をもつ「正義 justice」や「実定法主義」で重要な意味をもつ「立法意志 legislative will」（あるいは「立法政策 legislative policy」）も、それぞれの国の歴史を前提に考えるべきだということになる。

歴史法学派には2つの流れがあって、過去を変えるべきではないとする「過去・至上主義 historicism」と、過去は必要に応じて変えてよいとする「過去・利用主義 historicity」があるが、似たような違いが「伝統・至上主義 traditionalism」（ペリカン Jaroslav Pelikan は、これを「古いものを古いというだけで大切にすること dead faith of the living」と呼んでいる）と「伝統・利用主義 tradition」（ペリカンは、これを「古いもののなかに新しく生かせるものを見つけていくこと living faith of the dead」と呼んでいる）にあるが[41]、この対立はアメリカの憲法裁判にも見られる。つまりアメリカ憲法の条文を解釈するとき、制定者の意図のみを重視する判事と時代の変化にあわせて解釈は変えてよいとする判事の対立である。

クック卿は、ある意味では「伝統・至上主義者 traditionalist」であった。彼は国王の権限行使に制約を加える根拠として、古い法律や古い判例を持ち出してきているからである。過去の事案を持ち出してきて、いかなる理由があっても、それを変えることはできないと主張しているからである。コモンローは、その起源が不明なほど古いことを褒め称えて、チョーサ Geoffrey Chaucer の「古くからある畑でこそ新しい穀物はよく育つ For out of olde felds, as men sey, /Comth al this newe corn from yer to yere」という言葉を引用している[42]。ただ彼に批判的な歴史家も多く、同時代の人たちからも先例が当初、意図していた目的と違った使い方をしていると批判されていた。しかし、彼が先例を「乱用 abuse」したのは、「国王の権限乱用 abuses of royal prerogatives」を止めるためには他に方法がなかったということもある。それはともかく、彼がたんなる好古趣味の人間でなかったことだけは確かである。イギリスの慣習が「記録すら残っていない遠い昔 immemorial」アングロサクソン時代に由来するといっても、それが原型のままで残っているとは考えていなかった。また彼は、過去がたんなる日付や数字を意味するとも考えていなかった。彼にとって過去とは、「守るべき規範 norms」だったのである。それも近々の過去ではなく、チューダー朝以前の時代、とくにブラクトン Henry de Bracton と「イヤブック Year Books」（1290年頃から手書きで流布され始めた判例集）の時代を意味した。だからこそ彼の保守主義も革命的な意味をもつことができたのである。

第3節　セルデンの法思想

　クック卿の考え方が法思想として形を整えるためには、さらに2人の法学者の努力が必要であった。セルデン John Selden（1584-1654）とヘイル卿 Sir Matthew Hale（1609-76）である。クック卿とセルデン、セルデンとヘイル卿の関係は、それぞれ個人的にも緊密なものであった。セルデンは37歳のときに69歳のクック卿が下院で「抗議文」を起草するのを手伝っているし（1621年）、それが理由で2人はロンドン塔に幽閉されている。のちにセルデンは議員となってクック卿と「権利請願 Petition of Right」（1628年）を成立させ、それが理由で再度、ロンドン塔に幽閉されている[43]。1630-40年代には、今度はセルデンが若いヘイル卿の指導者として面倒を見ているし、のちにヘイル卿を自分の遺言執行人に指名している。またヘイル卿は、クック卿の『イギリス法提要』を体系的に整理しなおして、そこに潜んでいた法思想を明らかにしている。3人とも、まず弁護士の仕事を経験しており、その後イギリス革命で活躍してい

る。3人とも優れた法学者でもあった。

とくにセルデンは視野の広い法学者で、第一級の歴史家でもあった。当時の歴史家の集まり「古代史協会 Society of Antiquaries」で優れた歴史家として認められていた。また彼は優れた聖書学者・オリエント学者・思想家でもあった。ミルトン John Milton は彼のことを「イギリスで、もっとも優れた学者 the chief of learned men reputed in this Land」と呼んでいる[44]。

クック卿は「記憶にすら残っていない遠い過去 immemorial past」・「変更不可能な基本法 unchangeable fundamental law」ということをいっていたが、セルデンはクック卿と違って、「変更可能な過去 evolutionary past」・「変更可能な基本法 evolving fundamental law」といっていた。クック卿もコモンローが変わってきたことは認めていたが、クック卿が重視したのは変わらなかった点であった。変わらなかったことが基本であって、変わってきたことは付加的な意味しかないと考えていた。クック卿より少し遅れて革命にかかわることになったセルデンも、変わらなかったことを無視したわけではない。しかし彼が重視したのは、変わってきたことであった。政治制度・法制度の基本的な部分は遠い昔から変わっていないと考えていたが(「有力者 notables」の合議による統治・「判事が法の支配を保障する制度 judicial responsibility to law」)、それでも「変化 development, growth」を重視していた。基本的な部分は変わらないと考えていた政治制度・法制度すら、少しずつ「変化」していることを認めていた。

とくにセルデンは、イギリス法の「変化」のなかに「守るべき規範 norms」が存在することを認めていた。たとえば、タキツス Tacitus が『ゲルマニア』で紹介しているゲルマン人の「ワペンテイク wapentake」集会がアングロサクソン人の「賢人 witan」集会に「変化」し、さらに議会に「変化」してきたことを確認しているが[45]、この「変化」のなかに彼の時代の議会にも適用されるべき「規範」が存在していると考えていた。またセルデンは、イギリス法の歴史に断絶が存在することも認めていた。たとえば、「ノルマンの征服 Norman Conquest」によって封建法が大陸からもたらされ、司教の裁判権が強化されたことを認めていた。しかし、同時にアングロサクソン時代にあった政治

制度・法制度の伝統が「ノルマンの征服」以後も残っていたことも認めている。彼はイギリス史を3つに区分していたが（ブリトン人の時代・アングロサクソン人の時代・ノルマン人の時代）、基本的な部分は共通しており、しかも時代が後になればなるほど、よくなっていると考えていた。

　セルデンの歴史法学は、クック卿の歴史法学と違ってイギリス法に限定されていなかった。どの国の法制度も、その国の歴史が生み出したものなのである。もともと人間は誰もおなじで、最初に作り上げるのは「おなじ社会 common society」なのだが（これが自然法）、時代を経ると共に「国ごとの都合 several conveniences of divers States」（つまり、それぞれの国が必要としていること）にあわせて自然法の解釈を変えていくのである。どの国の法制度も（イギリスのコモンローも）、古いかどうかが問題なのではなくて（どの国の法制度も古い）、それぞれの国が必要としていることに「よく合っている best fits」かどうかが問題なのである。国ごとに違っている慣習は（これがそれぞれの国の法制度を作り上げている点では共通している）時間の経過と共に変化し、それに応じて自然法も国ごとに違ったものになっていくのである。大切なのは、その過程で過去の慣習が継承されていくという事実なのである。痛んだ部分が置き換えられて全体がすべて新しくなっても、船や家がおなじ船や家であるのとおなじことなのである[46]。

　セルデンは法制度の起源が「もともと神が人間に与えたもの Nature」、とくに神が人間を創ったとき人間に与えた「道義心 moral nature of man」にあると考えていた。彼が書いた自然法に関する本のなかで[47]、彼は人間の道義的・法的義務が神の命令によって発生しており、その具体的な内容は旧約聖書、とくに神とノアが契約を結んだときに（ノア契約）、神がノアに課した義務として示されているとしている。それは偶像崇拝の禁止・瀆神行為の禁止・殺人の禁止・近親相姦の禁止・盗みの禁止・生きた動物の肉を削ぎとって食べることの禁止・法律違反の禁止（司法制度の確立）の7つであった。セルデンはノアが神と交わした契約が双務契約であったこと、また契約を守らなければならないと考える良心（これは神が人間の心に植えつけたものである）が人間には存在するこ

とを重視した[48]。彼のこの考え方は、当時のイギリスで支配的であったカルバン派の考え方を反映したものである[49]。セルデンに独特であったのは、道義的な義務が契約によって発生するとしたことであった。彼は神との契約を破ること（つまり神を侮辱して罰せられること）を問題にしただけでなく、そもそも契約を守らないこと自体を問題にしたのである。セルデンが最重要視した自然法は、契約を守ることであった。「契約は守らなければならない pacta sunt servanda」のである。それは神との契約だけでなく、人間との契約にも当てはまることであった[50]。この契約遵守の考え方は、慣習法が拘束力をもつとした彼の考え方にも現われている。セルデンによれば、慣習法も合意（つまり契約）が前提になっているからである。

　セルデンの考え方で大切なのは（また、イギリス法思想にとって決定的に重要な意味をもつのは）、それぞれの国の法制度がそれぞれの国の慣習を反映してさまざまに異なっていると考えたことである。人間が1人ひとり異なっているように、国も1つひとつ異なっているのである。異なった国ごとに慣習法も異なっており、そこで法制度も異なってくるのである。ここに新しい法思想の登場を見ることができる。フッカーも強調していたことだが、「人の法 human laws」の正統性は「神の法 divine law」や法制定者の意志だけに由来するのではなく、さらに「国民の同意 consent of the people」にも由来するのである。これは革命当時、どの党派も主張していたことであったが、セルデンはこれに新しい意味を付加した。彼は「国民の同意」が慣習に存在すると考えたのである。慣習とは、国民が黙示的・明示的に同意を示した「行動の仕方・行動の規範 patterns and norms of behaviour」なのである。すべての法律は慣習法に始まるのである。セルデンによれば、イギリスのコモンローも慣習法に始まるのである。何世紀にもわたってコモンロー法学者が、変化する環境に合わせて「行動の仕方・行動の規範」を「変化」させてきたのがコモンローなのである。

第4節　ヘイル卿の功績

　1609年にヘイル卿が生まれたとき、セルデンは25歳、クック卿は57歳であった。クック卿はさらに25年、セルデンはさらに45年、生きてヘイル卿に影響を与えることになる。ヘイル卿がクック卿に会うことはなかっただろうが、彼は法学生として1620年代にクック卿の議会における活躍ぶりを目にしていたはずである。また彼は、クック卿が書いた『イギリス法提要』・『判例集 Reports』の熱心な読者であった。またセルデンは、はるかに年長でありながらヘイル卿の親しい友人であった。ヘイル卿はこの2人の足跡をたどり、かつ超えていったのである[51]。

　ヘイル卿はクック卿やセルデンが示唆したに留まった歴史法学の考え方を、初めて法思想として提示した。しかも19-20世紀初めの歴史法学と違い、ヘイル卿の歴史法学は「自然法理論 natural law theory」と「実定法主義 legal positivism」を統合したものになっていた。

　ヘイル卿が育った家庭環境は特異なものであった。母親は彼が3歳のときに亡くなっており、父親も5歳のときに亡くなっている。父方の親戚に引き取られたヘイル卿は、まず近所のピューリタン聖職者から教育を受け、さらにオックスフォード大学でピューリタン神学を学んでいる。彼自身もピューリタン聖職者になるつもりでいたが、スポーツ好き・演劇好き・おしゃれ好き・パーティー好きが災いして聖職者になるのを諦め、法学を勉強するために19歳のとき「リンカンズイン Lincoln's Inn」（オックスフォード・ケンブリッジにならぶ第3の大学と言われた4つの「法学院 Ins of Court」の1つ）に入学してローマ法・数学・光学・医学・哲学・神学を学んでいる[52]。

　「リンカンズイン」での経験（友人が飲酒で死にそうになったのを目撃。ヘイル卿は、友人が本当に死んだと思ったそうである）が原因で生き方を根底から改めて、飲酒は食事のときに限定するようになり、服装も気取った貴族の服装を改めて、ふつうの格好をするようになった。公職に就く者にふさわしい生き方を選んだ

のである。人の悪口はつつしみ、収入の十分の一を救貧に提供し、さらに貧者への喜捨も惜しまなかった。この生き方は生涯、変わらなかったという。判事に就任してからも当時、当たり前になっていた判事への付け届けを断り、便宜の提供や贈り物の受け取りも断っている。どうしても断りきれない場合は、受け取ったものを匿名で貧者に与えていた。彼のような地位にあった者は例外なく金持ちであったが、彼の生活ぶりは質素で、死後わずかな資産を残しただけであった。

　ヘイル卿の一貫した誠実な生き方は、彼と出会った者が全員、認めているところである[53]。私人としても公人としても、その生き方は一貫して誠実であった。1640年代-50年代に反逆罪で訴えられていた王党派を弁護したときも、また1660年代にチャールズ２世に対する反逆罪で訴えられていたピューリタンのために執りなしを行なったときも[54]、さらに1652年に議会の法制度改革委員を務めたときも、1653-57年にクロムエルに任命されて「民訴裁判所 Court of Common Pleas」の判事を務め、さらにチャールズ２世に任命されて「財務府裁判所 Court of Exchequer」の判事を務めたときも、1671-76年に「王座裁判所 King's Bench」の主席判事を務めたときも、つねにその生き方は一貫して誠実であった。

　その一貫して誠実な生き方のおかげでヘイル卿は、敵対する政権が交代するなかでも、つねに政治的に中立の立場を維持できた。コモンローの専門家であるグレイ Charles M. Gray は、ヘイル卿の一貫して誠実な生き方を支えたのはコモンローであったとしている。「政権が変わってもコモンローは変わらない」からである。ヘイル卿にいわせると、「コモンローこそがイギリスをイギリスたらしめている legal continuity was vital for civic identity」のである[55]。ヘイル卿のコモンロー観は、宗教的な信念からきていた。ヘイル卿はピューリタンであったが、多くのピューリタンがそうであったように、彼も国教会の熱心なメンバーであった。それにイギリスをイギリスたらしめていたのは、コモンローだけではなかった。教義や儀礼の違いを超えた共通の信仰がコモンローを支えていたからである。1660年代末にヘイル卿は長老派を国教会のメンバーと

して認める法案を提出しているが、それは「寛容 tolerance」のためでなく「包容 comprehension」のためであった[56]。ヘイル卿は「寛容」の提唱者でもあり、クエーカー（教会と聖書を否認する過激な宗派）すら「寛容」の対象にすべきだと主張していた[57]。

　法律家としてのヘイル卿、学者としてのヘイル卿を支えていたのは、個人的な強い性格・コモンローに対する献身的態度・ピューリタンとしての宗教的な信念であったが、彼は法学のほかに自然科学・哲学・神学を研究していた。イギリスの知的エリートの集まりであった「ロイヤルソサエティ Royal Society」の活動的なメンバーで、そこで親交を結ぶことになった有名なピューリタン神学者にバクスタ Richard Baxter がいた。またイギリス史にも詳しく、イギリス法制史を初めて書いたのもヘイル卿であった[58]。イギリスの刑法・民法に関する体系的な本も書いている[59]。ローマ法の研究も行なっており、さらに数学・自然科学・哲学・神学の論文も数多く書いている[60]。

　コモンローの歴史や意味を研究するうえでも、彼の信仰生活が大きな支えになっていた。祈りの習慣が彼に、生きることの意味や歴史の意味を考える機会を用意したからである。研究を行ない、またその成果を本や論文に書く場合も、彼にとって大切であったのは自分と神の関係であって世評などではなかった。彼は数多くの本や論文を書いて知人・友人に配布しているが、生前に印刷・出版させたのは2つの自然科学に関する論文だけで、論文を死後に印刷・出版することも禁じていた[61]。ただ幸いなことに彼が原稿を破棄しなかったので、書いたものが失われることはなかった。グレイによると、「ヘイル卿にとって、さまざまな研究は自分のためであった。自分の法曹としての仕事を自分なりに納得するためであった」[62]。「神に対して申し開きをするためには、まず自分が納得しておく必要があったからである」[63]。巡回裁判の判事をしていたときに彼が書いていた日記には（1988年になって初めて出版された）、判事としての仕事ぶりや判決理由について書かれているが、それは自分なりに納得するためであり、また神に対して申し開きをするためであった[64]。ヘイル卿は判決を下すとき、つねに神を意識していたようである。

ヘイル卿が書き残したものはすべて断片的で、まとまった形で法思想を展開したものはない。『コモンローの歴史 History of Common Law』にしても、イギリス法の歴史を全体的に取り上げたということになっているが（19世紀末までイギリス法の教科書として使われていた）、叙述が詳しいのはヘイル卿が重要な時期と考えた12-13世紀のみで、チューダー・スチュアート朝時代の法律は一切、無視されている。しかもイギリス法の基礎となっている法思想・法原理の説明にヘイル卿が成功しているとは、とても思えない[65]。また『イギリス法の分析 Analysis of the Law』でヘイル卿はコモンローの体系化を試みているが、その序文でイギリス法は複雑すぎて、とても「一貫した論理を導き出してくることはできない」と書いている[66]。コモンローの体系を図示化して友人に配布したとき[67]、国の事業として多くの法学者が協力しない限り、とても実現できることではないと嘆いていたそうである。それでもヘイル卿は、クック卿が『イギリス法提要』の第1巻でリトルトン Thomas de Littleton の『土地保有の諸形態 Tenures』を「法律フランス語 law French」から英語に訳して注釈を加えたものを整理しなおしたとき、そこで法思想らしきものを展開している（のちに法学者が読むことになるのは、このヘイル卿が編集した『リトルトンに関するクック卿の注釈 Coke on Littleton』である）。同様にヘイル卿がホッブス Thomas Hobbes のクック卿批判に反論した『ホッブス氏の法律論について Reflections on Mr. Hobbes's Dialogue of the Law』も（1921年に初めて活字になった）、法学の体系を示すには短すぎるといわざるをえない（約7000字）[68]。他にも優れた洞察を示す論文は多いが、どれもまとまった形で法思想が展開されているものはない[69]。

しかし、ヘイル卿が書き残したものから彼の法思想を探り出してくることは可能である。それはまた、17世紀末-19世紀初めにイギリスで支配的であった法思想でもあり、現在でもイギリスとアメリカの弁護士や判事の考え方を決めている法思想でもある（ただし多くの法思想の専門家は、そのことを認めようとしない）。

第5節　ヘイル卿の法思想

　16-17世紀初めにヨーロッパで有力であった法思想は、「自然法主義 natural law theory」と「実定法主義 positivism」である。「自然法主義」は法律が「道理 reason」と「良心 conscience」に由来すると考え、「実定法主義」は法律が「最高位の法制定権者 sovereign」の「制定した posited」ものと考える。「自然法主義」は法律を「道理」と「良心」にかかわる「道義的なもの morality」と考えるのに対して、「実定法主義」は法律を「法制定権者の意志 will of the lawmaker」の現われと考える。「実定法主義者 positivist」も法律が正義のような道義的な目的の実現を「目指すべきだ ought to serve」とも考えないわけではないが、それ以前に、まず法律は正統な支配者の政策を具体化したものなのである。それが正義に適っているか否かは、そのつぎに考えるべき問題であった。「自然法主義者 naturalist」は、それとは逆に法律が「道義的な moral」目的の実現を前提にしており（「道義的な」目的のなかには政治的な目的も含まれる）、そのことを無視しては法律の問題は考えられないとする。そこで「自然法主義者」は、正義に反する法律に拘束力は認めないことになる。

　プロテスタントによる宗教改革が始まる400年前には、さまざまな「自然法主義」が存在していた。なかでも有名なのがアクィナス Thomas Aquinas の「道理 reason」を重視する考え方だが、このアクィナスの考え方に対して「道理」よりも「意志 will」を重視したのがオッカム William of Ockham で（同時代のマルシリウス Marsilius of Padova やのちに登場してくるマキャベッリ Niccoló Machiavelli の考え方もおなじ）、法律は支配者の「意志」の現われであって強制力をもつと考えた。16世紀に登場してきたルター派の法学者は、この「意志派 voluntarist」の考え方を支持した（ただし、ルター本人は「実定法主義」と「自然法主義」の両方を採用しており、その緊張関係を大切にしていた）。

　12世紀のヨーロッパに独自の制度として登場してきた法制度には、法制度が時間の経過と共に「変化 development, growth」していくものだとする考え方

が暗黙のうちに了解されていた。この考え方はヨーロッパにしかないもので、「変化 organic change」のメカニズムが法制度のなかに組み込まれていて、法制度は「変化」することで存続が可能になると考えられていた。こうした考え方を前提に、11世紀末以降ヨーロッパ各地に登場してきた大学でローマ法を学んだ法学者たちは、ローマ法（さらには王国法・都市法・封建法・荘園法・商人法）を研究・発展させていったのである。ヨーロッパの法制度には「歴史 a history, a story」が存在するのである。

　16世紀になるまで、ヨーロッパの法制度に特有の「歴史性 historical dimension」は、「自然法主義」や「実定法主義」の議論に隠れて意識されることはなかったが、16世紀になるとフランスにゲルマン慣習法（フランク慣習法）を重視するヨーロッパ最初の歴史法学派が登場してきた。彼らにいわせると、ローマ法や教会法は「フランスのものではない foreign」のである[70]。彼らは、フランス国王の「新政 innovations」に反対するためにこの考え方を主張したのだが、16世紀のイギリスに登場してきた「絶対王政派 free monarchists」が根拠に挙げたのも、古くからイギリスに存在する伝統と先例であった。しかし法制度の歴史が法制度のあり方そのものを拘束し、発展の仕方や支配者の正統性まで決めると考えたのは、クック卿が最初であった。ただクック卿は思想家ではなかった。すでに見てきたように彼はイギリス法のことしか問題にせず、法思想として自分の考え方を展開することはしなかった。しかもクック卿はイギリス法の連続性にのみ注目して、変わってきたことには注目しなかった（変わってきたことを彼はよく知っていた）。クック卿は歴史家ではなかった。ところがセルデンは思想家であり歴史家であった。しかし、そのセルデンも革命までのコモンロー裁判所と「国王裁判所 prerogative courts」の対立について論じる段になると、「国王裁判所」に課せられていた伝統的な制約ばかりを強調するしまつであった。イギリス法には、新しく登場してきた状況に対応して変化する能力があることを指摘してみせたのは、ヘイル卿が最初であった。時代の要請にあわせて変化できなければ、法制度は無用の長物と化すと彼は書いている。

こうしてヘイル卿は、19世紀に「自然法主義」・「実定法主義」と並ぶことになる有力な法思想「歴史法学 historical theory」を提唱することになった。ただヘイル卿の場合、19世紀の「歴史法学」者のように「歴史法学」が「自然法主義」・「実定法主義」と対立するものだとは考えていなかった。19世紀に登場してきた「歴史法学」者は、法律が民族固有の「エトス ethos」の現われだと主張したが、ヘイル卿は、そこまで考えていなかった。歴史に現われた「エトス」が、「法制定者の権限 sovereignty」に制約を加えると考えただけであった。同時に法律は法制定者の「意志」の現われであり、また「道理」と「良心」に適ったものでもなければならないとも考えていた。

　つぎにヘイル卿の法思想を、4つに分けて考えてみたいと思う。1）自然法と、「歴史性」が宿命とされる「実定法」について、2）イギリスの法制史の特徴について、3）クック卿が初めて提唱したコモンローとは「先人が築き上げてきた道理 artificial reason」であるというテーゼについて、4）「支配者の権限 sovereignty」、とくにイギリスの国王がもつ権限について。

(1) 自然法と、「歴史性」が宿命とされる「実定法 positive law」について

　ヘイル卿は「実定法」より上位に自然法が存在し、自然法が国家のあり方に制約を課していると考えていた。このヘイル卿の考え方は、ヨーロッパ大陸の自然法概念とおなじである（クック卿は自然法がイギリスで効力をもつには、自然法はコモンローに取り込まれていなければならないと考えていた）。そこでヘイル卿は、自然法が禁じている犯罪は刑法によって禁止すべきだとしている。また自然法が禁じている犯罪は「神の法 divine law」（ヘイル卿はプロテスタントらしく、この言葉を「聖書の律法 biblical law」の意味で使っている）によっても禁じられており、したがって殺人・窃盗のような自然法でも「神の法」でも禁じられている犯罪は、キリスト教国でも非キリスト教国でも禁じられることになる。

　しかしヘイル卿は、「神の法」と自然法がどんな場合にも通用するとは考えていなかった。旧約聖書で禁じられている犯罪はイスラエルで禁じられても、

他の国で禁じられるとは限らないのである。また刑罰の種類や量は「神の法」や自然法で決めるべきではなく、「国ごとの事情を考慮して実定法によって決めるべきだ」としていた。この国ごとに制定される実定法が「歴史性」をもつのである。ヘブライ人・ギリシャ人・ローマ人・アングロサクソン人の法制度を詳しく研究してえられた結論として、ヘイル卿はつぎのように書いている。刑罰は実定法によって決めるべきであり、自然法によって決めるべきではない。時代や国が異なれば、刑罰の種類も量も違ってくるのは当然である。それは国が置かれている状況のほかに、判事によっても違ってくるからである。謀殺の場合は報復刑が科せられるが、それは自然法によるのではなくて、人間なら誰でも守らねばならない「神の法」(創世記9: 6) によるのである。謀殺以外の場合、報復刑が科せられるのは実定法による。ユダヤ法では「目には目・歯には歯・手には手・足には足・火傷には火傷・傷には傷・鞭には鞭」(出エジプト記21: 24-25) と報復刑が定められているが、被害者が生きている場合は、被害者に金銭で償うことも認めている[71]。つまりヘイル卿は、十戒のような「神の法」はすべての人間に適用されるべきだと考えていたのである。また自然法は十戒のような「神の法」やすべての国に共通する法原則・法制度も包括するので、「神の法」と自然法は、すべての支配者を縛ることにもなる。ところが「実定法」は、自然法と違って法制定者しだいで内容が違ってくるということになる。そこでヘイル卿は、有能な法制定者なら歴史が用意した状況を考慮に入れて「役に立つ socially useful」法律を作るはずだと考えた。

　ところがイギリスの刑法を分析する段になると、ヘイル卿は歴史的な経験が「守るべき規範 norm」となるとしている。教会法学者は、窃盗罪に死刑を科するのは間違っているとしていたが、ヘイル卿は「窃盗事件が非常に多くなり、それが深刻な問題となっている場合」、死刑も止むをえないとしている。とくにイギリスでは歴史的な経験が重視されるので、彼の時代に窃盗犯が死刑に処せられるのは当然であるとしている。判事に選択の余地はないのである[72]。「時代によって窃盗犯の数は違っており、したがって刑罰も違ってくる」のである[73]。このようにヘイル卿は、法律が状況によって違ってよいと考えていた。

刑罰のあり方については、ヘイル卿は実益主義を採用していた。「刑罰の本当の目的は法律違反を防ぐことであり、刑罰を科すのは見せしめのためであって、刑罰を科すこと自体が目的になってはならない。犯罪が増えて国が危険な状況に置かれたり国の安全が危険にさらされたりするような場合は、厳しい刑罰、たとえば死刑も止むをえない」のである[74]。

ヘイル卿の「刑罰の本当の目的」という考え方は、「実定法主義」の考え方とおなじである。つまり自然法が要求する「道理 reason」やその国の歴史的な事情よりも、法制定者の政治的な判断が優先されることになる。ところがヘイル卿は、他方で刑罰は自然法が要求する「道理」実現のためだとも考えていた。これは「自然法主義」の考え方とおなじである。つまりヘイル卿は法制度、とくにイギリスの法制度を分析する際に「実定法主義」と「自然法主義」の両者を念頭に置いていたことになる。歴史的な経験が政治的な判断と「道理」的な判断をともに考慮に入れることを要求するのである。こうしてヘイル卿は、ヨーロッパに特有の法制度が登場して以来、目に見えない伝統となっていた「統合法学 integrative jurisprudence」を目に見える形にしてみせたのである（ところが法思想家は両者の統合よりも両者の優劣を問題にしてきたし、今でも両者の優劣だけを問題にしている）。

(2) イギリス法制史の特徴について

ヘイル卿の歴史法学は、19-20世紀に活躍した歴史法学派のサビニー Friedrich Carl von Savigny・メイン Henry Sumner Maine・デュルケーム Emile Durkheim・ウエーバー Max Weber のように、きっちりとは理論化されていない[75]。しかし、彼はイギリス以外の国の法制度にも詳しく、そこで法制度が一般的にどのようなものであって、その一般的な法制度に比べてイギリスの法制度にどのような特徴があるかよく知っていた。法制度が「それぞれの国の事情・便宜にあわせて作られており、それぞれの国の事情・便宜が国ごとに違っているため、長い時間の経過と共に法制度もさまざまに違ってくる」と書いている[76]。このように考えていたからこそヘイル卿は、ヘンリ2世の時代に活躍

したグランビル Raulf de Glanville のコモンロー論も、ヘンリ3世の時代に活躍したブラクトン Henry de Bracton のコモンロー論も違和感なく受け入れることができたのである。またエドワード1世（「イギリスのユスチニアヌス帝」と称されたこの国王をヘイル卿は、『コモンローの歴史』で英雄扱いしている）が制定した法律の重要性、さらにはイギリスの法制史において議会が果たした役割の重要性などがよく理解できたのである。クック卿がイギリスの法制度の変化した側面を無視したのに対して（変化したことはクック卿も知っていた）、クロムエル時代に有名な「ヘイル委員会 Hale Commission for law reform」の委員長を務めたことからも判るとおり、革命のさなかを生きたヘイル卿は、セルデンと同様、イギリスの法制度が必要に応じて変化してきたことをよく知っていた。それは、長い時間をかけた絶えざる改善の歴史なのである。このことをマンスフィールド卿 Lord Mansfield の簡潔な言葉がうまく表現している。「コモンローは時代を経るとともにコモンローはますます改善され、その適用範囲を広げていった The common law works itself pure」[77]。

変化しても、法制度の基本的な枠組みは不変なのである（この点では、ヘイル卿もセルデンやクック卿とおなじ意見であった）。イギリスにおけるコモンローの支配と議会の独立という基本的な枠組みは、アングロサクソンの「賢人 witan」・「賢人会 moot」の時代から不変なのである。またノルマン人が「陪審制 assize」を持ち込んでくる以前から、すでに陪審制はイギリスに存在していた（形が違っていただけであった）。このことは認めながらも、やはりヘイル卿は「ノルマンの征服」が土地法などに大きな変化をもたらしたことを認めていた（この点では、ヘイル卿とセルデンはクック卿と違っていた）[78]。

ヘイル卿は、イギリスの法制度が変化と連続の微妙なバランスのうえに成り立っていることを、ギリシャ神話に登場してくるアルゴ船や人体にたとえて説明している。「イギリスの法制度には、さまざまな変化が起きているが、いくら変化しても、それが600年前から存在するイギリスの法制度であることに変わりはない。ちょうどアルゴ船が長い航海のあいだに散々、修理が施されていても、あいかわらずアルゴ船であることに変わりがないのとおなじである。あ

るいは医者が40歳の人間に対して体の細胞が7年ごとに入れ替わってしまうといっても、その人間がおなじ人間であることに変わりがないのとおなじである」[79]。変化しているのに変化していないというイギリスの法制度の特徴は、ヨーロッパの法制度にはなかった特徴であった。目に見えない形でコモンローが存在し、それがイギリスの事情・便宜にあわせて変化していくのである。これを例の普遍論争（普遍的な概念が実在するか否かが中世ヨーロッパで争われた）にたとえるなら、正義という抽象的な「法原則」を重視する自然法学派の主張はプラトンのイデア論（正義のような普遍的な概念が実在すると考える）と似ており、支配者の意志がすべてである（正義のような普遍的な概念は無意味だし実在もしない）とするマキャベッリの考え方は、「実定法主義 legal positivism」そのものである。ヘイル卿の考え方は、そのいずれでもなかった。イギリスという国の法制度（これがアルゴ船である）は、長いあいだに散々、修理が施されてきたが、それでもイギリスの法制度であることには変わりはないのである。

(3) コモンローとは「先人が築き上げてきた道理 artificial reason」であるというテーゼ：ホッブスに対する反論①

ヘイル卿はクック卿が提唱したテーゼ、つまりコモンローとは「先人が築き上げてきた道理」であるというテーゼをさらに発展させた。それはイギリスで過去に活躍した法律家・判事・議員が何世紀にもわたる経験に基づいて築き上げた「道理 reason」なのである。ヘイル卿は、クック卿に対するホッブスの攻撃に反論する形でクック卿のテーゼを明確化し、自身の「統合法学」を作り上げたのである。

ホッブスのクック卿に対する批判は、哲学者（ベイコン Francis Bacon やホッブスの意見を代弁している）と法律家（クック卿の意見を代弁している）の『対話 Dialogue』の形で展開されている[80]。ホッブスによると、クック卿のいう「先人が築き上げてきた道理」なるものが法律のように拘束力をもつというのは事実に反しているし、それを認めてしまえば法律家・判事と支配者との関係が曖昧になってしまう。ホッブスにいわせれば、法律は法律家や判事の作り上げる

「道理」などではなくて「支配者の意志 will of the sovereign」なのである。支配者が制定する法律が「道理」にその制定根拠を求めたりすると、法律から強制力を奪ってしまうことになる。なぜなら、法律家や判事は自分たちの「道理」の方が法律の「道理」より優っていると主張しかねないからである。また、法律家や判事がやるべきことは支配者の命令である法律を解釈して個別の事案に当てはめることなのに、そのことが判らなくなってしまう。「法律を作るのは支配者であって知恵者ではない It is not Wisdom but Authority that makes a Law」というのが哲学者（つまりホッブス）の意見であった。

　ヘイル卿は、このホッブスの批判に直接、答えることはせず、まず「道理」の定義から議論を始める。「道理」には2種類あって、1つは「人間とは無関係なところで自動的に動作する因果関係」（時計の針とばねの関係・りんごの落下と重力の関係）で、もう1つは人間に特有の能力（因果関係を見つけ出してくる能力・線の長さや面積の違いを認識する能力）である。ヘイル卿は2つ目の「人間に固有の能力」を「理屈を展開する能力 ratiocination」と呼んでいる。大切なのは、この2つの「道理」を1つに結びつけることである。「道理 reason」を弁えた人間が「理屈 reason」の展開を必要とする課題を何度も経験することで試行錯誤を繰り返し、その結果、登場してくるのが数学者・哲学者・政治家・医者・法律家などの専門家なのである[81]。

　「理屈」を展開する能力はどんな人間にも備わっているが、課題や活動の種類によって要求される能力には違いがあり、そこで「よい good」技師・外科医・数学者となるためには、「課題ごとに違った方法で理屈を展開できること」が要求される。つまり、ある課題に適した「理屈」が、他の課題に適しているとは限らないのである。「キケロは弁論に優れていたし、りっぱな人物だったが、政治家としては凡庸で、詩人としては最悪だった」ということになる。「何でも知っているという人物には表面的な知識しかなく、本当のことは判っていない」。

　なかでも法律は一番、難しい課題に属する。なぜなら、法律は「社会秩序の維持と善悪の判断を迫られるからである」。善悪の判断は難しく、自然科学の

ように、確実な証拠に基づいて判断できないからである。そこで何が正義に適っており、何が正義に適っていないかの判断をめぐっては、どんな賢明な人間のあいだにも、つねに対立が存在することになる。何が正義で何が正しいことかといった高度に抽象的な問題の考察に慣れた者も、特定の問題を判断するに際しては最悪の判事になりうる。なぜなら、あまりに考えすぎて常識を逸脱しかねないからである。

　考察の対象となっている課題によって適用すべき方法を変えなければならず、そこで法律上の問題は哲学者（ホッブスを暗示している）には理解できないことになる。法律問題を解決するためには哲学者のように一般的な原則だけを議論していれば済むわけでなく、一般的な原則を特殊な事案に当てはめて判断しなければならないからである。一般的な原則を特殊な事案に当てはめるに際して気まぐれなやり方を避け、気まぐれで「道理」を外れた基準によって判断することがないよう、またどんな規則に従って生きていけばよいのか判るようにするために、「長年にわたって賢人たちが作り上げてきた」法律・規則など正義を実現するための手段が存在するのである。

　ただ法律を制定して執行すればよい、などといった簡単なことではないのである。さまざまな事案に法律をどう適用するかという問題がまだ残っているのである。事案によって事情はさまざまに異なっており、１人の人間だけで法律を作ると、かならず問題が発生してくることになる。いくら特定の問題に詳しいと自負している者でも、複数の人間の経験を超えることはできない。「100-200人の人間が作った法律の方が、私１人で作った法律よりも優れているし、新規に作られたばかりの法律よりも、100-200年かけて先人たちが作り上げた法律の方が優れている」のである。「イギリスでは、すべての土地は長男が相続することになっている。自由保有権付きの土地は、その相続に際して占有引渡しの儀式が必要であり、また新しく土地を相続した者は、保有者にそのことを確認してもらう必要がある。しかし議会の制定法がこの制度を変更した場合は、たとえ印章つきの証書によって所有権の移転が行なわれた場合でも、その移転は無遺言相続人の場合は生存中のみなど、さまざまな形で相続人を指名するこ

とができるようになる。いかに優れた頭脳の持ち主でも、推論だけで、あるいはプラトン・アリストテレスを読むだけで、あるいはユダヤ法などイギリス以外の法律を調べるだけでイギリスにおける土地相続の現状を知ることは不可能である。イギリスにおける土地相続の現状を知るには、それが慣習という形で暗黙のうちに導入されたり、議会の制定法として成文化されたりしたイギリスの法制度を調べるしか方法はないのである」。

　最後にヘイル卿は、ホッブスが非難したクック卿の「先人が築き上げてきた道理」を、つぎのようにまとめている。「生まれたときからコモンローの専門家だった者はいないし、理屈を展開する潜在的な能力も、読書・研究・観察によって鍛えなければ、なんの役にも立たない」。

　ヘイル卿の反論の仕方は、クック卿のようなコモンローのイギリス的な特殊性を強調するやり方ではなかった。イギリス以外の国の例も挙げた法制度一般の問題として反論している。ホッブスの問題の立て方は歴史を無視していた。クック卿の問題の立て方からは、何もえられないというのである。「個別の経験から一般的な原則は導けない」とホッブスは主張したが、それに対してヘイル卿は、1つでも重大な例外があれば原則は原則でなくなるが、どの国にも存在する経験からなら、一般的な結論を下すことは可能であると答えている（クック卿の答えもおなじだったはずである）。

　ホッブスがクック卿を非難したのは、まず法律が支配者の意志であることを認めていないこと、さらに支配者の制定した法律を解釈・適用すべき判事が下す判決を法律だとしていることである。しかしヘイル卿にいわせれば、非難されるべきなのはホッブスの方であった。なぜなら、イギリスの国王は過去の法律に縛られており、それを変更する場合も過去に決められたやり方に従わねばならないからである。またホッブスは判事が下す判決が法律を作っているというが、クック卿はそうはいっていないからである。クック卿がいいたかったのは、判例とは法律の専門家である判事が何世代もかけて見つけ出してきた「道理 reasoning」だということなのである。

　ヘイル卿にいわせれば、クック卿の「先人が築き上げてきた道理」とは法制

度に内在する「道理 reason」であるだけでなく、それはまた法制度の研究者・施行者である法学者や判事が経験に基づいて作り上げてきた「道理 reasoning」なのである。ヘイル卿がクック卿と違っていたのは、それをコモンローだけの問題に限定せず、法制度一般の問題とした点であり、また歴史だけの問題にせず、政治や道義の問題とした点であった。そこで歴史だけが正統性の根拠とされるだけでなく、政治や道義までが正統性の根拠とされることになった。それは「理屈づけの能力 faculty of reasoning」を使って課題に内在する「道理 reason」を見つけ出してきて、内在する「論理 its internal logic」に従って議論を展開した結果なのである。

(4) 支配者の権限：ホッブスに対する反論 ②

ホッブスに対するヘイル卿の２つ目の反論は、「支配者の権限について Of Sovereign Power」と題されている。ホッブスによれば、「支配者 sovereign」とは国家で最高位の権限をもつ者である。ホッブスは、まず無秩序な状態を想定する（現実には絶対に有りえない想定）。その状態では（ホッブスは、これを「自然状態 state of nature」と呼ぶ）、すべての人間はお互いに戦争状態に置かれるので、「道理」に従って（これをホッブスは「当然の道理 natural reason」と呼ぶ）お互いに契約を結んで「国 commonwealth」を結成し、「支配者」を選ぶことになる（「支配者」は１人でも複数人でもよい）。「国」の構成員を服従させて平和を実現するためには、「支配者」に秩序維持のための立法権を委ね、「支配者」の意志で法律を作成・執行できるようにし、しかも「支配者」はみずから制定した法律には縛られないことにしなければならない。さもなければ「支配者」は秩序維持ができなくなり、平和を実現できなくなるからである（「人間の本性 human nature」は邪悪だからである）。ホッブスによれば、「法律とは支配者の命令であって、すべての被支配者が行なわねばならないこと、耐えねばならないことを公然と明確に宣言したもの」なのである。法律は、ふつう「制定法 statutes」の形で公布される。哲学者と法律家の『対話』で哲学者（つまりホッブス自身）は、こういっている。「制定法はコモンローのような漠然とした法思

想などではなく、支配者に服従することに同意した者が従わねばならない命令なのである」[82]。クック卿にいわせれば、法律は「道理」に適ったものでなければならず、それが「道理」に適っているか否かは歴史が証明する[83]。イエール D. E. C. Yale は、「ホッブスによれば、法律をクック卿のように考えると誰も法律を守らなくなる。法律が道理に適っているか否かが問題にできることになれば、誰も法律を守らなくなる」としている[84]。

ホッブスの「支配者」論に対するヘイル卿の反論は、イギリスの王権を例にしたものであったが、ホッブスから見れば、これは的外れの反論ということになる。ホッブスの『レバイアサン Leviathan（旧約聖書に登場してくる怪物で、ホッブスは全権を握った支配者に支配される国家をこの怪物にたとえている）』は現実に存在するものでなく、あくまでも現実から抽出された「理想型 model」であった（ウエーバーのいう「理想型 Idealtypus」とおなじ）。もし「理想型」に対応する現実が存在しなければ、それは「どこにも存在しないもの utopia」になってしまう。ところがウエーバーは、逆に現実が「理念型」の一例だと考えていた。そこで現実が「理想型」と違っていると指摘されると、「理想型」は現実には存在しないものだから違っていて当然であると答えていた[85]。ホッブスの場合もおなじである。ヘイル卿は、なぜホッブスがこのような「理想型」を考えたのか、よく判っていた。20年ものあいだ内乱で苦しみ、その後も混乱の収拾に苦労していたイギリスを念頭に置いていることがよく判っていた。だからこそイギリスの王権を例に反論したのである。

ヘイル卿は例によって言葉の定義から始める。今回は「権限 power」の定義である。まずイギリス国王には「強制する権限 potestas coerciva」がある。イギリス国王がこの権限に服することはないが、イギリスの国民はこの権限に服することになる（この反論が書かれたのは、国王が議会の制定法に服することがまだ決定していなかった1689年以前のことであった）。ただイギリスでは、伝統が国王に服従を「勧告する権限 potestas directiva」をもっていた。国王は即位に際して、伝統となっている統治体制を守ることを誓うからである。とくに国民の自由を侵さないことを国王は誓うが、これは国王に対する「強制」ではなくて、

あくまでも「勧告」なのである。さらにイギリスの法制度には、国王の政策を「無効化する権限 potestas irritans」が存在していた。つまり伝統的な法制度に反した政策は無効なのである。こうして国王の権限は、イギリスの伝統的な法制度に縛られていることになる。

ヘイル卿はイギリス国王がもつ権限を6つ挙げているが（戦争と講和・通貨の発行・犯罪者の特赦・裁判所の管轄範囲決定・陸海軍の動員・法制定）、その権限には制約が課せられているとしている。古い法律によれば、国王は国民を王国から追放することはできず、また議会の承認なしに新税を課すこともできず、さらに議会（この場合は下院と貴族院）の承認なしに法律を制定することもできない。

ホッブスが「理想型」として提示した「支配者の権限」は、いかなる制約も受けず、自由に法律の制定・廃止・変更ができて課税も自由であり、国民の財産を自由に没収できて、治安対策も自由に採用してよいのである。このホッブスの「支配者」像に対してヘイル卿は、イギリスの統治体制が置かれている現状を指摘することで反論した。ヘイル卿によれば、「この乱暴な議論は、およそ事実に反したものであり、あるべき正義 natural justice にも反していて、統治体制にとって危険で、公共善 commn good の実現を妨げ、法と道理 law or reason にも反している」[86]のである。ヘイル卿の反論をこまかく見ていくことにしよう。

まず「およそ事実に反している utterly false」という反論には、ヘイル卿の歴史法学者らしさがよく現われている。「イギリスでは現実に存在する法律と慣習が道理そのものなのであり、人間が頭で考えた道理は道理などではない」。ヘイル卿にいわせればホッブスの「理想型」などまやかしであり、ホッブスが考えるような「支配者」は、現実にはどこにも存在しない。現実に存在する「支配者」は法制度によって縛られており、そのことはイギリスの歴史がよく示しているのである。

ヘイル卿は、ただ歴史上の事実を挙げて反論するだけでなく、さらに道義的・政治的な「支配者」の義務も指摘して反論している。「あるべき正義」からすれば、「支配者」は国民に誓ったことを守らなければならない（「契約は守られ

なければならない pacta sunt servanda」)。「しかもイギリス国王は即位に際してイギリスの法に従い、イギリス人の特権を犯すことはしないと誓約しているのである。たしかに国王は特別な人間であって、国王の行動を妨げることができる者は存在しないが、国王といえども神と正義を無視することはできない」のである。

また、ふつうは政治的な配慮から、イギリスに限らずどの国でも「支配者の権限」には制約が課せられている。ところがホッブスによれば、「支配者の権限」に制約を課したりすると、いざというときに（他国の侵略・反乱の勃発などの非常時に）「支配者」は国民の安全を守れなくなるという（これこそが「支配者」登場の最大の理由であった）。「めったに起こらないことに備えるためといって、このような政治体制を提唱するのは、まるで7年に1回だけ病気になるからといって、薬草だけを食べて暮らせというようなものである」。ここに現実主義者らしいヘイル卿の考え方がよく現われている。またヘイル卿は法律が「支配者」の命令であることを認める「実定法主義者」でもあった。ヘイル卿によれば、「悪法も無法よりはよりまし」なのである。

第6節　イギリスにおける歴史法学の登場と 17世紀の宗教思想

クック卿・セルデン・ヘイル卿たちの法思想は、彼らの宗教や科学思想と密接に結びついていた。17世紀に「神とは何か divine nature」・「人間とは何か nature of man」・「自然とは何か nature of the physical world」という3つの「何か nature」を研究する「哲学 natural philosophy」があったが、「人間とは何か」という課題に法学が含まれていた。もちろん法学は、天文学・光学などの自然科学とは研究方法も要求される厳密度も違っていたが、「何かを研究するということでは of a sociable nature」おなじだと考えられていた。

そこでクック卿・セルデン・ヘイル卿たちが法学のほかに、神学・自然科学に強い関心を示したのも当然であった。17世紀には、法学だけでなく「哲学」

も革命的に変化していたのである。ヘイル卿の歴史法学は、彼が若い頃に学んだカルバン派の教義から大きな影響を受けていたが、それ以外にもロイヤルソサエティの一員として経験を重視する考え方からも影響を受けていた（経験を重視する考え方は、とくに自然科学に顕著であった）。

ピューリタンにはさまざまな宗派が存在していたが、彼らのあいだに共通していたカルバン派の教義がイギリス人の考え方を形成しており、またそれがヘイル卿たちの歴史法学にも反映されていた。つぎに6つ、カルバン派に特徴的な考え方を挙げてみる。

1) 歴史は神の意志の現われであり、イギリス人は神の意志を実現すべく神の道具として選ばれた国民であって、人類を代表して神の課す使命を果たす運命にある。指導的な立場にあったピューリタンやコモンロー法学者はこう確信していた。だからこそイギリスのコモンローが長い時間を掛けて改善されてきたこと、またその特徴ゆえにコモンローは「外国法」に優っていると考えたのである。

2) 「世直し reformation of the world」は神に命ぜられた信者の義務である。この確信があったからこそイギリス貴族は「公共精神 public spirit and civic virtue」を発揮して、議会と司法による支配を確立させたのである。またイギリスの法制度が正義実現のための制度ということで正統性を確保できたのも、この確信のおかげであった。

3) 神の意志は法制度の形で具体化しなければならない。クック卿・セルデン・ヘイル卿は、16世紀までのコモンローの発展が聖書の律法を具体化したものだと考えていた。だからこそ、チューダー・スチュアート朝の国王がやろうとしたことは正統性に欠けると考え、またコモンローをそれまで以上に改善しなければならないと考えたのである。

4) 誓約に基づく信者共同体の形成が信者の義務であると考え、地域ごとの信者の集まりを大切にするところから、コモンローの慣習を重視する歴史法学の考え方が生まれてきた。彼らがいう「慣習」とは地域共同体の慣習であり、それを発展させてきたのが判事と弁護士であった（判事と弁護士

も共同体を形成していた)。

5) 勤勉・禁欲・質素・信頼・規律・仕事への誇りなどは、ピューリタンの特徴として挙げられることだが、そこからイギリスの歴史法学の特徴である「判例主義 case law」の考え方が生まれてくる。よく似た判例をこまかく検証して、そこから応用できる「法原則」を引き出してくるやり方である。ヘイル卿は日記で判決を下すことの難しさに触れているが（この章の注64を参照）、判決を下す前に「すべての石をひっくり返して、その下に何があるか確認するように、すべての答え・すべての状況を細く確認する必要がある」と書いている。1世紀前のドイツのオルデンドルプ Johann Oldendorp がそうであったように、ヘイル卿も「良心 conscience」を重視した。ただし、ルター派の法学者（オルデンドルプも、その1人）やローマ法学者・教会法学者が「法原則」・「法概念」の分析を重視したのと違って、ヘイル卿たちは判例の分析を重視していたが、これこそがイギリスの歴史法学の特徴であった。なお1世紀後にマンスフィールド卿がいったように、ヘイル卿にとって問題なのは「個々の判例で使われている文言ではなくて not the letter of particular precedents」、「判例に現われている道理と精神 reason and spirit of cases」であった[87]。またヘイル卿は、「法原則」・「法概念」の体系化が重要だとは考えていなかった。重要なのは判事一人ひとりの「良心」であり、判例に現われている歴代の判事たちの「良心」であった。

6) ピューリタンの人間性悪説も、コモンローを変えていく上で大きな役割を果たしていた。判事も含めて、すべての人間は罪人なのである。この考え方は、ヘイル卿の判決に関する考え方と刑法論にも反映されている。またヘイル卿は、「推定無罪 presumption of innocence」を信仰の問題として説明している。神は判事が犯人に有罪判決を下し、犯人でない者に無罪判決を下すことを期待しているが、もし十分な証拠がなくて犯人に無罪判決を下す場合でも、最終的には神が有罪判決を下してくれるはずだから、犯人に無罪判決を下すリスクに賭けるべきである。それに犯人が無罪判決

によって改心する可能性もある。ピューリタンが神に誓う形で共同体を形成したところから、ピューリタンは契約違反に対して厳しい姿勢で臨むようになった（キリスト教徒を含め一神教徒の契約は、人間同士の契約の遵守をお互いに神に誓うことで履行が保証される。契約違反は、何よりもまず神に対する誓約違反になる）。また、私有財産権を尊重しなければならない理由も聖書によって説明される（旧約聖書の十戒に「隣人のものを欲しがってはならない」とある。ルター派の法思想を説明した第3章「新しい法学の登場」を参照)。つまりコモンロー法学者たちは、歴史に見られる先例のほかに聖書の権威も利用したのである。

第7節　イギリスの法思想と17世紀の科学革命

　ヘイル卿の時代にイギリスの法思想がピューリタンの教義と密接に関係していたことを証明してみせるのは、それほど難しいことではない。ところが、それが17世紀の科学革命と密接に関係していたことを証明してみせるのは簡単ではない。というのも、ふつう法思想と科学革命は無関係だと考えられているからである。しかし、実はそうでないことを以下で示してみたい。

　17世紀、ヨーロッパの科学思想は大きな転換を経験していた。その1つがガリレオ Galileo Galilei による転換であり、もう1つがデカルト René Descartes による転換である。ガリレオは人間の感覚を過信したアリストテレスの考え方に異議を唱え、確かな知識を手にするためには数学に頼るしかないと主張した。宇宙とは、「数学という言葉と三角形・四角形など図形の文字を使って書かれた書物である」と彼は書いている[88]。「神が宇宙を創造したとき、あらゆるものを数・重さ・長さに従って創造した」のである[89]。さらに1世代後、デカルトはガリレオのやり方をさらに発展させて、「明晰な思想 clear and distinct ideas」によって知識の獲得を目指す「幾何学的な方法 geometrical way」を提唱した。ホッブスが採用したのも、デカルトが提唱したこの「幾何学的な方法」であった。まず仮説を立て、つぎに研究対象を分析して単純な構成要素に分け、

さらに数学を使って構成要素どうしの関係を確認するのである。ガリレオは、この方法（演繹法）でコペルニクス Nicolaus Copernicus の地動説が正しいことを証明してみせている。またベイコン Francis Bacon は、逆に構成要素から仮説が正しいことを証明する方法（帰納法）を提唱した。いずれの場合も宇宙は機械装置のようにできていると考えられており、その動きは数学や実験によって説明・証明が可能だと考えられていた。

しかも、それは自然界以外のものにも適用可能だと考えられていたのである。デカルトによれば、「すべての学問分野は相互に関連しており、個別に研究するより全体を一緒に研究する方が効率よく研究できる」のである[90]。事実、当時のヨーロッパには自然・人間・神を同時に論じた「哲学 philosophy」の本や論文が数多く発表されている。当時、「哲学」とは「確実な知識 certain knowledge」を意味した。たとえば、歴史は「哲学」ではない。なぜなら歴史は記憶にすぎず、「確実な知識」ではないからである[91]。では法学は「哲学」なのだろうか。ベイコンは「哲学」だとしている。なぜなら、法律は「普遍的な原則 maxims」を基準に、それが適切なものか否かを確認できるからである。

17世紀の科学革命は、ガリレオ・デカルト・ベイコンが敷いた路線に沿って展開していった。「事実 truth」とは、測り（量り）・数えることができることであり、逆に測り（量り）・数えることができれば、観察結果は正しいと考えられるようになった。アリストテレスは因果関係の説明に目的を持ち込んできたが（「目的因 final causes」）、それは間違っていると考えられるようになり、プラトンの「合理的な必然性 rational necessity」（あるいはアリストテレスの「始動因 efficient causes」）という考え方が因果関係の説明に使われるようになった。アリストテレスは宇宙が目的をもった有機体であると考えたが、17世紀の科学者たちは、宇宙が機械装置のようなものだと考えた[92]。

ところが17世紀に、さらに違った考え方が登場してくることになった。実験結果から帰納的にえられた結論が、かならずしも数学でえられるような確実な結論であるとは限らないと考えられるようになったのである。実験によってえられる結論は「道義的に許される程度の限定的な確実性 moral certainty」し

かない、つまり「蓋然性が高いだけだ high degree of probability」と考えられるようになったのである。ガリレオの考え方（数学によって導き出された結論は人間が関与していないので正確である）は、実験に関する限り正しくないとされるようになった。実験は試行錯誤の繰り返しにすぎないのである。実験を行なって仮説の正しさは確認できたとしても、それは仮説がある程度、正しいことを確認できるだけで、仮説が絶対に正しいか否かは実験では判らないと考えるのである[93]。

　これは革命的な転換であった。ニュートン Isaac Newton やロック John Locke は、「絶対に正しいといえるような事実 absolute truth」を人間が知ることはできないと考えた。人間にできるのは、実験によってある程度、確実な「事実」を知ることだけなのである。人間の経験も実験の一種であって、経験する人間の数が多ければ多いほど確実性が高くなるのである（とくに専門家集団による経験の集大成は、最高の確実性を保証する）。

　この考え方が、17世紀の法学に革命的な転換をもたらすことになった。ヘイル卿たちは当時、活躍していた自然科学者たちと交流があり、自然科学者たちの実験に対する考え方をよく知っていたからである。これまでコモンロー法学者たちの判例を重視する考え方は、実験を重視する自然科学の考え方とは関係がないと考えられていた。なぜなら、自然科学では仮説が正しいか否かを実験で確かめるのに対して、コモンロー法学者は判例から引き出してきた一般的な「法原則」を仮説とは考えずに権威あるものと考え、それが間違っていると判っても、簡単に放棄することはしなかったからである。しかし、この考え方は法律の形式面ばかりを問題にしていて、法律が目的としていることや法律を適用した結果えられる効果を無視していた。しかも、おなじ法律を違った事案に適用する際に行なわれる解釈変更の事実も無視していた。判例を分析して、そこに示されている「法原則」を判例から読み取ってくる作業と、自然現象の因果関係を仮説と実験で確かめる作業には大きな違いがあるが、同時に共通した考え方も存在していたのである。

　17世紀に自然科学の方法をめぐって、ボイル Robert Boyle とホッブスのあ

いだで有名な論争が展開されたことがあった[94]。ホッブスによれば「哲学 philosophy」（今でいう「科学 science」）とは、因果関係を「合理的に by true ratiocination」説明できる知識のことなのである。「哲学」は望みうる最も確実な知識でなければならず、人間の感覚でえられる不確実な知識を介在させてはならないのである。人間の感覚や記憶も知識の一種ではあるが、それは「理屈 reason」に基づいていないので「哲学」の名に値しないのである。実験は「記憶の一種に他ならず nothing but memory」、実験では絶対に間違いのない「真理 truth」か否かを確認することはできないのである。こういってホッブスは、ボイルが空気ポンプで真空状態を作り、光が真空中でどうなるか調べてえられた知識を「哲学」でないと結論づけている。それに対してボイルは、それが絶対に間違いのない「真理」だなどとは考えていないと答えている。

ボイルもヘイル卿も、このような考え方が科学の発展を妨げるとは考えなかった。逆に、絶対に間違いない「真理」の追求などそもそも不可能だし、それに危険なことだと考えていた。なぜなら、人間の知識には不確実性が付き物であり、絶対に正しいといえる「真理」の追求が可能だと考えることは、異なる考え方に対して不寛容になることを意味するからである。

実験によってえられる知識が絶対に間違いないといえないなら、その知識が意味あるものか否かは、どうすれば確認できるのであろうか。この問題に対してボイルは、他の科学者がおなじことを確認できれば、それで十分だと答えている。おなじ実験でおなじ結果がえられることを多くの科学者が確認すれば、それで十分なのである（その数は多ければ多いほどよい）。もし全員がおなじ結果を確認できれば、それが最も蓋然性の高い「真理」とされるのである。このように、ボイルは20世紀後半になって広く受け入れられるようになる考え方を、すでに17世紀に提唱していた。科学者がいう「真理」とは、科学者たちが「真理」だと考えていることであって、それ以上の意味はないのである[95]。

またボイルは、実験を行なう際に「第一原因 first causes」を探求するようなことは考えるべきでないとしている。ボイルにいわせれば、「第一原因」に関しては、いろいろな意見があってよいのである。この点でもホッブスはボイ

ルに反対であった。ホッブスにとって異なる意見は「平和を乱すもの disunity」であり、許されないことなのである。

　ヘイル卿はボイルに味方している。なぜなら、ボイルの科学思想はヘイル卿の法思想と似ていたからである。ヘイル卿によれば、ある「法原則」が有効か否かは、多くの法律家が有効性を確認することで決まってくると考えていた。これは、ボイルが「科学における真理とは何か」ということに対してもっていた考え方と似ていた。またコモンロー法学者が「先人たちの築き上げた道理 artificial reason」(判例という過去の経験からえられた法原則)を重視する考え方は、自然科学者が実験を重視する考え方と似ていた。

　ヨーロッパの法制度が過去の経験を重視してきたことは、すでによく知られていた。しかし17世紀までは、それが理論化されることはなかった。クック卿・セルデン・ヘイル卿が初めて、イギリスのコモンローを例に理論化したのである。過去の経験に「規範的な意味 normative character」を認め、慣習や判例に法源としての意味を認めたのである。のちに歴史法学が自然法学・実定法学とならぶ法学の一分野として登場してくる基礎を築き上げたのである。

　法制度には、道義的な側面(正義の実現)・政治的な側面(秩序維持)のほかに歴史的な側面(伝統の維持)も存在することを、クック卿・セルデン・ヘイル卿(クック卿よりもセルデン、セルデンよりもヘイル卿)はよく理解していた。法制度がもつこの3つの側面を統合すべきこと、また道義的な側面と政治的な側面が対立する場合は、歴史的な側面を考慮に入れて対立を解消すべきことを彼らは主張していた(少なくとも彼らが書き残したものから、そのことが読み取れる)。法制度には、歴史的な経験に照らして道義的な要求と政治的な要求のバランスをとることが必要なのである。つまり経験に従って、正義の実現と秩序の維持をどうバランスさせるかを考えるべきなのである[96]。

第9章　新しい法学の登場

　17世紀末-18世紀中頃にイギリスの法制度は大きく変わることになった。法制度の歴史が「規範的な意味 normative character」をもつことを前提に体系化が実現することになったからである。

　まず「新しい判例主義 modern doctrine of precedent」が登場してくることになった。財産権の保護と契約・不法行為・不当利得によって発生する債務の履行を強制するため、伝統的な「訴訟方式 forms of action」に変更が加えられることになった。また、この「訴訟方式」の変更と「新しい判例主義」の導入に関連して、古い学説を新しい法目的実現のために利用できるよう「擬制 legal fiction」を利用するやり方が導入された。

　事実や正義の意味も変化した。陪審員が事実の認定や法律の適用を判断する際に問題になっていた判事の影響が排除され、刑事裁判では被告の権利が拡大された。また証拠提出に際しては「当事者同士が対決するやり方 adversary system」が採用され、さらに民事裁判でも刑事裁判でも証拠の評価方法が変更された。

　法学研究のあり方も大きく変わった。イギリス法を全体として体系的に分析する「論文 legal treaties」が新しく登場してくるようになったのである[1]。

　以上で指摘した新しい傾向は、一見すると英米法に特徴的な技術的「方法」をただ列挙しただけのように思えるが、この章ではそれが相互に結びついた1つの体系を構成していたことを示してみたい。問題を解決するために考え出された技術的な「方法」というより、理論の問題であることを証明してみたい。ちなみに16-17世紀には、「方法 method」という言葉と「科学 science」という言葉は、おなじ意味で使われていた[2]。

　なお「法学 legal science」という言葉には、いろいろな意味があるので、こ

こで少し説明をしておきたい。ふつう英語で「科学 science」というと、物理学や化学のような「自然科学 hard natural science」を意味するが、これは英語特有の意味であって、ドイツ語・フランス語・ロシア語で「科学 Wissenshcaft/science/наука」といえば、それは一般的な原則によって1つにまとめられた知識の体系という意味で使われ、かならずしも「自然科学」だけを意味するわけではない。そこで「法学 Rechtswissenschaft/science de droit/правовая наука」も「科学」の一分野として認められることになる。

　また「法学」というと、それは法学者が作り出した法律に関する「知識の体系 body of knowledge」を意味する（物理学が物理学者の作り出した物質・運動に関する知識の体系、地学が地学者の作り出した地球に関する知識の体系であることとおなじ）。また「法学」というと、それは法律の機能そのものや機能の仕方も意味する。さらに「法学」は法律を適用する「技術 art」も意味する（この点では医学と似ている）。つまり、法律の制定者・執行者（議員・判事・行政官など）が「法学」のあり方を決めているということである。したがって「法学」は、「法律に関する知識 statements about law」だけでなく「法律に関する意見表明 statements of law」であるということにもなる。またヨーロッパの伝統的な考え方によれば、「法学」とは個々の法律・判決と「法原則 legal principles」の関係に関する体系的な知識も意味する。たとえば、ある種の契約は法律によって履行が強制されるとか、故意に殺人を犯せば「謀殺 murder」になるとかいった簡単な法律の条文にも、基本的な「法原則」が適用されている。契約は裁判所が判決の形で履行を義務づける債務を発生させるという原則・ある種の殺人は他の殺人より重い罰則を科すべきだという原則・民事法と刑事法は区別されなければならないという原則などが、そんな「法原則」の例である。こうした「法原則」は、正義を実現し、秩序を維持するために必要なこととされている。ただ「法学」は自然科学と違って、行為の当事者（法律の制定者・執行者など）が行為のあり方を決め、行為の意味を判断し、その判断が「法学」の重要な部分を構成しているという特徴がある（他の社会科学や言語学もおなじ）。ヨーロッパで「法律に携わる者 legal actors」は、自分たちがやっていることがそのま

ま体系的・客観的・検証可能な知識の体系、つまり法律を分析したり評価したりするときに基準となる「法の大原則 meta-law」になるのだと説明してきた。

17世紀末-18世紀中頃のコモンローは、一方でその法令のあり方も「法原則」もイギリス特有のもので、「イギリス独自の法学 internal science」だとされていたが、しかし他方で当時の法学者たちが書いていた論文には、コモンローを分析・分類・体系化・評価する基準をイギリスだけでなく外国にも求め、また法学以外の学問分野にも求める「イギリス以外の国でも通用する法学 external science」とされるようになっていた[3]。当時は「法学 legal science」という言葉が頻繁に使われていたが、そのとき「イギリス独自の法学」と「イギリス以外の国でも通用する法学」の違いが意識されることはなかった。たとえばブラックストン卿 Sir William Blackstone は、1753年にイギリスの大学で初めてコモンローの講義を行なうことになったとき、「法律は実務の問題であるだけでなく体系的な法学の問題でもある」としてコモンローに内在する「基本的な法原則 general principles」を問題にすべきであり、それを明らかにするのが法学者の任務だとしており[4]、実際にコモンローを分析・評価するに際しては、ヘイル卿が3世代前に提唱した方法[5]、つまり哲学・神学・自然科学、さらにはヨーロッパ大陸各国の法制度も参考にしている。コモンローの講義が彼に託されたのは、コモンローの教授法を「開発・定式化・解説するためであり」、さらに「科学的な方法で in a solid, scientifical method」でコモンローを研究するためであった[6]。つまり間接的にだが、彼は「イギリス独自の法学」を「イギリス以外の国でも通用する法学」にすべきだといっているのである。コモンローの講義が大学で行なわれるようになったのは、一般教養として「貴族の子弟や法学を専門としない研究者 every gentleman and scholar」に法学の知識を授けるためであった[7]。そんなときに「イギリス独自の法学」だけを教えていたのでは、そもそも講義を設置した意味がなくなってしまうからである。

注意しなければならないのは、当時イギリス法に関する論文を書いたのが大学教授ではなくて、判事や弁護士だったということである。17世紀末-18世紀中頃のイギリスの法制度は、彼らが書いた論文の影響を受けて大きく変わるこ

とになった。それまでヨーロッパの法理論は（イギリスも含めて）法学者が作り上げてきたが、この頃イギリスに新しく登場してきた法理論は判事や弁護士が作り上げたものであった。イギリス革命の結果、判事や弁護士は「実定法 positive law」の後見役だけでなく法学の後見役も引き受けることになったのである。また、そのおかげで狭い意味での「方法」と広い意味での「理論」という、それまで分かれたままになっていた法学の2分野を1つに統合することにも貢献することになったのである。

第1節　新しい「判例主義 doctrine of precedent」の登場

　イギリスの「コモンロー裁判所 royal courts」では、早くから判例に強い関心を示していたが、とくに法廷での審議が記録されるようになってからは、この傾向が強化された。教会法・ローマ法にも「一般化・理論化を避け、事案ごとに対応する考え方 casuistry」はあったが、コモンローでもそれは重視されていた。なぜなら、コモンローは大学の講義科目ではなかったし、法学者が理論の問題としてコモンローを議論の対象にすることもなかったからである。ただし「過去の判決との整合性を重視する考え方」といっても、過去の判決を法律の1つの適用例としか考えていなかった17世紀までのヨーロッパでは、過去の判決に「規範的な意味 normative force」を認めたり、法源としての役割を認めたりする考え方はなかった。過去の判決は、あくまでも特定の訴訟に対する特定の判断にすぎず、それが後の判決を拘束するとは考えられていなかった。13世紀に『イギリスの法と慣習 Treaties on the Laws and Customs of England』を書いたとき、ブラクトン Henry de Bracton は500もの判決に言及しているし、この本を書くときに使ったと思われる『ノートブック Note Book』には2000もの判決が収集されているが、彼に「判例主義 doctrine of precedent」の考え方はなかった。彼が書いたものには、「判例 precedent」という言葉すら登場してこない。

　ブラクトンは教会法の考え方を採用しており（『イギリスの法と慣習』には教会

法の考え方が繰り返し登場してくる)、「過去の判決に従うのではなくて道理に従って判決を下すべきである non exemplis sed rationibus adjudicandum est」と彼は考えていた。過去の判決は「法原則」を説明する際の例にすぎず、それが法源になりうると彼は考えていなかったのである。『イヤブックス Year Books』の時代（1290年頃-1535年。この時期、法廷での議論が公式に記録されることはなく、法学生が法廷での議論をメモしたものが唯一、残された法廷記録であった。毎年、編纂されていたので、この名前がある）によく似た判例があっても、それは「判事たちの習慣 mos judiciorum」としか考えられておらず、拘束力があるとは考えられていなかった。

『イヤブックス』の時代が終わると個人が判例集を印刷・出版するようになるが、その内容は『イヤブックス』とおなじであった。有名な判事の名前で出版され、訴訟の内容・判事や弁護士の意見・編者のコメントが混在していて、史料としては信頼できなかったが、新しい考え方の登場をそこに見ることができる。つまり訴訟手続きに限ってコモンロー裁判所が先例として拘束力を認めるようになっており、その意味では過去の決定に拘束力を認めるようになっていた。ただ判事は、それを無視することもできた。「判例 precedent」という言葉が初めて登場してくる1557年の判例集には、「すでに2つ判例が存在していたにもかかわらず、下された判決は判例とは違っていた」と書かれている[8]。「判例」といっても訴訟手続き（裁判所の管轄権も含む）に限られており、それが「判例」として認められたのは、コモンロー裁判所と他の裁判所の管轄権を区別する必要があったからであろう[9]。

「判例主義」を採用する場合、判事の意見を判決に「欠かせないもの holdings」と「なくてもよいもの dictum」に分ける必要が出てくる。判決に「欠かせないもの」が「法原則」となり、それが判例とされて拘束力をもつことになるのである。この区別が初めて提唱されたのは1673年のことで、「民訴裁判所 Court of Common Pleas」の主席判事であったボーガン卿 Sir John Vaughan がその提唱者であった。「民訴裁判所」で述べられた判事の意見のうち、判決を下すうえで必要とは思われないもの、意見が反対の内容であったと

しても判決に影響するとは思えないものは、「なくてもよいもの gratis dictum」である。しかしボーガン卿は、かならずしも判例に従う必要はないとも考えていた。「もし判事が判例を間違っていると考えるなら、法律に従って判決を下すと宣誓している（つまり良心に従って判決を下すと宣誓している）以上、違った判決を下してもよい」のである[10]。

このことに関してヘイル卿は、こういっている。「裁判所の判決は、たしかに制定法ではない（法律を制定できるのは、国王と議会だけである）。しかし裁判所は法律を解釈し、それを判決として公表するという重要な役割を担っている。とくに判決が過去に繰り返された判決と一致する場合、その判決は判事の個人的判断を越えた法原則とみなされるべきである」[11]。

ここで注目したいのは、繰り返し下された過去の判決を重視するヘイル卿の考え方である。おなじ判決が繰り返し下された場合、それは「法原則」の一種とみなされるべきなのである。それは「法原則」として受け入れられている証拠であり、したがって拘束力をもつのである[12]。判事は法律を「作るのではなくて do not make」過去の判決のなかから「法原則」を「新しく見つけ出してきて find」「公表する declare」のである。これは「発見・公表説 declaratory theory」と呼ばれているが、この考え方の前提には、当時、弁護士のあいだで「合理的な理由 reasonableness」と呼ばれるようになった基準が存在していた。この考え方があったおかげで裁判所は、悪い慣習を改めることもできた。ポステマ Gerald Postema によれば、17世紀末-18世紀初めに新しく登場してきた「伝統を重んじる traditionary」（このポステマの表現は適切である）「判例主義」が重視した「合理的な理由」という考え方は、古くからある自然法理論のように抽象的な「道理 reason」とか「正義 justice」といったものに基づいたものではなく、つぎのような2つの理由に基づいていた。1）判例として歴史的に認められてきており、法制度全体との適合性も認められていること。2）判例を構成している個々の判決は法律の専門家である判事によってきちんと理由づけがなされており、またすべての判事がその理由づけを適切と認めていること[13]。

これは、19世紀に登場してきた「厳格な判例主義 stare decisis」とは別物である。「厳格な判例主義」では、1つでも似た内容の裁判で判例があれば、それと違った判決は下せないとされていたからである。これは19世紀に特有のものであって、17世紀末-18世紀初めにそのような考え方はなかった。「厳格な判例主義」の出発点は、17世紀末-18世紀初めに登場してきた「欠かせないもの」と「なくてもよいもの」を区別する考え方であったが、17世紀末-18世紀初めの「判例主義」には、「判事たちの習慣」という考え方が前提にあったことを忘れるべきでない。1つの判決では不十分であって、何回かおなじ判決が繰り返される必要があると考えられていたのである。また判例を覆すためには、それなりの理由が存在しなければならなかった。1762年という遅い段階で、まだマンスフィールド卿はこう書いていた。「判決に見られる道理と精神 reason and spirit が法を作るのであって、判決の文言が法を作るのではない」[14]。

　第8章「新しい法思想の登場」で見てきたように、このような考え方は17世紀末にロイヤルソサエティで活躍したボイル・ニュートン・ヘイル卿たちのものと共通していた。18世紀中頃にヒューム David Hume が、この考え方を理論化している[15]。ヒュームによれば、我々が「事実」として受け入れているものは、それが繰り返し「事実」であることが確認できているからで、この方法は昔から行なわれていたことなのである。これはボイルの考え方、つまり自然科学でも社会科学でも「真実」と呼べるものは専門家が実験（経験）で確認し、それを「真実」として受け入れているものであるとする考え方を抽象的に述べただけである。「伝統を重んじる判例主義」は、判決に「欠かせないもの」が繰り返し適用されていれば、それを「多分、正しいと考えてよい」判例として採用するのである。これは化学者や物理学者が実験の結果を繰り返し確認できれば、それを「多分、正しいと考えてよい」証拠と考えるのとおなじである。

第2節　新しい「訴訟方式 Forms of Action」の登場

　もともとコモンロー裁判所に「過去の判決との整合性を重視する考え方

casuistry」が存在していたことは、すでに触れたとおりだが、17世紀末-18世紀初めに「新しい判例主義」が確立されると、それに対応して古い「訴訟方式」が改められ、さらに財産・契約・不法行為・不当利得の意味も広く解釈されるようになった。

1178年に設置された「民訴裁判所 court of Common Pleas」はイギリス最初の「コモンロー裁判所 royal courts」だが、これを設置したヘンリ2世は、その管轄を大法官が「令状 writ」を発行する民事紛争に限定した。当初、大法官は「令状」を土地・動産・個人の身体に対する「侵害行為 trespass」に限定して発行していたが、やがて「金銭債務の支払いを求める令状 writ of debt」・「不法に留置された動産の損害賠償を求める令状 writ of detinue」・「不法に占有された動産の占有回復を求める令状 writ of replevin」・「契約違反に対する損害賠償を求める令状 writ of covenant」なども発行するようになった。1300年には、こうした「令状」発行による「訴訟方式」が数多く登場していた（被告を「民訴裁判所」あるいは「王座裁判所」に出頭させて「令状」に示された原告の申し立てに答えさせるよう「州長官 sheriff」に命じる「令状」が発行されることで訴訟が開始されたが、「令状」ごとに裁判所・訴訟手続き方法などが異なっていた）。14-15世紀になると、さらに新しいタイプの「令状」が発行されるようになった。なかでも重要なのが、従来コモンローで認められていた「令状」に代えて発行されるようになった「訴訟開始令状 writ of trespass on the case」である。これによって身体・財産に対する侵害行為が不作為による場合でも賠償請求が可能になり、さらに「被告が明示的に約束したことを根拠に起こす訴訟 special assumpsit」で賠償請求ができるようになった[16]。さらに16世紀になると、「被告が明示的に約束しなかったことを根拠に起こす訴訟 indebitatus assumpsit」でも、被告との約束が暗示的にでも確認できれば（たとえば被告が金銭を受け取っていながら、原告が金額を明示しなかったことを理由に返却しないような場合）、賠償請求ができるようになった。

どの「訴訟方式」もやり方が厳格に定められており（管轄裁判所・被告の召喚手続き・審理方式・判決の種類・執行方法などが「訴訟方式」ごとに違っていた）、も

し原告が「金銭債務の支払いを求める令状」を請求すべきときに「不当に留置された動産の賠償請求を求める令状」を請求してしまうと、それだけで原告は敗訴した。このようにコモンロー裁判所（民訴裁判所・王座裁判所）が極度の形式主義に陥っていたからこそ、チューダー朝の国王は「国王裁判所 prerogative courts」を新設したのである。民事裁判に限らず刑事裁判でも事情はおなじであった。この「国王裁判所」に対抗するため、コモンロー裁判所は「被告が明示的に約束したことを根拠に起こす訴訟 special assumpsit」の意味を拡大解釈することにした。たとえば、16世紀末-17世紀初めには「明示的に約束したこと」に将来の約束も含めるようになり、さらに相手方が約束を実行することを条件に実行を約束する場合も含めるようになった[17]。それでもコモンロー裁判所は形式主義を脱しえず、契約をめぐる訴訟がコモンロー裁判所に持ち込まれることは稀であった[18]。

　16世紀に登場してきた「国王裁判所」（「大法官裁判所 Court of Chancery」改め「大法官高等法院 High Court of Chancery」・「海事裁判所 Court of Admiralty」改め「海事高等法院 High Court of Admiralty」・「星室裁判所 High Court of Star Chamber」・「高等宗務官裁判所 Court of High Commission」・「請願裁判所 Court of Requests」・「後見裁判所 Court of Wards and Liveries」など）が採用した考え方は、コモンロー裁判所（民訴裁判所・王座裁判所）が「融通のきかない手続き formulary procedure」の根拠として採用していた考え方と違っていた。たとえば「大法官裁判所」の訴訟法や実体法はコモンローのものと違っていたし、「大法官裁判所」が「公平 equity」を実現するために使った法的な理由づけもコモンロー裁判所のものと違っていた（おなじことが他の「国王裁判所」についてもいえる）。もちろんコモンロー裁判所と「国王裁判所」のあいだには、おなじイギリス法として共通点は存在していたが（それはヨーロッパ大陸各国の法制度との共通点でもある）、それでも違いは存在していた。

　ところが、1640年代に「長期議会」が「星室裁判所」・「高等宗務官裁判所」を廃止し、さらに「大法官府裁判所」・「海事高等法院」・教会裁判所に対するコモンロー裁判所の優位性が確立すると、民事裁判も刑事裁判もコモンロー裁

判所が担当するようになった。その際に可能だった選択肢は、コモンロー裁判所が従来、厳格に要求していた「訴訟方式」を放棄するか、伝統的な「訴訟方式」が要求されていた「訴訟原因 causes of action」のみに「訴訟方式」の適用を限定するか、「国王裁判所」で救済されていた事案も含めるように「訴訟方式」を拡大解釈するかのいずれかであった。そして選択されたのが拡大解釈する方法であった。

第3節　所有権保護のために利用された「擬制 legal fiction」

「訴訟方式」が「擬制」を利用することで拡大解釈されることになった。まず、「不動産の所有権（もともとは占有権）freehold」を保護するために「不動産賃借権 leasehold」の救済手続きであった方法を応用して「不動産所有（占有）回復訴訟 action of ejectment」を可能にし（しかも対象は不動産に限定されない）、さらに「動産侵害による損害賠償請求訴訟 action of trover」を可能にする事案の範囲も広げられた（しかも対象は動産に限定されない）。

まず「不動産所有（占有）回復訴訟」だが、これは13世紀に導入された制度で、もともと土地を占有する者（とくに賃借人）を賃借権より優位な所有権を主張する者（賃貸人を含む）から保護するために設けられた制度であった。当時、土地に対する占有権は意味が狭く、それを取り戻すために訴訟を起こす場合は非常に煩雑な手続きが要求された。コモンローが念頭に置いていたのは封建的な占有(保有)権であって、それ以外の占有権は念頭に置いていなかったからである。ところが17世紀になると、近代的な所有権を保護する必要が出てきた。そこでコモンロー法学者は、「擬制」を使って「土地の所有権 title to land」を取り戻す訴訟に「土地の占有権」を取り戻すために利用されていた「不動産賃借権」の救済手続きを利用することにした。まず「不動産所有（占有）回復訴訟」の原告（スミス）が仮の賃借人ジョン＝ドウ John Doe に土地を賃貸したことにして、さらに仮の賃借人であるジョン＝ドウがべつの賃借人リチャード＝ロ

ウ Richard Roe に占有地を奪われ（おなじ土地をリチャード゠ロウはサンダースから賃借していることになっている）、占有権を回復するためにジョン゠ドウはリチャード゠ロウを相手に訴訟を起こすが、リチャード゠ロウはジョン゠ドウと争わない旨、第三者（サンダース）に通告したことにする。そこでサンダースは「ロウ」に代わってジョン゠ドウと争うことになり、裁判所に被告として出廷することになる。その結果、裁判所はスミスとサンダースのどちらが優位な賃貸権（つまり所有権）をもっているか判断すればよいことになる。このような訴訟は「スミスから土地を賃借したドウ対サンダース Doe d. (on the devise of) Smith vs Saunders」裁判と呼ばれた。形式的には、スミスの賃借人がサンダースに対して「不動産賃借権回復訴訟」を起こしたことになるが、実際には被告のサンダースが第三者を代表してスミスと所有権を争い、その土地に対して所有権を主張しうる他の者にも裁判所は訴訟を公表することになる。実際にはスミスとサンダース（さらに第三者も争いに参加してくる可能性はある）が土地の所有権を争っているのに、形式的には土地の賃貸権を争う形にしたのは、コモンローが他に適用できる便利な手続き方法を知らなかったからである。

　おなじことが「動産侵害による損害賠償請求訴訟 action of trover」についてもいえた。動産の優位な占有権を主張する者が動産の占有者に対して起こす損害賠償請求訴訟を、近代的な所有権を争う訴訟に読み替えたのである。この訴訟は、もともと原告がなくした物を見つけた（原語の trover はフランス語の「見つける trouver」からきている）被告が原告に嘘を付いて返却せずに使っている場合に認められていた訴訟だったが、この訴訟で被告は「動産占有回復訴訟 action of replevin」のように動産は返還せず、損害賠償として代価を支払うことになっていた。16世紀になると、被告の悪意は当然、存在すると考えられて争いの対象とはされなくなった。なぜなら「動産返還請求訴訟 action of detinue」には「雪冤宣誓 wager of law」という証人制度が要求されたが（訴訟当事者の言い分が信用できることを定められた数の証人が宣誓のうえ証言する制度）、この古い制度は煩雑でしかも信用できなかったからである[19]。しかし当時、問題になっていた訴訟は「動産返還請求訴訟」と似ていた。つまり被告は原告が

占有権を有する動産を不法に占有（使用）していたからである。さらに17世紀末-18世紀になると、占有権でなく第三者にも対抗できる所有権を争う訴訟だとされるようになった[20]。この場合も「不動産所有（占有）回復訴訟」と同様、裁判所は「所有権 title」が原告にはなくて第三者にあることにして、訴訟が起こされたことを公表したのである[21]。

　この２つが17-18世紀にコモンローの実体法に変更を加えることになった代表的な「擬制」であった。一見すると大変、恣意的な「擬制」のように思える。このやり方は、法律の条文を単純に拡大解釈するやり方とは違っているからである。もともと「保証 warranty（guaranty）」という言葉は、売主が明示的に同意している保証だけを意味していたが、やがて売主が明示的に同意していない瑕疵についても保証する意味で使われるようになった。売主が明示的に不同意を表明していない限り保証は有効であるとされるようになったが、これはさほど恣意的な意味の変更とはいえない。「法律の趣旨から implied in law」すれば拡大解釈は可能なのである。おなじように、会社は「人 person」ではないが「法人 legal person」として訴訟の当事者になりうるし、他人の土地に許可なく侵入した子供がその土地で怪我をした場合（その原因が何であるかは問われない）、その子供は「不法侵入者 trespasser」とはみなされないで「招待された者 invitee」とみなされるのである（したがって怪我に対する賠償責任は土地の所有者にある）。

　法律上の「擬制」は嘘とは区別される必要がある。相手を騙すことが目的ではないからである。小説が「擬制」のうえに成り立っているのとおなじである。誰も法律上の「擬制」が本当のことだとは思わないが、「法律上は本当だとされる it is true in law」のである。

　ベンサム Jeremy Bentham は、このやり方に反対であった。言葉には１つの意味しか許されず、そのことを誰もが何時でも確認できて、しかもそれは価値中立的でなければならないと彼は考えていた。「擬制 Fiction・同義反復 tautology・判りにくい専門用語 technicality・回りくどさ circuity・決まったやり方がないこと irregularity・一貫性のなさ inconsistency、こうしたものがイギ

リス法の特徴だが、なかでも擬制の多さがイギリスの法律文書の最大の欠点である」[22]。これがベンサムのコモンローに対する考え方であった。伝統を大切にしつつ（ベンサムはその必要性を認めなかった）新しい現実に対応するためには、言葉・概念・法律の意味の曖昧さ（ときには相互矛盾）は止むをえないことなのである。否、場合によっては、むしろ必要なことであった。

17世紀末-18世紀にコモンローに導入された「擬制」は、古い法律を使って新しい訴訟方法と法律内容の導入を可能にするものであった。それは昔なじみの法律を使って新しい事態を処理することを意味した[23]。それが「擬制」の効用であった。19世紀のドイツの歴史法学者サビニー Friedrcih Carl von Savigny は、こういっている。「擬制」によって導入された新しい法律内容は、「古い既存の法制度に直接、新しい法律内容を導入することで、古い法制度の信頼性と発展を法制度にもたらしたのである」[24]。

17世紀末-18世紀初めのイギリスでは、それは実用的な意味をもっただけでなく、法理論的にも大きな意味をもったやり方であった。つまり、コモンローに対する伝統的な信頼感を強化する効果があったのである。イギリスの判事たちは「擬制」を利用することで判例主義を確立したのである。「擬制」と判例を利用して新しい法律を生み出す方法を考え出したのである。また、それは過去との継続性を維持する方法でもあった。

第4節　主要な3つの債務を処理するために拡大解釈された「訴訟方式」

17世紀末-18世紀初めにコモンロー裁判所は、当時ヨーロッパの「共通法 jus commune」で認められていた3つの債務（契約違反・不法行為・不当利得から発生する債務）を処理するため、「訴訟方式」を拡大解釈することにした[25]。たとえば「被告が明示的に約束したことを根拠に起こす訴訟 special assumpsit」を拡大解釈することでコモンロー裁判所は、「大法官裁判所」・「海事高等法院」・「高等宗務官裁判所」・「星室裁判所」が管轄していた契約をめぐる訴訟

を管轄下に置くようになった。その結果、イギリスの契約法が統一されることになり、またローマ法・教会法にはなかった厳格な条件が契約に要求されることになった。1677年に議会が「詐欺防止法 Statute of Frauds」を制定するが、そこで契約は書面によることが求められている。それまでは口頭による契約に有効性を認める裁判所があったが（教会裁判所）、その後はどの裁判所でも契約は書面によらなければ効力を認められないことになった。

コモンローで認められていた「被告が明示的に約束したことを根拠に起こす訴訟」が他の裁判所の管轄下にあった契約にまで適用されるようになると、他の裁判所が採用していた考え方がコモンロー裁判所でも採用されることになった。なかでも重要だったのが、実行不可能なことを理由に契約不履行の正当性を主張することは認められないという原則である。1647年に「パラダイン対ジェイン Paradine v. Jane」裁判に対して「王座裁判所」が下した判決がそれである。ピューリタン革命の最中、ルパート侯（国王派）の軍隊が侵略してきたために土地の利用ができなくなったことを理由に、土地の賃借人が地代の支払いを拒んだことに対して起こされた訴訟である[26]。被告の弁護士は「道理 law of reason」を理由に被告に地代を払う義務はないと主張した。土地を利用できなくなった理由は被告の責任ではなく、「教会法・ローマ法によっても、また道義的にも by moral law」被告は地代を支払う義務はなく、「軍隊法でも、また自然法でも国際法でも被告は地代の支払いを免除されている」と主張した。それに対してコモンロー裁判所は、「契約によって義務を負った以上、被告はいかなる理由であれ、その義務を免れることはできない」としている[27]。この地代の問題を契機に、契約はつねに履行が求められるという法原則が確立した[28]。

この法原則は、「契約 covenant」を神聖視するピューリタンの考え方からもきている。また「商取引の保護 security of bargained transactions」という商人の論理も見て取ることができる。しかし重要なことは、他にも新しい法原則が登場していることである。地代の支払いを命じる理由としてコモンロー裁判所は、「止むをえない理由 inevitable necessity」があっても契約の不履行は認

められないとしているが、この原則によれば、契約によって発生してくる債務と不法行為によって発生してくる債務を区別することが可能になるからである（不法行為によって発生してくる債務の場合、「止むをえない理由」が不履行の理由になりうる）。

　コモンロー裁判所において契約から発生する債務と不法行為から発生する債務が区別されるようになり（「大法官裁判所」・「海事裁判所」・「星室裁判所」では、早くからこの2つは区別されていた）、イギリスの不法行為法は、その考え方を大きく変えることになった。コモンローにおける人や物に対する損害賠償請求の「訴訟方式」は、すべて故意または過失によるものと、故意または過失によらないもの（「無過失責任 strict or absolute liability」）に整理されることになったのである（それまでは、さまざまな「訴訟方式」が存在していた）。ただし、14世紀に登場してきた「直接侵害行為 trespass」と「間接侵害行為 trespass on the case」の区別は残された（「直接侵害行為」の場合は被告が「止むをえない理由」を証明する義務を負ったのに対して、「間接侵害行為」の場合は被告の過失を原告が証明する義務を負っていた）。不法行為責任を故意や過失に求める新しい法理論は、17世紀末-18世紀に明確な形を整えることになったが、その切っ掛けになったのが、1703年の「コッグス対バーナード Coggs vs Bernard」裁判に対してホルト卿 Sir John Holt が判決を下した際に展開した「寄託 bailment」論である[29]。ホルト卿は「海事裁判所」など、それまでコモンロー裁判所以外で採用されていた「商法 mercantile law」・「海商法 maritime law」に言及しながら、「過失 neglect」による「受寄者 bailee」の賠償責任（この場合は「重大な過失 gross neglect」が証明されなければならない）と「無過失責任」（「ただし神によるものと国王の敵によるものは除く」と付記しているが、これは「海商法」からの引用である）を区別している。ホルト卿はローマ法にも言及しているが（ユスチニアヌス法典の『法学提要』やブラクトンらが使っているローマ法の学説から引用）[30]、さらに被雇用者の「過失」に対して雇用者は「無過失責任」を負うという原則（「奴隷の過失は主人の過失 respondeat superior」）もコモンローに取り込んでいる[31]。

　「過失 negligence」という考え方がイギリスで登場してきたのは19世紀にな

第9章　新しい法学の登場　305

ってからとする法制史家がいるが[32]、彼らは17世紀末-18世紀にコモンロー裁判所が「訴訟方式」を拡大解釈する形で「過失」を訴訟の原因として「こっそり忍び込ませていた secreted」ことに気づいていない。プラクネット T. F. T. Plucknett は、そのことをつぎのように指摘している。「木材として加工される以前から、すでにイギリスの法律家たちは木材のことがよく判っていたのである。ただ、それが過失を訴訟の原因とする訴訟 action on the case for negligence という名前で呼ばれなかっただけである」[33]。

　ローマ法の「不当利得 condictio」に相当する考え方をコモンローに取り入れる際も、「被告が明示的に約束しなかったことを根拠に起こす訴訟 indebitatus (general) assumpsit」を拡大解釈することで、コモンロー裁判所はそれを可能にしていた。すでに指摘したように、この「訴訟方式」が登場してきたのは15世紀末-16世紀初めのことだが、正式に契約が交わされていなくても、明示的・暗示的に契約関係が確認できる場合、これを救済する方法として導入された[34]。たとえば、返却期限を設けずに商品を引き渡したところ、受け取った側が商品を返却もせず代金も支払わない場合、あるいは返却期限を設けずに金銭を引き渡した場合などである。全部で7つあるとされていたが（「訴訟の原因 common counts」と呼ばれていた）、いずれの場合も、受け取った側はその代価を支払わなければならないとされていた[35]。

　「被告が明示的に約束しなかったことを根拠に起こす訴訟」は、17世紀末-18世紀初めに契約の存在が明示的・暗示的に契約関係が確認できる場合だけでなく、全く契約関係がない場合でも認められるようになった。たとえば金銭を錯誤によって未知の人間に渡した場合、たとえ善意であっても受け取った者は、その金銭でえた利益も加算して返還する義務が発生する可能性があった。契約が交わされている場合は、利益をえたか否かにかかわりなく契約で約束した金額を支払わねばならなかったが、契約が交わされていない場合は、返却する時点で金銭からえた利益を加算するのは、加算しなければ不当利得とみなされる場合だけであった。たとえば、両者の錯誤で金銭を受け取った善意の受領者が受け取った金銭を盗まれた場合、その金銭によって利益をえていないので受け

取った金銭を返還する義務はないとされた。さらに契約による債務は（たとえば被告が代価を支払うことを前提に商品を受け取った場合とか、部屋代を支払うことを前提に被告が部屋を借りた場合）、金額が明示されていない場合、裁判所が市場価格を参考に金額を決定するか、原告と被告が合意したであろう金額を裁判所が決めることができた。また契約が交わされていない場合は、被告がえたであろう不当利得分を加算することになるが、やはり市場価格を参考に裁判所が金額を決めるか、原告と被告が合意したであろう金額を裁判所が決めることになった。

17-18世紀初めになると、コモンロー裁判所もコモンロー法学者も「被告が明示的に約束しなかったことを根拠に起こす訴訟」でえられる損害賠償を「擬似契約 quasi-contract」による損害賠償と呼ぶようになった。この「擬似契約」という言葉はローマ法のもので、文字どおりに訳すと「あたかも契約が交わされたかのように quasi ex-contractu」という意味である。つまり契約が交わされていないことを前提に、あたかも契約による賠償責任があるかのような「擬制」によって賠償責任があることを論証するのである。

18世紀中頃には、「王座裁判所」の主席判事であったマンスフィールド卿 Lord Mansfield が「擬似契約」に明確な論拠を与えている。つまり「被告が明示的に約束しなかったことを根拠に起こす訴訟」において「擬似契約」による賠償責任を認め「受け取った金銭 money had and received」を返還させるのは、「正義 natural justice」と「公平 equity」の原則によるとしたのである[36]。こうして「不当利得」の考え方が事実上コモンローにも導入されることになった。このマンスフィールド卿の論拠は後に排除されるが（ブラックストン卿 Sir William Blackstone は支持していた）[37]、それでもイギリスの裁判所は「被告が明示的に約束しなかったことを根拠に起こす訴訟」で契約関係の存在が暗示的にすら確認できない場合でも、契約関係の存在を認めるようになった。正式にイギリスの裁判所が「不当利得」の考え方を認めたのは、20世紀後半になってからであった。

なぜコモンロー裁判所は長いあいだ「不当利得」の考え方を認めず、また「擬

似契約」の適用も8つの「訴訟の原因」だけに限定して、契約による債務のように無条件でこれを認めることをしなかったのか。これもピューリタンの考え方と「商取引の保護」という考え方で説明できるが、さらにコモンロー裁判所の優位性が確立することで、イギリスに新しい法学が登場してきたことも関連している。「被告が明示的に約束しなかったことを根拠に起こす訴訟」という考え方は、16世紀末-17世紀初めに新しく登場してきた考え方で、債権・債務関係があるところでは、債務者は債権者から受け取ったものに対して金銭を支払うことに同意したとみなすのである。「海事裁判所」・「大法官裁判所」・「星室裁判所」・「高等宗務官裁判所」など（つまりコモンロー裁判所以外の裁判所）では、早くから「不当利得」の考え方は受け入れられていたが、コモンロー裁判所が「被告が明示的に約束しなかったことを根拠に起こす訴訟」を契約関係が存在しない場合も認めるようになったのは（「訴訟の原因」がある場合に限定していたが）、17世紀末-18世紀初めになってからであった。それは、「不当利得」の意味が曖昧だったことによる。「利得 enrichment」の事実は簡単に確認できるが、それが「不当である unjust」か否かを判断するのは、コモンローが採用していた判例主義の方法では難しかったからである。しかし、すでに「被告が明示的に約束したことを根拠に起こす訴訟」がすべての契約で可能になっていたため、「不当である」ことを理由に「契約によって発生してくる債務」を拒否することは不可能になっていた。

第5節　新しい民事訴訟手続きと刑事訴訟手続きの登場

　もともとコモンローでは、民事裁判も刑事裁判も「裁判所での審問 judicial hearing」は行なわれていなかった。その代わりに12人の「宣誓人 jurati」が行なった「尋問結果 inquest」が国王の任命した巡回判事に提出され、大法官が発行した「令状」の内容の可否（民事の場合）、あるいは「大陪審 grand jury's presentment or indictment」で告発されている内容の可否（刑事の場合）を報告していた。また、陪審員みずから証拠を集めて評決を下していた。この

時期の陪審制のことを研究者は「積極型 active」陪審制とか「自分で証拠集めをする self-informing」陪審制とか呼んでいる。刑事事件では驚くほど有罪判決が少なかったし[38]、判事が陪審員の評決に不満があるときは「陪審員審査 attaint」が可能だったが（陪審員の評決が正しいか否かを審査するために、べつの陪審員が招集されて評決の結果を審査した）、その手続きは煩雑で、しかも民事裁判でしか行なわれなかった。

時代を経るに従って陪審員に証拠が提出されるようになり、13世紀初めには「土地の所有権移転 transfer of title to land」訴訟のような民事訴訟に証人が召喚され（「民事行為証人 deed witness」と呼ばれた）、陪審員の前で証言するようになった。15世紀になると民事訴訟で陪審員は、判事が陪審員に代わって行なった審問（裁判所において行なわれたものではない）に対する原告・被告の言い分に耳を傾けたり、証人の証言に耳を傾けたりするようになった。さらに刑事事件の場合は、裁判所で判事が審問を行なうようになり、それに対して被害者・被害者の家族・検死官・「保安官 constable」が直接、答えるようになった。16世紀中頃には民事裁判で証人の召喚がふつうに行なわれるようになり、刑事裁判でも「大陪審」の審問で治安判事が被疑者や証人を審問したり、裁判での審理でも判事のほかに国王が任命した検察官が被疑者や証人の審問をしたりするようになった。17世紀初めには裁判が始まる以前に陪審員が訴訟について調査を行なうことがなくなり、18世紀には裁判所外でえられた証拠を評決に利用することが禁止されるようになった[39]。

こうしてイギリス革命までには、「積極型 active」陪審制が「消極型 passive」陪審制に変わっていたが、それを実現したのはチューダー朝である。16世紀にはヨーロッパ大陸各国で民事訴訟・刑事訴訟ともに手続きが合理化されたが、その背景には宗教改革と王権の強化があった[40]。イギリスでは、「国王裁判所 prerogative courts」（陪審制を採用せず、専門家として訓練を受けた判事が原告や被告、証人を尋問していた）と競合関係にあったコモンロー裁判所が、陪審制の合理化を実現することになった。

17世紀末-18世紀初めにコモンロー裁判所で実現した改革は、つぎの4つで

ある。1）判事の支配から陪審員が独立、2）刑事裁判において被告の権利が確立、3）証拠をめぐって原告と被告が直接、対決する「当事者制 adversary system」を採用、4）有罪の決め手になる証拠の新しい評価方法（刑事裁判）と責任の有無を判断する証拠の新しい評価方法（民事裁判）の登場。

(1) 判事の支配から陪審員が独立

　16-17世紀初めにコモンロー裁判所で証人がさかんに召喚されるようになって「積極型」陪審制が「消極型」陪審制に変わってくると、陪審員だけでなく判事も証拠について知ることになった（民事裁判）。また刑事裁判では「大陪審」で治安判事に提出される証拠や「保安官」が提出する証拠を判事が知るようになり、判事は自分の指示に従わない陪審員に高額の罰金を科したり、厳しい環境の場所に拘禁したりするようになった。

　1640年代以降、とくに1660年の王政復古後に国王が任命した判事が陪審員を支配するようになり、国王反対派が強硬に反対するようになった。国王は政治的・宗教的理由で反対する者をコモンロー裁判所で犯罪者として裁くようになり、彼らを判事が処罰することに陪審員が抵抗するようになった。その代表的な出来事が1670年、クエーカー教徒のペン William Penn とミード William Mead に対して起こされた裁判である。理由は非合法集会で「群集に騒ぎを起こさせ、恐怖と騒乱を引き起こした」ということであった。有罪評決を下さなければ監禁して水と食料を絶つと判事が脅したにもかかわらず、陪審員は無罪評決を下したのである。判事は陪審員ひとり1人に40マルク（彼らの年収に相当）の罰金を科し、支払いを拒否したということで投獄してしまった[41]。そこで陪審員の1人であったブッシェル Edward Bushell が「民訴裁判所 Court of Common Pleas」から「人身保護令状 writ of habeas corpus」を入手して訴訟を起こし、判事の指示に反する評決を下したという理由で陪審員を投獄することは不法だとする判決をえたのである[42]。このとき「民訴裁判所」の主席判事であったボーガン卿 Sir John Vaughan は、陪審員みずからの判断で評決すべきであり、「判事と陪審員がおなじ証言を聞いても違った結論を導き出すのは

当然のことで、2人の判事が違った判決を下すことはよくあることである」としている[43]。

「ブッシェル裁判 Bushell's Case」は証拠について、陪審員が独自に決定できることにした。しかし評決に関しては、はたして陪審員が判事の指示に反対できるか否かは難しい問題であった。そこで民事裁判と刑事裁判では、違ったやり方が採用されている。民事裁判では、判事は陪審員の評決を支持してもよいし評決に反する判決を下してもよいとされ、刑事裁判では、有罪評決に対しては訴えを却下することで評決を覆すか、有罪評決の後で刑の執行を延期して国王に特赦令を出させることができた。ただし無罪評決に対しては、たとえ判事が適用すべき法律を指示して無視されても、陪審員の無罪評決を覆すことはできないとされた。これがさらに発展して、やがて陪審員の評決に判事は介入できないことになる[44]。「ブッシェル裁判」に対するボーガン卿の判決理由をさらに拡大解釈してホールズ卿 Sir John Hawles は、つぎのように書いている。「陪審員がやるべきことは良心に従って隣人を裁くことである。自分でよしとする評決を下せばよい」[45]。また「大陪審」でも、陪審員は検察官の判断に影響されることがなくなった。陪審員は事実認定だけでなく、「評決も自分で判断して下すべきである」と書いている[46]。

陪審員の独立性の確立は、政治的のみならず法思想的にも重要な意味をもった。「ブッシェル裁判」の判決でボーガン卿は、つぎのように述べている。「2人の人間・2人の学生・2人の弁護士・2人の判事がおなじ裁判で違った判決を下すのは、よくあることである。宗教をめぐる論争で、おなじ文書を根拠に違った結論が下されるのも、よくあることである。2人の人間がおなじ証言から違った結論を下すのも、よくあることである。宣誓し、良心に従って下した結論が違っているからといって、罰金を科したり投獄したりしてよいものだろうか」[47]。

刑事裁判では、事実に関する申し立てと法律違反の申し立ての両方が正しいか否か判断しなければならないが、他方でおなじ証拠から違った人が違った結論を導き出すことも認めなければならない。そこで陪審制が意味をもつことに

なる。なぜなら、偶然に選ばれた12人の陪審員（地域の代表でもある）の判断の方が、専門的な訓練を受けた1人の役人の判断より信用できるからである。

(2) 刑事裁判における被告の権利が確立

16世紀に新しく導入された刑事訴訟手続きは、陪審員の独立した立場を弱めただけでなく、被告の権利も著しく制約するものであった。そこで17世紀末に陪審員の独立した立場が強化されると同時に、被告の権利も強化されることになった。

1640年以前の刑事裁判の被告は、つぎのような立場に置かれていた[48]。1）裁判まで被告は監禁され、治安判事など地域の役人が被告の取調べを行なって被告が答えたことは裁判のときに証拠とされたが、被告には反論を準備することは許されなかった[49]。2）あらかじめ訴状が被告に示されることはなく、また告発にどんな証拠が使われているかもあらかじめ知らされることはなかった。3）裁判が始まるまえも、また裁判が始まってからも弁護士と相談する権利は認められておらず、弁護士が裁判に参加することも稀であった。4）誰が陪審員に選ばれているかも知らされなかった。5）裁判では陪審員・判事・検察官の尋問に答えなければならないが尋問のやり方に制約はなく、また被告に黙秘権も認められていなかった。6）検察側の証人は被告と対決する必要がなく、証人の宣誓供述書が陪審員の前で読み上げられるだけであった。たとえ証人が法廷に出頭しても反対尋問を受けることはなく、被告が証言に反論することは許されていたが、いつも証人との「口論 altercation」で終わるだけであった[50]。7）被告側の証人を法廷は召喚せず、被告自身が被告側の証人を召喚することも稀であった。また、たとえ召喚できても検察側の証人のように宣誓しなくて済むので、証言は信用されなかった。証言内容について、あらかじめ打ち合わせることも許されておらず、被告自身も宣誓のうえで証言することは認められていなかった。

これがイギリス革命によって劇的に変化するのである。19世紀に『イギリス刑法史 A History of the Criminal Law of England』を書いたスティーブン卿

Sir James Fitzjames Stephen は、そのことをつぎのように説明している。「1640年以降、刑事裁判のあり方は劇的に変化した。被告は検察側の証人と直接、対決できることになり、特別な理由がない限り（たとえば病気）、証人の宣誓供述書を読み上げるだけでは済まなくなった。また止むをえない場合を除き、被告を尋問する際には弁護士が立ち会うことになった。また尋問に際して被告は黙秘が認められ、被告が検察側の証人に反対尋問できるようになったし、被告側の証人を召喚することもできるようになった。こうした変化は同時に、しかも制定法なしで実現した」[51]。スティーブン卿は、すべての変化が1640年以降に起きたとしているが、「重罪 felony」犯は、それ以前から「弁護士による弁護 right to be represented by counsel」が認められていた。もともと「軽罪 misdemeanors」犯に認められていたこの権利は[52]、1696年に反逆罪犯に対して制定法で認められ、1730年代には「重罪」犯全員に認められることになっている。

　1696年の「反逆罪裁判法 Treason Trials Act」は「1688年のイギリス革命が生み出したもので、権利章典 Bill of Rights や寛容法 Toleration Act と同様、革命の事後処理をするために制定された」ものである[53]。「そのおかげで、チューダー朝時代の訴訟手続きが近代化されることになった」[54]。この法律によって反逆罪犯には2人の弁護士が付くことになった。「罪状認否 arraignment」の5日前に訴状のコピーを入手できるようになったし、弁護を準備するために十分な時間が用意されることになった。裁判の2日前には陪審員の候補者名簿を入手できたし、訴状にある「具体的な反逆行為 overt act」に対しては証拠を提出するか、2人の証人が宣誓のうえ「具体的な反逆行為」が行なわれたことを証言することが要求されるようになった[55]。

　この法律が制定されたとき、「重罪」犯にもこの法律を適用すべきであるとする意見もあったが（反逆罪とおなじく死刑が適用された）、法律の制定時には認められなかったこの意見も、のちにコモンロー裁判所が制定法なしで「重罪」犯にも適用するようになった。つまり告発状の内容を裁判の前に知る権利、十分に時間を掛けて弁護士の協力で弁護を準備する権利、法律問題について弁護

士から助言をえる権利、さらに1730年代には証人の尋問・反対尋問を弁護士に行なってもらう権利などである。さらに制定法によって被告は被告側の証人を召喚する権利を認められ、しかもその証人を宣誓のうえで証言させる権利も認められた[56]。

注意しなければならないのは、こうした権利が最初に認められたのが政治犯だったということである。チューダー朝・初期スチュアート朝・ピューリタン政権・後期スチュアート朝と、200年ものあいだイギリスでは政治家の刑事裁判が続いたのである。カトリック派・プロテスタント派・国王派・議会派・ホイッグ党・トーリ党と、ときの政権に反対したすべての活動家が「大逆罪 high treason」で告発され、そこで彼らはコモンローの不備を追及したのである。当時のコモンローは「判事が検事の役割も担当する訴訟手続き inquisitorial procedure」を採用しており、これが政敵を排除する方法として利用されていた。1603年にラレイ卿 Sir Walter Raleigh が虚偽の反逆罪に問われたとき、裁判所外で共犯を自白した者を証人として召喚するよう求めたことに対して（この自白が唯一の証拠）、判事（クック卿）はそれを認めなかった。ラレイ卿が「コモンロー裁判は陪審員と証人によって行なわれるはずだ」といったところ、クック卿は「否、調査 examination による。3人が反逆を企て、3人とも自白すれば証人がいなくなる。それでも3人は有罪である」[57]と答えている。

1689年の名誉革命で政治犯に対する訴訟手続きが改められたとき、それが非政治犯にも適用されることになった。陪審員の独立性を確保する方法を採用したときとおなじように、刑事法も役人の偏見や腐敗から被告を守ることを目的とした訴訟手続きを採用したのである。また陪審員の独立性は、証拠の提示に際して判事や監察官の偏見から被告を守らなければ実現不可能であった。それは政治や道義の問題であるだけでなく、法制度の問題でもあった。

(3) 証拠をめぐって原告と被告が直接、対決する「当事者制 Adversary System」を採用

「当事者制」の説明をする前に、「予審制 inquisitorial system」について説

明しておきたい。フランス革命の後、フランスやドイツなどヨーロッパ大陸各国で「職権による捜査 impartial investigation」によって起訴を行なう方法が採用されるようになった。これは「予審判事 juge d'instruction, Untersuchungsrichter」が証人に対する尋問・証拠集め・被疑者に対する尋問を行なって起訴するか否かを判断する制度で、起訴するだけの証拠があると「予審判事」が判断すれば、証拠をそろえて起訴が行なわれた。まず訴状が被告に示され、さらに裁判所に提出される。裁判で被告の有罪を証明するのは検察側の仕事である。裁判の構成員は国によって違いがあるが、ふつう刑事裁判では「素人の裁判員 jury」が同席する。まず被告を尋問し、ついで証人を尋問する。さらに検察官と弁護士が証人に追加の尋問をする。起訴内容は検察側が提出した証拠に基づくものに限定されるが、弁護側はその証拠に対して異議申し立てができるし、べつの証拠を提出することもできる。この訴訟手続きを「糾問主義 inquisitorial」と呼ぶのは、事実の「糾問 inquiry, inquest」（クック卿の言葉では「調査 examination」）が行なわれるからである。ヨーロッパ以外でも、このやり方を採用している国は多い。

　ところが革命後のイギリスでは、「当事者制」が採用されることになった。かつて大英帝国に属していた国（アメリカもその１つ）でも、この制度が採用されている（ただし20世紀になると、両方の制度のあいだに違いはあまり見られなくなった）。イギリスの「当事者制」の特徴をいくつか挙げると、１）起訴するか否かを決めるのは「大陪審」だけで、検察側が提出した証拠によって起訴するか否かが判断される。２）裁判では、まず検察側の証人が証言し、ついで弁護側が反対尋問を行ない、それが済むと今度は弁護側の証人が証言して検察側が反対尋問を行なう。３）被告は裁判での証言を拒否できる。「当事者制」の場合も「予審制」とおなじく、有罪を証明するのは検察側である。19世紀には、イギリスで被告が証言を拒否できるのは「推定無罪 presumption of innocence」の考え方が受け入れられていたからだとされていたが、それは間違っている。ヨーロッパ大陸各国の「予審制」では、たしかに裁判所に召喚されて判事の前に立てば被告は判事の尋問に答える義務があったし、被告の答えが判

決に影響を与える可能性があった。ところがイギリスの「当事者制」では被告が証言を拒否しても、それで有罪が疑われることはなかったというだけである。「黙秘が理由で out of his mouth」被告が有罪になることはなかった（被告が証言した場合、被告は検察官の反対尋問に答えなければならない）。またイギリスの「当事者制」では、証人に対する尋問は弁護士が行ない（被告が「証言台に立つ takes the stand」場合もおなじ）、ヨーロッパ大陸各国の「予審制」のように判事が尋問を行なうことはなかった。

17世紀末-18世紀初めにイギリスに登場してきた訴訟手続きと18世紀末-19世紀の訴訟手続きを比べてみると、18世紀末-19世紀に見られる「当事者制」的な特徴が17世紀末-18世紀初めには存在しなかったことが判る。そこから研究者のなかには、イギリスでも16世紀末-17世紀初めに「予審制」的な訴訟手続きが存在していて、それが19世紀まで存続していたとする研究者もいる[58]。その際に証拠として挙げられるのが1836年に制定された「囚人弁護法 Prisoner's Counsel Act」だが（囚人のために弁護士がしてやれることが増やされた）[59]、1640年のピューリタン革命の前後で訴訟手続きがどう変わったか比べてみると、「当事者制」が登場してきたのがピューリタン革命以後であることは一目瞭然である。「囚人弁護法」を制定した者は、明らかに1696年に制定された「反逆罪裁判法 Treason Trials Act」を念頭に置いていた[60]。

「当事者制」の特徴は、まず検察側が証拠を提出し、それに対して被告の弁護士が反論するというやり方で（判事が被告を尋問する方法は採用しない）、これがイギリスに登場してきたのは、17世紀末のことであった。それまではイギリスでも、現在ヨーロッパ大陸各国で行なわれているように判事が検察官の提出した証拠に基づいて被告を尋問したり、証人を尋問したりしていた。すでに指摘したように、あらかじめ被告に証拠が示されることはなく、また被告はさまざまな尋問に答えなければならなかった。裁判は、被告に対する取調べに終始したのである。検察側の証人が召喚されると、被告は証人の証言に答えなければならなかった。また被告が証人を立てることは稀で、たとえ立てたにしても、あらかじめ証人と証言内容について打ち合わせをすることは許されていなかっ

た（すでに指摘したとおりである）。「重罪」犯に弁護士が付くようになってからも裁判を主宰したのは、あいかわらず判事であった[61]。アメリカの判事と違ってイギリスの判事は、いまでも裁判を主宰している。このように判事が裁判を主宰して原告・被告・証人にさまざまな質問をしているからといって、裁判が「当事者制」でなくなったということにはならない。なぜなら、まず被告は判事の質問に対して返答を拒否することができるし、しばしば拒否している（証人は拒否できない）。また被告は自分の証人を立てることができるし、弁護士が（弁護士がいない場合は被告自身が）弁護側の証人に証言させることができた。さらに被告は、検察側の証人に反対尋問することもできた。つまり証人は被告側・検察側がお互いに対決するために召喚する証人であって、ヨーロッパ大陸各国のように裁判所が召喚する証人ではないのである。刑事訴訟でも民事訴訟でも、18世紀初めに被告側・検察側（民事訴訟では原告側）がお互いに相手方の証人に反対尋問できるようになり、これが「当事者制」にとって重要な意味をもつことになった[62]。有罪か無罪かを決める「事実 truth of a matter」の確認を直接、被告と証人を尋問することによって行なうのではなくて、検察側の証人に対して被告の弁護士が反対尋問する際、あるいは被告側の証人に対して検察官が反対尋問する際、尋問内容に判事が制約を加える（これは刑事裁判の場合である。民事裁判では原告の弁護士が被告の証人に反対尋問を行なうことで制約を加える）という間接的な方法が採用されるようになったのである。

(4) 有罪の決め手となる証拠の新しい評価方法（刑事裁判）と責任の有無を判断する証拠の新しい評価方法（民事裁判）の登場

 1）陪審員の独立性の確保、2）刑事裁判における被告の権利の強化、3）証拠調べにおける「当事者制」の導入で、4）証拠の評価方法も新しく変更されることになった。この４つは、コモンロー裁判の訴訟手続きを近代化するために欠かすことのできないものであり、しかも４つは相互に密接な関連を有している。

 証拠の新しい評価方法の登場は、自然現象や社会現象に対する新しい考え方、

つまり自然現象や社会現象は「確率論 probability」的にしか説明できないという考え方の登場と関連している。仮説を証明する責任は仮説の提案者にあるが、仮説が絶対に間違いのない事実であることを証明する必要はなく（当時は「道義的に許される程度の限定的な確実性 moral certainty」と呼ばれていた）、「確率」が高いことを証明すれば、それで十分であった。この考え方を裁判に導入すると、有罪や有責を証明する義務は検察官（刑事裁判）と原告（民事裁判）にあり、有罪の証拠や有責を示す証拠は、無罪の証拠や無責任を示す証拠以上に「確率」が高ければ十分であるということになる。刑事裁判の場合、有罪になると深刻な結果をもたらすので（反逆罪や「重罪」は絞首刑）、10人の犯人に無罪判決を下す方が、無実の人間を1人、有罪にしてしまうよりよいというのがヘイル卿 Sir Matthew Hale の考え方であった（ブラックストン卿 Sir William Blackstone もおなじように考えていた）[63]。すでに指摘したように、ヘイル卿は「推定無罪」という考え方を採用していた[64]。民事裁判の場合、刑事裁判ほど深刻な結果をもたらさないし、原告・被告のいずれかが責任をとれば済むことなので、「確率」が低い方に責任があるということにされた。これまでの研究で、「合理的な疑いを覆すような証拠 proof beyond a reasonable doubt」という言葉がイギリスの刑事裁判に登場し、「優位な証拠 proof by a preponderance of evidence」という言葉がイギリスの民事裁判に登場してくるのは1770年以降のことであることが判っている[65]。しかし、すでに17世紀末-18世紀中頃に陪審員は、判事からおなじ趣旨の指示を受けていたのである。被告が有罪であることを「良心が納得する satisfied conscience」場合以外は有罪評決を下してはならず（刑事裁判）、被告に責任ありと評決してはならない（民事裁判）のである。「良心が納得する」という言葉は「確率」が高いという意味でふつうに使われていたし、証拠がもつ価値を評価する際にも使われていた言葉であった[66]。

　「確率論」的な考え方は、17世紀末-18世紀初めにコモンロー裁判所が証拠に対する考え方を体系化したときに登場してきた。ギルバート卿 Sir Jeffrey Gilbert が『証拠論 The Law of Evidence』と題する論文で（1700年代初めに書かれたが、公表されたのは、もっと後のことである。英語で書かれた最初の体系的な証

拠論)、「陪審員に提示される証拠がどうあるべきか、証拠としての信頼性をどう評価すればよいか」を扱うつもりであると書いている[67]。「ある優れた学者 a very learned man」(親交があったロック John Locke のこと)によれば、「確実なこと perfect Certainty」から「不可能なこと Impossibility」まで、さまざまなレベルの「確率」が存在するとのことである。おなじように証拠にも、「間違いないと確信できるもの full Assurance」から「信じられないもの Disbelief」までさまざまなレベルの証拠が存在する[68]。ロックの『人間知性論 Essay Concerning Human Understanding』に依拠しながら、人間は感覚によって知識を獲得するので、人間の感覚に訴えることで「証明 demonstration」できると書いている(彼が例に挙げているのは土地が誰のものかを争う訴訟で、所有権の証明は所有権移転の行為を「見ること perception」で確認できるという)。しかし実際には「絶対に間違いのない証明 strict demonstration」など不可能であり、「権利の証明は確率論的にするしかない Rights of Men must be determined by Probability」のである。つまり「信頼できると考えられている証人の証言をどの程度、信用するかということになる(証人は宣誓をしており、偽証すれば宗教的な罰と偽証罪に問われる危険を冒すことになる)」。証人の証言は、我々が見聞きし、経験することを根拠に信用できるか否かを判断するしかないのである。「それが裁判というものであり、裁判で証拠がもつ意味なのである this is the Original of Tryals, and all manner of Evidence」。そして最後にギルバート卿は、証拠を扱うとき一番、大切なことは「争われている事実の性質から考えて、もっとも信用できると思われる証拠を選ぶことだ Man must have the utmost Evidence [which] the Nature of the Fact is capable of」と結論づけている[69]。

「もっとも信用できると思われる証拠 best evidence」という考え方は、争われている事実を考慮に入れながら証言を分析し、それがどこまで信用できるか判断するというものである。この論文はドイツで大学の法学教授が使った「課題の整理・分析法 topical method」とは違って、イギリスの判事など弁護士が採用している「判例の整理・分析法 case method」によっている。この本には刑事裁判や民事裁判で陪審員に提示してよい証拠が列挙してあって、最初に受

ける印象は、まるで判事や弁護士向けに書かれた手引書のようである。しかし、ギルバート卿のこの論文には一貫した理論と体系が存在しており、証拠論が法学の一分野として展開されている。経験に基づいて訴訟ごとに、どこまで証拠に証明能力があるか判断するための方法が示されている。その考え方は確率論的で、しかも数学のような抽象論を展開するのではなくて、経験から抽出されてきた結論、つまり陪審制の裁判で一番、信用できる証拠とは何かを論じた科学的な論文なのである。

第6節　新しい法学の登場

　17世紀末-18世紀初めにイギリスで法学のあり方が変わったことは、イギリス法のいくつかの分野で包括的な論文が書かれるようになり、またイギリス法全体を扱った論文が書かれるようになったことから判る。陪審制の裁判で証拠をどう考えるべきかについて論じたギルバート卿の論文については、すでに紹介したとおりだが、彼は他にも「不動産遺贈 Devises」・「不動産保有 Tenures」・「信託 Uses and Trusts」・「寡婦権 Dower」・「債務 Debt」・「不動産占有回復訴訟 Ejectment」に関する論文や、「民訴裁判所 Common Pleas」・「財務府裁判所 Exchequer」・「大法官裁判所 Forum Romanum (Chancery)」・「王座裁判所 King's Bench」に関する論文も書いている[70]。しかし、こうした特定分野の法律に関する論文として重要なのは、刑法に関するホーキンズ William Hawkins の『イギリス刑法論 A Treatise of the Pleas of the Crown』である（ギルバート卿の『証拠論』とおなじ頃に書かれている）。

　コモンローの優位性が確立する以前には、さまざまな世俗裁判所と教会裁判所でさまざまな証拠や刑法が使用されていて、体系的な証拠論や刑法論を展開することは不可能であった。唯一、体系的な論文といえるものは、リトルトン Thomas de Littleton が書いた『土地保有の諸形態 Tenures』であったが（16世紀に書かれている）、それが可能だったのは、「自由土地保有 freehold land tenure」をめぐる裁判でコモンローの優位性が確立していたからであった。17

世紀中頃のイギリスでは、教会法・「国王裁判所 prerogative courts」で適用されるローマ法・海事法・商人法・「コモンローで救済されない事案を大法官裁判所が正義と公平 equity を実現するために審議したときの判例」が、コモンローのほかに存在していた。コモンローの優位性が確立するまで、「イギリス法 law of England」という概念が登場することはなかったのである。

　コモンローを体系的に扱った最初の研究書は、ヘイル卿が書いた『イギリス法分析 The Analysis of the Law』である。その副題は、「さまざまな分野に分かれているイギリス法を1つの体系にまとめる試み A Scheme or Abstract of the Several Titles and Partitions of the Law of England, Digested into Method」となっている[71]。ヘイル卿は16世紀にドイツの法学者が導入した「課題の整理・分析法 topical method」も採用して、法律を「種 genus」・「種 species」と分類しているし、『法学提要 Institutiones』の用語を採用したりしているが、それはあくまでもコモンローの体系化に利用しているだけであった[72]。この本の序文でイギリス法を、まず「民法 Civil Part」・「刑法 Criminal Part」に分け、ついで「民法」を「権利 civil rights or interest」・「権利侵害 wrongs or injuries relating to those rights」・「救済 relief or remedies applicable to those wrongs」に分けている。さらに「権利」は「人の権利 rights of persons」と「物の権利 rights of things」に分け、「人の権利」は「人に対する権利 rights that concern persons themselves」と「物に対する権利 rights relate to goods and estates」に分けている。また「人 persons」は、「自然人 natural persons」と「法人（政治組織も含む）corporations (including bodies politics)」に分けている。こうしてこまかく分類が続いていく（「権利侵害」・「救済」についてもおなじ）が、この方法をヘイル卿は「分析的方法 analytical method」と呼んでいた。

　刑法が『イギリス法分析』から省かれているのは、すでに彼が刑法の論文を書いていたからで（『イギリス刑法もしくはイギリス刑法要覧 Pleas of the Crown or A Methodical Summery of the Principal Matters Relating to that Subject』）[73]、『イギリス法分析』の最後の段落に、「すでに書いた刑法の論文を、そのうちこの本

に追加する」と書いている。この論文でヘイル卿は、まず刑法を「犯罪 offenses」と「その他の出来事 incidents」に分け、さらに「犯罪」を「コモンロー上の犯罪 common law crimes」と「制定法上の犯罪 statutory crimes」に分け、それぞれ犯罪を「死刑が適用される犯罪 capital offenses」と「死刑が適用されない犯罪 non-capital offenses」に分けている。「コモンロー上の犯罪」は「神に対する犯罪（異端と魔術）offenses against God（heresy and witchcraft）」と「人間に対する犯罪（反逆罪と重罪）offenses against man（treason and felony）」に分けられ、「重罪」は、それぞれ「生命 life」・「物 goods」・「住居 habitation」・「公共の秩序 public justice」に対する4種類のものがあるとしている。「コモンロー上の重罪 common law felonies」として彼が列挙しているのは、謀殺・故殺・窃盗・強盗・海賊行為・押し込み強盗・放火・牢獄破りなどで、さらに「制定法上の死刑適用犯罪 statutory capital offenses」も列挙している。「コモンロー上の死刑が適用されない犯罪 non-capital common law offenses」として彼が挙げているのは、「重罪の隠匿 misprision」と「治安妨害 breach of the peace」である。「死刑が適用されない制定法上の犯罪 non-capital statutory offenses」は数が多すぎて、いちいち挙げることはしないとしている。

　ヘイル卿のこの小さな本は（約4万5000字）、初めてコモンロー裁判所で適用される刑法を「体系的 methodical」にまとめたものである。この本を使って2世代後、ホーキンズ William Hawkins が『イギリス刑法論 A Treatise of the Pleas of the Crown: A Study of the Principal Matters relating to that Subject, digested under the proper Heads』を書くことになる[74]。ホーキンズはヘイル卿が「概要 summary」としてまとめたものを2巻の「体系 system」に膨らませた（約37万5000字）。このホーキンズの大著は、その後100年間、権威あるイギリス刑法の教科書として使用されることになる。

　ヘイル卿の「体系的」な方法は、ヨーロッパ大陸各国のように「共通法 jus commune, common law」を公法と私法に区分していない。「支配者 bodies politics」の権限も「法人 artificial person」の権限としている。たとえば国王

は「1人法人 corporation sole」なのである[75]。こう規定することで、彼は支配者を法制度のなかに取り込んだのである。支配者は法制度に君臨するわけではない。こうして国王やその役人（議会・裁判所も含まれる）の権限に細く制約を加えている。国王の法制定権は「法律によって認められた権限にすぎず only a qualified and coordinate power」、その行使には議会の同意を必要とするのである。たしかに国王は「王令 proclamations」を議会の同意なしに公布できるし、国王の「王令」は「法律のような効果をもっているが（議会の召集・宣戦布告など）、制定法やコモンローを無視して財産権の移転や刑罰を科すことはできない」のである[76]。「王令」には、このように厳しい制約が設けられていた[77]。

　ヘイル卿がイギリス法について行なった体系化の試みは、16-17世紀にヨーロッパで行なわれた「共通法」体系化の試みに対応するものであった。ヨーロッパ大陸各国でバラバラに機能していた法律を「共通法」として体系化することが試みられたのとおなじように、ヘイル卿はバラバラに機能していたコモンロー（しかも判例法と制定法に分かれていた）を1つに体系化したのである。ただしヘイル卿が体系化を試みた「共通法 common law」は、ヨーロッパの「共通法 jus commune」と違って過去にイギリスで施行されたもの、つまり「民訴裁判所」・「王座裁判所」・「財務府裁判所」で適用されていた判例と法律に限定されていた。教会法・海事法・商人法・「特権都市 staple towns」の都市法に触れることがあっても、それは表面的にすぎず、しかも「大法官裁判所」の「判例 equity」には、まったく触れられていない。「大法官裁判所」がコモンローによらない「救済 remedies」を目指していたにもかかわらず、「救済」を扱った箇所で「大法官裁判所」にまったく触れられていない。

　ヘイル卿の本は、その内容以上に後世に与えた影響の方が重要である。1713年に初版が出版されたが、それから2世代後、ブラックストン卿 Sir William Blackstone が『イギリス法分析 Analysis of the Laws of England』(1753) と4巻本の『イギリス法注釈 Commentaries on the Laws of England』(1765-69) を書いたとき、ヘイル卿の「法学 science」の成果に依拠していることを告白

している[78]。ホーキンズがヘイル卿の刑法論を2巻の大著に膨らませたように、ブラックストン卿はヘイル卿の民法論を3巻の大著に膨らませたのである（第4巻は刑法に関して書かれており、主としてホーキンズの成果に依拠していて、ヘイル卿の『イギリス刑法』には間接的に依拠しているだけである）。

ブラックストン卿の2つの著作は、イギリス革命が生み出した新しい法学であった。彼が目指したのは、「イギリス法の全体像を示すことであった。すべての法律を項目ごとに整理して、法学生が個々の法律を容易に見つけ出すことができるように、また簡単にまとめることで、少し努力すれば全体像が把握できるようにすること」である[79]。

「全体像を把握できるようにする understand the Whole」には、さまざまな法律を適切な「項目 heads」ごとに整理するだけでは不十分で、さらに「項目」同士の関係やそれぞれの「項目」がイギリス法全体とどういう関係にあるかも示す必要があった。そのためには法制度として「合理性 rationality」があることを示すこと、つまり「論理的な一貫性 logical consistency」だけでなく、法律制定の「道義的な目的 moral purposes」も示す必要があった。さらに法制定者の意志（つまり政策）の実現に配慮し、伝統の維持にも配慮する必要があった。つまりブラックストン卿も、ヘイル卿たちが重視していた法学の3つの理論（自然法理論・実定法理論・歴史法理論）の統合を目指していたのである。とくにブラックストン卿の優れている点は、理論の統合よりも法制度がどう機能しているかを体系的に示していることである。彼は、それこそが「法学 science of English law」の目的だとしているが、彼が採用したのは「経験を重視する empirical」方法であった[80]。また彼がいう「経験」には、政治的・道義的・歴史的意味も込められていた。法律のなかには恣意的なものもあることを彼は率直に認めているし、一貫性に欠けるものがあることも率直に認めている[81]。しかし、それでも「科学者 methodist」たる自分には、それぞれの法律に「納得できること reasonableness」や「一貫性 coherence」があるか否かを判断する基準を見つけ出してくる義務があると考えていた。ブラックストン卿は（ヘイル卿もおなじ）、イギリス法に関する情報や現象（つまり判例・制定法・

手続法・慣習）を「冷静に objectively」分析することで、イギリス法に存在する「原則 principles and regularities」や「機能の仕方 the method by which the system was intended to operate」、言い換えると法制度が前提にしている「法の大原則 meta-law」が存在することを明らかにしたのである。

　法律を分類する際の「項目」、つまり個々の慣習・法原則・法律・手続きを分析する際に必要な「課題 topics」を決めるのに、ブラックストンはユスチニアヌス法典、なかでも『法学提要』で使われている言葉（人に関する法律 law of persons・物に関する法律 law of things・訴訟に関する法律 law of actions）を使用している。そこで『イギリス法の注釈』第1巻は「人に関する権利 Rights of Persons」、第2巻は「物に関する権利 Rights of Things」と題されており、第3巻も「個人に対する権利侵害 Private Wrongs, or Civil Injuries」と題されているが、そこで扱われているのは権利侵害に対して救済を求める「民事訴訟 civil actions」である。ヘイル卿・ブラックストン卿ら17-18世紀のイギリスの「法学提要派 Institutionalists」は、『法学提要』で使われている「人 persons」・「物 things」・「訴訟 actions」という言葉を使っているが、彼らが書いていることは『法学提要』の内容と何の関係もない[82]。そもそも『法学提要』は法律を「人に関する法律」・「物に関する法律」・「訴訟に関する法律」に分類すると書いているが、実際にそのような分類は行なわれていない。『法学提要』の著者にとって、「概念 concepts」を使って整理・整頓するとか「体系化する synthesize」といった考え方は存在しなかった[83]。それに『ユスチニアヌス法典 Body of Civil Law』では「法律 Civil Law」といいながら、「公法 public law」は扱われていないし、「人に関する法律」と題されている箇所で主として議論されているのは、奴隷に適用される法律と自由人に適用される法律の違いだけである。ところがヘイル卿やブラックストン卿の「法律 civil law」には、ヨーロッパ大陸各国の「法学提要」派と同様、ローマ法では「公法」とされている法律が含まれており、「人」と題されている箇所で議論されているのは国王・議員・「役人 magistrates」の権利・義務である。さらに『ユスチニアヌス法典』で扱われているのは「法律 jus」（「人に関する法律 jus personarum」・「物に関する

法律 jus rerum」)だが、ヘイル卿やブラックストン卿が問題にしているのは「権利 jura」(「人に対する権利 jura personarum」・「物に対する権利 jura rerum」)である。ローマ法では、「法律」と「権利」を区別するという考え方が存在していなかったのである。それが初めて登場してきたのは、12世紀のヨーロッパにおいてであった[84]。

ブラックストン卿は『イギリス法注釈』の第1巻「人の権利 Rights of Persons」で、まず「人間 natural persons」から「奪うことができない権利 absolute rights」として、「身の安全 personal security」・「身体の自由 personal liberty」・「私有財産権 private property」を論じている。ついで彼が論じているのは、「公人 public persons」(議員・国王と王族・外国人・役人・軍人)の「他者との関係から発生する権利 relative rights」、「私人 private persons」の「他者との関係から発生する権利」(主人と召使・夫と妻・親と子・後見人と被後見人)、最後に論じているのが「法人 corporations」の権利である。この分類方法は、16-17世紀にヨーロッパ大陸各国で採用されていた「共通法 jus commune」の分類方法にイギリス風の手直しを加えたものである[85]。

第7節　経験を重視する新しい法学

17世紀末-18世紀初めにイギリスに登場してきた新しい法学は、17世紀にイギリスに登場してきた科学革命と切り離すことができない。たとえば「判例主義の考え方 doctrine of precedent」は、自然科学の経験を重視する考え方と密接に関連している。自然科学では仮説を立てて実験を行ない仮説が正しいか否かを確認するが、法学では過去のよく似た裁判の判決を分析して判決に見られる法則性を探り出してくる。両者のあいだに決定的な違いがあることは事実だが、それでも共通点が存在する。自然科学では実験結果に「一貫性 consistency」があれば(つまり、おなじ結果が何度か確認できれば)仮説は正しいということになり、将来の実験結果もおなじになることが予測できる。おなじように裁判でも、よく似た裁判で下される判決に「一貫性 consistency」があれば(つ

まり、似たような判決が下されていれば)、その判決は将来の似た裁判でも下される判決だと予測してよいことになる。過去の判例が将来も繰り返し登場してくれば、それだけおなじ判決が下される確率は高まり、その法制度は信頼度が高まることになる。

　ニュートン Isaac Newton が自然科学の方法として提唱した経験を重視する方法は、判例主義に見られる「理屈づけ legal reasoning」と非常によく似ている。ニュートンは引力など自然界で作用している力を調べる方法として、つぎのような３つの手順を提唱した。１) 経験でえられた知識から「法則 laws」を見つけ出してくる。２) 数学的な手順を使って、この「法則」を他の現象にも適用可能な理論に変換する。３) 新しい現象に理論を当てはめることで新しい現象を説明する。最初の作業をニュートンは「分析 analysis」と呼んでおり、最後の作業を「敷衍 synthesis」(つまり「説明 explanation」) と呼んでいるが、新しい現象がうまく説明できなければ、理論(「法則」) は変更されることになる。ニュートンはデカルト René Descartes が提唱した「思考だけによる論理的な方法 aprioristic method」と違って、自然科学が出発点に置くのは経験からえられた知識であることを強調して止まなかった。しかし同時に彼は、経験からえられた知識を出発点とすることで「思考のみに頼ることでえられる厳密さ metaphysical certainty」が犠牲になることもよく知っていた[86]。イギリスの判事たちも判例主義を採用することで、よく似た過去の裁判の判決が経験からくる妥当な判断基準だと考えて一般的な「法則」を引き出してこようとしたのである。判事は、その「法則」を「論理的な手順 logical procedures」(自然科学の数学的な手順に相当) に従って担当している裁判に適用した。もし判事が過去の判例とは違った「法則」を発見した場合は (つまり違った判決を下した場合は)、その「法則」は変更されたことになる。新しい判決が判例となり、将来のよく似た裁判で適用されることになる。このように判例主義では、ときに「法則」の有効性に疑問が提示され、「法則」が変更されることも有りうるのである。判例主義を採用したイギリスの法学は「確率論に依拠した科学 science of probabilities」なのである。

新しい法学の登場と科学革命の関係は、民事裁判・刑事裁判で採用された証拠に対する新しい考え方でも確認できる。刑事裁判で被告を有罪とするか、あるいは民事裁判で被告の責任を認めるかを陪審員が決めるとき、証拠は「良心を満足させる」程度の確信があれば十分だとされるようになったが、これは当時、登場してきた新しい「認識論 epistemology」を法学に応用した考え方である。証拠には陪審員の疑いを晴らし、陪審員を納得させる程度の確実性があれば十分なのである[87]。「絶対に確実なこと absolute certainty」は人間とは無縁のことであり、「道義的に許される程度の限定的な確実性 moral certainty」があれば有罪と考えてよいのである。このことをロックは、「一番、高い確率 highest degree of probability」と呼んでいた[88]。逮捕も、有罪を疑えるだけの「限定的な理由 probable cause」さえあれば許されるのである。裁判の開始を要求できるだけの確実性があれば、それで十分なのである[89]。このように、新しい証拠学はニュートンやロックの確率論を基礎にしていた。

　この法学と自然科学の関係は、けっして一方通行の関係ではなかった。裁判では「事実 matter of fact」の認定は陪審員が行ない、適用する「法律や条文 matter of law」は判事が決めるが、この役割分担の考え方が自然科学に影響を与えていた[90]。つまり「事実」であるか否かは実験によって証明されるが（とくに専門家である必要はない）、理論づくりはその道の権威とされる専門家の仕事とされたのである。また、「証言 testimony」・「状況証拠 circumstantial evidence」・「伝聞 hearsay」といった裁判用語が自然科学でも使われるようになった。化学者のボイル Robert Boyle は、自然科学で実験を繰り返して仮説が予想している「事実」の確実性を高める方法と、裁判で複数の証人が証言することで「事実」の確実性を高める方法が似ていることを指摘している。1人の証人の証言では殺人犯を有罪にできなくても、2人の証人の証言があれば有罪とできるように、1人の証言では確実性が低くても、おなじ証言が繰り返されれば「道義的に許される程度の限定的な確実性 moral probability」は主張できるのである[91]。化学における実験もおなじで、複数の化学者がおなじ実験でおなじ結果を確認できれば、それが「事実」である確実性は高くなるのである。

当時の自然科学や法学では、証拠の数が多ければ、それだけ証拠の「質 quality」も高められると考えられていた。その点は現在と違っていて、現在では証拠の「数 quantity」が多くても、それは確実性の「高さ likelihood」を示しているだけなのである[92]。

　17世紀にイギリスでよく使われるようになった「妥当な reasonable」という言葉は、もともと神学で使われていた言葉だが、それが法学でも使われるようになった。フランス語やドイツ語にも似た意味の言葉はあるが（raisonnable, vernüftig）、そこには英語にある「良識 common sense」という意味は含まれていない。イギリスの法律家は、この言葉を好んでよく使う（「妥当な疑問 reasonable doubt」・「妥当な注意 reasonable care」・「妥当な信頼関係 reasonable reliance」・「妥当なリスク reasonable risk」・「妥当な誤解 reasonable mistake」・「妥当な遅れ reasonable delay」・「良識を弁えた人間 reasonable man」など）[93]。フレッチャー George Fletcher が指摘しているように、この言葉がフランス語やドイツ語になくて英語にあるのは、英米法と大陸法の違いからきている[94]。

　イギリスで法学の論文を書いていたのが判事や弁護士であったことから、判決や法実務に反映されているイギリス法が議論の対象になるのは当然であった。そこで彼らの論文には、他の学問分野からの影響が多々、見られることになった。つまり判例（つまり経験）を根拠に判決の理由づけを行なっていること・証拠の確かさを確率の問題として論じていること・「事実」のほかに適用すべき法律（自然科学の理論に相当）を争うことを当然視していること・「妥当性 resonableness」を重視していることなどである。ドイツの法学が「大学教授の法学 professorial legal science」であったのと違って、イギリスの法学は「判事の法学 judicial legal science」であった[95]。

　ただ、この違いを強調しすぎるのも禁物である。なぜなら、イギリスも含めてヨーロッパの法学の発展には、法学者・判事・法制定者のすべてが重要な役割を果たしていたからである。まず11世紀末-15世紀には、教会法学者・司教・大司教・教皇が法学者・判事・法制定者の役割を果たしていた。それがルターの宗教改革によって支配者が法制定者となり、大学教授が法学者となったので

ある。法学研究は大学教授が中心になって行なわれるようになった（とくにドイツでこの傾向が顕著）。16世紀のイギリスでも、大学教授がローマ法の研究で中心的な役割を果たしていた（大学で教えていたのはローマ法だけ）。ところがイギリス革命で、コモンロー裁判所の判事の役割が突出するようになってきたのである。判事は判決を下しただけでなく、判決理由を詳しく説明するようになった。18世紀初めにイギリス法が大学で教えられることになると、ブラックストン卿が担当することになったが、彼はまず弁護士を経験し、ついでコモンロー裁判所の判事になっていたので、彼の講義では判事の立場から見た法律（もしくは判例）が論じられることになった。そこで現在に至るまでイギリスでは（そしてアメリカでも）、法学教授は判例を分析・批判・説明することを主たる仕事とすることになる。

　17-18世紀中頃のイギリスの法学は、大学教授ではなくて判事が中心になって構築されたのである。もともとあった12-15世紀にスコラ学が採用していた「対立する権威者の論争から結論をえる方法 dialectical method」に、さらに16-17世紀初めの「課題の整理・分析法 topical method」が付加され、さらに判例主義を採用したイギリス法の「歴史を重視する方法 historical method」が登場してきたのである。そこでイギリス法は一般的な「法原則」を重視する法学というより、イギリスの独自性を重視する法学になった。イギリスの法学は、イギリスの歴史だけに注目する独特な歴史法学である。それでもイギリスの法学と法思想は、イギリス以外の場所でも適用できる普遍性をもっていると考えられていた。

第8節　新しい法学とイギリス革命

　比較法学者カーン゠フロイント Otto Kahn-Freund によれば、どんな法制度にも「一貫する何か unifying element」が存在するとのことである。イギリスでは、それは「歴史的な一貫性という神話 fiction of historical consistency」であり、ヨーロッパ大陸各国では「論理的な一貫性という神話 fiction of logical consistency」である。彼にいわせれば、イギリスの法学は経験科学である。「過去にどう解決されたか what was done previously」と問いかけて判例を見つけ出してくる方法を採用したのがイギリスの法学であって、過去の解決方法から論理的に結論を引き出してくる方法をイギリスの法学は採用しなかった。ところがヨーロッパ大陸各国では、法学は論理学の体系として構築された。いかなる「欠陥 gaps」の存在も許さない完璧な論理の体系である。これは、新しく登場してきた「行政国家 civil service state」の要望に応える法学であった。大学教授が役人のために法制度を作り上げたのである。イギリスでは絶対王政に代わって貴族の支配体制が登場してきた。また法制度の運用を担当したのは、「土地貴族」出身のコモンロー判事や弁護士であった。カーン＝フロイントによれば、イギリスでヨーロッパ大陸各国のような体系的な法制度が登場してこなかったのは、ローマ法を受容しなかったからではなくて、1688年の名誉革命のおかげなのである[96]。

　イギリスに新しい法学が登場してきたのは、カーン＝フロイントがいうように1688年の名誉革命だけが原因なのではなく、1640-1689年のイギリス革命が原因であった。1640年にピューリタンが議会を支配したときから始まって、1689年に「権利章典 Bill of Rights」が制定されたときに終わりを迎えたイギリス革命が原因なのである。イギリス革命が政治体制を変えただけでなく（国王に対する議会の優位・「国王裁判所 prerogative courts」に対するコモンロー裁判所の優位・ホイッグ党とトーリ党の2党制の確立）、社会経済体制の変革、つまり「宮廷貴族 royal nobility」（いわゆる「宮廷 court」）に対する「土地貴族 landed gentry」と商人（いわゆる「地方 country」）の優位の確立を実現したことは誰もが認めるところである。また、イギリス革命がカルバン派の教義を受け入れ、さらにカルバン派より「寛容な latitudinarian」国教会を登場させたことも誰もが認めることである。このようなイギリス革命に対する考え方は伝統的なもので、イギリス革命より1世紀早くルター派による宗教改革によって始まり、領国君主による支配体制を確立させたドイツ革命にしても、またイギリス革命から1世紀後に「理神論 Deism」を掲げて民主主義体制を作り上げたフラン

ス革命にしても、そこにはイギリス革命と似たような現象が見られる。つまり、内戦・階級闘争・新しい時代の到来を説く終末論・結果的に実現した政治体制の変革・社会経済体制の変革・教義の変革である。

ところが、イギリス革命によってイギリスの法思想・法学・刑法・民法が大きく変わったことは、意外と知られていない。遠い過去から連綿と続いてきたイギリスの伝統が、チューダー・スチュアート朝によって壊されたと考えられたところからイギリス革命は始まったのだが、多くの歴史家はそう考えず、あいかわらずホイッグ史観にこだわっている。つまりイギリス法は17世紀末-18世紀初めにも基本的に変わっておらず、コモンローはつねに「非イギリス的 foreign」な法制度より優位を占めていたし、17世紀末の支配体制の変化にもかかわらず、コモンロー裁判所で適用されていた法律に変化は見られなかったなどとする考え方である。17世紀末-18世紀末にイギリス法が根本的に変わってしまったことが従来、無視されてきたのである（第10章「イギリス革命と刑法」の冒頭で指摘するとおり、刑法が部分的に変わったことは認められている）[97]。20世紀が生んだイギリスの偉大な法制史家プラクネット T. F. T. Plucknett ですら、「イギリス法は17世紀の有為転変にもかかわらず変わることがなかった」と書いている[98]。ここで彼が「変わることがなかった remarkable continuity and stability」という「イギリス法 English law」とは、コモンローのことであって「支配体制のあり方を決めた法律 constitutional law」の意味ではないはずである。また、そのコモンローも民法であって刑法ではなく、民法も「擬制化した only preserved by fictions」形式的な規則であって民法理論ではないはずである。

もしイギリス法が17-18世紀に大きく変わったというなら、つぎに問題になってくるのは、その変化がプラクネットのいう「有為転変 vicissitudes」とどうかかわっていたのかということである。新しく登場してきたイギリスの法学が支配体制・社会経済体制・宗教体制の変化とどうかかわっていたのかということである。支配体制とのかかわりでいえば、判例主義の確立と陪審員の独立性確保（この２つは司法に対する政治の介入を防ぐうえで重要な役割を果たした）は、

コモンロー裁判所が他の裁判所より優位な立場を確保し、また国王による支配を排除したこと（さらに1701年には、議会による支配も排除する）と密接に関連していた[99]。また社会経済体制とのかかわりでいえば、財産法・契約法・不法行為法・不正利得法の合理化と体系化は、土地所有権の保護と商取引の保護を強化したことと密接に関連していた。その際に法学を大学教授に任せるのではなくて「土地貴族」出身の判事や弁護士に任せたことで、イギリスの法学はヨーロッパ大陸各国とは違った独特なものになったのである。さらに宗教体制とのかかわりでいえば、法律の合理化と体系化は革命初期に支配的であったピューリタン（カルバン派）の教義と密接に関連していたし、刑事裁判・民事裁判で証拠の評価方法に新しい考え方が持ち込まれ、「コモンロー法学者 common lawyers」が新しい証拠学を展開するようになったり、「当事者制」が導入されたりしたのも、「寛容な」国教会制度が導入されたことと密接に関連していた。教義の問題にしろ証拠の問題にしろ、彼らは「絶対に間違いのないもの absolute certainty」など有りえないと考えていたのである。「許容範囲内なら within limits of probable truth」違った考え方も許されるべきだと考えていたのである。

　科学史の専門家のなかには、17世紀の科学革命をピューリタンの教義と結びつけて説明する者がいる。ロイヤルソサエティの設立者のなかには（彼らは知識が経験からしかえられないと考えていた）、多くのカルバン派が加わっていたからである[100]。社会学者のマートン Robert Merton はウエーバーに従ってカルバン派の「勤勉の思想 work ethic」を紹介し、それが「世直し reformation of the world」思想と結びついて実験・観察を重視する方法論を生み出したとしている[101]。また研究者のなかには、新しい科学思想の誕生を革命の後期、つまり王政復古と名誉革命の時期とする者もいる。そのとき寛容な国教会制度が確立し、異なる意見の対立に積極的な意味を認める考え方が登場してきたからである[102]。他にも、ピューリタンと国教会の「対話 dialectical interaction」のなかから国教会に寛容性が生まれ、それが新しい科学思想の登場を可能にしたとする者もいる[103]。新しい法学が登場してきた事情を考えると、寛容な国

教会の登場に新しい科学思想誕生の原因を求めるべきだということになる。またマートンは、新しい科学思想の登場が経済・政治・宗教各分野の新しい「制度 institutions」の登場と密接に結びついていることも指摘している[104]。

さらに指摘しておきたいのは、17世紀末の政治制度・経済制度・宗教制度の変革や新しい自然科学や法学の登場には、「共同体的な要素 corporate character」が存在していたということである。ふつうイギリスでは、中世の「共同体を重視する考え方 communitarianism」が17世紀に壊れ、新しく個人主義的な考え方が生まれてきたとされているが[105]、実際にイギリス革命が生み出したのは、「強い絆で結ばれた共同体 close-knit communities」であった（宗教・政治・経済・同業者仲間などの各分野に登場してくる）。この共同体の誕生と自然科学の発展が密接に結びついていたことはボイルの例からも判るし、この結びつきは現在でも自然科学者たちが当然視していることである。科学者仲間が繰り返し実験で確認することで科学的な「真実（事実）truth」が認められていくように、法規則や学説は「強い絆で結ばれた共同体」のメンバーである判事や弁護士がよく似た裁判にそれを適用することで、その有効性が認められていくのである。

第10章　イギリス革命と刑法

　イギリス革命の結果、「ノルマンの征服」以来イギリスの法制度は一度も変化を経験しなかったということになり、イギリスの刑法が17世紀末-18世紀初めに根本的に変化したことが判りにくくなっている[1]。また20世紀になって16-17世紀初めの刑法研究がさかんになり[2]、また18世紀末-19世紀の刑法研究がさかんになって[3]、ますますそのことが判りにくくなってきている。「中世的」な刑法が「近代的」な刑法に変わったことを明らかにすると称する研究者によって、どういうわけか1640年代-50年代から1760年代-70年代の時期が無視されてきたのである。1980年代になってこの時期の研究が発表され始めるが、新しい刑法の登場がイギリス革命によって実現された政治体制・社会経済体制・宗教体制の変革と密接に関連していることは無視されたままである[4]。マルクス主義者を標榜する社会史家のなかには、「土地貴族 landed gentry」の台頭とイギリス法の変化（刑法の部分的な改正も含む）を結びつけて考える者もいないわけではないが、それでも刑法のあり方が根本から変わったとは考えていないようである[5]。

　16-17世紀初めに、イギリスの刑事裁判制度は根本から変わったのである。「イギリスの刑事裁判制度 English system of criminal law」と呼べるものが登場してきたのは、17世紀末になってからであった。それまでは、さまざまな刑事裁判制度が教会裁判所をはじめ、コモンロー裁判所・領主裁判所・荘園裁判所・商人裁判所・都市裁判所に存在していた。16世紀にチューダー朝がコモンロー裁判所に追加する形で、いくつか「国王裁判所 prerogative courts」を作ったときも、それぞれの裁判所は独自の刑法・刑事訴訟法をもっていた。以下で説明するように、イギリス革命の結果「国王裁判所」が廃止され、刑事事件をコモンロー裁判所が担当するようになって、イギリスの刑法・刑事訴訟法は革命

第10章　イギリス革命と刑法　335

的な変化を遂げることになった。そのことを、つぎの5節に分けて説明することにする。

1) さまざまな刑事裁判所が共存していた時期（12-17世紀初め）
2) コモンロー裁判所の優位が確立（17世紀末-18世紀）
3) 「土地貴族」の勝利が刑法に与えた影響
4) カルバン派の教義と犯罪
5) カルバン派の教義が刑法に与えた影響

第1節　さまざまな刑事裁判所が共存していた時期（12-17世紀初め）

ヨーロッパ大陸のほかの国の例にもれず、イギリスでもアングロサクソン時代（6-11世紀）の刑法のことは、ほとんど何も判っていない[6]。イギリスを征服したノルマン人は、それまで存在していた「血の報復 blood feud」や「人命金 wergeld」に代えて「神判 ordeal」をイギリスに持ち込んできた（「神判」で有罪になれば、死刑か身体切断刑が科せられた）[7]。1215年の第4回ラテラノ公会議で「神判」に聖職者が関与することが禁止され[8]、そこでイギリスでは特定の暴力的な犯罪に対して陪審制が導入された（その50年前、すでに「王の平和令 king's peace」違反にからむ民事裁判について陪審制が導入されていた）。国王が任命した判事が各地域を巡回して「大陪審 grand juries」を召集し、「重罪 felony」を犯した者を審査して起訴するか否かを決めさせ、起訴されることになると「小陪審 petty juries」を召集して有罪か否かを判断させた[9]。その際に証拠が示されることはなかったが、それは陪審員自身が証拠を集めて被告の有罪・無罪を決めていたからである。この「陪審員自身による証拠集め self-informing jury」は地方の支配権力にとって重要な意味をもち、また逆に中央集権化を進めたい国王にとっては、ときに頭痛の種であった。起訴された被告の大部分が無罪評決を受けたからである[10]。しかし刑事裁判・民事裁判に陪審制を導入したからこそ、国王の裁判権は地方でも広く受け入れられたのである[11]。

国王が任命した判事が各地域の陪審員を介して実施した刑事裁判で死刑が科せられたのは、「重罪」と呼ばれた謀殺・傷害・強姦・放火・押し入り・強盗と、暴力を伴わないが「重罪」とされた窃盗・反逆である。また、罰金・身体刑・投獄（1年以下）の刑が科せられる「軽罪 misdemeanors」も判事が陪審に付すことができたが、ふつうは「州 county」裁判のレベルで処理されていた。また領主と家臣が出席した領主裁判所・領主と農民が出席した荘園裁判所・特許都市の都市裁判所（都市は、他のヨーロッパ各国とおなじく12世紀以降に登場してきた）・商人が出席した商人裁判所（市場や都市で開設された）のいずれも、それぞれ独自の刑法・刑事訴訟法をもっていた。

　教会法裁判所も独自の刑法・刑事訴訟法をもっており、しかもこちらの方が世俗の裁判所より制度的にはよく整備されていた。教会裁判所はカトリック教会が制定した教会法に従って裁判を行なっており、聖職者（学生も含む）が犯したすべての犯罪・俗人が犯した信仰にかかわる犯罪（異端・瀆神行為・魔術・妖術・高利貸し・誹謗中傷・性犯罪・不貞行為）・俗人の聖職者や教会財産に対する犯罪を裁いていた[12]。教会裁判所が科した罰は、喜捨・弁償・断食・慈善行為・聖職剝奪・監禁・破門であった。教会法裁判の特徴は、原告・被告・証人に宣誓させてから証言させたことであった（供述書をとる場合でも宣誓させた）。また司教の判決に不服がある場合は、大司教（イギリスの場合は、カンタベリ大司教かヨーク大司教）かローマ教皇に上訴することができた。

　12-13世紀に登場してきたイギリスの刑事裁判には、ヨーロッパ大陸各国と共通する部分と、イギリスにしかない独自のやり方があった。教会裁判・領主裁判・荘園裁判・都市裁判・商人裁判などは、ヨーロッパ大陸各国でも行なわれていた裁判であった。しかし「大陪審」で起訴するか否かを決めるやり方や陪審員自身が証拠を集めて評決を下すやり方は、イギリス独自のやり方であった。たとえばドイツの領国でも刑事裁判に素人が参加していたが、彼らが自分たちで証拠集めをすることはなかったし、被疑者を起訴するか否かは役人が決めていた[13]。またイギリスでは、民事裁判でも刑事裁判でも国王が主宰する裁判所（コモンロー裁判所）の数と種類がヨーロッパ大陸各国に比べて際立って多

かった。さらに国王が任命する巡回判事（常任の専門家）が各地域をまわって刑事裁判や民事裁判を行なうやり方も、イギリスにしかないものであった。

　この12-13世紀に確立した裁判制度が、14-15世紀に大きく変化することになった。領主裁判所と荘園裁判所が衰退し、逆に都市裁判所と商人裁判所が重要性を増すことになった[14]。また教会裁判所がコモンロー裁判所の権限を侵害しているとして「議会 royal parliaments」がコモンロー裁判所の権限を強化する法令を制定し、コモンロー裁判所（とくに「王座裁判所 King's Bench」）が刑事裁判に対する管轄を広げていった。そのとき、同時に証人による証言制度が「大陪審」・「小陪審」にも導入されるようになった。さらに荘園制が廃れると、領主に代わって「土地貴族」が地方で影響力をもつようになった。彼らが治安判事に任命され、彼らが各地域で刑事裁判を行ない、その結果を巡回判事に報告するようになった[15]。つまり、12-13世紀に登場してきた刑事裁判制度は14-15世紀に大きく変化したが、その変化ぶりはまだ根本的といえるほどのものではなかったのである。

　根本的な変化が訪れたのは、ヘンリ8世が教会に対する支配権を確立し、さらに「国王裁判所 prerogative courts」を新設して教会裁判所をはじめ、他の裁判所の管轄権をそちらに移したときのことである。主として「枢密院 Privy Council」と「高等宗務官裁判所 Court of High Commission」が刑事裁判を担当したが、他にも新設の「海事高等法院 High Court of Admiralty」・「請願裁判所 Court of Requests」・「大法官高等法院 High Court of Chancery」が罰金や投獄を科す権限をもっていた。いずれの裁判所もコモンロー裁判所とは違った刑法・刑事訴訟法をもっていたが、ときにはコモンローを適用することもあった[16]。

　ヘンリ8世は「国王評議会 King's Council」から「枢密院」を分離・新設し、これが統治機関の中枢となってすべての裁判所を統べることになったが、同時に裁判所としても機能していた。その裁判が行なわれていたのが「星室 camera stella」と呼ばれた部屋だったところから（天井に星空が描かれていた）、この裁判所は「星室裁判所 High Court of Star Chamber」と呼ばれていた。「星

室裁判所」は「枢密院」の一部だったわけである。しかし「星室裁判所」が開設されているときには、「枢密院」の構成員ではない「王座裁判所」・「民訴裁判所」の主席判事も参加しており、大法官が裁判を主宰した。「星室裁判所」は刑事裁判も民事裁判も管轄していたが、とくに国王が命令した場合はともかく（めったにないことであった）、ふつうは「星室裁判所」が死刑宣告をしたり自由保有地の所有権について裁定を下したりすることは認められていなかった。それはコモンロー裁判所の管轄だったからである。そこで「星室裁判所」が「重罪」と反逆罪を扱うことはなかった。なぜなら、「重罪」と反逆罪には死刑と土地没収が適用されたからである。「星室裁判所」が科すことができたのは、罰金・投獄（終身刑以下）・耳鼻舌の切断（目と足は除く）・鞭打ち・さらし台・「罪名を書いた紙を身に付けさせる罰 public confession」であった[17]。逆にコモンロー裁判所が科すことができたのは、「重罪」に対しては絞首刑・目と足の切断・土地の没収・動産の没収・「追放 outlawry」だけであり、「軽罪」に対しては少額の罰金か投獄刑（1年以下）を科すことができた。

「星室裁判所」の手続き方法は教会法の応用で、当時のコモンロー裁判所よりは整備されていた。起訴は原告が行なうか司法長官によって行なわれ（コモンロー裁判所では大陪審が行なう）、原告・被告・証人は宣誓供述書を提出するか、宣誓のうえで証言した。また刑事事件の被害者にも「民事裁判による救済 civil remedy」が用意されていた[18]。

「国王裁判所 prerogative courts」とコモンロー裁判所の違いは、16世紀に「枢密院」が扱った刑事裁判を見ればよく判る（「星室裁判所」として機能していることは、とくに意識されていない）。たとえば、25人の書店経営者に過去3年間の本の売買記録を提出させ、「有害な内容 ill matter」の本を輸入した罪で罰金を科したり、「間違った erroneous」信仰を説いた本を出版した罪で1人の経営者を投獄したり[19]、さらに「治安を乱す lewd」言葉を口にした被告の1人は、さらし台に晒され、さらに耳をさらし台に打ちつけられて耳が千切れるまで放置されたりした[20]。また気が狂ってさ迷い歩いていた者が投獄されて正気に戻り、女の色香に迷って馬鹿なことをしたと後悔の念を表明したので、叱責のう

え釈放したとか[21]、「サリ州 county of Surrey」の巡回判事と治安判事に告発が嘘だったことが判明したので、女王の「儀仗兵 gentleman pensioner」に対する訴訟を取り下げ、嘘の告発を行なった者を投獄するよう命じたりしている[22]。

16世紀後半-17世紀初めの「星室にて、枢密院構成員を前に In Star Chamber, befroe the Council」と題された判例のなかには（1596年）、エセックス伯が海軍提督の船を検問したところ火薬樽に灰や土砂が詰められているのを発見したので、エセックス伯が提督を裏切り者として告発したという虚偽の申し立てをした被告が、さらし台で耳をなくし、さらに鞭打たれて頭に罪状を書いた紙を張られ、「無期限に during pleasure」投獄されたうえ、20ポンドの罰金を科せられたが、「もし被告が身分の高い者で農民でもなく子供でもなかったら、もっと高額の罰金が科せられていたところだ」といった判例がある[23]。また、16世紀末-17世紀初めの判例には、治安判事や枢密院が正義を行なっていないと非難したことを「治安を乱す lewd」発言だとしている[24]。

「星室裁判所」は、とくに治安や思想を問題にしていたわけではないが、「財物強要 extortion」・「文書偽造 forgery」・「反乱 riot」・「偽証教唆 subornation of perjury」・「訴訟幇助 maintenance」・「訴権乱用 vexatious litigation」・「文書による誹謗 libel」・「詐欺（成り済ましも含む）fraud (including impersonation)」・「共同謀議 conspiracy」など、それまでの「暴力行為を伴った犯罪 crimes of force」とは違った「悪意に満ちた犯罪 crimes of cunning」も管轄していた[25]。「星室裁判所」が国王による圧政の手段として評判が悪くなったのは、17世紀初めになってからである。あのクック卿ですら「星室裁判所」は「議会をべつにすれば、キリスト教世界で最良の裁判所であり、判事も素晴らしく、裁判の仕方もその権限にふさわしいものになっている。この裁判所のおかげで、イギリスは静謐に包まれている」と高く評価していた[26]。

この「暴力行為を伴った犯罪」と「悪意に満ちた犯罪」の違いは、そのままコモンロー裁判所と「星室裁判所」の違いに当てはまる。コモンロー裁判所は、もっぱら行為として確認できる犯罪行為（不法行為の場合もおなじ）を問題にし

ていたが、「星室裁判所」は、もっぱら「犯意 criminal intent」（民事裁判の場合は不法行為を行なう意志）の有無を問題にしていた。12-13世紀に国王が問題にしたのは暴力行為の取締りであり、それも「武器 force and arms」を使った暴力行為であった（国王の存在理由が認められていたのも、そのおかげであった）。暴力行為を伴わない「道義に反する行為 moral offenses」を取り締まるのは教会裁判所の管轄だったが、14-15世紀になると「大法官裁判所」も「道義に反する行為」を取り締まるようになった（大法官には、ふつう司教・大司教・枢機卿が任命された)[27]。1640年になるまで、コモンロー裁判所は贈収賄・「財物強要」・「文書偽造」・「偽証」・「詐欺」・「文書による誹謗」・「煽動 sedition」・「共同謀議」を犯罪としていなかった。「未遂 attempt」は犯罪ではないと考えていたのである。主犯と共犯を区別することもしていなかった。それが17世紀末-18世紀初めになってコモンロー裁判所の優位が確立すると、他の裁判所が管轄していた刑事裁判をコモンロー裁判所が管轄するようになり、他の裁判所の考え方がコモンロー裁判所にも取り入れられるようになった。ふつう考えられているように、この時期になってイギリスの法理論や法制度が「りっぱに整えられた sophisticated」ことが原因ではなかった。

「枢密院」（「星室裁判所」）より下位にあった「高等宗務院裁判所」は、教会裁判所が管轄していた聖職者の「不道徳な行為 immorality」・教会法違反を犯した聖職者・異端・「分派行為 schism」・「不服従 nonconformity」（最後の3つは俗人・聖職者の両方が対象となる）を最初から管轄していた。また、最後の3つの犯罪の定義は非常に曖昧であった。教会で2人の女性が口論していると「分派行為」とされ、魔術は異端、水曜日に収穫に出かけて祈禱を奉げなかった聖職者は「不服従」の罪を犯したとされた[28]。「高等宗務院裁判所」の裁判は、被疑者を召喚すると「宣誓のうえで ex officio oath」証言させていた[29]。裁判を担当した実務家たちはローマ法と教会法の教育を受けており、教会裁判所とおなじように、判事は宣誓供述書の形で証言させていた。しかも教会裁判所と違って、「高等宗務院裁判所」は罰金・投獄を科すことができた。イギリス法制史の専門家ホルズワース William S. Holdsworth にいわせれば、「高等宗務

院裁判所と教会裁判所の関係は、枢密院(「星室裁判所」)と他の裁判所の関係と似ていた」[30]。

さらに付け加えると、「高等宗務院裁判所」も、その管轄下にあった教会裁判所も(もちろん他の裁判所も)、「枢密院」(「星室裁判所」)の指示や決定に従わねばならなかった。例を1つ挙げると、1613年に「高等宗務院裁判所」は「星室裁判所」から出版物検閲の権限を与えられ、その権限はピューリタンが支配権を握った長期議会で「高等宗務院裁判所」と「星室裁判所」が廃止されるまで存続していた。

「高等宗務官裁判所」以外の「国王裁判所」も刑事裁判を管轄しており、やはり教会法の手続き方法を採用していた。「海事高等法院 High Court of Admiraty」は管轄した裁判のほとんどが民事裁判であったにもかかわらず、海上で犯された犯罪も管轄していて、罰金・投獄を科すことができた。「大法官高等法院 High Court of Chancery」・「請願裁判所 Court of Requests」も民事裁判を管轄下に置いていたが、判決に従わない者には罰金・投獄を科していた[31]。

忘れてならないのは、コモンロー裁判所もチューダー・スチュアート朝時代に刑事裁判の管轄権を拡大していることである。議会が死刑を適用できる犯罪を制定法で増大させる一方で、コモンロー裁判所だけが死刑を科すことができる制度は変わっていなかったからである(モア卿が「星室裁判所」によって反逆罪で死刑に処されたのは、例外中の例外)。さらに議会は制定法で、土地の没収や目と足の切断が適用できる犯罪を増やしたが、これもコモンロー裁判所だけが科すことができた刑罰であった。なぜ「星室裁判所」がコモンロー裁判所のように反逆者・魔法使い・異端者を死刑に処さなかったのか本当のところは不明だが、少なくともモア卿の場合のように政治がからむ裁判は例外として、同僚によって裁かれることがないまま死刑にすることに抵抗があったと思われる。逆に「星室裁判所」は拷問で被疑者に自白をさせて告発したりしているが、コモンロー裁判所が拷問を被疑者に加えることはなかった。「大陪審」が開かれる前に被疑者や証人に拷問を加えたり、「小陪審」が開かれる前に被告や証人に拷問を加えたりすることに抵抗があったからであろう。では、なぜ「星室裁判

所」は陪審制を採用しなかったのか。それは陪審制が裁判のやり方として欠陥が多すぎたからである。陪審員に証人を尋問する能力はなかったし、たとえ証人の尋問は判事か弁護士が陪審員に代わって行なうにしても、証拠処理の問題は陪審員の能力を超えていた。こうした問題のほかに、もっと重要であったのは、チューダー朝時代にあまりにも多くのことが急激に変わりすぎて、せめてコモンロー裁判所の刑事裁判だけでも変えないでおこうという配慮が働いたと思われる。

　理由が何であれ、コモンロー裁判所だけが死刑を科すことができる制度は存続し、またコモンロー裁判所以外の裁判所では、あいかわらず陪審制が採用されることはなく、証人は宣誓してから証言するか宣誓供述書を提出しており、証拠処理の仕方も合理的であった。なお、この２つの裁判所のあいだに交流があったことにも注意する必要がある。というのも、「国王裁判所 prerogative courts」の判事はコモンローによく通じていたし（コモンロー裁判所である「王座裁判所」と「民訴裁判所」の主席判事は、「国王裁判所」であった「星室裁判所」の構成員であった）、コモンロー裁判所の判事は「国王裁判所」の刑法・刑事訴訟法によく通じていた。しかも両者は競合関係にあり、とくにコモンロー裁判所は「国王裁判所」に管轄を奪われたくなかったので、「人身保護令状 writ of habeas corpus」・「裁判移送禁止令状 writ of prohibition」などを頻発して「国王裁判所」の裁判を妨害していた。

　16-17世紀初めにコモンローで起きていた変化は、その後のイギリス革命で実現することになる法思想・法学の変化を先取りするものであった。ただ忘れてならないのは、変化の切っ掛けを作ったのが「枢密院」だったということである。「枢密院」がコモンロー裁判所の管轄を広げ、また手続き方法を変えたのである[32]。

第2節　コモンロー裁判所の優位が確立
（17世紀末-18世紀）

　1640年に「国王裁判所 prerogative courts」が廃止され、「国王裁判所」が管轄していた刑事裁判は、そのほとんどがコモンロー裁判所の管轄下に移されて、コモンロー裁判所の管轄下に移されなかった刑事裁判も、コモンロー裁判所の監督下に置かれることになった。このことがイギリスの刑法に大きな変化をもたらすことになった。つまり重大な罪を犯した刑事犯は、まず証拠に基づいて「大陪審 grand jury」が起訴するか否かを判断し、つぎに「小陪審 petty jury」が有罪か否かを決定して判決が言い渡されることになったのである。15-16世紀にコモンローが「重罪」としていた犯罪は数が限られていたが、17世紀末-18世紀初めに議会が「国王裁判所」の「重罪」以外にも多くの犯罪を制定法で追加し、議会がとくに他の刑罰を定めない限り、すべて死刑を科すことができるようになった[33]。また「重罪」以外の犯罪はコモンローの「軽罪」に分類され、そこでコモンロー裁判所が罰金・投獄を適用できる犯罪が大幅に増大することになった。1640年以降、死刑を適用できる犯罪になったものに、不倫・「悪質な暴力行為 various forms of aggravated assault」・文書偽造・海賊行為・密猟・「窃盗共犯 new forms of complicity in larceny」がある[34]。また1640年以降、「軽罪」として罰せられることになった犯罪にさまざまな賭け事（制定法でこまかく定義）や家族扶養義務の放棄がある。いずれも、かつて「国王裁判所」が管轄していた犯罪であった[35]。「軽罪」の裁判は以前どおり治安判事が担当したが、「星室裁判所」による査察がなくなり、治安判事の行なった処置が「王座裁判所」の巡回判事に報告されるだけになった[36]。

　これもとくに強調しておきたいことだが、「国王裁判所」の裁判と違ってコモンロー裁判所の裁判では、告発は役人が行なうのではなくて個人（ふつうは被害者か被害者の近親者）、あるいはイギリス各地で新しく公序良俗維持のために作られた「素行改善協会 Society for the Reformation of Manners」の代表

によって行なわれることになったということである。裁判に弁護士が立ち会うことも稀で、ふつうは被告がみずから自分の弁護を担当した。

コモンロー裁判所における刑事裁判の様子は、1664年に「王座裁判所」で争われた「国王対シドリ卿 The King vs Sir Charles Sidley」裁判に関する報告で知ることができる。「シドリ卿は公序良俗に反する行為が原因でコモンロー違反を問われることになった。彼の行為はスキャンダルとして評判になったが、それは彼がコベントガーデンに面したバルコニーに裸で立って、よからぬポーズをとり、よからぬ言葉を口にしたからである（その内容が詳しく述べられているが省略）。彼がコモンロー裁判所に告発されたのは、星室裁判所がなくなり、星室裁判所に代わってコモンロー裁判所が王国国民の公序良俗維持 custos morum を担当することになったからである。この種の行為が最近、増えており、当裁判所は厳しく罰する必要があると考えるようになった（一部、判読不能）。当裁判所がシドリ卿を召喚するとシドリ卿は出廷して罪を認めたので、当裁判所はシドリ卿が由緒ある家系出身のジェントルマンであることを鑑み、ケント州の領地没収（シドリ卿を破滅させるためでなく更正させるため）・2000マルクの罰金・1週間の投獄（保釈なし）・3年間の謹慎を命じた」[37]。

この例から判るとおり、「王座裁判所」は「星室裁判所」から公序良俗維持の管轄を受け継いだだけでなく、罰金・投獄・釈放後の保護観察を科す権限も受け継いでいたのである。

第3節 「土地貴族」の勝利が刑法に与えた影響

1640-89年のイギリス革命の結果、国王に対する議会の優位が確立し、また「宮廷貴族 roal nobility」に対する「土地貴族 landed gentry」と裕福な商人の優位が確立した。17世紀末-18世紀初めに制定法で死刑が適用できる犯罪が増やされ、財産権が手厚く保護されるようになったのも当然であった。たとえば、コモンローで「重罪」とされていた「窃盗 larceny」の意味が拡大され、それまでコモンロー裁判所で刑罰を科すことができなかった経済犯罪や「軽罪」で

しかなかった経済犯罪を「窃盗」として罰することができるようになった。1731年の制定法は、死刑を科すことができる「窃盗」に門扉・手すりなど建物に付属するものを盗むことも含め、また他の制定法は植木・果物・野菜を盗むことも「窃盗」に含めるとしている。従来この種の盗みは出来心にすぎないとされ、「軽罪」と考えられていた[38]。経済犯罪に新しく死刑を科すようになった新しい制定法として、さらに1723年の「密猟禁止法 Black Act」(密猟者が顔を黒く塗っていたので、この名前がある)を挙げることができる。密猟だけでなく、さまざまな経済犯罪がこの法律によって禁止された[39]。

「ノルマンの征服」以来、イギリス国王は各地に禁猟区を設けて無許可で猟をすることを禁じていた。ところが16世紀になると「御料林 royal forest」は有名無実化し、ジェイムズ1世の時代 (17世紀初め) に「御料林」と禁猟区の再興がはかられた。相当の収入がある土地を保有している者でも (自由土地保有者と賃貸土地保有者)、自分の土地であっても狩猟権を買わなければ鹿・鶉・孔雀・兎の狩猟が許されないことになった[40]。さらにチャールズ1世は増収策として古い狩猟許可制度を復活させ、それに違反した者は「軽罪」犯として罰金を科すことにした。

ところがピューリタン革命と王政復古の結果、「御料林」と狩猟権の管理は「土地貴族」の手に移ることになった[41]。1671年に議会は「狩猟法 Game Act」を制定し、自由土地保有者なら100ポンド以上、賃借土地保有者 (99年以上の賃借権) なら150ポンド以上の年収があれば狩猟を認めることにした。また、この法律は密猟にあらたな刑罰は科さず、古い罰金刑を残している。ところが密猟がさかんになって「御料林」の荒廃が進んだため、1723年に「密猟禁止法」が制定されて、密猟のみならず土地保有権を侵害する犯罪が取締り対象とされることになった。

「密猟禁止法」は顔を黒く塗るか、あるいは他の方法で顔を隠して武器をもち、鹿・兎が「かつていたか、今いるか、これからいることになる were or are or are to be」ところにいるだけで有罪とみなされることになった (死刑が適用される)。さらに死刑が適用される犯罪として、狩猟・傷害・鹿を盗むこと・兎

や魚の密猟・街路樹の伐採・果樹の伐採・家屋の放火・納屋の放火・干草の放火・金銭や鹿肉などを要求する匿名の手紙を送ることなどが挙げられている。意図して人を銃撃することも死刑が適用される犯罪とされた（被害者が生きていても）。こうして殺人未遂や傷害未遂も犯罪とされるようになり、故殺・傷害を「軽罪」と規定していた古い法律は事実上、廃止されたのである。おなじように、養魚池の土手を破壊すると死刑が適用されることになり、その結果、1568年の古い法律は事実上、廃止された（古い法律では、3ケ月の投獄・養魚池の3倍の金額の弁償・7年間の謹慎が刑罰として定められていた）。また主犯だけでなく共犯・事後従犯も刑罰の対象とされることになった[42]。

「狩猟禁止法」が科した刑罰がこれほど厳しいものになった理由は次節（第4節）で説明することにして、ここでは「土地貴族」の財産権保護が目指されていたことを指摘しておきたい。この法律は露骨に「土地貴族」の利益のために制定された法律であった。また、チューダー・前期スチュアート朝の時代には役人が担当していた法律の執行が「土地貴族」の手に移ったことも指摘しておきたい（役人でなくても告発できるようになった）。

新しい刑法の登場で、台頭しつつあった裕福な商人も保護されることになった。1700年に制定された法律は海賊を対象にしたものだが、「船長・水夫で海賊・敵・反乱者になった者」には死刑が適用されることになった。また、「船荷を海賊・敵・反乱者に渡した者、あるいは海賊・敵・反乱者に味方するよう船長・士官・水夫をそそのかすメッセージを伝えた者、船・積荷を盗んで逃走した者、海賊になった者」は海賊として死刑が適用されることになった。裁判の迅速化をはかるため、イギリス船（軍艦・商船）の士官に7名で構成される法廷の開設を認め、海賊行為を疑われた者の審理を行ない、必要であれば死刑を執行する権限も認めたのである[43]。

銀行家も保護されることになった。文書偽造や窃盗、紙幣・債券・債務証書・為替手形などの横領に関する法律が制定されたからである。1724年には、紙幣・手形の偽造を死刑が適用される「重罪」とした法律が制定され、1725年には東インド会社・南海会社の債券偽造が死刑適用の「重罪」とされた[44]。かつてこ

うした偽造は「星室裁判所」で「軽罪」として裁かれており、「星室裁判所」が廃止されてからはコモンロー裁判所が「軽罪」として裁いていたのである[45]。1729年には「有価証券 commercial instruments」の保管者から「有価証券」を盗むと「重罪」とされることになったが[46]、それまでは「窃盗」ではなくて「軽罪」とされていたのである。なぜなら、保管者は「有価証券」に対して所有権を有しておらず、「権利侵害 trespassory taking」には当たらないとされていたからである。さらに1742年の制定法では、イングランド銀行の職員による「有価証券」の横領も「重罪」とされることになった。のちには南海会社・郵便局の職員による横領も「重罪」とされることになる[47]。

第4節　カルバン派の教義と犯罪

　カナダのイギリス法制史家ヘイ Douglas Hay によれば、17世紀末-18世紀初めのイギリスでは、死刑が適用される犯罪の数は劇的に増えているのに対して（1640年までは年間、約30件だったのが、150年後には少なくとも200件に増えている）、逆に死刑（絞首刑）を求める訴訟の割合は劇的に減少しているのである[48]。その理由として考えられるのは、陪審員が死刑相当の犯罪で告発された被疑者に無罪放免の評決をしたこと・死刑が適用されない罪だけを認めたこと・判事が死刑相当の告発を死刑が適用されない犯罪に変更したこと・国外移送（年季奉公人として北アメリカに送られるか稀には「流刑植民地 penal colony」に送られた）を条件に国王による特赦を与えたことがある。さらに1718年、議会は「国外移送法 Transportation Act」を制定して国外移送を制度化し、初犯で「聖職者として認められる者 clergyable」の「重罪」に対しては7年の年季奉公、「聖職者として認められない者 non-clergyable」の「重罪」に対しては14年の年季奉公を命じることができるようにした[49]。以上が死刑適用可能な犯罪の数を増やしながら、死刑執行の件数が減少した理由として考えられることである。

　ヘイは、こうしたことが起きた理由として、判事・告発者（個人）・陪審員が支配階級である「土地貴族」の出身であったことを挙げている。支配階級に

属する者は下層階級に恐怖心を植えつければ十分と考え、実際には死刑適用を避けたのだという。とくに財産権侵害に対する死刑の適用可能性は、それだけで犯罪を防ぐ効果をもっており、さらに財産権の神聖さを思い知らせる効果をもっていたというのである。また支配階級が死刑の適用を控えることで下層階級との「仲間意識 community sentiment」を強化することができたし、法制度の中立性を強調したり法制度の権威を高めたりして、階級制度を維持することができたという。

このヘイの説明に異議を唱えたのがラングバイン John Langbein であった。いちいち証拠を挙げながら、彼はつぎのように反論している。まず当時、死刑相当の犯罪で告発されていたのは、ヘイがいうように貧窮化した下層階級の出身者などではなくてプロの常習犯であった。また犯罪の被害者も、その多くは裕福な金持ちなどではなく、農民・小売業者・職人・労働者であった。さらに陪審員に選ばれるためには年収が10ポンド以上なければならなかったが、これは支配階級と呼べるほどの収入ではなかった[50]。ラングバインにいわせると、ヘイの「支配階級・陰謀説では陪審員の慎重な態度は説明できない」のである[51]。

ラングバインは、以上のようにヘイのマルクス主義的な説明に反論はしているが、それに代わる説明は展開できていない。なぜ当時のイギリスで死刑相当とされる犯罪が急増したのか・なぜ陪審員は死刑評決を下すのを嫌ったのか・両者のあいだにはどんな関連があったのかを説明できていない。ラングバインは、議員が「土地貴族」出身者であったこと、また陪審員の出身が平民であって貴族ではなかったことを指摘しているが、そこからヘイと違った階級説を展開するつもりだったのだろうか。つまり議会の「土地貴族」たちは犯罪者を全員、死刑にしたかったのだが、農村や都市の住民だった陪審員は、おなじ平民出身の犯罪者に同情したというのであろうか。この説明では、なぜ支配階級に属する判事や議員が下層階級出身の陪審員に法律の適用を任せたのか説明できない。あるいはラングバインは、当時の刑事裁判の特徴を理由に挙げるかもしれない。17世紀末-18世紀のコモンロー裁判では、被告は不利な立場に置かれ

ていた。被告はみずから宣誓証言できず、自分の証人に宣誓証言させることもできなかった(それだけ証言の信憑性が低くなる)。また、弁護士に弁護を頼むこともできなかった。こうした状況下では、陪審員は有罪評決に慎重にならざるをえないであろう。つまり「道義的に許される程度の確実性 moral certainty」、のちに「もっともな疑問 reasonable doubt」と呼ばれることになる基準の適用に慎重にならざるをえなかったと説明するのである[52]。すでに1670年代、ヘイル卿 Sir Matthew Hale は、つぎのように日記に書いていた。「有罪にすべきか無罪にすべきか迷ったときは、無罪にすべきである *tutius probate in misrecordia quam in servitate*」。「証言の内容が曖昧な場合は、無罪と推定すべきである *in obscuris et in evidentibus praesumitur pro innocentia*」[53]。この考え方が、18世紀末に「無罪の推定 presumption of innocence」と呼ばれることになるのである[54]。

　しかし、それでもうまく説明できるとは思えない。そもそも議会が裁判で適用できないような法律を制定するだろうか。最終的には裁判のあり方も議会の責任なのである。議会が法律を制定するときは、当然のことながらコモンロー裁判所が法律を適用してくれることを期待していたはずである。議会と裁判所のあいだには、共通する世界観・価値観・信念が存在していたはずである。

　この問題を解く鍵は、16-17世紀初めにイギリスのピューリタンが受け入れていたカルバン派の教義、17世紀末-18世紀に国教会にも浸透していったカルバン派の教義にある[55]。その厳しい教義が厳しい刑罰を法律として制定させたのであり[56]、またその厳しい教義が刑罰の適用に際して、「慈悲 humaneness」と「良心に忠実であること conscientiousness」を厳しく要求したのである。

　16世紀のドイツでは、ルター派の法学者たちが罪まみれの「地上の国」を罰するための法律と、その法律を適用する判事に要求される具体的な状況の把握と正義の実現のあいだに、どう折り合いをつけるか結論を下していた。判事は徹底して自分の良心に問い掛け、最後は神から与えられる「ヒント inspiration」に頼るのである[57]。イギリスのカルバン派は、ルター派以上に厳しい考え方を採用していた。その考え方は、つぎの3つの国教会の教義によく現われ

ている。1）キリスト教徒は「罪を避けた生き方 holy life」を送るべきであり、それでも罪まみれになりがちな自分たちを救えるのは信仰のみである。2）「意図的に犯した罪 sins of willfulness」と「人間的な弱さゆえに犯した罪 sins of infirmity」とでは、罰することの意味が全く違ってくる。3）罪を犯した者を捕まえて更生させるのは「地域共同体 community」の義務であり、犯人を訴追する制度を作るのも「地域共同体」の義務である。この3つの教義がイギリスの刑法と刑事訴訟法を根本から変えることになったのである。

(1) 「罪を避けた生き方」と信仰だけが救済を可能にすること

カトリック教会は、ふつうの信者（神と隣人を大切に考え、かつ聖書で禁じられている、殺すな・盗むな・不倫を犯すな……を守る）と、「理想的な生き方 perfect life」を選んだエリート集団を区別している（エリート集団の代表的なものが修道士で、彼らはふつうの信者に要求されることのほかに、貞節・無所有・従順を誓う）。ふつうの信者は罪を犯しても懺悔をして償いをすれば罪がなくなり、「天上の国」ゆきが約束されるのである。

ところがルターとカルバンは、信者をエリート集団とふつうの信者に分けるカトリック教会の考え方に反対であった。ふつうの信者にも修道士とおなじように「罪を避けた生活」を送ることを要求したのである。罪に重い・軽いの違いはなく、いかなる罪を犯しても永遠に呪われるのである。また永遠の呪いから逃れるためには信仰だけに頼り、神の慈悲にすがるしかないのである。17世紀にイギリスのカルバン派は（ピューリタンも国教会徒も）この考え方を極端にまで推し進め、「理想的な生き方」を送ることをふつうの信者にも要求した。チャールズ1世つきの聖職者を務めたテイラー主教 Bishop Jeremy Taylor によれば、「すべての信者は、たんに罪を避ける努力をするだけなく、完璧に罪を避ける必要がある all Christians must be not only holy but eminently holy」ことになる[58]。つまりカトリック教会のように、地獄で永遠の業火に焼かれることになる「大罪 mortal sins」と、司祭が科す「さしあたりの罰 temporal punishment」で許される「小罪 venial sins」に分けることに反対であった。

そんなことをすれば、かえって罪を犯すことを奨励することになるからである。これがテイラー主教をはじめ、17世紀中頃-17世紀末のイギリスで指導的な立場にあった聖職者の考え方であった。もちろん、煉獄とか免罪といった考え方にも反対であった。カルバン派の考え方によれば、どんな小さな罪でも地獄で永遠の業火に焼かれることになるのであり、逆に信仰さえあれば、どんな重い罪でも神の慈悲で許されるのである[59]。

これでは、罪によって罰の厳しさを変えることなど無意味になってしまいそうである。ところが17世紀にカルバン派の神学者たちは、罪によって罰の厳しさは違ってくると考えていた。罪の違いではなく、罪を犯すときの意志の違いによって罰が違ってくると考えたのである。悪意によって犯される罪は罪を犯した者の邪悪さゆえに許すことができないが、人間的な弱さゆえに犯された罪は、「意図的でない less willful」ので許されるのである。もちろん実際に許されるか否かは、信仰の強さと神の慈悲に掛かっている。しかし、この「許される pardonable」・「許されない not pardonable」の違いが罰の厳しさを決めることになり、したがって罪を犯したときの「意志 will」が重要な意味をもってくることになった[60]。

(2) 「意図的に犯された罪」と「人間的な弱さゆえに犯された罪」

この「意図的に犯された罪」と「人間的な弱さゆえに犯された罪」を区別する考え方を応用して、18世紀のイギリスの判事たちは重罪を犯した犯人を罰すべきか無罪放免にすべきか・より軽い罪で免ずるべきか・死刑を科すべきか・国外移送とすべきかなどを決めていた。18世紀にイギリスで重罪犯に対して下された判決を分析したイギリスの法制史家のキング Peter King は、つぎのように結論づけている。「判決を下す際に参考にされていることは、幼少期の問題（つまり「人間的な弱さ infirmity」の問題）・性格・過去の行動・再就職の可能性（つまり矯正の余地の有無）・家族の貧窮度・個人的な責任の有無・犯罪の種類と状況（つまり犯罪実行にいたる理由）などである」。「このなかで一番、軽視され言及が少なかったのが犯罪実行にいたる理由であった」。その代わりに判

事たちは、しばしば犯罪者の個人的な事情に言及しており、それを「判決を下すときの根拠にしていた」。その理由をキングは、「現実的で、かつキリスト教の教義に基づく人間らしい対応 strong element of practical, and in some senses Christian, humanity」に求めている[61]。

以上で列挙した項目のなかでも、犯人の幼少期の問題(つまり「人間的な弱さ」)・性格・矯正の余地・犯罪の種類と状況は、カルバン派の「人間的な弱さゆえに犯した罪」という考え方に対応しており、こうしたことを考慮に入れているからこそ、キングは「キリスト教の教義に基づく……対応」としたのであろう。また、その他の項目を考慮に入れていることをキングは、「現実的で人間らしい対応」と呼んでいるが、注意してほしいのは、カルバン派の判事が「意図的な犯罪 willful acts」には死刑を適用していることと、犯人の性格が善良な場合は無罪にするか刑を軽くしていることである。

(3) 罪人を減らすのが「地域共同体 community」の義務

以上の2つの教義は、3つ目の教義である「地域共同体」の義務と密接に関連している。神は「地域共同体」に、信者一人ひとりが罪を避けるのを助ける義務を課していた。20世紀の社会学者たちの理論と違って、17世紀末-18世紀初めにイギリスで強く信じられていたのは、個人主義ではなく「共同体主義 communitarianism」であった。17世紀のイギリスの主教で神学者であったサンダソン Bishop Robert Sanderson にいわせれば、神は人間を「社会的動物 sociable creature」として創造し、「さまざまな組織 polities, societies and commonwealth」を属する者として創造したのである。お互いを「仲間 fellow members of one body」と感じるように創造したのである。つまり人間は自分1人のために生きているのではなくて両親・友人・知人、否すべての人間のために生きているのであり、すべての人間はすべての人間に対してお互いに関心をもっており、またすべての「地域共同体 our country and commonwealth」はすべての人間に対して関心をもっているのである[62]。

隣人たる「地域共同体」の構成員が罪を犯さないように努力すべきであると

するピューリタンの考え方が17世紀の「公共心 public spirit」の支えとなって地域政治に対する強い関心を引き起こすことになったし、罪を犯した者を更生させることに熱心な姿勢を生み出すことになった。とくに1689年の王政復古後に現れた道義心の退廃が神の怒りに触れ、ふたたびイギリスが内戦に直面しかねないことが心配された。ニネベの滅亡を警告したヨナの話（『12小預言書・ヨナ書』）やソドムの滅亡（『創世記』）を例に挙げて、説教師たちは神の怒りに触れないように生き方を改めるべきだと説いていた[63]。

　一方で死刑が適用される犯罪を劇的に増やして犯罪者の数を急増させながら、他方で死刑の適用を減らすという矛盾した事態を説明できるのは、以上の3つの教義だけである。陪審員たちが死刑の評決を嫌い、被告を無罪放免にするか、死刑が適用されない罪を問うことで死刑評決を避けたのも、また議会が「悪意 malice」で1羽の兎を殺した者と多くの鹿を殺した者におなじ刑罰を科すことにしたのも、おなじ理由からであった。キリスト教徒たるイギリス人として、「悪意」は許せないと考えたからであった。判事も陪審員も事件を取巻く状況を最大限、考慮に入れ、また被告の生き方や性格を考慮に入れて被告が罪を犯したのは「悪意」からなのか、それとも「人間としての弱さ」からなのか確認しようとした。初犯の罪人なら、あるいは「性格の弱さ intelectual and moral frailty」からプロの犯罪者に無理やり犯罪に加担させられたかもしれなかったし、止むをえぬ事情があって犯罪に走ったのかもしれなかった。神ですら罪を許すのである。憎んで余りある犯罪者でも、心を入れ替えてふたたび犯罪に走らないと約束すれば、判事や陪審員が死刑を免ずるのは当然であった。好んで判事は死刑宣告を受けた囚人に国王の特赦を認めており、そのうえで国外移送の刑を言い渡している。最終的に議会は、絞首刑の代わりに国外移送を判事に義務づけることになる[64]。

　陪審員が死刑評決を嫌ったのは、「地域共同体」が犯罪者を更生できると考えたからでもあった。陪審員は「地域共同体」を代表していると考えられていたのである。冒頭で紹介したサンダソン主教の言葉が、そのことをよく表している。「地域共同体」の構成員は、お互いに仲間なのである。有罪評決を言い

渡すことで陪審員は、罪人を減らし罪人を更生させるという「地域共同体」の義務を遂行していたし、無罪評決を言い渡したり、より軽い罪を問うたりすることで罪人が抱えている事情に配慮を忘れないという「地域共同体」の義務を果たしていたのである。

　人間は「社会的動物 sociable creature」として創造されたという教義から、ボランティアが告発を行なう制度が登場してくることになった。近代的な警察制度は存在せず、「国王裁判所 prerogative courts」が廃止されて国王が任命していた検察官もいなくなり、裁判で告発を行なうのは被害者か被害者の近親者ということになったが、こうしたやり方は個人に過重な負担を強いるものであった。1660年代に国王が経費を手当てするようになり、1689年に議会は経費を手当てする制度を作るが[65]、それでも個人にとって告発は面倒な仕事であった。そこで1690年代-1700年代に各地で「素行改善協会 Society for the Reformation of Manners」が組織されるようになった。この組織が人を雇って売春・泥酔・賭け事・日曜礼拝の欠席など問題となる行為の証拠集めをするようになったが、おなじこの組織の幹部が宣誓のうえ、その地域の治安判事から逮捕令状をとって被疑者を治安判事のところに連れて来させたのである（無給の「保安官 constable」が担当）。「素行改善協会」は50年ほど活発に活動したが、1730年代になると衰退し始め、数も減少して1740年代には消滅しかけていた。ところが1760年代になると勢いを取り戻して、1800年代初めまで存続することになる[66]。

　もちろん「土地貴族」の利益にも適うことであった[67]。死刑を適用する法律の増加と死刑評決の減少という矛盾した現象は、法制史の面からも説明する必要がある。なぜなら、コモンロー裁判所の優位性確立がイギリスの刑法・刑事訴訟法に大きな変化をもたらしたからである。

第５節　カルバン派の教義が刑法に与えた影響

(1) 殺人罪に対する影響

　イギリス革命の結果、制定法によって殺人罪を適用される犯罪の数が増やされたばかりか、判例によって判事がその意味を決めてきた殺人罪も、その意味を大きく変えることになった。その１つが「重罪 felony」を犯す過程で人を殺せば、それを「謀殺 murder」とし、「軽罪 misdemeanor」を犯す過程で人を殺せば、それを「故殺 manslaughter」とする考え方の登場である。また、あらたに「挑発 provocation」という考え方が登場してきて、「謀殺」を「故殺」にすることが可能になった。この判例による殺人罪の意味変化も、17世紀末-18世紀初めのカルバン派の教義の影響の結果である。

　「重罪時の殺人は謀殺とする考え方 felony-murder rule」により、「重罪」を犯す過程で人を殺せば、殺すことを全く意図していなくても「謀殺」とされることになり、「軽罪」を犯す過程で人を殺せば、殺すことを全く意図していなくても「故殺」とされることになった。この２つの考え方は、今でもイギリスとアメリカで生きており、他の国から「理屈に合わないし正義にも反する irrational and unjust」と非難されている。たとえば、「押し入り強盗 burglar」に入ったところ、強盗を見た家人が驚きのあまり心臓発作を起こして死んでしまったら、それでも「謀殺」なのであろうか。17-18世紀なら、まだ「押し入り強盗」も「謀殺」も死刑が適用される「重罪」とされていたので死刑の適用も判らないでもないが、それが今でも制度として残っているのである[68]。逆に「軽罪時の殺人は故殺とする考え方 misdemeanor-manslaughter rule」は、厳しすぎる結果を招いていた。「故殺」は「謀殺」同様、「重罪」とされて死刑が適用されていたからである。「軽罪」なら、せいぜい１年以下の懲役か罰金刑で済んだ。こうして殺人は、たとえ殺すことを意図していなくても死刑が適用されることになった[69]。

　17世紀になって判事が「重罪時の殺人は謀殺とする考え方」を採用したのは、

カルバン派の教義が背景にあった。つまり被告の罪の程度は犯罪行為によって決まるのではなくて、そのときの「悪意の程度 degree of depravity」によって決まるのである。盗みも殺人も十戒で禁止されており、「神の法 divine law」を犯しているということでは、おなじ死刑に値する犯罪なのである。ただ犯罪時の特別な事情を考慮に入れて、「重罪」でも（つまり「謀殺」であっても）、年季奉公のために国外移送になる場合もあれば、罪一等減じて懲役刑か罰金刑で済ませることもできた。また逆に「押し入り強盗」・強姦・窃盗で人を殺せば、犯人の「悪意の程度 degree of sinfulness」によっては「謀殺」として死刑が適用された。

　17世紀まではイギリスでも、「謀殺」と「故殺」の違いは「計画的か malice prepense, malice aforetought」・「計画的でないか chance medley, misadventure」で決められていた。ところが17世紀初めに「計画性 premeditation」は「当然視 presumed」されるようになり、「故殺」の再犯は「謀殺」とされるようになった[70]。さらに17世紀末、「故殺」が「不注意による殺人 negligent homicide」とされるようになって、コモンローでは「謀殺」と「故殺」が区別できなくなり、「正当防衛による殺人 justified and excused homicide」も正当とは認められなくなった。17世紀末-18世紀初めに実務家たちは、これが問題であることに気づいていたはずである。というのも、「国王裁判所 prerogative courts」は教会法のやり方を取り入れて、この問題をうまく処理していたからである。教会法学者は、1640年以降にイギリスで支配的になったカルバン派とは違った考え方をもっていた。教会法学者にとって犯罪は「宗教的に罪ある行為 sinful acts」であった。刑罰の対象となるのは目に見える形をとった「犯罪行為 offensive act」だけであったが、それがもたらす結果の「深刻さ gravity」によって刑罰の重さが決まってくると考えていた。また、有罪か無罪かを決めるのは「犯罪意志 intent」の有無であった。禁じられていることを敢えて行なう「意志」があったか、「意志」はなくても結果的に禁じられていることを行なうことになることを過失で見逃した場合は、有罪とされた。ところが17世紀末のコモンロー裁判所は、このような考え方をまだ採用していなか

ったのである。

　「国王裁判所」が廃止され、さらにコモンロー裁判所に持ち込まれてくる「重罪」と「軽罪」が急増して、しかも「重罪時の殺人は謀殺」・「軽罪時の殺人は故殺」という考え方が採用されるようになったため、「王座裁判所」は「謀殺」と「故殺」を区別する新しい方法を採用することにした。つまり「謀殺」で告発された犯人が初犯で、しかも「挑発された provoked」結果の殺人であれば「故殺」犯とされたのである。この新しい考え方がしだいに広く採用されるようになり、それを理論化したのがホーキンズ William Hawkins であった。ホーキンズによれば、「カッとなった状態 heated blood」で犯した殺人は「謀殺」でなくて「故殺」なのである[71]。

　この「挑発 provoctions」論は、教会法などで採用されている「正当防衛 justification and excuse」論とおなじ役割を果たすことになった。ただし背景にある考え方は、あくまでもカルバン派の教義である。つまり陪審員は被告の道義的な責任を考慮に入れ、さらに事件に特有の事情と法原則（「重罪」には死刑が適用される）とのあいだのバランスを考えながら評決を下すのである。教会法学者のように犯罪が「宗教的に罪ある行為」か否かを問題にするのでなく、罪を犯したときに被告がもっていた「犯罪意志」がどの程度「宗教的に罪深いか sinfulness」を問題にするのである。もし「宗教的に罪深く」なければ、死刑は適用されないことになった。

(2) 「共同謀議 conspiracy」罪の登場

　現在、イギリスとアメリカで採用されている「共同謀議」という考え方は、17世紀末-18世紀初めに「王座裁判所」が採用したものである。ヨーロッパ大陸各国と比べて意味が広いのが特徴で、2人以上の者が違法行為の実行に合意しただけで成立する犯罪である。違法行為でなくても「道義的に問題がある immoral」行為を実行することに合意し、それを実行に移した結果が違法行為となった場合も犯罪となった。17世紀末までのイギリスでは（ヨーロッパ大陸各国でもおなじ）、反逆罪のような犯罪の実行に合意すれば、それだけで犯罪にな

ったが、ふつう合意だけでは犯罪とはみなされず、何らかの実行がともわなければならないとされていた（少なくとも準備に取り掛かるなど実行がともわなければ犯罪とみなされない）。しかも、それが未遂であるか、行為後に隠蔽が行なわれなければ犯罪とされないのが通例であった。また、それは「共同謀議」とされず「共犯 complicity」とされていた。2人以上の者が一緒になって行なった犯罪と考えられたからである。また合意や未遂は刑事犯罪が目的になっていなければならなかった。

　イギリスでも、もともと「共同謀議 conspiracy」という言葉は嘘の告発を意味した[72]。17世紀初めまで「共同謀議」は、嘘の告発を受けた者が実際に告発されてしまって、あとから告発が嘘だったことが判った場合以外は犯罪とはみなされていなかった。ところが1611年、「星室裁判所」で複数の被告が嘘の告発を行なったのに対して、大陪審が被告たちの告発を信用せず告発を受けた者を不起訴としたとき、「星室裁判所」は被告たちに「共同謀議」罪を適用したのである[73]。さらに1615年、「王座裁判所」が「共同謀議」の意味を広げることになった。プリマス市の市民（複数人）が市長の名誉を傷つける発言を繰り返していたので、彼らに「共同謀議」罪を適用したのである[74]。この2つの判例では合意が実行に移されていたが、この判例を解説したクック卿は「共同謀議」の意味をさらに広げ、「公共の利益に反することを共同で謀議した場合は、たとえ合意が実行に移されなくても」犯罪とみなすべきであるとした。このクック卿の考え方が1664年に「王座裁判所」によって採用され、「王座裁判所」はロンドン市のビール業者に対して、国王に税金を納めなくて済むよう安いビールの製造中止に合意したとして「共同謀議」罪を適用した[75]。その際、「王座裁判所」は合意が実行に移されなくても「共同謀議」は成立するとしているが、この場合も合意はある程度、実行に移されていたのである。そこで暫くのあいだは「たんなる共同謀議 bare conspiracy」だけでは不十分で、「目に見える何らかの行為 overt act」が存在しなければならないとされていたが[76]、1705年にホルト卿 Sir John Holt が「2-3人が集まって誰かを嘘の証言で告発しようと相談したら、それだけで目に見える行為が行なわれたことになり、そ

の告発は犯罪になる」として「集まりを開くこと自体が目に見える行為である」とした[77]。この判例が、今でもイギリスとアメリカで生きている[78]。

　さらに「共同謀議」は刑事犯罪のみならず、不法行為や「道義的に問題がある行為」に合意する場合も犯罪とされるようになった。1716年に出版されたホーキンズの『イギリス刑法論 A Treatise of the Pleas of the Crown』によれば、「違法行為によって第3者に損害を与えることを目的とした共同謀議は、いかなるものであれコモンローでは犯罪とみなされる」のである[79]。1721年に仕立て職人が労賃の値上げを求めて就労を拒否したところ、「王座裁判所」はこれを犯罪とした。「たとえ合法的な目的のためであっても、共同謀議は違法である」[80]。さらに1724年に「王座裁判所」は、「違法な目的のために合法的な行為を実行する場合は、たんなる共同謀議だけで犯罪とされる。共同謀議の結果が実行に移されなくても犯罪となる」としている[81]。

　17世紀末-18世紀初めに刑事犯罪を目的とした「共同謀議」を犯罪とする考え方がイギリスに登場してきたのは、コモンロー裁判所に「素行監視人 custodians of the morals」としての仕事が義務づけられるようになったと考えられたからである。コモンロー裁判所は、その管轄を「星室裁判所」から引き継いでいた。仕立て職人の裁判から判るように、この考え方は新しく支配階級として登場してきた「土地貴族」と裕福な商人にとって都合がよいものであった。しかし、カルバン派の教義が背景に存在していることも忘れるべきではない。公共の利益に反する行為や違法な目的のために複数の人間が合意することが犯罪とされたのは、そのためである。マンスフィールド卿 Lord Mansfield によれば、「よき習俗に反する contra bonos mores et decorum ことは何であれイギリス法は禁じており、素行監視人たるコモンロー裁判所は違反者を捕まえて罰する義務がある」ということになる[82]。

(3) 新しい刑罰の登場

　カルバン派の教義は、「重罪」に対して新しいタイプの刑罰も登場させることになった。それが「拘禁刑 imprisonment」と「国外移送刑 transportation」

である。

　イギリスで最初に「重罪」に対して「拘禁刑」を定めたのは、1706年の制定法であった[83]。それまで国王が期限を定めることなく政敵を投獄することがあったし、16世紀には新設の「国王裁判所」が、命令に従わない者を「法廷侮辱罪 civil contempt of court」を犯したとして拘禁していた。また16世紀には「矯正所 Bridewell」が登場して、ホームレス・貧窮者・「乞食 sturdy beggars」を収容して働かせていた[84]。ところがコモンロー裁判所が「重罪」犯に科すことができたのは被疑者の短期拘禁か借金の強制支払いくらいで、あとは「軽罪」用に定められた刑罰を科すことでしかなかった[85]。

　1706年の制定法では、まだ「拘禁刑」は死刑に代わる刑罰とされておらず、「執行猶予つきの判決が下される重罪 clergyable felonies」犯が初犯の場合に適用される刑罰であった。それまで初犯の場合は、親指に烙印が押されるだけだったのを改めたのである。この制定法のおかげで、コモンロー裁判所は半年から3年の範囲内で、烙印のほかに「拘禁刑」を言い渡すことができるようになった。

　第4節「カルバン派の教義と犯罪」の冒頭で触れた1718年の「国外移送法 Transportation Act」は、移送の経費を負担する者が「重罪」犯をアメリカの植民地で年季奉公人として働かせるか、その権利を第三者に売る制度であった。

　この「拘禁刑」も「国外移送刑」も、やはり「土地貴族」や富裕な商人に利益をもたらす刑罰であった。いずれも「重労働 hard labor」が科せられていたからである。そして、この場合もカルバン派の教義が背後に存在していた。つまり働かせることで償いをさせ、社会復帰をさせようと考えたのである（この考え方はカトリック教会にもルター派にもあった）。さらにカルバン派では、働くことは神との「労働契約 covenant of works」で義務づけられていることだと考えられており、また「労働契約」によって「人間関係の基本である友情と肉親愛、支配と服従の制度 basic human relationships of friendship and kinship, authority and submission」が神から人間に与えられ、さらに「人間にとって欠かすことのできない献身と敬虔・正直心と名誉心・規律と勤勉・謙虚と慈善

basic values of devotion and piety, honesty and honor, discipline and diligence, humility and charity」が神によって人間に義務づけられたと考えられていた[86]。そこで17-18世紀にカルバン派が強かったイギリス・アメリカ・オランダ・フランス（ユグノー派）では、「勤勉 hard work」・禁酒・質素倹約などの、いわゆるピューリタン的な倫理観が強いということになる[87]。また「神の正義 divine justice」と「神の慈悲 divine grace」の両方を実現しなければならないという考え方から、一方で親指に烙印を押すだけでは済まさず、さらに厳しい刑罰を科しながら、他方で国王による恩赦によって死刑の執行を避けるというやり方が採用されることになった。

　「重罪」犯を処刑するとき、そこに集まった群衆に対する説教では、この正義と慈悲の問題がよく話題になっていた。すでに指摘したように、十戒に違反した犯罪は死刑が科せられて当然なのである。それでも初犯には更生の機会が与えられるべきであり、「人の法 human law」を適用する場合は「人間らしい配慮 human equity」も必要なのである。1732年にエグゼタキャスタ Exeter Caster で開かれた巡回裁判でマッジ牧師 Reverend Zachariah Mudge は、人間が行なう正義には過誤がつき物なので「特別な配慮が必要である arises room for equity」といっている[88]。この「特別な配慮 equity」があって初めて「慈悲心は正義の行き過ぎを止める力 power to stop the course of justice under the notion of mercy」を発揮できるのである[89]。法律を適用するときは「慈悲心 mercy」をもって犯罪の種類と犯人の特別な事情に配慮する必要があるともいっている[90]。また「慈悲心」は、犯人に厳しい刑罰を科す理由にもなっていた。犯人に厳しい刑罰を科すということは、犠牲者と「地域共同体 community」に対して「慈悲心」をもって対処することを意味するからである[91]。

第11章　イギリス革命と民法・経済法

　この章では、まず議会の優位、「土地貴族 landed gentry」と裕福な商人による経済支配、カルバン派の教義が確立した17世紀-18世紀初めに土地保有法・契約法・会社法が大きく変化したこと、ついでこうした民法の変化が商法・金融法の変化（国王による許可制の廃止と近代的な信用制度・株式市場・「課税国家 tax state」・特許法・海上保険などの保険制度の登場）とどうかかわっていたのかを説明するつもりである。

　土地法・契約法・会社法の変化について、この章では実体法を中心に説明する。手続法については、すでに説明したとおりである。法制史家のあいだで手続法が大きく変わったことはよく知られているが、実体法が変わったことはあまり知られていない[1]。以下で、そのことを示してみたい。

第1節　土　地　法

　土地保有に関する法律が17世紀末-18世紀初めに大きく変わったが、それを以下の4点にまとめて説明する。1）封建的な土地保有制が廃止され、近代的な所有権に基づく賃貸制が登場してきたこと。2）共有地の囲い込みに対する制約がなくなって大土地保有が可能になり、また1年以下の賃貸権しか認められていなかった「謄本による農民の保有権 copyhold tenure」（荘園の紛争処理をした荘園裁判所の記録の「謄本 copy」が保有権を保障したのでこの名がある）に代えて、長期の賃貸（たとえば99年間の賃貸のように、事実上の所有権を意味する賃貸）が可能な制度が登場してきたこと。3）土地の「厳格な長子相続制 strict settlement」が登場して、一族の土地保有が何世代にもわたって保証されるようになり、他方でこの制度の対象にならない土地は、従来どおり保有権を手放

すことが可能なまま残されたこと。4）土地の売買を可能にする信託制度・担保制度が登場してきたこと。

(1) 封建的な土地保有制度の廃止

1641・45年の「決議 resolutions」と1656年の制定法で長期議会は封建的な土地保有制度を廃止し、さらに王政復古後の1660年、「封建的土地保有廃止法 Tenures Abolition Act」によって、封建的な土地保有制度の廃止が再確認された[2]。封建的な土地保有制度が廃止された結果、国王は貴族に対して封建的な義務（「軍役義務 knight service」・「後見権 wardship」）に代わる金銭負担を要求できなくなった[3]。封建的な土地保有を根拠に国王が貴族に要求できた「軍役義務」は、すでに12世紀に「軍役免除金 scutage」を支払えば免除されることになっており、さらに14-15世紀に封建的な主従関係が消滅して「軍役免除金」も消滅し、土地保有権の相続と移転の際に支払われる上納金がそれに取って代わっていた。ところが16世紀になってチューダー朝が歳入不足を補うために古い制度を復活させ、さらにチャールズ1世がこの古い制度を利用して強制借上げを行なっていたのである。

「封建的土地保有廃止法」のおかげで、国王は歳入を全面的に議会に依存することになった。さまざまな形の自由保有権も、すべて「自由犂奉仕保有権 free and common socage」に統一されることになった。この「犂奉仕保有権 socage」という言葉は[4]、元来さまざまな奉仕義務が課せられた保有権を意味していたが（ただし軍役義務はない）、1660年の制定法で奉仕義務はおろか保有形態の変更に際して上位保有権者に支払っていた上納金もすべて免除され、事実上、近代的な所有権と変わらないものになっていた。

(2) 共有地「囲い込み enclosure」の合法化

自由土地保有権に課せられていた金銭提供や奉仕の義務が消滅したとき、それに関連して農民が羊や牛の放牧に利用していた共有地の囲い込みに対する制約も排除されることになった（「囲い込み」とは、共有地を塀・垣根・堀で囲い込んで、

それを私有地化することを意味する）。

　12-14世紀中頃の荘園制が機能していたあいだは、「囲い込み」が行なわれることは、まずなかった。荘園制のもとで農民は荘園のあちこちに「条地 strips」と呼ばれた帯状の農地を保有し、また共有地を利用する権利が認められていた。ところが14世紀末-15世紀になると、荘園制が機能しなくなってくる（とくに1348-49年の黒死病の後）。農民は保有権を荘園裁判所の古い記録の「謄本 copy」によって保障されていたので、その保有権は「謄本による保有権 copyhold」と呼ばれていたが、ちょうど封建的な主従関係がなくなって封建的な土地保有の意味が変わってしまったように、荘園制が機能しなくなって（領主・農民の関係が消滅する）農民の「謄本による保有権」に変化が現われた。15世紀に裕福な「ヨーマン yeoman」と呼ばれる農民が登場してきて、貧しい農民の「条地」を買い取ったり、羊を放牧するために共有地を囲い込んだりし始めたのである。その結果、多くの農民が土地を失うことになった。

　15世紀末-16世紀初めに「囲い込み」が急増してくると、「ヨーマン」は貧しい農民だけでなく、国王や貴族からも敵意をもたれるようになった。とくに貴族は農民の保護者を自負していたし、新興階級である「ヨーマン」に対して好意を抱いていなかった。1515年にモア卿 Sir Thomas More は、『ユートピア』のなかで「羊が人間を食べる」と書いているし[5]、1517年にウルジ枢機卿 Cardinal Thomas Wolsey は「囲い込み」による農村の人口減少について調査をさせ、「囲い込み」を行なった「ヨーマン」を「大法官高等法院 High Court of Chancery」に訴えて20年間、争っている[6]。16-17世紀初めに「囲い込み」は法律によって厳しく制限されたが、この「囲い込み」こそが「土地貴族」台頭の大きな原動力であった。1624年にジェイムズ1世が召集した議会でクック卿が「囲い込み」禁止法の廃止を試みるが、成功していない[7]。1630年代にはチャールズ1世が「囲い込み」を厳しく取り締まっており、1644年にロード大主教 Archbishop William Laud が処刑されることになった理由の1つが、この「囲い込み」に対する厳しい取締りであった。

　共和政時代に「囲い込み」は議会によって合法化され、その結果、「囲い込み」

は裁判所や議会の統制下に置かれることになった。「囲い込み」を合法化する法律が議会で数多く制定されたが、どの法律にも「囲い込み」によって不利益をこうむる者に対する保障が約束されていた[8]。

「囲い込み」の進行と同時に「条地」の「統合 engrossing」による「開放耕地 open field」の登場も進行し、農民の「謄本による保有権」が侵食されていった。そこでチューダー・スチュアート朝は、制定法によってこれを阻止しようとした。しかし、16-17世紀になって（とくに「囲い込み」が合法化されてから）「謄本による保有権」が「賃貸保有権 leasehold」に変換されるようになった。「自由保有権 free hold」をもつ「ヨーマン」が周辺の「謄本による保有権」者である農民に「手付金 entry fine」を払ってこれを「賃貸借保有権」に変換させ（「謄本による保有権」のままでは１年以上の長期賃貸をコモンローが認めていない）、賃借料を払って長期に借りることを始めたのである。封建的な保有権が事実上、近代的な所有権と違わない「土地保有権 socage」に変えられたように、荘園制のもとで慣習的に農民に認められていた「謄本による保有権」が長期の賃借を可能にする「賃貸保有権」に変えられたのである。「賃貸保有権」の賃借人が借地人でなくなって事実上の所有者になったように、長期の土地賃借人でしかなかった「農民 peasant」が事実上、土地を所有する「農場経営者 farmer」になったのである。形式的には国王が所有する土地が「相続可能な封土 fee simple」とされることで事実上、家臣の所有地になったように、「謄本による保有権」が「賃貸保有権」に変わることで、土地の賃借人は事実上の土地所有者に変わったのである[9]。

(3) 「厳格な長子相続制 strict settlement」の登場

17世紀末-18世紀初めの土地法の改正が「土地貴族」の利益に適っていたことは、「厳格な長子相続制」の登場でも確認できる。この制度は、保有する（事実上、所有する）土地が何世代にもわたって一族の手に確保できるようにするためのものであった。

12-16世紀に「自由保有地 freehold land」は、さまざまな方法（遺言・契約・

生前贈与）で手放すことが可能であった。そして、その最大の受益者はカトリック教会であった。この方法のおかげで、カトリック教会はヨーロッパ全土の三分の一を手に入れていたと考えられている。教会が「寄進地の自由保有権 free alms, frankalmoign」（教会は寄進者のために祈ること以外、何ら義務を負わない）をもっていれば、教会は永久にその土地を保有できたのである。しかし寄進者と被寄進者のあいだで土地の扱い方に対する考え方が違っている場合、困った問題が登場してくることになった。そこでこの問題を解決するためにイギリスでは、さまざまな工夫が凝らされていた。たとえば、土地を遺贈・贈与する場合に「Ａが生きているあいだはＡに、Ａの死後はＢとその子孫に」という表現が遺贈証書・贈与証書にあれば、Ａは「生涯占有権 life estate」を有しているだけで遺贈・贈与された土地の処分方法を遺言で指示することはできず、自分が死ぬときにＢが生きていれば、その土地と土地の処分権をＢに譲らなければならない。しかし、ＡがＢの死後、Ｂの長男が21歳になったら長男に譲ることを条件に土地をＢに贈与・遺贈する場合は、Ｂは長男が21歳になる前にＡの意志を無視して土地を処分してもよかった。このような権利を「権利者が確定していない権利 contingent remainder」と呼んでおり、長男の権利は無視されてよいのである。長男が21歳になる前にＢが死ぬ可能性もあり、そうなれば土地に対する権利者が不在という困った状況が生まれてくることになるからである（これを「占有者の不在 abeyance of seisin」と呼んでいる）。そこで長男が生まれる前なら、Ｂは自由に土地を処分してよいのである。息子Ｓには「生涯占有権」だけを認め、息子の長男Ｇに「権利者が確定していない権利」を認めて息子の死後、相続させることにしておくと、息子Ｓ（son）は長男Ｇ（grandson）が生まれるまでは土地を自由に処分できるのである。

「占有者の不在」を避けるために、つぎのような方法が考え出された（この方法は、今でもイギリスとアメリカで使われている）。まず遺贈者・贈与者の意志が無視されて土地が勝手に処分されるのを避けるため、土地は「法定相続人 heir at law」が相続するか、遺贈者・贈与者と被遺贈者・被贈与者のあいだに「生涯占有権」をもつ仲介者を置いて、この仲介者に相続させるのである。遺贈者・

贈与者はどちらを選んでもよいのだが、仲介者を置いた方が土地の権利移譲が容易になって地価が高くなるので、仲介者が選ばれることが多かった。17世紀末のコモンロー裁判所も、可能な限り土地の権利移譲を自由化する努力をしていた。

ところが、「生涯占有権」をもつ仲介者が土地の権利移譲を容易にすると困る者がいた。それが2世代以上にわたって一族で大土地を相続し続けてきた新興支配階級の「土地貴族 landed gentry」であった。彼らの問題を解決したのが、1670年代にイギリスの法曹界で活躍していたブリッジマン卿 Sir Orlando Bridgman である。ブリッジマン卿は当時、有名だった弁護士で、顧客に金持ちの「土地貴族」が大勢いたことで知られている。彼は「権利者が確定していない権利」の処分可能性を残しながら、同時に「土地貴族」が一族の土地を保持できる方法を考え出したのである。息子SがGに土地を相続させるとき、あいだに「受託者 trustee」を置くことにしたのである。「権利者が確定していない権利」は「受託者」が相続し、息子Sに相続の条件が整えば、「受託者」は直ちに「権利」を息子Sに贈与するのである。まずSに「生涯占有権」が与えられ、ついでSの「受託者」にSが自分の生きているあいだ「権利者が確定していない権利」をSに代わって管理することを委託する。ついでSの死後、Sの長男Gの男系の子孫に「権利」が与えられることが約束され、長男の男系がいない場合はSの次男以下の息子とその男系の子孫に「権利」が与えられることが約束される。こうした内容の証書を作成しておけば、Sは息子Gが生まれる前に土地を処分したくなっても、土地は「受託者」のものになっているので処分できない。また「受託者」が土地を処分しようとしても、それは「信託 trust」の内容に反するので無効である。こうしてGは「権利」を相続できることになる。

Gが21歳になって「権利」を相続できるときになると、Sは40代か50代の家長になっているはずで、一族の名誉・伝統・領地の守り手たる自覚をもっているはずである。Gは不出来な孫に育っていて一族の恥さらしになっているかもしれないが、SはGから相続権を奪って「相続者を限定しない相続権 fee simple in remainder」を手に入れるわけにいかない。それができるのは、「占有相続権を有する者 tenant in tail in possession」だけだからである。そこでSはGに、もう大人になったのだからヨーロッパ大陸に「旅行 Grand Tour」に出かけるか（イギリス貴族が見聞を広めるためにヨーロッパ、とくにイタリアを旅行することが17世紀に流行した）、「社交界シーズン London season」にデビューを果たしてはどうかと提案することになる。どちらも費用がかさむことで、Sは自分が管理している資金の提供を申し出ることになるのだが、資金を提供する見返りに、いくつかの書類にサインをさせることになる。一族の領地が他人の手に渡らないようにするための書類である[10]。

つぎにGの子供の時代がやってくるが、SはGが一族の領地を他人に売り渡すようなことをしないと確信している。Gの子供が21歳になる頃にはGも家長として身を固めており、田舎に引きこもって農業や狐狩りに精を出しているはずで、そんなGが一族の領地を他人に売り渡すようなことをするはずがない。もちろん以上は仮りの話だが、似たような方法で何千という貴族が一族の領地保全に努めたはずである。『爵位貴族一覧 Burke's Peerage』・『土地貴族一覧 Burke's Landed Gentry』の19世紀編を見れば、そのことがよく判る[11]。

1925年に新しい土地税・相続税を定めた法律が制定され、この「厳格な長子相続制 strict settlement」は廃止されることになった[12]。

(4)　「信託」制度と抵当制度

「相続人が限定されない土地保有権 fee simple」は、すでに1290年から上級保有者の了解なしで売ることができるようになっていたが、実際には領主に対する役務や上納金、荘園の慣習などがあって、売ることは簡単ではなかった[13]。また都市では早くから土地・建物は自由に売買されていたが[14]、17世紀末になって農村で封建的な保有権が消滅すると、いっそう土地の売買がさかんになった。だからこそ「土地貴族」は、「厳格な長子相続制」によって一族の領地が他人の手に渡らないようにしたのである。しかし他方で、領地を喜んで

売る「土地貴族」が多かったのも事実である。買ったのは裕福な商人たちであった。都市に住んでいた商人は、農村に領地を手に入れて「土地貴族」の仲間入りを果たしたのである。

17世紀末にさかんになった土地売買に対応するため、土地に対する所有権を2つに分ける考え方が登場してきた。所有権の1つは大法官裁判所が保護する「弱い権利 equitable title」で、もう1つはコモンロー裁判所（民訴裁判所・王座裁判所）が保護する「強い権利 legal title」である。所有権を2つに分けることになったのは「信託」制度の登場による。Bの土地をAに信託すると、A・Bがともに土地の所有者になるが、そのときBは「強い権利」をもった所有者、Aは「弱い権利」をもった所有者となる。土地に対する占有権・利用権・処分権をもつのはBだが、権利が行使できるのは「信託証書 trust instrument」に記された範囲内である。利用権の行使方法も決められており、また処分権を行使するときは「受託者 trustee」Aの了解をえる必要がある。逆に「受託者」Aは「受益者 beneficiary」Bの権利を侵害してはならず、またAの債権者はBの債権者と違って、土地を自己の損害賠償に充てることはできない。

このように権利が2つに分けられたのには、「大法官裁判所 Court of Chancery」が適用した法律が17世紀末に大きく変化したことも理由になっていた。変化を主導したのはノッティンガム卿 Lord Nottingham であった[15]。その結果、抵当制度の整備が進むことになり、それがさらに土地の売買をさかんにすることになった。土地を担保にすることはすでに12世紀からコモンローで認められており、債権者は債務が完済されるまで債務者の土地を占有していた[16]。債務者が決められたときまでに借金を完済しなければ、その土地は債権者のものになった。このように抵当制度はコモンロー裁判所の管轄であったが、大法官が「公平性 equity」実現のために介入することがあった。つまり決められたときまでに完済できなくても、一定期間内に借金を返せば債務者が土地を取り戻せるようにしたのである。また、特別な事情がある場合は債務者を救済することもあった。

しかし17世紀に必要だったのは、このような救済策ではなくて債権者が土地

に対してもっていた権利を弱めることであった。古い制度では、債権者は土地を担保にとって占有し、債務が完済されると土地を債務者に返還していたが、やがて債務者は土地を債権者に占有させなくなった。また「大法官裁判所」の救済策にも工夫が凝らされるようになってきたが、それでも土地を抵当に入れて借金をすることには不安が残った。

そこで17世紀末、債権者は土地に対して「弱い権利」しかもたないことにして、逆に債務者（抵当権設定者）には「強い権利」を認めることにしたのである。債権者が土地に対してもっている占有権・利用権は債務者が土地に対してもっている占有権・利用権より弱く、そこで債権者が土地の価値を下げるようなことはできなくなり、土地の処分権は債務の範囲に留めることができるようになった。こうして、土地の抵当制度が債務の担保としてうまく機能するようになったのである。その結果、土地の売買が活発化することになった。

第2節　契　約　法

12世紀以降、イギリスやヨーロッパ大陸各国によく整備された土地法が登場してきたように、12世紀以降、イギリスやヨーロッパ大陸各国にはよく整備された契約法が登場してきた。契約法の始まりは教会法にあった。教会法は11世紀に発見された『学説彙纂』（ユスチニアヌス法典）から契約法を取り入れ（ただし大幅に手を加えている）、それがイギリスやヨーロッパ大陸各国の大学で教えられていた[17]。また、他に慣習となっていた契約法があった。これはイギリスやヨーロッパ大陸各国の市場・定期市・国境を越えた商取引で採用されていたもので、「商人法 lex mercatoria」と呼ばれていた[18]。都市の裁判所は、紛争解決のために教会法・ローマ法（イギリスの場合はコモンロー）・都市法・「商人法」・都市の慣習などに裁定の根拠を求めていた[19]。

初期のコモンローは契約法が整備されていなかった。「金銭債務支払いを求める訴訟 action of debt」・「動産返還請求訴訟 action of detinue」・「集金を委託した者に支払いを求める訴訟 action of account」・「詐欺による被害を理由に

損害賠償を求める訴訟 action of deceit」・「印章つきの証書に記された合意の不履行を理由に損害賠償を求める訴訟 action of covenant」・「侵害行為を理由に損害賠償を求める訴訟 trespass on the case」などコモンローに特有の「訴訟方式 forms of action」(厳格に決められた手続きに従って起こされる訴訟で、手続きを間違えると敗訴になった)で対応していたが、いずれも本来は合意したことを実行させるための制度であって契約法とは別物であった。ただ「侵害行為を理由に損害賠償を求める訴訟」で、被告の不注意が原告に損害を与えたと「推測される場合 assumpsit」の訴訟は、契約法による訴訟に近い。14-15世紀、まだコモンロー裁判所(「王座裁判所」・「民訴裁判所」)が契約違反の救済に熱心でなかった頃、「大法官裁判所」がコモンロー裁判所の管轄外であった訴訟(「口頭の約束 oral promises」・「第三者の利益保護 claims of the third-party beneficiaries」などコモンロー裁判所が救済できないような訴訟)を管轄下に置いていた。そのとき「良心の裁判所 court of conscience」たる「大法官裁判所」は、教会法・ローマ法・商人法に裁定の根拠を求めたり、みずからの判断で裁定を下したりしていた[20]。

　16-17世紀初めになると、チューダー朝の「国王裁判所 prerogative courts」(「請願裁判所 Court of Request」・「大法官裁判所 Court of Chancery」改め「大法官高等法院 High Court of Chancery」・「海事裁判所 Court of Admiralty」改め「海事高等法院 High Court of Admiralty」)が登場してきて、イギリスの契約法は整備が進むことになった。商取引をめぐる裁判に商人法のほか、教会法やローマ法のやり方や考え方を適用し始めたのである。そこでコモンロー裁判所も、被告の不注意が原告に損害を与えたと「推測される場合」の訴訟の扱い方を変えることにした(「国王裁判所」に対する対抗意識や時代の変化に対応した結果と考えられる)。つまり「不注意 misfeasance」のほかに「不作為 nonfeasance」も含めることにしたのである。また手続きを簡素化して商取引をめぐる訴訟を起こしやすくした。有名な「スレイド裁判 Slade's Case」(1602年)で、契約が途中まで実行されている場合とか商品の一部が手渡されている場合は、明示的に契約が交わされていなくても契約が交わされていたと「推測される assumpsit」ことにな

り、明示的な契約の存在が要求される「金銭債務の支払いを求める訴訟」や「動産返還請求訴訟」の「訴訟方式」を無理に適用する必要がなくなった。また、この頃になるとコモンロー裁判所は、約束がなされたときの「約束の対価として約束された者が約束した者に与える物・行為 consideration」の有無を考慮に入れるという考え方を採用するようになっていた。これは「大法官高等法院」が採用していた「公平性 equity」という考え方や教会法の考え方に似ていて（途中までの契約の実行や単なる口約束を根拠に契約の存在を認める）、契約が交わされたときの状況を顧慮に入れて契約の有無を判断するという考え方である[21]。

それでも16-17世紀初めまでは、約束を履行させるときに前提となっていた考え方は基本的に以前とおなじであった。つまり約束違反を裁判所に訴え出ることができるのは、まず被告が「権利侵害 wrong」を行なっており、さらに原告は訴訟を起こすことによって「道理に適い reasonable」・「公平性に適った equitable」目的を達成できる場合に限られていたのである。場合によっては、コモンロー裁判所の方が教会法裁判所よりこの考え方の採用に熱心であった。17世紀中頃までは、約束が交わされていることが「推測される」として訴訟が起こされたのは、被告の「片務的な unilateral」約束違反が原因であって、近代的な「双務 bilateral」契約違反が原因ではなかった。また約束が法的な拘束力をもつために必要な「約束の対価として約束された者が約束した者に与える物・行為」も道義に適ったものか否か、あるいは約束の目的に適ったものか否かが問題にされたのである。コモンローが「印章がついた証書 covenant」違反の訴訟として訴えを受理しても、その際に問題になったのは「印章がついた証書」そのものに対する違反であって、契約違反を訴え出た原告の救済ではなかった。そこで「証書」の発行が脅迫によってなされた場合は被告も約束の無効を主張できたが、「証書」の内容が嘘であっても、そのことを理由に被告は約束の無効を主張できなかったのである。もちろん、事情によっては「大法官裁判所」による救済が期待できた。コモンロー裁判所は約束の種類によって違った手続きを要求し、また手続きの違いに応じて違った方法で救済を試みたが（救済そのものには熱心ではなかった）、この多様性は裁判所が教会裁判所と世俗

の裁判所に分かれており、さらに世俗の裁判所が複数の裁判所に分かれていた複雑な現実の反映であった。その背景には、11-12世紀に登場してきた独特な世界観（教皇革命による聖俗分離と封建制に基づいて多層化した支配体制）があった。

　コモンロー裁判所の優位性が確立し、しかも商取引をめぐる裁判が急増してきたため、コモンロー裁判所は従来のやり方や考え方を変更せざるをえなくなった。とくに1660年の王政復古後にスチュアート朝がピューリタン革命の成果を受け入れてコモンロー裁判所の優位性が確立すると、「国王裁判所 prerogative courts」や「大法官裁判所」が採用していた救済策をコモンロー裁判所が採用するようになった。しかし、17世紀後半-18世紀にコモンロー裁判所が採用するようになった新しい考え方は、「国王裁判所」や「大法官裁判所」から受け継いだものではなかった。それは、5世紀にわたってコモンロー裁判所が発展させてきた考え方とも大きく違っていた。

　まず、「約束違反 breach of promise」ではなくて「契約違反 breach of bargain」を問題にするようになった。約束を果たさない者の「罪 sin」とか「権利侵害 wrong」を問題にするのではなくて、約束を守らなかったこと自体を問題にするようになったのである。また、約束を信じた相手を裏切ったことを問題にするようになった。この変化は約束を「片務的」と考えるか「双務的」と考えるかということにも関連していた。従来の考え方は「片務的」であった。そこで一方が約束を果たさないことを理由に、他方が約束を果たさないことは認められなかった。そのためには、改めて別に訴訟を起こす必要があった。ところが1660-70年になると、コモンロー裁判所は約束を「双務的」に考えるようになったのである[22]。

　「契約違反」を重視するようになると、「約束の対価として約束された者が約束した者に与える物・行為」という考え方にも変化が現われてきた。Bに対するAの約束は、それがAにとって利益をもたらすか否かで拘束力があるか否かが判断されるようになったのである。以前の考え方によれば、「約束の対価として約束された者が約束した者に与える物・行為」は、その目的・動機・正当性（つまり教会法学者がいう「原因 causa」）が問題にされていたが、17世紀後

半になると約束された者が約束した者に支払う金銭だけが問題にされるようになった。しかも、金額の大小は問題にされなくなった。ピューリタン革命以降、コモンロー裁判所は「約束された者が約束した者に支払う金額に関係なくregardless of the inadequacy of the consideration」「駆け引きの結果、成立した合意 bargained agreements」に拘束力を認めるようになったのである[23]。約束した者が1ポンドでも受け取ることになっていれば、約束された者が100ポンド分の役務を果たすことになっていても約束に拘束力を認めたのである。つまり双方が合意さえすれば、約束に法的な拘束力を認めるようになったのである。

　法的責任は約束の不履行によって発生するのではなくて、合意によって発生することになった。約束した者が約束を果たさない場合、約束された者は約束の内容に応じて損害賠償を請求できることになった。約束履行の障害となったり履行を不可能にしたりする予想外の事情を考慮に入れる必要がなくなり、約束の不履行に対する免責の範囲は、合意によって決められることになった。

　この変化をよく示しているのが、第9章「新しい法学の登場」で取り上げた1647年の「パラダイン対ジェイン Paradine vs Jane」裁判である。内乱で軍隊によって土地の利用が妨害されたことを理由に地代の支払いを拒んだ被告に対して、地主の原告が地代の支払いを請求して起こした裁判である。被告にはどうすることもできない不測の事態によって契約履行が妨げられたので、被告には契約を履行する義務はないとして、その根拠に教会法・ローマ法・「軍隊法 military law」・「道義 moral law」・「道理 law of reason」・自然法・「国際法 law of nations」を挙げていた。今ならイギリスの裁判所も「正義 natural justice」を理由に地代の支払いを免除したかもしれないが、忘れてならないのは、イギリス法が土地の賃貸契約を特別に保護していたことである（今でもそうである）。この裁判でコモンロー裁判所は、契約によって発生してくる法的責任という考え方を採用して地代の支払いを命じている。法律が課した義務なら法的責任がないということで免除されるかもしれないが、「契約によって義務を負った以上、被告はいかなる理由であれ、その義務を免れることはできない」

のである[24]。

　それ以前にも、おなじような判例は存在していたかもしれない。たとえば、1500年代末-1600年代初めに登場してきた明示的な約束の存在を「推測する assumpsit」ことで起こされた訴訟の判決に、契約違反に対する近代的な救済策の萌芽を見ることもできないわけではない[25]。しかし、つぎのことだけは確かである。つまり「パラダイン対ジェイン」裁判以前には、イギリスの裁判所が契約の履行を絶対に免れることのできない義務としたことはなかったのである。契約によって負う債務と不法行為によって負う債務は、全く別物なのである。契約では、みずから負う義務（債務）はみずから定めることができるからである。また「パラダイン対ジェイン」裁判は、その後も判例として生きており、イギリスでもアメリカでも違ったことが契約で定められない限り、相手方の契約不履行を理由にみずからの契約不履行を正当化することはできないとされている。

　イギリス法制史の専門家のなかには、「契約法理論の研究が始まったのは18世紀」とする研究者もいれば[26]、19世紀なって初めて契約当事者の合意によって成立する契約の「合意説 bargain theory」が登場してきたとする研究者もいる[27]。「契約法理論 general theory of contract」という言葉の意味はともかく、18世紀以前にもイギリス法には契約が法的拘束力をもつという考え方は存在していたし、契約当事者が「駆け引きの結果、成立した合意 bargained agreement」には法的な拘束力があるとする考え方も存在していた。

　契約違反に対しては厳しく法的責任を追及するという考え方がよく現われているのは、「流通証券 negotiable instrument」の登場である。ボストン・カレッジ教授のロジャーズ James Steven Rogers によれば、17世紀中頃にイギリスで初めて、振り出したときの理由や持参人に関係なく支払い義務を負う新しいタイプの為替手形（＝約束手形 promissory note）が登場してきたとのことである[28]。それまで為替手形の支払いを請求する訴訟には、手形振り出しの理由になっている「債権・債務の存在 underlying obligation」を証明する必要があった。つまり、支払い義務の立証に手形そのものが問題にされるのではなく、商

取引全体が問題にされていたのである。新しいタイプの為替手形が登場してきた理由をロジャーズは、それまで都市内に限られていた商取引が全国規模に拡大したことに求めている。イギリスの商人はロンドンをはじめとして、イギリス各地に商取引の拠点を設けるようになったため、「遠隔地で支払いに使える為替手形を振り出すようになった」というのである[29]。さらに「駆け引きの結果、成立した合意 bargained promise」がある以上、手形振り出しの理由に関係なく、その合意に拘束力を認めるという新しい考え方が登場していたことにも注目すべきである。その為替手形は「約束の対価として約束された者が約束した者に与える物・行為 consideration」が根拠になって振り出された可能性もあるが、その場合でも持参人（名宛人）の「請求に応じて to the order of」支払うという文言があれば（その文言を入れることは「駆け引きの結果、成立した合意」で決めることができる）、支払いは実行されたのである。

第3節　会　社　法

　以上でカルバン派の教義が17世紀末-18世紀初めにイギリスの契約法に与えた影響を見てきたわけだが、カルバン派の教義は会社法の登場にも大きく貢献していた。ただし、ウエーバー Max Weber が『プロテスタントの倫理と資本主義の精神』で説明したような意味からではない。彼は16-17世紀のカルバン派の「禁欲的な ascetic」生き方に注目しているが（厳しい自己管理・禁欲・勤勉など）、彼はそれを「前例のない個人の孤独感 feeling of unprecedented inner lonliness of the single individual」と結びつけている[30]。ウエーバーによれば、カルバン派のこうした生き方は「予定説 doctrine of predestination」からきており、カルバン派は自分や地域共同体に対して、自分が「天上の国」ゆきを予定されている「選ばれた者 the elect」であることを証明しなければならないという強迫観念に取り付かれていたというのである。その結果、彼らは世界に例を見ない企業家精神を発揮することになり、「資本主義の精神」を生み出したというのである。

ところがウエーバーは、カルバン派の影響が強かったイギリスやオランダの法制度を全く無視していた。17世紀のイギリス法が前提にしていたのは、ウエーバーがいうような個人主義ではなく「共同体主義 communitarianism」なのである。そのよい例が「株式会社 joint stock company」の登場だが、これは会社の設立や慈善事業を始めようという起業家と、そのために必要な資金を提供する多くの株主が一緒になって初めて可能になることである。「資本主義の精神」を分析するに際して、ウエーバーは17世紀に登場してきた株式会社の「共同体主義的な性格 communitarian character」を見落としていたのである（私的な利益を上げることだけでなく、「公共の利益 public causes」を実現することも目的としていた）。たとえば、1692年に「ロンドン商人会社 Company of Merchants of London」を設立した制定法には、グリーンランドとの商取引がイギリスにとって重要な意味をもつことを指摘したうえで、外国の支配下に置かれたグリーンランドを取り返すために、多くのイギリス人の協力体制を築くことを設立の目的としていた[31]。このような「公共の目的 public purpose」実現を目標に掲げた株式会社は、他にも数多く設立されている。株式会社は株主に利益をもたらし、また多くの株主が資金を提供することでリスクを分散させるために考え出されたものだが、「公共の目的 public cause」実現のために多くの同志が協力するための制度でもあった。

17世紀末のイギリス経済界が「共同体精神 communitarian spirit」に溢れていたことは、株式会社「イングランド銀行 Bank of England」の設立にもよく現われている。1694年の制定法によって対仏戦争に必要な戦費を調達するために設立された銀行だが、出資を受け付ける「委員会 commissioners」が国王によって任命され、また国王には出資者とその相続人・譲受人を「まとめて1つの会社とする incorporate ... to be one body politick and corporate」権限が認められていた[32]。出資者はイギリス経済のために貢献することを期待されていたのである。およそ1300人の出資者が対仏戦争のために120万ポンドを出資し、また関税収入で出資金を保証した国王のおかげで配当をえていた。出資者は裕福な商人や「土地貴族」で、その多くが議員でもあった。「経営者会議

Court of Directors」の最初の構成員21人のうち、6人がのちにロンドン市長になっている。「経営者会議」は毎週、開かれることになっており、また「株主総会 General Court」が年に2回、開かれて「会社の状態を査察し、出資額に応じて配当を決める」ことになっていた[33]。

17世紀末には、会社法のほかに近代的な信託法も制定されていた[34]。信託制度も株式会社と同様、会社を設立したり慈善事業を始めようとしたりする人たちが「協力 common endeavors」するための工夫であった。

第4節　経　済　法

(1) 国王による独占権付与の廃止

チューダー・前期スチュアート朝時代には、国王がお気に入りの家臣に経済的な独占権を与えていた。「特許状 letters patent」（文字どおりには「公開状」の意味。そう呼ばれていたのは、誰にも公開されるべき内容だったからである）を与えることで、特定の商品を生産・販売する権利を独占させていたのである。ところが1500年代末-1600年代初め、これに反対する訴訟が相継ぎ、1623年には下院が「独占に関する法律 Statute of Monopolies」を制定して、国王は議会の承認をえることが条件になった（このとき下院で指導的な役割を果たしたのがクック卿 Sir Edward Coke である）。このとき議会は、国王が「特許状」を交付することを全面的に禁止することはしていない。発明による「特許」に一定期間の独占権を認める必要があったからである。すでに1603年、「特許状」を無効とする判決が出ていたが、その判決に理由は述べられていなかった。ところがクック卿は、この判決を例に挙げて商取引に制約を設けることにコモンロー裁判所は反対であったとしている[35]。名誉革命のあと、このクック卿の意見がコモンロー裁判所の判例として確立することになった[36]。

国王の「特許状」交付が禁止されたことで、伝統的な「職人組合 guild」による生産と販売の統制が強化されることになった。何世紀ものあいだ、毛織物織人・銀細工師・金細工師・銅細工師・ガラス職人・靴職人・皮なめし職人・

第11章　イギリス革命と民法・経済法　379

肉屋・パン屋などは組合を結成して、商品の質・値段・親方と職人の関係などを規制してきた。職人組合が職人の仕事ぶりを監視し、ギルド裁判で商品に対する苦情を処理したり、不公正な競争を排除したりしてきたのである。ヨーロッパ（イギリスも含む）に職人組合が登場してきたのは12世紀のことで、それが18世紀までヨーロッパの基本的な生産と販売の仕方を統制していたのである。イギリスでは、17世紀にカルバン派が「神との契約 covenant」とか「職業は神の召命 calling」といった考え方で組合の精神に新しい要素を付け加えた。1640年代-50年代のピューリタン革命を支え、1680年代の議会を支えたのは、こうした職人組合であった[37]。

(2) 新しい融資制度の登場

16-17世紀初めに国王が教会に対する支配権を確立したり（プロテスタント教国）、支配権を強化したりした（カトリック教国）結果、宗教対立による戦争が絶えなくなった。戦争を戦ったのは傭兵たちであり、そこで国王は特別な課税によって膨大な戦費を賄う必要に迫られるようになった。イギリスでは前期スチュアート朝がそれを実行して、議会による革命が始まったのである[38]。

名誉革命でウイリアム侯とメアリが即位すると、ウイリアム侯がオランダで経験ずみの新しい融資制度が導入されることになった。その1つがイングランド銀行の設立であった。イングランド銀行の融資によって、国王は戦費の調達が可能になった。またイングランド銀行は国王が保証する債券を売り、金持ちから資金を調達して国王に提供した。さらにイングランド銀行は伝統的な銀行の仕事であった小切手の現金化のほかに（あらかじめ現金を預かっておく）、新しく「約束手形 promissory notes」の割引を始めた（オランダでは、すでに広く行なわれていた）。1696年にイギリス政府は「約束手形」を発行してイングランド銀行に割り引かせ、その資金でフランスと戦争をしていた。1704年には「約束手形法 Promissory Notes Act」を制定して、国王に限らず誰もが流通可能な有価証券（裏書によって譲渡できて、持参人なら誰でも現金化できる証券で、発行人の詐欺・無能力を理由に支払いを拒否できない）を発行できることになった[39]。

1680年代末-1690年代初めには、株式市場がイギリスにも登場してきた（最初はオランダ）。株式会社は譲渡可能な株券を発行することで資金を調達できることになったのである。ロンドンで株価の一覧表が定期刊行物に掲載されるようになり、売買の結果が公表されるようになった[40]。今なら「売買仲介人 stock broker」と呼ばれる者がロンドンのコーヒーハウスで顧客に会って、「売買予約 subscription」・「売買引き受け underwriting」・「一定の条件で相手に買わせる権利 put」・「優先的に購入する権利 refusal」などの言葉を使って株を売買していた[41]。現金化が簡単な流動性が高い株式市場の登場で、企業や商人は簡単に資金調達ができるようになり、国王もイングランド銀行の仲介で企業や商人から簡単に資金調達ができるようになった。さらに議会も課税の形で企業や商人から資金調達ができるようになった。しかも海外探検や海外植民のために国王が設立した株式会社のように、「公共目的で for a public purpose」設立された株式会社なら国王も直接、株式会社に投資することが可能になった。

1690年代になると、株の名義書き換えが可能になった[42]。議会が任命する特別の委員会が株の名義書き換えを監督することになり、外国人が株をもつことが禁止された。また東インド会社やハドソン湾会社のような「特許会社 chartered company」は、少数の株主が所有していた。つまり当時は資本家が支配する民主的な資本制ではなくて、貴族が支配する商業資本制の時代だったのである。下院に代表を送っていた「土地貴族」と富裕な商人が支配する商業資本制であった。

新しい金融制度の登場と共に新しい課税制度が登場してきた。さらに国債制度も登場してきた。国王は、もはや王家の資産で生活費を賄う必要がなくなったのである。商取引の活発化で消費財や生産財に対する課税が可能になり、また建築材・家屋・馬・馬車など、売買され生産されるあらゆる物が課税の対象とされるようになった。金持ちは贅沢品（かつら・たばこ・トランプカード・さいころ）を買って税金を払い、貧乏人は生活必需品を買って税金を払った。また、伝統的な税金であった「土地税 feudal dues」・輸出税・輸入税も廃止されずに残された。こうした膨大な税金のおかげで、イギリスは北アメリカやインドに

進出できたのである。経済史家がいう「租税国家 tax state」の誕生である。

(3) 特許制度・著作権制度

16世紀のイギリスでは、特許状は生産・販売の独占権を特定の人物に与えるためだけでなく、発明家に発明品を独占的に生産・販売する権利を与えるためにも公布されていた。「特許 patent」という言葉は、この「特許状 lettrs patent」からきている。17世紀末までは、この発明家に与えられる独占権もチューダー・前期スチュアート朝の「国王だけがもっていた特権 prerogative」であった。

イギリスでは（ヨーロッパ大陸各国でもおなじ）、発明家の発明品が支配者の利益に適うと判断されれば（国王の場合もあれば、宮廷・貴族・役人の場合もあった）、よろこんで「特許状」が交付されたのである[43]。

1624年の「独占に関する法律」は国王の特権行使を議会の監視下に置くものであったが、イギリスに経済的な利益をもたらすと判断された発明品については、例外として「最初の発明家 true and first inventor」に14年間、独占権を議会の承認なしに与える権利を国王に認めていた[44]。特許が国王から交付される特権とは考えられなくなり、発明家の所有物と考えられるようになったのは17世紀後半になってからである。名誉革命以後、新しい発明には例外なく特許が認められるようになった。1690年代には株式市場の登場もあって、特許申請がブームになっていた[45]。

新製品や新しい製造法は、それを発明した者の所有物だとする考え方の登場によって、発明家はそれを自由に処分できることになった。しかし、最終的には誰もが利用できるようにするということで、所有権には一定の期限が設けられた。もともと国王がお気に入りの家臣に与えていた独占権は生涯にわたって有効とされており、発明家に与えられていた独占権も例外ではなかったのである。

おなじような独占権が文学作品や芸術作品にも認められていた。17世紀まで独占権は写本をした者と本の販売者に認められていたが、印刷技術が普及する

と印刷屋にも認められるようになった。イギリスでは、ヘンリ8世がそんな独占権を印刷屋に数多く公布しており、1530年に初めて著者にも認めている（ただし、7年間だけ）。1649年に議会は著作権に関する法律を制定しているが、著者の権利は保護されず、保護されたのは印刷屋の権利で、海賊版の出版をした者は印刷物を没収されることになっていた。さらに1662年には、印刷した本を1冊、国王の図書室とオックスフォード・ケンブリッジ両大学の図書館に寄付することが義務づけられた。ところが1694年に著作権に関する1649年の法律は廃止され（独占権を特定の人物に認めたことから問題が発生）、海賊版が大量に出回るようになった。著者の権利を保護する法律が制定されたのは1710年になってからのことで、すでに出版されていた本の著者と著作権の譲受人は21年間、また出版される予定だった本は14年間、著者だけに著作権を認められることになった。本の著作権の場合も特許とおなじく、その権利が保護されたのは一定の期間だけで、その後は一般に開放された[46]。

(4) 保険制度

ヨーロッパには、12-13世紀の第1次商業革命以来、すでに保険制度は存在していた（たとえば、海洋保険）。17世紀の新しさは、保険のリスク計算に数学が使われるようになったことである。当時、物理学・化学など自然科学の分野で、ニュートン Isaac Newton やボイル Robert Boyle たちが開発した確率論が使われていたが、それが法学の分野でも応用されるようになった。現在の海洋保険制度は、1680年代末-90年代にロンドンのコーヒーハウスで保険を引き受けていた保険業者が作り上げたものである（海上輸送のリスクは確率論を使って計算して個人が負っていた）[47]。

最初の保険会社は18世紀初めに国王から「特許状 royal charter」を交付されているが、個人の保険業者もあいかわらずコーヒーハウスで営業を続けていた。保険を掛けたい者はまず「仲介業者 broker」のところにいって保険を依頼する。すると仲介業者は保険料と交換にリスクを引き受ける保険業者を見つけてくる。保険業者は保険を引き受けた証拠として、契約書に「署名する

underwrite」(そこで保険業者のことを underwriter と呼んでいた)。18世紀には海洋保険のほかに、さまざまな保険が登場していた(盗難保険・死亡保険・火災保険など)。1670年代にロンドンのコーヒーハウスで仕事をしていた79人の保険業者が、1人あたり100ポンドを出資して設立したのが「ロイズ協会 Society of Lloyd's」である(コーヒーハウスの持ち主ロイズ Edward Lloyd の名前が協会名になった)。彼らは「みずから定めた規定 self-regulated code of behaviour」のもとで活動する個人の保険業者の集まりであって、会社を設立したわけではなかった。ロイズ協会の構成員は全員、「顧客の損害を補償するためなら全財産を投げ出すことを約束していた」[48]。

17世紀中頃に登場してきた確率論が保険業の発展を支えていた。1662年にグラント John Graunt が書いた『ロンドンとロンドン周辺部におけるペストの死亡者数について Natural and Political Observations Made upon Bills of Mortality』は、1650年代-60年代に大きく発展を遂げた確率論に依拠しているが[49]、この本が切っ掛けになって、のちの「保険危険度計算法 actuarial science」が登場してくることになる。

多くの歴史家は、17世紀末-18世紀初めにイギリスに登場してきた経済制度がすでにオランダにあったものと似ていることは指摘するが、17世紀にオランダもイギリスもカルバン派の強い影響下にあったこと、またイギリスの経済発展が1688年の名誉革命以後、つまりカルバン派のオレンジ侯ウイリアムが王座にあったときのことであったことに気づいていない。カルバン派の影響を指摘する場合も、ウエーバーを引用して、カルバン派の企業家が神に選ばれた証拠と考える富の蓄積に熱心だったことを指摘するだけである。その根拠になっているのが予定説と勤勉の思想というわけだが、もっと大切なのはカルバン派が「神との契約 covenant」を重視していたことである。17世紀末-18世紀初めにオランダとイギリスに登場してきた新しい経済制度は、「信用貸し credit」に基づいていた。株式市場・国債・租税国家・約束手形などは、すべて信用貸しがあって初めて機能する制度なのである。また、信用貸しは「信頼 trust」があって初めて可能になる。神との契約によって1つにまとまった共同体のメン

バーなら、かならず約束を守ると信じて初めてできることなのである。

第12章　イギリス革命と社会法

　16世紀のドイツ人は、それぞれ領国君主が選んだ宗派に強制的に所属させられたが、おなじように16世紀のイギリス人もヘンリ8世による宗教改革の結果、全員がイギリス国教会に属することが法律で定められた。またチューダー・前期スチュアート朝のもとで国教会は、教皇に代えて国王の命令に服することになった（これもドイツの領国教会とおなじである）。この変化は、ふつう「世俗化」と呼ばれているが、注意していただきたいのは、これが同時に従来、教会の問題に介入しなかった国家が教会の問題に介入するようになったことを意味し、いわば「国法の宗教化 spiritualization of the state's jurisdiction」を意味したということである。チューダー・前期スチュアート朝の国王は、みずからを国教会の首長であると宣言しただけでなく、それまで教会が管轄してきた問題をみずからの管轄下に置くことを宣言した[1]。典礼・婚姻・不道徳な行為の禁止・教育・救貧は、それまで教会が管轄下に置いていた問題であった。この点でもイギリスはドイツと似ていた。

　教会の儀式である典礼に信者を参加させるようになった点でも、イギリスの教会はドイツの教会と似ていた。ラテン語の祈禱書がエドワード6世の時代に格式ある英語の「共通祈禱書 Book of Common Prayer」に変えられ[2]、信者も祈りを唱えることができるようになった。また聖書が英語に翻訳されて、さまざまな典礼の場面で信者は聖書を朗読するようになった[3]。聖書の「詩篇」を「詩形式で翻訳してメロディーをつけた讃美歌 metrical psalmody」が作曲されて信者が讃美歌を唄うようになるが、それが大々的に普及するのは18世紀になってからである[4]。また説教が典礼で中心的な役割を果たすようになったのもドイツとおなじであった[5]。

　カトリック教会の7つの秘蹟が2つに減らされた点でも、ドイツとおなじで

あった（洗礼と聖餐のみが秘蹟として認められ、しかも聖餐に対する意味づけも変えられた）。婚姻は秘蹟でなくなったが、ドイツと違って離婚は認められず、また教会で結婚式を挙げなくても内縁関係は法的に有効であった。カトリック教会の伝統が残されたのである。

ドイツとおなじように、イギリスでも「不道徳な行為 moral offenses」は王令で新たに定められたが（従来は教会法が規定）、ドイツと違って裁判の管轄権は教会裁判所に残され、その取締りはドイツよりも厳しかった。教育についていえば、イギリスでもドイツとおなじように信者が初等教育を受けられるようになり、教師も聖職者ではなくなった。ただドイツと違って、16-17世紀初めのイギリスでは、教師になるには主教の許可をえる必要があった。

16-17世紀初めに制定された救貧法もドイツと似て乞食を禁止し、「援助に値する貧者 deserving poor」のために「救貧施設 workhouse」を設置することを定めている。ただドイツと違って、面倒を見たのは「教区の教会役員 parish officer」（イギリスでは教区がそのまま行政単位として残された）や「教区総会 vestry」であった。彼らが寄付金や救貧税を集めていたのである。ただ彼らを監督していたのは教会ではなくて治安判事であった。

以上で判るように、イギリスの国王はドイツと違って、教会が管轄していた問題を解決する際に教会組織を利用していたのである。チューダー・スチュアート朝時代のイギリスでは、神学や教会関係の法律もカトリック教会時代のものによく似ていた。ドイツほど過激にカトリック教会との断絶が行なわれることはなかったのである。

17世紀中頃にイギリスは第2の宗教改革を経験することになった（ミルトン John Milton がいう「改革の改革 Reformation of the Reformation」である）。このとき、すべてのイギリス人を強制的に国教会に所属させるという考え方が放棄された。カルバン派のピューリタンが国教会に影響を与え、さらに1640年代-50年代に一旦、国教会を廃止して、さらに復活を果たした国教会を1660年代に議会の監視下に置いたとき、「国教会に属さない宗派 dissenting churches」も存在が公認されることになった。1689年の名誉革命後もイギリス人は国教会への所

属を強制されることはなく、「公認されたプロテスタント宗派 tolerated Protestant churches」(長老派・会衆派・浸礼派・クエーカー・メソジスト)には信仰の自由が認められたのである[6]。

問題は複数の宗派を公認しながら、それまで教会が管轄していた問題を法律でどう処理したのかということである。典礼の問題はそれぞれの宗派に任せるにしても、婚姻・不道徳な行為の禁止・学校法・救貧法は宗派ごとに違ったものを制定するわけにはいかないし、考え方や政策を異にする宗派をキリスト教国として議会はどうまとめていくかという問題が残った。

第1節 典 礼

形式的にはイギリス国王は「国教会の首長 governor of the Church of England」であり、エリザベス1世の時代に制定された「国王至上法 Act of Supremacy」は現在でも生きていて、国教会の「主教 bishop」・「大主教 archbishop」は国王が任命しているし、国王の監督下に置かれている。しかし実際には、1688年の法律で首相が教会の助言に基づいて主教・大主教を国王に推挙することになっており、伝統的に国王は首相が推挙してきた人物をそのまま任命している[7]。また『共通祈禱書』に変更を加える場合、国王は議会の同意をえなければならないことになっているが、1689年以来、一度も『共通祈禱書』に変更が加えられたことはない。

議会が典礼の問題に介入しなかったため、国教会は典礼としてさまざまな宗派のものを受け入れ、カトリック的な典礼を受け入れている「ハイチャーチ High Church」とプロテスタント的な典礼を受け入れている「ローチャーチ Low Church」が存在したりしている。また「公認されたプロテスタント宗派」は、教会関係の法律に従わなくてもよいことになっている。

16-17世紀初めのピューリタンの影響で国教会は典礼に変更を加えたが、そのなかには聖餐を受けるときに跪かなくてよい・聖職者は祭服を着なくてよい・礼拝でお香は焚かなくてよい・礼拝で聖歌は唄わなくてよいなど、ピューリタ

ンが神学的に根拠なしと考えたことが廃止されている。王政復古のあとチャールズ2世がさまざまな宗派の代表を集めて『共通祈禱書』に変更を加えるか否かを議論させたとき、ピューリタンの論客バクスタ Richard Baxter は、聖餐を受けるときに跪くことを廃止し、祭服もなくしていたら内乱は起きなかっただろうとまでいっていたが、チャールズ2世はバクスタたちの要求を認めなかった[8]。国教会がさまざまなプロテスタント宗派を公認し、典礼にカルバン派の要求とカトリック派の要求を受け入れるには、内乱と王朝の交代、さらに議会の制定法が必要だったのである。

第2節　婚　　姻

　イギリスの婚姻法はプロテスタントの要求どおりにならなかった。チューダー・スチュアート朝は婚姻を秘蹟としないことには賛成したが、それでも婚姻を「準秘蹟 sacramental」としていたし（カトリック教会は、聖職者が行なう聖水・聖油を使った儀式や祝福を与える行為などを準秘蹟としている）、離婚・再婚を認めようとしなかった（ヘンリ8世の場合は婚姻が無効であったと主張していたのであって、離婚したのではない）。またカトリック教会の伝統に忠実に内縁関係を法的に有効と認め、教会での結婚式は有効な婚姻として認めるための要件にしていなかった（カトリック教会は1580年のトリエント公会議でこれを改める）。そこで16-17世紀初めのイギリスでは、内縁関係が法的に有効と認められていた（なかには問題になる内縁関係もあった）。過激な言動で知られている歴史家のラッシュ Christopher Lasch によれば、「カトリック教会は婚姻を性欲に対する解毒剤と考えていたので、内縁関係を認めながら離婚を認めなかった」そうである[9]。
　婚姻を「社会制度 social estate」と考え、夫婦間の愛情を重視していた当時の国教会の神学者たちは、カトリック教会の伝統的なやり方に反対であった[10]。しかしヘンリ8世による宗教改革の段階では、婚姻法はカトリック教会の教会法のままであった[11]。
　共和政時代に婚姻の届出を教区教会か市場の公開された場で行なう制度と、

民事裁判で離婚を認める制度が導入されたが、王政復古後にこの制度は廃止された。内縁関係が法的に有効と認められなくなったのは、名誉革命から6年もあとのことであった。1753年に「ハードウイック卿の婚姻法 Lord Hardwicke's Marriage Act」が制定され、婚姻はカップルが住む地域の教区教会にあらかじめ「公示 banns」することが義務づけられた（カップルの住む地域が異なる場合は両方の教区教会）[12]。こうしてイギリスでも内縁関係が法的に有効な婚姻とは認められなくなったが、それはカトリック教会がトリエント公会議で禁止してから、およそ200年もあとのことであった。婚姻を法的に有効なものにするには、国教会で結婚式を挙げることが義務づけられた（聖職者が主宰して証人が2人、立ち会う。ただしクエーカー教徒とユダヤ教徒は、この義務が免除された）。別居は認められたが離婚は認められず（議会が特別に認めた場合はべつ）[13]、また婚姻をめぐる問題の処理は教会裁判所の管轄下に残された。

イギリスでも婚姻法の制定権は世俗の支配者（国王・議会）が握ることになったが、婚姻法そのものはカトリック教会時代とほとんど変わることがなかった。イギリスで婚姻法が大きく変わるのは、1836年に制定された「婚姻法 Marriage Act」以降のことである。その理由も宗教的なものではなく、「個人の選択権を重んじる考え方 democratic individualism」の普及による。結婚式のやり方は当事者が自由に決めてよいことになり、婚姻を法的に有効にするためには役所に登録するだけでよくなった。また離婚も認められることになった（ただし理由として認められたのは不倫のみ）。裁判の管轄権も、このとき民事裁判所に移された[14]。

第3節　不道徳な行為の禁止

婚姻の場合と同様、不道徳な行為の禁止もヘンリ8世の宗教改革ではカトリック教会の教会法をそのまま引き継いでおり、裁判も教会裁判所が管轄していた。異常な性行為・不倫・近親相姦・魔術 sorcery・魔法 witchcraft・教会内での無作法・礼拝への不参加・安息日の冒瀆・瀆神行為・悪態・泥酔・中傷・

高利貸しなどが禁止されていた。ときおり議会は特定の不道徳な行為を禁止する法律を制定していたが、その場合は裁判の管轄権も教会裁判所から外された。1533年には異常な性行為、1541年には魔法、1603年には重婚が重罪と規定されて、コモンロー裁判所が管轄することになった。さらに1624年には泥酔・瀆神行為は治安判事が裁くことになり、罰金刑・さらし刑が適用されることになった。その翌年には、日曜日に教会に行かずに居酒屋で酒を飲んでいると、やはり罰金刑・さらし刑が適用されることになった[15]。性犯罪など不道徳な行為が治安判事によって「公序良俗を乱した disturbances of public order」ということで裁かれることもあった。しかし、それでも不道徳な行為を裁く主役は教会裁判所であった[16]。

　1641年にピューリタンが支配していた議会で教会裁判所が刑事罰を科すことが禁止されたが、王政復古後にまた教会裁判所は刑事罰を科すことが可能になった。しかし1641年に廃止された「高等宗務官裁判所」(教会裁判の最終審を担当した裁判所)と「星室裁判所」は王政復古後に復活せず(ともに不道徳な行為の取締りには大きな権限を有していた)、それに代わってコモンロー裁判所の1つである「王座裁判所」が、教会裁判所・「国王裁判所 prerogative courts」のあとを受けて「不道徳な行為の取締り custos morum」を担当することになった。王政復古のあと議会は、不道徳な行為に対して刑事罰を科す権限を治安判事とコモンロー裁判所に認める法律を制定している。日曜日の労働・営業禁止や賭博行為の禁止などがその対象であった[17]。

　1690年代から1700年代初めになって革命の余波が収束に向かい始めた頃になると、議会は教会裁判所が管轄していた宗教的に問題になる行為も治安判事とコモンロー裁判所の管轄下に移すようになった。たとえば、悪態を吐いて罰金刑・さらし刑になる法律は1694年と1746年に制定されているし[18]、1697-98年に制定された法律では、神学校に通っていた者や聖職者が三位一体・キリスト教・聖書を否定するような発言をした場合は、やはり罰金刑・さらし刑を科せられることになっている[19]。賭博行為を禁止する法律は、1689年・1710年・1711年・1722年・1733年と数度にわたって制定されており、1739年にはさまざ

まな賭博（ace of hearts, pharaoh/faro, basset, hazard）がすでに制定された賭博行為禁止法の指定賭博に付け加えられた[20]。さらに1740年には、懸賞金を賭ける競馬は2つの競馬場に限定する法律が制定されている[21]。

共和政時代はピューリタン的な厳しい禁制が敷かれていたが、それ以前のチューダー・前期スチュアート朝時代も王政復古のあとも、国王裁判所が管轄していた劇場などの娯楽施設は野放しのままであった。1737年になって議会は劇場に対して統制を加える法律を制定し、上演品目と俳優を許可制にした（無許可の俳優のなかには、「ごろつき・浮浪者 rogues and vagabonds」とおなじ扱いを受けた者もいた）。その結果、国王・議会・戯曲作家が要求していたような水準の高い演劇が登場してくるようになった[22]。

法律による統制よりも重要であったのは、1690年代に登場してきた「素行改善協会 Society for the Reformation of Manners」の存在であった。バールマン Dudley Bahlman にいわせると、「素行改善協会」こそバールマンが「1688年の素行革命 moral revolution of 1688」と呼んでいるものの「推進者たち army of reform」であった。教会からも国家からも彼らは援助をえておらず、治安判事・「治安官 constable」（治安判事が任命して犯罪者の捕獲に当たらせた。イギリスに警察制度が登場してくるのは19世紀のことで、今の警官と違って無給のボランティアである）・「聖職者 clergyman」も参加していたが、基本的には民間人によるボランティア活動であって、内規も指導者も自分たちで決めていた[23]。地域共同体の住民の「素行 manners」（と彼らが呼んでいたもの）を改善することを目指す者が集まってできた組織である。その数も規模も急速に拡大し、委員会を組織して内規を定め、「実行委員 steward」を任命して改善運動の実行に当たらせていた。彼らが目指したのは「放蕩と欲望の家 houses of lewdness and debauchery」を閉鎖し、「泥酔・悪態・日曜日の礼拝欠席」をなくし、「不道徳な行為を取り締まることになっている治安官たちを監視する」ことであった。会計係・記録係らが任命され、金で雇われた密告者のネットワークが張り巡らされていた。

教会も国家も直接に支援はしていなかったが、その活動には賛成であった。

1691年に女王メアリは、スティリングフリート主教 Bishop Stillingfleet の提言を入れてミドルセックス地方の治安判事たちに手紙を書き、不道徳な行為を厳しく取り締まるよう要請していた。女王からの手紙を受け取った治安判事や治安官は、さっそく「素行改善協会」の運動に参加したはずである。1701年に協会の数は、ロンドンだけでも約20あったとされている。とくに18世紀の最初の20年間、協会の数は全国で急激に増えていた。ワイト島 Isle of Wight では聖職者だけの協会があったし、ウイルトシャー州 Wiltshire では1人の「司祭 parson」が年長者だけで協会を組織していた。ポーツマス市には2つ協会があって、1つは市長・治安判事・市議会議員で構成され、もう1つは23人の貿易商で構成されていた。バールマンによると、「当時のイギリス人にとって、この素行改善運動は革命のなかでも一番、重要なものであった。素行の改善によってしか革命の成果は定着しないからである。ウイリアム3世がイギリス上陸前の宣言で述べているように、神の祝福がなければウイリアム3世がやろうとしていることも無意味になるし、神の祝福をえるためには素行の改善が不可欠なのである」。

ヨーロッパで不道徳な行為を罰するために民衆を動員することは珍しくないし、イギリスでもとくに珍しいことではなかった。しかし、地域共同体レベルで民衆みずからが組織し、公的な機関（治安判事）と協力して不道徳な行為を取り締まるのは初めてのことであった。不道徳な行為の取締りは、もともと国教会の聖職者に任されていたことで、カトリック教会の伝統を残していた国教会（「ハイチャーチ High church」と呼ばれていた）の主教は民衆が参加することに反対であった（議会ではトーリ党がこうした主教の意見を支持していた）。逆にプロテスタント的な国教会（「ローチャーチ Low church」と呼ばれていた）の聖職者とホイッグ党は民衆の参加を支持していた。

「素行改善協会」がどのように活動していたかは、1700年に発行された密告者向けのマニュアル『国民の素行改善に向けて A Help to a National Reformation』を見ればよく判る。密告者は法律違反の事実をしっかりと確認することが要求され、泥酔・瀆神行為・日曜日の営業など禁止されている行為ごと

に、それを摘発するためには何に気をつけなければならないかが説明されている(「治安判事に密告する際に注意すべきこと Prudential Rules for the Giving of Information to Magistrates」と題された箇所)。密告者は恨みを買ってひどく殴られたりしていたが、きちんと治安判事に報告することが奨励されており、不道徳な行為を取り締まる法律を執行するために「適切に密告を寄せることは、国民すべての義務である」としており、聖職者も説教で密告者を殉教者や聖人にたとえていた。

民衆は不道徳な行為の取締りに積極的で、治安判事や議員にも働きかけていた。義務を果たしていない役人のリストを印刷して公表したり、下院に取締りを厳しくするよう請願したりしていた。

その努力がどれほど効果を挙げていたかは不明だが、「素行」が「改善」を必要としていたことは事実である。たとえば、アルコールの消費量が急激に増加している(数字で確かめられるものの1つ)。残っている会計簿によると、1694-1738年の44年間に10万件以上の泥酔が告発されている。ただし、これで証明できるのは協会が活発に活動していたことだけで、効果のほどは不明である。効果のほどを判別するためには、協会が存在しなかった場合の数字が必要だが、それを手に入れるのは不可能だからである。

また、1730年代になると協会の数が減少している理由や、1738年に事実上、存在しなくなった理由[24]、さらに1750年代になってメソジストのウエスリ John Wesley・ウイルバフォース William Wilberforce らによって再度、増加に転じた理由もよく判っていない[25]。治安判事や治安官による取締りをより効果的にするための立法努力が、やがて警察制度の登場につながることになる[26]。

以上で判るように、ピューリタン革命のあと約100年にわたってボランティア活動で不道徳な行為の取締りが行なわれており、王政復古で中断されたあと、ウイリアム3世の即位と議会の優位確立によって、ふたたび取締りがさかんになるのである。「素行改善協会」の登場と、不道徳な行為を法律で明確に規定して治安判事に取締りができるようにすべきだとする議会の考え方のあいだに

は、密接な関連があった。それを通説どおりに「教会法の世俗化 secularization of ecclesiastical responsibilities」と解釈することもできるが、「世俗法の宗教化 spiritualization of secular resposibilities」と解釈することも可能なのである。一般的な言い方をすれば、国家（イギリスの場合、ドイツのように支配者とその役人ではなくて議会と公共心に富んださまざまな宗派の指導者が率いる地域共同体）が教会法（イギリスの場合、カトリック教会の教会法ではなくて国教会の教会法）を受容するに当たり、プロテスタント（イギリスの場合はカルバン派）が影響を与えた結果なのである。

第4節　初等教育：「貧民向けの初等学校 charity school」

　イギリス革命は初等教育のあり方にも大きな変化をもたらした。国教会に属さないさまざまなプロテスタント宗派のみならず、国教会にもカルバン派の神学が大きな影響を与えていたからである。労働者や農民の子供に読み書きを教え、職業訓練をほどこすことが重視された。「地主貴族 landed gentry」や富裕な商人が設立したボランティア組織が中心になって運営し、それに職人や商店主も参加する形を取った。これがイギリス革命後に登場してきた階級制度を支えたのである。

　イギリス革命以前にはイギリスのプロテスタントも、ドイツのプロテスタント同様、多くの者が聖書を読めるようにすることだけを目指していた。英語に翻訳された聖書を教会の礼拝で読み、英語で書かれた『共通祈禱書』を教会の礼拝で読むためである（すべての信者に礼拝への出席が義務づけられていた）。それは信者の魂を救うためだけでなく、国家と国王に対して忠誠心をもたせるためでもあった（カトリック教会と縁を切った国王のもと、イギリスでは国家と国王は1つに結びついていた）。敵は「イギリスに敵対する foreign」カトリック教会であった。

　またチューダー・スチュアート朝時代の国王の側近や役人は、カトリック教会時代のように聖職者出身でなくて俗人出身であった。そこで地域の指導者に

宗教教育だけでなく古典古代の文学を教えるために、「古典ギリシャ・ラテン語学校 grammar school」がさかんに建設されるようになった[27]。大学や「法学院 Inns of Court」で支配階級にふさわしい高等教育を受けるためである。

16-17世紀初めにカトリック教会が運営していた修道院付属学校や教会付属学校に代えて、都市当局や個人が運営する世俗学校が登場してきた。しかし国教会も世俗学校の設立には熱心で（この点では、ドイツのルター派以上であった）、たとえばイギリスで教師になるためには（個人の家庭教師になる場合も含めて）、所属する主教区の主教から許可をえる必要があった（教師の信仰内容が綿密に調査された）。この権限を利用して、国教会はイギリスの教育制度を統制下に置いていたのである[28]。

16-17世紀初めの支配階級に対する教育はチューダー・前期スチュアート朝が統制下に置いていたにもかかわらず、王朝の支配に反対する者を輩出することになった。イギリス史の専門家ストーン Lawrence Stone によれば、当時の中等・高等教育機関の長は非国教徒が多く、「良心の自由 freedon of conscience」（信仰の自由）は支配階級のあいだでも重視されていたのである。しかも当時の法曹家たちは（彼らが革命の主役となる）、「法学院」でコモンローが国王や国教会より優位にあると教わっていた。また大学を卒業した「地主貴族」たちは（彼らは自分たちの特権を守るのに熱心であった）、前期スチュアート朝時代の議員を選出していた地方行政体を支配していた[29]。

1688年にウイリアム3世・メアリ2世が即位してイギリスの教育制度は大きく変わるが、その準備はすでに1640年代-50年代にピューリタンたちが行なっていた[30]。そんなピューリタンの1人であったデュリ John Dury によれば、「男の子でも女の子でも教育を授ける目的は神の前で敬虔であること、キリストの教えに沿った生き方がどのようなものかを彼らに教え、人のために役立つ人間にすることである」。「神の前で敬虔であること Godliness」（デュリの言葉）は、すでに以前から教えられていたことだが、カトリック教会的な「ハイチャーチ High Church」の聖職者が考えているような意味ではなく、ピューリタンが考えているような意味の「敬虔さ」であった。「人のために役立つこと

Serviceableness」(デュリの言葉)とは、デュリ自身の説明では「住んでいる地域の人々のために役立つことで、つまりは立派な職業に就いて人のために役立つことや怠惰と無法に生きて同世代の者に迷惑を掛けないことであって、学校を出た者なら誰もがしていることである」[31]。この職業訓練を施すという考え方は、従来の教育目的にはないものであった。聖書と祈禱書を学ばせるだけでなく、仕事に就くうえで役立つ知識を教えることをデュリは重視していた。

また教育方法にも、ピューリタンらしい特徴が見られた。ダンス・髪型・服装のような女の子が「優劣を競い合い、珍奇を好み、空想に耽るようなもの」は女の子から遠ざけるよう厳しく教えられた。「神が結婚を命じたときは、夫や子供を愛し、神を恐れるよき主婦になる」のが女の子の務めなのである。「もし言葉や科学に特別な才能をもつ者がいたら、その才能を伸ばしてやるべきである」とデュリは書いている。「男の子の場合もおなじで、言葉や科学に特別な才能をもつ者がいたら、その才能を伸ばしてやるべきだし、男の子の場合は、さらに職業訓練を施して農民・商人・航海士・役人・軍人に育て上げ、家族や隣人のために役立つ人間にすべきである」[32]。生徒に課せられた規律は厳しく、長時間に及ぶ授業が課せられ、怠けると体罰が待っていた。

共和政時代にピューリタンたちによってイギリスの教育制度は大きく変えられ、王政復古で非国教徒が教えることが禁じられたが(40ポンドの罰金)[33]、名誉革命でふたたびカルバン派の教育理念が復活して、1690年代-1700年代初めに教育制度は大きく変わることになった。

17世紀中頃にピューリタンたちが始めた教育制度の改革は、18世紀初めになると長老派・会衆派・メソジストなど「公認された tolerated」カルバン派の宗派だけでなく、国教会も着手を開始した(カトリック教会的な「ハイチャーチ」も含め)。イギリスのカルバン派もドイツのルター派も、すべての者に初等教育を施すべきだと考えていたが、ドイツでは学校法を制定してその実現をはかっていたが、イギリスでは地域共同体の公共心に富む者が貧しい者に有用な仕事を教えるべくボランティアで組織を作り、学校の設立・維持に努めていた。

そんな組織のなかで一番、重要だったのが、「キリスト教普及協会 Society

for Promoting Christian Knowledge」である。1698年3月にロンドンで5人の発起人によって設立されたが（1人は有名な聖職者、4人は国教会の有力な俗人役員）、彼らの信条はさまざまで、カトリック教会的な「ハイチャーチ」に属する者もいればプロテスタント的な「ローチャーチ」に属する者もいたし、トーリ党を支持する者もいればホイッグ党を支持する者もいた[34]。彼らは労働者の子弟を教育する「初等学校 charity school」を作るため、イギリス全土で公共心に富む人々を組織することを目指していた。2年後にはロンドンの協会メンバーは90人になり、30年後には何百もの協会がイギリス中に登場して、1000を超える数の「初等学校」が作られていた[35]。各学校は独立して運営されていたが、おなじ内規に従っていた。

　「キリスト教普及協会」が重要だったのは、18世紀のイギリスで初等教育に大きな役割を果たしたことより、その独特な運営方法にあった。つまり組織としては一体でありながら、同時に下部組織には自主運営が認められていたのである。構成員の推薦で新しく構成員になった者は毎年、決められた金額の会費を納め、その代わりに集会に参加して意見を述べたり投票したりする権利が与えられた[36]。これはイングランド銀行などの株式会社のやり方とおなじであった。比較的、少額のお金を多くの者から集めて1人では不可能なことを協力してやろうとしていたこと、またお金を出した者は集会に参加して意見を述べることができたし、投票権を与えられることで組織の決定に参加できたのである。

　「キリスト教普及協会」が運営する「初等学校」は協会の構成員が納める年会費で設立・運営されていたものもあったが、それ以外にも多くの「初等学校」が金持ちの寄付金で設立・運営されていた。金持ちは「公益信託 charitable trust」（管理者は国王）を設定し、その運営を受託者に任せていた。ただ受託者も協会の構成員も、その地域の地主貴族や都市の有力商人など、おなじ階級の出身者であった。「初等学校」の研究者ジョーンズ Mary G. Jones によれば、「18世紀の初等学校は、協会タイプと信託タイプのあいだで違いはなかった」そうである[37]。

　当初「キリスト教普及協会」は国教会と密接な協力関係にあって、その内規

で教師になれる者を国教徒に限定していた[38]。この内規はその後も残るが、もともと「キリスト教普及協会」は最初から長老派・会衆派など非国教徒も参加していた「素行改善協会」とも密接な協力関係にあったし、1700年代初めには非国教徒を教師として認めないという内規が裁判で無効とされ[39]、「初等学校」の教師は、すべての「公認された宗派 tolerated churches」で教師として認められることになった。

この協会タイプの「初等学校」は、その後、教区（これがイギリスでは最下位の行政単位であった）で学校を作るときのモデルとなった。多くの教区で司祭や信者が学校を必要と認めると、教区の何人かが集まって計画を立て、寄付を募って教師を雇うのである。教区の信者は毎月、少額の寄付を行なって学校を維持し、定期集会に参加して学校の様子について話し合う。もし運営の仕方がよくないとか、教師の質が悪いということになると寄付が集まらなくなるということになる[40]。

17世紀末-18世紀前半にイギリス中に普及した労働者の子弟向け学校はカルバン派の考え方を前提にしていたが、それには欠点もあった。規律が厳しすぎたのである。7歳から11歳まで子供を4年間、学校に通わせたが、1日に6時間も拘束し、時間厳守・行儀作法・教科書の暗記・集中力の維持・悪戯の禁止などを要求した。無断欠席のような場合ならともかく、注意散漫・予習不足・悪ふざけ・無作法までが厳しい体罰の理由とされ、男の子だけでなく女の子まで鞭で打たれていた。子供たちは毎日、自分が犯した規律違反を帳面に記録させられていたが[41]、1708年のある「最近、設立された初等学校の報告書 Account of the Charity Schools Lately Erected」にはこうある。「子供たちは体罰のおかげで恐怖心を抱くようになり、とても従順になる。子供時代から規律を教え込んでおけば、ゆくゆくは正直者で働き者のよき召使になるであろう」[42]。

生徒たちを下層階級の人間として見下していたことも問題であった。1724年にロンドン主教の指導で作成された『初等学校の秩序を維持し、うまく運営していくための規則集（初等学校の受託者が作成）Rules for the Good Order and

Government of Charity Schools drawn up by the Trustees of these Schools』によれば、「子供たちには召使にふさわしい知識を授ければ十分」と教師たちに指示している[43]。女の子には裁縫・編み物、男の子には靴作り・庭仕事のようなことで十分だというのである。「言葉や科学」を教えるといっても、実際には聖書と教理問答集が読めて、算数ができれば十分とされていた。もちろん教師のなかにはそれ以上のことを教えていた者もいたし、もっと高度なことを教えるべきだという者もいたが、大多数の教師は「子供たちが怠けたり浮浪者になったりすることがないようにすれば十分で、洗面と髪梳きの習慣を身につけ、教理問答ができて、人間としてまっとうで、よき召使になれば十分だと考えていた。初等学校は子供たちの能力を引き出したり、成功のチャンスを与えたりするために作られたのではなかったのである」[44]。

ただし、よい面もあった。それは責任感の強さが規律の厳しさを埋め合わせていたことである。厳しい規律が体罰なしに実現されていた学校もあったし、献身的で有能な教師が生徒やその両親から、愛され尊敬されていた例も多くあった[45]。また「初等学校」には女の子も多くいて、なかには「初等学校」の卒業後も勉学を続け、高度知識を身につけて成功した例も少なくなかったのである[46]。

カルバン派で重要なことは、俗人にもキリスト教徒として強い責任感をもつよう要求したことであった。とくに「長老 elders」と呼ばれた公共心に富む指導者には、恵まれない隣人に対する細かな配慮が要求された。「初等学校」を設立・維持するためにキリスト教普及協会のメンバーが寄付・運営をしていたことも、カルバン派による「宗教の世俗化 laicisation of religion」の一例であり[47]、「世俗法の宗教化 spiritualization of secular law」の一例なのである。

第5節　救貧活動

12-15世紀のイギリスでは、ヨーロッパ大陸各国とおなじように救貧活動は全面的にカトリック教会が担当しており（病人・病弱者・老齢者・孤児・寡婦など

生活に困窮している者が対象)、その資金源は教会が信者に課す十分の一税と個人が教会に寄付する寄付金であった。ところが14世紀末-15世紀にイギリスでは荘園制が崩壊して農地が羊の牧場に変えられ、多くの農民が都市に移住していった。その結果、教会の救貧活動は資金不足に直面することになった。イギリスでもドイツのように浮浪者・乞食・盗賊が急増し、そこで仕事をもたない者や浮浪者に刑罰で脅して取り締まることが行なわれた。ウエッブ夫妻 Sidney and Beatrice Webb によると、「それは貧者を助けるための救貧法ではなくて貧者を取締り、貧者から働く権利を奪うための法律であった。もし教会の慈善事業がなければ、もっと悲惨なことになっていたことであろう」[48]。

　ルター派の領国と同様、イギリスでもカトリック教会からの離脱が切っ掛けになって、都市税・寄付金・没収した教会財産の売上金などから「共同基金 common chest」が設けられている[49]。乞食は禁止され、托鉢修道会は解散させられた。各地に「救貧施設 workhouse」が設けられ、「援助に値する貧者 deserving poor」を収容して怠け癖を矯正したり、放浪を止めさせたりした。カトリック派に留まった地域でも共同基金や救貧施設が設けられたが、修道院は救貧活動を続けていたし、托鉢修道会も存続が認められていた。

　すでに指摘してきたように、イギリスでは教会が扱ってきた問題(典礼・婚姻・不道徳な行為の禁止・初等教育)を教会に代わって国家が処理するようになったとき、他のプロテスタント教国と違ってカトリック教会の伝統を強く残していたが、それは救貧活動の場合もおなじであった。16-17世紀初めにイギリスで制定された救貧法には、カトリック教会的な性格が強い。カトリック教会に代わって国教会が救貧活動を担当することになっただけであった。この事態を変えたのがイギリス革命である。1640-1689年のイギリス革命の結果、救貧活動の理由づけもカルバン派的なものに変化した。

　16-17世紀初めの救貧法は枢密院が制定したもので、救貧活動の責任は何千という教区が負っていた[50]。教区が同時に最下位の行政単位となっていたからである。教会で教区を率いていたのは「司祭 incumbent」であった。さらに年1回、開催された「教区集会 town meeting, vestry」で、教区の「農地保有者

householder」(「自由保有者 freeholder」・「謄本保有者 copyholder」・「賃貸保有者 leaseholder」)から「教会世話人 churchwarden」が選ばれて司祭を助けていた。教区の行政責任者は、国王が任命した治安判事であった。治安判事はその地域の「名士 squire」で、おなじ「県 county」のいくつかの教区を担当していることもあった[51]。他に「治安官 constable」・「公道管理官 surveyor of highways」・「貧者世話人 overseer of the poor」も年1回、開催される教区集会で教区の農地保有者から選ばれることもあったし、治安官は(3ヶ月ごとに開催される裁判で、被疑者を治安判事のところに連れてくるのが仕事)教区が所属する県の治安判事が任命し、公道管理官は(教区内の道路管理が仕事)治安官・教会世話人が任命することもあった。貧者世話人は1536年の制定法以後、教区ごとに毎年2人、治安判事が任命することになっていた[52]。

イギリスに特徴的なことは、地方行政を担当したこの6つのポストが司祭のほかは、すべて無給の俗人だったということである。また司祭と治安判事のほかは、すべて毎年、交代していた。彼らは全員が農地保有者で、国家と教会の長であった国王が彼らに課す義務をよき国民として担っていた。

地域の名士であった治安判事は、国王から教区の救貧活動をきちんと行なうよう強く求められていた。ウエッブ夫妻によれば、エリザベス1世の時代に制定された法律によって「貴族たち nobles and gentry」は、治安判事として秩序維持や犯罪の防止に努めることのほかに食料を安く供給すること、救貧税を徴収・支出して健康な者が働ける場を用意すること、孤児・病人・老齢者・病弱者が生活に困らないようにすることが求められていた[53]。とくに1590-1640年に枢密院は、さかんに「王令 orders and proclamations」を公布して3ヶ月ごとに開催される裁判で、治安判事にその実行を求めている[54]。

貧者世話人は、教区で援助を必要としている者の数・必要な援助の種類・必要な経費を調べ、教区管理司祭・教会世話人・治安判事と相談して、そのために教区の土地保有者に課す救貧税はいくらにするか決めていた。

救貧活動を教区にやらせる一方で、国王は浮浪者を減らすために救貧施設を設置して強制的に働かせ、彼らの怠け癖を改めさせようとした(ヨーロッパ大

陸各国でもおなじ)。1557年に最初の救貧施設がロンドンに作られた(国王エドワード6世とロンドン主教が1552年に提案)[55]。もともと、そこはヘンリ8世が住んでいたところで、事実上の監獄に他ならなかった救貧施設は、その王宮名から「ブライドウエル Bridewell」と呼ばれるようになった。イギリス全土に200を超える数の「ブライドウエル」が設置され、教区の治安官は3ケ月ごとに開催された裁判で、捕まえてきた浮浪者をこの「ブライドウエル」に収監することができた[56]。

16-17世紀初めには、国王が手にする歳入も救貧税も救貧には不十分で、それを埋め合わせたのが個人の寄付する寄付金であった。個人の寄付金で、さらに「ホスピタル hospital」と呼ばれた救貧施設が設置されたりしている[57]。

1640-89年のイギリス革命で、それまで教区単位で処理されていた救貧活動が全国規模で展開されるようになった。また困窮者の救済や怠け癖の矯正を主目的としていた体制から、健康な貧者を有益な生産活動に従事させる体制に変わっている。今でいう「福祉より仕事 from welfare to workfare」である。

革命以前の救貧活動では、教区ごとに救貧活動の中身も規模もさまざまであった。そこで救貧者は、条件がよい教区に集中しがちであった。そこで16-17世紀に何回か「定住法 Laws of Settlement」が制定され、それぞれの教区で貧者として受け入れてもらうためには、一定期間その教区に住んでいたことがあるとか、一定額以上の財産がその教区にあるとか、家族がその教区に住んでいるとかいった条件が課せられることになった[58]。その結果、貧者は一生、自分が生まれ育った教区から出られないことになった。また全国規模で労働力の移動が妨げられて、イギリス経済に悪影響を及ぼすことになった[59]。

革命以前の制度は、「地主貴族」にも不評であった。なぜなら、教区の救貧税は彼らが負担していたからである。内乱で「地主貴族」が議会軍を支持した理由の1つは、国王が彼らに課した救貧税であった。それに「ブライドウエル」は救貧施設としても矯正施設としても機能せず、たんなる牢獄にすぎなかった[60]。

1640年代にピューリタンたちは、ピューリタンに特有の「敬虔さ godliness」・「自己研鑽 self-advance」と結びついた考え方を身につけさせるために新しいタイプの救貧施設を設置した。そこでは、大人の貧者だけでなく子供も収容して「本を読むことを教え、仕事を教え、国に役立つ人間にする」ことが目指されていた[61]。そんな施設の設立を有力者に呼びかけたハートリブ Samuel Hartlib は、救貧施設が「矯正施設 house of correction」であってはならず、「利益を上げる生産施設 productive and profitable enterprise」でなければならないとしている。1647年の内乱のさなか、施設設置のための組織「ロンドンにおける貧者のための公益法人 London Coporation of the Poor」が設立され、最初の施設が1649年にロンドンに登場してきた[62]。

　1662年（王政復古の翌年）、廃止された最初の施設に代わる新しい施設が登場し（設立の趣旨はおなじ）、「ロンドンにおける貧者のための公益法人」も再設立された[63]。ロンドンに再登場してきた施設がモデルとなって、各地におなじ趣旨の施設が数多く登場してきた。そこでは働くことが強制されることはなく、働いている者も自由に施設を離れることができた。「敬虔さ」・「自己研鑽」の趣旨は残され、「利益と生産」の重要性が一層、強調されるようになった。寄付金による救貧活動や古い救貧施設「ブライドウエル」も存続したが、1723年の「救貧施設法 Workhouse Test Act」で教区は、新しい施設で働くことを拒否した健康な貧者に援助を断ることができるようになった[64]。

　また1723年の「救貧施設法」は、新しい救貧施設が貧者の子供に教育の機会を与えることを認め、また病人・老齢者を収容して世話することも認めていた。古い救貧施設で毎年、交代していた無給の世話人に代えて、有給・常勤の職員を置くことも、この法律で定められた。貧者法人や施設の設立に関しては、具体的には各地方に関する議会の制定法に任せるとしており、その結果、18世紀前半には約700もの施設が登場している[65]。

　さらに1723年の「救貧施設法」は、いくつかの教区を１つに統合し、合同で新しい救貧施設を作ることを認めている。古い救貧施設に対して批判が高まっていたからである。そんな批判者のなかにヘイル卿 Sir Matthew Hale や[66]、商人でイギリス最初の経済学者とされているチャイルド Josiah Child がい

た[67]。彼らは「貧者のための公益法人 Corporatios of the Poor」が統括する全国規模の救貧施設のネットワークを作り、失業者に職業訓練を施して働かせ、その製品を市場で売って利益を上げるべきだとしていた。チャイルドは「貧者の世話を教区に任せたのは大失敗だった」と書いているし[68]、「オランダ人なら、失業者がどこの教区の出身かなど問題にしない」とも書いている[69]。1696-1711年に議会は14の都市に対して都市教区を1つに統合することを認めているし、その後も統合を認められた都市の数は、さらに増えている。農村の教区統合も議会は認めているが、地主貴族はそれを歓迎しなかった。事実、従来どおり統合されないまま救貧活動を行なっていた教区も多い。

　革命のあと、教区のあり方も大きく変わることになった。まず聖職者が教区の政治・経済問題に口を挟むことがなくなった。しかし逆に、教区の政治・経済問題の解決に、カルバン派的な考え方が大きな役割を果たすようになったのも事実である（とくに救貧活動のあり方に対して）。国教会やカルバン派から影響を受けたさまざまな宗派は、17世紀中頃-18世紀中頃に制定された救貧法に大きな影響を与えている。働くこと、また助けを必要としている者には手を差し伸べるのが人間の義務であると考えていた点では、国教徒もカルバン派もおなじであった[70]。

　資金の面でも、新しい方法が導入されるようになった。個人がバラバラに寄付をするのではなくて（そのやり方がなくなったわけではない）、寄付を行なう者が協力体制を作るのである[71]。こうして17世紀末-18世紀には、さまざまな種類の「ホスピタル」が登場してきた（病人・貧者の子供・捨て子・老人を引き取って面倒を見る）。当時、「協力体制による慈善事業 associated philanthropy」と呼ばれていた新しい資金集めの方法は、この頃に続々と登場していた「株式会社」をモデルにしていた[72]。1640年以降、さらに「相互援助協会 friendly society」と呼ばれた組織が何百と登場してきた。これは会員が病気になったり被災したりしたとき、お互いに助けあう組織である。救貧法の歴史に詳しい英国史の専門家スラック Paul Slack によれば、「救貧活動と相互援助では、その法的な趣旨はまるで違っていたが、救貧活動がなければ相互援助の組織は生

まれなかったはずである」[73]。さらに付け加えれば、相互援助なしには救貧活動の継続も不可能だったはずである。

17世紀末-18世紀初めにイギリスの救貧法を大きく変えるうえでカルバン派の影響は当事者も認めていることだが[74]、それを強調すると20世紀を代表する歴史家が反対の声を上げそうである。1920年代以降イギリスで注目されてきたのは、救貧法と資本制の登場時期が重なっているということであった。そこで救貧法は資本家のために作られたと考えられた。その代表が16-17世紀のイギリス史の専門家ヒル Christopher Hill である。1997年に彼は、つぎのように書いている。「宗教改革（ヘンリ8世）から王政復古（チャールズ2世）にかけてイギリスの思想に革命的な変化が起きた理由は、経済的なものであった。……しかし当時の事業家たちは、自分たちの事業を神の意志によるものと考えていた。彼らにとって、その方が都合がよかったからである。言葉は経済活動の潤滑油なのである ideas lubricate economic processes」[75]。ヒルによれば、ピューリタンの考え方は「ブルジョワ的 bourgeois」であり「個人主義的 individualist」なのである。また16-17世紀に登場してきた救貧法は、これから資本家になろうとしていた商人や製造業者たちが下層階級を働かせるために作った法律なのである。これが多くの歴史家の考え方であった（全部とはいわない）。ヨーロッパの貧困史に詳しいポーランドの中世史家ゲレメク Bronislaw Geremek も似たようなことをいっている。つまり16-17世紀の救貧法は、「資本制の登場 emergence of industrial capitalism」を象徴しているというのである[76]。

しかし、事実はそうでなかった。17世紀末-18世紀初めにイギリスに登場してきた救貧法は資本家のためでもなかったし、「ブルジョワ的」でも「個人主義的」でもなかった。17世紀末-18世紀初めの資本家たち（とくに都市の商人や製造業者たち）は、救貧施設を敵視していた。税金を使って粗悪品を安く作り、彼らに不公正な競争を強いていると考えていたからである[77]。「税金で支えられた事業 subsidized workfare」も「寄付金で支えられた慈善事業 charitable welfare」も、ともに資本制とは縁遠い存在であったし、「貧者のための公益法人」（無給のボランティア活動）・「株式会社」をモデルにした慈善事業・「相互援

助協会」の登場などは個人主義では説明できない。それはカルバン派に特有の「共同体主義 communitarianism」の現われなのである。また、イギリス革命後に新しい救貧施設を登場させたのは「地主貴族」であって、資本家でも商人でもなかった。「地主貴族」こそが新しい支配階級として「宮廷貴族」に取って代わり、イギリスの議会・裁判所・官僚機構を支配したのである。イギリス革命は資本家による革命でなくて、「地主貴族」による革命であった。議会を支配していたのは資本家の「世論 public opinion」ではなくて「地主貴族」の「公共心 public spirit」であった。健康な失業者を働かせるために救貧施設を作り、病人・老人・孤児など働けない者のために「ホスピタル」を作ったのは彼らであった。長期的には、これらの施設は商業資本にとって有利に働いたかもしれないが、少なくとも産業資本とは縁のないものであった。

　イギリス革命で救貧施設を作った者が考えていたのは、まず「神の意志に応えること response to the will of God」、ついで「おなじ人間としてすべきことをすること act of common humanity」、そして「政策的な配慮 instrument of sound social policy」であった。ヘイル卿は（およそ資本家らしからぬ人物である）は、『救貧法に関する一考察 Discourse Touching Provision for the Poor』の冒頭で、つぎのように書いている。「貧者救済に我々が努力するのは、1）神がそうするように命じているからである。神は貧者を生徒、金持ちを生徒の面倒を見る監督者としてこの世に残していったのであり、貧者は神に代わって救済を受ける神の身代わりなのである。2）貧者救済は、優れて人間らしい行為である。慈悲心や親切心は人間に仕える犬畜生ですらもっているものであり、人間がそれをもつのは当然のことである。3）それは支配者の知恵であり、政治的な配慮でもある。人間は貧しいと騒ぎを起こしがちである。貧者が多いと金持ちは、いつまでも金持ちでいられなくなる」。

　このような考え方はカルバン派に限られず、カトリック教会・ルター派など、すべてのキリスト教徒に共通する考え方であった。また貧者救済が支配者の義務だとしている点では、ルター派とおなじである。『救貧法に関する一考察』で、ヘイル卿は慈善事業を2つに分けている。1つは病弱者のような「働くことが

できない貧者 impotent poor」の「救済 relief」で、もう1つは健康な貧者の「雇用 employment」である。ヘイル卿によると、後者の方が慈善事業としてはずっと意味のあることであった。それは王国に富をもたらして王国を平和にするし、貧者のためにもなるからである[78]。

こうしてイギリスの支配者はドイツの領国君主とおなじように、神に命じられた「監督者 stewards」として「神の代わって救済を受けてくれる貧者 substitutes and receivers」の面倒を見ることになった。さらにカルバン派の考え方から、病弱者・貧者を支配者が設置した共同基金や救済施設で面倒を見るだけでなく、公共心に富んだ人々がボランティア精神を発揮して作る組織によって弱者・貧者の救済に努め、また健康な失業者を訓練して有用な仕事に就かせるのである。

以上、この章で説明してきたことが、この本でいう「世俗化 secularization」の意味である。「世俗化」とは、教会が担ってきた仕事を世俗の制度や俗人（政府・地域共同体・個人）が担うようになることなのである。イギリスでは、16世紀の宗教改革で部分的に「世俗化」が実現するが、カトリック教会が担ってきたことは、その大部分を国教会が引き継いでいた。しかし、国教会も国王の統治下に置かれたということでは「世俗化された secularized」といえる。最終的に「世俗化」が完成するのは、1640-89年のイギリス革命のときである（不道徳な行為の取締り・教育・救貧などの仕事が国教会の手から離れる）。

注意しなければならないのは、この「世俗化」が同時に世俗権力の「宗教化 spiritualization」を意味したということである。少なくともプロテスタントたちは（とくに16世紀のドイツと17世紀のイギリスのプロテスタント）、そう考えていた。ドイツのルター派は信者が聖職者であり、信者の集まりが教会であると考えていたし、イギリスのカルバン派は信者こそが世直しの使命を担う神の選民である考えていた。つまり俗人である信者の「宗教化」が彼らの考えていたことであった。

ところが20世紀になると、社会学者が「世俗化」の意味を広げすぎてしまった。宗教を信じなくなり、宗教以外のものを信じるようになるという意味で「世

俗化」という言葉を使うようになった。ゲルナー Ernest Gellner は、そのことをつぎのように指摘している。社会学者たちは「超自然的な supernatural, spiritual」説明を認めず、物質の構造と活動だけで自然現象を説明できると考えるようになった。自然現象も人間の行動も物質界の用語だけで説明できると考え、この世界は法則によって支配されているので人間には自由な選択はできないと考えるようになった。人間は経験によってしか知識を獲得できないと考え、享楽主義と自己中心主義をよしとするようになった。「理屈 reason」しか信じなくなり、伝統がもつ意味を認めようとしなくなった。多くの人間を幸せだと感じさせればそれでよいと考えるようになり、民衆の言い分を正しいとする民主主義をよしとするようになった。真実か否かが問題ではなくなり、役に立てばそれでよいとするようになった[79]。

このような現象をウエーバー Max Weber は世界の「非魔術化 Entzauberung」と呼んだが、それは「世俗世界そのものの世俗化 secularism had itself secularized」ということになる。歴史家のなかには、この現象の始まりを16-17世紀のプロテスタントに求める者がいるが、それは間違いである。たとえばイギリス史の専門家サマビル C. John Sommerville は、空間と時間・歴史意識・政治理論・教育・言語・文化などの「世俗化」は、すべて16-18世紀のイギリスのプロテスタントに始まるとしている。なぜなら、「プロテスタントは、もともと世俗化を本性としているからである Protestantism has, by its nature, a secularizing tendency」。宗教すら「世俗化」され、「説明の根拠であることを止めて、説明の対象となってしまった」のである。合理主義・個人主義・「宗教を個人の内心の問題とする考え方 privatization of religion」も16-17世紀のプロテスタントに始まると彼はいう。「宗教が個人の内心の問題とされるようになったことと、さまざまな制度・組織が世俗化されたことは表裏の関係にある」とも彼はいう。プロテスタントによって制度・組織の世俗化が進行し、宗教はしだいに重要でなくなっていったからである。たとえば、もともと教会が行なっていた救貧活動は「教会 temple」の外に追いやられ、「聖なるもの the sacred」から「聖ならざるもの the profane」に変わってしまったのである[80]。

カトリック教会が目に見える施設を教会としていたのと違って、ルター派やカルバン派は、目に見える施設としての教会は「地上の国 earthly」のもので、目に見えない信者の集まりこそが「天上の国 heavenly」の教会であるとしていたことは、サマビルの説明でよく判る。しかしカトリック教会とプロテスタント教会には連続性もあって、ともに信仰の問題を法制度の問題と考えていた点では共通している。ただサマビルの理解の仕方は間違っており、イギリスで議会が典礼・婚姻・不道徳な行為の禁止・教育・救貧の問題を教会に代わって担当するようになったこと、言い換えると「聖なるもの」を「聖ならざるもの」にしてしまったことは「宗教 religious culture」の弱体化を意味するのではなくて、その強化を意味したのである。

結　　論

　歴史家・神学者・哲学者・社会科学者・法学者のいずれを取っても、16-17世紀にプロテスタントがヨーロッパの法制度に与えた影響に注目した研究者は皆無といってよい。そもそも、キリスト教が法制度に与えた影響が無視されてきたのである。11世紀末-12世紀にカトリック教会がヨーロッパの法制度に与えた影響・16-17世紀にルター派とカルバン派がドイツとイギリスの法制度に与えた影響・18世紀初頭に登場してきた「理神論」の合理主義と個人主義が18世紀末-19世紀の欧米の法制度に与えた影響・20世紀に登場してきた無神論や不可知論が欧米の法制度に与えた影響がすべて無視されてきたのである。しかも、こうした変革を促す影響にもかかわらず、欧米の法制度は一定の継続性を維持してきたことが無視されてきたのである。

　この本で示したかったのは、欧米の法制度がキリスト教の教義を前提にしていること、またカトリック教会の側で状況の変化に合わせてみずからを変革できず、したがって法制度の変革ができなかったために革命が起こり、革命が法制度の変革を実現することになったことである。革命から1世代も経つと革命の掲げた理想が現実と折り合いをつけ、新しい法制度が登場してくることになった。

　革命が終息すると古い法制度は新しい法制度に取って代わられことになるが、それで古い法制度が消滅したわけではなかった。ドイツ革命はカトリック教会の影響を排除して教会を支配者の統制下に置いたが、それでもカトリック教会の教会法がドイツの法学者に受け入れられていたのである。ドイツのみならずヨーロッパ大陸各国の法制度は、カトリック教会の教会法に由来している。法思想についていえば、「神の法 divine law」や自然法に対する考え方、「神の法」・自然法と「実定法 positive law」との関係は、宗教改革でも基本的に何

も変わらなかった。ただ「良心 conscience」とか「公平・公正 equity」といった言葉に新しい意味が付け加わっただけであった。支配者は法を適用するに際して「公平・公正」でなければならず、また神から授かった「良心」に従わねばならないとされた点では、何も変わらなかったのである。また法学ということでは、ルター派の法学者はスコラ学の方法に代えて、厳格な概念規定に従った体系化の方法(「課題の整理・分析法 topical method」)を採用したが、それでも権威ありとされた古い文献に見られる矛盾に折り合いをつけるスコラ学の方法は残ったのである。ただ違っていたのは、大学教授が論文を書いたり難しい事案に答えたりするという形で、法制度の体系化に努めるようになったことであった。この新しい「法思想 legal philosophy」と法学のおかげで、古い刑法と民法は新しくなり体系化されたが、それでも古いものが完全に放棄されたわけではなかった。シュワルツェンベルク Jaohann von Schwarzenberg がルター派に改宗する前に書き上げていた刑法がカトリック教徒の皇帝によって採用されたが、ルター派の領国君主もその多くがシュワルツェンベルクの刑法を採用している。なぜなら、シュワルツェンベルクの刑法典はルター派の法思想と法学を形にしたものだったからである。

ドイツの民法も、表面的には刑法ほどルター派の影響は受けなかったように見えるが、ルター派の領国君主が民法の改正に熱心であったのは当然であった。道徳心向上・公教育・貧民救済を国家の義務とするのと同時に、契約法を整備・体系化して商業を保護し、また財産法を整備・体系化して所有権の移転や土地の使用権移転を円滑にしたのは、ルター派に特有の考え方があってのことであった。ドイツ革命は、もともと聖書で禁止された不道徳な行為をなくすために行なわれた革命であったが、その結果、信者全員に法的な考え方を教えることになった。ルター派がドイツの民法で実現したことは基本的にカトリック教会でも受け入れ可能なもので、カトリック教会と違っていたのは、それを支配者の立法行為や法学者の論文によって体系化し、それを裁判所や官僚制度によって実行に移した点だけであった。

16世紀にドイツで変わったのは、それまで教会が担当していたこと、つまり

教会典礼・婚姻・不道徳な行為の取締り・公教育・貧民救済を国家が教会に代わって担当するようになったことである。教会における典礼用語はラテン語からドイツ語に変わり、信者はドイツ語で賛美歌を唄うことになった。婚姻は秘蹟でなくなり、社会と家族の問題となった。不道徳な行為も教会が処理するのではなく、国家が処理する問題となった。貧民救済の方法も、物や金銭を与えるやり方から、仕事を教え・与えるやり方に変わったのである。要するに、担当者が交代しただけであった。革命初期に過激派が実現を目指した「新しい天と新しい地（ペテロの手紙II 3: 13)」は、結局は実現しなかったのである。

　17世紀のイギリス革命もおなじであった。革命初期の過激派が支配的なときは、王政の廃止・イギリス国教会の廃止・民主政の導入・成文憲法・刑法と民法の制定が目指されたが、最後に登場してきたのは議会優位の立憲君主政・プロテスタントの存在も認める「寛容な comprehensive」イギリス国教会・「土地貴族 landed gentry」と裕福な商人を代表するホイッグ党とトーリ党の2大政党制・国王の影響から解放された判事が体系化したコモンロー・判事の影響から解放された陪審員（刑法と民法に導入された）などであった。イギリス最初の革命は、いわばルターによる宗教改革の焼き直しであった。教会典礼・婚姻・不道徳な行為の禁止・公教育・貧民救済の仕事は、イギリス国王が首長となったイギリス国教会が担当することになり、これが1世紀後の2回目の革命で、ドイツ同様、俗人の役割を重視するやり方に変更されている。ただ違っていたのは、ドイツでは君主や役人（つまり国家）が不道徳な行為の取締り・公教育・貧民救済を担当していたのに対して、イギリスでは「公共心ある国民 public-spirited citizens」が自主的に組織を作り、慈善事業などに資金援助をしていたことである。「ピューリタン Puritans」と呼ばれていたイギリスのカルバン派は、地域共同体を「山の上にある町（マタイによる福音書5-14)」（逃げ隠れできない場所にある衆目の的で、模範たるべき存在）として重視していた。

　17世紀にイギリスで法制度改革が実現したのは、カルバン派が自分たちのことを「この世の光（マタイによる福音書5-14)」となるべき神の選民と考え、法制度改革が神によって義務づけられていると考えたからであった。さらにカル

バン派は歴史を「神の意志 providence of God」の現われと考えており、したがってイギリスの法制度はイギリスの歴史を前提にすべきであり、また過去の歴史が未来への展望を可能にするものだと信じていた。イギリスで国王による専制が崩壊して貴族が支配する議会の優位が確立したのも、カルバン派の教義のおかげであった。1世紀前にカルバン Jean Calvin 自身が、最良の統治形態は貴族政だとしていた。民主政を導入するにしても、せいぜい貴族政に民主政を加味したものがよいとされていた。この考え方があったからこそチューダー・スチュアート朝時代に作られた「国王裁判所 prerogative courts」が廃止され、コモンロー裁判所の優位が確立したのである。

イギリスに「過去・応用主義 historicity」があったおかげで、イギリスでは判例主義が確立した。理論上は議会が立法権をもっていて、いかなる法律も議会の承認をえなければならないことになっていたが、判事も法律を適用する過程で立法に積極的な役割を果たしていた。判事による判例づくりのおかげで、刑法や民法も変化する社会情勢に対応できたのである。議会における立法だけでなく、判事による判例づくりのおかげで民法の飛躍的な発展が可能になったのである。

17世紀末のコモンロー裁判所で起きた変化は画期的なものであった。陪審員による裁判に証人制度が導入されたのである。おなじ証言について判事と陪審員が違った解釈をすることが可能になり、「事実とは何か」が一義的に決まらない（これは当時、登場してきた新しい科学観の反映でもあった）、つまり証言に対する正しい解釈はかならずしも1つとは限らないことが認識されるようになった。人によって「何を事実とするか」が異なるのである。陪審員制度は、もともと「事実とは何か」を決めるために登場してきた制度であった。判事が陪審員の下す判決を覆すことができなくなったのである。コモンロー裁判所の1つである「王座裁判所 Court of King's Bench」の主席判事ボーン Chief Justice Vaughn は、キリスト教の教義のような重要な問題についても、人の意見は違ってよいといっている。その30年後に、イギリス議会は「寛容法 Act of Toleration」を制定することになる。

ヨーロッパの法制度は、一方で800年もの長い時間を掛けて少しずつ変化してきたが、他方で16-20世紀に起きたいくつかの革命で急激な変化を遂げてきた。この事実が(1)時代区分、(2)社会理論、(3)「法思想 legal philosophy」に通説の変更を迫っている。

(1) 時代区分の問題

　従来、欧米ではヨーロッパの法制度史を中世・近代と区分する方法が採用されていたが、この区分法は著名な「中世史家」(「中世」という言葉の使用に反対しているにもかかわらず、皮肉なことに彼らはこう呼ばれている) によって80年以上ものあいだ、批判され続けてきたにもかかわらず[1]、何も変わっていない (しかも、これは法制度史に限られたことではない)。「近代」のイギリス・ドイツ・フランス・イタリア・スエーデン・オランダ・ポーランドなどの法制度は、つねに12-13世紀にカトリック教会が採用した教会法の影響下に置かれていた。こうした国々では、「教会の管轄下にあった問題 spiritual matters」はすべてカトリック教会が処理していた。11世紀末にピサの図書館でユスティニアヌス帝が6世紀に編纂させたローマ法が発見され、この発見のおかげで支配者の顧問をしていた法学者たちは、新しい法概念と法律用語を手に入れたのである。また教会法の登場に刺激されて、教会法では対応しきれなかった分野をカバーする王国法・封建法・都市法・商人法が登場してくることになった。こうした世俗法は一部、教会法と管轄が重複しており、そこで教会法と競合関係にあった。また世俗法同士でも管轄が重複しており、お互いに競合関係が生まれることになった。

　何事にも歴史はあるが、ヨーロッパの法制度は少しばかり独特である。最初に登場してきた制度や用語が、何度か繰り返された革命による急激な変化にもかかわらず、つねに伝統として生き残ってきたからである。たとえば、12-13世紀に新しく登場してきたローマ法・教会法で整備された契約制度や信用制度は、さまざまな時代の変化を乗り越えて19世紀の「自由放任 laissez-faire」の資本制経済でも基本的に機能し続けている。あるいは、12世紀に登場してきた

「団体 corporate form of association」という考え方は、もともと教会・都市の職人組合・大学で採用されていた考え方であったが、それが現在の企業にも適用されている。意見を異にするグループに公平に意見陳述の機会を与え、その上で「道理 reason」に合った形で裁定を下すという12世紀に登場してきたやり方が、17世紀に議会で意見を異にする政党に議論をさせるというやり方に変わり、それが18世紀末-19世紀に国会議員や大統領を選挙で選ぶというやり方を生み出したのである。その他に12世紀には、地位が上にある者と下にある者は互いに相手に対して権利と義務をもつという考え方も登場させている。

すでに11世紀末-12世紀初めのヨーロッパでは、自分たちの時代が「新しい時代 modern age」、つまり「近代 modernity」だと考えられていた。そのとき初めて「歴史家たち historians」は、「年代記作家たち chroniclers」と違って「時代 history」が過去よりもずっと「素晴しい未来 new future」に向かっていると考えるようになった。この考え方は、教皇グレゴリウス７世のもとで教会を皇帝・国王・封建領主の支配から教会を解放し、教会を独立した法的な「団体」にすべく戦った人たちの考え方を反映していた。

この「新しい時代」とか「近代」という言葉は、のちに急激な改革を意味する言葉としても使われるようになった。「我々は新しい時代の幕開けを経験しつつある」とは、ルター自身の言葉である。「中世 Mittelalter」とは、ルター派の人々が使い始めた言葉であった。ルター派の人たちにとって、それは堕落していない原始キリスト教の時代と自分たちの時代のあいだにあったキリスト教が堕落した時代を意味していた。今「近代」というと、それは18世紀の啓蒙主義の時代と「ポスト・モダン」の時代、つまり啓蒙主義の時代と合理主義・個人主義・資本制経済が失われた時代のあいだにあった時代を意味する。「近代」という言葉をどんな意味で使うかはともかく、少なくともヨーロッパの法制度史には、いずれの意味でも使うことは不可能である。なぜなら、ヨーロッパの法制度は11世紀から現在まで、800年のあいだ存続し続けているからである。

時代区分には政治的な意味もある。「中世」という言葉はプロテスタント教会だけでなくカトリック教会も好んで使う。なぜなら、その言葉によってプロ

テスタント教会が断絶によって生まれた新しい教会であって、カトリック教会のように古い伝統を誇れないことを意味するからである。「中世」という言葉はナショナリズムの信奉者も好んで使う言葉である。なぜなら、ローマ帝国が崩壊したあと国民国家が登場してくるまで、国家らしきものがなかった時代を指すことになるからである。しかし、法制度史から結論づけられる新しい時代区分の仕方も、プロテスタントにとって歓迎されてよいはずである。なぜなら、そのことによって16-17世紀の変革の時代が、「第２の近代 second stage of modernity」として浮き彫りになってくるからである。またナショナリズムの信奉者にとってもインターナショナリズムの信奉者にとっても、この新しい時代区分の仕方は歓迎されてよいはずである。なぜなら、西欧各国の法制度は、もともと共通であったものが国民国家の登場と共に各国に登場してきたと考えるからである。

(2) 社会理論の問題

19-20世紀の社会理論は、「中世」を封建制の時代、「近代」を資本制の時代の意味で使ってきた。そのとき無視されていたのは、封建制の最盛期にヨーロッパでは商業が栄え、無数の都市が登場してきたことである。また資本制の他に官僚制・合理主義など「近代的」とされているものは、多かれ少なかれ12世紀には登場していたことも無視されてきた。

「中世」に経済的な変革が起きたことは、マルクス Karl Marx が活躍した19世紀中頃には知られていなかった。マルクスが間違った社会理論を主張したとしても仕方がなかったかもしれないが、ウエーバーが活躍したのは20世紀初めであり、「資本主義の精神」が17世紀に登場してきたとする彼の間違いは仕方がないでは済まされない。また両人とも、法制度が政治制度や経済制度の変革に果たした役割に気づいていない。

マルクスは、「中世」が「近代」に変わったのは階級闘争が原因だとしている。彼によれば、「中世」には封建領主が農奴による農産物の生産と販売をコントロールしていたが、「近代」(16世紀以降)になると、労働者による商品の生産

と販売を資本家がコントロールするようになったとのことである。法制度は封建領主や資本家が農奴や労働者を支配するための道具にすぎず、彼が「イデオロギー」と呼ぶ宗教は、封建領主や資本家の支配を正当化し、そのことを農奴・労働者に受け入れさせるための「麻薬」のようなものなのである。法制度も宗教も、経済的な「基盤base」に築かれた「上部構造superstructure」にすぎないのである。

ウエーバーもマルクスと同様、封建制から資本制へと時代が変わっていくという考え方は受け入れているが、変化の原因は経済的なものの他に政治的なものもあるとしている。ウエーバーやマルクスにとって法制度は支配者の道具にすぎないのだが、ウエーバーはマルクスのように生産手段を支配している階級の経済的利益を追求するための道具とせず、政治的な支配権をえるための道具だとしている。

本書では、ドイツ革命とイギリス革命でヨーロッパの法制度が変化した理由として、ドイツのルター派とイギリスのカルバン派の教義を重視してきたが(さらにカトリック教会の教義が両派に与えた影響も忘れてはならない)、この本書の考え方はマルクスよりウエーバーの考え方に近い。それでも法制度と宗教を変化の原因としている点では、マルクスともウエーバーとも違っている。とくにマルクスとは、16世紀のドイツ革命でカトリック教会から権限を奪ったのは支配者や役人などの「お上Obrigkeit」であるとしている点、また17世紀のイギリス革命で国王や「爵位貴族titled nobility」から権限を奪ったのは資本家ではなくて「土地貴族landed gentry」であるとしている点で決定的に違っている。また、政治的な変化の原因がキリスト教の教義の変化と法制度の変化にあるのであって、その逆ではないとしている点ではウエーバーとも決定的に違っている。

経済史家のなかには、他の文化圏に比べて突出しているヨーロッパの経済発展の原因を11-12世紀に求め、なかでも経済発展に必要な財産法の整備に求める者がいることはすでに触れたとおりだが、財産法の他にも契約法・会社法や、さらには法制度そのものに起きた変化にも注目すべきである。さらにいえば、

経済発展が法制度に依存していることに注目するだけでなく、法制度が宗教に依存していることにも注目すべきである。なぜなら、宗教こそが法制度のあり方を決めているからである。この問題を解明できた法制史家には、ノーベル賞が与えられてしかるべきであろう。

(3) 「法思想」の問題

「法思想」の専門家のあいだでは、あいかわらず「実定法主義 positivism」と自然法主義をめぐって論争が続いている。「実定法主義」者によれば、法律は制定者である国会議員の「意志 will」の現われであり、刑罰によって国家がその実現を保証していることになる。また自然法主義者によれば、法律は「道理 reason」と「良心 conscience」によって人間が身につけるはずの道義心を形にしたものであって、「正義 justice」の実現を目的としていなければならない。つまり国会議員が制定する法律がその趣旨に合わなければ、それは無効なのである。この種の議論が無意味だとは思わないが、問題なのは「実定法主義」も自然法主義も、キリスト教の教義が前提になっていることを無視していることである。

また、19世紀に登場してきた歴史法学派のことが忘れられている。この学派によれば、法律は「意志」・「道理」・「良心」を形にしたものというより、むしろ歴史的な経験の産物なのである。つまり「意志」・「道理」・「良心」も、国民的な伝統や価値観の現われなのである。この歴史法学派の先駆者サビニー Friedrich Carl von Savigny が1814年に書いていることだが、フランスのようにドイツも「民法典 Civil Code」を制定すべきだという意見に彼は反対であった。なぜなら、ドイツ人は伝統も価値観もフランス人とは異にしているからである。法律は長い時間を掛けて形成される文化の産物であって、「民族精神 Volksgeist」に沿ったものでなければならないのである。

17世紀のイギリスに登場してきた法制度は、判例を重視するコモンロー裁判所が作り上げる法制度で、歴史法学的なものである。19世紀になってサビニーの影響もあり、歴史法学の支持者がヨーロッパでもアメリカでも数多く登場し

てきた。アメリカの成文憲法にも歴史学的な発想が前提にあり、それが作られたときの事情を考慮しつつ解釈は変えていくべきだと考えられている。ところが最近では、ヨーロッパでもアメリカでも伝統を重視する歴史法学は少数派である。しかし過去の経験を重視する歴史法学は、「実定法主義」と自然法主義の対立を解消する「統合法学 integrative jurisprudence」の可能性を秘めている。

歴史と伝統は別物だという声が聞こえてきそうである。ヨーロッパの法制度が重視する伝統は、たしかにヨーロッパの歴史とは別物である。しかし、歴史を無視して法制度の伝統は語れないし、法制度の伝統を無視して歴史を語れないのも事実である。

ドイツとイギリスの革命が法制度を変え、かつ法制度の伝統も保持してきた事実は、学者の研究テーマに留めるべき問題ではない。サマビル Charles John Sommerville が指摘しているように、ルター派やカルバン派のおかげで「反体制的な異論の提唱 dissident」が可能になり、それが「違った意見の容認 relativism」を可能にし、「理神論 Deism」や無神論を可能にしたのである。結果的にヨーロッパの法制度は、その伝統を否定する鬼子を産んでしまったのだが、その原因を作ったルター派やカルバン派を責めることでは問題は解決しない。むしろ、もう一度、過去に帰り、改めてヨーロッパの法制度が保持してきた伝統とは何であったのか考えてみる必要がある。

21世紀になって、ヨーロッパの法制度は活力を失いつつある。前著『法と革命Ⅰ』に批判的だった専門家は、このような結論を下した私を、歴史家でなくて予言者と呼ぶにふさわしいといったものである。しかし私にいわせれば、予言者でない歴史家は本物ではない。そもそも歴史家とは、後ろ向きの予言者なのである。私の結論が歴史を扱った本にはふさわしくないといった専門家も、現在が過去の意味を決めることは認めるはずである。21世紀になってヨーロッパの法制度が活力を失ってきたからこそ、それが最盛期にあったときに形成された伝統を再確認する必要があるといえる。過去を知れば未来が見えてくる。「過去を探っても未来が見えて来なくなったときは、それは絶望のときである」とは、トックビル Alexis de Tocqueville の言葉である。

謝　　辞

　この本を書く上で、とくに世話になった人物が2人いる。その1人は John Witte, Jr. で、彼はハーバード大学の学生だったときに調査に協力してもらっており、さらに1985年にハーバード大学を卒業してからは、私の第2の職場であったエモリ大学でフルタイムの調査員として協力していただいた。今、彼はエモリ大学の教員であり、私のよき同僚・友人となっている。もう1人は Charles J. Reid, Jr. で、セイント・トマス大学で法学を担当する準教授になるまで、10年間もこの本のために調査員を務めてくださった。John Witte の *Law and Protestantism* と題された本は（この本とよく似た問題を扱っている）、この本が印刷中に出版されたので、この本のなかで言及することができなかった。しかし、すでに雑誌論文として発表されたものが、この本では利用されている（Charles Reid の場合もおなじ）。

　Richard Helmholz と James Melton にも謝辞を表明したい。この本の内容に関して、さまざまなコメントをいただいた。

　私の雑務助手 Nancy Knaak にも心から感謝の意を表したいと思う。この本を作る上で必要であった雑務をみごとに処理していただいただけでなく、手書きの原稿を判読可能なものに完成させていただいた。

　この本の出版を準備した最終段階で調査助手を務めていただいた Elizabeth Chappell l にも、その良心的で誠実な仕事ぶりに感謝しなければならない。

　エモリ大学にも、その財政的な援助に感謝しなければならない。また、歴史学部と法科大学院の同僚にも感謝しなければならない。

　最後になったが、ハーバード大学とエモリ大学の研究者・図書館員にも感謝の意を表さねばならない。とくにハーバード大学の法科大学院図書館の特別図書は、貴重な16-18世紀の法学関係の図書を所蔵しており、その利用が許されたことには感謝の言葉がないほどである。

略 語・注

略　語

CCC = Constitutio Criminalis Carolina
CR=Corpus Reformatorum, 28 vols., Frankfurt am Main, 1834-1860
LW=Luther's Works, ed. Jaroslav Pelikan, 55 vols., St. Louis, 1956
WA=Martin Luther, *Werke : Kritische Gesamtausgabe*, Weimar, 1883

序　論

1) Harold J. Berman, *Law and Revolution : The Formation of the Western Legal Tradition*, Cambridge, Mass., 1983. なお、以下でこの本を引用するときは、つぎのように省略する。Berman, *Law and Revolution*.
2) Jaroslav Pelikan, *The Vindication of Tradition* (New Haven, 1984), p. 65.
3) Edward Shils, *The Virtue of Civility : Selected Essays on Liberalism, Tradition, and Civil Society*, Indianapolis, 1997, p. 107.; idem, *Tradition*, Chicago, 1981.
4) Ilan Rachum, "*Revolution*" : *The Entrance of a New Word into Western Political Discourse*, Lanham, Md., 1999, p. 230. 「革命」という言葉が、すでに14-15世紀にイタリアで使われていたとRachumは書いている。この言葉は急激な変化を意味していて、政治的な変化もそこに含まれていたとのことである。つまり17-18世紀より以前に、すでに過去への復帰という意味でなく、「新しく変わる change forward」という意味で「革命」という言葉が使われており、また政治的な変化が「革命」と呼ばれていたとのことである。つぎのものを参照。Eugen Rosenstock-Huessy, *Out of Revolution : The Autobiography of Western Man*, 1938 ; reprint, Providence, 1993. pp. 304-305, 340-341. なお、以下でこの本を引用するときは、つぎのように省略する。Rosenstock-Huessy, *Out of Revolution*. つぎのものも参照。W. A. Speck, *Reluctant Revolutionaries : Englishmen and the Revolution of 1688*, Oxford, 1988, p. 1, n. 1. 1688年の名誉革命を当時のホイッグ党は単なる政治的な変化とは考えておらず、政治・社会の根底からの変革と考えていた。ヒュシーのヨーロッパ革命論は無視されたままだが、再評価が待たれる。ヨーロッパ革命論ということでは、たとえばCantorは、教皇革命・プロテスタント革命・フランス革命・ロシア革命を4大「世界革命」としているが、イギリス革命・アメリカ革命は無視している。Norman Cantor, *Medieval History : The Life and Death of a Civilization*, New York, 1968. またBrintonは、イギリス革命・アメリカ革命・フ

ランス革命・ロシア革命を取り上げているが、教皇革命・ドイツ革命（プロテスタント革命）は無視している。Crane Brinton, *The Anatomy of Revolution*, rev. ed., New York, 1965. もっと新しいところでは、Tilly が16世紀のスペイン・オランダ、17世紀のイギリス、18世紀のフランス、20世紀のロシアを取り上げて、「急激で広範囲に及ぶ支配者の交代」を論じている。Charles Tilly, *European Revolutions : 1492-1992*, Oxford, 1993. また Scopol は、フランス革命・ロシア革命・中国革命の原因と結果について、とくに変化が激しかった時期を取り上げて論じている。Theda Skcopol, *States and Social Revolutions : A Comparative Analysis of France, Russia, and China*, Cambridge, Mass., 1999. 以上のものと対照的なのが Moore で、教皇革命だけを取り上げて、その前後1世紀のあいだに起きた政治・経済・社会の変化（法制度の変化も含む）を論じている。しかし教皇革命においても、その最盛期には暴力が重要な役割を果たしており、またそれが後世に大きな影響を及ぼしているが、そのことを Moore は過少評価している。R. I. Moore, *The First European Revolution : c. 970-1215*, Oxford, 2000. どの研究者も、ヒュシーのような壮大な視点からの分析は行なっていない。

5) この本で「ロシア革命」という場合、それは1917年10月に起きたボルシェビキ革命の意味である。1917年2月の皇帝退位に続く臨時政府の成立が「二月革命」と呼ばれているし、1905年の民衆蜂起のあと最初の議会が召集されたときも「1905年の革命」と呼ばれているが、いずれもボルシェビキ革命の前兆にすぎない。ボルシェビキ革命だけがヨーロッパや世界に大きな影響を与えたのである。

6) Berman, *Law and Revolution*, pp. 94-107.

7) "Rex non debet esse sub homine sed sub deo et sub lege, quia lex fecit regem." Henry de Bracton, *De Legibus et Consuetudinibus Angliae*, vols. 2, ed., George E. Woodbine, trans. Samuel E. Thorne, Buffalo, N.Y., 1968, p. 33.

8) "Gott ist selber Recht, deshalb ist ihm Recht lieb." この言葉は、『ザクセン人の鏡』を論じた本や論文でよく引用されるが、その出所は不明である。『ザクセン人の鏡』そのものも入手が難しくて確認の仕様がない。たとえば、つぎのものを参照。Christoph Hinckeldey, ed., *Justiz in alter Zeit*, Rothenburg ob der Tauber, 1984, p. 10.

9) Myron Gilmore, *The World of Humanism*, 1453-1517, New York, 1952, p. 135.

10) もっと意味がひろい「法令」は、「公共の福祉にかかわる法令 Polizeiordnungen」と呼ばれた。バーマンはこのドイツ語を policy ordinances と訳しているが、これについて訳者が問い合わせたところ、police ordinances では英語として意味をなさないからだということであった。しかし、アメリカでも police power が「公共福祉権能」の意味で使われているそうである（田中英夫『英米法のことば』有斐閣、52-58ページ）。もしそうなら Polizeiordnungen は police ordinances と訳せる

はずで、バーマンがなぜ敢えて policy ordinances と訳したのか判らない。
11) Jean Bodin, *On Sovereignty*, ed. and trans. Julian H. Franklin, Cambridge, 1992. ボダンの本はジェイムズ1世に大きな影響を与えた。また、ジェイムズ1世自身も絶対王政を擁護する本を書いている。
12) この本で「貴族政」という場合、それはアリストテレスが「少人数による統治体制」と呼んでいるものを意味している。ところがイギリスで「貴族政」というと「爵位貴族 peerage」による統治の意味で使われており、「土地貴族による統治 squirearchy」の意味では使われないので注意する必要がある。Lawrence Stone, *The Crisis of the Aristocracy : 1558-1641*, Oxford, 1965, p. 13.
13) この言葉を最初に使ったのはカントだとされている。フランスの思想を彼は「光 die Aufklärung」と呼び、それが英語に訳されて「啓蒙主義 Enlightenment」となった。
14) James F. Traer, „From Reform to Revolution : The Critical Century in the Development of the French Legal System," *Journal of Modern History* 49 (1977), 73-88 ; idem, Marriage and the Family in Eighteenth-Century France (Ithaca, N.Y., 1980). 民法典が制定される以前の民法については、つぎのものを参照。Phillippe Sagnac, *La legislation civile de la révolution française*, Paris, 1989.
15) Declaration and Resolves of the First Continental Congress, in *Documents of American History*, vol. 1 (to 1898), pp. 82-85. 「印紙税法大陸会議 Stamp Act Congress」(1765年) の決議にも、イギリス政府に宛てた同趣旨の要求が見られる。Ibid., p. 58.
16) 1770年代中頃のアメリカの情勢について、フランスの大臣たちは「革命 les révolutions des empires」という言葉を使っている。この言葉を借用した Gouverneur Morris は、1776年に母親宛の手紙でアメリカ革命について、「偉大な革命は多くの人間を不幸にする」と書いている (Rosenstock-Huessy, *Out of Revolution*, p. 646.)。アメリカ革命のことを考えるときに、フランス革命の経験が引き合いに出されていることがこれで判る。つぎのものを参照。Friedrich von Gentz, *The Origin and Principles of the American Revolution Compared with the Origin and Principles of the French Revolution*, Delmar, N.Y., 1977. この本はドイツ語で1800年に出版され、すぐあとに John Quincy Adams が英語に翻訳して父親 (John Adams) の大統領再選を目指す選挙運動用パンフレットに利用している。つぎのものを参照。Robert R. Palmer, *The Age of the Democratic Revolution : A Political History of Europe and America, 1760-1800*, vol. 1, Princeton, 1959. pp. 187-188. アメリカ革命は政治・社会のあり方を根底から変える革命だったのか、それともイギリス人がもっていた伝統的な権利を手に入れるために植民地人が起こした独立運動なのかということで歴史家の意見が分かれるが、革命説を支持している

Woodによれば、Carl Beckerのような進歩派は革命説を採用しており、それに対してBailynのような保守派は、アメリカ革命が目指したのは「社会秩序の転覆ではなくて腐った政治体制の変革と国王の権限を制限することであった」としているとのことである。Gordon S. Wood, *The Radicalism of the American Revolution*, New York, 1992, pp. 3-5. quoting Bernard Bailyn, *The Ideological Origins of the American Revolution*, Cambridge, Mass., 1967, p. 283.

17) Joseph Story, *Commentaries on the Constitution of the United States*, vol. 1, 3rd ed., Durham, N.C., 1858, p. 105, n. 1.

18) 「人間社会のあらゆるものは契約の結果、登場してくるが、国家は胡椒・コーヒー・綿布・タバコなどの売買契約のように、相手の都合でいつでも解約できるような契約によって登場してくるものではない。それは科学・芸術・道義心など、あらゆるものを動員して、初めて実現できる共同事業なのである。しかも、長い時間をかけて初めて実現できる共同事業なのである。今生きている者・過去に生きた者・将来を生きる者の協力があって初めて実現できる共同事業なのである」。Edmund Burk, *Reflections on the Revolution in France* (1790), ed. J. G. A. Pocock, Indianapolis, 1987, pp. 84-85.

19) 1770年代にフランクリンは、みずから設立にかかわった「ロンドン理神論者協会 Deistic Society of London」を「典礼 liturgy」と「本物の聖職者 priest of nature」を完備した「教会 church」に変えている。1770年代末-80年代初めに、スペインやアメリカに亡命して火薬製造で成功を収めたユグノー出身のDupont de Nemours、さらには確率論の功績でロイヤルソサエティのメンバーになった非国教徒のRichard Priceやおなじく非国教徒で酸素の発見者として有名なJoseph Priestleyなど著名人が参加していた。「本物の聖職者」であったDavid Williamsが教会の「礼拝堂 chapel」で定期的に説教を行なっていた。この教会については、つぎのものを参照。Nicholas Hans, "Franklin, Jefferson, and the English Radicals at the End of the Eighteenth Century," in *Proceedings of the American Philosophical Society* 98 (1954), p. 406.

20) バーク派もペイン派もロックJohn Lockeが書いたものを正当性の根拠として挙げていたが、ロックが書いたものは貴族主義・伝統主義・共同体主義のイギリス革命の根拠にもなりうるし、民主主義・合理主義・個人主義のフランス革命の根拠にもなりうる内容になっている。このことは意外に知られていないので注意が必要である。

21) Vincent Ostrom, *The Meaning of American Federalism: Constituting a Self-Governing Society*, San Francisco, 1991. アメリカで18世紀末に考えられていた連邦主義が、宗教的な「盟約 covenant, foedus」からきていることをOstromは指摘している。Ostromによれば、『フェデラリスト』は伝統的な「国家主権 sovereign-

ty」という考え方を変えようと試みており、「共存する複数の共和国が一緒になって大陸規模の民主国家を作れると考えていた」(p. 97)と。

22) ロシア語の「教えるвоспитатъ」という言葉には、「養育する」・「はぐくむ」という意味もある。ソ連で法制度に期待されていた教育的役割・養育的役割については、つぎのものを参照。Harold J. Berman, *Justice in the U.S.S.R.*, Cambridge, Mass., 1963, pp. 277-284.

23) ルエリンの「家父長主義的な法制度」という言葉については、つぎのものを参照。Ibid., p. 284.

24) Harold J. Berman, „Atheism and Christianity in the Soviet Union," in Lynn Buzzard ed., *Freedom and Faith : The Impact of Law on Religious Liberty*, Westchster, Ill., 1982, p. 127.

25) Nathan Gardels, „An Interview with Czeslaw Milosz," *New York Review of Books*, February 27, 1986, p. 34. なお、このミーオシュの言葉の前提には、社会が国家から自立しているという考え方がある。まず社会が形成され(社会契約説！)、ついで社会はみずからを守るために国家を形成して、その成員や経費を提供する。貝殻がその身を硬い殻で守っているように、国家が生身の国民の集まりである社会をその硬い殻によって守っているが、硬い殻である軍隊などの防衛装置や警察のような秩序維持装置の成員と経費は、社会を構成する国民が提供しているのである。両者のあいだには相互依存と緊張の関係が存在しており、もし国家が社会を飲み込んでしまったら、社会の自立性は失われてしまうという危機感がミーオシュのこの言葉にはある。

26) Manlio Bellomo, *The Common Legal Past of Europe*, trans. L. G. Cochrane, Washington D.C., 1995. Bellomoも書いているように(p. xvii)、16-17世紀のヨーロッパの「共通法 jus commune」を研究するのに最適の時代が訪れてきたのが現在である。「個人のレベルでも集団のレベルでも、かつて国と国を隔てていた障壁がない未来が間違いなく訪れてくることを確信できるようになった。国別の統治機構とか領土などといった考え方が時代錯誤で、現実にはありえない空想の産物にすぎないと考えられるようになる未来が間違いなく訪れてくることを確信できるようになった」。伝統的に法制史家はイギリス法の特殊性を強調するのに熱心で、イギリスのコモンロー的な伝統とヨーロッパ大陸各国のローマ法的な伝統の違いを強調するのに熱心であった。それが「神話 myth」にすぎないことを指摘してみせたのが、つぎに引用するZimmermannである。「ノルマン征服のあと、つねにイギリスはヨーロッパ大陸各国と交渉をもっており、イギリス法はヨーロッパ法の一環として発展してきた」。Reinhard Zimmermann, "Civil Code and Civil Law : The Europeanization of Private Law within the European Community and the Reemergence of a European Legal Science," *Columbia Journal of European Law* 1 (1994),

87-88 ; idem, „Der europäische Charakter des englischen Rechts : Historische Verbindungen zwischen Civil Law und Common Law," *Zeitschrift Fur Europaisches Privatrecht* 1 (1993), 4 ; idem, „Das römisch-kanonisce *ius commune* als Grundlage europäischer Rechtseinheit,", *Juristenzeitung* 47 (1992), 8. なお、「17世紀のイギリス革命と法制度の改革」を扱った本書の後半部分（第7-12章）も参照。

27） Rosenstock-Huessy, *Out of Revolution*, p. 707.

28） 「中世 middle age」とは「中間の時代」という意味で、中世によって発展が阻まれた「古代 ancient period」と古代への回帰を目指す「近代 modern period」のあいだにある意味のない時代とされていた。11世紀末-12世紀初めの教皇革命以前の時代がはたして「中世」と呼ばれていたのか否かは判らないが、教皇革命の当事者たちは教皇革命によって新しく「近代」が始まったと考えていた（Berman, *Law and Revolution*, p. 112 and sources cited p. 581 n. 35）。カロリング朝以前にあった教会法や教父文書を根拠に挙げて、カロリング朝から教皇革命までの時代は皇帝が教会を支配し、「教皇権が侵害された時代 time of usurpation」であったとしたのである。Charles J. Reid Jr., "The Papacy, Thelogy, and Revolution : A Response to Joseph L. Soria's Critique of Harold J. Berman's *Law and Revolution*," *Studia canonica* 29 (1995), 473-475. 「中世」という言葉が初めて使われたのは15世紀初めのことで、西ローマ帝国の崩壊から700年後のイタリア都市国家の登場までの時代を意味していた（Alison Brown, *The Renaissance*, 2nd ed., London, 1999）。その後、イタリアの「古典古代研究者 humanists」が古代ギリシャ・古代ローマの時代と自分たちの時代のあいだ（5-15世紀末）を「中世」と呼ぶようになったのである。ルターも16世紀初めに、初期キリスト教の時代から初期キリスト教への回帰を目指す宗教改革までの時代を「中世」と呼んでいた。ルターが「中世」と呼んだ時代は、カトリック教会がヨーロッパで大きな影響力を振るった時代であった。マルクスはこの時代を「封建制」の時代としている。

29） Berman, *Law and Revolution*, pp. 112 and 581 n. 35.

30） フランス国民議会による「封建制の廃止宣言」について、フランス中世史家のMarc Bloch は、「革命であれほどの犠牲を払ったのに、それが無意味だったとは認めたくなかったのであろう」といっている（Berman, *Law and Revolution*, p. 42）。また、メイトランドF. W. Maitland も似たようなことをいっている。「イギリスに封建制をもたらしたのは誰かという質問に対しては、（中世古文書の収集家として名高い）Henry Spelman だと答えておきたい。また、いつイギリスの封建制は最盛期を迎えたのかという質問に対しては、（産業革命が始まった）18世紀中頃であったと答えておきたい」（S. F. C. Milsom, introduction to Sir Frederic Pollock and F. W. Maitland, *History of the English Law before the Time of Edward I*, Cambridge, 1969, p. xxviii.

31) Charles Homer Hakins, *The Renaissance of the Twelfth Century*, 1927.「ルネッサンス」は、15世紀末-16世紀初めのイタリアで起きたことになっているが、この言葉を最初に使ったのはフランスの歴史家 Jules Michelet で、19世紀中頃のことであった。その後、スイスの歴史家 Jacob Burckhardt がこの言葉を普及させることになった。Bruckhardt は、この時代のイタリアを理想化しているが、当時のイタリアは政治・宗教が腐敗をきわめ、スキャンダルまみれであった。イギリスの中世史家 Holmes によると、「ルネッサンスという言葉には、12通りもの意味がある」とのことである。George Holmes, *Renaissance*, London, 1996, p. 7. これでは歴史用語として不適格だといわざるをえない。「ルネッサンス」という言葉は使用を中止することを提案したい。

32) 経済学でノーベル賞を受賞した Douglas C. North は、ヨーロッパの経済発展において法制度が果たした役割を高く評価している。受賞の切っ掛けになったヨーロッパ経済史の著作のなかで、「経済が発展するためには、財産権が保護されている必要がある」と書いている。「ヨーロッパ世界の興隆 Rise of the West」を可能にしたのは、財産権を保護する試みが繰り返し行なわれたおかげである (Douglass C. North, "The Paradox of the West" in R. W. Davis, ed., *The Origins of Modern Freedom in the West*, Stanford, 1995, pp. 7-34.; idem, *Structure and Change in Economic History*, New York, 1981; idem, *Institutions, International Change, and Economic Performance*, Cambridge, 1990; Douglass C. North, Paul R. Milgrom, and Barry R. Weingast, *The Role of Institutions in the Revival of Trade: The Law Merchant, Private Judges, and the Champagne Fairs*, Stanford, 1990)。

33) ドイツ語版の原題は、*Die Protestantische Ethik und der "Geist" des Kapitalismus* となっており、「精神 Geist」に括弧が付いているが、パーソンズ Talcott Parsons の英訳では、この括弧が外されている。ウエーバーはこの論文を2回に分けて発表した(1904・1905年)。

34) Max Weber, *Economy and Society: An Outline of Interpretive Sociology*, ed. Guenther Roth and Claus Wittich, New York, 1978, p. 53.

35) 「時間を無駄にすることなく、お金を増やすことに精を出すべきである。また、お金はお金を呼んで、ますます増えていくもの。1クラウンのお金を失くした者は、実は何十ポンドものお金を失くしたことになる」。Ibid., pp. 48-49.

36) ウエーバーの説明の仕方に異議申し立てはしても、彼の「禁欲」論に引っ掛かって、16-17世紀のピューリタン主義で19世紀の資本制経済の登場を説明してしまう研究者は多い。Michael Walzer, *The Revolution of the Saints: A Study in the Origins of Radical Politics*, Cambridge, Mass., 1982, pp. 303-304.; Herbert Luthy, "Variations on a Theme by Weber", in Menna Prestwich ed., *International Calvinism, 1541-1715*, New York, 1985, pp. 382-384. 問題は「禁欲」の意味である。ウ

エーバーは「禁欲」を、修道院を特徴づけた質素・厳格・規律・克己の意味で使っている。ウエーバーは、この修道院の「禁欲」が外の世界に応用されて、人生の楽しみを避けて金儲けだけに貪欲に専念するという考え方を生み出したとしていた。しかしウエーバーも認めているように、もともとキリスト教は（カルバン派に限られない）貪欲を重罪として禁じていたのである。また、16-17世紀のピューリタンは飲酒・賭け事・演劇鑑賞は禁じていたが、音楽・芸術・文学・体操・美食はむしろ楽しんでいた。勤勉と成功を高く評価したが、それはとくにピューリタンに限られたことではなかった。

37) 「グリーンランド会社 Greenland Company」を株式会社として設立することを認めた法律については、つぎのものを参照。Samuel Williston, "History of the Law of Business Corporations before1800," *Harvard Law Review* 2 (1888), 111. また、イギリスにおける株式会社の歴史については、つぎのものを参照。William Robert Scott, *The Constitution and Finance of English, Scottish, and Irish Joint-Stock Companies to 1720*, 3 vols., 1912, reprint, Gloucester, Mass., 1968 ; Frank Evans, The Evolution of the English Joint-Stock Limited Trading Company, *Columbia Law Review* 8 (1908), 339-361, 461-480. 残念ながら以上の論文は、いずれも株式会社が「共同体的な性格 communitarian character」をもっていたことを当然視していて、その意味については説明していない。

38) 5 & 6 William & Mary c. 20 (1694).

39) John Giuseppi, *The Bank of England : A History from Its Foundation in 1694*, London, 1966, pp. 9-14（銀行設立時の事情と初期の出資者や理事長の経歴を紹介している）; idem, *Rules, Orders, and By-Laws for the Good Government of the Corporation of the Governor and Company of the Bank of England*, reprinted in *Bank of England : Selected Tracts, 1694-1804*, Farmborough, Hants., 1968, p. 11（毎週、開催されていた理事会について紹介している）, p. 19（毎年、開催されていた出資者総会について紹介している）。株式会社の場合と同様、銀行など与信の制度についても、その設立から17世紀までの歴史を論じた論文は無数にあるが、それがもっていた「共同体的な性格 communitarian character」について論じたものは皆無である。以下に、そんな論文をいくつか挙げておく。Frank T. Melton, *Sir Robert Clayton and the Origins of English Deposit Banking*, 1658-1685, Cambridge, 1986 ; P. G. M. Dickson, *The Financial Revolution in England : A Study in the Development of Public Credit*, 1688-1756, London, 1967 ; James Steven Rogers, *The Early History of Bills and Notes : A Study of the Origins of Anglo-American Commercial Law*, Cambrdge, 1995.

40) Max L. Stackhouse, "A Premature Postmodern," *First Things* (October 2000), 20.

I　16世紀のドイツ革命と法制度の改革

第1章　宗教改革（1517-55年）

1)　以下で、その様子を紹介した文章を引用しておく（Steven Ozment, *The Age of Reform, 1250-1550*, New Haven, 1980. 以下でこの本を引用する場合は、つぎのように省略する。Ozment, *Age of Reform*）。「1315-17年にヨーロッパは中世で最悪の飢餓を経験していた。繰り返される不作が原因で食糧不足に陥り、体力が衰えたヨーロッパ人をペストが襲うことになった（ペストは14世紀中頃、東方貿易のルートに沿ってヨーロッパ中に広まっていった）。多くの地域で人口が半減し、人口はペスト流行以前の5分の3に減少していた。人口が流行以前の状態に回復したのは1500年のことである。16世紀に人口は着実に増えつづけ、神聖ローマ帝国は1200万人、フランス王国とイタリアは、それぞれ1000万人、スペイン王国は750万人、イギリス王国は330万人になっていた。1600年に神聖ローマ帝国の人口は2000万人、フランス王国は1500万人、イタリアは1300万人、スペイン王国は1000万人、イギリス王国は550万人に増えている。1600年のヨーロッパ全体の人口は8500万人で、17世紀中に1億人になっている」。

「都市に住む者の数は、まだ限られていた。人口の90％は、まだ農村に住んでいたからである。ただ注意しなければならないのは、国によって大きな違いがあったということである。ドイツ・ネーデルランド・イタリアは都市人口が多く、スペインなどは少なかった。たとえば宗教改革が始まったドイツのザクセン地方では、1550年に人口の20％が都市民であった。16世紀の人口増を反映して、多くの都市で人口が倍増している。そんな都市を挙げると、ナポリ・セビリア・ロンドン・ミラノ・ケルンがあり、さらに宗教改革のセンターであったアウグスブルク・ニュルンベルク・シュトラスブルクなどがある」。

「フランスのように宗教戦争で多くの犠牲者を出した国でも、16世紀には人口は増えている。1500年に人口が10万人以上であったのは、ロンドン・パリ・フィレンツェ・ベネチア・ナポリ（20万人でヨーロッパ最大であった）の5都市にすぎない。それが1600年には、12以上に増えている。

「小さな都市が多かったのはドイツである。16世紀に約3000もの都市があったが、2800の都市の人口は1000人以下である。1万人以上の人口の都市は15にすぎない。人口が最大であった都市は、アウグスブルク・ケルンの2都市であった（2万5000人-3万人）。宗教改革が始まったウイッテンベルクの人口は2500人にすぎず、ツイングリ派が活躍したチューリヒの人口は6000人、カルバンが1536年にやってきたときのジュネーブの人口は3万5000人であった（pp. 191-192. なお、ドイツ以外の都市については、n. 68を参照）。

2)　8世紀のラテン語でドイツ人は「テオディスカ theodisca」と呼ばれており、そ

れが現代イタリア語の「テデスコ Tedesco」になった。この辺のことについては、つぎのものが詳しい。Eugen Rosenstock, „Unser Volksname Deutsch und die Aufhebung des Herzogtums Bayers," (1928) in Hans Eggers, ed., *Der Volksname Deutsch*, Darmstadt, 1970, pp. 32-102. ラテン語の「テオド theod」は、当時「複数の人間 people」・「民衆 folk」を意味したフランク語がカール大帝の軍隊に接したときラテン語に入ってきたのであろう。

3) もともと「キリストの代理人 vicar of Christ」と呼ばれていたのは皇帝の方であって、教皇は「ペテロの代理人 vicar of Saint Peter」と呼ばれていた。Berman, *Law and Revolution*, pp. 92-93.

4) Ibid., p. 503.

5) C. P. Magill, *German Literature*, Oxford, 1974, pp. 1-17.

6) Berman, *Law and Revolution*, pp. 503-505, 632-633.

7) Ibid., pp. 371-380.

8) Ibid., pp. 199-254. 債務の履行は誓約によって保証されたので、これは教会裁判所の管轄である。

9) 数字の根拠は、1521年にウオルムス帝国議会で作成された「帝国課税帳 Reichsmatrikel」である。領国の正確な数を確認するのは不可能であり、Benecke も数字が不完全であると断っている。Gerhard Benecke, *Society and Politics in Germany, 1500-1750*, London, 1974, pp. 382-393.

10) 12-13世紀の領国（とくにバイエルン侯国）の法制度については、つぎのものを参照。Berman, *Law and Revolution*, pp. 505-510. また、14-15世紀については、つぎのものを参照。Karl Kroeschell, *Deutsche Rechtsgeschichte*, 8th ed., vol. 2 (1250-1600), Opladen, 1992, pp. 59-125.

11) それぞれの大学の設立年は、プラハ大学（1348年）・ウイーン大学（1365年）・ハイデルベルク大学（1386年）・ケルン大学（1388年）・エルフルト大学（1392年）・ライプチヒ大学（1409年）・ロストック大学（1419年）・グライフスワルト大学（1456年）・フライブルク大学（1457年）・バーゼル大学（1460年）・インゴルシュタット大学（1472年）・マインツ大学（1476年）・ウイッテンベルク大学（1502年）。なお、14-17世紀にフランス・イタリア・ドイツの大学に在学していたドイツ人学生の数については、つぎのものを参照。Adolf Stölzel, *Die Entwicklung des gelehrten Richtertums in den deutschen Territorien*, vol. 1, 1872, reprint, Aalen, 1964, pp. 45-111; Jacques Verger, *Les universités françaises au Moyen Age*, Leiden, 1995, pp. 122-173; Marcel Fournier, "La nation allemand à l'Université d'Orléans au XIVe siècle," *Nouvelle revue historique de droit français et étranger 12* (1888), 386-431.

12) Karl Zeumer, *Quellensammlung zur Geschichte der Deutschen Reichs-Verfas-*

sung in Mittelalter und Neuzeit, 2 vols., Tübingen, 1913, vol. 1, pp. 173-176.

13) Rosenstock-Huessy, *Out of Revolution*, p. 374. この章の内容に関しては、ヒュシーの本から多くの示唆をえている。この本は、もともとドイツ語で出版され、表題はつぎのとおりであった。*Die Europäischen Revolutionen : Volkscharaktene und Staatenbildung*, Jena, 1932.

14) 11世紀の教皇革命の結果、教皇は罪人の罪に応じて罪人が煉獄で罰を受けなければならない期間を決められることになった。これが「部分免罪 partial indulgence」である（なお「免罪 indulgence」とは罰を軽くする意味でなく、「贖罪行為 penance」を義務づけられる期間を意味した。たとえば、6年間の「免罪」を命じられた場合、それは教会の監督下で6年間、贖罪行為を続けることを意味した）。それに対して「全免罪 plenary indulgence」は、すべての罪が消滅することを意味する。Paul F. Palmer, *Sacraments and Forgiveness : History and Doctrinal Development of Penance, Extreme Unction, and Indulgences*, Westminster, Md., Newman Press, 1960, pp. 329-367, 398-401.　教皇 Sixtus IV は1476年に教書「我らが天国ゆき主 Salvator Noster」で、これから煉獄に行くことになっている生者だけでなく（それまでは生者にしか免罪は認めることができなかった）、すでに煉獄にいる死者に対しても全免罪を認めることができることにした。その結果、生きている者は金を払って死んだ者を煉獄から解放することができることになった。B. J. Kidd, *Documents Illustrative of the Continental Re-formation*, Oxford, 1911, pp. 3-4.

15) 「功徳の宝庫 treasury of merits」とは、キリスト・聖母マリア・聖人たちの善行が収められた無限の宝庫。そこから功徳を取り出して信者に分け与え、免罪を認めることができたのは教皇だけであった。「功徳の宝庫」というアイデアは、1343年の教皇 Clemens VI の教書「神のひとり子 Unigenitus」に始まる。Ibid., pp. 1-3.

16) Martin Luther, *Address to the Christian Nobility, vol. 44 of Luther's Works*, Philadelphia, 1966, pp. 142-143.

17) ウイクリフはオックスフォード大学で学び、その考え方はルターの先駆者といえるものであった。教皇の信者に対する支配権を認めず、すべての信者が聖職者であり、すべての信者は聖職者を介在させずに直接、神と向き合うべきだと考えていた。また、聖書をラテン語から英語に翻訳した最初の人物の1人であり、カトリック教会の「変容 transubstantiation」説（聖餐の儀式でパンとワインがキリストの体と血に変わるとする）を認めなかった。Kenneth B. McFarlane, *John Wycliffe and the Beginnings of English Non-Conformity*, New York, 1953 ; Anthony Kenny, *Wyclif*, Oxford, 1985.　ロラード派は1414年の反乱が鎮圧されたあとも各地に生き残り、16世紀の宗教改革を迎えている。John A. F. Thomson, *The Later Lollards 1440-1520*, London, 1965.

18) のちにプラハ大学の学長になるフスは、1400年に聖職者に叙任されている。ウイクリフの著作に強く影響され、『教会について *De Ecclesia*』(1415年)ですべての信者は聖職者であり、教会の長は教皇ではなくてキリストであるとしている。異端とされたフスは反論のためにコンスタンツ市で開催されていた公会議に出かけるが、皇帝ジギスムントが安全を保障していたにもかかわらず、捕らえられて火刑に処された(1415年)。つぎのものを参照。Matthew Spinka, *John Hus' Conception of the Church*, Princeton, 1966, and *John Hus, A Biography*, Princeton, 1968. フスは殉教者となり、支持者が急速に増えていった。1420年に皇帝はフス派に対して十字軍を起こすが、フス戦争(1420-1434年)の結果、妥協が成立してチェコ教会はローマからの独立が認められて修道院が廃止された。1571年まで散発的な戦いが続き、チェコではルター派とカルバン派が影響力をもつようになる。Josef Macek, *The Hussite Movement in Bohemia*, Prague, 1958; Howard Kaminsky, *A History of the Hussite Revolution*, Berkeley, 1967.

19) Henry Kamen, *The Spanish Inquisition: A Historical Revision*, London, 1997, pp. 174-213. 当時、教皇が関心をもっていたのは、イタリアの内政と芸術作品の製作依頼であって教会の問題ではなかった。教会改革のために教皇 Julius II と教皇 Leo X が召集した第5回ラテラノ公会議の成果は、フランスとの政教協定を承認したことと霊魂の不死を再確認したことだけであった。この公会議が終了した7ケ月後にルターが「95ケ条の提言」を公表することになる。Hubert Jedin, *A History of the Council of Trent*, vol. 1, New York, 1949; Richard J. Schoeck, „The Fifth Lateran Council: Its Partial Successes and Its Larger Failures," in Guy Fitch Lyte, ed. *Reform and Authority in the Medieval and Reformation Church*, Wa- shington D.C., 1981, pp. 99-126.

20) ドイツ語の原文が再版されている。Heinrich Koller ed., *Reformation Kaiser Siegmunds*, Stuttgart, 1964; Gerald Strauss, *Manifestations of Discontent in Germany on the Eve of the Reformation*, Bloomington, Ind., 1971, pp. 3-31; Lothar Graf zu Dohna, *Reformatio Sigismundi: Beitrag zum Verständnis einer Reformschrift des fünfzehnten Jahrhunderts*, Göttingen, 1960.

21) 法制度改革と教会改革に成功した都市は、つぎのとおりである。ケルン(1437年)・ニュルンベルク(1479年)・ハンブルク(1497年)・ウオルムス(1499年)・フランクフルト・アム・マイン(1509年)。Franz Wieacker, *A History of Private Law in Europe, with Particular Reference to Germany*, trans. Tony Weir, Cambridge, 1995, pp. 143-167 (以下でこの本を引用するときは、つぎのように省略する。Wieacker, *History of Private Law*).

22) Myron Gilmore, *The World of Humanism, 1453-1517*, New York, 1952.

23) マルシリウスは聖職者と俗人で構成される会議に教会統治を任せるべきだと主張

した。また、マルシリウスは聖職者の「懺悔した信者の罪をさしあたり許す権限 the power of absolution」を認めなかった。Alan Gewirth, *Marsilius of Padua : The Defender of Peace*, vol. 1, New York, 1951, pp. 260, 262, 265-268, 283-292.

24) 第36条「真に悔い改めるなら、誰であれ免罪符なしでも罪を問われることはない」。

第37条「真のキリスト教徒なら生者であれ死者であれ、免罪符なしでもキリストおよび教会の恩恵に授かることができる」。

第76条「教皇の許しだけでは、いかに軽い罪でも許されることはないと我々は考える」。

John Dillenberger, ed., *Martin Luther : Selections from His Writings*, Garden City, N.Y., 1961, pp. 489-500.

25) Dillenberger, *Martin Luther* ; Thomas M. McDonough, *Law and Gospel in Luther : A Study of Martin Luther's Confessional Writings*, London, 1963 ; Heinrich Bornkamm, *Luther's Doctrine of the Two Kingdoms in the Context of His Theology*, 2nd. ed., Philadelphia, 1966.

26) "A Commentary on St. Paul's Epistle to the Galatians" (1531), trans. in Dillenberger, *Martin Luther*, pp. 144-145.

27) Martin Luther, *D. Martin Luthers Werke : Kritische Gesamtausgabe* (以下でこの本を引用するときは、つぎのように省略する。*WA*), Weimar, 1883, p. 390.

28) Martin Luther, "The Sermon on the Mount," in Jaroslav Pelikan, ed., *Lutehr's Works* (以下でこの本を引用するときは、つぎのように省略する。*LW*), 55 vols., St. Louis, 1956, vol. 21, esp. p. 108 (「地上の国を統治する者には法を執行して刑罰を科し、善人と悪人を見分け、財産を管理・配分する義務がある」).; Martin Luther, „Whether Soldiers, Too, Can Be Saved, "in J. M. Porter, ed., *Luther : Selected Political Writings*, Lanham, Md., 1974, esp. pp. 1-5. (「軍人も神の召命による立派な職業である」). つぎのものも参照。Martin Luther, „On War against the Turk," in Porter, *Luther*, pp. 124-125 (「良心に痛みを覚えることなく戦う方法を教えるべきである」).

29) Martin Luther, „Secular Authority : To What Extent It Should Be Obeyed" (1523), in Dillenberger, *Martin Luther*, pp. 381-392 ; Martin Bucer, „De Regno Christi," in Wilhelm Pauck, ed., *Melanchthon and Bucer*, Philadelphia, 1969, bk. 2, chap. 1 („By What Ways and Means the Kingdom of Christ Can Should Be Reformed by Devout Kings").

30) *WA*, 32 : 394.

31) Luther, „Secular Authority," p. 366 ; idem, „An Appeal to the Ruling Class of German Nationality as to the Amelioration of the State of Christendom," in

Dillenberger, *Martin Luther*, p. 411.

32) Jean Bodin, *On Sovereignty : Four Chapters from Six Books of the Commonwealth*, ed. and trans. Julian H. Franklin, Cambridge, 1992, p. 23. 「絶対的な権力の特徴は、国民の同意なしに法律を制定できることである」; Glenn Burges, „The Divine Right of Kings Reconsidered," *English Historical Review* 107 (1992), 837, 842. 「絶対王政の特徴は、国王だけが実定法を超える存在であり、実定法に従う必要がないことである」; Julian H. Franklin, *Jean Bodin and the Rise of Absolute Theory*, Cambridge, 1973 ; Michael Stolleis, *Geschichte des öffentlichen Rechts in Deutschland, Erster Band : Reichspublistik und Policeywissenschaft*, 1600-1800, München, 1988, pp. 172-186.

33) 第4の戒律に対するルターの解釈を参照。*Large Catechism*, in *WA*, 30 : 132-182.

34) ルターが教会の扉に掲示したのが1617年10月で、その1ケ月後にはマグデブルク市とライプチヒ市で印刷物として出回っていた。12月にはドイツ語訳がバーゼル市に登場している。当時、ドイツ語以外の言葉に翻訳されたか否かは確認できていない。Bernd Moeller, „Luther in Europe : His Works in Translation, 1517-46," in E. I. Kouri and Tom Scott, eds., *Politics and Society in Reformation Europe*, London, 1987, pp. 237-238. Moellerによれば、ドイツ以外でルターの「95ケ条の提言」を読んだのは、ラテン語が読めたインテリだけであったとのことである (pp. 24-25)。「提言」に対する反応は、すばやかった。ルターがのちに回想して、2週間でドイツ中を駆け巡ったといっている。筆写された「提言」の数から考えて、2週間は早すぎるにしても、「提言」のような難しい内容のものがこれほど早く普及したことは、やはり驚くべきことだとMoellerは書いている。ルターの同時代人であったJohannes Oecolampadiusによれば、ルターの「提言」は驚くべき速さでドイツ中に広まり、インテリたちに歓迎されたとのことである。Bernd Moeller, *Imperial Cities and the Reformation : Three Essays*, Philadelphia, 1972, p. 24 and n. 10.

35) Ozment, *Age of Reform*, p. 401.

36) Roland H. Baiton, *Here I Stand : A Life of Martin Luther*, Nashville, 1950, pp. 185-186.

37) De Lamar Jensen, *Confrontation at Worms : Martin Luther and the Diet of Worms*, Provo, Utah, 1973, pp. 75-111.

38) Steven Ozment, *When Fathers Ruled : Family Life in Reformation Europe*, Cambridge, Mass. 1983.

39) Robert Scribner, „Incombustible Luther : The Image of the Reformer in Early Modern Germany," *Past and Present* 110 (1986), 47-50.

40) Ozment, *Age of Reform*, p. 231.

41) 「みごとなドイツ語で聖書を翻訳し、教理問答集を作成し、典礼のあり方を改め、讃美歌を作り、説教・大学の講義・祈りにも優れた才能を発揮した。ルターほど多才な人物は当時のドイツには存在しなかった」。Bainton, *Here I Stand*, p. 346.

42) ユダヤ人がキリスト教に改宗することを期待していた若い頃のルターは、晩年ほどユダヤ人を激しく攻撃していなかった。少なくとも15世紀末の異端審問が激しかったスペイン・ポルトガル・イタリアのカトリック教会ほどではなかった。カトリック教会でもプロテスタント教会でも、改宗したユダヤ人が差別されることはなく、改宗したユダヤ人は経済活動も認められ、教会も支配者もユダヤ人を保護していた。しかし、改宗しなかった大多数のユダヤ人はゲットーに住むことが義務づけられ、黄色いダビデの星を衣服に着けることが義務づけられていた。除け者扱いされていたわけである。ときおり国外追放になったり、特定の都市から追放されたりしていた。のちの激しいユダヤ人攻撃は（トルコ人に対する攻撃も）人種的なものというより宗教的なものであった。Oberman によれば、「ルターの晩年の激しいユダヤ人攻撃は、ルターが最後の審判が下される日が近いと信じていて、教会の3つの敵、つまりローマ教皇・キリスト教徒とバルカン地方で戦っていた異教徒のトルコ人・イエスを救世主と認めない選民意識に冒されたユダヤ人が教会を脅かしていると考えていたからであった」。Heiko A. Oberman, The Roots of Anti-Semitism in the Age of Renaissance and Reformation, Philadelphia, 1984, pp. 104-105. つぎのものは少々、違った見方をしている。Mark U. Edwards, *Luther's Last Battles : Politics and Polemics, 1531-1546*, Ithaca, N.Y., 1983, p. 31. つぎのものも参照。Salo W. Baron, *A Social and Religious History of the Jews*, 2nd ed. rev. and enl., vol. 13, New York, 1965, pp. 253 ff.; Ronnie Po-Chia Hsia, "Jews," in Hans Jachim Hillerbrand ed., *The Oxford Encyclopedia of the Reformation*, vol. 2, Oxford, 1996, pp. 340 ff. 本書の第4章「ドイツ革命と刑事法」も参照。

43) David V. N. Bagchi, *Luther's Earliest Opponents : Catholic Controversialists, 1518-1525*, Minneapolis, 1991; John S. Oyer, *Lutheran Reformers against Anabaptist : Lutehr, Melanchthon, and the Anabaptist of Central Germany*, The Hague, 1964, esp. pp. 114-139.

44) Berman, *Law and Revolution*, p. 94; Orville Prescott, *Lords of Italy : Portraits from the Middle Ages*, New York, 1972, p. 43.

45) 1517年10月31日、ルターはマインツ大司教宛に手紙を書き、免罪符の販売が大司教の名前で行なわれているのを止めるよう求めていたが、その手紙のなかに「95ヶ条」のコピーが同封されていた。このコピーにインゴルシュタットの神学者 Johann Eck が批判をし、それに反論する形でルターは「決議 Resolution」を書いて、「95ヶ条」の内容をさらに詳しく展開している。そのコピーを教皇 Leo X に送って、ドミニコ会の「異端審問官 inquisitors」によるルター糾弾を止めさせるよう頼んで

いる。Martin Brecht, *Martin Luther : His Road to Reformation*, Philadelphia, 1985, pp. 190-192, 218-219.

46) Ibid., p. 369.

47) ワルトブルク城を去るに際してルターは、ザクセン選帝侯であったフリードリヒ賢侯を非難する内容の手紙を送っている。「もはや閣下の庇護を受けるつもりはありません。否、逆に閣下こそ小生の庇護を必要とすることになるでしょう。庇護の力は信仰の強さに比例します。閣下の信仰は未だ不十分というしかなく、閣下が小生を庇護することができるとは思えません」。全文がつぎのものに引用されている。Rosenstock-Huessy, *Out of Revolution*, pp. 388-389.

48) Hans Hillerbrand, *Landgrave Philipp of Hesse*, St. Louis, 1967.

49) ウイッテンベルク大学でルターと一緒に教えていたが、のちに幼児洗礼と聖餐について意見を異にして対立することになったカールシュタットがいた（ルターは幼児洗礼を認め、聖餐にキリストの臨在を認めていた。その点ではカトリック教会とおなじ）。つぎのものを参照。Calvin Augustine Pater, *Karlstadt as the Father of the Baptist Movement : The Emergence of Lay Protestantism*, Toronto, 1984. ミュンツァーも1517-18年にウイッテンブルク大学に滞在していたことがあり、1519年にはルターの宗教改革を支持する説教をしていた。しかし農民戦争で指導的な役割を演じて捕らえられ、1525年に斬首刑に処せられている。Hans-Jürgen Goertz, *Thomas Müntzer : Apocalyptic, Mystic, and Revolutionary*, trans. Jocelyn Jaquiery, ed. Peter Matheson, Edinburgh, 1993. ツウイングリは1519年にチューリヒで宗教改革を始めたが、幼児洗礼と聖餐に関してルターと考え方を異にしていた。1531年にスイスで勃発したカントン同士の戦争に兵士として参加して戦死。Joachim Rogge, *Anfänge der Reformation : Der junge Luther (1483-1523), der junge Zwingli (1484-1523)*, 2nd ed., Berlin, 1985; W. Peter Stephens, *The Theology of Huldrych Zwingli*, Oxford, 1985.

50) 都市における宗教改革については、つぎのものを参照。Steven E. Ozment, *The Reformation in the Cities : The Appeal of Protestantism to Sixtennth-Century Germany and Switzerland*, New Haven, 1975; Bernd Moeller, *Imperial Cities and the Reformation : Three Essays*, ed. and trans. H. C. Erik Midelfort and Mark U. Edwards, Jr., Philadelphia, 1972, pp. 41-115.

51) William P. Hitchcock, *The Background of the Knights' Revolt, 1522-1523*, Berkley, 1958; Hajo Holborn, *Ulrich von Hutten and the German Reformation*, New Haven, 1937.

52) Bernd Moeller, "The German Humanists and the Reformation" in *Imperial Cities*, p. 23. エラスムスに対するルターの批判が引用されている。「一般的に古典古代研究者humanistsはルターと違って、カトリック教会的であった」。p. 29.

53) ルターとカルバンの違い、およびルター派とカルバン派の違いについては第7章「イギリス革命1640-89年」を参照。

54) Franz Lau and Ernst Bizer, *A History of the Reformation in Germany to 1555*, trans. Brian A. Hardy, london, 1969, p. 78.

55) 1530年代・1540年代のシュマルカルデン同盟については、つぎのものを参照。Hajo Holborn, *A History of Mdern Germany*, vol. 1, *The Reformation*, New York, 1959, pp. 215-217; Lewis W. Spitz, *The Protestant Reformation, 1517-1559*, New York, 1987, pp. 117-121.

56) 「宗教和議」の内容については、つぎのものを参照。Sidney Z. Ehler and John B. Morrall, eds., *Church and State through the Centuries*, London, 1954, pp. 164-173. 「宗教和議」が適用されたのはドイツだけで、ネーデルラント・スイス・フランシュコンテには適用されなかった。

57) Herman Tuchle, „The Peace of Augsburg: New Order or Lull in the Fighting," in Henry J. Cohn, ed., *Government in Reformation Europe, 1520-1560*, London, 1971, p. 155.

58) この口頭による約束は帝国法とは認められなかった。真面目なカトリック教徒であったカール5世は、「伝統的に真の信仰とされてきたカトリック教会」を捨てた司教や大司教を許せなかったのである。そこで「宗教和議」が成立したアウグスブルク国会には弟のフェルディナンドを代理として派遣して、みずからそこに赴くことはせず、さらに退位してフェルディナンドに帝位を譲っている。Tuchle, „Peace of Augburg," pp. 147-148.

59) Ibid., p. 166.

60) Henry J. Cohn, „The Territorial Princes in Germany's Second Reformation, 1559-1622," in Menna Prestwich, ed., *International Calvinism, 1541-1715*, Oxfrod, 1985, pp. 135-166.

61) 1555年の段階では、7人の選帝侯のうちルター派だったのはザクセン侯とブランデンブルク侯だけだったが、1556年にはプファルツ侯がルター派に改宗し、カトリック派の選帝侯は4人に減ってしまった（3人は大司教、1人がチェコ王）。1580年代にケルン大司教がルター派に改宗して結婚し、ルター派の選帝侯が多数派になったとき、ルター派の皇帝が誕生する可能性があった。また、1616年にプファルツ侯がチェコ王に即位する可能性があったときも同様である。しかし、いずれの場合も皇帝がいたために選挙が行なわれることはなかった。

62) ドイツだけに話を限定すると、宗教改革の結果、北ドイツ（ウエーザー川の東側）はルター派を選び（プロイセン侯国も含む）、中部ドイツでもヘッセン・ナッサウ・ザクセンなど主要な領国がルター派を選んだ。南部ドイツは基本的にカトリック派に留まったが、それでもプファルツ侯国・アンスバッハ市・ウユルテンベルク市は

ルター派を選んでいる。帝国都市ではルター派とカトリック派の共存が認められていたが、大多数はルター派を選んでおり、カトリック派が優勢だった主要な都市は、アーヘンとケルンだけであった。カトリック派に留まったのは、南東部ではオーストリア候国・バイエルン候国、中部ではバンベルク・マインツ・ウユルツブルクの3司教領であった。フランケン地方のフルダ修道院領もカトリック派に留まっている。西部ではラインラント・ウエストファリア地方の教会領だったところ（トリーア大司教領・ケルン大司教領・ミュンスター司教領・パーダーボルン司教領・シュトラスブルク司教領を含む）がカトリック派に留まっている。しかしカトリック派を選んだ地域でも、しだいにルター派への改宗が進行していった。

63) A. G. Dicknes, *The German Nation and Martin Luther*, New York, 1974, p. 5.
64) Ibid., p. 182.
65) Steven Ozment, *Protestants : The Birth of a Revolution*, New York, 1992.
66) Scribnerは、つぎのように書いている。ドイツの宗教改革に「あらゆる階層」が参加していたといってみたところで、それでは「何も説明したことにはならない」。ある階層が他の階層に比べてどれほど多く参加していたのか・それぞれの階層は他の階層のメッセージをどう受け止めていたのかを調べる必要があるからである。さらに指導者とその支持者のあいだに見られた違い、年齢・性差・職業・富裕度の違いが原因と思われる反応の違いも調べる必要がある。しかし、そうしたことを確実に示す史料を手に入れるのは至難の技である。せいぜい大雑把な概略を示すことくらいしかできないのが実情である。R. W. Scribner, *The German Reformation*, At-lantic Highlands, N. J., 1986, p. 25. しかしScribnerが大雑把な概略を示すことに成功しているとは思えない。何が起きたのか・どのようにして起きたのかを調べれば、なぜ起きたのかを完璧に説明できなくても「何も説明したことにはならない」とはいえないはずである。なぜ起きたのかを示唆することくらいはできるし、「あらゆる階層」に影響を及ぼすことになる結果を示すことはできるはずである。
67) 注1を参照。さらに、つぎのものも参照。Paul Bairoch, Jean Batou, and Pierre Chèvre, *The Population of European Cities : Data Bank and Short Summary of Results*, Geneva, 1988, pp. 6-68. 1500年のパリの人口は22万5000人、ナポリの人口は12万5000人、ミラノとベネチアの人口はそれぞれ10万人、プラハとグラナダの人口はそれぞれ7万人であった。また、5万人以上の人口を抱えていた都市は、リスボン・ツール・ローマ・ロンドン・ガン・ボルドー・リヨン・ボローニャ・フィレンツェ・ジェノバ・パレルモ・ベローナである。
68) Ozment, *Age of Reform*, p. 192 ; Ozment, *Reformation in the Cities*, pp. 121-131 ; Robert M. Kingdon, *Transition and Revolution : Problems and Issues of European Renaissance and Reformation History*, Minneapolis, 1974, pp. 53-107 ; Lewis W. Spitz, "Humanism in Germany," in Anthony Goodman and Angus

MacKay, *The Impact of Humanism on Western Europe*, London, 1990, pp. 202-219. Spitzの論文は、古典古代研究者の考え方が15世紀にドイツで普及していった過程を紹介している。

69) Moeller, *Imperial Cities*, pp. 41-42.
70) Peter Blickle, *The Revolution of 1525 : The German Peasants' War from a New Perspective*, trans. Thomas A. Brady, Jr., and H. C. Erik Midelfort, Baltimore, 1981, p. 165.
71) Ibid., pp. 187-188. フライブルク市などのように、農民と都市貧民のあいだで対立が見られたのも事実である。Tom Scott, *Freiburg and the Breisgau : Town-Country Relations in the Age of Refrom and Peasants' War*, Oxford, 1986, pp. 212-213.
72) Blickle, *Revolution of 1525*, p. 195. 「12ケ条」の内容は Blickle による。
73) Ibid., pp. 148, 189, 192-193.
74) Ibid., pp. 165-169.
75) Ibid., pp. 170-180.
76) Steven E. Ozment, *Protestants : The Birth of a Revolution*, London, 1993, p. 30.
77) Ole Peter Grell, ed., *The Scandinavian Reformation : From Evangelical Movement to Institutionalisation of Reform*, Cambridge, 1995. 信仰の自由が認められたのは、スエーデンとフィンランドが1781年、デンマークが1844年、ノルウェーが1845年、アイスランドが1874年であった。
78) 「95ケ条の提言」がグダンスク（ダンチヒ）で初めて読み上げられたのは、1518年の夏のことである。ところが1550年代にポーランドでプロテスタント内部に激しい対立・分裂が起こり、ルター派・カルバン派のほかに、三位一体を認めない過激な「ポーランド兄弟団」が登場している。Stanislas Lubienicki, *History of the Polish Reformation and Nine Related Documents*, trans. George Huntston Williams, Minneapolis, 1995 ; Geroge Huntston Williams, *The Radical Reformation*, Philadelphia, 1962, pp. 404-416 and 639-669 ; Paul Fox, *The Reformation in Poland : Some Social and Economic Aspects*, Baltimore, 1924. カトリック教会が1560年代から勢いを取り戻すが、その理由はプロテスタント同士の分裂・対立であった。17世紀中頃には、ポーランドでプロテスタントは姿を消している。George Huntston Williams, *The Polish Brethren : Documentation of the History and Thought of Unitarianism in the Polish-Lithuanian Commonwealth and in the Diaspora, 1601-1685*, Harvard Theological Studies, no. 30, 2 vols., Missoula, Mont., 1980. ドイツ騎士修道会が解散するのはもっと後のことで、その場所も違っていた。また、チェコでフス派が登場するのは100年も後のことだが、1517年になってもフス派の影響は残っていた。

79) 「ユグノー」という呼び名は、ドイツ語の「誓約団体 Eidgenosse」がフランス語風に訛ったもので（ジュネーブ方言 eyguenot）、1520年代にジュネーブ市を支配下に置こうとしていたサボイア家と対立するジュネーブ市のカルバン派が自称として使用していた。

80) フランスにおけるルター派については、つぎのものを参照。Denis Crouzet, *La genèse de la réforme française, 1520-1560*, Paris, 1996; Mark Greengrass, *The French Reformation*, Oxford, 1987.「ナントの勅令」については、つぎのものを参照。Bernard Cottret, 1598, vol. 1, *Édit de Nantes, pour en finir avec les guerres de religion*, Paris, 1997.

81) オランダにおける異端審問については、つぎのものを参照。Edward Grierson, *The Fatal Inheritance: Philip II and the Spanish Netherlands*, Garden City, N.Y., 1969, pp. 55-56 and 66-72.

82) この呼称については、つぎのものを参照。H. Outram Everett, *The Spirit of the Counter-Reformation*, Cambridge, 1968; Hubert Jedin, *Katolische Reformation oder Gegenreformation? Ein Versuch zur Klärung der Begriffe*, Lucerne, 1946.

83) Francisco Ximens de Cisneros, *Biblia Complutensis*, Rome, 1983.

84) 1536年にビトリアはサラマンカに学校を創設して、のちに有名になる生徒たち（Soto, Lessius, Molina, Suraez）を教育した。ビトリア自身は何も出版しなかったが、彼の教え子たちが彼の名前で教えられたことを本にして出版している。ビトリアは、スペインが南アメリカの原住民に対して行なっていることは国際法違反だと訴えたが、誰も耳を傾けようとはしなかった。「旧大陸は新大陸に対してもおなじ法原則を適用すべきである。土地に対する所有権を主張するには、その根拠となるものを示すべきであり、南アメリカ原住民の国も、国ということではスペイン王国・フランス王国と対等なはずである」。James Brown Scott, *The Spanish Origin of International Law: Francisco de Vitoria and His Law of Nations*, Oxford, 1934, pp. 106-107. Scott が指摘しているように、ビトリアはスペイン人が征服した南アメリカの「野蛮人」にもスペイン人とおなじ権利を認めるのが国際法だと考えていた。もっとも、ビトリアを近代的な国際法の父だすることが間違いだったことが証明されている。グロチウスはビトリアを始め16世紀のスペインの法学者を引用しているが、他の引用文献に比べてとくに多いというわけではない。キリスト教徒でない者にもキリスト教徒とおなじ権利を認めるべきだという考え方は、12-13世紀にすでに登場していた。Brian Tierney, *The Idea of Natural Rights: Studies on Natural Rights, Natural Law, and Church Law*, Atlanta, 1997, pp. 333-342. Tierney によれば、グロチウスは12世紀の教会法学者から法律用語を借用しているそうである。つぎのものも参照。Peter Landau, "Der Einfluss des kanonischen Rechts auf die europäische Rechtskultur," in *Europäische Rechts- und Verfassungsgeschichte. Er-*

gebnisse und Perspektiven der Forschung, hg. Reiner Schulze, *Schriften zur Europäischen Rechts- und Verfassunggeschichte*, Bd. 3, Berlin (1991), 39-57.

85) ネオ・トマス主義者（ネオ・スコラ学派）とルター派の法学者の類似点・相違点については、第2章「ルター派の法思想」の注144と第3章「新しい法学の登場」を参照。

86) Wolfgang Reinhard, „Konfession und Konfessionalisierung in Europa," In Wolfgang Reinhard, ed. *Bekenntnis und Geschichte : Die Confessio Augustana im historischen Zusammenhang*, München, 1981, pp. 165-189；„Reformation, Counter-Reformation, and the Early Modern State: A Reassessment," *Catholic Historical Review* 75 (1989), 383, 390, and n. 24.

87) Ronald H. Asch, *The Thirty Years' War : The Holy Roman Empire and Europe, 1618-1648*, New York, 1997, p. 76.

88) Leo Gross, "The Peace of Westphalia, 1648-1948," *American Journal of International Law* 42 (1948), 20, 21-22；Herbert Langer, 1648 : *Der Westfälische Frieden. Pax Europaea und Neuordnung des Reiches*, Berlin, 1994, pp. 11-69.

89) Gerald Strauss, *Law, Resistance, and the State : The Opposition to Roman Law in Reformation Germany*, Princeton, 1986, p. 14.

90) Owen Chadwick, *The Reformation*, Grand Rapids, Mich., 1965, p. 189.

91) Steven Ozment, *Protestants : The Birth of a Revolution*, New York, 1992, p. 29.

92) 「身分制国家」から「領国」への移行は、民衆が役人の横暴に対して不平不満を表明するようになったか否かで判断できるそうである。Gerald Strauss, *Luther's House of Learning : Indoctrination of the Young in the German Reformation*, Baltimore, 1978, p. 159. 不平不満が寄せられた役人として、「郡長 Amtmann」・「代官 Vogt」・「世話役 Pfleger」・「地下室番 Keller」・「獄卒 Scherge」・「収税官 Schosser」・「書記官 Schreiber」・「兵隊 Landsknecht, Knecht, Unterknecht」が挙げられている。

93) Otto Brunner, *Lord and Lordship*, trans. James van Horn Melton, Philadelphia, 1992.

第2章 ルターの法思想

　この章を執筆するに際しては、John Witte, Jr. と共同で執筆したつぎの論文を一部、利用している。"The Transformation of Western Legal Philosophy in Lutheran Germany," *Southern California Law Review* 62 (1989), 1573-1660. また、つぎのものも参照。Harold J. Berman, "Conscience and law : The Lutheran Reformation and the Western Legal Tradition," *Journal of Law and Religion* 5 (1987), 177-202.

1) Ernst Cassirer の言葉。つぎのものから引用した。Herman Dooyeweerd, *Rechtsphilosophie und der Rechtswetenschap*, Amsterdam, 1946, p. 93.
2) 16世紀のルター派の法学者を論じた比較的、新しいつぎの2人の研究者の本がそのよい例であろう。Ian Maclean, *Interpretation and Meaning in the Renaissance: The Case of Law*, Cambridge, 1992 ; Donald R. Kelley, *The Human Measure : Social Thought in the Western Legal Tradition*, Cambridge, Mass., 1990. 2人ともルター派の法学者をルターの神学と関連づけていない。Maclean は、ルター派の法学者 (Christoph von Hegendorph, Johann Apel, Johann Oldendorp) を古典古代研究者と考えており、ルター派とは関係のない古典古代研究者 (Cantiuncula, Alciato, Hotman) と一緒にしている。索引には、「ルター」・「宗教改革」といった項目すらない。Kelley はルター派の神学について簡単に紹介したり、ルター派の法学者 (Apel, von Hegendorph, Konrad Lagus) に言及したりしているが、ルター派の法学者とルターの神学のあいだに関係があるとは考えていないようである。16世紀のスペインのネオ゠トマス主義者に関する研究書は多いが、同時代のルター派の法学者に言及しているものはない。たとえば、つぎのものを参照。James R. Gordley, *The Philosophical Origins of Modern Contract Doctrine*, Oxford, 1991. この本は Vitoria, Molina, Soto ら16世紀のスペインの神学者が契約法の理論を築き上げるうえで貢献していることを論じているが、ルター派については無視したままである。ネオ゠トマス主義者の法学思想とルター派の法学思想の関係については、この章の注144を参照。
3) ウイアーカーは、つぎのような意味不明なことを書いている。当初、ルターは人間が自然法を知ることはできないと考えていたが、「その後、ルターは考え方を改めて自然法を問題にするようになった。ルターは自然法をトマス゠アクイナスのアリストテレス主義と結びつけて考えていたが、キケロの考え方も重視したので、その結果、メランヒトンのような古典古代研究者の考え方を拒否することになった。しかし十戒を重視したので宗教改革は推進できた」。Wieacker, *History of Private Law*, pp. 209, 471. ウイアーカーはルター派の法学者オルデンドルプの自然法理論を紹介しているし (pp. 224-225)、アペルについて言及はしているが (p. 117)、彼らを古典古代研究者と考えており、ルター派の法学者とは考えていなかったようである。それにルター派の法思想がどんなものであったかも説明していない。Coing もおなじである。Coing, *Europäisches Privatrecht*, Band 1, *Älteres Gemeines Recht (1500 bis 1800)*, München, 1985, pp. 229-232. ルター派の教会・家族に関する法令は簡単に紹介しているが、ルター派の法学については、ほとんど言及していない。オルデンドルプの「課題の整理・分析法 topical method」に言及し (p. 21)、所有権移転に際してアペルが問題にした遠因と近因に言及はしているものの (p. 179)、非常に簡単な紹介で済ませている。ウイアーカーも Coing も20世紀後半を

代表するドイツ法制史の大家とされているが、ルター派のほかの法学者（Vigelius, Kling）は無視したままだし、メランヒトンに言及してもメランヒトンの法理論には言及していない。

　Hattenhauer も同様である。浩瀚な彼のヨーロッパ法制史で宗教改革が法制度に与えた影響はほとんど無視されており、「宗教改革が民法・刑法に与えた影響は、わずかでしかない düftig と言わざるをえない。オルデンドルプが1529年に公正に関して本を書いているが (*Was billig und recht ist*)、ルター派の法学者が何か新しいことを始めたかというと、それはほとんどないといってよい。ルターがヨーロッパの法制度に影響を与えることは、ほとんどなかったのである。ヨーロッパ全体に影響を与えた神学者・音楽家・詩人・教育者はルター派から生まれているが、ヨーロッパの法制度に影響を与えるような法学者は生まれてこなかった。ヨーロッパ法学の中心はローマからフランス（ブールジュ）に移ったのであって、ウイッテンベルクに移ったのではない」。Hans Hattenhauer, *Europäische Rechtsgeschichte*, Heidelberg, 1992, p. 367. Hattenhauer は、オルデンドルプの著書には言及するが、アペル・ラグス・クリンク・ウイゲリウスの著書はおろか、メランヒトンの著書にすら言及していない。

4) Ernst Troeltsch, *Protestantism and Progress : A Historical Study of the Relation of Protestantism to the Modern World*, trans. William Montgomery, Boston, 1958, p. 101.

5) Berman, *Law and Revolution*, pp. 143-151, 275-276.

6) 　シュルフ（バーマンは Hieronymous Schuerp とか Schuerpf と綴っているが、*Neue Deutsche Biographie* と Wikipedia に従って Hieronymus Schurff とした）はルターの結婚式でルターの付添い人を務めたし、1520年にルターが教会法の本を焼いたとき、それに立ち会っていた。また、1525年にルターがウオルムスの国会に赴いたときにはルターに同伴して行って、ルターのために弁明している。1517年に「カトリック教会の誤謬を指摘することになったのも、シュエルプの示唆によるところが大きい」とルターは回想している。引用は、つぎのものによる。Theodor Muther, *Aus dem Universitäts- und Gelehrtensleben im Zeitalter der Reformation*, Erlangen, 1866, p. 190. シュルフに関しては、つぎのものを参照。Roderich von Stintzing, *Geschichte der deutschen Rechtswissenschaft*, 3 vols., München, 1880-1884, 1 : 267-268 (以下で引用するときは、つぎのように省略する。 Stintzing, *Geschichte der Rechtswissenschaft*) ; Melanchiton, *Oratio de Vita Clarissimiviri Hieronymi Schurffi*, in *Corpus Reformatorum*, 28 vols., Frankfurt am Main, 1834-1860 (以下で引用するときは、つぎのように省略する。*CR*), 12 : 86. ちなみに、Stintzing も Muther も、19世紀後半のドイツを代表する法制史家であった。

　アペルもルターの結婚式に出席していた。ルターの婚姻・家族論を強く支持して

いたし、1529年に大学を卒業してからもルターとの文通を絶やさなかった。1523年にアペルが修道女と結婚して投獄されたときルターは救出に努力しているし、アペルの論文『我が婚姻の正当性を論ず Defensio pro suo Coniugio』(1524年) に賛同して、教会裁判所に提出された法廷助言書にアペルを擁護する序論を書いている。アペルについては、つぎのものを参照。Stintzing, *Geschicht*, pp. 287 ff.; Mutehr, *Aus dem Universitäts*, pp. 455 ff.; Theodor Muther, *Doctor Johann Apel : Ein Beitrag zur Geschichte der deutschen Juriprudenz im sechzehnten Jahrhundert*, Königsberg, 1861; Franz Wieacker, *Gründer und Bewahrer : Rechtslehrer der neueren deutschen Privatrechtsgeschichte*, Göttingen, 1959, pp. 44 ff.

　他にもルターには多くの法学者の友人がいた。モネル・クリンク・シュナイデウイン・ブルエック Gregor Brueck・バウムガルトナー Hieronymous Baumgartner たちである。このように法学者の友人が数多くいたにもかかわらず、ルターは当時の法学者を欲ばかり深くて情熱に欠け、正義と社会の要請に無関心だと非難して憚らなかった。Hermann Wolfgang Beyer, *Luthers und das Recht : Gottes Gebot, Naturrecht, Volksgesetz in Luthers Deutung*, München, 1935, pp. 51-54; Karl Köhler, *Luther und die Juristen : Zur Frage nach dem gegenseitigen Verhältniss des Rechts und der Sittlichkeit*, Gotha, 1873 (引用ページ数なし); Gerald Strauss, *Law, Resistance, and the State : The Opposition to Roman Law in Reformation Germany*, Princeton, 1986, pp. 215-128.

7) Jaroslav Pelikan, *Spirit versus Structures : Luther and the Institutions of the Church*, New York, 1968, pp. 20-24.

8) ルターが書いた社会・政治問題に関する説教・小論文を挙げておく。「高利貸に関する短い説教」(1519年)・「高利貸に関する長い説教」(1520年)・「キリスト教の現状を改善するようドイツの支配者たちに訴える」(1520年)・「結婚生活について」(1522年)・「福音書に登場してくる金持ちと貧しいラザロに関する説教」(1523年)・「支配者にどこまで従うべきか」(1523年)・「間違った皇帝の命令に反論す」(1523年)・「ミュールハウゼン市の市長・市議会・市民への手紙」(1524年)・「ドイツ諸都市の市会議員に寄せて」(1524年)・「両親は子供を無理に結婚させるべきでないこと」(1524年)・「商売と高利について」(1524年)・「極悪非道な農民の群れを非難す」(1525年)・「兵士にも救済はあるか」(1527年)・「共同基金の設置について」(1528年)・「トルコ人との戦争について」(1529年)・「子供を学校に通わせるべきことを説教す」(1530年)・「婚姻について」(1530年)。ルターと法学者の文通については、つぎのものを参照。Hans Liebermann, "Der unjuristisches Luther," *Luther-Jahrbuch* 24 (1957), 69-85.

9) ルターの法思想・政治思想については、つぎのものを参照。W. D. J. Cargill Thomson, *The Political Thought of Martin Luther*, Totowa, N. J., 1984; Johannes

Heckel, *Lex Charitatis : Eine juristische Untersuchung über das Recht in der Theologie Martin Luthers,* München, 1963 ; Paul Althaus, *The Ethics of Martin Luther,* trans. Robert C. Schultz, Philadelphia, 1972, pp. 25-35, 112-154 ; Beyer, *Luther und das Rcht* ; Ferdinand Edward Cranz, *An Essay on the Development of Luther's Thoughts on Justice, Law, and Society,* Cambridg, Mass., 1959.

10) ルターはローマ法に対して批判的であったが、褒めていることもある。「ドイツではローマ法を適用すべきである。それは英知の産物であり神の賜物である」*WA,* 30 : 557.「ローマ法は異教徒による英知の産物」51 : 242. しかし、ローマ法の奴隷・婚姻・家族・財産に関する規定には批判的であった。*WA,* 12 : 243 ff.; 16 : 537; 14 : 591, 714. つぎのものを参照。Strauss, *Law, Resistance, and the State,* pp. 201-202 ; Heckel, *Lex Charitatis,* pp. 82-85.

11) *WA,* 40 : 305;「自然法と知性 natural reason こそが成文法の源泉」51 : 242; つぎも参照 17 : 102.

12) *WA,* 51 : 242-243. 法制度・政治制度が問題になる場合、ルターは「知性 reason」を高く評価したが、教義・信仰が問題になる場合、彼は「知性」を評価しなかった。その違いは、彼の「両国論 two kingdoms theory」からくる。「知性」が有効なのは「地上の国 earthly kingdom」に関する知識や活動だけなのである。そこで「知性」が「天上の国 heavenly kingdom」の問題に関与してくると、「悪魔の淫女 devil's whore」・「アリストテレスの秘薬 Aristotle's evil brew」といって「知性」を非難するが、「知性」が「地上の国」に留まっている限りでは、それを「神の賜物 divine blessing」・「生きていくために欠かせないもの」といって称えるのである。Bernhard Lohse, *Ratio und Fides : Eine Untersuchung über die ratio in der Theologie Luthers,* Göttingen, 1958, pp. 70-72 ; Brian Albert Gerrish, *Grace and Reason : A Study in the Theology of Luther,* Oxford, 1962, pp. 10-27, 57-68, 84-99.

13) Lohse は、つぎのように書いている。スコラ学の時代には、我々が良心と呼んでいるものが「理解能力 synteresis」と「応用能力 conscientia」に分けて考えられていた。「理解能力」とは、アダムとイブの楽園追放でも駄目になったわけではない善の実現を目指す人間の魂の能力のことだが、「応用能力」は「理解能力」を現実に応用する能力を意味するだけである。アクィナスやスコトス Duns Scotus によれば、「理解能力」は「知性 reason」と結びついており、ボナベンツーラ（あるいはオッカム）によれば、それは「意志 will」と結びついているということになるが、その違いにさしたる意味は見出せない。Bernard Lohse, „Conscinece and Authority in Luther," in Heiko Oberman, ed., *Luther and the Dawn of Modern Era : Papers for the Fourth International Coference for Luther Research,* Leiden, 1974, p. 159.

14) Emmanuel Hirsch, *Luther Studien*, vol. 1, Gütersloh, 1954, pp. 127-128.
15) つぎのものから引用。Friedrich Julius Stahl, *Die Kirchenverfassung nach Protstanten*, 2nd ed., Erlangen, 1862, p. 37.
16) Luther, „Secular Authority: To What Extent It Should Be Obeyed," in John Dillenberger, *Martin Luther: Selections from His Writings*, Garden City, N.Y., 1961, pp. 368-369.
17) ルターの「法制度の効用 usus ligis」に関する議論については、つぎのものを参照。John Witte, Jr., and Thomas Arthur, "The Three Uses of the Law: A Protestant Source for the Purposes of Criminal Punishment," *Journal of Law and Religion* 10 (1994), 433-465; Frank Alexander, "Validity and Function of law: The Reformation Doctrine of Usus Legis," *Mercer Law Review* 31 (1980), 514-519; Cranz, *Essay on the Development of Luther's Thoughts*, pp. 94-112; Wilfried Joest, *Gesetz und Freiheit: Das Problem des Tertius usus legis bei Luther und die neutestamentliche Parainese*, Göttingen, 1956; Werner Elert, "Eine theologische Faelschung zur Lehre von Tertius usus legis," *Zeitshcrift für Religions- und Geistesgeschichte* 2 (1948), 168-170.
18) *WA*, 10: 454.
19) ルターは法制度の「世俗的な効用 civil use」を「法制度の第1の効用 first use of law」と呼んでおり、「神学的な効用 theological use」を「法制度の第2の効用 second use of law」と呼んでいるが (WA, 10: 454, 40: 486 ff.)、「ルターが重視していたのは神学的な効用であった。とくに晩年、その傾向が強い」。Alexander, "Validity and Function of Law," p. 515.
20) *WA*, 15: 302.
21) *WA*, 4: 3011, 4733 ff.
22) 「ローマ人への手紙」(7: 7-25)、「ガラテヤ人への手紙」(3: 19-22)。つぎのものも参照。Dillenberger, *Martin Luther*, pp. 14 ff.; Cranz, *Essay on the Development of Luther's Thoughts*, pp. 112 ff.
23) Adolf Harnack, *History of Dogma*, trans. Neil Buchanan, vol. 7, New York, 1958, p. 206; Joest, *Gesetz*, pp. 196 ff.; Werner Elert, *Law and Gospel*, trans. Edward H. Schroeder, Philadelphia, 1967, pp. 38 ff.; Gerhard Ebeling, *Word and Faith*, trans. James W. Leitch, Philadelphia, 1963, p. 75; Ragnar Bring, „Gesetz und Evangelium und der dritte Gebrauch des Gesetzes in der lutherische Theologie," in *Schriften der Luther-Agricola Gesellschaft in Finnland*, 4. Zur Theologie Luthers, Helsinki, 1943, 43-97.
24) たとえば、つぎのものを参照。*Apology of the Augsburg Confession* (1529), art. 4, in *Triglot Concordia: The Symbolic Books of the Ev. Lutheran Church*, St. Louis,

1921, pp. 127, 161, 163. そこでメランヒトンは法制度の「教育的効用」について言及している。また『神学総論』の1525年版で（初版は1521年）、「法制度の教育的効用 legal instruction in virtue」を法制度の第3の効用として挙げている。*CR*, 21: 405-406. このメランヒトンが書いたものをルターは褒めていた。ルター自身、「教育的効用」という考え方を示唆している。*WA*, 10: 454. ルターの言葉を集めたつぎのものを参照。"Of Princes and Potentates," in *The Table Talk or Familiar Discourse of Martin Luther,* trans. William Hazlitt, London, 1848, pp. 135-136.

25) H. Feld, "Justitia bei Melanchthon" (Diss., Erlangen, 1953), p. 150.
26) Wilhelm Dilthey, *Weltanschauung und Analyse des Menschen seit Renaissance und Reformationen : Gesammelte Schriften,* Leipzig, 1921, p. 193.
27) K. Hartfelder, *Philip Melanchthon als Praecepter Germaniae,* 1889 (reprint, Nieuwkoop, 1964); James William Richard, *Philip Melanchthon, the Protestant Preceptor of Germany,* New York, 1898.
28) Philip Melanchthon, "De Corrigendis Adolescentiae Studiis," in Robert Stupperich, ed., *Melanchthon Werke in Auswahl,* 7 vols., Gütersloh, 1955-1983, 3 : 29-42.
29) メランヒトンの伝記については、つぎのものを参照。Hartfelder, *Philip Melanchthon*; Wilhelm Maurer, *Der junge Melanchthon zwischen Humanismus und Reformation,* 2 vols., Göttingen, 1967-1969.
30) かつてメランヒトンは、もともと古典古代の研究者だったので神学ではルターと考え方を異にしていたとされていた。たとえば、Ritschlはメランヒトンのことを「ルターの考え方を歪めた」といって非難している。Otto Ritschl, *Dogmengeschichte des Protestantismus : Grundlagen und Grundzüge der theologischen Gedenken- und Lehrbildung in den protestantischen Kirchen,* 4 vols., Leibzig, 1908-1927, 2 : 39. つぎのものも参照。Franz Hildebrandt, *Melanchthon : Alien or Ally* ?, Cambridge, 1946 ; Robert Stupperich, *Melanchthon,* trans. Robert H. Fischer, Philadelphia, 1965, pp. 128-135 ; Wilhelm Hammer, *Die Melanchthonforschung im Wandel Jahrhunderte : Ein Beschriebendes Verzeichnis,* Gütersloh, 1967. その後、メランヒトンに対する評価の仕方が変わり、メランヒトンはルターの考え方を体系化したとして高く評価されるようになった。トレルチはメランヒトンに関して、つぎのように書いている。「ルターの考え方を体系化したのはメランヒトンであった。彼こそルターの考え方を普及させた教師であり、神学者であった。彼独自の枠組みでルターの考え方を整理しなおしたのである」。つぎのものから引用した。Michael Rogness, *Philip Melanchthon : Reformer without Honor,* Minneapolis, 1969, p. vii ; Sachiko Kusukawa, *The Transformation of Natural Philosophy : The Case of Philip Melanchthon,* Cambridge, 1995, p. 4. Kusukawaは、こう書いている。「メ

ランヒトンは自然哲学にルターが直面するであろう問題の解決策を見出したのである。そこでルターの考え方に沿って自然哲学を解釈しなおし、自然哲学をルターの考え方を広める教育の一環に取り入れることにした」。

31) メランヒトンの『神学総論』について、ルターはつぎのように書いていた。「メランヒトンの『神学総論』ほど完璧に我々の神学を体系化したものを私は知らない。この本に匹敵するほどの本は存在しないといってよい。聖書にすら匹敵する本である」。Luther, *Table Talk*, p. 21. ルターの死後、ルター派は「メランヒトン派 Philipists」と「ルター派 Gnesio-Luterans」に分かれて対立するが、基本的に2人のあいだに違いは存在せず、1580年に『和解の書 the Book of Concord』が公表されて和解が成立した。

32) Adolf Sperl, *Melanchthon zwischen Humanismus und Reformation*, München, 1959, pp. 141-170.

33) メランヒトンの法思想については、つぎのものを参照。Guido Kisch, *Melanchthons Rechts- und Soziallehre*, Berlin, 1967 ; C. Bauer, „Melanchthons Rechtslehre," *Archiv für Reformationsgeschichte* 42 (1951), 64-100 ; Kusukawa, *Transformation*, pp. 165-167, 176-178.

34) Heinrich Bornkamm, „Melanchthons Menschenbild," in Walter Elliger, ed., *Philip Melanchthons Forschungsbeiträge zur Vierhundersten Wiederkehr seines Todestages*, Berlin, 1961, pp. 76-90.

35) Karl Gottlieb Bretschneider and Heinrich Ernst Bindseil, eds., *Philippi Melanchthonis Opera Quae Supersunt Omnia, CR*, 13 : 150 and 647. こうした「理解能力 elements of knowledge, notitiae」をメランヒトンは、「知性に内在する光 naturalis lux in intllectu」・「人間の能力がもつ光 lux humani ingenii」・「人間の心に植え込まれた神の光 lumen divinitus insitum mentibus」などと呼んでいた。*CR*, 21 : 712.

36) メランヒトンによると、「数学のような理論を重んじる学問分野に、全体は部分より大きいといった共通の原則・考え方・前提が存在するように、善悪の判断基準 morals の分野でも、人間の行動を規制する共通の原則・考え方・前提が存在するはずである。これを私は自然法と呼ぶことにする」。*CR*, 21 : 117. さらにメランヒトンは、それを十戒と結びつけて考えた。「自然法とは、善悪の判断基準に存在する共通の原則・考え方・前提から生まれてくる結論であって、それをうまく表現したのが十戒である。十戒こそが自然法の真髄なのである」。つぎのものから引用した。Stupperich, *Melanchthons Werke*, 3 : 208. 人間が生まれながらもっているという「理解能力」については、つぎのメランヒトン自身による説明を参照。*Compen- daria Dialectices Ratio* (1520), *CR*, 20 : 748 ; *De Loci Communibus Ratio* (1526), *CR*, 20 : 695. またディルタイは、メランヒトンが古典古代研究と宗教改革

を1つに結びつけた「仲介者 Mittelglieder」であると書いている。Dilthey, *Weltanschauung*, p. 162.
37) *CR*, 2 : 58.
38) Dilthey, *Weltanschauung*, pp. 175-176 ; Berman, *Law and Revolution*, p. 175.
39) *CR*, 16 : 70-72.
40) *CR*, 13 : 547-555 ; 21 : 116-117 and 399-400. メランヒトンは幾何学・算数・物理学など、今我々が「厳密科学 exact sciences」と呼んでいる「理論的な能力にかかわる分野 principia theoretica」と、倫理・政治・法律・神学など、人間の行動を規制する「実践的な能力にかかわる分野 principia practica」を区別していた。罪によって「実践的な能力にかかわる分野」は歪められるが、「理論的な能力にかかわる分野」は、それほどダメージを受けないと考えていた。*CR*, vol. 21, cols. 398-400, 711-713.
41) メランヒトンは、つぎのようにもいっていた。「人間は自然法・神の法が命じていることをすべて実行できるとは限らない。……なぜなら、我々の罪が邪魔するからである」。*Annotationes in Evangelium Matthei*, in Stupperich, *Melanchithons Werke*. また自分の言葉に代わるものとして、パウロの言葉を引用している。「不義によって真理を阻止する人間たちの、すべての不信心や不義のうえに神の怒りは天から現わされる。というのも、神について知られている事柄は彼らにも明らかだからである。神は彼らにそのことを明らかにされたのである。神についての目に見えない事柄、すなわち神の永遠の力と神性とは、世界の創造以来、被造物において理解されうることが認められている。その結果、彼らは弁明の余地のない者となっている」(ローマ人への手紙1 : 18-20)。*CR*, 21 : 401-402.
42) *CR*, vol. 16, col. 23.
43) Ibid., col. 24.
44) メランヒトンによれば、「自然法の何たるかを知るための一番よい方法は、十戒を読むことである」。*CR*, vol. 21, col. 392. 「神は何のために十戒を人間に授けたのか。その理由はさまざまだが、とくに重要なのはつぎの2点である。まず堕落の結果、人間の知性 reason が歪められ、人間は以前のようにはっきりと自然法 natural law を認識できなくなったということがある。そこで神はシナイ山において十戒を人間に授けたのである。……また、人間は殺すなとか盗むなといった戒律を守るだけでなく、さらに神に似せて人間が創られたこと、神は人間が犯す罪に怒りを覚えることなどを知る必要がある。そこで神は十戒を人間に授け、それを守らない人間を裁き・罰すること、人間が罪を犯すと神は怒り狂い、それを思って人間は恐れおののくことになることを示したのである。……また十戒なしでは、人間はますます堕落していくことになり、悪と正義・秩序と無秩序の区別ができなくなるのである」。*CR*, vol. 21, cols. 256-257. つぎのものも参照。Maurer, *Der junge Melanchthon*, 1 :

288-290 ; Bauer, "Melanchthons Rechtslehre," pp. 67-71.

45) スコラ学者やルターと同様、メランヒトンも聖書に登場してくる律法を「儀式に関するもの」・「裁判に関するもの」・「道義 morals に関するもの」の3つに分けて考えていた。キリストの登場以降も効力を維持しているのは道義に関する律法だけで(十戒・山上の説教でキリストが説いた黄金律「あなたたちが人々からして欲しいと思うことのすべてを、あなたたちも人々にせよ」・山上の説教でキリストが説いた「幸いの言葉」マタイによる福音書5 : 3-11・パウロの手紙に登場してくる禁令)、儀式に関する律法(犠牲の捧げ方・祭事の方法など)・裁判に関する律法(旧約聖書に登場してくる政治制度・法制度など)は効力を失っていると考えていた。*CR*, vol. 21, cols. 294-296 and 387-392. つぎのものも参照。Wilhelm Pauck, ed., Melan- chthon and Bucer, Philadelphia, 1969, pp. 53-57.『神学総論』でメランヒトンが儀式に関する律法を論じた部分が英訳されている。

46) 十戒をどう分類するかということに関しては、3つのやり方が伝統になっていた。ユダヤ教の分類法・東方正教会の分類法(ルター派以外のプロテスタントでも、東方正教会の分類法を採用している宗派がある)・アウグスチヌスの分類法(カトリック教会とルター派が採用)の3つである。アウグスチヌスの分類法では(メランヒトンの分類法はこれである)、十戒を最初の3戒律とあとの7戒律に区分する。詳しくは、つぎのものを参照。Berman and Witte, "The Transformation of Western Legal Philosophy in Lutheran Legal Philosophy," *Southern California Legal Review* 62 (1989), 1619-1620, n. 114.

47) Thomas Aquinas, *Summa Theologiae*, pt. II-I, qu. 98, art. 5.

48) Angelus de Clavasio, *Summa Angelica de Casibus Conscientiae*, Venezia, 1481, section on „Poenitentia" ; Rudolf Weigand, *Die Naturrechtslehre der Legisten und Dekretisten von Irnerius bis Accursius und von Gratian bis Johannes Teutonicus*, München, 1967, pp. 220, 438-439. オズメントによれば、「14世紀末-15世紀のカトリック教会は、教理教育や懺悔に際して7つの大罪に代えて十戒を信者に唱えさせるようになった。……このときほどカトリック教会が十戒を重視した時期はなかった」。Steven E. Ozment, *The Reformation in the Cities*, New Haven, 1975, p. 17.

49) Martin Luther, *Large Catechism*, in *Triglot Concordia*, pp. 166-215. ; Melanchthon, *CR*, vol. 22, col. 220.

50) *CR*, vol. 22, col. 153.

51) *CR*, vol. 21, col. 716.

52) Clyde L. Manschreck, ed. And trans., *Melanchthon on Christian Doctrine : Loci Communes, 1555*, New York, 1965, p. 123 ; *CR*, vol. 22, col. 250.

53) *CR*, vol. 22, col. 250.

54) Ibid., col. 151.

55) Manschreck, *Melanchthon*, p. 122; *CR*, vol. 22, col. 249.
56) *CR*, vol. 21, cols. 69-70 and 250-251.
57) メランヒトンは「神の法」(つまり十戒)のみならず、実定法も人間に堕落を自覚させ、救われるためには神の「慈悲 grace」が必要なことを自覚させることができると考えていた。「お上 Obrigkeit による刑罰によって我々が犯す罪に対する神の怒りを我々は自覚できるようになり、自己改善の必要性を自覚できるようになる」のである。Manschreck, *Melanchthon*, p. 56; *CR*, vol. 22, col. 152.
58) *CR*, vol. 21, col. 250. メランヒトンの法制度有用論については、つぎのものを参照。Philip Melanchthon, *Epitome Renovatae Ecclesiasticae Doctrinae*, *CR*, vol. 1, cols. 706-709; *Oratio de Legibus*, *CR*, vol. 11, col. 66; Manschreck, *Melanchthon*, pp. 122-128. 法制度の3つの効用は、のちにルター派の信仰告白や教理教育でも強調されるようになる。つぎのものを参照。*The Formula of Concord*, pt. 6 "Of the Third Use of the Law," in *Triglot Concordia*, p. 805. 「法制度が存在する理由は3つある。まず人間の行動を規制するため、つまり乱暴者をおとなしくさせるため。つぎに人間が罪深い存在であることを自覚させるため。最後に真の信仰に目ざめた者に何をなすべきか・なさざるべきかを示すためである」。この考え方はカルバン派にもあった。John Calvin, *Institutes of Christian Religion*, chap. 7.
59) Pauck, *Melanchthon and Bucer*, pp. 138-140. 人間は「聖人でもあり罪人でもある simul iustus et peccator」というルターの言葉については、つぎのものを参照。*LW*, 21: 205. また、ルターはつぎのようにもいっている。「人間には霊魂・肉体の両面性が存在する」。*LW*, 5: 50.
60) Manschreck, *Melanchthon*, p. 127.
61) *CR*, 1: 706-708.
62) Ibid., at cols. 707-708. Köhler は、つぎのように書いている。メランヒトンはルター以上に国家や法制度に教育的な効用を期待していた。当初メランヒトンもルターのように「お上 Obrigkeit」は犯罪を防ぎ、平和を維持するだけで十分だと考えていた。しかし、のちに平和と秩序の維持だけでなく、国民の生き方にも責任をもつべきだと考えるようになった。「お上」は実定法によって国民に「規律 disciplina」や「義務感 pietas」も教えるべきだと考えるようになった。Köhler, *Luther und die Juristen* (引用ページ数なし)。また Strauss も、メランヒトンにとって法制度は、国民の生き方をよくしていくための「教育制度 pedagogica politica」でもあったと書いている。Strauss, *Law, Resistance, and the State*, p. 228.
63) Werner Elert, "Zur Terminologie der Staatslehre Melanchthons und seiner Schüler," *Zeitschrift für systematischen Theologie* 9 (1932), 522-534.
64) *CR*, vol. 11, cols. 69-70, and vol. 21, col. 1011; Manschreck, *Melanchthon*, pp. 328-331.

65) 「道理に適った実定法 rationes iuris positivi」という言葉の意味をメランヒトンは、つぎのように説明している。「道理に適った実定法とは、神が人間の心に書き込んだ自然法に適った実定法という意味である。つまり道理に適った行為 virtue を称え、道理に反する行為 vice を罰するのである」。CR, vol. 21, cols. 611-612.「道理に適った実定法」について論じているつぎのものも参照。CR, vol. 16, col. 230.

66) CR, vol. 16, col. 87. メランヒトンは、「お上 Obrigkeit」が地上の国における十戒の代弁者たるべきだとも書いている。CR, vol. 22, col. 286.

67) CR, vol. 16, col. 87-88, and vol. 22, cols. 615-617; Manschreck, *Melanchthon*, p. 335.

68) CR, vol. 22, cols. 617-618.

69) CR, vol. 22, col. 610.

70) 「公共善 Gemeinnutz」が16世紀のドイツで法制度改革を行なう際のキーワードになっていた。メランヒトンにとって「公共善」は、教会や国家が行なう教育活動の目標となるべきものであった。国家は「道理に適った行為を国民に教える教師 paedogogium virtutis」たるべきであり、国家が採用する政策は「進歩を実現するようなもの foelicitatis progressum」たるべきであり、最終的には国民の「天国ゆき eternal blessedness」を実現すべきなのである。……メランヒトンにとって「政治 ordo politicus」とは「公共善 salus publica」のことであり、……進歩史観が彼の歴史観であった」。Ludwig Zimmerman, *Der hessische Territorialstaat im Jahrhundert der Reformation*, Marburg, 1933, pp. 384, 386.

71) CR, vol. 22, col. 615.

72) Ibid., col. 224.

73) メランヒトンの「契約に関する論文 Dissertatio de contractibus」については、つぎのものを参照。CR, vol. 16, cols. 128-152, 251-269, 494-508; Manshcreck, *Melanchthon*, p. 116; Stupperich, *Melanchthons Werke*, 2: 802-803.

74) メランヒトンの婚姻・家族観については、つぎのものを参照。CR, vol. 16, cols. 509; vol. 21, col. 1051; vol. 22, col. 600; vol. 23, col. 667; Stupperich, *Melanchthons Werke*, 2: 801-802. ルター派の婚姻論について詳しくは、つぎのものを参照。John Witte, Jr., *From Sacrament to Contract: Marriage, Religion, and Law in the Western Tradition*, Louisville, Ky., 1997, pp. 42-73.

75) つぎのものから引用した。Emil Sehling, *Kirchenrecht*, Leipzig, 1908, pp. 36-37. つぎのものも参照。Philip Melanchthon, *Instruction to Visitors*, ibid., vol. 1, pt. I, pp. 149-152 and 163-165.

76) CR, vol. 16, cols. 241, 469, 570; vol. 22, cols. 227 and 617; Sehling, *Kirchenrecht*, vol. 1, pt. 1, p. 149. 結論としてメランヒトンは、つぎのように書いている。「支配者は教会に事務所・牧師・学校・教会堂・裁判所・病院などを提供しなければなら

ないし、こうした施設が不真面目で怠け者で道義に反することをしている修道士や修道会士の手にわたることのないようにする義務も負っている。また、牧師・学校・裁判所に対する支援を法令でみずからに義務づけているならともかく、そうでないなら教会に提供すべきこうした施設を支配者が自分の管轄下に置くことは許されない」。*CR*, vol. 22, cols. 617-618. さらに、つぎのものも参照。P. Meinhold, *Philip Melanchthon, der Lehrer der Kirche*, Berlin, 1960, pp. 40, 94 ; Hans Liebermann, *Deutsches evangelisches Kirchenrecht*, Stuttgart, 1933, pp. 150 ff.; Richard Nürnberger, *Kirche und weltliche Obrigkeit bei Melanchthon*, Würyburg, 1937 ; Wilhelm Maurer, „Überden Zusammenhang zwischen Kirchenordnungen und christlicher Erziehung in den Anfängen lutherischer Reformation," in *Die Kirche und ihr Recht : Gesammelte Aufsätze zum evangelischen Kirchenrecht*, Tübingen, 1976, pp. 254-278.

77) *CR*, vol. 21, cols. 223-224.
78) ローマ人への手紙 13 : 1-7.
79) *CR*, vol. 22, col. 613. つぎのものも参照。Manschreck, *Melanchthon*, p. 333.
80) *CR*, vol. 11, col. 66. つぎのものも参照。Kisch, *Melanchthons Rechts- und Soziallehre*, p. 86 ; Köhler, *Luther und die Juristen*, p. 103 ; Albert Haenel, „Melanchthon der Jurist," *Zeitschrift für Savigny Stiftung für Rechtsgeschichte* (以下で引用する場合は、つぎのように省略する。*ZSS*) (*Rom. Abt.*) 8 (1869), 249-270.
81) つぎのものから引用した。Kisch, *Melanchthons Rechts- und Soziallehre*, p. 177. つぎのものも参照。*CR*, vol. 11, cols. 73 and 552.
82) *CR*, vol. 11, cols. 921-922.
83) *CR*, vol. 11, cols. 218 ff., 357 ff., 630 ff., and 922 ff.
84) Philip Melanchthon, *De Irnerio et Bartolo Iurisconsultis Oratio Recitata a D. Sebaldo Munsero* (1537), in *CR*, vol. 11, col. 350. つぎのものも参照。Kisch, *Melanchthons Rechts- und Soziallehre*, p. 117 ; Haenel, „Melanchon der Jurist."
85) メランヒトンの交友関係については、つぎのものを参照。Guido Kisch, „Melanchthon und die Juristen seiner Zeit," in *Mélanges Philippe Meylan*, Lausanne, 1963, 2 : 135.
86) つぎのものから引用した。Kisch, *Melanchthons Rechts- und Soziallehre*, pp. 113 ff.
87) *CR*, vol. 11, col. 358.
88) 「メランヒトンはドイツ内外の法学者から高く評価されていた。とくに彼が書いた *Elements of Ethical Doctrine* は法源についてうまく解説できていると評判で、各地で学生の教科書に採用されていた。ウイッテンベルク大学では彼の個人的な影響下にあった法学者が一派を形成していて、当時の改革運動の推進者になってい

た」。Köhler, *Luther und die Juristen*, p. 125.

89) P. Macke, „Das Rechts- und Staatsdenken des Johannes Oldendorp" (Inaugural diss., n.d.; date of oral examination May 25, 1966). オルデンドルプの伝記に関する情報は、つぎのものによる。Hans-Helmut Dietze, *Johann Oldendorp als Rechtsphilosoph und Protestant*, Königsberg, 1933. つぎのものも参照。Erik Wolf, *Grosse Rechtsdenker der deutschen Geistesgeschichte*, vol. 3, Tübingen, 1951, pp. 129-132; Sabine Pettke, „Zur Rolle Johann Oldendorps bei der offiziellen Durchführung der Reformation in Rostock," *ZSS* (*Kan. Abt.*) 101 (1984), 339-348; Otto Wilhelm Krause, *Naturrechtler des sechzehnten Jahrhunderts : Ihre Be-Deutung für die Entwicklung eines natürlichen privatrechts*, Frankfurt am Main, 1982, pp. 115-125.

90) シュティンツィンクはオルデンドルプのことを「16世紀中頃のドイツで最も重要な役割を果たした法学者」と呼んでいる。Stintzing, *Geschichte der Rechtswissenshaft*, p. 311. また、トレルチはオルデンドルプのことを宗教改革時代に「最も大きな影響を与えた法学者 massgebendster Jurist」と呼んでいる。Ernst Troeltsch, *Die Soziallehren der christlichen Kirchen und Gruppen*, Bd. 1 of *Gesammelte Schriften*, Tübingen, 1912, p. 545, n. 253.

91) オルデンドルプの生まれた年については歴史家のあいだで意見が一致していない。シュティンツィンクは1480年としているが (*Geschichte der Rechtswissenschaft*, p. 311) ウイアーカーは、1486年だとしている (*History of Private Law*, p. 283)。また、マッケは1488年としている ("Rechts- und Staatsdenken des Oldendorp")。オルデンドルプの年譜から判断するに、1486年か1488年が正しいように思える。

92) Macke, „Rechts- und Staatsdenken des Oldendorp," p. 9; Dietze, *Johann Oldendorp*, p. 59; Köhler, *Luther und die Juristen*, p. 127.

93) Stintzing, *Geschichte der Rechtswissenschaft*, p. 323. そのときオルデンドルプがフィリップ高潔侯に送った文書の内容は、つぎのようであった。「領国とドイツのためを思うなら、法学研究は（聖書の研究についで重要なものであります）聖書に基づくべきであります。聖書こそ法学研究の出発点であり導き手であります。また法学教育が聖書に基づいて行なわれることになれば（すでに実行している法学者がいることは確認ずみでありますし、間違いなくメランヒトンの協力がえられることでしょう）、けっして失望することはないものと確信する次第であります」。

94) オルデンドルプは少なくとも56本の論文を書いており、古ドイツ語で書いた3本以外は、すべてラテン語で書いていた。なお、古ドイツ語の論文は最初に書かれたものである。Dietze, *Johann Oldendorp*, pp. 18-21; Macke, „Rechts- und Staatsdenken des Oldendorp," pp. viii-xi. マッケの論文にはDietzeが挙げていない論文

が6本、挙げられている。古ドイツ語の論文のうち、*Was billig und recht ist* (1529) (以下で引用する場合は、つぎのように省略する。*Billig und recht*) ; *Ratmannenspiegel* (1530) の2本が現代ドイツ語に書き換えられて、つぎのものに収録されている。Erik Wolf, *Quellenbuch zur Geschichte der deutschen Rechtswissenschaft*, Frankfurt am Main, 1049. またラテン語の論文は、その多くがつぎのものに収録されている。Johann Oldendorp, *Opera*, 2 vols., Aalen, 1966. なかでも重要なのが *Isagoge Iuris Naturalis Gentium et Civilis* (1539) (以下つぎのように省略する。*Isagoge*) である。*Isagoge* は、*Divinae Tabulae X Praeceptorum* (ca. 1539) と共に、つぎのものにも収録されている。Carl von Kaltenborn, *Die Vorläufer des Hugo Grotius*, Leipzig, 1848, pp. 1-25. なお、Kaltenborn は *Divinae Tabulae* が *Isagoge* の一部だと誤解しているようだが（Title V だと考えたようである）、べつの論文である。

95) オルデンドルプによれば、「法とは……実定法のことである Ius ... idem est quod lex」。「法もしくは実定法には、文書化されたものとそうでないものがある Recht, oder die Gesetze ... ist zweierlei, geschrieben und ungeschrieben」。文書化されたものにオルデンドルプはローマ法と実定法を入れており、文書化されていないものに慣習法・国際法・自然法を入れている。*Isagoge*, p. 57.

96) Krause によれば、オルデンドルプは「良心 conscientia」を「知性 ratio」の1つの現われ方だと考えていた。自然法を人間が知るには、「知性 reason」を働かせる方法と「神のお告げ revelatio」である十戒の内容を確認する2つの方法があるが、オルデンドルプは「知性」を働かせる方を重視していた。「知性」がうまく働かない場合、初めて人間は「神のお告げ」である十戒の内容を確認して何をなすべきか知るのである。しかし、この場合でも「知性」がうまく働かなければ、十戒から必要な結論を導き出すことはできないのである。このようにオルデンドルプは十戒と自然法を同一視したが、その点でメランヒトンと違っていた。オルデンドルプによれば、「知性」とは堕落した人間に神がもたらす光であり、「知性」は自然法そのものなのである。しかしオルデンドルプは「合理主義者 rationalist」ではなかった。「知性」も十戒を超えることはできないと考えていたからである。Krause, *Naturrechter*, p. 118. なお、メランヒトンが十戒と自然法を同一視していなかったという Krause の意見は間違っている。この章の第2節「メランヒトンの法思想」を参照。

97) 「十戒には戒律 *ius* と自然法 *lex naturae* が区別できない形で書き込まれている」Oldndorp, *Isagoge*, p. 15. 「原罪によって人間は守るべき戒律を見失ってしまったが、慈悲深い神はそれを石版に刻み込み、人間の心に書き込まれた神の言葉（である良心）が自然法そのものでもあることを確認できるようにした」idem, *Divinae Tablae*, p. 17.

98) 「自然界、それは万物の創造主である神そのものである *Natura, hoc est, Deus*

creator omnium」。Macke, „Rechts- und Staatsdenken des Oldendorp," pp. 30-31.「自然は万物の源泉たる神そのものである」*Isagoge*, p. 6.

99) *Billig und recht*, p. 57. オルデンドルプは自然法を「公正さ Billigkeit」という言葉で表現しているが、この引用箇所では自然法とした。オルデンドルプは、この２つの言葉をおなじ意味で使っている。

100) Dietze, *Johann Oldendorp*, p. 81.

101) *Divinae Tablae*, pp. 15-25. つぎのものも参照。*Naturrechter*, pp. 118-122.

102) Oldendorp, *Opera*, 2: 286-288. オルデンドルプは、「原因」論のほかにもアリストテレスの「寛容 liberality」という言葉を「最適な時に最適の量を最適の人物に与えるようにして、人間が有する資源をうまく利用すること」という意味で使ったり、「等価交換 commutative equality」という言葉を使ったりしている。16世紀にスペインの法学者がアリストテレスの概念を利用していたことについては、つぎのものを参照。James Godley, "Contract Law in the Aristotelian Tradition," in Peter Benson, ed., *The Theory of Contract Law*, Cambridge, 2001, pp. 265, 297, and 307.

103) *Isagoge*, p. 13.

104) Ibid., pp. 12-13. つぎのものも参照。Macke, "Rechts- und Staatsdenken des Oldendorp," pp. 49-50. 奴隷制についてオルデンドルプは、つぎのように書いている。「奴隷とは、神に似せて創られた人間でありながら野獣におとしめられた存在であり、奴隷制を定めたローマ法は自然法に反しており、したがってそれに従う必要はない」ibid., p. 50. おなじことがつぎのものにも見られる。*Isagoge*, p. 13.

105) *Billig und recht*, pp. 60-62.「公共善に貢献することほど素晴らしいことはない。公共善に貢献することで多くの人間を助けることができるからである」といってオルデンドルプは国民を鼓舞している。

106) Immanuel Kant, *Critique of Pure Reason*, trans. Norman Kemp Smith, London, 1929, A/32-B/71, A/34-B/74, and discussin in Ken Kress, "Legal Indeterminacy," *California law Review* 77 (1989), 283, 332-333. このカントの考え方は、Fuller が Hart との論争で主張した考え方と似ている。Hart によれば、それぞれの法には「決まった意味が中心部にあり」、それをどう適用すべきか判らなくなるのは、例外的に登場してくる「周辺部 enumbral」的な場合だけである。H. L. A. Hart, "Positivism and the Separation of Law and Morals," *Harvard Law Review* 71 (1985), 593, 606-608. それに対して Fuller は、法律の適用方法を「中心部」的な場合と「周辺部」的な場合に分けて考えるのではなくて、法律が制定された目的を念頭に置いて適用方法を考えるべきだとしている。つまりオルデンドルプの言葉を使えば、法律は「公正に equitably」適用すべきだということになる。Lon L. Fuller, "Positivism and Fidelity to Law: A Reply to Professor Hart," *Harvard Law Review* 71 (1958), 630,

669-670.

107) *CR*, vol. 16, cols. 72-81. オルデンドルプが「公正 epiekeia」について論じているつぎの箇所も参照。*CR*, vol. 21, col. 1090.

108) *CR*, vol. 16, cols. 72-81. 20世紀の有名なアメリカの判事 Oliver Wendell Holmes, Jr. は、こういっている。「一般的な法原則によって具体的な案件に判決を下すことはできない。判決を決めるのは条文ではなくて本能ともいうべき微妙な判断である」in his dissent in *Lochner v. New York*, 198 U.S. 45, 76 (1905).

109) *CR*, vol. 16, cols. 66-72 and 245-247 ; Stupperich, *Melanchthons Werke*, vol. 2, pt. 1, p. 159 ; Manschreck, *Melanchthon*, pp. 332-333 ; CR, vol. 11, cols. 218-223 ; Oldendorp, *In Quintum Librum Ethicorum Aristotelis Enarrationes Philippi Melanchthonis*, in CR, vol. 11, col. 262 ; Kisch, *Melanchthons Recht- und Soziallehre*, pp. 168-184.

110) Manschreck, *Melanchthon*, p. 333.

111) 「公正であるためには、案件を取巻く事情を考慮に入れ、道理に従って良心が判断すればよいのである。案件を取巻く事情を精査すれば、なすべきことが見えてくるはずである Aequitas est iudicium animi, ex vera ratio- ne petitum, de circumstatiis rerum, ad honestatem vitae petinetium, cum indicunt, quid fieri aut non fieri oporteat」。Oldendorp, *De Iure et Aequitate, Forensis Disputatio*, Köln, 1541, p. 13. 合衆国連邦最高裁判所・判事であったストーリーは、オルデンドルプのこの定義を最良のものとして自著に引用している。Joseph Story, *Commentaries on Equity Jurisprudence, As Administered in England and America*, 12th ed., rev. Jarius Ware Perry, Boston, 1877, p. 7, n. 2. ストーリーの文庫には、オルデンドルプのこの本が所蔵されている。

112) 「公平は正義に適ったことであるが、それは法律によって実現する正義でなくて、法律が実現できなかった正義を実現するために存在するものである。なぜそのようなことになるかといえば、法律は一般的な原則を定めるだけだが、実際の事案は一般的な原則では解決できない場合が存在するからである。……そこで法律の一般的な規定から外れる事案が登場してきた場合、もし立法者がそのことを知っていれば行なったであろう方法によって立法者が残した穴を埋める作業を行なうことは正義に適ったことなのである」。Aristotle, *Ethics*, in *The Ethics of Aristotle : The Nicomachean Ethics*, ed. and trans. J. A. K. Thomson, London, 1953, bk. 5, chap. 10. さらに、つぎのものも参照。Aristotle, *The Art of Rhetoric*, trans. John Henry Freese, London, 1926, bk. 1, chap. 12, secs. 13-19.

113) Harold Berman, "Medieval English Equity," in *Faith and Order : The Reconciliation of Law and Religion*, Atlanta, 1993, pp. 55-82. また、つぎのものに収録されている史料も参照。Berman and Witte, "The Transformation of Western Legal

Philosophy," *Southern California Legal Review* 62 (1989).

114) Oldendorp, *Disputatio* 72, in *De Iure et Aequitate, Forensis Disputatio*.

115) 「自然法と公平はおなじことである Natürlyk Recht und Billigkeit ist ein Ding」。つぎのものから引用した。H. Dietze, *Naturrecht in der Gegenwart*, Bonn, 1936, p. 71. つぎのものも参照。Wolf, *Quellenbuch*, p. 161. 権威とされていたアリストテレスの「公平」観をオルデンドルプが初めて変えてみせたといって Kisch はオルデンドルプを高く評価している。Guido Kisch, *Erasmus und die Jurisprudenz seiner Zeit : Studien zum humanistischen Rechtsdenken*, Basel, 1960, p. 228. もっとも、Kisch の説明では何がどう変わったのかよく判らない。Dietze によれば、オルデンドルプには「公平と法律は別物だとする考え方と公平と法律はおなじ物だとする考え方の2つが、相対立する形で並存している」とのことである。Dietze, *Johann Oldendorp*, pp. 88-89. しかしオルデンドルプは、法律と公平（つまり良心に従って法律を適用すること）はメダルの表裏のようなもので、もし両立が不可能な場合は、公平が優先されるべきだと考えていた。

116) Macke, „Rechts- und Staatsdenken des Oldendorp," pp. 63-66.

117) このことからも、オルデンドルプの自然法がアクィナスのものと違っていたことが判る。アクィナスは自然法を、「神の法 divine law」と「人の法 human law」の中間的な存在だと考えていた。Aquinas, *Summa Theologiae*, pt. II-I, qus. 93-95.

118) マッケは、ウオルフとウイアーカーがオルデンドルプの「自然法（公平）」観を単純化しすぎていると批判しているが、そのとおりである。Macke, „Rechts- und Staatsdenken des Oldendorp," p. 151. ウオルフとウイアーカーが論拠にしている Kaltenborn に対しても、おなじことがいえそうである。Carl von Stachau Kaltenborn, *Die Vorläufer des Hugo Grotius auf dem Gebiete des iusnaturae et gentium Sowie der Politik im Reformationszeitalter*, Leipzig, 1848, pp. 233-236. 自然法は「道理 reason」から導き出されてくる法原則であって、人間にはどうすることもできないものだとオルデンドルプは考えていたというのがウオルフの主張で、彼はその根拠にオルデンドルプの *Billig und Recht* を挙げている。Wolf, *Quellenbuch*, p. 161. またウイアーカーはオルデンドルプの *Isagoge* を根拠に、オルデンドルプにとって自然法とは、神定法（十戒）とおなじように実定法の根拠となるものであったとしている。Wieacker, *History of Private Law*, pp. 283-284. Kaltenborn も *Isagoge* を根拠に、オルデンドルプにとって自然法とは実定法の根拠となる「神の法」を意味したとしている。これでは十戒は、「道理」によって自然法を理解・適用する際の補助的な手段にすぎないということになってしまう。このように Kaltenborn がオルデンドルプを誤解したのは、*Divinae Tabulae* が *Isagoge* の一部だと考えたからである（それがべつの論文であることについては、注94を参照）。マッケはオルデンドルプの書いたもの全体に目配せしながら、オルデンドルプの自

然法論を理解するためには、彼が自然を「万物の創造主 deus creator omnium」である神そのものと同一視していたことを忘れるべきでないとしている。つまりオルデンドルプがいう自然法とは、神より授かった十戒（実定法の根拠）・神より授かった「道理」から導き出される法原則・十戒と法原則を具体的な事案に適用する際に必要になる良心（神が人間の心に書き込んだもの）のすべてを意味するのである。

119) *Isagoge*, pp. 6-11 ; *Billig und recht*, pp. 58-67. オルデンドルプが具体的な事案に道義的な規範を適用する場合、良心の意味はスコラ学派的な意味で使っていた。そのスコラ学派の代表者であるアクイナスは、良心の意味を「個々の事案に善悪の知識を適用すること」と定義していた。つぎのものを参照。Eric D'Arcy, *Conscience and Its Right to Freedom*, New York, 1961, p. 42 ; Micahel Bertram Crowe, *The Changing Profile of the Natural Law*, The Hague, 1977, pp. 136-141. ただしアクイナスはオルデンドルプのように、道義的な規範を法的な規範に読み替えることはしていない。しかもオルデンドルプがいう良心は信仰と一体化した全人格的なもので（ルターもおなじように考えていた）、アクイナスのように知的な能力や道義的な判断に限定されたものではなかった。

120) D'Arcy, *Conscience*, p. 42.

121) 「信仰があって初めて我々の良心は生きてくる Faith redeems, protects and preserves our conscience」とルターは『キリスト教徒の自由について』(1522年) に書いている。つぎのものから引用した。Michael G. Baylor, *Action and Person : Conscience in Late Scholasticism and the Young Luther*, Leiden, 1977, p. 247.

122) Oldendorp, *Disputatio*, quoted in Dietze, *Johann Oldendorp*, p. 173 ; see also pp. 78-89, 126-131 ; Macke, "Rechts- und Staatsdenken des Oldendorps," pp. 67-72. このオルデンドルプの考え方は、1世紀後にイギリスに登場してくるピューリタン判事のヘイル卿 Sir Mathew Hale のものとおなじである。

123) つぎのものから引用した。Macke, "Rechts- und Staatsdenken des Oldendorp," p. 121.

124) Dietze, *Johann Oldendorp*, pp. 11-13. オルデンドルプが執筆した『法学辞典 Lexicon Juris』(Frankfurt, 1553 ; Venezia, 1555) は16-17世紀にひろく使われたが、そこでオルデンドルプは「支配体制 civitas」を「国民によって構成される組織体で、国民同士が協力することでうまく機能するもの universitas civium, in hoc collecta, ut iure societatis, vivat optimo」と定義している。

125) Oldendorp, *Lexicon Juris*, p. 272. "magistrat ... legum ministri sunt." つぎのものも参照。Idem, *Divinae Tabulae*, p. 19 ; *Ratmannenspiegel*, pp. 73-77.

126) "Falsum igitur est simpliciter asserere, principem habere potestatem contra ius. Decet enim tantae magistati ... servare legis." つぎのものから引用した。Macke, "Rechts- und Staatsdenken des Oldendorp," pp. 79-80.

127) Ibid., p. 85.
128) Ibid., pp. 85-92.
129) Oldendorp, *Lexicon Juris*（引用ページ数なし）．つぎのものも参照。Macke, "Rechts- und Staatsdenken des Oldendorp," p. 92.
130) Macke, "Rechts- und Staatsdenken des Oldendorp," pp. 92-94.
131) Ibid., pp. 80-82.
132) Ibid., p. 110.
133) Oldendorp, *Lexicon Juris*, p. 249. "Iuris finis est, ut pacifice transigamus hanc vitam umbratilem, ac perducamus ad Christum et aeternam vitam."
134) Ibid. つぎのものも参照。Macke, "Rechts- und Staatsdenken des Olden-dorp," p. 13
135) 「たしかにアダムの原罪によって人間の本性は堕落してしまった。しかし小さな光は残っており、そのおかげで人間は神定法や自然法を認識できるのである certum natura hominis ex Adae lapsu adeo corrupta fuit, ut vix igniculi remaneant, ex quibus tam magnifica divini et naturalis iuris bonitas agnosci posset *Isagoge*, pp. 9-10.
136) 教皇革命あと、カトリック教会が最初の近代国家として登場し、またそのおかげで世俗の国家や支配者が登場できたことについては、つぎのものを参照。Berman, *Law and Revolution*, pp. 113-115 and 275-276.
137) 「中世末期のキリスト教思想にとって、最大の課題は人間の知性 reason と神のお告げ revelation をどう統合するかということであった」Steven Ozment, *The Age of Refrom*, p. 21.
138) Jaroslav Pelikan, *Reformation of Church and Dogma 1300-1700*, Chicago, 1989, p. 20.
139) 「陪審員の裁量 jury equity」については、つぎのものを参照。Geroge E. Butler II, "Compensable Liberty: A Historical and Political Model of the Seventh Amendment," *Notre Dame Journal of Law, Ethics, and Public Policy* 1 (1985), 595, 713-320. イギリスとアメリカの陪審制では、判決を下すことによって判事が行なう判例法作成の作業と、陪審員が実際に法律を適用する作業は明確に区別されている。「陪審員の裁量」は具体的な事案に法律を適用する際に発揮されることになる。また、「陪審員の裁量」は「陪審員の法令無視 jury nullification」とは別物である。「陪審員の法令無視」は、裁判所が陪審員の権限に制約を加えるために厳格な法令を定めようとしたときに行使されるものである。
140) *WA*, 32: 390; 38: 102.
141) *CR*, vol. 16, col. 436.
142) 19-20世紀のドイツに登場してきた「法治国家 Rechtsstaat」という考え方につい

ては、つぎのものを参照。Otto von Gierke, *Johannes Althusius und die Entwiklung der naturrechtlichen Staatstheorie*, 5th ed., Aalen, 1958, pp. 264 ff.; Herman Dooyeweerd, *De Crisis der hmanistischen Staatsleer in het Licht eener calvinistische Kosmologie en Kennistheorie*, Amsterdam, 1931, p. 40. 近代国家の登場とルター派の関係については、つぎのものを参照。James D. Tracy, ed., *Luther and the Modern State in Germany*, Kirksville, Mo., 1986; Günther Holstein, *Luther und die deutsche Staatsidee*, Tübingen, 1926.

143) Thomas Aquinas, *Summa Theologiae*, pts. II-I, qu. 90, art. 4.

144) ルターの法思想には２つの考え方しか存在しないと指摘されることがある。その１つは人間が堕落によって自然法を認識する能力を失ってしまったという考え方で、もう１つは法律が人間の「知性 reason」が生み出したものではなく支配者の意志の反映にすぎないとする考え方である。このルターの法思想と対照的なのがアクィナスの自然法理論によって法思想を展開した16世紀のスペインのネオ＝トマス主義者の法思想だとする Godley は、つぎのように書いている。「ルター派やカルバン派によると、人間は堕落したことで善悪の判断すらできなくなり、そこで支配者は自分の意志を反映した法律を制定して国民に善悪の違いを教えることになった。それと対照的なのが人間の道理とアクィナスの自然法理論を信じるネオ＝トマス主義者である」。James Gordley, *The Philosophical Origin of Modern Contract Doctrine*, Oxford, 1991, p. 70. しかし、この章で指摘したように、ルター派の神学者や法学者は人間の本性に対して悲観的な考え方をしてはいたが、それでも神は人間に基本的な「善悪の判断基準 moral principles」を授け、また十戒を授けることで法制度の根拠を示し、なおかつキリストは神と隣人を自分自身のように大切に思うようにと教えたと考えていた。メランヒトンはアクィナスほど人間の「知性」に対して楽天的でなく、自然法を認識する能力がそれほど優れているとは考えていなかったが、その代わりに信仰と神の「慈悲 grace」によって良心が働き、自然法を「公正に equitably」適用することができると考えていた。またルター派の法学者は、その欠陥ゆえに人間には支配者が与える秩序が必要になってくるのだが、秩序維持のためには自然法に反する支配者の命令にも従う必要があると考えていた。アクィナスは一方で自然法に反する法律は「法律ではない」としながらも、「場合によっては騒ぎを起こさないために、そんな法律にも従う必要があるかもしれない」としている。もっとも、自然法にも「神の法」にも反する場合は従う必要はないともしている。Thomas Aquinas, *Summa Theologiae*, pts. II-I, qu. 96, art. 2.

　ルター派の法学者とスペインのネオ＝トマス主義者のあいだには似た点が多い。すでに指摘したように（この章の注102を参照）、オルデンドルプもアリストテレスの「寛容 liberality」とか「等価交換 commutative equality」といった言葉を使ったり、アリストテレスの「４因論 causes」という言葉を使って契約法の趣旨を説

明したりしているが、こうしたアリストテレスの言葉は、ネオ゠トマス主義者には不可欠のものであった（このことを Gordley は強調して止まない）。しかもネオ゠トマス主義者たちも法学論を展開するときは十戒など聖書に登場してくる法律に依拠しており、その点でもルター派の法学者とよく似ている。またルター派の法学者もネオ゠トマス主義者も15世紀末-16世紀初めの古典古代研究によく通じていた。さらに両者とも王政論者であり、世俗法も教会法も国王の立法権に属すると考えていた。とくにスペインでは、形式的に教会は教皇に従うことになっていたが、現実には国王が教会に対する支配権を確立していた。ただ違っていた点もあり、まずルター派の法学者はアリストテレスのように「公平 equity」を法律の適用が正義の実現に反するような例外的な場合にのみ必要な原則とは考えておらず、法制度そのものに組み込まれ、つねに適用されるべき原則だと考えていた。また、「公平」は「知性」の問題とは考えず良心の問題だと考えていた。さらに良心は「知性」が生み出すものではなく、信仰と神の「慈悲 grace」が結びついたとき初めて生まれてくるものだと考えていた。

第3章　新しい法学の登場

　この章は、部分的に Charles J. Reid, Jr. との共著論文に依拠している。"Roman Law in Europe and the *Jus Commune*: A Historical Overview with Emphasis on the New Legal Science of the Sixteenth Century," *Syracuse Journal of International Law and Commerce* 20 (1995), pp. 1-27.

1)　Berman, *Law and Revolution,* pp. 123-151.
2)　『学説彙纂 *Digesta*』は、6世紀初めにユスチニアヌス帝の命令で編纂された法典の一部で、現在の英訳で1200ページほどの書物である。当時、知られていた法学者の学説や個々の事案に対する判決、またそれに関する意見を集めたもので、『法学提要 *Institutiones*』（学生用の解説書）・『勅法彙纂 *Codex Iustinianus*』（ユスチニアヌス帝以前の皇帝の勅令）・『新勅法 *Novellae*』（ユスチニアヌス帝自身の勅令）と一緒にして『ローマ法大全 *Corpus Juris Civilis*』と呼ばれている。
3)　つぎのものを参照。Winfried Trusen, *Anfänge des Gelehrten Rechts in Deutschland: Ein Beitrag zur Geschichte der Frührezeption*, Wiesbaden, 1962.　この論文によって間違っていることが証明されているにもかかわらず、法制史家はドイツにおけるローマ法の継受が15世紀以降のことだとしてはばからない。
4)　1495年の勅令で、「帝国最高法院 Reichskammergericht」の構成員の半数はローマ法に詳しい者でなければならないとされた（残る半数は貴族の代表）。「領国 Land」の上級裁判所もこのやり方を採用し、16世紀中頃にはドイツの上級裁判所の構成員は、その大多数が大学でローマ法と教会法を学んだ者になった。その後、

下級裁判所の構成員にもおなじ傾向が浸透していった。
5) 14世紀に「古典古代研究者 humanists」といえば、神学・法学・医学を学ぶ学生と対比された古典古代の文法・修辞学・詩学・歴史学・哲学を学ぶ学生を意味したが、それが15-16世紀になるとラテン語・ギリシャ語による古典古代研究の隆盛を反映して、さまざまな分野の古典古代研究者を意味するようになった。そこで詩人のペトラルカ・哲学者のエラスムス・神学者にして法学者のメランヒトンの全員が、「古典古代研究者」と呼ばれるようになった。彼らに共通していたことは、スコラ学の攻撃に熱心だったことである。Philip P. Wiener, ed., *Dictionary of the History of Ideas*, vol. 2, New York, 1973, pp. 515-523.
6) Paul-Emile Viard, *André Alciat, 1492-1550*, Paris, 1926, p. 119, nn. 1-9.
7) バッラが新しい法学に与えた影響については、つぎのものを参照。Donald R. Kelly, *Foundations of Modern Historical Scholarship : Language, Law, and History in the French Renaissance*, New York, 1970, pp. 19-52 ; Myron P. Gilmore, *Humanists and Jurists : Six Studies in the Renaissance*, Cambridge, Mass., 1963, pp. 3 ff. ; Quentin Skinner, *The Foundations of Modern Political Thought*, vol. 1, Cambridge, 1978, pp. 201 ff. ; Ernst Andersen, *The Renaissance of Legal Science after the Middle Ages : The German Historical School No Bird Phoenix*, The Hague, 1974, pp. 31 ff.
8) Kelly, *Foundations*, p. 31. つぎのものも参照。Lisa Jardine and Donald R. Kelley, "Lorenzo Valla and the Intellectual Origins of Humanist Dialectic," *Journal of the History of Philosophy* 15 (1977), 143-164.
9) Kelley, *Foundations*, p. 40. バッラのトリボリアヌスに対する批判的な姿勢が16世紀のフランスの法学者たち(Charles Dumoulin, François Hotman, Jacques Cujas, Pierre Pithou)に大きな影響を与えることになる。Stintzing, *Geschichte der Rechtswissenschaft*, pp. 375-381 ; Julian Franklin, *Jean Bodin and the Sixteenth-Century Revolution in the Methodology of Law and History*, New York, 1963, pp. 36 ff. ; Andersen, *No Bird Phoenix*, pp. 103 ff.
10) Kelley, *Foundations*, p. 41.
11) Theodor Viehweg, *Topics and Law : A Contribution to Basic Research in Law*, trans. W. Cole Durham, Frankfurt am Main, 1993, pp. 61-63 ; Karl H. Burmeister, *Das Studium des Rechts im Zeitalter des Humanismus im deutschen Rechtsbereich*, Wiesbaden, 1974, pp. 241-251 ; Stintzing, *Geschichte der Rechtswissenschaft*, pp. 121-129.
12) Lorenzo Valla, *Contra Bartolum Libellum Cui Titulus de Insignii et Armis Epistola* (1518). つぎのものから引用した。Gilmore, *Humanists and Jurists*, pp. 31-32 ; Domenico Maffei, *Gli inizi dell'umanesimo giuridico*, Milano, 1956, pp. 38-41.

バルトルスを罵倒した友人宛の手紙が公表されてバッラはパビア大学を追われ、パビア市にもいられなくなる。

13) 14世紀にナポリでユスチニアヌス法典の注釈書 *Commetaria in tres libros Codicis Justiniani imperatoris* を書いた Lucas de Penna は、つぎのようなことをいっている。「神はローマの皇帝たちを通じて人類に法典を授けてくれた」・「ローマ法には聖霊が宿っていると考えるべきだ」。つぎのものから引用した。Walter Ullmann, *The Medieval Idea of Law, as Represented by Lucas de Penna : A Study in Fourteenth-Century Legal Scholarship*, London, 1946, pp. 75-76.

14) Andersen, *No Bird Phoenix*, pp. 30-121; Hans Erich Troje, *Graeca Leguntur : Die Aneigung des byzantinischen Rechts und die Entstehung eines humanistischen Corpus iuris civilis in der Jurisprudenze des 16. Jahrhunderts*, Köln, 1971; idem, „Die Literatur des gemeine Rechts unter dem Einfluss des Humanismus," in Helmut Coing, ed., *Handbuch der Quellen und Literatur der neueren europaischen Privatrechtsgeschichte : Neuere Zeit*, vol. 2 (1500-1800), München, 1977, pt. 1, pp. 615, 640-671. なかでも有名なのが、コンスタンチヌス大帝がキリスト教世界に対する聖俗の支配権を教皇シルウエステル1世に与えたとされた『コンスタンチヌスの寄進状 *Donatio Constantini*』である。9世紀以来、教皇がその権限を強化する際に根拠とされた偽書であった。1433年に、まず Nicolaus Cusanus が偽書であることを示唆し、1440年にバッラが偽書であることを証明してみせた。バッラの証明が公刊されたのは1517年のことである。ルターたちは、これを教会法や教皇に対する攻撃に利用した。Andersen, *No Bird Phoenix*, pp. 31 ff.

15) とくにフランスでは、16世紀にローマ法の注釈学者がフランス法の「ガリア的」起源を証明しようとしていた。それがローマ法の復刻に大きく貢献したことについては、つぎのものを参照。Andersen, *No Bird Phoenix*, pp. 33 ff.; Coleman Phillipson, „Jacques Cujas," in John MacDonnell and Edward Manson, eds., *Great Jurists of the World*, Boston, 1914, pp. 83-108; Ernst Spangenberg, *Jacob Cujas und seine Zeitgnossen*, Frankfurt am Main, 1967. 16世紀のフランスで最も優れた法学者はクヤチウス Cujacius だとされているが、彼の最大の貢献は古いローマ法の写本を見つけてきて編集し、注釈を施したことである。Kelley, *Foundations*, pp. 151-216; Hans Troje, "Die Literatur des gemeinen Rechts unter dem Einfluss des Humanismus," in Coing, *Handbuch*, vol. 2, pt. 1, pp. 615-795; Michael H. Hoeflich, „A Seventeenth-Century Roman Law Bibliography: Jacques Godefroy and His Bibliotheca Iuris Romani," *Law Library Journal* 75 (1983), 514-527. 17世紀になると、彼らは「エレガント派 Elegant School」と呼ばれるようになる。Peter Stein, "Elegance in Law," *Law Quarterly Review* 77 (1961), 242-256.

16) Maffei, *Inizi*, p. 56.

17) ドイツの大学における法学教育のあり方については、つぎのものを参照。Burmeister, *Studium des Rechts*, pp. 17 ff., 73 ff., 251 ff.; Helmut Coing, „Die juristische Fakultät und ihr Lehrprogram," in Coing, *Handbuch*, vol. 2, pt. 1, pp. 30-49, 59-61; Otto Stobbe, *Geschichte der deutschen Rechtsquellen*, Bd. 1, Aalen, 1965, pp. 9-43.

18) Erasmus, letter to Charles Sucquet, July 2, 1529, in P. S. Allen and H. M. Allen, eds., *Opus Epistolarum Des. Erasmi Roterdami*, 12 vols., Oxford, 1906-1958, 8: 221.

19) ブダエウスは、パリ大学でギリシャ語・文献学・哲学・神学を学び、さらにオルレアン大学で法学を学んでいる。ブダエウスについては、つぎのものを参照。Louis Delaruelle, *Guillaume Budé: Les origines, les débuts, les idées maîtresses*, Genéve, 1970; Jean Plattard, *Guillaume Budé et les origines de l'humanisme française*, Paris, 1923.

20) *Udalrici Zasii Censura Interpretationis Petri Stellae*, col. 247. つぎのものから引用した。Michael L. Monheit, "Passion and Order in the Formation of Calvin's Sense of Religious Authority" (Ph. D. diss., Princeton University, 1986), p. 46. ブダエウスに対するザシウスの悪口雑言については、つぎのものを参照。Roderich von Stintzing, *Ulrich Zasius: Ein Beitrag zur Geschichte der Rechtswissenschaft im Zeitalter der Reformation*, Basel, 1857, pp. 196 ff.

21) Godehard Fleischer, „Ein europäischer Streit über einer bereichrungsrechtlichen frage" (Diss., Freiburg im Breisgau, 1966), pp. 60-62; Monheit, „Passion and Order," p. 41.

22) ザシウスについては、つぎのものを参照。Steven Rowan, *Ulrich Zasius: A Jurist in the Renaissance*, Frankfurt am Main, 1987; Stintzing, *Geschichte der Rechtswissenschaft*, pp. 155-174; Erik Wolf, *Grosse Rechtsdenker der deutschen Geistesgeschichte*, vol. 2, Tübingen, 1944, pp. 55-91; Guido Kisch, *Erasmus und die Jurisprudenz seiner Zeit: Studien zum humanistischen Rechtsdenken*, Basel, 1960, pp. 317-343; Hans Winterberg, *Die Schüler von Ulrich Zasius*, Stuttgart, 1961.

23) ザシウスの800に及ぶ「意見書」・『学説彙纂』に関する講義・個人的な書簡などが、つぎのものに収録されている。Ulrich Zasius, *Opera Omnia*, 6 vols., Lyon, 1550. つぎのものも参照。Hans Thieme, ed., *Aus den Handschriften Ulrich Zasius*, Freiburg im Breisgau, 1957.

24) Preface to *Intellectus Juris Civilis Singulares* (1532), quoted in Wolf, *Grosse Rechtsdenker*, p. 22.

25) *Lucubrationes Aliquot Sane Quam Elegantes, Nec Minus Eruditae* (1518), p. 69,

quoted in Wolf, *Grosse Rechtsdenker*, p. 17.

26) アルチアツスについては、つぎのものを参照。Coleman Phillipson, "Andrea Alciat and His Predecessors," in MacDonnell and Manson, *Great Jurits of the World*, pp. 58-82; Roberto Abbondanza, "La vie et les oeuvres d'André Alciat" and "Premières considérations sur la méthodologie d'Alciat," in *Pédagogues et Juristes*, Paris, 1963, pp. 93-106, 107-118; Vincenzo Piano-Mortari, "Pensieri di Alciato sulla giurisprudenza," in *Appollinaris : Studia et documenta historiae et juris* 33 (1967), 189-220; Maffei, "André Alciat," in *Inizi*, pp. 132-136; Kelley, *Foundations*, pp. 87-115.

27) アルチアツスが書き残した800にも及ぶ「意見書」は、つぎのものにも収録されている。Alciatus, *Opera*, 1582.

28) Hans Erich Troje, "Alciats Methode der Kommentierung des '*Corpus iuris civilis*,'" in August Buck and Otto Herding, eds., *Der Kommentar in der Renaissance*, Boppard, 1985, p. 60. アルチアツスに対するTrojeの評価は、そのままザシウスにも当てはまる。

29) つぎのものにもおなじ評価が見られる。Viard, *André Alciat*, p. 164; Maffei, "André Alciat," p. 132. アルチアツスは「新しい考え方を導入するのではなくて、古典古代や中世の法思想をそのまま残すことを理想としていた」とまでいう研究者もいる。Piano-Mortari, "Pensieri di Alciato," p. 219.

30) つぎのような法学者を例に挙げることができる。Claudius Cantiuncula (Claude Chansonnette), Christophus Hegendorphinus, Matthaeus Gribaldus Mopha, Franz Frosch, Sebastian Derrer, Joachim Hopperus. つぎのものを参照。Burmeister, *Studium des Rechts*, pp. 251 ff.; Troje, "Die Literatur des gemeinen Rechts," pp. 718-730. しかし、彼らが考えていたのは法学教育を簡素化して、どう効率よく教えるかということであった。シュティンツィンクによると、彼らはドイツ法学が「体系化の方法を試験的に試みていた段階」に属していたのである。Stintzing, *Geschichte der Rechtswissenschaft*, pp. 242-260. Mutherも「この時期のドイツの法学は、16世紀後半に登場してくる体系的な法学の準備をしていた」としている。Theodore Muther, *Doctor Johann Apel : Ein Beitrag zur Geschichte des deutschen Jurisprudenz im sechzehnten Jarhhundert*, Königsberg, 1860, pp. 7-8. 以上のように考えない研究者もいるが、それは第2段階と第3段階の違いを理解せず、両段階を混同しているからである。たとえば、TrojeはHegendorphinusの*Libri Dialecticae Legalis Quinque*が新しい法学を「最初に完成した」と評価している。Hans Troje, „Die Literatur," p. 734. またウイアーカーは、Cantiuncula, Derrer, Frosch, Drosausやアペル・ラグスたちが新しい法学の教授法・用語法に対する関心や『法学提要』に対する関心から、法学に新しい形を持ち込もうとしたと評価している。

Franz Wieacker, *History of Private Law*, pp. 162-165. さらに Kisch は、Cantiuncula がドイツに新しい法学をもたらした「先駆者 pathbreaker」であって、「ローマ法注釈学者を王座から引きずりおろし」、「法学に新たな視点」を持ち込んできたとしている。Guido Kisch, *Claudius Cantiuncula : Ein Basler Jurist und Humanist des 16. Jahrhunderts*, Basel, 1970. pp. 57-71.　Ferslev はアルチアッス・ザシウス・ブダエウスたちの「文献学的な方法」と Cantiuncula, Hengendorphinus やアペルたちの「弁証法的・統合的な方法」を対比させて、アペルたちが新しい法学を築き上げたとしている。Cantiuncula は（Nicolaus Everardus も）キケロが提示した課題により、また Hengendorphinus とアペルはメランヒトンの弁証法によって新しい法学を築き上げたのだという。Hans-Peter Ferslev, „Claudius Cantiuncula : Die didaktischen Schriften" (Thesis, Köln, 1967).　たしかに Cantiuncula や Hopperus は体系的な法学の確立を目指していたが、彼らが初期に書いた論文は、私が第2段階と呼んでいるものにすぎない（両段階を混同している研究者は、これを根拠にしている）。Troje らが最初に体系的な法学を「完成させた」と評価している Christophus Hengendorphinus の *Libri Dialecticae Legalis Quinque*, Paris, 1531 ; 1549 ed. は、実は32ページの小冊子にアグリコラのやり方に従って、「法概念」・「法原則」に関して過去に提示された意見を並べているだけなのである。注38も参照。

31) ザシウスは、自分のかつての学生（Joannes Fichard）が新しく体系化された法学を作り上げる必要があるのではないかといってきたとき、従来どおり『学説彙纂』を学んでいれば十分だと答えていた。「法律から法原則を探り出し、それを分類する必要がないとは言わないが、その作業は無限といわないまでも、膨大すぎる。それに法原則だけを問題にするようなやり方からは何の成果も期待できない。そんなことを考えるより50巻の『学説彙纂』を学んでいればよい」。Letter of ca. 1530 in Rieggerus, *Udalrici Zasii, jc Friburg Quondum Celeberrimi, Epistolae ad Viros Aetatis sive Doctissimus*, Ulm, 1774, p. 382.　シュティンツィンクも同意見のようである。Stintzing, *Geschichte der Rechtswissenschaft*, pp. 108 ff.

32) アペル・ラグス・オルデンドルプのほかにも、ルターが親交をもっていた法学者は数多くいた（Joachim von Beust, Henning Gode, Kilian Goldstein, Joachim Hopper, Melichor Kling, Basilius Monner, Christoph Scheurl, Johannes Schneidewin, Hieronymous Schurpf, Michael Teuber）。また、帝国法・領国法・都市法などを起草した数多くの神学者もルターと親交をもっていた（Johannes Brenz, Martin Bucer, Johannes Bugenhagen, Johannes Oecolampadus, Andreas Osiander）。ルターの交友関係については、つぎのものを参照。Karl Köhler, *Luther und die Juristen : Zur Frage nach dem gegenseitigen Verhältniss und der Sittlichkeit*, Gotha, 1873.　また、それぞれの法学者・神学者に関する情報は、つぎのものを参照。*All-*

gemeine Deutsche Biographie, 56 vols., Leipzig, 1875-1910. ザシウスとルターの関係については、つぎのものを参照。Stintzing, *Geschichte der Rechtswissenschaft*, pp. 216-255. アルチアッスとルターとの関係については、つぎのものを参照。Phillipson, „Jacques Cujas," p. 72. 両人とも法学・神学の改革が必要であることは認めていたが、改革派としてはけっして徹底していなかった。

33) ウイッテンベルク大学におけるメランヒトンの活動については、つぎのものを参照。Guido Kisch, *Melanchthons Rechts- und Soziallehre*, Berlin, 1967, pp. 60 ff.; Stintzing, *Geschichte der Rechtswissenschaft*, pp. 287 ff. Muther は、とくに Hieronymous Schuerpf との交友関係が重要だったとしている。Theodor Muther, *Aus dem Universitäts- und Gelehrtenleben im Zeitalter der Reformation*, Erlangen, 1866.

34) その後、1525・1535・1544-45年と3回、出版されている。出版のたびに少し表題が変わっているが、そのことについては、つぎのものを参照。Quirinius Breen, „The Terms '*Loci communes*' and '*Loci*' in Melanchthon,'" *Church History* 16 (1947), 197, 203-204; Muther, *Aus dem Universitäts- und Glehrtensleben*.

35) メランヒトンはこの整理・分析法を「物事を解明・説明するために必要な方法……道理 ratio によって解明・説明するために必要な知識 scientia・技術 ars であり、方法 methodus・やり方 habitus である」としている。Melanchthon, *Erotemata Dialectices* (n.d.), p. 573. しかし同書の旧版では (*Dialectices Philippi Melanchthonis Libri II*, 1534, p. 112. under the heading *De Demonstrationibus*)、彼がいう方法 methodus とは、分類・解明・説明するだけでなく、善し悪しを証明・判断するための方法でもあった。

36) Melanchthon, *Erotemata Dialectices*, pp. 573-578.

37) メランヒトン以前にも法学者たちは「課題 loci」という言葉を使っていたが (Peter Gammarus, *Legalis Dialectica*, 1514; Nicolaus Everardus, *Topicorum Seu de Locis legalium Liber*, 1516; reprint, 1552; Claudius Cantiuncula, *Topica Dialectices*, 1520, reprinted in *Primum volumen tractatuum ex variis iris interpretibus collectorum*, 2nd. ed., Lyon, 1540, pp. 253-271)、その意味はシュティンツィンクにいわせると、「議論が展開されている箇所や史料の存在箇所をすばやく見つけるための手段」にすぎなかった。Stintzing, *Geschichte der Rechtswissenschaft*, pp. 114-115. 彼らがいうそれぞれの「課題 locus」とは、高利貸・無遺言相続・奴隷解放など、『学説彙纂』・ローマ法学者の注釈書などから取ってきた項目のことで (Everardus の初版本には、131の「課題」が存在する)、それぞれの項目の箇所に、ローマ法の条文、条文に関する注釈、ギリシャやローマの哲学者・教父・スコラ学派の神学者や教会法学者が書き残したものなどに関する意味不明の要約が並べられている。伝統として残されてきた「教え teachings」の要約は広範囲にわたるものだが、それが

何の基準もなく並べられているだけである。お互いに矛盾する内容の記述もそのまま残されており、古くなって使われなくなっていても、それを省略することもしていない。シュティンツィンクは、このようなやり方も１つの方法かもしれないが、法学の発展に寄与したとはとても思えないとしている。「やり方を変えなければならないと彼らが気づいていれば、法学の発展に寄与できたことは間違いないが、彼らは古いやり方を踏襲しただけであった。……課題の整理・分析法の発展に何か貢献することがあったとは思えない。新しい動きの始まりというより、古いスコラ学の最後の遺物と考えるべきである」。Stintzing, *Geschichte der Rechtswissenschaft*, pp. 119, 121.

38) たとえばGilbertは、メランヒトンの考え方を「皮相なもの superficial doctrine」と決めつけており、その分析方法を「混乱 mélange」と呼んでいる。「メランヒトンが課題の発見を重視していたのに対して、ラムスは新しく正否判断を重視するように提案している」としている。Neal W. Gilbert, *Renaissance Concepts of Method*, New York, 1960, pp. 127-128. おなじようなことをいっている研究者にOngがいる。つまり、ラムスが初めて科学的な分析方法を重視したのに対して、メランヒトンは1547年に *Erotemata* を発表するまで分析方法を問題にすることはなかったというのである。Walter J. Ong, *Ramus, Method, and the Decay of Dialogue : From the Art of Discourse to the Art of Reason*, 1958; reprint, Cambridge, Mass., 1983. しかしメランヒトンは、すでに1534年に *Dialectices Libri II* で「科学的方法 methodus」が「公正 right」・「道理 reason」・「科学 science」・「真の知識 true knowledge」とおなじことだとしていた。Gilbert も Ong も、*Dialectices Libri II* でメランヒトンが書いていたことを無視している（Gilbertは *Dialectices Libri II* を参照できないので、メランヒトンが *Erotemata* 以前に分析方法を問題にしていたか否かが確認できないと書いている。Ibid., p. 126, n. 13）。のちに Ong は考え方を変えたようで、1973年に書いた短いエッセイで「1543-47年に３人とも（ラムス・Johann Sturm・メランヒトン）分析方法を問題にするようになった」と書いている（すでに指摘したように、メランヒトンはもっと早くから問題にしていた）。Walter J. Ong, "Ramism," in Philip Wiener ed., *Dictionary of the History of Ideas*, vol. 4, *Studies of Selected Pivotal Ideas*, New York, 1973, p. 43. なお、著者宛の私信で Ong は、ラムスとメランヒトンに対する評価が間違っていたことを認めている。ところが Maclean は、最近の著書で「課題の整理・分析法」を確立したのはラムスであるとしており、メランヒトンには簡単に言及しているだけである。Ian Maclean, *Interpretation and Meaning in the Renaissance : The Case of Law*, Cambridge, 1992. Maclean は Ong に従ってラムスのやり方をカルバン派、メランヒトンのやり方をルター派と関連づけているが、ラムスをルター派のFreigius (Johan Thomas Frey) とも関連づけて説明しており（しかも、ラムスがルター派で

あることを無視している。pp. 42-43)、さらに彼がFreigiusの本 (*Partitiones Juris Utriusque*, Basel, 1571) から作成した図表は、1世代前のルター派の法学者が作成したものと似ていることも無視している。

メランヒトンを正当に評価しているのは、つぎのような研究者である。Paul Joachimsen, "Loci Communes : Eine Untersuchung zur Geistesgeschichte des Humanismus und der Reformation," in *Luther-Jahrbuch* 85 (1926) ; Ernst Wolf, *Phillipp Melanchthon : Evangelischer Humanismus*, Göttingen, 1961 ; Quirinius, "The Terms 'Loci Communes' and 'Loci' in Melanchthon,'" ; Adolf Sperl, *Melanchthon zwischen Humanismus und Reformation : Eine Unterzuchng uber den Wandel des Traditionverständnisses bei Melanchthon und die damit zusammenn- hängenden Grundfragen seiner Theologie*, München, 1959, p. 34.

メランヒトンは20世紀末のドイツで、法制史家から完全に無視されている。Coingは「課題の整理・分析法」の登場をアグリコラ・ラムスの線で考えており、メランヒトンについては「メランヒトンはルター派が支配的だった地域、ラムスはカルバン派が支配的だった地域で影響を与えた」と書いているだけである。Coing, *Handbuch*, pp. 24-25. また、Hattenhauerも浩瀚なヨーロッパ法制史のなかで「メランヒトンとルターが聖書と法制度をルター派の地域で結びつけた」と書いているだけである。Hans Hatten-hauer, *Europäische Rechtsgeschichte*, Heidelberg, 1992, p. 367. 16世紀の法学に関する本でMortariはメランヒトンに度々、言及しているが、メランヒトンとアグリコラの違いを認識できておらず、メランヒトンは古典古代研究者の1人としているだけでルター派であったことの意味が判っていないようである。Vincenzo Piano Mortari, *Diritto logica metodo nel secolo XVI*, Napoli, 1978. ローマ法がヨーロッパの法制度に与えた影響を研究した先駆的な著書で、Koschakerはメランヒトンを無視しているだけでなく、「法学Rechtswissenschaft」は19世紀のドイツで歴史学派が発明したとしている。Paul Koschaker, *Europa und das römische Recht*, München, 1947, p. 210. こうしたメランヒトン無視の原因は、ヨーロッパの法制度がキリスト教を基盤に成り立っていることに気づいていないことにある。

39) ラムスが自分の分類法（数学的な方法）が真理に至る道だと自負していたとOngはいうが、Ongの研究書を注意深く読めば、ラムスが新しいことも重要なことも証明していなかったことが判る。Ong, Ramus, pp. 171-195.

40) 1521年版の『神学総論』の冒頭で、メランヒトンは伝統的なスコラ学者が挙げる神学上の「課題loci」は、「理解不能な……馬鹿馬鹿しい議論」であって、「まるで異端の議論である」。その議論は正しい「キリスト教に関する知識、つまり神の法が求めていることは何か、神の法を実現する力はどこに求めればよいのか、罪の許しに必要な神の慈悲はどうすればえられるのか、悪魔・肉欲・誘惑の多い世界で怏

えずに生きていけるような魂はどうすればえられるのか、良心を苦しみから解放するにはどうすればよいのかといったことに何も答えていない。スコラ学者は何か答えを用意したことがあっただろうか。ローマ人への手紙でパウロは、スコラ学者のように三位一体の神秘的な意味や、神が人間キリストとしてこの世に現われたことについて意味のない哲学的な議論を展開しただろうか。あるいは、天地創造などについて無意味な哲学的議論を展開しただろうか。答えは否である。ではパウロは何を問題にしたのであろうか。パウロが問題にしたのは、法・罪・慈悲などといった課題 loci であり、キリスト教の根幹をなす問題なのである。パウロは何度も、信者がキリストについてよく知ることを望むといっているし、天国ゆき（これも課題 loci のひとつ）を離れたときキリストとは無縁な議論に心が向くともいっている。そこで我々は、この本を読む者の心がキリストに向かうよう、また良心を強くして悪魔に対抗できるようにするために、いくつかの課題について論じてみることにする」。Melanchthon, *Corpus Reformatorum*, 22: 83-85, trans., in Wilhelm Pauck, *Melanchthon and Bucer*, Philadelphia, 1969, pp. 20-22.

41) アペルについては、つぎのものを参照。Muther, *Aus dem Universitäts- und Gelehrtensleben*; Stintzing, *Geschichte der Rechtswissenschaft*, pp. 270 ff.; idem, "Johann Apel," in *Allgemeine Deutsche Biographie*; F. Merzbacher, "Johann Apels dialektische Methode der Rechtswissenschaft," *ZSS* (Rom. Abt.) 55 (1958), 364 ff.; Franz Wieacker, *Humanismus und Rezeption : Eine Studie zu Johannes Apels Dialogus oder Isagoge per Dialogum in IV Libros Institutionum* (1940), reprinted in *Grunder und Bewahrer : Rechtslehrer der neueren deutschen Privatrechtsgeschichte*, Göttingen, 1959, pp. 44-104; Gerhard Theuerkauf, *Lex, Speculum Compendium Iuris, Rechtsaufzeichnung und Rechtsbewusstsein in Norddeutschland vom 8. bis 16. Jahrhundert*, Köln, 1968, pp. 202 ff. アペルの著作については、つぎのものを参照。*Aus dem Universitäts- und Gelehrtensleben*, pp. 455-487.

42) *Methodica Dialectices Ratio ad Iurisprudentiam Accomodata, Authore Iohanne Apello*, Nürnberg, 1535.「あとがき」の日付は、1533年7月31日になっている。Troje, "Die Literatur des gemeinen Rechts," p. 734.

43) *Isagoge per Dialogum in Quatuor Libros Institutionum Divi Iustiniani Imperatoris, Autore Ioanne Apello*, Bratislava, 1540.

44) Apel, *Methodica*, fol. 272r. ibid., B. 4 and D. 8. また、つぎのものも参照。Stintzing, *Geschichte der Rechtswissenschaft*, pp. 289-290.

45) Stintzing, *Geschichte der Rechtswissenschaft*, p. 289. おなじような評価が、つぎのものにも見られる。Ferslev, "Claudius Cantiuncla," p. 36; Muther, *Doctor Johann Apel*, pp. 34-35; Wieacker, *Humanismus und Rezeption*, pp. 64-67.

46) つぎのものから引用した。Wieacker, *Humanismus und Rezeption*, pp. 62-62.

47) Ibid.
48) ルター派の聖書解釈については、つぎのものを参照。Joachim Beckman, "Die Bedeutung der reformatorischen Entdeckung des Evangelium für die Auslegung der Heiligen Schrift," *Luther-Jahrbuch* 34 (1963), 20 ff.; Edward H. Schroeder, „Is There a Lutheran Hermeneutics ?," in Robert W. Bertram, ed., *The Lively Function of the Gospel: Essays in Honor of Richard R. Caemmerer*, St. Louis, 1966, pp. 81-98; Karl Holl, "Luthers Bedeutung für den Fortschritt der Auslegungkunst," in *Gesammelte Aufsetze zur Kirchengeschichte*, 6th ed., Tübingen, 1932, 1: 544 ff.; Alfred Voigt, „Die juristische Hermeneutik und ihr Abbild in Melanchthons Universitätsreden," in Carl Joseph Hering, ed., *Staat-Recht-Kultur : Festgabe für Ernst von Hippel zu seinem 70. Geburtstag*, Bonn, 1965, pp. 265 ff.
49) 「物に対する権利 *ius ad rem*」という概念については、つぎのものを参照。Harry Dondorp, „*Ius ad rem* als Recht, Einsetzung in ein Amt zu Verlagen," *Tijdschrift voor Rechtsgexhiednis* 59 (1991), 285-318; Peter Landau, "Zum Ursprung des '*Ius ad Rem*' in der Kanonistik," in Stephan Kuttner, ed., *Proceedings of the Third International Congress of Medieval Canon Law*, 1971, 81-102. 「物に対する権利」という概念は12世紀に登場してきたもので、封土や聖職禄に対する権利は認められても、まだ実際に土地を手に入れていない状態を意味した。これは「物に内在する権利 *ius in re*」である所有権と違って、領主や教会の上位聖職者に対して将来、土地を与えるよう要求できる権利を意味した。「物に対する権利」という考え方の登場は、「権利 *ius*」が相手に何かをさせる権利の意味でも使われるようになったことを意味する。古いローマ法でも「権利」は履行義務や債務を発生させたが、それが相手に何かをさせる権利の意味で使われることはなかった。12世紀の教会法学者が初めて、「法律を根拠に相手に何かをさせる権利」という意味で使い始めたのである。その前提には、「人間には行動の自由・選択の自由 a zone of human autonomy, a neutral sphere of personal choice」があるという考え方があった。つぎのものを参照。Brian Tierney, *The Idea of Natural Rights : Studies on Natural Rights, Natural Law, and Church Law*, 1150-1625, Atlanta, 1997, pp. 66-67. 13世紀になると、この考え方が教会法で採用されることになる。つぎのものを参照。Charles J. Reid, Jr., "The Canonistic Contribution to the Western Rights Tradition : An Historical Inquiry," *Boston College Law Review* 33 (1991), 37-92; Charles J. Reid, Jr., "Thirteenth-Century Canon Law and Rights : The Word *Ius* and Its Range of Subjective Meanings," *Studia Canonica* 30 (1996), 295-342.
50) アペルはこのような民法の分析を『イザゴゲ』で行なっているが、そのときケーニヒスベルクで発見した写本に多くを負っていると書いている。しかし、アペルはその写本が『法学提要』だと勘違いしていた。18世紀になって、それがローマ法注

釈学者によって12世紀に書かれた『ローマ法小典 Brachylogus Juris Civilis』であることが証明されている。1551年以降に出版された『小典』のいくつかの版が『イザゴゲ』の付録に収められている。つぎのものを参照。Stintzing, *Geschichte der Rechtswissenschaft*, pp. 292-293; Theuerkauf, *Lex*, p. 195. スコラ学派の法学者は、アペルのように民法の分析を「物権 dominium」と「債権 obligatio」に分類することから始めたりしないものだが、『小典』の著者も「物権」と「債権」を、『法学提要』に従って法学の項目の1つとして並べているだけである。項目同士の関係には無関心だし、項目の定義も簡単すぎて判りにくい（1つの項目を定義するのに

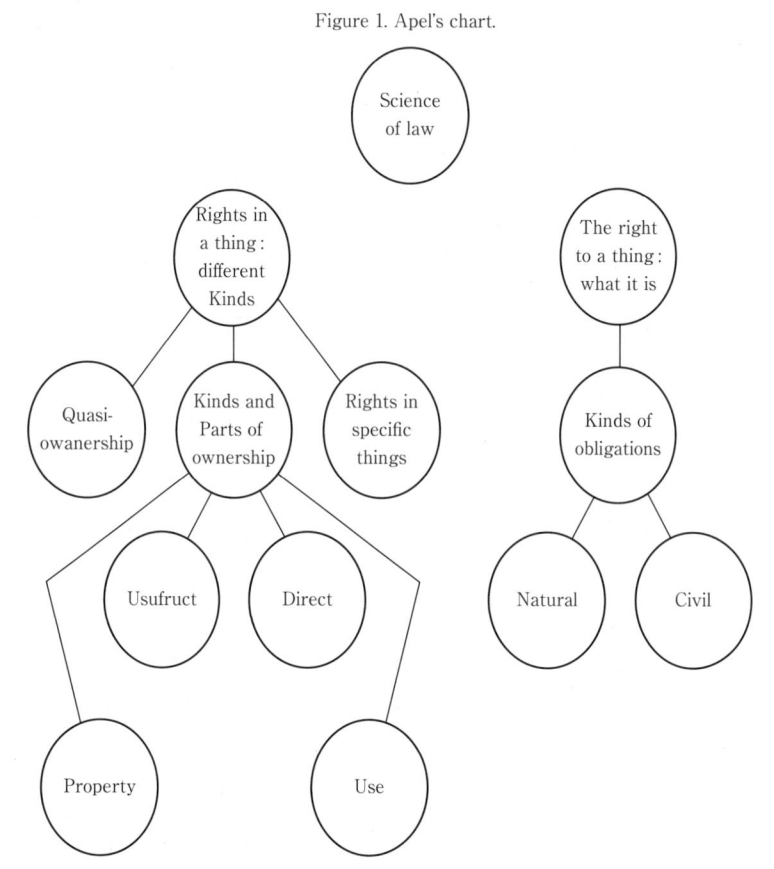

Figure 1. Apel's chart.

From Johan Apel, *Methodica Dialectices Radio ad Jurisprudentiam Adcommodata* (The Dialectical Method Accommodated to the Science of Law) (Lyon, 1549).

使われている単語の数は、わずかに100以下)。たとえば、1557年にリヨンで出版された『小典』は、それぞれのページが200以下の単語で書かれており、全部で123ページしかない小冊子にすぎない。アペルの浩瀚な書物に比べると、その違いには歴然たるものがある。

51) 『メトディカ』でアペルは、「質料因」(つまり内容)と「形相因」(つまり形式)によって「法律 Ius」を分類すると、まず「法律」は公法と私法に分類できるとしている。さらに私法は成文法と慣習法に分類している。また「始動因」(つまり法源)ということで分類すれば、「法律」は自然法・万民法・ローマ法に分類できるとしている。さらに私法のうちの慣習法は自然法から派生し、成文法はローマ法から派生するとしている。この方法で分類していくと公法もローマ法から派生することになるが、アペルがローマ法で問題にしていたのは私法だけであった。

52) ローマ法や初期の教会法で公法と私法の区別がなされるようになった経緯については、つぎのものを参照。Hans Mullejans, *Publicus und Privatus im römischen Recht und im alteren kanonischen Recht unter besonderer Berücksichtigung der Unterscheidung Ius publicum und Ius privatum*, München, 1961. 著者のMullejansによれば、ローマ法学者や初期の教会法学者は、まだ「ius publicum (国家や教会にかかわる法律)」と「ius privatum (個人の私的な領域にかかわる法律)」を「はっきりと区別していなかった」そうである (pp. 1-3, 187-188)。

53) Apel, *Methodica*, fol. 272r. オルデンドルプも Oldendorp, *Lexicon juris civilis* (1547)で、おなじような説明の仕方を採用しているそうである。Stintzing, *Geschichte der Rechtswissenschaft*, p. 296. ウイアーカーはアペルが「不毛な弁証法を機械的に適応すれば法制度の改革ができる」という「幻想」を抱いていたと批判している。「法制度の新しい体系は新しい共同体と新しい社会、さらには新しい正義観がなければ実現不可能である」といってウイアーカーはアペルを批判するが、私にいわせればプロテスタントによる宗教改革こそが「新しい共同体と新しい社会」を生み出したのであり、プロテスタントたちが作り上げた「新しい正義観」を「法制度の新しい体系」として形にしてみせたのがアペルなのである。Wieacker, *Humanismus und Rezeption*, pp. 84-86.

54) Wieacker, *Humanismus und Rezeption*, p. 69.

55) 16-17世紀に新しい法学の体系を提案したドイツとオランダの法学者の著書を挙げておく。Johannes Althusius, *Iuriprudentiae Romanae Methodicae Digestae Libri Duo*, 1586; idem, *Dicaelogicae Libri Tres, Totum et Universum Ius, Quo Utimur, Methodice Complectentes*, 1618; Benedict Carpzov, *Practicae Novae Imperialis Saxonicae Rerum Criminalium*, 1703; Balthasar Clammer, *Compendium Iuris*, 1591; Hermann Conring, *Opera Iuridica Historica, Politica et Philosophica*, 1648; Christoph Ehem, *De Principiis Iuris Libri Septem*, 1556; Gerhard Feltmann, *Insti-

tutiones Juris Novissimi, 1671; idem, *De Jure in Re et ad Rem*, 1672; Johann Thomas Freigius, *Methodica Actionum Iuris Repetitio ad Orinem Iurisconsulti Triboniani Instituta*; idem, *Partitiones Juris Utriusque*, 1571; Ludwig von Freudenstein Gremp, *Codicis Justinianei Methodica Tractatio*, 1593; Hugo Grotius, *De Iure Belli ac Pacis Libri Tres*, 1646; Johann Gottlieb Heineccius, *Elementa Juris Civilis Secundum Ordinem Pandectarum*, 1731; Joachim Hopperus, *De Iuris Arte Libri Tres*, 1553; Johannes Kahl, *Jurisprudentiae Romanae Synopsis Methodica*, 1595; Melchior Kling, *Das ganze Sechsisch Landrecht mit Text und Gloss in eine richtige Ordnung gebracht*, 1572; Samuel Pufendorf, *De Officio Hominis et Civis Juxta Legem Naturalem Libri Duo*, 1673; Mattaeus Stephani, *Exegesis Iuris Civilis, Quotimur, ad Methodum Institutionum Justiniani Imperatoris Concinnata et Secundum Tria Iuris Objecta, Tribus Partibus Comprehensa*, 1617; idem, *Tractatus Methodus de Arte Juris et Eius Principiis*, 1631; Samuel Stryk, *Institutiones Juris Civilis cum Notis*, 1703; idem, *Specimen Usus Moderni Pandectarum*, 1708; Christoph Sturtz, *Methodus Logica Universi Iuris Civilis in Quator Institutionum, Quinquaginta Pandectarum et Novem Libros Codicis, Iusta Ratione Continuationis Omnium Titulorum Animaadversa et Proposita*, 1591; Nicolaus Vigelius, *Methodus Iuris Controversi*, 1579; idem, Methodus Juris Pontifici, 1577; idem, *Methodus Observatium Camerae Imperialis*, ca. 1579; idem, *Methodus Universi Iuris Civilis Absolutissima*, 1561; idem, *Partitiones Iuris Civilis : Digestorum Suorum Rationem et Ordinem Breviter Demonstrats*, 1571; idem, *Praefactio Apologetica : methodus Duplex Commentariorum Tiraquelli*, 1586; Hermann Vultejus, *Iurisprudentiae Romanae Justiniano Compositae Libri Duo*, 1590.

56) 16世紀末にドイツとオランダで活躍した法学者 Wolter は、つぎのように書いている。「圧倒的にプロテスタントが多かった」。Udo Wolter, *Ius Canonicum in Iure Civili : Studien zur Rechtsquellenlehre in der neueren Privatrechtsgeschichte*, Köln, 1975, p. 59. 注55で挙げた法学者のうち、カトリック教徒だったのは、Freigius と Hopperus の2人だけである。

57) ラグスに関しては、つぎのものを参照。Theodor Muther, *Zur Geschichte der Rechtswissenschaft und der Universitaten in Deutschland*, Jena, 1876, pp. 299 ff.; idem, "Lagus, Konrad," in *Allgemeine Deutsche Biographie*; Stintzing, *Geschichte der Rechtswissenschaft*, pp. 296 ff.; Theuerkauf, *Lex*, pp. 183 ff.; Hans Erich Troje, "Wissenschaftlichkeit und System in der Jurisprudenz des 16. Jahrhundert," in Jürgen Blühdorn and Jaochim Ritter, eds., *Philosophie und Rechtswissenshaft : Zum Problem ihrer Beziehungen im 19. Jahrhundert*, Frankfurt am Main, 1969, pp. 76 ff.

58) Konrad Lagus, *Protestatio Adversus Improbam Suorum Commenariorum de Doctrina Iuris Editionem ab Egenolpho Factam*, Danzig, 1544, A. 4v. つぎのものも参照。Theuerkauf, *Lex*, p. 201, n. 74 ; Troje, "Wissenschaftlichkeit und System in der jurisprudenz des 16. Jahrhundert," p. 76. ラグスとメランヒトンの関係について Troje は、つぎのように書いている。「ラグスは……メランヒトンの『神学総論』に匹敵するものを法学の分野で書くつもりでいたようである。明らかにメランヒトンからの影響が見られる」。

59) Lagus, *Protestatio*, A. 4 v.

60) ラグスの *Juris Utriusque Methodica Traditio* はヨーロッパ中で繰り返し出版されていた。フランクフルトで3回 (1543・1552・1565年)、パリで1回 (1545年)、リヨンで5回 (1544・1546・1562・1566・1592年)、ルバーン Louvain で3回 (1550・1552・1565年)、バーゼルで1回 (1553年)。

61) Lagus, *Juris Utriusque Methodica Traditio*, B. 1 v.

62) Theuerkauf, *Lex*, p. 206 ; Gilbert, *Renaissance Concepts*, p. 112 and sources cited therein.

63) Lagus, Methodica, B. I. ラグスは、つぎのように書いている。「これまで伝統的にローマ法や教会法の課題 *loci ordinarii* とされてきたものを(スコラ学派の法学者は)誰も秩序づけることをしなかった。課題相互の関連が見えてきて初めて、学生は法学の全体像 *compendium* が理解できるようになるのである。アゾ Azo やホスチエンシス Hostiensis が書き上げた大全 *Summae* は、それなりの成果を収めているが、それでも彼らは体系化に関心を示していない。彼らが関心を示したのはユスチニアヌス法典や教令集の内容であって、法学の体系 *methodus* ではなかった」。

64) Lagus, *Methodica*, B. 1 v. つぎのものも参照。Theuerkauf, *Lex*, p. 201, n. 73. シュティンツィンクによると、「ラグスの『メトディカ』は……法学の全体像 *compendium* を示すのに成功した最初の書物である」。Stintzing, *Geschichte der Rechtswissenschaft*, p. 300.

65) トイヤーカオフは、つぎのように書いている。「ラグスは、アペルのやり方をまねて法学に弁証法を適用したのであろう」。また「多分」、1535年に出版されたアペルの『メトディカ』や1540年に出版された『イザゴゲ』も知っていたと思われるが、そのことは「証明できない」。またラグスが民法を物権と債権に分けることから分析を始めているのは、「アペルからの影響というより『法学提要』の整理方法をまねたというべきであろう」。Theuerkauf, *Lex*, p. 206. おなじようなことを Gierke も書いている。「たしかにラグスは体系的な法学書を最初に書いたといえるが、そのやり方は『法学提要』の整理方法とおなじである」。Otto von Gierke, *Johannes Althusius und die Entwicklung der naturrechtlichen Staatstheorien*, vol. 5, Aalen, Scientia Verlag, 1958, p. 38. この2人の結論は間違っているといわざるをえない。

略語・注　479

ラグスやアペルが民法を物権と債権に分けたのは、『法学提要』のやり方に従ったからではなかった。むしろ逆で、『法学提要』のように「人」・「物」・「行為」と分

Figure 2. Lagus' chart.

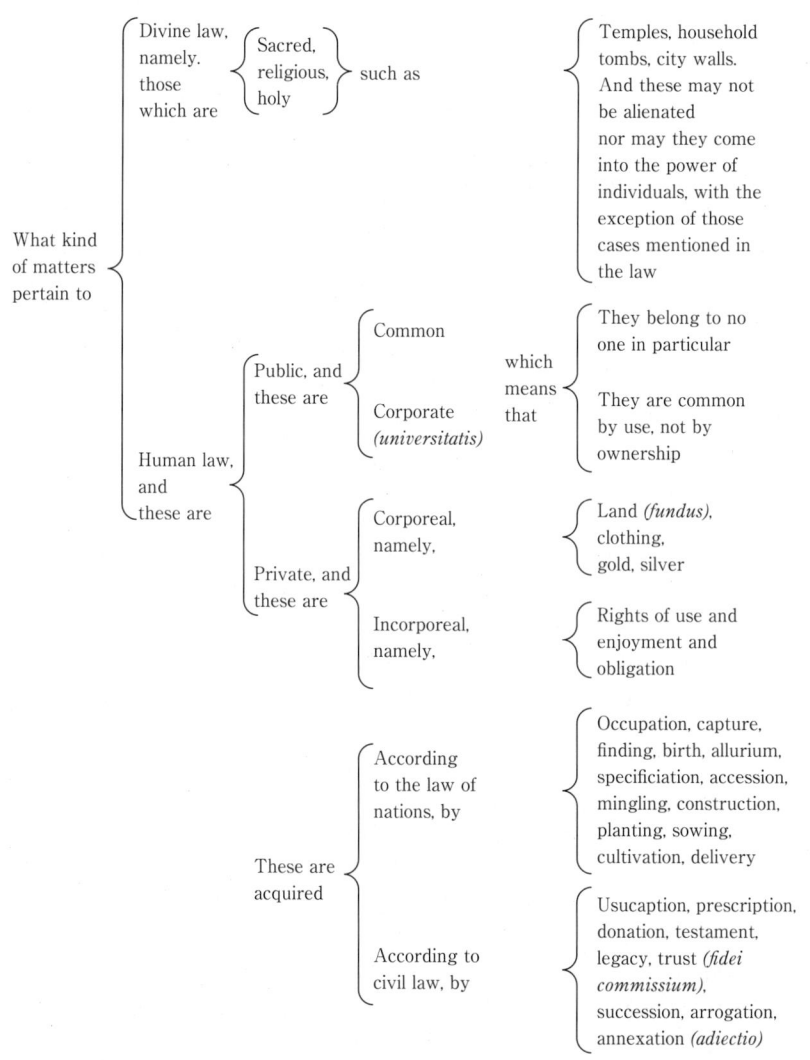

What kind of matters pertain to
- Divine law, namely, those which are { Sacred, religious, holy } such as { Temples, household tombs, city walls. And these may not be alienated nor may they come into the power of individuals, with the exception of those cases mentioned in the law }
- Human law, and these are
  - Public, and these are
    - Common — which means that — They belong to no one in particular
    - Corporate (*universitatis*) — They are common by use, not by ownership
  - Private, and these are
    - Corporeal, namely, { Land (*fundus*), clothing, gold, silver }
    - Incorporeal, namely, { Rights of use and enjoyment and obligation }
- These are acquired
  - According to the law of nations, by { Occupation, capture, finding, birth, allurium, specificiation, accession, mingling, construction, planting, sowing, cultivation, delivery }
  - According to civil law, by { Usucaption, prescription, donation, testament, legacy, trust (*fidei commissium*), succession, arrogation, annexation (*adiectio*) }

From Conrad Lagus, *Methodica* (Method) (Lyon, 1544), pp. 137-138.

けることにアペルもラグスも反対であった。『法学提要』でも「物権 dominium」を「物に内在する権利 ius in re」と定義しているが、その意味は「物に対する権利 ius ad rem」とおなじで、アペルやラグスのように区別して考えていない。詳しくは、「ドイツ革命と民法・経済法」を論じた第5章参照。

　注意していただきたいのは、2人がウイッテンベルク大学の同僚で長年にわたって似たような科目を教えていたし、2人ともルターやメランヒトンの熱烈な支持者であったということである。当時は、同時代の研究者の著書を引用しないのが慣例であった。Muther は、つぎのように書いている。「アペルも最初のうちはローマ法と教会法の課題を個別に扱うだけで、体系的に扱うようになるのはその後のことだが、ラグスは最初から体系的な扱いを重視していた。それまでローマ法と教会法は別個のものとされ、別々に教えられていたのである。ラグスが初めてローマ法と教会法を一緒に扱うようになり、ローマ法と教会法を体系的に分析するようになったのである。ラグスが念頭に置いていたのはメランヒトンであったと考えてよい。1521年にメランヒトンは『神学総論』を出版してプロテスタント神学の体系を完成させたが、その成功に刺激された弟子たちが法学にその方法を応用したのである」。Muther, *Aus dem Universitäts- und Gelehrtenleben*, pp. 308-309.

66)　ラグスによる「4因論」を使った体系的な分析の説明は、つぎのものによる。Lagus, *Methodica*, Lyon, 1544, pp. 9-12, 24-26.

67)　Ibid., p. 68.

68)　Theuerkauf, *Lex*, p. 201.

69)　教会法学者にはローマ法の知識が欠かせなかった（たとえば12世紀の教会法学者ホスチエンシスは、ローマ法に関する論文を書いている）。ところがローマ法学者は、教会法にまるで無関心であった。13世紀の法学者バルドスはローマ法にも教会法にも詳しかったが、これは例外的なことである。ローマ法と教会法は別個の教授科目とされ、その違いを論じた本が出版されていた。つぎの注70・71を参照。

70)　つぎのものを参照。Muther, *Aus dem Universitäts- und Gelehrtenleben*. またローマ法と教会法が16世紀まで別個の教授科目とされ、別個の研究分野とされてきたことについては、つぎのものを参照。Wolter, *Ius Canonicum*, pp. 1-52. つぎのように Wolter は書いている。「ローマ法学者は教会法のことをよく知らなかった。せいぜい婚姻や財産に関する教会法の規定に関心を示したくらいである」。バルトルスやバルドスはローマ法と教会法の両方に通じており、ローマ法の注釈を書く際に教会法の婚姻・家族・財産・契約に関する考え方や説明を使ったりしている。また、個々の事案で判決が厳しすぎるときは、教会法の「公平 equity」という考え方を使って判決の内容に変更を加えたりしている。それでも教会法の一部が利用されるだけで、しかも散発的な現象にすぎなかった」（pp. 50-51）。

71)　オルデンドルプもおなじことをしている。つぎのものを参照。Oldendorp, *Colla-*

tio Iuris Civilis et Iuris Canonici. このローマ法と教会法を「共通の課題」によって一緒に論じることについては、つぎのラグスの議論を参照。Lagus, «De Obligationibus Quae ex Quasi Contractu Oriuntur», in *Methodica*, pp. 364-367.

72) Theuerkauf, *Lex*, p. 208. ラグスの『メトディカ』が最後に出版されたのは1592年のことである。

73) Konrad Lagus, *Compendium Juris Civilis et Saxonici: In grundlicher ordentlicher auszug/begriff und einhalt des Keys- und Sachsischen Rechten*, Mgadeburg, first published in 1597 and again in 1603. ただしラグスのこの本には「領国法 Landrcht」だけが収録されており、『ザクセン人の鏡』のように「封建法 Lenrecht」は収録されていない。つぎのものを参照。Theuerkauf, *Lex*, pp. 281, 284-287, 290-291.

74) ウイゲリウスについては、つぎのものを参照。Stintzing, *Geschichte der Rechtswissenschaft*, pp. 424-440; A. London Fell, *Origins of Legislative Sovereignty and the Legistative State*, vol. 2, Cambridge, Mass., 1983, pp. 111-113; idem, "Nicolaus Vigelius," in *Allgemeine Deutsche Biographie*, 39: 693.

75) 長生きしたウイゲリウスは、他にも「分析方法 methodus」に関する論文を書いている。つぎのものを参照。Stintzing, *Geschichte der Rechtswissenschaft*, pp. 282-440. 彼が1568-71年にバーゼルで出版した『法令大全 *Digesta*』は7巻からなる大著で、第1巻が公法に当てられており、最初の章は法の「定義と分類」で始まっている。ウイゲリウスもラグスとおなじくアリストテレスの「4因論」を使って法の分析を行なっている。また『カロリーナ刑事法典 Carolina』の体系的な解説をドイツ語とラテン語で書いているが、これはドイツの刑法について書かれた最初の体系的な論文である。第6章「ドイツ革命と刑法」を参照。

76) アルツジウスについては、つぎのものを参照。Stintzing, *Geschchite der Rechtswissenschaft*, pp. 468-477; idem, "Althusius, Johann," in *Allgemeine Deutsche Biographie*; von Gierke, *Johannes Althusius*.

77) Gierke, *Johannes Althusius*, pp. 37-49; Stintzing, *Geschchite der Rechtswissenschaft*, pp. 468-477.

78) 16-17世紀に「共通法」を作り上げるうえで活躍したスペイン・フランス・イギリスの法学者の著書を挙げておく。Diego de Covarruvias y Leyva, *Variarum ex Iure Pontificio Regio, et Caesario Resolutionum Libri Tres*, 1545; Francisco Suarez, *Jurisprudentiae Romanae a Justiniano Compositae Libri II*, 1590; Hugues Donellus, *Commentariarum Juris Civilis*, 1576; Sir Arthur Duck, *De Usu et Authoritate Juris Civilis Romanorum in Dominiis Principum Christianorum*, 1653.

79) 現在でもヨーロッパで法学博士は、J. U. D. つまり Juris Utriusque Doctor と称されている。

80) 注78で挙げたスペインのカトリック法学者 Covarruvias は、「共通法」が教会法・ローマ法から導き出された法原則を意味するとしながら、他方で3部からなる著書の第3部を「共通法」の一部ということで王国法と封建法の記述に当てている。おなじように16世紀のイギリスのローマ法学者である Sir Arthur Duck も12世紀の封建法 Libri Feudorum を「共通法」の一部に含めている。つぎのものを参照。Peter Stein, "A Seventeenth-Century English View of the European *Jus Commune*," in Bernard Durand and Laurent Mayali eds., *Excerptiones iuris : Studies in Honour of André Gouron*, Berkeley, 2000, pp. 719-720.

81) 18世紀の書誌学者 Martin Lipen は、この分野を「法の違い *Differentiae Juris*」と呼んでいた。つぎのものを参照。Martin Lipen, *Bibliotheca Realis Juridica*, Hildesheim, 1746. Lipen は「教会法とローマ法の違い Differentiae inter Jus Canonicum et Civile」と題した項目に21冊の法律書を挙げているが、最も古い本は1535年、最も新しい本は1746年に出版されたものである。それ以前（12-16世紀初め）にローマ法と教会法の違いについて書かれた法律書については、つぎのものを参照。Jean Portemer, *Recherches sur le "Differentiae juris civilis et canonici" au temps du droit calssique de l'Eglise*, Paris, 1946. おなじ「法の違い」を論じていても、16世紀までのものは教会法と世俗法の違いを問題にしていたのに対して、16世紀以降のものは世俗法だけを問題にしていた（教会法は世俗法に取って代わられていた）。そこで後に歴史家が16世紀のヨーロッパ「共通法 *jus commune*」を議論するとき、「ローマ法・教会法」と2つの法律を1つのカテゴリーで括ってしまうことになったのである。16世紀以降の「法の違い」をめぐる議論を比較法学の登場と考える Moccia は、比較法学の登場を「複数あった国内の法制度をどう調和させるかという問題に対して答えを探るためであった」としている。Luigi Moccia, "Historical Overview on the Origins and Attitudes of Comparative Law," in Bruno de Witte and Caroline Forder, eds., *The Common Law of Europe and the Future of Legal Education*, Cambridge, Mass., 1992, p. 613.

82) オルデンドルプは「共通法 *jus commune*」を「自然法に代わる *pro iure naturali*」ものとしている。Johann Oldendorp, *Lexicon Juris*, 1546, p. 250. オルデンドルプはローマ法と教会法の「違い」よりも「共通点」を論じた本を書いていた。Oldendorp, *Collatio Juris Civilis et Caninici, Maximum Afferens Boni et Aequicognillinem*, Köln, 1541. つぎのものを参照。Heinz Mohnhaupt, "Die Differentienliteratur als Ausdruck eines methodischen Prinzips früher Rechtsvergleichung," in Bernard Durand and Laurent Mayali, eds., *Exceptiones Iuris : Studies in Honour of André Gouron*, Berkeley, 2000, pp. 439-458. オルデンドルプがローマ法と教会法を比較したのは、「その違いを指摘するためだけでなく、共通点を指摘するためでもあった」ことを Mohnhaupt は強調している（p. 450）。オルデンドルプがアペ

ル・ラグス・ウイゲリウスのように、メランヒトンの「法学固有の課題 *praecipui juris loci*」を前提に『メトディカ』を書くことはなかったが、1541年にメランヒトンの「共通の課題」を前提に『法学共通の課題 *Loci Iuris Communes*』を書いている。

83) 16世紀のフランスの法学者が果たした役割については、つぎのものを参照。Kelley, *Foundations*, pp. 53-248 ; Andersen, *No Bird Phoenix*, pp. 112-122 ; Phillipson, "Jacques Cujas"; Coing, *Handbuch*, pp. 56-58, 238-242, 756-759, 786-787, 902-926.

第4章　ドイツ革命と刑法

1) John H. Langbein, *Prosecuting Crime in the Renaissance : England, Germany, France*, Cambridge, Mass., 1974, pp. 129-209 ; Eberhard Schmidt, *Einführung in die Geschichte der deutschen Strafrechtsplege*, Göttingen, 1965 ; Robert von Hippel, *Deusches Strafrecht*, Bd. 1, Berlin, 1925, pp. 159-220.

2) 「乞食と浮浪者の数が、かつて経験したことのない規模に達していた」。Thorsen Sellin, *Pioneering and Penology : The Amsterdam Houses of Correction in the Sixteenth and Seveteenth Centuries*, 1942, p. 8. つぎのものから引用した。John H. Langbein, *Torture and the Law of Proof : Europe and England in the Ancien Régime*, Chicago, 1977, p. 33. つぎのものも参照。Robert Jütte, *Poverty and Deviance, in Early Modern Europe*, Cambridge, 1977, pp. 143-157.

3) Berman, *Law and Revolution*, pp. 371-380, 503-510.

4) Ibid., pp. 57-58. つぎのものも参照。Robert Bartlett, *Trial by Fire and Water : The Medieval Judicial Ordeal*, Oxford, 1986.

5) ラングバインはSchmidtらにならって、この制度を「ローマ法・教会法的な尋問制度 Roman-canon *Inquisitionsprozess*」と呼ぶが、どちらかというと「ローマ法的というより教会法的である」ことを認めている。また「意味が明確でないユスチニアヌス法典では、ヨーロッパ中世の問題に対処することは不可能であった」としている。Langbein, *Prosecuting Crime*, pp. 129, 138. 事実、ローマ法の手続き方法は刑法でも民法でも、ヨーロッパで採用されることはなかった。

6) いつドイツで「尋問型」が始まったかについては、研究者の意見はさまざまである。15世紀だとする研究者もいれば14世紀だとする研究者いるし、13世紀とか12世紀だとする研究者もいる。このように意見が分かれる理由の1つは、当時まだドイツが国民国家として存在せず、「ドイツ国民の神聖ローマ帝国」と多くの領国しかなかったということがある。神聖ローマ帝国の裁判権は限られており、また領国の裁判権のあり方は領国によってさまざまであった。また19-20世紀の中世史家たちは、教会法がドイツにとって（ドイツだけでなく、すべてのヨーロッパ諸国にとっ

ても)「外国法 foreign law」であったと考えていたことも意見が分かれる原因になっている (Schmidt, *Einführung*, pp. 28-29)。ラングバインは、「ドイツで尋問型がはっきりと姿を現わしてくるのは、16世紀になってからである」と書いているが、彼のいう「ドイツ」は神聖ローマ帝国のはずである。また彼は、神聖ローマ帝国では教会法が有効であり、かつ領国では有効であったところもあれば無効になったところもあったことを失念している。またラングバインは、神聖ローマ帝国でも領国でも教会裁判所が尋問型を12世紀から採用していたこと、また教会裁判所は教会法学者によって運営されていたことは認めているが、実際に13世紀以降、どの領国でもしだいに尋問型が採用されるようになっていった。つぎのものを参照。Udo Wolter, *Ius Canonicum in Iure Civili*, Köln, 1975, pp. 8-9.

7)　「何人も、同一の公然となされた行為について2名の目撃証人の証言があるか、公開の法廷で自白した場合を除いて、反逆罪で有罪とされない」(アメリカ合衆国憲法・第3条・第3節)。この「2人の目撃証人」原則は、教会法学者とローマ法学者がローマ法と聖書に基づいて作り上げたものである。2人の目撃証人を揃えることが難しいことを前提に、慎重を期すために生まれてきた原則であった。つぎのものを参照。Richard Fraher, "Ut nullus descibatur reus prius quam convincatur : Presumption of Innocence in Medieval Canon Law," in Stephan Kuttner and Kenneth Pennington, eds., *Proceedings of the Sixth International Congress of Medieval Canon Law*, Vatican City, 1985, p. 494.「2人の目撃証人」原則が聖書に由来することを論じているつぎのものも参照。H. van Vliet, *No Single Testimony : A Study on the Adaptation of the Law of Deuteronomy 19 : 15 into the New Testament*, Utrecht, 1956.

8)　たとえば、ラングバインはつぎのように書いている。「ローマ法・教会法 Romano-canon law が要求する証拠は確実なものでなければならなかった。判決は確実な証拠に基づかねばならないからである。要求された確実さの程度があまりにも高かったので、もはや神に確実さを保証してもらう必要がなくなったのである」。Langbein, *Torture and the law of Proof*, p. 7.　このラングバインの考え方に対してFraher と Damaska が異論を唱えている。Richard Fraher, "Conviction According to Conscience : The Medieval Jurists' Debate Concerning Judicial Discretion and the Law of Proof," *Law and History Review* 7 (1989), 23-88 ; Mirjan Damaska, "The Death of Legal Torture," *Yale Law Journal* 87 (1978), 860-884.　Damaska はラングバインが要求された証拠の確実さを大げさに考えすぎていると書いている (pp. 865-866)。つぎのものも参照。Walter Ullmann, "Reflections on Medieval Torture," *Juridical Review* 56 (1944), 123-137.　拷問が13-14世紀に行なわれたときの様子を説明している。

9)　拷問を免除された者については、つぎのものを参照。Langbein, *Torture and the*

Law of Proof, p. 13.
10) Ibid., p. 7.
11) Fraher, "Conviction According to Conscience," pp. 37-38. 目撃証人が1人しかいない場合や犯人が逮捕される前に誰かに自白した場合は、いずれも証拠としては価値が「半分」とされていたので、両方あわせて「確実な証拠 full proof」とみなされた。目撃証人が出廷せず、その宣誓証言だけがある場合は、証拠として「4分の1」の価値があるとされた。つぎのものを参照。J. P. Levy, *La hiérarchie des preuves dans le droit savant du moyen age*, Paris, 1939.
12) Fraher, "Conviction According to Conscience," p. 52. 15世紀のフィレンツェに関しておなじようなことを Stern が書いている。「ほとんどの犯罪は、それを有罪とするには決められた数の証拠が要求された。……そこで判事は自分で判断を下す余地はほとんどなく、自動的に判決が決まって裁判は形式化していたように思われていたが、実際はそうでなかった。裁判で判断に迷う事態が発生してくると、判事たちは証拠の吟味を念入りに行なっていたのである。そこで証拠の種類やその信頼性を考慮に入れた総合的な判断が下されることになった。つまり判事には、証拠吟味の段階からかなりの自由があったということになる」。Laura Ikins Stern, *The Criminal Law System of Medieval and Renaissance Florence*, Baltimore, 1994. pp. 31-32. また Ullmann も、おなじようなことを書いている。「判事に真実の探求を任せるのであれば、証拠に厳しい条件を課すことはできなくなる。……判事は、証拠調べも証拠の価値評価も自由にしてよいのである。言い換えれば、判事を厳格な規則で縛るべきではないということになる。真実を探求する方法はいろいろあってよく、特定の証拠の種類や評価法を判事に押し付けると、かえって真実の発見が難しくなるのである」。Walter Ullmann, "Medieval Principles of Evidence," *Law Quarterly Review* 62 (1946), 82-83.
13) 14世紀の教会法学者 William Durantis は、この「ほとんど秘密の pene occultum」という言葉の意味を、こう定義している。「ほとんど秘密のということは、2・3の者、場合によっては5人の者しか知らないという意味だが、それでも証明はできる」。William Durantis, *Speculum Iudicialis*, pars iii, rubric, Quid sit occultum?, Lyon, 1574. 教会法学者の Durantis, Hostiensis, Johannes Andreae の「ほとんど秘密の」犯罪と「公然たる」犯罪の違いに関する議論を紹介したつぎのものも参照。Fraher, "Conviction According to Conscience," pp. 48-51.
14) つぎのものから引用した。Harold. J. Berman, "Law and Belief in Three Revolutions," *Valparaiso Law Review* 18 (1984), 581-582, n. 13.
15) つぎのものを参照。Herbert L. Packer, "Two Models of the Criminal Process," *University of Pennsylvania Law Review* 113 (1964), 1-68. この論争は初期の教会法学者のあいだでも、ローマ法学者のあいだでも見られたものであった。13世紀の

教会法学者ホスチエンシスは、犯罪を防ぐためなら教会法裁判所がある程度、定められた手続きを無視することも「公益 public interest」に適うことであると主張していた。それに対して教皇インノケンチウス4世は、1人の教会法学者として（教皇としてではない）「法の手続き due process」は守られるべきだと反論している。Fraher によれば、教会法学者もローマ法学者もホスチエンシスの「公益」論を支持したそうである。Richard Fraher, "The Theoretical Justification for the New Criminal Law of the High Middle Ages: *'Rei Publicae Interest, Ne Crimina Remaneant Impunita*,'" *University of Illinois Law Review* (1984), 581-589.

16) Erik Wolf, *Grosse Rechtsdenker der deutschen Geistesgeschichte*, 4th ed., Tübingen, 1963, p. 102, reprinted in Friedrich-Christian Schroeder, ed., *Die Carolina: Die peinliche Gerichtsordnung Kaiser Karls V von 1532*, Darmstadt, 1986, pp. 120-184. つぎのものも参照。Stintzing, *Geschichte der Rechtswissenschaft*, pp. 612-617; Hippell, *Deutsches Strafrecht*, pp. 196-199; Langbein, *Prosecuting Crime*, pp. 163-165.

17) Otto Stobbe, *Geschichte der deutschen Rechtsquellen*, Bd. 2, Aalen, 1965, pp. 242-243. シュワルツェンベルクが専門家のグループを率いていたことは判っているが、グループの構成員やそれぞれの専門家が何をしていたのかは判っていない。つぎのものを参照。Wolf, *Grosse Rechtsdenker*, pp. 115-118.

18) 1495年に「帝国最高法院 Reichskammergericht」が設立されると、さらに刑事事件を裁くために刑法と刑事訴訟法の制定が必要になってきた（Stintzing, *Geschichte der Rechtswissenschaft*, pp. 622 ff.）。1497-98年にフライブルク帝国議会で「刑事事件を裁くための改革と法令の準備」が勧告され、1500年のアウグスブルク帝国議会で「帝国統治院 Reichsregiment」が「帝国最高法院」の助言を受けて勧告を実施に移すことになった。ところが、このときは実施が実現せず、1517年にマインツ帝国議会で再度、実施が決定されて帝国議会は皇帝に「意見書 Denkschrift」を提出して実施を求めたがやはり実現せず、1521年1月になってやっとウオルムスの帝国議会で死刑犯に関する法令を準備する委員会が設置された。1521年4月に帝国議会は草案を「帝国統治院」に提出し、「帝国統治院」はシュワルツェンベルクを長とする委員会を設置して刑事法典の草案を準備することになったのである。その頃になると『バンベルク刑事裁判令』はひろく普及しており、これを基に帝国刑事法典を作成することが委員会で決定されたのである。注23・24も参照。

19) 「『バンベルク刑事裁判令』の約五分の一は『カロリーナ刑事法典』に採用されることはなかったし、『バンベルク刑事裁判令』にないものが『カロリーナ刑事法典』で新しく採用されたこともあったが、全体的に見れば大きな違いはない。『カロリーナ刑事法典』は、基本的には『バンベルク刑事裁判令』の焼き直しである」。Langbein, *Prosecuting Crime*, p. 163, n. 96. つぎのものも参照。Stintzing, *Ge-*

schichte der Rechtswissenschaft, p. 629.

20) つぎのものを参照。Heinrich Zoepfl, ed., *Die Peinliche Gerichtsordnung Kaiser Karls V neben der Bamberger und der Brandenburger Halsgerichtsordnung*, 3rd synoptic ed., Leipzig, 1883. 『バンベルク刑事裁判令』・『カロリーナ刑事法典』の1521年草案・『カロリーナ刑事法典』の1529年草案・1532年に成立した『カロリーナ刑事法典』の4つが横並びで比較できるようになっており、さらに脚注では、『バンベルク刑事法令』を参考に作られたブランデンブルク侯国の刑事法典との違いが指摘されている。すべてが古いドイツ語のままで、現代ドイツ語訳ではないが、フランス語・ラテン語・ポーランド語・低地ドイツ語・ロシア語に翻訳されている。Langbein, *Prosecuting Crime*, p. 140. ラングバインによれば、ピョートル大帝はロシア軍法を準備するためにカロリーナ刑事法典を研究したそうである。また『カロリーナ刑事法典』は、ドイツの裁判所で1870年代まで適用されていたそうである。

21) 1210年頃アゾ Azo は、ユスチニアヌス法典にある刑法関係の条文に注釈を加えている。刑法関係の条文に注釈を加えたローマ法学者としては、ほかに William Durantis や Albert Gandius がいる。とくに Gandius は、その著書『犯罪論 *Tractatus de Maleficiis*』（1299年）が14-15世紀の刑法に大きな影響を与えていた。つぎのものを参照。Wolf, *Grosse Rechtsdenker*, p. 105. この時期の刑法史を扱っている法制史家の例にもれず、ウオルフも教会法学者を無視しているが、影響力ということではローマ法学者より教会法学者の方が重要であった。Fraher によれば、13-15世紀に刑法に関する論文が影響力をもった教会法学者として Tancred, Johannes Andrae, Angelinus Aretinus が挙げられるそうである。

22) 1507年までのドイツにおける『重罪に関する法令 Halsgerichtsordnungen』については、つぎのものを参照。Stobe, *Geschiche der deutschen Rechtsquellen*, Bd. 2, pp. 237-241. 古い刑法は『バンベルク刑事裁判令』のように体系的・包括的ではない。たとえば、1481年に制定されたニュルンベルク市の『重罪に関する法令』には、窃盗や謀殺などの重罪が2・3、挙げられているだけである。Ibid., p. 240.

23) つぎのものを参照。Georg Dahm, *Untersuchungen zur Verfassungs- und Strafrechtsgeschichte der italienischen Stadt im Mittelalter*, Hamburg, 1941, pp. 42-56; Carlo Calisse, *A History of Italian Law*, Boston, 1928, pp. 173-179. アメリカの議会図書館には、トリノ・ボローニャ・クレモナ・ビテルボ・トリエント各市と、アプリカレ・アビアノ・チェレ・フォンディなど各州の「法令 statuti」のコレクションが所蔵されている。フィレンツェ市もりっぱな刑法典を制定していた。つぎのものを参照。Josef Kohler and G. degli Azzi, *Das florentiner Strafrecht des XIV. Jahrhunderts mit einem Anhang über den Strafprozess der italienischen Statuten*, Mannheim, 1909. 本章の以下の議論も参照されたい。

24) Gerhard Schmidt, "Sinn und Bedeutung der Constitution Criminalis Carolina

als Ordnung des materiellen und prozessualen Rechts," *ZSS* (Germ. Abt.) 83 (1966), 239, 252-253.

25) Reinhard Maurach, *Deutsches Strafrecht*, 4th ed., Karlsruhe, 1971, p. 47. マウラッハは、ヘッセン（1535年）・クールプファルツ（1582年）・ハンブルク（1603年）・バイエルン（1616年）各領国の刑事法典を挙げて、これらすべての刑事法典は相互に結びついて「ドイツ共通の刑法典 das gemeine deutsche Strafrecht」を構成していたと書いている。

26) つぎのものを参照。Emil Brunnenmeister, *Die Quellen der Bambergensis* : Ein *Beitrag zur Geschichte des Deutschen Strafrechts*, Leipzig, 1879.

27) Wolf, *Grosse Rechtsdenker*, p. 109. *Constitutio Criminalis Carolina* (以下つぎのように省略。*CCC*), art. 104.

28) Friedrich Karl von Savigny, *Of the Vocation of Our Age for Legislation and Jurisprudence*, trans. Abraham Hayward, New York, 1975, pp. 68-69.

29) 14-15世紀のイタリアの刑罰について Carlo Calisse は、つぎのように書いている。「刑罰は犯人を罰するという目的以外に、恐怖心を抱かせることで再犯や模倣を防止することも目的にしていた。そこで刑罰は残酷なものになった。死刑でも、殺す前に手足の切断・盲目化・拷問・鞭打ち・さらし刑（籠に閉じ込める）・想像を絶するひどい監獄などを付加して、恐怖心を抱かせようとした」。Calisse, *History of Italian Law*, p. 175.

30) *CCC*, art. 6. つぎのものも参照。August Schoetensack, *Der Strafprozess der Carolina*, Leipzig, 1904, pp. 96-97.

31) *CCC*, arts. 12-15.

32) *CCC*, art. 12.

33) ラングバインは、「信頼に足りる手がかり redliche Anzeigung」を「法的に十分な手がかり legally sufficient indication」と翻訳して、英米法の「相当な理由 probable cause」という考え方と似ているとしている。Langbein, *Proscuting Crime*, p. 161. 注意しなければならないのは、死刑が科せられない罪では、「法的に十分な手がかり sufficient indication」があれば起訴だけでなく有罪にもできたが、死刑が科せられる犯罪では、拷問を正当化できる「法的に十分な手がかり sufficient indication」と、拷問なしでも有罪にできる「十分な証拠 sufficient proof」は厳格に区別されていたことである。

34) 第23条には、こうある。「拷問にかけることを正当化できるだけの手がかりがある場合でも、さらに2人の目撃証人がいなければ十分な証拠が揃ったとはされない」。第25条には、容疑をかけるに十分な手がかりが存在するとして捜査を開始できる8つの場合が列挙されているが、第27条には「容疑をかけるのに十分な手がかりがあるからといって、それだけで拷問を行なう理由にはならない」としている。

さらに第27条は、上記の8つの場合のうち2つ以上が確認できたとしても、拷問を行なう者は「本当に拷問にかけて自白させるだけの十分な手がかりか否かを慎重に判断すべきである」としている。第29-32条は捜査官が拷問を正当化できる一般的な原則を挙げており、また第45-47条は拷問による取調べのあるべき姿を挙げており、第33条は殺人犯の取調べで守るべきルールが記されている。以上の『カロリーナ刑事法典』の内容については、つぎのものから引用した。Lnagbein, *Prosecuting Crime*, pp. 266-308.

35) *CCC*, art. 20.
36) *CCC*, art. 69.
37) *CCC*, art. 59.
38) Bambergensis, art. 33.
39) *CCC*, art. 37.
40) *CCC*, art. 43.
41) *CCC*, art. 52.
42) *CCC*, arts. 71, 74, 65.
43) CCC, arts. 41, 137. つぎのものも参照。Schoetensack, Strafprozess der Carolina, p. 79.
44) つぎのものを参照。Langbein, *Prosecuting Crime*, p. 172.
45) つぎのものから引用した。Ibid., p. 172.
46) そのことから Langbein は、「立法者が裁判所を信用していなかったことが判る」としており、その結果、恣意的な解釈を可能な限り少なくするという刑法典の意図を裏切ることになったとしている（このやり方は、現在の「法なくして犯罪なし nulla poena sine lege」という厳格な考え方とは違っている）。「そこで法律に詳しい者や専門家の助言を求めるという方法が採用された」という。
47) Langbein, *Torture and the Law of Proof*, p. 57, summarizing Adolf Friedrich Stölzel, *Die Entwicklung des gelehrten Richtertums in deutschen Territorien : Einerechtsgeschichtliche Untersuchung mit vorzugsweiser Berücksichtigung der Verhältnisse im Gebiet des ehemaligen Kurfürstentums Hessen*, Bd. 1, Stuttgart, 1872, pp. 349, 355 ff.
48) まだ完璧とはいえないが、『カロリーナ刑事法典』は総論と各論を区別した最初の刑法典である。第106-136条で犯罪のタイプによって適用されるべき刑罰を定め、第137条で「罪に問えない殺人」を定義し、正当防衛（第138-145条）・故意でない殺人（第145-146条）・争いや喧嘩が原因で起きた殺人（第147条）が定義されている。第149-150条では「さらに罪に問えない殺人の事案」を挙げている。また窃盗は、まず第156-157条でこっそり行なわれた窃盗と公然たる窃盗に区別され、さらに第158-161条で第1-3級に窃盗が等級分けされ、第162条で悪質な窃盗とされる条件、

未成年を理由に罪に問えない場合（第163条）・空腹を理由に罪に問えない場合（第165条）を定義している。
49) 例外は放火（第125条）と強盗（第126条）で、科せられるべき刑罰だけが書かれている。シュワルツェンベルクたちは、古い刑法の定義を適用すれば十分だと考えていたようである。
50) 例外は、1499年に制定されたチロル地方の刑事手続法令、1506年に制定されたラドルフツェル Radolfzell 市の刑事法令（この刑事法令とチロル地方の刑事手続法令とが一緒になって皇帝マクシミリアン１世の「重罪に関する法令」となる）、1498年に制定された「ウオルムス改正都市法 Wormser Reformation」の３つである。つぎのものを参照。Eberhardt Schmidt, ed., *Die Maximilianischen Halsgerichtordnungen für Tirol (1400) und Radolfzell (1506) als Zeugnisse mittelalterlicher Strafrechtspflege*, Bleckede/Elbe, 1949.
51) 『カロリーナ刑事法典』の第127条は、『バンベルク刑事裁判令』の第152条をそのまま採用している。「お上 Oberkeit に対して民衆に暴動を扇動した者は斬首刑もしくは鞭打ち刑もしくは追放刑に処せられる。「民事刑」については、第138・158・167条を参照のこと。つぎのものも参照。Schoetensack, *Strafprozess der Carolina*, pp. 37, 38.
52) *CCC*, art. 109.
53) Wolf, *Grosse Rechtsdenker*, p. 149.
54) *CCC*, art. 140.
55) Langbein, *Prosecuting Crime*, p. 171.
56) Stintzing, *Geschichte der Rechtswissenschaft*, pp. 623-624, 627-628.
57) ラングバインも『カロリーナ刑事法典』を宗教改革と結びつけて考えていない。索引には、メランヒトンやルターの名前も「宗教改革」という言葉も出てこない。ラングバインは『カロリーナ刑事法典』の登場を13世紀の教会裁判所に始まる「異端審問の手続き Inquisitionsprozess」が16世紀になって完成したものと考えているようである。その点では、ラングバインも19世紀末-20世紀のドイツ法制史家の伝統を継いでいるといえる。つぎのものを参照。Langbein, *Prosecuting Crime*, pp. 154-155.
58) Carl Güterbook, *Die Entstehungsgeschichte der Carolina auf Grund archivalischer Forschung*, Würzburg, 1872, p. 207.
59) Stintzing, *Geschichte der Rechtswissenschaft*, p. 628.
60) シュワルツェンベルクは神学研究を熱心にやっていたが、そのことが『バンベルク刑事裁判令』には反映されていない。……『バンベルク刑事裁判令』の正義観が宗教改革に由来するとは思えない。シュワルツェンベルクが宗教改革から影響を受けた法学者のような印象を与えるのは、『バンベルク刑事裁判令』が当時の「精神

的な雰囲気 geistige Grundstimmung」を反映しているからである。Erik Wolf, „Johann Freiherr von Schwarzenberg," in Schroeder, *Die Carolina*, p. 151.
61) Wolf, „Johann Freiherr von Schwarzenberg," pp. 131-132, 135.
62) *CCC*, art. 11.
63) Wolf, „Johann Freiherr von Schwarzenberg," p. 146.
64) Stintzing, *Geschichte der Rechtswissenschaft*, pp. 620-621.
65) Langbein, *Prosecuting Crime*, p. 168.
66) Ibid., pp. 171-172. つぎのものも参照。Wolf, *Grosse Rchtsdenker*, pp. 126-127.
67) Wolf, "Johann Freiherr von Schwarzenberg," pp. 150-151.
68) Wieacker, *History of Private Law*, p. 100.
69) イタリア都市国家の「法令 statuti」の「総論」には漠然とした内容のことしか書かれておらず、『カロリーナ刑事法典』との違いがよく判る。たとえばクレモナ市の「法令 statuta」の「総論」には、都市民に対して平和を守るように要請しているだけである。「刑法典」の目的は都市国家の国力を守ることであり、平和の維持は都市民の権利を守るために欠かせないとしているだけである。つぎのものを参照。Gino Solazzi, ed., *Statuta et ordinamenta Communis Cremona*, Milano, 1952, p. 11. テラモ市（アッシジ市も含む）の「法令」（1440年に制定）第3部は「総論」を述べた箇所だが、その冒頭で判事が犯罪を裁くのは、都市民が法律を守り犯罪は割に合わないことを知るようにするためだと述べているだけである。つぎのものを参照。Francesco Savini, ed., *Statuti del Commune di Teramo del 1440*, Fi renze, 1889, p. 104. チェッレ市の「法令」（1414年に制定）の冒頭には、まず聖母マリア・天使たち・使徒たち・聖人たちの加護を祈願し、そのあとで法律を守るよう警告している。つぎのものを参照。Maddalena Cerisola, ed., *Gli statuti di Celle*, Bordighere, 1971, pp. 23-24.
70) 首都ワシントンにある議会図書館が北イタリアの19の都市の「法令」を所蔵しているが、その内容からもこのことは確認できる。どの「法令」もさまざまな内容の問題を扱っているが、『バンベルク刑事裁判令』・『カロリーナ刑事法典』とは手続法の方が実体法よりも似ている点が多い。たとえば個人による訴追を制限するために、原告が敗訴した場合の罰金を重くしていることをその例として挙げることができる。つぎのものを参照。*Statuta et ordinamenta Communis Cremonae*, 1389, pp. 39-40. また、つぎの例では、原告に保証金を入れさせている。*Statuti di Aviano del 1403*. また、『バンベルク刑事裁判令』・『カロリーナ刑事法典』のように拷問に制約を加えている「法令」もある。たとえば、被告を拷問にかけるだけの「法的に根拠のある十分な証拠 legitime probata inditia et sufficientia」を要求している例がある（*Statuta Castra Serrae*, 1473）。しかし、どの「法令」も証人尋問の仕方をほとんど問題にしておらず、伝聞と目撃の違いすら問題にしていない。実体法と

いうことでも、この19の「法令」は『バンベルク刑事裁判令』・『カロリーナ刑事法典』ほどの包括性・厳密性はない。共犯・未遂に言及していても、その意味を定義しておらず、正当防衛については言及すらされていない。故意は「意図的に irato animo」とか「知っていながら scienter」といった言葉で表現されているし、みずからの意志による自白を減刑の理由に挙げている「法令」も存在するが（*Statuti del Commune di Teramo del 1440*, pp. 131-132）、責任能力がない場合に被告を無罪とするよう定めた「法令」は存在しない。上位の裁判所に上告できるとしている「法令」はあっても、判断がむずかしい事案を法学者に諮問するよう求めている「法令」は存在しない。その理由として考えられるのは、イタリアの判事が法学者として法律に詳しく、ローマ法学者や教会法学者が書いたものに詳しいと考えられていたということである。

71) 『ビレル・コトレ王令』については、つぎのものを参照。Langbein, *Prosecuing Crime*, pp. 222, 248-249. またイギリスの「保釈法」と「収監法」については、つぎのものを参照。ibid., pp. 130-131, 204 ff. 16世紀にヨーロッパの主要国で実現した刑法典の改正には共通点が見られること、また改正の仕方は法制度のあり方が国によって異なっていたので当然、違っていたことをラングバインは指摘しているが、そのとおりである。

72) Friedrich Engels, *Der Deutsche Bauernkrieg*, 1850, in Karl Marx und Friedrich Engels, *Werke*, Bd. 7, Berlin, 1969, pp. 327, 332.

第5章　ドイツ革命と民法・経済法

1) 今「民法 civil law」といえば、財産法・契約法・不法行為法・企業法・商取引法などを意味するが、ローマ法で「ユス・キビレ jus civile: civil law」といえば、それは「ローマ市民に関する法律」という意味であった（それに対して「ユス・ゲンティウム jus gentium」は、「ローマ市民以外の人間にかかわる法律」を意味した）。11-15世紀のヨーロッパで「ユス・キビレ」といえば、それはローマ法すべてを意味したが、実際にはローマ法でも民事訴訟・刑事訴訟・刑事実体・家族・祭事・国政・行政などに関するものは（それがローマ法の大部分を占めていた）、当時のローマ法学者も問題にしていなかった。16世紀になって「公法 jus publicum」と「私法 jus privatum」が初めて区別されるようになり、今「民法」とされているものが「私法」とされて「公法」と区別されるようになった。そこでヨーロッパ大陸各国の法学者は、今でも「公法」と「私法」の違いを重視する（英米の法学者は、この区分法を採用しない）。この章で扱う「民法」をドイツの法制史家は「私法」と呼ぶが、実際にそれを制定・施行していたのは公的な権力であって名称として適切でない。また英米の法学者はヨーロッパ大陸各国の法制度を「ローマ法体系 civil law sysytem」といった呼び方をして英米の「コモンロー体系」と区別するが、こ

うした呼び方は歴史を無視した呼び方で、やはり適切なものではない。そこでこの本では、交易・投資・金融・経済発展などにかかわる法律は「経済法 economic law」と呼ぶことにした。

2) そのよい例は、ホスチエンシス Hostiensis が13世紀末に書いた「合意について De Pactis」と題する論文である。この論文でホスチエンシスは、休戦・講和・調停・商取引を「合意」ということで問題にしている。つぎのものを参照。*Summa Domini Henrici cardinalis Hostiennsis,* 1573 ; reprint, Aalen, 1962.

3) Klaus-Peter Nanz, *Die Entstehung des allgemeinen Vertragsbegriffs im 16. bis 18. Jahrhundert*, München, 1985, pp. 104 ff.

4) Ibid.

5) 16世紀の「ヨーロッパ共通の法」に見られた契約概念は「古代のローマ法とは無縁なもの」であったことを Coing は指摘しているが、それがすでに教会法に存在していたことに Coing は気づいていない。Coing, *Europäische Privatrecht*, Bd. 1, *Älteres Gemeines Recht (1500 bis 1800)*, München, 1985, p. 412.

6) Gustaf Klemens Schmelzeisen, *Polizeiordnungen und Privatrecht*, Münster, 1955. 財産権や契約に関する慣習法を規制していた「公共の福祉にかかわる法令 Polizeiordnungen」が「私法」という考え方に与えた影響を著者の Schmelzeisen は分析しているが、このような研究者はドイツでは珍しい。

7) Matthias Weber, *Die Schlesischen Polizei- und Landesordnungen der frühen Neuzeit*, Köln, 1996, p. 222.

8) Otto Feger und Peter Ruster, *Das Konstanzer Wirtschafts- und Gewerberecht zur Zeit der Reformation*, Konstanz, 1961, pp. 55-56.

9) Wüttemberg *Landesordnung* II (3) (1).

10) ローマ法は貸し金から利息を取ることを認め (*Codex*, bk. 4, title 32)、利息のことを「役立てることで手に入るもの usura」と呼んでいた。高利を禁止していなかったが、皇帝はときどき利息の限度を定めていた。つぎのものを参照。Adolf Berger, *Encyclopedic Dictionary of Roman Law*, Philadelphia, 1953, pp. 753-754.「利息 interest」の語源になっているラテン語 interesse は、もともと「あいだにいる・関心をもつ・関与する」といった意味の動詞の不定法で、利息を支払う意味ではなく契約を守らなかったときに賠償金を支払う意味で使われていた。たとえば『学説彙纂』には、エフェススで返すことになっていた借金をカルタゴで返すようになったときに賠償金を支払うことを、この言葉で表現している (*Digesta* 13. 4. 2. 8)。この言葉を名詞として最初に使ったのは12世紀末のローマ法学者アゾ Azo だが、彼も賠償金の意味で使っている。つぎのものを参照。John T. Noonan, Jr., *The Scholastic Analysis of Usury*, Cambridge, Mass., 1957, p. 106. 教会法学者が13世紀中頃-末に、この言葉を貸金に対する手配の労力・失うかもしれないリスク・貸

さなければ得られたかもしれない利益を埋め合わせるもの、つまり利息の意味で使うようになった。また、それを超える利息は「高利 usura」と呼んで、利息と区別するようになった。Ibid., pp. 112-115.

11) つぎのものを参照。Raymond de Roover, "The Concept of the Just Price : Theory and Practice," *Journal of Economic History* 18 (1958), 418-434 ; John W. Baldwin, *The Medieval Theories of the Just Price : Romanists, Canonists, and Theologians in the Twelfth and Thirteenth Centuries*, Philadelphia, 1959 ; Joel Kaye, *Economy and Nature in the Fourteenth Century : Money, Market Exchange, and the Emergence of Scientific Thought*, Cambridge, 1998, pp. 87-101.

12) Terence P. McLaughghlin, "The Teaching of the Canonists on Usury, Part II," Medieval Studies 2 (1940), 21, n. 204. 高利貸を禁止した世俗法について言及されている。

13) 「公正な値段」という考え方や高利禁止が資本制経済の登場を妨げたというウエーバー Max Weber の説明が通説になっているが（注20を参照）、つぎに挙げる2つの研究は、それが間違っていることを証明してみせている。John T. Gilchrist, *The Church and Economic Activity in the Middle Ages*, New York, 1969, pp. 274 ff. ; John F. McGovern, "The Rise of New Economic Attitudes in Canon and Civil Law, A.D. 1200-1550," *Jurist* 32 (1972), 44-55.

14) de Roover, "Concept of the Just Price," pp. 427-428.

15) 逆のことが通説になっているが、それを支持する証拠はない。つぎのものを参照。Kaye, *Economy and Nature*, pp. 80-88. 利息を正当化する根拠として利用されていたのが、「自腹で経費を負担することによって蒙った損害 damum emergens」・「得られるはずだったのに得られなかった利益 lucrum cessans」という損害賠償の考え方であった。つぎのものを参照。Noonan, *Scholastic Analysis of Usury*, pp. 118-128, 249-256. イギリスの教会裁判所が高利を犯罪として訴追することは稀で、ふつうは貪欲の罪（宗教的な罪）を犯したとして懺悔と贖罪の対象としていたそうである。つぎのものを参照。Richard H. Helmholz, "Usury and the Medieval English Church Courts," *Speculum* 61 (1984), reprinted in Helmholz's *Canon Law and the Law of England*, London, 1987, pp. 323-339.

16) その根拠とされたのがアリストテレスの貨幣論であった。アリストテレスによれば貨幣は商品の価値を表示する手段にすぎず、何も生み出さないのである。そこで金貸しが利子を要求するのは貨幣の本質を歪めることになるので間違っているというのである。アクイナスにいわせれば、貨幣の値段が変わるのはよいとしても、それは借り手の責任ではないので貸し手はそのことを利用して利子を要求すべきではないのである。つぎのものを参照。Noonan, *Scholastic Analysis of Usury*, p. 56. このアクイナスの考え方がヨーロッパで受け入れられていったのだが、当時の経済・

法制度の現実は違っていた。11-12世紀の商業革命については、つぎのものを参照。Robert Lopez, *The Commercial Revolution of the Middle Ages, 950-1350*, Cambridge, 1976, p. 72. Lopez によれば、「豊富な信用貸しが商行為の潤滑油になっていた」そうである。12-13世紀の銀行業については、つぎのものを参照。N. J. G. Pounds, *An Economic History of Medieval England*, 2nd ed., London, 1994, chap. 9 "The Commercial Revolution," pp. 407-442.

17) Robert B. Ekeland, Jr., et al., *Sacred Trust : The Medieval Church as an Economic Firm*, Oxford, 1996, p. 118. 利息を取って金貸しをする際、教皇は利息を「サービス代 *servitia*」として請求していた。Ibid., p. 119. また、教会は「貧民救済のために可能な限り安い利息で金貸しをするため」「質屋 *monti di pietà*（慈悲の山）」を設置していた。つぎのものを参照。Geoffrey Parker, "The Emergence of Modern Finance in Europe, 1500-1700," in Carlo M. Cipolla, ed., *The Fontana Economic History of Europe*, vol. 3 *The Sixteenth and Seventeenth Centuries*, Glasgow, 1974, p. 534.

18) Carlo M. Cipolla, *Money, Prices, and Civilization in the Mediterranean World : Fifth to Seventeenth Century*, Princeton, 1956, pp. 63-65.

19) Ibid., p. 65. チューリヒ市の利率はマルクスの『資本論』第3巻・第36章による。つぎのものを参照。Karl Marx, *On Religion*, ed. Saul K. Padover and The Karl Marx Library, vol. 5, New York, 1964, p. 135.

20) ウエーバーはカトリック教会がすべての利息を「高利」として認めていなかったのは、非情な市場経済の登場を「意図的に妨害する」ためだったとしている。プロテスタントの登場までは、「倫理と経済の対立が存在していた」とウエーバーは書いている。つぎのものを参照。Max Weber, *Economy and Society : An Outline of Interpretive Sociology*, ed. Guenther Roth and Claus Wittich, vol. 2, New York, 1968, pp. 584-585. この対立が16世紀にプロテスタントが登場してくることで解消されたとウエーバーはいうが、このウエーバーの考え方を引き継いでいるのが Nelson で、カトリック教会はキリスト教徒には「高利」を認めなかったが、キリスト教徒とユダヤ教徒のあいだでは認めていたという。それがカルバン派の登場でキリスト教徒のあいだでも認められるようになったそうである。Benjamin Nelson, *The Idea of Usury : From Tribal Otherhood to Universal Brotherhood*, 2nd ed. enl., Chicago, 1969. ウエーバーとおなじように Nelson も、「高利」と「正当な利息」を区別する考え方が登場してきたのは「中世以降」だと考えているようである。Ibid., p. 17, n. 34. しかし実際には、ユダヤ教徒も1215年の第4回ラテラノ公会議でキリスト教徒から「高利 *usurarias*」を取り立てることが禁じられていた。つぎのものを参照。*Decrees of the Ecumenical Councils*, ed. Norman P. Tanner, S. J., vol. 1, London, 1990, p. 265, Concilium Lateranense IV, 1215, 67, *De usuris*

Iudaeorum. カルバン派については、注23を参照。ウエーバーとおなじ誤解は、今も続いているようである。たとえば、つぎのものを参照。Edward L. Glaeser and Jose Scheinkman, "Neither a Borrower nor a Lender Be: An Economic Analysis of Interest Restrictions and Usury Laws," *Journal of Law and Economics* 41 (1998), 25-26.

21) *LW* 45: 248.
22) William J. Wright, *Capitalism, the State, and the Lutheran Reformation: Sixteenth-Century Hesse*, Athens, Ohio, 1988, pp. 17-21. カトリック教会もルター派も、親類や友人に金を貸す場合は例外としていた。そこでメランヒトンは、家族の一員に金を貸す場合(「義務として貸すこと *offciosa mutuatio*」)と、それ以外の場合、たとえば国王に貸す場合のように「経済的な目的で」貸す場合(「義務以外で貸すこと *non officiosa mutatio*」)を区別していた。家族の一員に貸す場合は、聖書が教えているように「何も対価を期待しないで」貸すのである。もちろん、「自腹で経費を負担することによって蒙った損害 *damnum emergens*」や「得られるはずだったのに得られなかった利益 *lucrum cessans*」を家族の一員に要求してもかまわないが、「損害」や「利益」が「著しい *insigne*」場合に限られるべきだとした。Philip Melanchthon, *Dissertatio de Contractibus*, *CR*, vol. 16, cols. 505-506.
23) Noonan, *Scholastic Analysis of Usury*, pp. 365-367; W. Fred Graham, *The Constructive Revolutionary: John Calvin and His Socio-Economic Impact*, Richmond, Va., 1971, pp. 90-94.
24) Hans Liermann, *Deutsche evangelische Kirchenrcht*, Stuttgart, 1933, p. 254.
25) "Population in Europe, 1500-1700" in Cipolla, *Fontana Economic Hisory of Europe*, p. 15.
26) Wright, *Capitalism*, pp. 30-32.
27) Fernand Braudel, *The Wheels of Commerce*, trans. Siân Reynolds, vol. 2 of *Civilization and Capitalism, Fifteenth to Eightennth Centuries*, New York, 1982, pp. 232-249.
28) 第1次商業革命については、つぎのものを参照。Robert S. Lopez, *The Commercial Revolution of the Middle Ages, 950-1350*, Englewood Cliffs, N. J., 1971. また、同時期(12-13世紀)の商人法については、つぎのものを参照。Berman, *Law and Revolution*, pp. 333-356.
29) Wright, *Capitalism*, p. 3. つぎのものも参照。Ludwig Zimmermann, *Der ökonomische Staat Landgraf Wilhems IV: Der hessische Territorialstaat im Jahrhundert der Reformation*, Marburg, 1933, pp. 389-393.
30) Wright, *Capitalism*, pp. 3-5.
31) Eli Heckscher, *Mercantilism*, vol. 1, London, 1955, pp. 19-30.

32) Immanuel Wallerstein, *The Modern World System : Capitalist Agriculture and the Origins of the European World Economy in the Sixtennth Century*, San Diego, 1974, pp. 137-143.
33) Richard Ehrenberg, *Capital and Finance in the Age of the Renaissance : A Study of the Fuggers and Their Connections*, trans. H. M. Lucas, London, 1928, pp. 79-86 ; Paul Kennedy, *The Rise and Fall of the Great Powers : Economic Change and Military Conflict from 1500 to 2000*, New York, 1988, pp. 54-55.
34) Reymond de Roover, *L'évolution de la lettre de change ; XIVe-XVIIIe siècles*, Paris, 1953, pp. 23-42.
35) 16世紀にヨーロッパで使われていた貨幣については、つぎのものを参照。Marie-Thérèse Boyer-Xambeu, *Private Money and Public Currencies : The Sixteenth-Century Challenge*, trans. Azizeh Azadi, Armonk, N.Y., 1994, p. 107 ; Cipolla, *Money, Prices, and Civilization*, pp. 42-43.
36) Cipolla, *Money, Prices,* and *Civilization*, p. 38.
37) ある経済史家が1977年に、法制史家は16-17世紀の経済史に関心を示そうとしないと書いているが、今も事態は変わっていない。Slicher von Bath, "Agriculture in th Vital Revolution," in *The Cambridge Economic History of Europe*, vol. 5, *The Economic Organization of Early Modern Europe*, Cambridge, 1977, p. 42.
38) Ernst Meynial, "Notes sur la formation de la théorie du domaine divise (domaine direct et domaine utile) du XIIe et XIVe siècles dans les romanistes," in *Mélange Fitting*, vol. 2, Montpellier, 1908, pp. 409-461 ; Berman, *Law and Revolution*, p. 239.
39) Berman, *Law and Revolution*, pp. 242-245.
40) Ibid., pp. 453-457, 475-476.
41) Hugo Kres, *Besitz und Recht : Eine civilrechtliche Abhandlung*, Nürnberg, 1909, p. 10.
42) Helmut Coing, *Privatrechtsgeschichte, Handbuch der Quellen und Literatur der neueren-europäischen Privatrechtsgeschichte*, München, 1973, pp. 277 ff.
43) Kress, *Besitz und Recht*, pp. 9-10 ; Coing, *Privatrechtsgeschichte*, pp. 272, 277 ff. ちなみに Coing は、教会法からの影響も指摘している (p. 272)。
44) *Bernhard Walthers Privatrechtliche Traktate aus dem 16. Jahrhndert*, ed. Max Rintelen, Leipzig, 1937, p. 1.
45) Johann Apel, *Methodica Dialectics Ratio ad Iurisprudenti Accommodate, Autore Johanne Apello*, Nürnbeg, 1535 ; Johann Apel, *Isagoge per Dialogum in Quattuor Labors Institutum divi Iustiniani Imperatoris, Autore Johanne Apello*, Bratislava, 1540.

46) 1535年に出版された代表作で、契約などで発生してくる「債権（債務）*iura ad rem*」とはべつに、2種類の「所有権*iura in re*」があるとしている。つまり「完全な所有権*proprietas*」と「用益の所有権*ius in re specificum : ususfructus*」である。Apel, *Methodica*, leaf 274rb-277rb. また、1540年に出版された『イサゴゲ』では、'ius in re' を 'dominium' と呼び、'ius ad rem' を 'obligatio' と呼んでいる。つぎのものを参照。Stintzing, *Geschichte der Rechtswissenschaft*, p. 295. シュティンツィンクによれば、アペルは所有権獲得の原因になる契約と所有権を混同しないよう警告しているそうである。つぎのものも参照。Theodor Muther, *Doctor Johann Apel : Ein Beitrag*, Königsberg, 1861, pp. 54 ff.

47) 所有権を「完全な所有権*dominium directum*」と「用益の所有権*dominium utile*」の2つに分ける考え方は、所有権を唯一・絶対のものだとする19世紀末のローマ法学者によって排除され、その結果、「用益の所有権」という言葉は使われなくなってしまった。アペルの分類方法が忘れ去られ、おなじ16世紀のフランスの法学者ドネルス Hugo Donellus（フランス語名 Hugues Doneau）がアペルの功績を横取りしてしまった（ドネルスはアペルの仕事によく通じていたはずである）。ドネルスはブールジュ Bourges 市（16世紀にはフランスにおける法学研究の中心地であった）で長年、教鞭をとっていたが、1572年の聖バルテルミーの虐殺事件で身の危険を感じてドイツに居を移し（当時のフランス法学者の例にもれず、彼もプロテスタントであった）、死ぬまでドイツに留まることになる。つぎのものを参照。A. P. Th. Eyessell, *Doneau : Sa vie et ses ouvrages*, Genève, 1970. 「用益の所有権」をドネルスは、「他人の所有物に対する所有権 jura in re aliena」と呼んでいたが、ドネルスのこの概念はアペルの「用益の所有権 ius in re specificum : ususfructus」とおなじことを意味している。つぎのものを参照。Robert Feenstra, "*Dominium* and *ius in re aliena* : The Origins of a Civil Law Distinction," in Peter Birks, ed., *New Perspectives in the Roman Law of Property : Essays for Barry Nicholas*, Oxford, 1989, pp. 111-122. 所有権（物権）と債権（債務）を明確に区別することを始めたのはアペルだが、そのことが忘れ去られてしまった。たとえば、ドネルスにその功績を帰属させてしまっている Stein のつぎの論文を参照。Peter Stein, "Donellus and the Origin of the Modern Civil Law," in *Mélanges Felix Wubbe : offerts par ses collègues et ses amis à l'occasion de son soixantedixième anniversaire*, Fribourg, 1993, pp. 439-452. アペルがドネルスより30歳も年長で、ドネルスはアペルから多くのことを学んでいたことを認めている Feenstra ですら、アペルのことを「16世紀にドイツにいた法学者の1人」にすぎないとしている。

48) Johann Oldendorp, *Actionum Forensium Progymnasmata*, in *Opera*, 2 vols., Aalen, 1966, 2 : 588-589.

49) Christopher Zobel, *Differentiae Iuris Civilis et Saxonici*, Leipzig, 1598. Zobel

は、Ludwig Fachs が指摘した70の違いと Benedict Reinhard が指摘した273の違いを挙げて、それにドイツ語・ラテン語で注釈を付けている。Reinhard の手書きによる仕事は（1549年に完成）、それより早く終わっていた Fachs の仕事と一緒にされて1567年に初版が出版され、さらに1573・1582年に再版されている。この2人の仕事はラテン語で書かれており、そのドイツ語版が注釈つきで出版されている。Gerog Schwarzkopff, *Ludovici Fachsi et Benedicti Reinharti Differentiae Iuris Civilis et Saxonici*, 1586, 1595, 1598. 18世紀に出版された Lipen の文献目録には（初版は1679年）、「ローマ法とザクセン法の違い Differentiae Iuris Civilis et Saxonici」を扱った本が約50冊、さらに「教会法とローマ法の違い Differentiae inter Jus Canonicum et Civile」を扱った本が21冊、「ユダヤ法の違い Differentiae Juris Hebraica」との違いを扱った本が5冊、挙げられている。Martin Lipen, *Bibliotheca Realis Juridica*, Leipzig, 1746. 16世紀に出版されたこの種の本で重要なのは Bernhard Walther がドイツ語で書いたもので（注44を参照）、「共通法 *jus commune*」と低地オーストリア地方の法律を15の項目に分けて比較している。

50) Coing, *Privatrechtsgeschichte*, p. 366.

51) ラテン語（census）・フランス語（rente）・ドイツ語（Zins）に対応する英語（mortgage）は、やがて一定年数、土地を賃貸する意味で使われるようになり、「謄本による農民の保有権 copyhold」とおなじ意味をもつようになった。つぎのものを参照。Charles Montgomery Gray, *Copyhold, Equity, and the Common Law*, Cambridge, Mass., 1963; R. W. Turner, *The Equity of Redemption*, Cambridge, Mass., 1931; Charles J. Reid, "The Seventeenth-Century Revolution in English Land law," *Cleveland State Law Review* 43 (1995), 221 ff.

52) *Martin Luther: Works*, trans. H. E. Jacobs, 6 vols., Philadelphia, 1915-1932, 4: 96-97; Benjamin Nelson, *The Idea of Usury*, Chicago, 1969, p. 33.

53) ウュルテンベルク侯国では、定められた金額を超えた「定期的に支払いを受ける権利の購入」は、裁判所の許可でなく侯の許可をえる必要があった。Robert von Hippel, *Deutsches Strafrecht*, Berlin, 1925, Bd. 1.

54) たとえば、つぎのものを参照。William J. Wright, *Germany: A New Social and Economic History*, London, 1996, p. 181: "Capitalism emerged during the 'long sixteenth century' (1450-1610)." Wright は資金集めや経営に「個人的な関係」が重要であったことを認めており、ハンザ同盟による海運業も「個人的な関係」が基本になっていたとしている。Ibid., p. 183. また、遠隔地貿易では家族の一員を代理人にしていたことも認めている。Ibid., p. 184. 金融取引所については、15-16世紀になると12-14世紀の市場と違って銀行業が登場してきて、資本制経済の登場に重要な役割を果たすことになったとしている。Ibid., p. 186.

55) Wright は Bruno Kuske の研究を根拠に挙げて、すでに16世紀に株式会社が登場

していたと書いているが（前掲書)、Wright が引用している Kuske の本は株式会社を問題にしていない。Wright は、リスクの高い事業に複数の人間が共同出資する会社を株式会社と勘違いしているようである。

56) つぎのものから引用した。Wright, *Capitalism, the State, and the Lutheran Reformation*, p. 3. この本で Wright は、ヘッセン侯国で君主が「重商主義国家の設計者」として経済的役割を果たしていたとしている。ルター派の影響で貧者の保護を重視しており、たとえば農民や職人に食料や羊毛の先買特権を認めており、投機家が買い占めて法外な値段で売りつけるのを禁じていたし、法外な利息で農民や職人が苦しめられるのを禁じていた。外国から輸入される毛織物の輸入税は重要な歳入源になっていたが、その他の商品は無税で輸入することが認められていた。

第6章 ドイツ革命と社会法

1) Peter Brown, "St. Augustine," in Beryl Smalley, ed., *Trends in Medieval Political Thought*, Oxford, 1965, p. 11.
2) *The Confessions of St. Augustine*, trans. E. B. Pusey, New York, 1907, pp. 317-318; Saint Augustine, *The Trinity*, ed. Roy Deferrari, trans. Stephen McKenna, Washington, D.C., 1963, pp. 271-289, 308-309. つぎのものも参照。Leonardo Boff, *Trinity and Society*, trans. Paul Burns, Maryknoll, N.Y., 2988, p. 56; Harold J. Berman, "Law and Logos," *De Paul Law Review* 44 (1994), 149-150.
3) Berman, *Law and Revolution*, pp. 92-93, 581-582. 聖職者は全員が「霊の者 spirituals」と呼ばれていたが、聖職者には2種類あって、司教区に属して司教の監督下に置かれる「教区つき secular」の聖職者と、修道会に属して修道会の「会則 regulae」に従う「修道会士 regular」がいた。また、13世紀末-14世紀に登場してきたフランチェスコ修道会の過激派も「霊の者」と呼ばれていた。
4) Pope Gregory VII to Bishop Hermann of Metz, March 1081, quoted in ibid., p. 110.
5) 教会法は、まとめて「霊の法 jus spirituale」と呼ばれていたが、世俗だけの問題を扱う教会法は「世俗の法 jus temporale」と呼ばれ、世俗の問題を扱う教会法は、「霊と関連する法 jus annexum spiritualibus」と呼ばれていた。たとえば、教会役人を推薦する俗人の権限を扱った教会法は、「霊の法ではなくて霊と関連する法」と呼ばれていた。Hostiensis, *Commentaria*, x. 1. 6. 28.
6) そこで14世紀のイタリアの法学者バルドス Baldus（教会法学者にしてローマ法学者）は、世俗法と教会法のどちらを選ぶかという問題に直面したときは、つねに教会法を選ぶべきだとしていた。なぜなら、教会法は「神の法」とつながっているからである。つぎのものを参照。Giuseppe Ermini, "Ius Commune e Utrumque Ius," *Acta Congressus Iuridica Internationalis* 2 (1935), 522, n. 32.

7) ルターによれば、婚姻は「経済・政治制度や教会の苗床」なのである。つぎのものから引用した。Johannes Heckel, *Lex Charitatis : Eine juristische Untersuchung über das Recht in der Theologie Martin Luthers*, München, 1953, pp. 101-102.

8) Christoph Strohm, "*Ius divinum* und *ius humanum* : Reformatorische Begründung des Kirchenrechts," in Gerhard Rau, Hans-Richard Reuter, and Klaas Schlaich, eds., *Das Recht der Kirche*, Bd. 2, *Zur Geschichte des Kirchenrechts*, Gutersloh, 1994, p. 145. 「目に見えない教会」の「霊の法」は、Strohmによれば「特別な法 Law *sui generis*」であって、「それが法であることを認識できるのは、信仰ゆえに天国ゆきが保証されている者だけ」なのである。Ibid., p. 145, n. 108. つぎのものも参照。Heckel, *Lex Charitatis*.

9) D. Gerhard Ebeling, "Zur Lehre vom triplex usus legis in der reformatorischen Theologie," in *Wort und Glaube*, Bd. 1, Tübingen, 1960, pp. 50-68 ; John Witte, Jr., and Thomas C. Arthur, "The Three Uses of Law : A Protestant Source of the Purpose of Criminal Punishment? " *Journal of Law and Religion* 10 (1993-94), 433-465.

10) こうした「法令」は、まとめて「公法 Polizeiordnungen」と呼ばれていた。つぎのものを参照。Gustav K. Schmelzeisen, *Polizeiordnung und Privatrecht*, Münster, 1955.

11) Harold Berman and Charels J. Reid, Jr., "Roman Law in Europe and the *Jus Commune*," *Syracuse Journal of International Law and Commerce* 20 (1994), 1-31.

12) 本書で取り上げたルター・メランヒトン・ブゲンハーゲンのほかに、コルウイヌス Antonius Corvinus・クルツィガー Kaspar Cruciger などを挙げることができる。つぎのものを参照。Anneliese Sprengler-Ruppenthal, "Kirchenordnung, evangelische," in *Theologische Realenzyklopädie*, Bd. 18, Berlin, 1989, pp. 679-681.

13) カルバン派の都市や領国の「法令」については、ここでは論じない。

14) Sprengler-Ruppenthal, "Kirchenordnung," pp. 670-707. 「アウグスブルク信仰告白 Augusburgische Bekenntnis」では (1530年)、まだ懺悔と贖罪が残されていたが、のちに義務でなくなる。

15) カトリック教会の典礼がどう変えられたかについては、つぎのものを参照。Timothy George, *Theology of the Reformers*, Nashville, 1988, pp. 92-95, 145-158.

16) Hans J. Hillerbrand, ed., *The Oxford Encyclopedia of the Reformation*, vol. 2, 1996, pp. 439-441 ("Protestant Liturgy").

17) *LW* 35 : 501.

18) *LW* 35 : 53-54.

19) Carter Lindberg, *The European Reformations*, Oxford, 1996, p. 116.

20) Ibid., pp. 116,117.

21) Luther, "The Order of Baptism," *LW* 53: 95-103.
22) つぎのものから引用した。John Tonkin, "Luther's Understanding of Bap-Tism: A Systematic Approach," *Lutheran Theological Journal* 11 (1977), 101-102.
23) Paul Nettl, *Luther and Music*, trans. Frida Best and Ralph Wood, Philadelphia, 1948, p. 82.
24) Johannes Riedel, *The Lutheran Chorale : Its Basic Traditions*, Minneapolis, 1967, pp. 35-38. ルターはドイツの伝統的な民謡のメロディーと簡潔なドイツ語で作られた讚美歌が福音教会の神学を民衆に広めるうえで役立つと考えていた。ルターにいわせれば、音楽は「人間の心を和らげ、礼儀正しく分別あるものにする」のである。Ibid., p. 36. ルターの宗教改革で、「それまで目に訴えることが多かった(カトリック)教会と戦う教会にとって、音楽は重要な武器であった」。Rosenstock-Huessy, *Out of Revolution*, p. 423.
25) この讚美歌集は「8つの讚美歌集 Achtliederbuch」と呼ばれていた。つぎのものを参照。Frank C. Senn, "Liturgy," in Hillerbrand, *Oxford Encyclopedia of the Reformation*, vol. 2, p. 441.
26) Ulrich Leupold, ed., *Liturgy and Hymns*, in Helmut T. Lehman, ed., *Luther's Works*, vol. 5, Philadelphia, 1965, p. 194.
27) 「ニケア信条」と「聖なるかな Sanctus」のほかに、ルターは「入祭唱 Introitus」・「昇階唱 Graduale」・「神の子羊 Agnus Dei」も讚美歌に入れている。つぎのものを参照。Robin Leaver, "Theological Consistency, Liturgical Integrity, and Musical Hermeneutics in Luther's Liturgical Reforms," *Lutheran Quarterly* 9, n.s. 1995, 117-138.
28) Letter to Georg Spalatin, quoted in James F. Lambert, *Luther's Hymns*, Philadelphia, 1917, p. 15.
29) *LW* 53: 225.
30) つぎのものから引用した。Nettl, *Luther and Music*, p. 75.
31) Leupold, *Liturgy and Hymns*, p. 225.
32) Rosenstock-Huessy, *Out of Revolution*, p. 417.
33) Lambert, *Luther's Hymns*, pp. 441-450 ; Nettl, *Luther and Music*, p. 53.
34) Geroge, *Theology of the Reformers*, p. 91, citing *LW* 39: 22, *WA* 6: 75.
35) つぎのものから引用した。Geroge, *Theology of the Reformers*, p. 92. ルターの口癖は、ブゲンハーゲン・メランヒトンとヨナス Justus Jonas (ヨナスはエルフルト大学で法学を教えていた人物。1514年にウイッテンベルク大学を卒業し、早くからルターの支持者であった)による。
36) Luther, "A Reply to the Twelve Articles," *LW* 4: 223.
37) 1527年には、ルターは再洗礼派に対する弾圧に反対であった。「哀れな人たちが

焼かれたり、切り殺されたりするのは間違っている。何を信じるかは自由なはずである。間違っていれば、地獄で業火に焼かれることになるだけである。反乱の煽動が行なわれているのならともかく、そうでなければ聖書と神の言葉で反論すればよい。焼き殺したところで何の解決にもならない」。つぎのものから引用した。Roland Baiton, *The Travail of Religious Liberty*, New York, 1958, p. 61. ところが1536年になると、ルターは再洗礼派を死刑にするよう勧告している。Ibid., p. 64. つぎのものも参照。Nikolaus Paulus, *Luther und die Gewissenfreiheit*, München, 1905.

38) Ulrich Nembach, Predigt des Evangeliums: Luther als Prediger, Pädagoge und Rheter, Münster, 1972, pp. 25-59.

39) Annaliese Sprengler-Ruppenthal, "Das kanonische Recht in Kirchenordnungen des 16. Jahrhunderts," in Richard H. Helmholz, ed., *Canon Law in Protestant Lands*, Berlin, 1992, p. 49; idem, "Bugenhagen und das protestanische Kirchenrecht," in *ZSS* 88 (*kan. Abt.*) (1971), 205-207.

40) The Calenberg-Göttinger *Kirchenordnungen* of 1542, in Emil Sehling, ed., *Die evangelischen Kirchenordnugen des XVI Jahrhunderts*, Bd. 6, vol. 2, Aachen, 1955, p. 732. つぎのものも参照。Sprengler-Ruppenthal, "Das kanonische Recht," p. 50.

41) Sehling, *Kirchenordnungen*, pp. 91-92.

42) John Witte, Jr., *From Sacrament to Contract: Marriage, Religion, and Law in the West*, Louisville, Ky., 1997, chap. 2; Hartwig Dieterich, *Das Protestantische Eherecht in Deutschland bis zur Mitte des 17. Jahrhunderts*, München, 1970. つぎのものも参照。John Witte, Jr., "The Transformation of Marriage law in the Lutheran Reformation," in John Witte, Jr., and Frank S. Alexander, eds., *The Weightier Matters of the Law: Essays on Law and Religion —— A Tribute to Harold J. Berman*, Atlanta, Ga., 1988, pp. 57-98.

43) Witte, "Transformation of Marriage Law," pp. 70, 76-94; Dieterich, *Das Protestantische Eherecht*, passim.

44) Dieterich, *Das Protestantische Eherecht*, pp. 147-166, 177-180.

45) 教育については、内容の一部をつぎのものに依拠している。John Witte, Jr., "The Civic Seminary: Sources of Modern Public Education in the Lutheran Reformation of Germany," *Journal of Law and Religion* 12 (1996), 173-223.

46) イタリアの世俗学校については、つぎのものを参照。Paul F. Grendler, *Schooling in Renaissance Italy: Literacy and Learning, 1300-1600*, Baltimored, 1989. およそ25のドイツの都市（主としてハンザ同盟に加盟していた都市）は、役人や商人のためにラテン語とドイツ語の学校を開設していた。また大規模な職人組合や商人組合は自分たちで学校を開設していたし、俗人の教師が経営する学校（全寮制・

非全寮制）もいくつかあった。つぎのものを参照。Witte, "Civic Seminary," pp. 182-183.

47) Ibid., p. 186. その根拠としてルターが挙げていたのが、弟子たちにイエスが与えた最後の言葉であった。「そこで行って、あらゆる異邦人たちを弟子とせよ。彼らに父と子と聖霊の名において洗礼を授け、私があなたたちに指示したすべてのことを守るように、彼らに教えよ」（マタイによる福音書 28: 18-20)。

48) つぎのものから引用した。Witte, "Civic Seminary," p. 187.

49) つぎのものから引用した。Ibid., p. 188.

50) 「お上」は義務教育を実施する義務があるという考え方をルターは、教会のあり方を改善するようドイツの支配階級に宛てた公開状「ドイツ貴族に訴える An den christlichen Adel deutscher Nation」(1520年) で表明していた。つぎのものを参照。Witte, "Civic Seminary," pp. 191-192.

51) Gerald Strauss, *Luther's House of Learning: Indoctrination of the Young in the German Reformation*, Baltimore, 1978, pp. 194-198.

52) Ibid.

53) 奨学金制度もルターの発案だそうである。William J. Wright, "The Impact of the Reformation on Hessian Education," *Church History* 44 (1975), 183.

54) Apology of the Augsburg Confession, in *Concordia Triglotta* (1921), art. 6, p. 287.

55) David W. Myers, *"Poor Sinning Folk": Confession and Conscience in Counter-Reformation Germany*, Ithaca, N.Y., 1996, pp. 63-76.

56) Werner Heun, "Konsistorium," in *Theologische Realenzyklopädie*, Bd. 19, Berlin, 1990, pp. 483-488.

57) つぎのものを参照。Brian Tierney, *Medieval Poor Law: A Sketch of Canonical Theory and Its Application in England*, Berkley, 1959.

58) Ibid., pp. 84-86.

59) 救貧に関する分析は、つぎのものに紹介されているデータに依拠した。Robert Jütte, *Poverty and Deviance in Early Modern Europe*, Cambridge, 1994; Bronislaw Geremek, *Poverty: A History*, trans. Agnieszka Kolakowska, Cambridge, Mass., 1994. ただし、分析の前提になっている考え方はJütteと大きく違っている。Jütteによれば、救貧ということではカトリック教会とプロテスタントで基本的な違いは存在せず、たとえ違いが存在している場合でも、その原因は教義とは関係ないということである。「現在、歴史家が16世紀の救貧政策に宗教的な影響（カトリック教会からのものもプロテスタントからのものも）を認めることはない」(p. 105) というのがJütteの意見である。その根拠としてJütteは、ルターによる宗教改革期にカトリック教会が採用していた救貧政策の例を挙げている。「この例から

判るとおり、地域共同体や国家が行なう救貧政策が宗教改革のおかげで新しく登場してきたという証拠は確認できない。地域共同体による救貧政策も国家が行なう救貧政策も、すでにカトリック教国で行なわれていたことであった」(p. 108)。しかしそのすぐあとで Jütte は、つぎのように書いている。「16世紀にルターが提唱した救貧政策の影響で、ドイツのみならずヨーロッパ全土で国家が救貧政策を担当することになった。つまり宗教改革は、教会でなく国家が救貧を担当すべきだという新しい社会政策の登場を可能にしたのである」。そして結論でも Jütte は、新しい救貧政策の登場にルターの神学とルターの神学に影響されたカトリック教会の神学が大きな影響を与えたことを認めている (pp. 194, 198)。

つぎに紹介する Davis も、Jütte とおなじような考え方をしている。1534年にカトリック教徒が優勢を占めていたリヨン市で採用された救貧政策を紹介した論文で、ドイツのプロテスタントが採用した救貧政策はモデルになっていないと Davis は書いている。リヨン市に「共同基金」が設置されたのは、「都市の経済活動が活発化し、人口が急増したことで発生してきた貧困問題を解決するためであって」、おなじ問題はリヨン市だけでなくプロテスタントが有力だった都市でも、カトリック教会が有力だった都市でも発生していたというのである。Natalie Zemon Davis, "Poor Relief, Humanism, and Heresy: The Case of Lyon," *Studies in Medieval and Renaissance History* 5 (1968), 267. 「プロテスタントもカトリック教徒も宗教的な理由から乞食をなくすべきだと考え、救貧と社会復帰を実現するための制度を設置したのである」としながらも、リヨン市のようなカトリック教徒が優勢を占めていた都市では、「エラスムスの考え方に忠実な古典古代研究者がその実現に貢献したのであって」(p. 268)、リヨン市にいた相当数のプロテスタントが改革に貢献したことやカトリック教会が伝統的な救貧施設の廃止に反対したことなどには、ほとんど言及していない。なお古典古代研究者ということでは、2人ともカトリック教徒で古典古代研究者でもあった Juan Luis Vives が書いた救貧に関する論文に言及しているが、Vives はスペインからオランダに亡命してエラスムスとも親交があった人物で、教皇の禁書目録に何冊か著書が挙がるほどの改革派であった。彼はプロテスタントの味方であり、ルター派の歴史家であった Andreas Osiander などは Vives が「隠れルター派 secret admirer of Luther」だと考えていたほどである。つぎのものを参照。Carolos G. Norena, *Juan Luis Vives*, The Hague, 1970, p. 3; Jütte, *Poverty and Deviance*, p. 117. カトリック教徒とプロテスタントの考え方には共通点が多いという Davis の指摘はそのとおりだが、教会に代わって世俗の支配者が救貧を担当すべきだとする考え方がリヨン市で採用されたのは、カトリック教会の強い反対を押し切って初めて実現したことなのである。ちょうど10年前にニュルンベルク市などドイツの都市でルター派が行なったのとおなじことがリヨン市でも行なわれていたのである。

ドイツの領国で実施された救貧政策がルター派のおかげであることを認めようとしないDavisやJütteのような歴史家は、ルター派の神学と政策が密接に関係していることが判っていない。たとえば、ルターが市議会に救貧を目的とした「共同基金」を設けるよう提案したのは、彼の神学が原因になっている。ルターやブゲンハーゲンが提案した「共同基金」は、「万人司祭」というルター派の神学を具体化したものなのである。またDavisやJütteは、聖職だけが神の召命ではない（聖職以外の職業も神の召命だ）とするルター派の考え方からルター派は、働ける体の持ち主である托鉢修道士が信者からの寄付で生活することに反対であったことを認めようとしない。

宗教改革期にカトリック教国やカトリック教徒が優勢を占めた都市で支配者が救貧政策を実施する例がいくつか存在していたからといって、以上の考え方が間違っているということにはならない。宗教改革によって世俗の支配者が権限を強化していく現象は、すでに15世紀からその兆候が見えていたのである。

60) 「95ヶ条の提言」の第43条には、こうある。「キリスト教徒としては、貧者に金銭を恵んだり金銭を貸し与えたりする方が、免罪符を買うよりよい」。つぎのものを参照。Kurt Aland, ed., *Martin Luther's Ninety-five These : With the Pertinent Documents from the History of the Reformation*, St. Louis, 1967, p. 54 ; Carter Lindberg, "Reformation Initiatives for Social Welfare : Luther's Influence at Leisnig," *Annual of the Society of Christian Ethics*, 1987, 86.

61) Lindberg, "Reformation Initiatives," p. 87.

62) Carter Lindberg, "'There Shall be No Beggars among Christians' : Karlstadt, Luther, and the Origins of Protestant Poor Relief," *Church History* 46 (1977), 322-323.

63) ルターは「教区内のすべての貴族・都市民・農民が、その資力に応じて毎年、税金と一緒に自分自身・妻・子供のため共同基金に寄付を行なうこと」を希望していた。それは「市民集会が必要と決めた資金が集められるようにする」ためであった。*LW* 45 : 190. つぎのものも参照。Lindberg, "Reformation Initiatives," p. 92.

64) Jütte, *Poverty and Deviance*, p. 107.

65) Harold J. Grimm, "Luther's Contribution to Sixtennth-Century Organization of Poor Relief," *Archives for Reformation History* 61, 1970, 228.

66) Lindberg, "Refromation Initiatives," p. 93.

67) Grimm, "Luther's Contribution," p. 227.

68) ライスニヒ市のやり方を踏襲していたのは、ウイッテンベルク市とニュルンベルク市であった。Ibid., pp. 226, 229 (Wittenberg) ; pp. 229-231 (Nürnberg). どの都市も、牧師・職人・商人に対する救貧は行なっていなかった。つぎの博士論文を参照。Frank Peter Lane, "Poverty and Poor Relief in the German Church Orders of

Johann Bugenhagen, 1485-1558" (Ph. D. diss., Ohio State University, 1973), pp. 177-178. ライスニヒ市のやり方をブラウンシュワイク市・リュウベック市・ハンブルク市・ヒルデスハイム市と比較している。

69) ブゲンハーゲンは「37年間 (1522-58年) ウイッテンベルク市の教会で牧師を務め、またルターの聴罪師として信仰上の問題の相談相手を務めていた。ウイッテンベルク大学の教授も務め、またブラウンシュワイク・ハンブルク・リュベック・シュレスウイッヒ゠ホルシュタイン・デンマーク・ポモジェ(ポンメラニア)・ヒルデスハイム・ブラウンシュワイク゠ウオルフェンビュッテル各都市・各地域で宗教改革を指導していた。さらに聖書を低地ドイツ語 (北部ドイツの言葉でオランダ語も含む) に翻訳し、『詩篇』の注釈や4福音書の解釈でもよく知られていた。ルターの結婚式を主宰していたし、ルターの葬式でもルターを称える説教をしている。デンマーク国王夫妻の戴冠も行なっており、デンマークで最初の主教を任命したり、デンマーク大学を再興したりしている。主教就任を2ケ所で2回、断っている。

70) 1528年にブゲンハーゲンが起草したブラウンシュワイク市の「教会法令」の序文から引用した。Ibid., p. 141.

71) Ibid., p. 146. Wolfは「信仰・神の愛・聖書の3つがブゲンハーゲンの教会法令の基本」であったと書いている。Ernst Wolf, "Johannes Bugenhagen," in Wilhelm Schmidt, ed., *Gestalten der Reformation*, Wupperthal- Barmen, 1967, p. 62.

72) Lane, "Poverty and Poor Relief," p. 160.

73) Ibid., pp. 155-156.「援助する価値がある貧者」として、「職人・労働者」の他に'house poor (Hausarmen)'が挙がっているが (グリム兄弟が編集したドイツ語辞典にもこの言葉は収録されている)、意味不明なので邦訳では省略した。

74) Ibid., pp. 174-175. つぎのものも参照。H. Nobbe, "Die Regelung der Armenpflege im 16. Jahrhundert nach den evangelische Kirchenordnungen Deutschlands," *Zeitschrift für Kirchengschichte* 10 (1889), 574.

75) Max Weber, "Science as a Vocation," in *From Max Weber : Essays in Sociology*, ed. and trans. Hans H. Gerth and C. Wright Mills, New York, 1958, pp. 138-139. つぎのものも参照。Anthony T. Kronman, *Max Weber*, Stanford, Calif., 1983, pp. 166-170.

76) Ernst Troeltsch, *Die Bedeutung des Protestantismus fur die Entstehung der modernen Welt*, 1911. 神学者のトレルチはウエーバーの親友であった。この本は、1906年にドイツ史に関する学会で行なった講演を基に書かれている。ウエーバーが講演の依頼を断ったため、トレルチが代わりに行なうことになった講演であった。つぎのものを参照。Hermann Lübbe, *Säklarisierung : Geschichte eines ideenpolitischen Begriff*, vol. 2, Freiburg, 1975, p. 74, n. 2.

77) つぎの文献目録には、「世俗化」という項目に368もの論文が挙げられている。

Heinz-Horst Schey, ed., *Säklarisierung*, Darmstadt, 1981. 16世紀のドイツとイギリスの「世俗化」については、それぞれつぎのものを参照。Irene Crusius, ed., *Zur säkrelisierung geistlicher Institutionen im 16. und im 18./19. Jahrhundert*, Göttingen, 1996; C. John Sommerville, *The Secularization of Early Modern England : From Relirious Culture to Religious Faith*, New York, 1992.

78) Hans Blumenberg, *The Legitimacy of the Modern Age*, trans Robert M. Wallace, Cambridge, Mass., 1983, pp. 10-11.

79) つぎのものを参照。Gerhard Oestreich, "Strukturprobleme des europäischen Absolutismus," in *Geist und Gestalt des frühmodernen Staates : Ausgewählte Aufsätze*, Berlin, 1969, pp. 179-197; Winfried Schulze, "Gerhard Oestreichs Begriff ‚Sozialdisziplinierung' in der frühen Neuzeit," *Zeitschrift für historische Forschung* 14 (1987), 265-302. この論文で Schulze は、Oestreich の考え方を批判している。

80) Michael Stolleis, "'Konfessionalisierng' oder 'Säkularisierung' bei der Entstehung des frühmodernen Staates," *Jus Commune* 20 (1990), 1-23; Heinz Schilling, "Die Kirchenzucht im frühzeitlichen Europa in interkonfessionell vergleichender und interdisziplinärer Perspektive —— eine Zwischenbilanz," in Heinz Schilling, ed., *Kirchenzucht und Sozial-Disziplinierung im frühneuzeitlichen Europa*, Berlin, 1994, pp. 11-40.

81) Robert Jütte, *Obrigkeitliche Armenfürsorge in deutschen Reichsstädten der frühen Neuzeit : Städtisches Armenwesen in Frankfurt am Main und in Köln*, Köln, 1994.

82) カトリック教会が托鉢修道会についてどう考えていたかについては、つぎのものを参照。Michel Mollat, *The Poor in the Middle Ages : An Essay in Social History*, trans. Arthur Goldhammer, New Haven, 1986, pp. 119-134.

83) Wolfgang Huber, *Kirche und Öffenlichkeit*, Stuttgart, 1973, pp. 58-59. 教会と国家が協力するのは、Huber によると「国家の教会化 Verkirchligung der Öffentlichkeit」を実現するためであった。

84) Heckel, *Lex Charitatis*, p. 45. たとえば、リュネベルク Lüneberg 侯国の「教会関係の法令」には、「侯の最大の関心事は、神の言葉が正しく伝えられることである Radtslach to nodtroft der kloster der förstendoms Lüneborch, Gades wort unde ceremonien belangen」とある。Emil Scheling, ed., *Die evangelischen Kirchenordnungen des XVI Jahrhunderts*, Bd. 6, vol. 1 (1955), p. 586.

85) Rosenstock-Huessy, *Out of Revolution*, p. 369.

86) Karl Löwith, *Meaning of History : The Theological Implications of the Philosophy of History*, Chicago, 1949. ドイツ語版のタイトルは、つぎのとおり。*Weltgeschichte und Heilsgeschichte : die theologischen Vorausssetzungen der Ge-*

schichtsphilosophie, 2 vols., Stuttgart, 1953.
87) Blumenberg, *Legitimacy of the Modern Age*, orig. *Die Legitimität der Neuzeit (erweiterte und überarbeitete Neuausgabe)*, Frankfurt, 1966 ; idem, *Säkularisierung und Selbstbehauptung*, Frankfurt am Main, 1974 ; Robert Wallace, "Progress, Secularization, and Modernity : The Löwith-Blumenberg Debate," *New German Critique* 22 (1981), 63-79.

II 17世紀のイギリス革命と法制度の改革

第7章 イギリス革命 1640-89年

1) イギリス革命にイギリス的な特徴がないといっているのではない。いいたかったのは、16世紀のドイツ革命や18世紀のフランス革命と同様、イギリス革命も全ヨーロッパ的な政治・宗教運動の結果として起きた革命であり、その影響もヨーロッパ全土に及んだということである。

2) H. R. Trevor-Roper, "The General Crisis of the Seventeenth Century," *Past and Present* 16 (1959), 31-64. 「17世紀の全般的危機」については、トレーバー゠ローパーより5年も早くHobsbawmが論文を書いていた。Eric Hobsbawm, "The Crisis of the Seventeenth Cetury," *Past and Present* 5 (1954), 33-53 ; 6 (1954), 44-65. また、おなじ1954年にフランスの歴史家も17世紀（1598-1715年）が「危機の世紀」であったことを指摘する論文を書いていた。Roland Mousnier, *Les XVIe et XVIIe siècles*, 5th ed., Paris, 1954. ところが、この問題が注目を浴びるようになったのは、トレーバー゠ローパーの論文が発表されてからであった。つぎのものも参照。Past and Present 18 (1960), 8-42 ; Trevor Aston, ed., *Crisis in Europe*, 1560-1660, Garden City, N.Y., 1967.

3) 社会的・経済的な危機のほかに政治的な危機も視野に収めた研究としては、つぎのものを挙げることができる。Geoffrey Parker and Lesley Smith, eds., *The General Crisis of the Seventeenth Century*, London, 1978. この論文集の著者たちは、社会的・経済的な危機と政治的な危機を関連づけて捉えてはおらず、また宗教を革命思想の1つとしか考えていないようである。

4) カトリック派の地域はスペインに対する反乱に参加せず、そこで1566年と1572年の反乱は簡単に鎮圧された。しかし、1576年に17州のうち13州が「ヘントの講和 Pacification of Ghent」に参加してスペインとの戦いで協力することを誓い、各州の代表からなる「連邦議会 Staten-Generaal」が設置された。1578年に「寛容令 Religionsvrede」が提案され、1ケ所に100家族以上がいる宗派には信仰の自由が認められることになるはずだったが実現せず、カトリック派とカルバン派の対立は先鋭化する一方であった。ネーデルラントでもドイツ同様、各州内で信仰の自由は

認められず、また同時に州レベルでも全国レベルでも共和政への移行が開始された。つぎのものを参照。Geoffrey Parker, *The Dutch Revolt*, Ithaca, N.Y., 1977.

5) Winthrop S. Hudson, "John Locke: Heir of Puritan Political Theorists," in George Laird Hunt, ed., *Calvinism and the Political Order*, Philadelphia, 1965, pp. 108-129. また、つぎのものも参照。Menna Prestwich, *International Calvinism, 1541-1715*, Oxford, 1985.

6) プファルツ選帝侯フリードリヒ5世がジェイムズ1世の女婿だったので、イギリスにとって三十年戦争は他人事ではなかった。カルバン派だったフリードリヒ5世がボヘミア王として皇帝軍に白山の戦いで破れ（1620年）、プファルツ侯国はスペイン軍の占領下に置かれることになった。イギリス議会はプロテスタントに味方するよう求めたが、ジェイムズ1世はフリードリヒ5世がプファルツ侯国に戻れるよう仲介することを優先した。1625年にイギリス軍がプファルツに派遣され、またスペインのカディスとフランスのラロシェルをイギリス軍が攻撃したが、いずれも勝利できなかった。フランスとは1629年、またスペインとは1630年に講和を結び、1630年代にイギリスが三十年戦争で積極的な役割を果たすことはなかった。つぎのものを参照。W. B. Patterson, *King James VI and I and the Reunion of Christendom*, Cambridge, 1997, pp. 293-338.

7) Sigfrid Henry Steinberg, *The Thirty Years' War and the Conflict for European Hegemony, 1600-1660*, New York, 1966, pp. 2, 99.

8) Ibid., p. 83.

9) Perez Zagorin, *The Court and the Country: The Beginning of the English Revolution*, London, 1969; idem, *Rebels and Rulers, 1500-1660*, vol. 2, Cambridge, 1982, pp. 138-146.

10) Roger Merriman, *Six Contemporaneous Revolutions*, Oxford, 1938, pp. 170-189; P. A. Knaechel, *England and the Fronde: The Impact of the English Civil War and Revolution in France*, Ithaca, N.Y., 1967. イギリスの内戦とフランスの内戦の違いに関しては、つぎのものを参照。Richard Bonney, "The English and French Civil Wars," *History* 65 (1980), 365-382; A. Lloyd Moote, "The French Crown versus Its Judicial Officials, 1625-1683," *Journal of Modern History* 34 (1962), 146-160. Merrimanは「ナポリの反乱」（1647年）と「ネーデルラントの革命」にも言及しているが、「ナポリの反乱」は「ネーデルラントの革命」と違って民衆しか参加しておらず、ナポリのエリートはスペインの反乱鎮圧に協力していた。つぎのものも参照。John Huxtable Elliott, "Revolts in the Spanish Monarchy," in Robert Forster and Jack P. Greene, eds., *Preconditions of Revolution in Early Modern Europe*, Baltimore, 1970, pp. 111, 123-127. 「ネーデルラントの革命」は「ナポリの反乱」より50年もまえに始まっており、しかもスペインからの独立に成功して連邦

共和国を成立させていた。最初の反乱は1566年に起きているが、スペインが独立を承認したのは、1648年のウエストファリア条約においてであった。つまり「ネーデルラントの革命」はイギリス革命の先駆けだったのである。1650年の反乱もMerrimanは「6つの同時代革命」に含めているが、この反乱は革命というより、国としての権利を保持した州の連邦制にするか（その中心は圧倒的に強力だったホラント州）、それとも中央集権的な共和国にするか（「総督Stadtholder」が元首）という政治体制をめぐる争いにすぎなかった。1650年に総督であったオラニエ侯ウイレム Willem van Oranjeが暗殺されて総督制は廃止され、ホラント州を中心にした連邦制が採用されることになった。

11) John Huxtable Elliott, *The Revolt of the Catalans : A Study in the Decline of Spain, 1598-1640*, Cambridge, 1963; idem, "Revolts in the Spanish Monarchy," pp. 109-130; Merriman, *Six Contemporaneous Revolutions*, pp. 10-17.

12) Hobsbawm, "Crisis of the Seventeenth Century," p. 33. マルクス主義者でない歴史家も、当時のヨーロッパ経済の生産が低下し成長率も下がっていたことを指摘している。つぎのものを参照。Niels Steengaard, "The Seventeenth-Century Crisis," in Parker and Smith, *General Crisis*, pp. 27-42.

13) イギリスは大陸各国が繰り返し経験したような厳しい危機は経験していなかった。Lawrence Stone, *The Origins of the English Revolution*, London, 1972, p. 67. もっとも、1620年代-30年代に通商取引の減少を経験している。

14) つぎのものから引用した。Trevor-Roper, "General Crisis," p. 31.

15) Parker and Smith, *General Crisis*, p. 1. エセックス地方の小さな農村で司祭をしていたRalph Josselinは、1652年につぎのようなことを日記に書いていた。「フランスは内部対立が原因で崩壊するかもしれない。スペインはカタロニア地方の首都バルセロナを制圧したが、これでスペインも没落するだろう。我々は、そのときを待っている。ポーランドはロシアとの戦争を避けることができたが、またいつ始まるか判らないと怯えている。デンマークとスエーデンは静かだし、ドイツもおなじように静かだが、ミュンスター講和は完全に実行されていない。トルコはベネチアをどうすることもできず、かつてのような繁栄と強い軍事力はもっていない。すでに最盛期はすぎたと考えるべきであろう」。この日記の内容から、イギリスでは小さな片田舎の村にもヨーロッパの情勢がよく伝わっていたことが判る。Ibid., p. 2.

16) *Calendar of State Papers, Venetia, 1647-52*, London, 1927, p. 170. スペイン駐在のイタリア大使は、さらにつぎのように報告を続けている。「（イギリス駐在のスペイン大使）カルデナス Alfonso de Cardenasによれば、クロムエルはスコットランドで勝利したあと議会に対して、もはや外国からの脅威はなくなったので国内の治安を考えるだけでよいが、さらに他の国が王政から解放されるよう援助し、共和

政の隣国を増やすようにすべきだと進言しているとのことである」。この外交文書の内容を裏付ける証拠として、さらに1651年2月9日づけの Sir Edward Nicolas 宛に書かれた Edward Hyde のマドリードからの手紙が紹介されている。「新しくイギリスに登場した共和制の友人たちが、どれほど勇敢で隠し立てをしないかが判ろうというものである。ブレイク提督は、最近カディスで王政には世界中がうんざりしており、イギリスで王政はなくなったし、フランスでもなくなろうとしているし、スペインでは簡単になくなるとは思えないが、それでも10年後にはなくなるだろうと予言している」。Merriman, *Six Contemporaneous Revolutions*, p. 95, n. 4.

17) クラレンドン伯爵にしてチャールズ2世の相談役であったハイドのイギリス革命に関する本は、つぎのように題されていた。Edward Hyde, *History of the Rebellion and Civil Wars in England*, 1702-04. 最近の歴史家では、つぎのものを挙げることができる。Ivan Alan Roots, *The Great Rebellion, 1642-1660*, London, 1966. つぎのものを参照。J. P. Kenyon, *The Stuart Constitution*, 2nd ed., Cambridge, 1985, p. 7.

18) G. R. Elton in a review of Lawrence Stone's *Causes of the English Revolution* in *Historical Journal* 16 (1973), 207.

19) James R. Hertzler, "Who Dobbed It 'The Glorious Revolution?'" *Albion* 19 (1987), 579-585.

20) Rosenstock-Huessy, *Out of Revolution*, p. 761. 繰り返された王政復古については、p. 260 を参照。

21) 17世紀に「革命」という言葉がもった意味については、つぎのものを参照。Vernon Snow, "The Concept of Revolution in Seventeenth-Century England," *Historical Journal* 5 (1962), 167-174 ; Zagorin, *Court and Country*, pp. 13-16. 両人とも17世紀には、革命が天体の運行と似ているとされていたことを指摘している。つまり、もとの状態に復帰するというのである。1640-60年のイギリスの出来事を今我々が使っている意味で「革命」と最初に呼んだのは、Zagorin によればフランスの歴史家ギゾーであった。François-Pierre-Guillaume Guizot, *Histoire de la révolution d'Agleterre depuis l'avénement de Charles I jusqu'à sa mort*, 2 vols., Paris, 1826. 「革命」という言葉が「断絶 break」の意味で使われたのは、1648-49年の国王処刑後のことである（注16で紹介したブレイク提督の言葉も、このことを証明している）。Christopher Hill, "The Word 'Revolution' in Seventeenth-Century England," in Pamela Tudor-Craig and Richard Ollard, eds., *For Veronica Wedgewood : These Studies in Seventeenth-Century History*, London, 1986, pp. 134-151.

22) Berman, *Law and Revolution*, pp. 19, 24.

23) G. R. Elton, *The Tudor Constitution*, Cambridge, 1960, p. 327.

24) *State Papers of Henry VIII, 1509-1547*, vol. 1, London, 1970, p. 392. クランマ

大主教はルター派の指導者たちと親密であった。そのなかにはブーツァがいたし、クランマ大主教は1532年に結婚しているが、その相手はルターの友人であったAndreas Osianderと親戚関係にあった女性であった。つぎのものを参照。Diarmaid MacCullogh, *Thomas Cranmer : A Life*, New Haven, 1996, p. 72.

25) Elton, *Tudor Constitution*, p. 344.

26) Basil Hall, "Lutheranism in England," in Derek Baker, ed., *Reform and Reformation : England and the Continent*, Oxford, 1979, pp. 111-112.

27) 「6ケ条法」によれば、「変容 transubstantiation」(聖餐式において聖職者がパンとブドウ酒をたかく捧げもつと、その瞬間にパンはキリストの体、ブドウ酒はキリストの血に変わるとするカトリック教会の教義で、プロテスタントはこれを認めない) を否定する者は異端として火刑に処せられ、また他の条項に違反する者は「重罪犯 felon」として絞首刑に処せられることになっていた。Hall, "Lutheranism in England," pp. 118-119 ; Edward John Bicknell, *A Theological Introduction to the Thirtynine Articles of the Church of England*, London, 1944, pp. 12-13 ; Elton, *Tudor Constitution*, pp. 399-401.

28) A. G. Dickens, *The English Reformation*, New York, 1964, p. 287.

29) Elton, *Tudor Constitution*, pp. 423-442 and documents pp. 197-201.

30) E. B. Fryde et al., eds., *Handbook of British Chronology*, 3rd ed., London, 1986, pp. 572-574.

31) エルトンは「王令」がコモンロー裁判所で効力を認められなかったとしているが (Elton, *Tudor Constitution*, p. 22)、これは間違っている。Heinzeは、とくに「王座裁判所」・「民訴裁判所」・「財務府裁判所」(いずれもコモンロー裁判所) を適用されるべき裁判所として指定していた「王令」のリストを挙げている。R. W. Heinze, *The Proclamation of Tudor Kings*, Cambridge, 1976, pp. 63, 262-263. それ以外の「王令」は、どの裁判所でも適用可能であった。つぎのものも参照。Frederic A. Youngs, *The Proclamations of the Tudor Queens*, Cambridge, 1976. Youngは、つぎのように書いている。「法学者のなかには、あくまで王令は補助的なものであって、法律に取って代わるべきものではないと考える者もいたが、メアリもエリザベスも王令を法律に代わるものとして公布していた」(pp. 39-40)。「王令」によって法律の意味内容を拡大することができたし、既存の法制度の枠内に「王令」を収めるための条件を「王令」で決めることもできた。また新しく犯罪を設定することもできたし、主犯に適用されることが予定されていた刑罰を従犯に適用できるようにすることもできた。

32) 国王がその権限によって設立した「国王裁判所 prerogative courts」は、そのほかにも「北部評議会裁判所 Court of the Council of the North」・「ウエールズ評議会裁判所 Court of the Council in the Marches of Wales」・「ランカスタ侯領裁判所

514

　　Court of the Duchy of Lancaster」・「チェスタ侯領財務府裁判所 Court of the Exchequer of the County Palatine of Chester」などがあった。なお、「海事高等法院」は新しく作られたといっても前身がないわけでなく、「海事裁判所 Court of Admiralty」と呼ばれていた裁判所がそれである。「大法官高等法院」も新しく「国王裁判所」として作られたものだが、その前身である「大法官裁判所 Court of Chancery」は14-15世紀に、すでに大きな権限をもっていた。

33）　1970年代・80年代にイギリス史観の修正を試みた歴史家たちは、1640年代にイギリス革命が起きた原因を政治制度のあり方をめぐる対立に求める従来の説明に異議を唱えていた。議会・国王反対派・ピューリタンが果たした役割を評価せず、逆に議会は内部対立で国王に対抗できる状態ではなかったし、戦費の増大で国家財政は危機的状況にあり、1630年代に国王が採用した宗教政策が、たまたま「革命的な」結果をもたらしただけだとしている。つまり革命は、内戦が始まる前に国王が採用した財政・宗教・外交政策がまずかったので、その結果として偶然に始まったと考えるのである。つぎのものを参照。Conrad Russell, "Parliamentary History in Perspective, 1604-1629," *History* 51 (1976), 1-27; idem, *Parliaments and English Politics, 1621-1629*, Oxford, 1979; Kevin Sharpe, ed., *Faction and Parliament : Essays on Early Stuart History*, Oxford, 1978; Howard Tomlinson, ed., *Before the English Civil War*, New York, 1983. 革命は起こるべくして起こったのではなくて、国王と議会がお互いに相手の立場に理解を示していれば避けることができたはずだというが、そもそも革命とは、そんなものであろう。

34）　「トン税・ポンド税」は、14世紀に国王に認められた関税であった。「トン税 tunnage」とは、輸入される「ワイン樽 tun」の数に応じて決まった税率で課せられる関税で、「ポンド税 poundage」は輸出入される物品の「値段 pound」に応じて税率が変わる関税である。「貿易課徴金」はスチュアート朝になって新しく登場してきたものではなく、メアリ女王の時代に導入され、エリザベス1世の時代にも存続していた関税であった。1606年に John Bate なる商人が干しぶどうの「課徴金」が不法であると訴えたとき、「財務府裁判所」は訴えを退けている。そのときの「主席判事 chief baron」の判決はつぎのようであった。「国王は自由に課徴金の額を決めることができる。それは国王の権限であって、国民がそのことに関して争うことはできない。国王は多くのことを自由に命令することができるからである」。J. R. Tanner, *Constitutional Documents of the Reign of James I*, Cambridge, 1930, p. 342.

35）　Ibid., pp. 245-247.

36）　1621年の議会では、三十年戦争に介入するジェイムズ1世の外交政策とチャールズ1世のスペイン王女マリアとの婚姻が議論されていた（チャールズ1世は、のちにフランス王女アンリエッタ＝マリアと結婚することになる）。ジェイムズ1世は

外交が国王の専管事項であり、「下院の能力と権限を超えたこと」であるとして議会の議論を聞こうとしなかった。それに対して下院は、1621年12月18日に「抗議 Protestation」を決議し、教会と国家にかかわる問題について議会は議論する権利があり、国王は議会の議論を禁ずることはできないとしたが、これはエリザベス時代（1593年）に決められた原則、つまり「国王の権限 the royal prerogative」にかかわる「国事 matters of state」について議会が議論する際には、それを許可したという国王の明白な意志表示が必要だと決められていた原則に反していた。1621年の「抗議」はクック卿の起草したものだが、そこでクック卿は「議会の特権は古来より認められてきたイギリス国民の生まれながらの権利である」ことを宣言していた。「抗議」が決議された翌日、ジェイムズ1世は議会を停会に付し、12月30日に下院の議事録を取り寄せて枢密院議員の目の前で「抗議」が書かれているページをむしり取ってみせた。Ibid., pp. 274-295. クック卿と2人の下院議員はロンドン塔に投獄され、クック卿はそこに6ケ月間、収監されることになる。

　「強制借上げ」はチューダー朝の国王がよく利用した財政措置であったが、ジェイムズ1世ほどの規模で行なわれたのは初めてであったし、即位直後に議会の反対を無視して行なわれたのも初めてであった。つぎのものを参照。Frederick C. Dietz, *English Government Finance, 1485-1558*, Urbana, Ill., 1921, pp. 93-97, 163-166, 211; idem, *English Public Finance, 1558-1641*, New York, 1932, pp. 25-26, 62-62.

37)　「権利の請願」は、つぎのものに収録されている。Kenyon, *Stuart Constitution*, pp. 68-71. 1629年に再開された議会は劇的な形で終わりを迎えることになった。議長が国王の命令で議会の停会を宣言しても下院は停会せず、国王批判の演説を続ける議員を制止すべく議長席を立とうとした議長を2人の下院議員が椅子に押しつけ、そのあいだに国王を間接的に批判した3つの決議を可決して、そのあとで下院は停会を決議したのである。

38)　「強制借上げ」のほかにも議会の承認なしで資金集めが可能な方法をチャールズ1世はいろいろ採用していた。つぎのものを参照。Roger Lockyer, *Early Stuarts : A Political History of England, 1603-1642*, London, 1999, pp. 267-268. なかでも理不尽だったのが「船舶税 ship money」で、もともと外国軍や海賊の攻撃から沿岸の都市や周辺地域を守るために海軍を増強するということで徴収されていた税金だったが、チャールズ1世は直接、脅威にさらされない内陸部からも徴収することにした。税率は上げられ、それまで課税の対象とされていなかった小規模な「土地保有者 freeholder」や商人からも徴収されている。1637年に船舶税を不当とする訴訟を「王座裁判所」と「民訴裁判所」が合同で審議して（Hampden's Case）、12人いた判事のうち7人が「船舶税」を正当と判断したため、「船舶税」の支払いを拒否した John Hampden たちは有罪判決を受けることになった。

39) ロード大主教を批判する小冊子を書いた3人（William Prynne, John Bastwick, Henry Burton）は、1637年に「星室裁判所」で耳を切断されて重い罰金を支払わされ、さらに終身刑を言い渡された。

40) Winston Churchill, *A Hitory of the English-Speaking Peoples*, vol. 2, *The New World*, New York, 1956, pp. 212-213. 1640年4月、つまり「第2次主教戦争 the second Scottish war」の少し前にチャールズ1世は議会を召集し（1629年以来、約10年ぶり）、戦争に必要な経費を議会に認めさせようとしたが、議会が国王に対する不満の解決をまず要求したため、チャールズ1世は議会を解散してしまった（3週間しか開催されなかったので「短期議会 Short Parliament」と呼ばれる）。

41) 1637年にHampdenたちに有罪判決を下した7人の「王座裁判所・民訴裁判所」の判事も弾劾された（注38を参照）。つぎのものを参照。W. J. Jones, *Politics and the Bench : The Judge and the Origins of the English Civil War*, London, 1971, pp. 139-143, 199-215.

42) 「星室裁判所・廃止法」（17 Charles I, 10）は1641年7月5日に成立したが、注32で挙げた他の「国王裁判所」も、この法律によって廃止された。「高等宗務官裁判所・廃止法」（17 Charles I, 11）も同日に成立している。2つの「廃止法」は、つぎのものに収録されている。S. R. Gardiner, *Constitutional Documents of the Puritan Revolution, 1625-1660*, 3rd ed., Oxford, 1958, pp. 179-189. 「請願裁判所 Court of Requests」の記録は1643年以降、存在しない（つまり事実上、消滅した）。つぎのものを参照。John H. Baker, *An Introduction to English Legal History*, 3rd. ed., Cambridge, 1990, p. 105.

43) 「大抗議文」の可決は、159対148の僅差であった。その内容と国王からの回答については、つぎのものを参照。Gardiner, *Constitutional Documents*, pp. 202-232, 233-236.

44) 「こんなことは初めてであった。下院の議事録が途中で途切れており、そのときの混乱で書記官が記録を取れなかった様子が見て取れる。下院議員は驚き・怒り・恥ずかしさで呆然としていた。祈る者・涙を流す者・大声を上げる者……あんな場面に出くわしたのは初めてだったと目撃者は後になって書き残している。国王陛下に対する忠誠の気持ちが失せてしまったと書いている者もいる。恐れていたことがついに現実となったのである。国王は約束を破って武力で決着をつける決心をした。下院はロンドン市に保護を求め、ギルドホールに一時的に避難し、ウエストミンスターの議場に戻ったときは護衛つきであった」。J. R. Tanner, English Constitutional Conflicts of the Seventeenth Century, 1603-1689, Cambridge, 1928, p. 114.

45) イギリスの「古いスタイル Old Style」のカレンダー（ユリウス暦）は3月25日が新年であり、これに代えて「新しいスタイル New Style」のカレンダー（グレゴリオ暦）が導入されたのは（新年は1月1日に始まる）、1752年のことである。本文

で「1641/42年1月2日」としたのは、「古いスタイル」と「新しいスタイル」で年数が異なっていることを示すためである（他の事件については、すべて「新しいスタイル」で表記されている）。

46) 「パトニ討論」では、保守的な上級士官と過激な下級士官・兵士が対立した。クロムエルも「討論」に参加したが、保守的な上級士官の意見を代弁していたのは、クロムエルの女婿であったHenry Iretonであった。「討論」で上級士官と下級士官・兵士は意見の一致を見なかった。つぎのものを参照。A. S. P. Woodhouse, ed., *Puritanism and Liberty : Being the Army Debates, 1647-49*, 2nd ed., London, 1974.

47) Gardiner, *Constitutional Documents*, pp. 371-374.

48) Blair Worden, *The Rump Parliament, 1648-1653*, Cambridge, 1974, pp. 306-308.

49) Austin Woolrych, *Oliver Cromwell*, Oxford, 1964, pp. 46-47.

50) Antonia Fraser, *Cromwell, the Lord Protector*, New York, 1973, pp. 48-50.

51) Claire Cross, "The Church in England, 1646-1660," in G. E. Aylmer, ed., *The Interregnum : The Quest for Settlement, 1646-1660*, Hamden, Conn., 1972, p. 102.

52) エドワード1世の追放令を無視して、何人かのユダヤ人がイギリスに留まっていたことが判っている。というのも、14-15世紀にキリスト教に改宗したユダヤ人がいたからである。また、スペインからやってきた「改宗ユダヤ人Marranos」がロンドンに住んでいたが、彼らはユダヤ人であることを隠していた。16世紀になってヘブライ語に対する関心が高まり、オックスフォード大学とケンブリッジ大学でヘブライ研究がさかんになったことも「ヘブライ熱philo-Semitism」が高まる原因になっていた。1650年代になってアムステルダムのユダヤ人指導者であったMenassah ben Israelとユダヤ人のイギリス帰還を実現する交渉が始まり、1655年にはMenassah自身が帰還を実現している。つぎのものを参照。David S. Katz, *The Jews in the History of England, 1485-1850*, Oxford, 1994, pp. 107-144 ; idem, *Philo-Semitism and the Readmission of the Jews to England, 1603-1655*, Oxford, 1982.

53) アイルランドにおけるカトリック教徒の迫害については、つぎのものを参照。Nicholas P. Canny, "The Ideology of Colonization : From Ireland to America," *William and Mary Quarterly* 30, 3rd ser., 1973, 575-598 ; James Muldoon, "The Indian as Irishman," *Essex Institutes Historical Collections* 111 (1975), 267-289 ; Brendan Fitzpatrick, *Seventeenth-Century Ireland : The Wars of Religion*, Dublin, 1988.

54) Austin Woolrych, "Cromwell as a Soldier," in John Morrill, ed., *Oliver Cromwell and the English Revolution*, London, 1990, pp. 93-118 ; Oliver Cromwell, *Letters and Speeches*, ed. Thomas Carlyle, vol. 1, London, 1845, pp. 472-473.

55) つぎのものから引用した。Rosenstock-Huessy, *Out of Revolution*, p. 358.
56) Fraser, *Cromwell*, pp. 355-357.
57) つぎのものを参照。Kenyon, *Stuart Constitution*, pp. 339-344, 331-332.
58) 「国王弑逆者」については、つぎのものを参照。A. L. Rouse, *The Regicides and the Puritan Revolution*, London, 1994.
59) 財政に関する立法権は下院の選管事項となり、貴族院が介入することはなくなった。Ibid., pp. 415-419.
60) 1670年代になるとチャールズ2世は、フランス国王ルイ14世と秘密裏に交わしたドーバー条約（1670年）のおかげで毎年20万ポンドの援助金がえられることになり（その代わりに対オランダ戦でフランスを助け、またなるべく早くカトリック派に改宗する約束をしていた）、議会の支持を当てにする必要がなくなっていた。また、1670年代末になって貿易量が回復して国王の関税収入が増えており、そのことも国王が議会の支持を当てにしなくなった理由になっていた。「王政復古後の財政事情で国王は議会と協力せざるをえなくなるはずであったが、それがふたたびスチュアート朝の専制を許すものに変化していたのである」。Roger Lockyer, *Tudor and Stuart Britain*, New York, 1985, p. 349.
61) Baker, *Introduction to English Legal History*, pp. 127-128, 142-143.
62) 1685年に即位したジェイムズ2世は、歴史の歯車を逆転させるような政策を採用した。たとえば、「高等宗務官裁判所」と似た宗教裁判所を設置したり、政治的な理由で判事を解任したりした。また、カトリック教徒の軍人を昇進させたし、1687年には信仰自由宣言をしてカトリック教徒が公職に就くことを認めていた。Goldwin Albert Smith, *A History of England*, 2nd ed. rev., New York, 1957, p. 365 ; Frederick George Marcham, *A History of England*, New York, 1950, pp. 482-484.
63) チャールズ2世は死の床で、自分が一貫してカトリック教徒であったことを認めていた。Marcham, *History of England*, p. 481. ジェイムズ2世はもともとプロテスタントであって、カトリック教徒になったのは後からのことである。ジェイムズ2世に息子が生まれるまでは、彼のあとを継ぐのはプロテスタントの娘メアリ（すでにオレンジ侯ウイリアムと結婚していた）のはずであった。息子の誕生が事態を変えてしまったのである。Ibid., p. 484.
64) ウイリアムがイギリスに上陸したとき、ウイリアムの支持者は裁判によって強力な援護射撃をしていた。イギリスの指導的な立場にあった7人の主教がジェイムズ2世の「信仰自由宣言」を説教台で読み上げることを拒否して治安を乱した廉で起訴されるが、1688年7月に無罪とされて（Seven Bishops' Case)、ジェイムズ2世の権威を大きく失墜させていた。Marcham, *History of England*, pp. 483-484.
65) Howard Nenner, *The Right to Be King : The Succession to the Crown of England, 1603-1714*, Chapel Hill, 1995, pp. 149-247.

66) Hertzler, "Who Dubbed It 'The Glorious Revolution?'"
67) 1 William III and Mary II c. 36 (1689). つぎのものも参照。Lois G. Schwoerer, *Declaration of Rights, 1689*, Baltimore, 1981.
68) 12 & 13 Wiliam III c. 2 (1701). 1701年以降、イギリスの判事が解任されることはなくなる。
69) 1 William & Mary, c. 6 (1689).
70) 1 William & Mary, c. 18 (1689). 「寛容法」の正式な名称は、つぎのとおりである。「国教会に属さないプロテスタント国民に法律が科する刑罰を免除する法律 An Act to Exempt their Majesties' Protstant Subjects Dissenting from the Church of England from the Penalties of Certain Laws」。
71) F. W. Maitland, *The Constitutional History of England : A Course of Lectures*, ed. H. A. L. Fisher, Cambridge, 1965, p. 516. メイトランドの講義が行なわれたのは、1887-88年のことであった。
72) Katz, *Jews in the History of England*, pp. 151-153.
73) Ibid., p. 201.
74) Ibid., passim; Abraham Gilam, "The Emancipation of the Jews in England, 1830-1860" (Ph. D. diss., Washington Univerity, 1978), pp. 80-175.

第8章 新しい法思想の登場

1) この17世紀に登場してきた「イギリスの独自性 insularity」説は、19-20世紀初めに最盛期を迎えることになる。ビクトリア朝時代のイギリスの憲法学者 Bishop William Stubbs は、イギリス法がゲルマン慣習法の伝統を継いで個人の自由と立憲王政を特徴としているとして、ローマ法的な絶対王政と対比させた。Stubbs によればヘンリ2世以来、イギリスのコモンローは教会法・ローマ法と全く異なった法思想をもつようになり、「イギリスでは、教会法・ローマ法に対する強い敵意が存在する」のである。William Stubbs, *Lectures on Early English History*, London, 1906, p. 257 ; idem, *Constitutional History of England*, vol. 1, Oxford, 1891, pp. 584-585. 民主主義・個人主義・経験主義・アングロサクソン的・ゲルマン的法思想と専制主義・集団主義・教条主義・ローマ的法思想を対比させる考え方は19世紀末にアメリカでも流行し、ハーバード大学でもその考え方が教えられていた。たとえば、つぎのものを参照。Henry Adams, *Essays in Anglo-Saxon Law*, Boston, 1905. おなじような考え方をする研究者は最近になっても存在しており、ローマ法・教会法に対する「イギリス人の敵意」は、「13世紀にブラクトンがローマ法と異なるイギリスの慣習法を弁護したとき以来」のことだという。Quentin Skinner, *The Foundations of Modern Political Thought*, vol. 2, Cambridge, 1978, pp. 54-55. ところがブラクトンは、イギリス法に関する論文でローマ法を500回も好意的な形

で引用しており、またブラクトンが書記官を務めたことがある判事 Bishop Raleigh（ブラクトンは、自身の『判例集 Casebook』にその判決を収録している）は教皇の熱烈な支持者で、第2のトマス゠ベケットといわれていたほどであった。教皇支持が理由で国王の怒りを買い、フランスに亡命したこともある人物である。また Skinner は、15世紀のイギリスの法学者フォテスキューが「ローマ法はイギリスの政治制度にとって異質」と考えており、ローマ法学者や教会法学者を「毛嫌いしていた xenophobic」としているが、これも間違っている。Skinner がその根拠として引用している箇所は、「イギリス法がイギリスの役に立ったように、ローマ法はローマ帝国の役に立った」と書いているだけである。つぎのものを参照。Skinner, *Foundations*, p. 55 ; Sir John Fotescue, *De Laudibus Legum Angliae*, ed. S. B. Chimes, Cambridge, 1942, pp. 25, 37. イギリス中世法の権威とされている R. C. van Caenegem も Stubbs や Skinner とおなじような考え方をしていて、12世紀の「ゲルマン慣習法・封建法・イギリス法」の経験主義・帰納主義とヨーロッパ大陸各国の大学で教えられていたローマ法の教条主義・演繹主義を対比させている。R. C. Caenegem, *The Birth of the English Common Law*, 2nd ed., Cambridge, 1988, pp. 85-110. しかし、イギリスのゲルマン慣習法・封建法とヨーロッパ大陸各国のゲルマン慣習法・封建法、ヨーロッパ大陸各国の大学で教えられていたローマ法とイギリスの大学で教えられていたローマ法を比べれば、それがおなじものであったことは簡単に確認できるはずである。

2) Fortescue, *De Laudius Legum Angliae*, p. 20.
3) つぎのものを参照。John Fortescue, *De Natura Legis Naturae*, in *Works*, ed. Lord Clermont, vol. 1, London, 1869. フォテスキューはこの本の検閲を教皇に頼んでおり、教皇が内容を正しいと判断するならすべての教会に配布して欲しいし、もし間違っていると判断するなら「破棄して欲しい」(p. 332) と依頼している。George L. Mosse, "Sir John Fortescue and the Problem of Papal Power," *Medievalia et Humanistica* 7 (1952), 89. フォテスキューの法思想は、当時ヨーロッパのどこでも見られた法思想とおなじであった。つまり「人の法 human law」（イギリス議会の制定法も含む）は「神の法 divine law」を反映した自然法に由来しており、自然法に反する「人の法」は無効だと考えていたのである。また「神の法」や「人の法」が守られているか否かを監視するのは教会の役割であり、最終的な解釈権は教皇がもっているとも考えていた。「神の法」の解釈で判事が「確信がもてない場合は、教皇の判断に従うべきである」とまでいっている。Joan Lockwood O'Donovan, *Theology of Law and Authority in the English Reformation*, Atlanta, 1991, p. 49.
4) Norman Doe, *Fundamental Authority in Late Medieval English Law*, Cambridge, 1990, pp. 12-19 ; idem, "Fiftennth-Century Concepts of Law : Fortescue

and Pecock," *History of Political Thought* 10 (1989), 257-280.
5) Christopher St. German, *St. German's Doctor and Student*, ed. T. F. T. Plucknett and J. L. Barton, London, 1974, pp. 8-31. 「セント゠ジャーマンの考え方によれば、神定法と自然法は論理的には rationally イギリスのコモンロー（人の法）より優位にある法であり、またコモンローと共存可能な法なのである」。J. A. Guy, *Christopher St. German on Chancery and Statute*, London, 1985, p. 19.
6) Richard Hooker, *The Laws of Ecclesiastical Polity*, bk. 1, chap. 10, reprined in *The Works of* that *Learned and Judicious Divine, Mr. Richard Hooker*, ed. John Keble, 1888; reprint, New York, 1970, 1: 239. 国王の支配権は法が根拠になっており、法が国王より優位にあることは疑いないことである。そのことを疑う者は、つぎのような法諺があることを知るべきである。「国王が支配権をもつのは、それを法が国王に与えるからである Attribuat rex legi, quod lex atribuit ei, potestatem et dominim」・「国王は神と法に従うべきである Rex non debet esse sub homine, sed sub deo et lege」。Hooker, *Ecclesiastical Polity*, bk. 8, chap. 2, (Keble ed. 3: 342). 後者の法諺はブラクトンから引用したもので、フッカーは *Ecclesiastical Polity* の作業ノートに11回も繰り返しメモしている。つぎのものを参照。Arthur S. McGrade, "Constitutionalism, Late Medieval and Early Modern――Lex Facit Regem: Hooker's Use of Bracton," in *Acta Conventus Neo-Latini Bononiensis* (*Proceedings of the Fourth International Congress of Neo-Latin Studies*), ed. R. J. Schoeck, Binghamton, N. Y., 1985.
7) フッカーはアクイナスのことを「最高のスコラ学者 the greatest among the school-divines」と呼んでいた。Hooker, *Ecclesiastical Polity*, bk. 3, chap. 9 (Keble ed., 1: 381). フッカーのアリストテレス・アクイナス論については、つぎのものも参照。Robert K. Faulkner, *Richard Hooker and the Politics of a Christian England*, Berkeley, 1981, pp. 63-72.
8) フッカー神学の幅の広さについては、つぎのものを参照。John E. Booty, "Hooker and the Anglican Tradition," in *Studies in Richard Hooker*, ed. W. Speed Hill, Cleveland 1971, pp. 207-239; John Marshall, *Hooker and the Anglican Tradition: An Historical and Theological Study of Hooker's Ecclesiastical Polity*, Sewanee, Tenn., 1963.
9) Hooker, *Ecclesiastical Polity*, bk. 1, chap. 10 (Keble ed., 1: 239).
10) W. D. J. Cargill Thompson, "The Philosopher of the 'Politic Society': Richard Hooker as a Political Thinker," in Hill, *Studies in Richard Hooker*, p. 39; Faulkner, *Richard Hooker*, pp. 110 ff.
11) Hooker, *Ecclesiastical Polity*, bk. 1, chap. 10.
12) Ibid.

13) フッカーが「自然法 natural law」とか「自然の法 law of nature」という場合、それは意志をもたない自然界の出来事・動物や人間の行動が示す法則を意味し、「道理」という場合は人間がもつ道義感や知性を意味した。Davies, *Political Ideas of Hooker*, p. 49.

14) Hooker, *Ecclesiastical Polity*, bk. 1, chap. 10.

15) James I, *The Trew Law of Free Monarchies*, in *The Political Works of James I*, ed. Charles Howard McIlwain, Cambridge, Mass., 1918, passim. 神ならぬ支配者が悪魔になる場合もあるが、それも神罰と考えて我慢すべきなのである（p. 67）。

16) Jean Bodin, *On Sovereignty*, ed. and trans. Julian Franklin, Cambridge, 1992, p. 46.

17) Jean Bodin, *Les six livres de la République*, 1576. 1583年版の複製を1961年、ドイツの Scientia Verlag (Aalen) が出版している。英訳には、つぎのものがある。Jean Bodin, *Six Books of the Commonwealth*, trans. M. J. Tooley, Oxford, 1955.

18) John of Salisbury, *Policraticus*, ed. C. C. Webb, Oxford, 1909, bk. 3, chap. 15; *The Statesman's Book of John of Salisbury, Being the Fourth, Fifth, and Sixth Books, Selections from the Seventh and Eighth Books, of the Policraticus*, trans. with intro. John Dickinson, New York, 1963, pp. lxxiii-lxxiv. なお、ソルズベリのジョンの政治思想、とくに暴君放伐論については、つぎのものを参照。Berman, *Law and Revolution*, pp. 276-288.

19) Julian Franklin, *Jean Bodin and the Rise of Absolutist Theory*, Cambridge, 1973, pp. 23, 54 ff. 当初はボダンも制限王政を支持していたが、『国家論』では秩序を維持するために絶対君主が必要だとしており、国王の権限に制約を加えること、たとえば即位に際して国王が法律に従うことを誓約するのに反対であった。また、国王・貴族・国民が支配権を共有すると「無政府状態」を招くことになるとしていた。Ibid., p. 29.

20) つぎのものを参照。Anton Meuten, *Bodins Theorie von der Beeinflussung des politischen Lebens der Staaten durch ihre geographische Lage*, Bonn, 1904.

21) Francis Bacon, "A Speech of the King's Solicitor, Persuading the House of Commons to Desist from Farther Question of Receiving the King's Messages," in *The Works of Francis Bacon*, ed. Basil Montagu, vol. 2, Philadelphia, 1857, pp. 276, 277.

22) Fraklin, *Jean Bodin*, p. 93. ボダンも絶対君主に2つの制約を課していた。つまり契約と財産権の尊重である。財産権を尊重することには勝手な課税をしないことも含まれていた。このことから、ボダンは絶対王政の支持者ではなかったとする論者もいるが、ボダンはこの制約条件を国王に強制する手段を考えていなかった。役人は国王の意志に反対することはできないとしていたし、国民の抵抗権も認めてい

なかったからである。しかし実際には、フランス国王が貴族の存在を無視することはできなかった。つぎのものを参照。J. Russell Major, *Representative Institutions in Renaissance France, 1421-1559*, Madison, Wisc., 1960.
23) Franklin, *Jean Bodin*, p. 106.
24) James I, *Trew Law of Free Monarchies*, in Charles H. McIlwain, ed., *The Political Works of James I*, Cambridge, Mass., 1918, pp. 62-63.
25) Ibid, John D. Eusden, *Puritans, Lawyers, and Politics in Seventeenth-Century England*, New Haven, 1958, p. 46.
26) つぎのものから引用した。McIlwain, *Political Works of James I*, p. xxxv.
27) *Caudrey's Case*, 5 *Coke's Reports*, 1, 8 (K.B., 1595) ; 77 *Eng. Rep.* 1, 10.
28) クック卿のこの考え方は、「カルビン裁判 Calvin's Case」(1608年)(スコットランド国王だったジェイムズ6世がイギリス国王ジェイムズ1世として即位したことで、スコットランド人にもイギリス人とおなじ権利が認められるか否かが争われた裁判)に関してクック卿が、Edmund Plowden の「国王には2つの体がある。自然人としての体と公人としての体である the King has in him two bodies, viz. a body natural and a body politic」という考え方を引用していることからも確認できる。「公人としての国王の体は統治体であり政府であって、年齢など自然人に付き物の肉体的な欠陥とは無縁な存在である」(つまり国王は死んでも、国王が制定した法律は有効な法律として残る)。Ernst Kantorowicz, *The King's Two Bodies : A Study in Medieval Political Theology*, Princeton, 1957, p. 7.
29) 投獄の理由は、クック卿が国王に税金を払わなかったことがあったということだったが、コモンロー裁判所の判事は国王の言い分を認めず、クック卿は拘束を解かれることになった。Catherine Drinker Bowen, *The Lion and the Throne*, Boston, 1957, pp. 455-457. この「生得の権利 birthright」という考え方がアメリカ革命の原因になっていることに注意する必要がある。
30) 12世紀以降にイギリスで施行されていたローマ法・教会法がイギリスにとって「無縁な foreign」法律だというなら、ヨーロッパのどの国にとってもローマ法・教会法は「無縁な」法律であった。「クック卿はローマ法・教会法に関する研究書は数多く集めており、ローマ法・教会法に対する敵意とは関係なく利用していた」。Richard Helmholz, *The Jus Commune in England : Four Studies*, Oxford, 2001, p. 4.
31) 国民は国王によって勝手に投獄されることはないとする「権利の請願」を準備するために1628年、貴族院と下院の代表が協議を行なったとき、下院を代表していたクック卿・セルデン卿らの意見に対して Serjeant Ashley は、マグナカルタの「王国の法律 *per legem terrae*」という文言はコモンローのみならず、「王国のすべての法律」を意味するはずだといってクック卿らの意見に反対していた。*State Trials*,

iii, 153 ; J. W. Gough, *Fundamental Law in English Constitutional History*, Oxford, 1955, pp. 61-63.

32）「クック卿に一貫した思想はない he did not think philosophically」とはコモンローの専門家グレイの意見である。Charles M. Gray, "Reason, Authority, and Imagination : The Jurisprudence of Sir Edward Coke," in Perez Zagorin, ed., *Culture and Politics from Puritanism to the Enlightenment*, Berkley, 1980, p. 28. 「しかし法学の体系らしきものは認められる in his attitudes the outlines of a jurisprudence are discernible」とも付け加えている。Ibid.

33） クック卿の「先人が築き上げてきた道理 artificial reason」という考え方をグレイは、「法理論に対するクック卿の貢献 perhaps Coke's main gift to legal theory」と呼んでいる。Ibid., p. 30. つぎのものも参照。J. W. Tubbs, *The Common Law Mind : Medieval and Early Modern Conceptions*, Baltimore, 2000, pp. 162-165.

34） Edward Coke, *The First Part of the Institutes of the Laws of England*, ed. Robert H. Small, Philadelphia, 1853, 319b (p. 15).

35） ジェイムズ１世とクック卿のやり取りは、つぎのものに収録されている。*Prohibitions del Roy, 12 Coke's Reports* 63 (1608). 大げさな表現が使われているが、ジェイムズ１世とクック卿の対立がどんなものであったかよく判るし、内容の正確さは他の史料によっても確認されている。「(1607年) 11月10日（日曜日）付けのメモ。国王はカンタベリー大主教 Bancroft から禁止令状に関する苦情を聞かされた。教会裁判所の判事が十分の一税など教会法に対する違反を見つけたとき、あるいは高等宗務官裁判所に関するエリザベス１世時代の法令に対する違反を見つけたとき、その管轄権に関する明確な規定がないことを理由に禁止令状が発行されて、裁判の管轄権がコモンロー裁判所に移されてしまっているというのである。それを聞いた国王は、判事が国王の代理人であることから、国王は判事から裁判の管轄権を取り上げ、みずから判決を下すことも可能なはずであると返答しており、それに対して大主教は、国王にその権限があることは聖書によっても確認できるといったという。……それに対して私（クック卿）が行なった返答は、つぎのとおりであった。イギリスのすべての判事 all the judges of England とすべての財務府判事 Barons of the Exchequer は、反逆罪・重罪などの刑事犯、あるいは相続・動産に関する民事犯など、いかなる犯罪も国王に裁く権限はないことで意見の一致をみている。イギリスの法と慣習によれば、その権限は裁判所の判事に属するものであり、裁判所が判断し ideo consideratum est per Curiam、裁判所が判決を下すのである。それに対して国王は、道理 reason は判事だけの独占物ではなくて国王にも備わっていると返答した。それに対して私は、神が国王に優れた知識と才能を授けたことは事実だが、国王はイギリスの法律を専門的に学んだことはなく、またイギリス国民の生命・財産に関する問題は神が授けた道理 natural reason によって裁かれるべきでは

なく、先人が築き上げてきた道理 artificial reason と法律によって裁かれるべきであり、また法律を知るためには長い時間がかかる勉学と経験が必要とされると返答した。法律はイギリス国民の問題を処理する最善の手段であるのみならず、国王の安全と平和を守るためにも最善の手段なのだとも付け加えた。この私の返答に国王は気分を害し、国王を法律よりも劣るとするのは反逆罪であるといったので、それに対して私はブラクトンのつぎの言葉を引用して反論した。「国王は人間のなかでも最高位の地位かもしれないが、神と法律を超えるものではない quod Rex non Debet esse sub homine sed sub Deo et lege」。

36) Coke, *Institutes*, 97b (p. 1).
37) 17世紀にイギリスで「道理 reason」に代えて「道理に適っていること rasonableness」とか「常識 common sense」という言葉が使われるようになったのは、クック卿のおかげである。この2つの言葉にぴったり対応する言葉は英語以外の言語には存在しない。「道理に適っている reasonable」ことがかならずしも「合理的 rational」とは限らない。Lon Fuller によれば、「あまりに合理的なことは道理に反することになる」からである（Lon Fuller については、第1部「16世紀のドイツ革命と法制度の改革」・第2章「ルター派の法思想」・注106を参照）。また、「世論 public opinion」がかならずしも「常識」と一致するとは限らない。つぎのものを参照。Christopher Hill, "'Reason' and 'Reasonableness' in Seventeenth-Century England," *British Journal of Sociology* 20 (1969), 235-252 ; John Underwood Lewis, "Sir Edward Coke (1552-1633) : His Theory of 'Artificial Reason' as a Context for Modern Basic Legal Theory," *Law Quarterly Review* 84 (1968), 330-342 ; Michael Lobban, *The Common Law and English Jurisprudence, 1760-1850*, Oxford, 1991, pp. 6-7.
38) *Calvin's Case*, 7 *Coke's Reports*, 1a. つぎのものも参照。Gray, "Reason, Authority, and Imagination," pp. 37, 55 n. 24. イギリスでは、「自然法 natural law」の代わりに「当然の正義 natural justice」という言葉が使われるようになった。
39) *Bonham's Case*, 77 *Eng. Rep.* 638, 644 (K.B. 1611). この裁判におけるクック卿の判決から、コモンローに反する場合は議会の制定法ですら裁判所は無効にできるとされることがあるが、実際には無効にされるのではなくて解釈の違いとして処理されていた。つぎのものを参照。Smuael Thorne, "*Dr. Bonham's Case*," *Law Quarterly Review* 54 (1938), 543-552. この論文は、つぎの論文を批判したものである。T. F. T. Plucknett, "*Bonham's Case* and Judicial Review," *Harvard Law Review* 40 (1926), 30-70. つぎのものも参照。Charles M. Gray, "*Bonham's Case* Reviewed," *Proceedings of the American Philosophical Society* 116 (1972), 35-58 ; Tubbs, *Common Law Mind*, pp. 154-155. いずれにしても、1611年のボンハム裁判では両者にほとんど違いはなかった。クック卿がいうように、もしコモンローの

最終的な解釈権がコモンロー裁判所にあるなら、議会は裁判所による制定法無視を排除するためにコモンロー変更を明言しているはずである。

40) Coke, *Institutes*, pt. 2, sec. viii (p. 625). つぎのものも参照。Eusden, *Puritans, Lawyers, and Politics*, p. 124. クック卿は「自然法 lex naturae」が「イギリス王国の有効な法 diverse laws within the realm of England」の1つであるとしていた。Coke, *Institutes*, 11b.

41) Jaroslav Pelikan, *The Vindication of Tradition*, New Haven, 1984, p. 65.

42) Coke, preface to *The First Part of the Reports of Sir Edward Coke*, KT., London, 1727; Geoffrey Chaucer, *The Parliament of Foules*, ca. 1380, ed. T. R. Loundsbury, Boston, 1877, p. 52.

43) セルデンが最初にロンドン塔に幽閉された期間は5週間にすぎなかったが、1629年に2回目に幽閉されたときは、1635年初めまでに及んだ。David Sandler Berkowitz, *John Selden's Formative Years*, Washington, D.C., 1988, pp. 231-290.

44) John Milton, *Areopagitica*, ed. John W. Hales, Oxford, 1886, p. 16.

45) Berkowitz, *John Selden*, p. 276.

46) Arthur B. Ferguson, *Clio Unbound : Perception of the Social and Cultural Past in Renaissance England*, Durham, N.C., 1979, p. 295 (quoting Selden, *Ad Fletam Dissertatio*). ハーバード大学政治学部で政治思想史を担当している Tuck は、セルデンの考え方を「イギリス法に特有のバーク的な発展論 Burkean theory of English law」と呼んでいる。Richard Tuck, *Natural Rights Theories : Their Origin and Development*, Cambridge, 1979, p. 84. ヨーロッパの法的な伝統に対する理解ということでは、セルデンの右に出る者は20世紀になってもいない。たとえば、セルデンはユスチニアヌス法典がそのままヨーロッパの法制度に「継受された」とは考えていないし、当時のイギリスで通説になっていた「イギリスとアイルランド以外のヨーロッパの国では、ユスチニアヌス法典が最高位の法典とされている」という考え方もしていなかった。「ユスチニアヌス法典によって統治されている国などヨーロッパにはない」というのがセルデンの考え方であった。「これまで研究されてきた国では、どこでも慣習が法として受け入れられてきたことは間違いない事実であり、イギリスもそうである」。つまりイギリスが特殊だといわれるが、「ヨーロッパのどの国にもイギリスと同様、コモンローは存在するのである」。Richard Helgerson, *Forms of Nationhood : The Elizabethan Writing of England*, Chicago, 1992, p. 68 (quoting Selden, *History of Tythes*).

47) John Selden, *De Jure Naturali et Gentium juxta Disciplinam Ebraerorum Libri Septum*, London, 1640.

48) J. P. Sommerville, "John Selden, the Law of Nature, and the Origins of Government," *Historical Journal* 27 (1984), 437-447.

49) Tuck によれば、セルデンの政治思想は独創的で、当時の神学を前提にした政治思想との決別を示す最初の例だとのことである。Richard Tuck, *Natural Rights Theories*, pp. 90-100. この Tuck のセルデン評価に対して Sommerville は、セルデンが法制史家として（また、ヘブライ学者・ギリシャ学者としても）独創的であったことは認めても、当時の政治思想に独創的と呼べるほどの貢献はしていないという。J. P. Sommerville, "John Selden," p. 446.

50) 第11章「イギリス革命と民法・経済法」を参照。

51) ホルズワースによれば、ヘイル卿は「当時のイギリスで最も優れたイギリス法の専門家だったし、最も優れた法学者であった」。William S. Holdsworth, *A History of English Law*, 13 vols., London, 1922-1952, 6：580-581（以下、Holdsworth, *History of English Law* と省略）。またヘイル卿は「クック卿と並ぶ偉大なコモンローの専門家である。影響力ということではクック卿に及ばなかったが、法律家としてはクック卿をしのぐ存在であった。彼らの性格・考え方が違っていたように、彼らがイギリス法制史において占める位置も違っていた。クック卿がまだ中世法に片足を置いていたのに対して、ヘイル卿は最初の近代的なコモンローの専門家であった。しかもヘイル卿は歴史家であり（この点でクック卿と違っていた）、また法律以外にもさまざまな学問分野に詳しく、コモンロー以外の法律にも詳しかった」。William S. Holdsworth, "Sir Matthew Hale," *Law Quarterly Review* 39 (1923), 424-425. クック卿とヘイル卿を比較した優れた論文に、つぎのものがある。Charles M. Gray, "Editor's Introduction" to Matthew Hale, *The History of Common Law of England*, Chicago, 1981, pp. xxiii- xxxvii.

52) ヘイル卿の伝記として古典とされているのは、つぎのものである。Gilbert Burnet, *Lives of Sir Matthew Hale and John Earl of Rochester*, London, 1829. つぎのものも参照。Edmund Heward, Matthew Hale, London, 1972. なお、つぎのものにも伝記に関する情報がある。Holdsworth, "Sir Matthew Hale," and Gray, "Editor's Introduction."

53) Holdsworth, "Sir Matthew Hale," p. 408.

54) ホルズワースによれば、チャールズ1世の弁護を担当したときは、新しく創設された「高等裁判所 High Court of Justice」に訴えることを勧めたそうである。Ibid., p. 403. ヘイル卿は Strafford やロード大主教の弁護も担当していた。Ibid.

55) Gray, "Editor's Introduction," pp. xiv-xv.

56) ヘイル卿の法案は国教会の聖職者が反対して「葬り去ってしまった killed stone dead」。彼らには「昇進と生活がかかっていた meant more competetion for preferments and livings」からである。Ibid., p. 103.

57) ヘイル卿の態度が宗教的な信念によることを示す例を挙げると、たとえば判事として刑事犯に対して徹底して公正であった。空腹が原因で1片のパンを盗んだ男が

訴えられたときは、何とか1人の陪審員を説得して無罪判決にしている。またピューリタンらしく、救貧活動にも熱心であった。1659年に書かれた「貧者に対する食料支給に関する論文 Discourse Touching Provision for the Poor」には、150年後に実現することになる改革案が示されていた。しかし、魔女に対しては厳しい態度を示していた。1664年に、子供に呪いをかけた件で有罪判決を受けた2人の女性に死刑判決を言い渡している。

58) Sir Matthew Hale, *History of the Common Law*, 1713. この本が出版されたのは、ヘイル卿が亡くなってから約半世紀後のことである。彼の浩瀚な著書は、すべて死後に出版されている。生前は原稿のまま廻し読みされていた。

59) 1736年に初版が出版されたヘイル卿の『刑事訴訟法の歴史 History of the Pleas of the Crown』は、歴史書というより死刑が科せられる犯罪を扱った刑法・刑事訴訟法の教科書である。Heward によると、「この本の内容はすばらしい。体系的かつ詳細な内容になっている。……ヘイル卿は膨大な資料を死刑が科せられる犯罪を扱った刑法の教科書として、うまくまとめている」。『イギリス法の分析 Analysis of the Law』でヘイル卿は、イギリス法を民法と刑法に分け、さらに民法を（刑法は扱っていない）「民法上の権利 civil rights（利害 interests）」・「権利侵害 wrongs（損害 injuries）」・「救済 relief（賠償 remedies）」に分けて、「民法上の権利」は「ヨーロッパ共通法 jus commune（＝ローマ法・教会法）」にならって「人に対する権利 rights of persons（債権 obligations）」と「物に対する権利 rights of things（物権 property）」に分けている。

60) ヘイル卿はローマ法に関する論文を書いていないが、ローマ法を高く評価していた。同時代人で彼の伝記を書いた Burnet によれば、「イギリスでローマ法の研究が軽視されていることを残念がっていた」そうである。Heward, *Matthew Hale*, p. 26. ヘイル卿が採用した法律の分類法は、11世紀末以来ヨーロッパで採用されていたローマ法学者の分類法であった。また、当時イギリスで流行していた自然科学の方法からも影響を受けていた（彼自身、自然科学に関する論文をいくつか書いている）。ボイルやニュートン、その他ロイヤルソサエティの創設者たちとも親交があった。宗教を論じた3つの論文は、彼の死後、友人のピューリタン牧師バクスタが出版している。つぎのものにその要約がある。Ibid., pp. 127-128.

61) Gray, "Editor's Introduction," p. xv.

62) Ibid., p. xix.

63) Ibid., p. xvi.

64) ヘイル卿の手書きの日記は、イエール大学が所蔵している（Beineke Rare Book and Manuscript Library of Yale University）。それを編集して活字にしたのが、つぎのものである。Maija Jansson, "Matthew Hale on Judges and Judging," *Journal of Legal History* 9 (1988), 201-213. それを見ると、ヘイル卿が判決を下す際にど

れほど神を意識していたかがよく判る。判決を下すことが「どれほど大変なことか」、また「賢い人間なら誰もそんな大変な仕事は引き受けないものだ」とも書いている。「分別のある人間ならそんなことをやりたいと望むことはないだろうし、早く辞めたいと望むことだろう」。ついで彼は判事に課せられる厳しい12の要件を挙げているが、そのなかに「つねに全能の神の存在を意識せねばならず、神に対する恐れに苦しめられる」ことを挙げている。また、判決を下す際に「大きな過ちを犯さずに済んでいるのは神の慈悲のおかげであり、自分も容疑者とおなじ激情・情欲・腐敗心の持ち主で、正義を実現し、厳しい刑罰を科するのが自分の仕事であるとはいえ、自分も容疑者とおなじ弱い人間であることを思えば、ついつい容疑者に対して同情するようになる」とも書いている。判事は「捜査・判断・判決に際して慎重でなければならず、立ち止まり、熟慮する必要がある。すべての石をひっくり返して、その下に何があるか確認するように、すべての答え・状況をこまかく確認する必要がある」。その結論としてヘイル卿は、刑事裁判においては「取調べに最善を尽くして初めて公平な判断が何とか可能になる upon the best inquisition a man can make, the scales are very near even」としている。また有罪判決を下すよりも無罪放免の方が好ましいともしている。なぜなら、「無実の人間を有罪にすることも有罪の人間を無罪放免することも、ともに神の嫌われるところだが、有罪の証拠があっても、それが確実なものであれ不確実なものであれ、無罪であることを前提にすべきである。事実の解明に失敗して10人の犯罪者を無罪放免する方が1人の無実の人間に有罪判決を下すよりよいと考えている。たとえ無罪放免されても、あとで犯罪者には神が正義の鉄槌を下してくれるかもしれないし、あらたに証拠が見つかって有罪になるかもしれず、犯罪者にはまだ改悛のチャンスが残されているが、無実の人間を死刑にしてしまえば、取り返しのつかないことになってしまうからである。だからといって、証拠調べを真剣に慎重に偏見なしで行なうべきであり、偏見と無用な哀れみから正義の実現を怠ってよいということにはならない」のである。

65) Gray, "Editor's Introduction," p. xviii.
66) Matthew Hale, preface to *The Analysis of the Law*, 2nd ed., 1716, quoted in Barbara Shapiro, "Law and Science in Seventeenth-Century England," *Stanford Law Review* 22 (1969), 746. Shapiroによれば、ヘイル卿にとってコモンローもローマ法も「体系 system」をもっていた。令状や法令の寄せ集めではなくて「相互に関連をもった集合体 sereis of interrelated parts」だったのである。
67) ヘイル卿の伝記を書いたBurnetによると、「コモンローは複雑すぎて判例も多岐にわたっており、とても体系化して科学と呼べるものにすることはできない」という言葉を聞いたヘイル卿は、「そんなことはない」と強い口調で答えたあと、大きな紙に「コモンローの体系を図示化してしてみせて……その図を受け取った者を感心させた」そうである。つぎのものを参照。Holdsworth, *History of English*

Law, p. 584.

68) つぎのものを参照。"Sir Matthew Hale on Hobbes: An Unpublished Manuscript," with a short introduction by Sir Frederick Pollock, *Law Quarterly Review* 37 (1921), 274-303.

69) ヘイル卿が書いた専門的な法学の論文をいくつか挙げると、つぎのようなものがある。*The Jurisdiction of the Lord's House ; Considerations Touching the Amendment and Alteration of Laws ; A Short Treatise of Sheriff's Accompts ; A Treatise on the Admiralty Jurisdiction.* つぎのものに全論文のリストがある。Heward, *Matthew Hale*, pp. 130-155.

70) Donald R. Kelly, *Foundations of Modern Historical Scholarship : Language, Law, and History in the French Renaissance*, New York, 1970, pp. 118-120 ; idem, *François Hotman : A Revolurionary's Ordeal*, Princeton, 1973, pp. 192-197. つぎのものも参照。Gerald Strauss, *Law, Resistance, and the State : The Opposition to Roman Law in Reformation Germany*, Princeton, 1986. 本書の第8章「新しい法思想の登場」も参照。

71) Matthew Hale, *Historia Placitorum Coronae*, ed. Sollom Emlyn, vol. 1, Philadelphia, 1847, p. 13.

72) Ibid., p. 12.

73) Ibid., p. 11.

74) Ibid., pp. 12-13.

75) 歴史法学派の創設者として知られているサビニーは、法制度が民衆の意識の変化と共に変化してきたと考えた。まず法制度を作るのは民衆の慣習であり、専門家がかかわるようになるのは後からのことである。民衆の社会・経済が複雑になってくると法制度も複雑になり、そこで専門的な訓練を受けた法律家が必要になってくるのであって、専門的な訓練を受けた法律家といえども、法制度が登場してきたばかりの頃の民衆の慣習を大切にしなければならないのである。このように考えたサビニーは、歴史的な伝統と社会状況を考えて法律を作るべきだとした。つぎのものを参照。Friedrich Karl von Savigny, *Vom Beruf unsrer Zeit für Gesetzgebung und Rechtswissenschaft* (1814), 2nd ed., Heidelberg, 1840, trans. Abraham Hayward, *On the Vocation of Our Age for Legislation and Jurisprudence*, 1831 ; reprint, New York, 1975. メインも平等というフィクションを前提にした「原初 early」の時代から立法による法制度の創設までの法制度の歴史に、規範としての意味を見出していた。それは「身分 status」が法的な義務のあり方を決めていた時代から「契約 contract」が法的な義務のあり方を決めるようになった時代への進化の歴史でもあった。つぎのものを参照。Henry Sumner Maine, *Ancient Law*, London, 1861 ; idem, *Early History of Institutions*, London, 1875. デュルケームもサビニーのよう

に、民衆の「集団意識 conscience collective」に法制度の源泉を見ていた。また刑罰のあり方が「抑圧的 repressive」なものから「損害賠償的 restitutive」なものに進化してきたと考えた点では、メインと似ていた。つぎのものを参照。Emile Durkheim, *The Division of Labor in Society*, Glencoe, Ill., 1893 ; *Durkheim and the Law*, ed. Steven Lukes and Andrew Scull, New York, 1983. もっとも、デュルケームは法制度の歴史に規範的な意味があるとは考えていなかった。ウエーバーも同様で、法制度が「カリスマ的」なものから「伝統的」なもの、さらに「伝統的」なものから「形式合理的」なものに変わってきたとはいうが、その変化の過程に規範的な意味は認めていない。つぎのものを参照。*Max Weber on Law in Economy and Society*, ed. Max Rheinstein, Cambridge, Mass., 1954.

76) Matthew Hale, *The History of the Common Law of England*, ed. Charles M. Gray, Chicago, 1971, p. 39.

77) この言葉をマンスフィールド卿が口にしたのは、彼が「法務次官 solicitor gereral」として *Omychund v. Barker*, 1 Atkyns 32 (1744) の裁判を担当したときのことであった。この裁判でインド人がヒンズー教徒であることを理由に、聖書に誓うことを義務づけているイギリスの裁判所では証人の資格がないとされたことに対して、マンスフィールド卿は「道理・正義・便宜の原則 principles of reason, justice, and convenience」から証人として認められるべきであると主張した。その理由として彼は、「議会の制定法が想定する事態には限界があり、したがって正義を実現するために存在するコモンローは、議会の制定法より優先されるべきである」といったのである。J. W. Gough, *Fundamental Law in English Constitutional History*, Oxford, 1955, p. 188. このマンスフィールド卿の考え方はヘイル卿の考え方と似ている。Lobban によれば、「ヘイル卿はつぎのようなバークの考え方を使ってコモンローは柔軟な解釈が可能であるとしていた。つまり、コモンローは国民の必要とすることを受け入れることで成長し、より完璧なものに近づいていくというのである」。Lobban, *Common Law and English Jurisprudence*, p. 3. Lobban は、ヘイル卿のつぎのような言葉も引用している。「イギリス人が努力したおかげで、ヘンリ２世の時代にイギリスの法制度は大きく進歩を遂げ by use, practice, commerce, study and improvement of the English people, [the laws] arrived in Henry II's time to a greater improvement」、「イギリスのユスチニアヌス帝」ともいうべきエドワード１世の時代に「完璧なものになった obtained a very great perfection」。Hale, *History of the Common Law*, pp. 84, 101.

78) 「ノルマンの征服」がコモンローの歴史に断絶をもたらしたか否かは、16世紀末−17世紀初めに深刻に議論された問題であった。クック卿のように国王の権限より議会の権限を重視する者は、「ノルマンの征服」が断絶をもたらしたとは考えず、議会制の伝統はアングロサクソンの時代から連綿と続いてきたと考えていた。それ

に対してロード大主教のような国王派にとってアングロサクソン時代のことを持ち出すことは、「反乱を呼びかけること stimulus to rebellion」を意味した。Christopher Hill, "The Norman Yoke," in *Puritanism and Revolution: Studies in Interpretation of the English Revolution of the Seventeenth Century,* London, 1958, p. 62. ヘイル卿はセルデンと同様、その中間の考え方を採用していた。つまり議会の伝統はアングロサクソンの時代から続くが（この点ではクック卿とおなじ）、封建的な土地法などは「ノルマンの征服」によってイギリスにもたらされたと考えたのである。

79) Hale, *History of the Common Law,* p. 40. アルゴ船のたとえは、この章で紹介したセルデンの考え方によっている。判りやすいということでは、むしろ人体のたとえの方であろう。ヘイル卿はコモンローを支流を多く集めた川にたとえることもあった。

80) つぎのものを参照。Thomas Hobbes, *A Dialogue between a Philosopher and a Student of the Common Laws of England,* ed. and intro. Joseph Cropsy, Chicago, 1971.『対話』は、活字になったもので115ページある。1681年、つまりホッブスが死んで2年後に初版が出ているが、書かれたのは1661年のことで、ヘイル卿は原稿を読んでいた（ヘイル卿が亡くなるのは1676年）。ヘイル卿の返事が活字になったのは、ヘイル卿の死後である。しかし彼の原稿もホッブスの場合と同様、廻し読みされていたはずである。ホッブスの『対話』は短いものだが、1651年に出版された『レバイアサン』より判りやすい形で彼の考え方が展開されている。

81) この箇所の記述および以下の引用は、つぎのものによる。William Holdsworth, "Sir Mtthew Hale on Hobbes," *Law Quarterly Review* 37 (1921), 287-291.

82) Hobbes, *Dialogue,* p. 69. つぎのものも参照。D. E. C. Yale, "Hobbes and Hale on Law, Legislation, and the Sovereign," *Cambridge Law Journal* 31 (1972), 123-124.

83) Lewis, "Coke: His Theory of 'Artificial Reason,'" p. 339.

84) Yale, "Hobbes and Hale on Law, Legislation, and the Sovereign," pp. 121, 123-124.

85) Harold J. Berman, "Some False Premises of Max Weber's Sociology of Law," *Washinton University Law Quarterly* 65 (1987), 759-760.

86) この箇所の記述および引用は、つぎのものに拠る。Holdsworth, "Sir Matthew Hale on Hobbes," pp. 297-298, 302.

87) *Fisher v. Prince, 97 Eng. Rep.* (K.B. 1762), p. 876, quoted in Cecil H. S. Fifoot, *Lord Mansfield,* London, 1936, p. 219. マンスフィールド卿が「個々の判例で使われている文言」でなくて「判例に現われている道理と精神」を重視したことから判るように、特定の判例にこだわるのではなくて、よく似た判例に見られる道理・精

神を重視するという伝統が定着したのである。これがヘイル卿のいう「判例主義 doctrine of precedent」であった。「裁判所が下す判決がイギリス王国の法制度のあり方を決めるうえで大きな役割を果たすことになった。とくに過去の判決とその道理や精神が一致するとき、それは判例として拘束力をもつことになった」。Hale, *History of the Common Law*, p. 45. これが19世紀末になるとイギリスやアメリカで、「判例の発見・公表説 declaratory theory of precedent」（裁判所は判決によって法律を新しく作るのではなく判例を発見し公表するだけ）と呼ばれて批判の対象とされるようになり、それに代えておなじ内容の裁判に対する判決だけを判例として認める「厳格な判例主義 stare decisis (et quieta non movere)」が提唱されるようになった。この「過去・至上主義 historicism」の考え方は（それに対してヘイル卿やマンスフィールド卿の考え方は「過去・利用主義 historicity」）、19世紀末に影響力をもった合理主義一辺倒の考え方を背景に、判決の確実な予測可能性を重視し立法を重視する考え方が生み出したもので、17世紀のイギリス革命が生み出した「変わりゆく伝統 ongoing tradition」という考え方を放棄してしまうものである。つぎのものを参照。Harold J. Berman, "Law and Belief in Three Revolutions," *Valparaiso law Review* 18 (1984), 607-608; Harold J. Berman, Samir Saliba, and William R. Greiner, *The Nature and Functions of Law*, 5th ed., Westbury, N.Y., 1996, pp. 483-485; Rupert Cross and J. W. Harris, *Precedent in English Law*, 4th ed., Oxford, 1991, pp. 24-36; Charles M. Gray, "Parliament, Liberty, and the Law," in *Parliament and Liberty: From the Reign of Elizabeth to the English Civil War*, ed. J. H. Hexter, Stanford, 1992, pp. 155, 157-160.

88) Galileo Galilei, *Dialogues Concernig Two New Sciences*, Trans. Henry Crew and Alfonso DeSalvio, New York, 1914, p. 24.

89) つぎのものから引用した。John Herman Randall, Jr., *The Making of the Modern Mind*, Boston, 1926, p. 237.

90) René Descarte, *Rules for the Direction of the Mind*, in *Great Books of the Western World*, vol. 31, Chicago, 1952, p. 1.

91) Lucien Lévy-Bruhl, "The Cartesian Spirit and History," in Raymond Klibansky and H. J. Paton, eds., *Philosophy and History: Essays Presented to Ernst Cassirer*, Oxford, 1936, p. 191.

92) ガリレオとデカルトの科学理論については、つぎのものを参照。Maurice Clavelin, *The Natural Philosophy of Galileo: Essays on the Origins and Formation of Classical Mechanics*, trans. A. J. Pomerans, Cambridge, Mass., 1974; Robert E. Butts and Joseph C. Pitts, eds., *New Perspective on Galileo*, Dortrecht, 1978; William A. Wallace, ed., *Prelude to Galileo: Essays on Medieval and Sixteenth-Century Sources of Galileo's Though*t, Dortrcht, 1981; Desmond Clarkes,

Descartes' Philosophy of Science, University Park, Pa., 1982.

93) Barbara Shapiro, *Probability and Certainty in Seventeenth-Century England : A Study of the Relationships between Natural Science, Religion, History, Law, and Literature*, Princeton, 1983. Shapiroによれば、ベイコンの死後30-50年後には、ロイヤルソサエティの実験科学者たちは、ベイコンの帰納法で確実な知識はえられないと考えるようになり、確率論的な考え方をするようになっていたそうである。つぎのものも参照。Steven Shapin and Simon Schaffer, *Leviathan and the Air Pump : Hobbes, Boyle, and the Experimental Life*, Princeton, 1985. Schapiroの研究に依拠しながら、Shapin and Schafferはつぎのように書いている。「知識に対して確率論的な考え方をすると、知識をどこまで信じてよいか適切に判断できるようになるが、実験結果に対して、それが必然であるとか普遍的な意味をもつと考えるのは間違っている。それは独断的 dogmatic な考え方であって、知識をえる方法としては危険なものである」。Ibid., p. 24.

94) このホッブスとボイルの論争に関しては、つぎのものを参照。Shapin and Schaffer, *Leviathan and the Air Pump*. この箇所の説明と引用は、この本の pp. 107-108 による。

95) つぎのものを参照。Robert K. Merton, *The Sociology of Science : Theoretical and Empirical Investigations*, Carbondale, 1973 ; idem, *Science, Technology, and Society in Seventeenth-Century England*, 1st American ed., New York, 1970. 「知識社会学 Sociology of Knowledge」の提唱者であった Merton も、彼が「証明済みの科学的な知識 certified scientific knowledge」と呼ぶものが「科学者たちが真理と考えていることであって、それ以上のものではない」とは明言していない。しかし彼が書いていることを読めば、彼がそれを前提にしていることが判る。Idem, *Sociology of Science*, pp. 267-278. Merton によれば、「科学のあり方 scientific inquiry」は「文化と科学の関係 interplay between culture and science」で決まってくるのである。つまり「科学的な知識 scientific knowledge」は経済・政治・宗教体制・軍隊などのあり方と「密接に関連している interdependence」のである。Ibid., pp. ix-x. つぎのものも参照。I. Bernard Cohen, ed., *Puritanism and the Rise of Modern Science*, New Brunswick, N.J., 1990. 「科学的な知識」つまり「真理」は1人の人間の「知性 reason」によってえられるものでもなければ、神のような権威ある者によって示されるものでもない。科学者たちが定めた基準を満たしていれば、それで十分なのである。科学革命は新しいパラダイムの登場によって実現されるとした Kuhn もおなじように考えていた。つぎのものを参照。Thomas Kuhn, *The Structure of Scientific Revolutions*, 2nd ed., enl., Chicago, 1970. つぎのものも参照。Shapiro, *Probability and Certainty*, pp. 15-73 ; Shapin and Schaffer, *Leviathan and the Air Pump*, pp. 69-79.

96) Harold J. Berman, "Toward an Integrative Jurisprudence: Politics, Morality, History," California Law Review 76 (1988), 797-801. この政治・道義・歴史の3つを重視する考え方は、17世紀のイギリスで流布していた考え方と似ている。Fussnerによれば、17世紀のイギリス人が政治・道義・伝統（つまり歴史）を一体のものと考えていたことは「間違いない can be said with certainty」ことなのである。F. Smith Fussner, The Historical Revolution: English Historical Writing and Thought, 1580-1640, London, 1962, p. xvii.

第9章　新しい法学の登場

1) ここでいう「論文 legal treaties」とは、Simpsonがいう「論文」とは意味が違うのでご注意ねがいたい。A. W. B. Simpson, "The Rise and Fall of the Legal Treaties: Legal Principles and the Forms of Legal Literature," *University of Chicago Law Review* 42 (1981), 632. Simpsonは「論文」の意味を英米法の特定分野に関する体系的な論文の意味でしか使っていない。そんな「論文」が1770年代-80年代に「さかんに書かれるようになった rose」のが、20世紀になって「あまり書かれなくなった fell」というのである。彼は13世紀のブラクトン・17世紀末のヘイル卿・18世紀中頃のブラックストン卿がイギリス法全体を視野に入れて書いた体系的な論文を「論文」に含めていない。また、17世紀末-18世紀初めに書かれたギルバート卿の証拠法に関する体系的な論文やホーキンズの刑法に関する体系的な論文（2つともイギリス法の特定分野の論文）を「論文」として認めていないが、その理由は不明なままである。

2) 本書の第3章「（ドイツにおける）新しい法学の登場」も参照。

3) Hartもおなじような言葉（internal, external）を使って区別をしているが、彼が目的としていたのはコモンローの管轄下にある者（ゲームの参加者）と管轄下にない者（外からゲームを観察している者）を区別するためであった。H. L. A. Hart, *The Concept of Law*, 2nd ed., Oxford, 1994, pp. 56-57, 88-90, 102-103. ここで私がいいたかったのは、ゲームの観察者が同時にゲームの参加者でもあるということである。

4) William Blackstone, *Commentaries on the Laws of England*, 4 vols., 1765-1769 (reprint, Chicago, 1979), 2: 2, 4: 5; idem, *An Analysis of the Laws of England*, 1753 (reprint, Buffalo, 1997). つぎのものも参照。Daniel J. Boorstin, *The Mysterious Science of the Law: An Essay on Blackstone's Commentaries*, 1941 (reprint, Boston, 1958), p. 20. ブラックストン卿のつぎの言葉を引用している。「コモンローは、そこから一般的に通用する法原則が発見される日を待っている Everywhere in English law 'principles' were waiting to be found」。

5) つぎのものを参照。Matthew Hale, *The Analysis of the Law: A Scheme or Ab-*

stract of the Several Titles and Partitions of the Law, Digested into Method, ca. 1670 (first published in London, 1713).

6) Blackstone, *Commentaries*, 1 : 4, 34.

7) Ibid., 1 : 5-6 ; cf. 1 : 33. 「大学で法学を学ぶことでコモンローの専門家となる第一歩を踏み出させたり、また法学を一般教養科目として大学で教えたりすることに問題があることは十分に承知している。しかし、さまざまな学問分野は相互に関連しており、相互に影響を与え合うことで大きな花を開かせることができるのである。違った学問分野で採用されている考え方を参考にすれば、それまで解決できなかった問題も解決できるようになるかもしれないのである」。

8) 原文は、つぎのとおり。"Et le briefe et judgement *supra* fuit rule per opinionem Curiae de Branco non obstante deux presidents." C. K. Allen, *Law in the Making*, 7th ed., Oxford, 1964, p. 204.

9) 1500年代末-1600年代初めにコモンロー裁判所は、管轄領域を拡大するために「判例」を持ち出すようになった。John H. Baker, "New Light on Slade's Case," *Cambridge Law Journal* 29, pts. 1 and 2 (1971), 51-67, 213-236 ; idem, *The Common Law Tradition : Lawyers, Books, and the Law*, Hambledon, 2001, pp. 158-164. コモンロー裁判所以外の裁判所も、おなじことをしていた。Thomas G. Barnes, "A Cheshire Seductress, Precedent, and a 'Sore Blow' to Star Chamber," in Morris S. Arnold et al., ed., *On the Laws and Customs of England : Essays in Honor of Samuel E. Thorne*, Chapel Hill, 1981, pp. 359, 378.

10) *Bole v. Norton* (1673), *Vaughan's Rep.*, 382.

11) Matthew Hale, *History of English Law*, London, 1739, p. 67, cited by C. K. Allen, *Law in the Making*, 6th ed., Oxford, 1958, p. 206.

12) Gerald J. Postema, "Some Roots of the Notion of Precedent," in Laurence Goldstein, ed., *Precedent in Law*, Oxford, 1987, pp. 9, 16. 「ヘイル卿によれば、判例が規範的な意味をもつためには、法曹界 the community で共有されている経験（言い換えれば知恵 wisdom）の一部と認められていなければならないのである。判例は共有されている経験の貯蔵庫であり、公的な記録なのである」。

13) Ibid., pp. 16-17.

14) *Fisher v. Prince*, 97 *Eng. Rep.* 876 (K.B. 1762). 第8章の注87も参照。

15) ロイヤルソサエティについては、注100を参照。このヒュームの考え方については、つぎのものを参照。Terence Penelhum, *David Hume : An Introduction to His Philosophical System*, West Lafayette, Ind., 1992, pp. 76-77 ; Daniel E. Flage, *David Hume's Theory of Mind*, London, 1990, pp. 92-93 ; Knud Haakonssen, "The Structure of Hume's Political theory," in David Fate Norton, ed., *The Cambridge Companion of Hume*, Cambridge, 1993, pp. 182, 202-203.

16) 「令状」制度が登場してきた原因とその歴史については、つぎのものを参照。F. W. Maitland, *The Forms of Action at Common Law : A Course of Lectures*, 1909 (reprint, Cambridge, 1965). 14世紀に「令状」制度が「凍結 freezing」され、その結果、大法官による「公平 equity」裁判がさかんに行なわれるようになったことについては、つぎのものを参照。T. F. T. Plucknett, *Statutes and Their Interpretation in the First Half of the Fourteenth Century,* Cambridge, 1922, pp. 121, 169 ; Harold J. Berman, Faith and Order : The Reconciliation of Law and Religion, Atlanta, 1993, chap. 4 ("Medieval English Equity"), pp. 65-67.

17) その他の改正点については、つぎのものを参照。John H. Baker, "Origins of the 'Doctrine' of Consideration, 1535-1585," in Arnold et al., *On the Laws and Customs of England*, pp. 336-358.

18) 16-17世紀初めにコモンロー裁判所に持ち込まれてきた契約をめぐる訴訟の多くは、いわゆる「誓約書 recognizance」を根拠にした訴訟であったが、その内実は期限までの契約不履行を理由に起こす「違約金支払証書 penal bond」を根拠にした訴訟であった。この訴訟で違約金は契約金の２倍以上と定められていたが、契約時に契約内容を「判決 judgment」の形で履行が義務づけられており、そこで契約不履行があった場合は、この「判決」を根拠に違約金の請求が行なわれた。A. W. B. Simpson, *A History of the Common Law of Contract : The Rise of the Action of Assumpsit*, Oxford, 1987, p. 125. たとえば1572年には、「違約金支払証書」の訴訟件数が503であったのに対して、「違約金支払証書」によらない「約束だけを根拠に起こす訴訟 assumpsit」は３件にすぎなかった。

19) 「動産返還請求訴訟」には３つの欠点があった。１）被告は「雪冤宣誓 wager of law」の制度を利用して自分の申し立てが間違いないことを保障してくれる者を６人ないしは12人確保できれば、それで勝訴できた。２）被告は返還請求された動産を返却してもよいし不法占有によって原告が蒙った被害を弁償してもよかったが、返却する場合は返却請求訴訟が起こされた時点の状態で返却すればよかった。３）原告は現に動産を占有している者以外を相手に訴訟を起こすことができなかった。John H. Baker, *An Introduction to English Legal History*, 3rd ed., London, 1990, pp. 7, 441-445. ちなみに、イギリスで「雪冤宣誓」が廃止されたのは、1833年のことである。

20) ホルズワースによれば、「動産侵害による損害賠償請求訴訟」に変化が起きたのは1600年代末のことであった。原告ないしは被告は、訴訟の対象になっている動産の所有権が第三者にあること（第三者の権利 jus tertii）を証明することで、相手の請求を退けることができることになった。「17世紀末になると、つぎのような考え方が登場してきたことが判る。つまり原告が占有していない動産の所有権を主張してきた場合、被告はその動産の所有権が第三者のもの、つまり jus tertii であるこ

とを証明することで原告に対抗できるとされるようになったのである。言い換えると、原告は動産に対して第三者にも対抗できる所有権があることを証明しなければならなくなったのである」。Holdsworth, *History of English Law*, 7：426. つぎの判例も参照。*Cooper v. Chitty*, 1 Burr. 20, 97, *Eng. Rep.* 166 (1756), 172. この裁判を担当したマンスフィールド卿は、動産に対する所有権が原告にあることを認め、破産人の資産を債権者に分配することになっていた管財人が破産人から所有権をえていた原告に損害賠償するよう命じている。

21) イギリスの法制史家は16-17世紀初めのコモンロー裁判所による「擬制」の採用を重視するあまり、17世紀末-18世紀初めに登場してきたもっと重要な変化を無視する傾向が強い。16-17世紀初めの「擬制」の採用はコモンロー裁判所が他の裁判所に対抗するために採用した手続き上の「擬制」であったが（Holdsworth, *History of English Law*, 7：405)、17世紀末-18世紀初めにはコモンロー裁判所の優位がすでに確立しており、他の裁判所に対抗するために「擬制」を採用する必要はなくなっていた。このときは、むしろ過去からの継続性の維持という神話が必要になっていたのである。

22) Jeremy Bentham, "A Fragment on Government," in *The Works of Jeremy Bentham*, vol. 1, ed. J. Bowring, 1843, p. 235；idem, "Elements of Packing as Applied to Juries," in *The Works of Jeremy Bentham*, vol. 5, ed. J. Bowring, 1843, p. 92. 「コモンローで採用されている擬制は梅毒のようなもので、血管を通って体（制度）全体に広がり、体（制度）そのものを腐らせてしまう」。

23) Lon L. Fuller, *Legal Fictions*, Stanford, 1967, pp. 63-65. イギリスの法律家にして詩人のBarfieldは、法律上の「擬制」が詩人のよく使用する「隠喩 metaphor」（おなじ言葉に新しい意味を与える方法）とおなじだとしている。法律上の「擬制」は既存の言葉に新しい意味を与える方法の最たるもので、新しい状況に既存の法律を当てはめる優れたやり方である。Owen Barfield, *The Rediscovery of Meaning and Other Essays*, Middleton, Conn., 1977, pp. 44 ("Poetic Fiction and Legal Diction"), 57.

24) Friedrich Carl von Savigny, *Vom Beruf unserer Zeit für Gesetzgebung und Rchtswissenschaft*, 2nd ed., Heidelberg, 1828, pp. 32-33, quoted in Fuller, *Legal Fictions*, p. 59.

25) ユスチニアヌス法典の『法学提要』は「債務 obligationes」を、契約・不法行為・「擬似契約 quasi ex-contractu」・「擬似不法行為 quasi ex-delictu」からそれぞれ発生してくる4つに区分していた。例によって「債務」のさまざまな具体例は挙げているが、この4つの「債務」が概念としてどう違っているのかは説明ぬきである。その違いを問題にしたのが12-17世紀のヨーロッパのローマ法学者たちで、17世紀にはローマ法・教会法・さまざまな世俗法から登場してきた「共通法 jus commu-

ne」で「擬似不法行為」から発生する「債務」は不法行為による「債務」に統合され、「擬似契約」による「債務」は不当利得による「債務」に読み替えられていた。Reinhard Zimmermann, *The Law of Obligations*, Oxford, 1990, pp. 1-33, 885-886.

26) Style 47, 82 *Eng. Rep.* 519 (1647); Aleyn 26, 82 *Eng. Rep.* 897 (1647). アメリカで出版されている契約法の本には、ふつう Aleyn が引用されるが、被告の言い分は Style の方が判りやすい。

27) Style 47.

28) 現在の英米法では過失の有無に関わりなく契約違反は許されないが、「パラダイン対ジェイン」裁判まで、この原則は認められていなかった。なおイギリスでは、賃貸契約については今でも過失があれば賃貸人は契約違反を問われない。つまり予測不可能な事情が原因で契約の履行が不可能になった場合、とくに賃貸人が損害賠償することを明言していない限り賃借人は賃貸人に損害賠償を請求できない。また商取引契約でも、あらかじめ不履行によって損害賠償責任が発生しない場合を決めておけば、債権者は損害賠償をしなくてよい。Harold J. Berman, "Excuse for Nonperformance in the Light of Contract Practices in International Trade," *Columbia Law Review* 63 (1963), 1413.

29) 2 *Lord Raymond* 909, 92 *Eng. Rep.* 107 (1703).

30) George W. Paton, *Bailment in the Common Law*, London, 1952, pp. 81-85.

31) これもホルト卿の功績である。それまで「国際法 law of nations」と考えられていた海商法から、この考え方をコモンローに取り込んできたのである。つぎの裁判を参照。*Boson v. Sandford*, 2 *Salk* 440, 91 *Eng. Rep.* 382 (1691). この裁判は、船荷の持ち主が船長の監督下にあった船荷の損傷に対して船主に損害賠償を求めた裁判である。船主は直接、船荷を管理していなかったことを理由に賠償金の支払いを拒否していた。それに対してホルト卿は、「雇用者は被雇用者の行為に責任を負うべきである」とした。イギリス革命以前なら、この裁判は「海事高等法院」の担当だったはずだが、この裁判が行なわれた1691年にはコモンロー裁判所の優位が確立しており、「海事高等法院」はクック卿の主張に従って公海上の問題しか担当しないことになっていた。

32) たとえば White は、つぎのように書いている。「19世紀以前に不法行為 tort が法概念と考えられることはなかった。……ブラックストン卿の『イギリス法注釈』にも登場してこない。……1870年代以前には、被告が過失を犯した in fault か否か、あるいは不法行為とされる行為を行なったか否かが問われるのではなくて、原告が受けた傷害が被告に賠償金を払わせるべきものか否かが問われただけであった。不法行為の意味は、もっと厳格なものである」。Edward G. White, *Tort Law in America: An Intellectual History*, New York, 1980, p. 14. この説明は間違ってはいないが、「不法行為」の意味を狭くしすぎている。17世紀末-18世紀に賠償責任を

問われるようになった「広い意味の不法行為 large category of wrongful acts」を考慮に入れていない。たしかに過失によって人あるいは物に損害を与える個々の行為を理由に訴訟を起こすのとは違って、「過失の事実が存在することを理由に訴訟を起こすこと action on the case for negligence」は18世紀になって始まったことであった(19世紀ではない)。また、たしかにブラックストン卿は「権利侵害 trespass」に対する損害賠償を論じた際に(「被害の事実を根拠に起こす訴訟 action on the case」も含む)、過失・故意・危険な行為を理由に発生する損害賠償の問題を一般的には論じていない。しかし、こうした行為を理由に発生した損害賠償の問題は、契約違反なしで発生してくる損害賠償責任の問題として個別に論じられているのである。ブラックストン卿は契約違反によって発生してくる損害賠償責任と「不法行為 delict」から発生してくる損害賠償責任を区別しており、「不法行為」を「社会に対する不法行為 public delict」(つまり犯罪 crime)と「個人に対する不法行為 private wrong」(つまり不法行為 tort)に区別している。「対人訴訟には債務あるいは債務による損害の賠償を要求するものと、人または物に対する損傷に損害賠償を求めるものがあり、前者が契約を根拠としているのに対して後者は不法行為を根拠としている。……前者の場合は債務のほかに約束も含まれ、後者の場合は権利侵害 trespass・迷惑行為 nuisance・暴行 assault・名誉毀損 defamatory words などが含まれる」。Blackstone, *Commentaries*, 3 : 117.

33) T. F. T. Pluckett, *A Concise History of the Common Law*, 5th ed., Boston, 1956, p. 471, referring to Percy H. Winfield, "The History of Negligence in the Law of Torts," *Law Quarterly Review* 42 (1926), 195. なお、Winfield は、つぎのものに依拠している。John Comyns, *Digest of the Laws of England*, 1762.

34) そこで「約束を根拠に起こす訴訟 assumpsit」が「明示的に約束したことを根拠に起こす訴訟 special assumpsit」と「約束があったことを推測できることを根拠に起こす訴訟 general assumpsit」に分けられることになった。

35) John H. Baker, *Introduction to English Legal History*, 3rd ed. London, 1990, pp. 389-390, 394-395 ; Holdsworth, *History of English Law*, 3 : 443 ; A. W. B. Simpson, "The Place of *Slade's Case* in the History of Contract," *Law Quarterly Review* 74 (1958), 381 ; John H. Baker, "New Light on Slade's Case," *Cambridge Law Journal* 29 (1971), 51, 213. なお、バーマンは「訴訟の原因」が8つあるとしているが、Baker は邦訳(『イングランド法制史概説』創文社)がある第1版(1971年)でも、最新の第4版(2002年)でも7つ(goods sold, work done, money lent, money paid, money had and received to the plaintiff's use, money due upon an account stated, the use and occupation of land)挙げているだけである。

36) *Moses v. Macferlan*, 2 Burr. 1005, 97 *Eng. Rep.* 676 (1760). 「不正利得金の返還請求 money had and received」と呼ばれた裁判。原告は被告に支払いを引き受け

る由の裏書をした約束手形を手渡したが、そのとき被告は原告に手形の現金化は発行人に要求し、原告には要求しないことを約束した。ところが被告は原告に手形の現金化を要求する訴えを「良心の裁判所（大法官裁判所）court of conscience (Court of Chancery)」に起こし、そこで行なわれた裁判で被告が原告にした約束は無効と判断されて、原告は裏書どおり被告に約束手形を現金化するよう命ぜられ現金化に応じた。その後、原告は「王座裁判所」に「不正利得金の返還請求」を要求して訴訟を起こしたのである。そのとき「王座裁判所」の主席判事であったマンスフィールド卿は、被告が不当利得金の返還をするのは「正義として当然のこと natural justice」とした。なぜなら、原告に手形の現金化は要求しないとした約束はローマ法の「擬似契約 quasi ex contractu」に相当するからだとした。ブラックストン卿はこの判例を詳しく引用して、契約が存在したと推測される場合、「道理 reason」と「正義 justice」の観点から債務が発生したと判断するのは当然であるとしている。「錯誤や不注意によって支払われた金銭、詐欺・強請・脅迫によって支払われた金銭、あるいは原告のように支払う必要がないのに支払った金銭 money paid by mistake, or on a consideration which happens to fail, or through imposition, extortion, or oppresssion, or where undue advantage is taken」は、「正義と良心により ex aequo et bono」返還義務が発生するのである。Blackstone, *Commentaries* 3: 162. マンスフィールド卿がローマ法の「擬似契約」（ユスチニアヌス法典のものではなくて、17世紀にローマ法学者が考え出したヨーロッパ共通法 jus commune）をコモンローに導入したことについては、つぎのものを参照。Peter B. H. Birks, "English and Roman Learning in *Moses v. Macferlan*," *Current Legal Problems* 37 (1984), 1.

37) イギリスの有名な判事 Lord Scrutton は、1922年に「今は見捨てられてしまったマンスフィールド卿の考え方」が「あるべき正義 justice as between man and man」を「欠陥だらけだがみごとに理屈づけており that vague jurisprudence which is sometimes attractively styled」、そこには「いい意味での 曖昧さ well-meanig sloppiness of thought」が存在していると評価している。つぎの裁判記録を参照。*Holt v. Markham* (1923) K.B. 504, 513.

38) イギリスの訴訟記録を調べた Green によると、12-15世紀に陪審員が殺人罪に問われた容疑者を有罪にしたのは全体の約20%にすぎない。Thomas A. Green, "The Jury and the English Law of Homicide, 1200-1600," *Michigan Law Review* 74 (1974), 413.「中世末期に陪審員が有罪評決を下したのは、とくにひどい殺人犯に限られていた」というのが Green の結論である（p. 432）。

39) 17世紀になっても陪審員は、裁判所の記録にない証拠を参考にしていた。「彼らは裁判所に提出された証拠以外の証拠も参考にしていた。陪審員はその地域の住民だったが、判事はその地域のことは何も知らなかったからである。その地域に住ん

でいる陪審員なら、証人が嘘をついているか否かとか証人の評判がどうかなど、判事・原告・被告が知らないことを知っていたからである」。Giles Dunscombe, *Trials per Pais or the Law of England Concerning Juries by Nisi Prius*, London, 1682 (Numerous editions appeared between 1665 and 1793), Quoted in Theodore Waldman, "Origins of the Legal Doctrine of Reasonable Doubt," *Journal of the History of Ideas* 20 (1959), 299, 310.

40) 宗教改革後のドイツに新しく登場してきた刑事訴訟手続きについては、つぎのものを参照。John Langbein, *Prosecuting Crime in the Renaissance : England, Germany, France*, Cambridge, Mass., 1974, pp. 129-209; Harold J. Berman, "Conscience and Law: The Lutheran Reformation and the Western Legal Tradition," *Journal of Law and Religion* 5 (1987), 188-189. 刑法とプロテスタント思想の関係については、つぎのものを参照。John Witte, Jr., and Thomas C. Arthur, "The Three Uses of the Law : A Protestant Source of the Purposes of Criminal Punishment," *Journal of Law and Religion* 10 (1993-94), 433.

41) *The Trial of William Penn and William Mead* (*Written by themselves*), in *Howell's State Trials*, vol. 6, 1670; reprint, 1816, pp. 951-999.

42) *Bushell's Case, Vaughan Rep*. 35, 124 *Eng. Rep*. 1006 (1670). ボーガン卿の判決に注釈をつけたものとしては、つぎのものを参照。*Howell's State Trials*, 6 : 999-1026. なお、ボーガン卿は「ブッシェル」を"Bushell"と綴っており、最近の論文の綴り方("Bushel")と違っている。

43) *Vaugham Rep*., 147, 124 *Eng. Rep*., 1012.

44) つぎのものを参照。Thomas A. Green, *Verdict According to Conscience : Perspectives on the English Crminal Trial Jury*, Chicago, 1985, pp. 256-264. 「中央刑事裁判所 Old Bailey」の裁判記録を調べた結論としてラングバインは、「ブッシェル裁判」が「ふつうの刑事裁判 ordinary criminal trial」に影響を与えることはなかったとしている。影響を受けたのは「政治裁判 political trial」だけであった。なぜなら、判事は裁判で問題になっている事実に関して自由に発言できたし、被告に不利になるような意見を述べたり、陪審員が有罪評決をした場合は報告するよう指示したりできたからである。John H. Langbein, "The Criminal Trial before the Lawyers," *University of Chicago Law Review* 45 (1978), 285. もっとも、ラングバインは陪審員が判事の指示を無視することもできた(無視しても罰せられない)ことも指摘している (p. 298)。17世紀末、被告に弁護士が付くようになると(最初は反逆罪犯、1730年以降は重罪犯にも弁護士が付くようになる)、弁護士は陪審員に良心に従って評決を下すべきであり、最終的な判断は判事ではなくて陪審員が下すことになっていることを指摘するようになった。事実、刑事裁判の場合は、法解釈でも事実認定でも陪審員が最終的な判断を下すことが当然視されていた。

45) John Hawles, *The Englishman's Right*, London, 1680, p. 1, quoted in Green, *Verdict According to Conscience*, p. 255. ホールズ卿は、さらにつぎのようにもいっている。「陪審員の法的な権限は強大で、彼らからその権限を奪うことは、陪審制の廃止を意味した」。
46) John Hawles, *The Grand Jury Man's Oath and Office Explained*, London, 1680, p. 13, quoted in Green, *Verdict According to Conscience*, p. 259.
47) *Vaugham Rep.*, 141-142, *Eng. Rep.*, 1009.
48) James Fitzjames Stephen, *A History of the Criminal Law of England*, vol. 1, London, 1883, pp. 346-350.
49) Langbein, *Prosecuting Crime*, pp. 21-31.
50) 「口論」という言葉は、つぎのものにある。Thomas Smith, *De Republica Anglorum*, 1565, ed. Mary Dewar, Cambridge, 1982, p. 114. つぎのものも参照。Stephen, *History of the Criminal Law*, 1 : 346-349 ; Langbein, *Prosecuting Crime*, pp. 29-31.
51) Stephen, *History of the Criminal Law*, 1 : 358.
52) 「軽罪 misdemeanor」という言葉は、16世紀に「星室裁判所」で使われるようになったが、それまではコモンロー裁判所で「騒乱 riot」・「不動産の自力占有回復 forcible entry」・「労働条件をめぐる犯罪 labor offense」など「重要でない犯罪 minor crime」に対して使われていた。こうした犯罪は不法行為ないしは犯罪による「権利侵害 trespass」とされ、被害者に対する損害賠償・国王に対する罰金の支払い・投獄が刑罰として科せられた。被疑者が弁護士に助言を求めたり証人を呼んだりすることが禁止されていたのは「重罪 felony」の場合だけだったが、「重罪」以外の被疑者でも弁護士が付くことは稀であった。ところが死刑が適用されない犯罪（つまり「重罪」と反逆罪以外の犯罪）に対して管轄権を有し、かつ文書偽造・偽証・騒乱・煽動・諜報・訴訟幇助 maintenance・詐欺・文書による誹謗・共同謀議など重大な犯罪に対して管轄権を有していた「星室裁判所」では、被疑者は弁護士を付けることが認められていた。Stephen, *History of the Criminal Law*, 1 : 341. コモンロー裁判所が「星室裁判所」の管轄する裁判を引き継いだとき、「軽罪」の被疑者には弁護士を付ける「星室裁判所」のやり方が継承されたのである。
53) Samuel Rezneck, "The Statute of 1696 : A Pioneer Measure in the Reform of Judicial Procedure in England," *Journal of Modern History* 2 (1930), 5, 6.「反逆罪裁判法」が「権利章典」や「寛容法」と同様、名誉革命の考え方によって生み出されたものであることを認識できた最初の歴史家がReznekであったとは、1980年にPhiferが指摘していたことである。1969年に制定された「反逆罪裁判法」のような重要な法律が歴史家によって無視されてきたことほどイギリス史上、皮肉なことはない。このことは、1930年になって初めてReznekが詳しく論じている。

James R. Phifer, "Law, Politics, and Violence: The Treason Trials Act of 1696," *Albion* 12 (1980), 235. 近年になって無視されることはなくなったが、それでもイギリス革命との関連について注目されることは少ない。J. M. Beattie, "Scales of Justice: Defense Counsel and the English Criminal Trial in the Eighteenth and Nineteenth Centuries," *Law and Hisory Review* 9 (1991), 221.

54) Phifer, "Law, Politics, and Violence," p. 255.
55) The Treason Trials Act, 7 William III and Mary II c. 3 (1696). この法律が初めて議会に提出されたのは1689年のことであった。その後、1696年に成立するまで毎年、議会に提出された。この法律の草案については、つぎのものを参照。Rezneck, "Statute of 1696," p. 21 ; Phifer, "Law, Politics, and Violence," pp. 244-254.
56) Stephan Landsman, "The Rise of the Contentious Spirit: Adversary Procedure in Eighteenth-Century England," *Cornell Law Review* 75 (1990), 534-539 ; Beattie, "Scale of Justice," pp. 224-227, 230-231. 裁判開始前に告発状を見る被疑者の権利については、つぎのものを参照。Douglas Hay, "Prosecution and Power: Malicious Prosecution in the English Courts, 1750-1850," in Douglas Hay and Francis Snyder, eds., *Policing and Prosecution in Britain, 1750-1850*, Oxford, 1989, p. 352, n. 31 ; William Hawkins, *A Treatise of the Pleas of the Crown*, vol. 2, New York, 1721, p. 402. 被疑者の権利はつねに保障されていなかったというのが上記の論文を書いた著者たちの意見だが、ラングバインは違った考え方をしている。John Langbein, "The Historical Origins of the Privileges against Self-Incrimination," *Michigan Law Review* 92 (1994), 1047, 1058.
57) Stephen, *History of the Criminal Law*, 1 : 334.
58) つぎのものを参照。Langbein, "Privilege against Self-Incrimination," Landsman によれば、「1800年には、すでに当事者制が優勢を占めていた」。Landsman, "Rise of the Contentious Spirit," p. 502.
59) 「囚人弁護法」の内容については、つぎの法令を参照。6&7 William IV c. 114 (1836).
60) 「囚人弁護法」の草案を起草した Sir James Mackintosh は、1969年に制定された「反逆罪裁判法」が「国民の権利を守るうえで有効だと考えられていた」こと、また弁護士を付けることを「重罪」の被疑者にも認めることも同様の効果をもたらしたといっていた。*Parliamentary Debates*, vol. 4, London, 1821, p. 1513, quoted in Beattie, "Scales of justice," p. 252.
61) イギリス革命の結果、被告が証人を立てることができるようになるなど刑事裁判の手続きに変化が見られたことについては、つぎのものを参照。Samuel Rezneck, "The Statute of 1696: A Pioneer Measure in the Refrom of Judicial Procedure in England," *Journal of Modern History* 2 (1930), 5 ff. ; Phifer, "Law, Politics, and

Violence." 「反逆罪裁判法」が一般の刑事裁判に影響を与えるようになるには時間を要した。たとえばラングバインによれば、18世紀中頃まで「中央刑事裁判所」では被告に弁護士を付けないことが多かったし、証人を立てることもなかった。また被告が証人を立てた場合でも、証人の尋問は判事が行なっていた。John H. Langbein, "The Criminal Trial before the Lawyers," *University of Chicago Law Review* 45 (1978), 263-316.

62) Landsman は、この筆者の考え方と同意見だが (Landsman, "Rise of Contentious Spirit.")、ラングバインは意見を異にしており、18世紀になってもイギリスの刑事裁判は「当事者制」とは異なる「大陸型 continental character」であったとしている。その根拠としてラングバインが挙げているのが、刑事裁判における判事の積極的な役割と弁護士が果たしていた役割の小さかったことであった (Langbein, "Criminal Trial.")。私がここで指摘したかったのは、判事や弁護士の役割の大小ではなくて、ラングバインがいう「当事者同士を対決させるという考え方 contentious spirit」の存在である。被疑者は判事の質問に答えなくてもよかったし、被疑者も宣誓して証言してくれる証人を立てることもできた。また被告・原告ともに相手の立てた証人に反対尋問することができたし、有罪・無罪の認定は陪審員が行ない、判事は適用する法律・条文を決めるだけであった。

63) Sir Matthew Hale, *Pleas of the Crown : A Methodical Summary*, London, 1982, p. 289 (a facsimile edition of the original work, published in 1678); Blackstone, *Commentaries*, 4 : 352. ここに挙げた "Pleas of the Crown" でヘイル卿は5人の犯人に無罪を宣告するより1人の無実の犯人に有罪を宣告する方がよいとしていたが、のちに巡回裁判中の『日記』では「5人の犯人」を「10人の犯人」に変更している。Harold J. Berman, "The Origins of Historical Jurisprudence : Coke, Selden, Hale," *Yale Law Journal* 103 (1994), n. 147.

64) 「犯人である可能性がない場合はもちろんだが、可能性が疑える場合でも、無罪を前提にすべきである In obscuris et in evidentibus praesumitur pro innocentia」。Berman, "Origins of Historical Jurisprudence," n. 147. この文言が書かれているのは、1668年に彼が巡回判事をしていたときの『日記』である。当時、このラテン語の格言はよく知られたものであった可能性がある点に注意。

65) 「合理的な疑いを覆すような beyond a reasonable doubt」という基準が証拠を判断する際に採用された最初の例は、1770年、マサチューセッツ州がまだ植民地だった時代にボストンで起きた「虐殺事件 Boston Massacre」の裁判である。Anthony A. Morano, "A Reasonable Examination of the Reasonable Doubt Rule," *Boston University Law Review* 55 (1975), 516-519. イギリス本国で採用された最初の例は、1798年にアイルランドで行なわれた裁判である。John Wilder May, "Some Rules of Evidence : Reasonable Doubt in Civil and Criminal Cases," *American*

Law Review 10 (1876), 656-657. 民事裁判で「優位な証拠 prepoderance of evidence」という考え方が採用されるようになったのは、19世紀になってからのことであった。このような一般的な基準が登場してくることになったのは、17世紀末-18世紀にギルバート卿の論文や弁護士・判事の議論によって（ギルバート卿については、注67を参照）、個々の証拠の評価の仕方が標準化された結果である。

66) すでに指摘したように（注44、61、62を参照）、ラングバインは17世紀末-18世紀中頃にイギリスの刑事手続きに大きな変化が起きたとする考え方に反対である。18世紀の「中央刑事裁判所 Old Bailey」における刑事裁判の研究から、少なくとも1780年代までは「重罪」裁判では（『国事犯の裁判記録 State Trials』に登場してくる「政治裁判」は除く）、弁護士と相談する権利は事実上、認められておらず、そこで「当事者制」が機能することはなかったし、陪審員は判事の影響下にあり、また被疑者が「合理的な疑いを覆すような証拠」という考え方によって保護されることもなかったという (Langbein, "The Privilege against Self-Incrimination.")。被疑者が法廷での証言を拒否できたという彼の結論（言い換えれば、被疑者はみずからを不利にするような証言は拒否できる privilege against self-incrimination）を争うつもりはないし、証言を拒否すれば弁護士の弁護は受けられなくなったという結論も争うつもりはない。また「中央刑事裁判所」で弁護士が被疑者の代理人になることは珍しかったという彼の指摘もそのとおりだと思う。しかし、だからといって当時のイギリス法が被疑者に弁護士との相談を認めていなかったということにはならない。ラングバインも認めていることだが、『国事犯の裁判記録』に登場してくる裕福な「重罪」犯は（全員が「政治裁判」の被疑者であったわけではない）、裁判で弁護士に代理を頼んでいるのである。また、これもラングバインが認めていることだが、「中央刑事裁判所」でも「王座裁判所」でも、検察側の証人と被疑者側の証人のあいだで対決が行なわれており、その意味では「当事者制」は機能していたのである。また陪審員は、判事からの強い指示に反して無罪評決を下したり、求刑よりも軽い刑を言い渡したりしていた。つまりラングバインがいっていることとは違って、「ブッシェル裁判」の影響は続いていたのである。

「良心が納得する satisfied conscience」という考え方が「合理的な疑いを覆す証拠 proof beyond a reasonable doubt」という考え方と同様、被疑者に有利に働いていたということを証明するのは、それほど簡単ではない。ラングバインがいうように、「合理的な疑いを覆す」という言葉が裁判記録で使われるようになるのは1770年以降のことで、ヘイル卿・ギルバート卿・ホーキンズ・ブラックストン卿も、この言葉は使っていない。しかし裁判記録以外のところでは、「良心が納得する」という言葉は法学・哲学の分野で広く使われていたのである。それは、すべての証拠を考慮に入れ、かつ「確率 probability」も考慮に入れて判断することを意味していた。また陪審員・法学者・判事も合理的な疑いがある場合は（つまり「良心が

納得しない」場合は）被疑者を有罪にすることを嫌っており、17世紀末には少なくとも「良心が納得する」という考え方の種は撒かれていたと考えてよさそうである。

67) Geoffrey Gilbert, *The Law of Evidence*, New York, 1979 (a facsimile edition of *The Law of Evidence with all the Original References Carefully Compared*, published in 1754). ギルバート卿はイギリスとアイルランドで弁護士として実務を経験したあと、1715年にアイルランドの「財務府裁判所の主席判事 Chief Baron of the Irish Exchequer」になり、アイルランドの貴族院とイギリスの貴族院の権限争いでイギリスの貴族院の優位を認めさせ、その功績で1722年にイギリスの「財務府裁判所判事 puisne baron of the English Exchequer」に任命され、さらに亡くなる前年の1725年に同裁判所の「主席判事」に就任している。つぎのものを参照。Michael MacNair, "Sir Jeffrey Gilbert and His Treaties," *Journal of Legal History* 15 (1994), 252-255, 258. なお、バーマンの説明だけでは訳文として体をなさないので、MacNair が *Oxford Dictionary of National Biography*, vol. 22, Oxford, 2004, pp. 179-181 に書いている Sir Jeffray Gilbert の記事から内容を補っている。また、バーマンがギルバート卿の著書としている『証拠論』(1717年)がギルバート卿の書いたものでないことをこの記事で指摘していることも付け加えておきたい。

68) Gibert, *Law of Evidence*, p. 1. ギルバート卿と彼より年長であったロックの関係については、つぎのものを参照。MacNair, "Sir Jeffrey Gilbert," pp. 255-256. ギルバート卿は1709年に "Abstract of Locke's Essay Concerning Human Understanding" と題した冊子を匿名で出版している (ibid., 255)。

69) Gilbert, *Law of Evidence*, p. 3. なお、証拠の扱い方の模範的な例としてギルバート卿が挙げているのは、つぎの裁判である。*Stillingfleet v. Parker*, 6 Mod. 248, 87 *Eng. Rep.* 995 (1704).

70) MacNair, "Sir Jeffrey Gilbert," pp. 258-260. ギルバート卿の論文のうち15篇は死後に出版されており、他のいくつかは原稿のまま残されている。彼はヘイル卿の『イギリス法分析』を念頭に置いていたようで、すべての論文を一冊にまとめてイギリス法全体を分析したものにしたかったようである。

71) ヘイル卿の『イギリス法分析』は1670年頃に書かれていたが、1713年に出版されるまでは原稿のまま個人のあいだで廻し読みされていた。つぎのものを参照。Matthew Hale, *The Analysis of the Law*, Chicago, 1971 (a facsimile of the 1713 edition). 1713年に出版されたとき、著者名はヘイル卿になっておらず、「ある学者の手になる Written by a Learned Hand」となっていた。

72) そのことに関してヘイル卿は、つぎのようにいっている。「ローマ法の分類法だけにこだわったわけでもないし、その他の法分析の方法にこだわったわけでもない。……一番、便利な方法を採用しただけである」。Hale, *Analysis of the Law*, p. A 3.

73) つぎのものを参照。Matthew Hale, *Pleas of the Crown*, London, 1716.

74) つぎのものを参照。William Hawkins, *Pleas of the Crown, 1716-1721*, London, 1973 (a facsimile edition of 2 vols., one originally published in 1716 and the other in 1721). ホーキンズのこの本は、18世紀に7版、19世紀に1版だけ印刷されている。
75) Hale, Analysis of the Law, p. 6.
76) Ibid., p. 13.
77) このヘイル卿の考え方をさらに発展させたのがブラックストン卿である。注78を参照。
78) William Blackstone, *Analysis of the Laws of England*, 1756 (reprint, Buffalo, 1997); idem, *Commentaries*. どちらもブラックストンがオックスフォード大学で1753年から行なっていた講義を本にしたものである。『イギリス法注釈 Commentaries』は、彼の生前に8版、死後から19世紀中頃までに15版を重ねていた。つぎのものを参照。David Lieberman, "Blackstone's Science of Legislation," *Journal of British Studies* 27 (1988), 121. さらに H. J. Stepnen が編集したものが第二次世界大戦後も出版されている。つぎのものを参照。S. F. C. Milson, "The Nature of Blackstone's Achievement," *Oxford Journal of Legal Studies* 1 (1981), 1. ヘイル卿の『イギリス法分析』をブラックストン卿がどう利用したかについては、つぎのものを参照。Alan Watson, "The Structure of Blackstone's *Commentaries*," *Yale Law Journal* 97 (1988), 799. ブラックストン卿は、そのことに関して、つぎのように書いている。「これまでイギリス法を整理する試みのなかで、ヘイル卿の『イギリス法分析』ほど優れたものはない」。したがって「専門家の読者 learned Reader」なら、ブラックストン卿とヘイル卿の違いを容易に読み取ることができるだろうし、「両者を比較することは法学徒として、けっして無駄なことではないはずである」。Blackstone, *Analysis*, p. vii.
79) Blackstone, *Analysis*, p. iv.
80) イギリスの法制史家 Lobban によれば、ブラックストン卿は当時のローマ法学者が採用していた演繹的な方法、つまり「ローマ法のやり方に従ってイギリス法を理論的に一貫した形に整理しようとした」が、結局はローマ法が前提としていた自然法からイギリス法を演繹的に導き出すことができなかったということである。Michael Lobban, "Blackstone and the Science of Law," *Historical Journal* 30 (1987), 311, 312, 321, 331. ブラックストン卿が経験を重視するコモンローの歴史的な方法と自然法の原理を結びつけて、「イギリス法を理論的に一貫した形で整理しようとした」ことは確かだが、「ローマ法のやり方に従った」わけではなかった。
81) ベンサムはブラックストン卿がイギリス法を「比類なく無欠のもの never to be censured ... or found fault with」としていたので、ブラックストン卿をイギリス法にとって「好ましくない人物 bigotted and corrupt defender」だと決めつけたが (Jeremy Bentham, *The Fragment on Government*, in *A Comment on the Com-*

mentaries and a Fragment on Government, ed. J. H. Burns and H. L. A. Hart, London, 1977, pp. 398-400)、このベンサムのブラックストン評が間違っている証拠は、いくらでも挙げることができる。たとえばブラックストン卿は、イギリス法で死刑の適用範囲が広すぎるとして厳しい言葉で非難していた。「性悪度の違う犯罪におなじ刑罰を科するのは馬鹿げている absurd to apply the same punishment to crimes of different malignity」といっているし、当時としては珍しく、刑罰を軽減すべきだと主張していた (Blackstone, *Commentaries*, 4: 17-18)。また、「結婚すると同時に妻の財産が夫のものになる」といった規則は「馬鹿げているし、公平や正義の原則にも反する absurd and derogating from the maxims of equity and natural justice」といっていた。つぎのものを参照。Robert William, "Blackstone and the 'Theoretical Perfection' of English Law in the Reign of Charles II," *Historical Journal* 26 (1983), 39, 53. ベンサムがブラックストン卿に対して行なった「基本的に間違っている攻撃 fundamentally misconceived attack」にみごとに反論してみせているつぎの論文を参照。Richard A. Posner, "Blackstone and Bentham," *Journal of Law and Economics* 19 (1976), 569, 570, 571. ベンサムのブラックストン評と対照的なのが Kennedy のブラックストン評で、彼によればブラックストン卿は「アメリカの自由な法思想の登場に欠かせない人物」なのである。アメリカの法思想の特徴は、市民社会と国家という「2つの相対立するもの同士 radically opposed imaginary entities」の争いを前提に、その争いを解決できるのは法だけであると考えることにあるが、Kennedy によればブラックストン卿は、コモンローにおいて個人同士の権利対立が解決不能になるとか、個人の権利と国家権力の対立が解決不能な状態に陥ることは現実にはありえないと考えていたそうである。Duncan Kennedy, "The Structure of Blackstone's Commentaries," *Buffalo Law Review* 28 (1979), 205, 217, 382. ブラックストンがコモンローを理想化していたことは事実だが、だからといって彼はコモンローにおいても、個人同士の権利が対立したり、個人の権利と国家権力が対立したりすることは認めていた。彼がとくに問題にしたのが国王の権力で、「王令 proclamation が国民を縛ることができるのは、それが古い法令に反せず、すでに存在する法律の執行を命じるときだけである」としていた。Blackstone, *Commentaries*, 1: 260-261.

82) 多くの法制史家たち(John W. Cairns, Alan Watson, Michael Lobban, Hans Lieberman)がヘイル卿とブラックストン卿を「法学提要派」と呼んでいるが、ヘイル卿とブラックストン卿は自分たちの著書を「法学提要」とは呼んでいなかった。クック卿は自分の主著『イギリス法注釈』を「法学提要 The Institutes」と呼んでいたが(このことを Cairns らは無視している。もっとも、その内容は『法学提要』とは似ても似つかないものである)、その理由としてクック卿は、「イギリス法を学ぼうと志す者に指針を示す」のが主著を書いた目的だからと書いている。つぎのも

のを参照。John W. Cairns, "Blackstone, an English Institutionalsit : Legal Literature and the Rise of the Nation-State," *Oxford Journal of Legal Studies* 4 (1984), 337. クック卿が挙げている理由は、ヘイル卿のやり方を引き継いでブラックストン卿の先駆者となった Wood の考え方とは違っていた。Wood にとって問題だったのは、イギリス法を学ぶ学生の「記憶の助けになれば by supplying them with a Method to help their memories」ということでしかなかった。Thomas Wood, *An Institute of the Laws of England*, 1729 ; reprint, New York, 1979.

83) ユスチニアヌス法典が「事案ごとに対応策を決めるやり方を好み casuistic」、「理論化を嫌っていたこと untheoretical nature」については、つぎのものを参照。Berman, *Law and Revolution*, pp. 135-140. そこでは、つぎの文献を利用した。Fritz Schulz, *History of Roman Legal Science*, Oxford, 1953 ; Peter Stein, *Regulae Juris : From Juristic Rules to Legal Maxims*, Edinburgh, 1966.

84) つぎのものを参照。Brian Tierney, "Origins of Natural Rights Learning: Text and Contexts, 1150-1250," *History of Political Thought* 10 (1989), 615 ; idem, "*Ius Dictum a Iure Possidendo* : Law and Rights in *Decretales* 5. 40. 12," in Diane Sood, ed., *Church and Sovereignty : Essays in Honor of Michael Wilks*, Oxford, 1991, p. 457 ; idem, "Willey, Ockham, and the Origin of Natural Rights Theories," in John Witte, Jr., and Frank S. Alexander, eds., *The Weightier Matters of the Law : Essays on Law and Religion* (*A Tribute to Harold Berman*), Atlanta, 1988, p. 1 ; Charles J. Reid, Jr., "The Canonistic contribution to the Western Rights Tradition : A Historical Inquiry," *Boston College Law Review* 33 (1991), 37 ; idem, "Rights in Thirteenth-Century Canon Law : A Historical Investigation," (Ph. D. diss., Cornell University, 1995).

85) Watson によれば、ブラックストン卿は『イギリス法注釈』の構成を図表にするアイデアを16世紀末-17世紀初めに独仏で活躍していたローマ法学者 Dionysius Gothofredus が編集した『ローマ法大全 *Corpus Juris Civilis*』からえていたとのことである。Alan Watson, "Structure of Blackstone's *Commentaries*," pp. 806-825. Watson は一方で「ブラックストン卿が『イギリス法注釈』の構成を説明するのに、ユスチニアヌス帝の『法学提要』のやり方を真似ていた」(p. 811) としながら、他方で『法学提要』が図表を使っていないことも指摘している。法制度の構成を図表で説明するやり方は、16世紀の法学者がメランヒトンの「課題の整理・分析法 topical method」(第3章「ドイツ革命と新しい法学の登場」を参照) を応用して、「ヨーロッパの共通法 jus commune」の構成を説明するために初めて採用した方法なのである。それにブラックストン卿が図表に挙げている項目は、Gothofredus が図表で挙げている項目と違って (Watson は、2つの図表を並べて紹介しており、比較するのに便利である。pp. 813-815)、「権利 rights」(たとえば、「人の権利

rights of person」など）であって「法律 law」（たとえば、「人に関する法律 law of prsons」など）ではない。この「権利」によって法制度の構成を説明するやり方はユスチニアヌス法典が採用しているやり方ではなくて、16-17世紀に「ヨーロッパの共通法」の構成を説明するときに採用されていたやり方であった。ブラックストン卿も1605年に John Cowell が書いた『イギリス法提要 Institutiones Juris Anglicani』（英訳が出版されたのは1651年）について、「イギリス法をユスチニアヌス帝の『法学提要』にならって整理しようとすることには無理があり、成功しなかったのは当然である」と書いている（Blackstone, *Analysis*, p. vi）。Watson がブラックストン卿のやり方を17-18世紀に「ヨーロッパ共通法」を学んだ法学者のものとしているのは当然である。メイトランドも「ブラックストン卿がイギリス法を合理的な方法で整理できたのも、ヨーロッパ共通法という考え方をもっていたからである」としている。F. W. Maitland, "Why the History of English Law Is Not Written," in N. A. L. Fisher, ed., *The Collected Papers of Frederic William Maitland*, vol. 1, Buffalo, 1911, pp. 484, 489. ブラックストン卿はローマ法にも詳しく、イギリスの法制度がローマ法に起源をもつことを指摘している。

86) Margaret J. Osler, "John Locke and the Changing Ideal of Scientific Knowledge," *Journal of the History of Ideas* 31 (1970), 9.

87) Barbara J. Shapiro, *Beyond Reasonable Doubt and Probable Cause*, Berkley, 1991, pp. 1-113.

88)「確実性 certainty」と「もっとも高い確率」の違いについては、つぎのものを参照。John Locke, *Essay Concerning Human Understanding*, bk. 4, chap. 16, secs. 6, 7.「道義的に許される程度の限定的な確実性」をロックは「確率の一種 a species of probability」と呼んでいた。Shapiro, *Beyond Reasonable Doubt*, p. 8.

89) Shapiro, *Beyond Reasonable Doubt*, pp. 42-113.

90) つぎのものを参照。Rose-Mary Sargent, "Scientific Experiment and Legal Expertise : The Way of Experience in Seventeenth-Century England," *Studies in the History and Philosophy of Science* 20 (1989), 19; Barbara Shapiro, "The Concept of 'Fact' : Legal Origins and Cultural Diffusion," *Albion* 26 (1994), 1. つぎのものも参照。Peter Dear, "*Totius in verba* : Rhetoric and Authority in the Early Royal Society," *Isis* 76 (1985), 149-151. 17世紀末になると、権威とされたアリストテレスやガレノスに代わって、実験結果・観察結果の妥当性・信頼性をロイヤルソサエティが判断するようになったそうである（n. 38）。

91) Sargent "Scienific Experiment," p. 38.

92) Ibid., p. 39.

93) George P. Fletcher, "The Right and the Reasonable," *Harvard Law Review* 98 (1985), 949.「妥当性 reasonableness」という言葉と、17世紀のイギリスに特徴的

な「良識」という言葉の関係については、つぎのものを参照。Robert Todd Carroll, *The Common-Sense Philosophy of Religion of Bishop Edward Stillingfleet, 1635-1699*, The Hague 1975, p. 148.「良識」は「人類の経験 experience of mankind」を意味するとしている。

94) Fletcher, "Right and Reasonable," pp. 950-954, 980-982.

95) つぎのものを参照。Raoul van Caenegem, *Judges, Legislators, and Professors: Chapters in European Legal History*, Cambridge, 1987.

96) Otto Kahn-Freund, intro. to Karl Renner, *The Institutions of Private Law and Their Social Functions*, London, 1949, p. 8.

97) 1640年代-50年代に成功しなかったピューリタンによる法制度改革については、研究成果が豊富にある。たとえば、つぎのものを参照。Nancy L. Matthews, *William Sheppard: Cromwell's Law Reformer*, Cambridge, 1984; Donald Veall, *The Popular Movement for Law Reform, 1640-1660*, Oxford, 1970; Mary Cotterell, "Interregnum Law Reform: The Hale Commission of 1652," *English Historical Review* 83 (1968), 685. しかし、その後の時代について研究は少ない。刑法は多い方だが、それでもスティーブン卿の1883年の研究以後(注48を参照)、およそ1世紀ものあいだ目ぼしい研究は出ていない。つぎのものを参照。John Beattie, *Crime and the Courts in England, 1660-1800*, Princeton, 1986; Douglas Hay, ed., *Albion's Fatal Tree: Crime and Society in Eighteenth-Century England*, New York, 1975; Peter Linebaugh, *The London Hanged: Crime and Civil Society in the Eighteenth Century*, Cambridge, 1992; Landsman, "Rise of the Contentious Spirit"; Langbein, "Albion's Fatal Flaws," *Past and Present* 98 (1983), 96; idem, "Shaping the Eighteenth-Century Criminal Trial"; idem, "The Criminal Trial before Lawyers"; Charles J. Reid, Jr., "Tyburn, Thanatos, and Marxist Historiography: The Case of the London Hanged," *Cornell Law Review* 79 (1994), 1158.

98) T. F. T. Plucknett, "*Bonham's Case* and Judicial Review," *Harvard Law Review* 40 (1936), 30.

99) 1701年に制定された「王位継承法 Act of Settlement」で議会は、「罪過なき限り during good behaviour」判事が地位を追われることはないとした (12, 13 William III c. 2)。判事が政治的な理由で地位を追われることを防ぐためであったが、その目的は果たされたといってよい。「名誉革命後のイギリスで判事が地位を追われたことは一度もない」。John Maxcy Zane, "The Five Ages of the Bench and Bar of England," in *Select Essays in Anglo-American Legal History*, vol. 1, Boston, 1907, pp. 625, 709-710.

100) 「ロイヤルソサエティ Royal Society」は内戦が展開されていた1640年代初めに組織されたが(この種の組織としてはヨーロッパ最古のもの)、その趣旨はさまざま

な分野の研究者・主義主張を異にする政治家・宗教家に毎週、1回、議論する場を用意して（最初はオックスフォード、のちにロンドン）、「新しい考え方 new philosophy」を検討することにあった。1660年11月に「物理学・数学を使った実験を行なう協会 Colledge for the Promoting of Physico-Mathematical Experimental Learnings」の結成が決定され、1662年にジェイムズ2世から特許状を与えられていた。会員のなかでも有名だったのは、物理学者のニュートン・哲学者のロック・法学者のヘイル卿やボーガン卿・神学者の John Wilkins や Gilbert Burnet などである。当初はさまざまな学問分野に共通の概念や方法が論じられていたが、やがてデカルトやライプニッツの論理だけを手掛かりにした考え方が受け入れられなくなり、実験を重視する考え方が普及していくと、自然科学と人文科学の違いが認識されるようになっていった。ロイヤルソサエティの歴史については、つぎのものを参照。Marie Boas Hall, *Promoting Experimental Learning: Experiment and the Royal Society, 1660-1727*, Cambridge, 1991; Martha Bronfenbrenner, *The Role of Scientific Societies in the Seventennth Century*, Chicago, 1963.

101) Robert K. Merton, "Science, Technology, and Society," in *Osiris* 4 (1938), 360 (reprint with the same title, New York, 1970). つぎのものも参照。I. Bernard Cohen, ed., *Puritanism and the Rise of Modern Science*, New Brunswick, N.J., 1990; M. D. King, "Reason, Tradition, and the Progressiveness of Science," *History and Theory* 10 (1971), 3.

102) つぎのものを参照。W. M. Spellman, *The Latitudinarians and the Church of England, 1660-1700*, Athens, Ga., 1993. 国教会が「教皇の無謬性を主張するカトリック教会と個人の良心を信用するプロテスタント教会」の「中庸 middle way」を選んだように、考え方として「中庸」が好まれた（p. 22）。つぎのものも参照。Barbara Shapiro, *John Wilkins: An Intellectual Biography*, Berkley, 1969. おなじことを法曹界でいっていたのが、この章の第1節「新しい判例主義の登場」で言及したボーガン卿であった。「おなじ証拠を前にしても、判事と陪審員が違った結論を出すことはありうる」のである。

103) James R. Jacob and Margaret C. Jacob, "The Anglican Origins of Modern Science: The Metaphysical Foundations of the Whig Constitution," *Isis* 71 (1980), 251.

104) Merton, Ibid. マートンは、17世紀に登場してきた科学に対する新しい考え方が諸「制度」の登場と関連があることを問題にしていないが、諸「制度」の登場が新しい考え方の「正統性を保障した legitimated」ことを示そうとしていた。つぎのものを参照。Benjamin Nelson, "Review Essay" (on Merton's book), *Varieties of Political Expression in Sociology*, Chicago, 1972, pp. 206-207.

105) その例として、つぎのものを参照。Crawfrod Brough MacPherson, *The Politi-*

cal Theory of Possessive Individualism : Hobbes to Locke, Oxford, 1962. かつてヨーロッパが「共同体的な」世界だったとする考え方は、Morris がみごとに反証してみせている。Colin Morris, *The Discovery of the Individual, 1050-1200*, New York, 1972; idem, "Individualism in Twenlfth-Century Religion : Some Further Reflections," *Journal of Ecclesiastical History* 31 (1980), 1. 12-13世紀の個人主義に関する文献については、つぎのものを参照。Charles Reid, "Rights in Thirteenth-Century Canon Law" (Ph. D. diss., Cornell University, 1994), p. 3.

第10章　イギリス革命と刑法

1) この過去との継続性の神話は、古典とされている著作にも見られる。つぎのものを参照。James Fitzjames Stephen, *History of the Criminal Law in England*, London, 1883; Holdsworth, *History of English Law*. 最近の研究から例を挙げると、Milsom は19世紀以前のイギリスで法制度の転機が12-13世紀と16世紀の二度、訪れたとしているが、二度目の転機について「制度そのものが変わることはなく、制度も法律も古いものがそのまま残された。それも便宜的な理由だけで残されたのである」としている。S. F. C. Milson, *Historical Foundations of the Common Law*, London, 1969, p. 52. 刑法については、つぎのように書いている。「刑法改革の成果は惨めなものであった。意味あることは何も達成されなかった。語るべきことは何もない。強いて挙げるとすれば、治安の維持に成功したということくらいであろうか。19世紀に改革が実現するまで、特筆すべき改革の貢献者は1人もいない」(p. 353)。Milson は19世紀以前の時代を Stephen と違った形で評価しているが、継続性の神話を信じていたという点では違わない。

2) 16世紀の変化に注目しているのがラングバインである。John Langbein, *Prosecuting Crime in the Renaissance : England, Germany, and France*, Cambridge, Mass., 1974. この本が出たあと、16-17世紀初めのイギリス刑法に関して数多くの論文が書かれるようになった。

3) その代表的なものが、つぎに挙げる Radzinowicz の研究である。Leon Radzinowicz, *A History of English Criminal Law and Its Administration from 1750*, 5 vols., London, 1948-1968. Radzinowicz は16世紀末にベンサムのような「啓蒙主義者たち」がブラックストン卿・マンスフィールド卿に代表される伝統的な刑法のあり方を批判した時代だとしているが、そのとおりである。また19世紀は、すでに考え方としては登場していたことがただ実現されただけの時代だとしているが、この指摘もそのとおりである。

4) この第10章「イギリス革命と刑法」では、Beattie の論文とおなじ時代・おなじ地域を扱うことになるが、視点がまったく異なっているので御注意ねがいたい。つぎのものを参照。J. M. Beattie, *Crime and the Courts in England, 1660-1800*,

Princeton, 1986. Beattie の関心は、「近代的な法制度がイギリスで確立したときに、裁判所が犯罪をどう処理したか」(p. 3) ということであり、「犯罪の性格や社会的な意味、さらに裁判所が被疑者をどう扱ったか」(p. 4) ということである。Beattie が主として使っているのはサリ Surrey 州の記録で (「毎年4回、開催された現地の刑事裁判 quarter sessions」と「巡回判事による刑事裁判 assize」の記録)、ほかにサセックス Sussex 州の記録と「中央刑事裁判所 Old Bailey」の記録が利用されている (イギリスの他の地域の記録にも、ときどき言及している)。Beattie は1660-1800年が「イギリスの刑法と刑事制度に大きな変化をもたらした時代だ」(p. 4) としながら、その変化がそれまでのものとどう異なっていたのか、また当時の政治・社会経済・宗教の変化とどうかかわっていたのかについては、全く触れられていない。その結果、「国王裁判所 prerogative courts」の廃止がコモンロー裁判所に与えた影響、たとえば「国王裁判所」が担っていた「公序良俗維持 guardian of morals, custos morum」の機能をコモンロー裁判所の「王座裁判所」が担うことになったことの意味が無視されてしまっている。あるいは、「文書偽造 forgery」・「詐欺 fraud」といった「頭脳犯罪 sophisticated crimes」がコモンロー裁判所の管轄下に置かれたことの意味とか、「共同謀議 conspiracy」に対する新しい考え方の登場の意味などは無視されたままである。Beattie はイギリス革命がピューリタン (カルバン派) によって行なわれた事実を無視しており、そこで「犯罪防止・被害者支援組織 prosecution association」について詳しく紹介しているにもかかわらず、この組織が17世紀末に登場してきた「素行改善協会 Society for the Reformation of Manners」に始まることに Beattie は触れていない。このようにイギリス革命の背景に宗教的な理由が存在することに気づいていないため、18世紀のイギリスで刑事制度が抱えていたおかしな現象、つまり制定法によって死刑を適用してよい犯罪が増えているにもかかわらず、実際の死刑執行件数が減少している理由を Beattie は説明できないでいる。最後に、依拠している裁判記録が都市のものに偏重していることも指摘しておきたい。その結果、刑事裁判の変化に「土地貴族 landed gentry」が果たした大きな役割が無視され、「狩猟法 game law」が果たした役割が無視されることになっている。こう書いたからといって、もちろん Beattie の業績を評価しないというのではない。この章の記述も彼の業績に多くを負っている。この章の記述が、あくまでも違った視点から行なわれていることを指摘するためである。ピューリタンがイギリスを支配した1640-60年に刑法改革の必要性がさかんに説かれたことについては、つぎのものを参照。Donald Veall, *The Popular Movement for Law Reform, 1640-1660,* Oxford, 1970, pp. 127-166 ; Nancy L. Matthews, *William Sheppard : Cromwell's Law Reformer,* Cambridge, 1984 ; Mary Cotterell, "Interregnum Law Reform : The Hale Commission of 1652," *English Hisorical Review* 83 (1968), 689 ; Edmund Heward, *Matthew Hale,* London,

1972, pp. 36-47. この時期、提案されていた改革は実現されることはなく、たとえば「ヘイル委員会」が提案した多くの改革案が実現に移されたのは、1688年の名誉革命以降のことである。17世紀末-18世紀に実現した刑事訴訟手続きの改革については、つぎのものに依拠するところが大きい。Thomas A. Green, *Verdict According to Conscience : Perspectives on the English Criminal Trial Jury, 1200-1800*, Chicago, 1985, pp. 105-264.

5)　17世紀末-18世紀の刑法改革が「土地貴族」の利益に適ったものであったことを説いた論文としては、つぎのようなものがある。Douglas Hay, Peter Linebaugh, and E. P. Thompson, eds., *Albion's Fatal Tree : Crime and Society in Eighteenth-Century England*, London, 1975 ; Peter Linebaugh, *The London Hanged : Crime and Civil Society in the Eighteenth Century*, Cambridge, 1992 ; E. P. Thompson, *Whigs and Hunters : The Origins of the Black Act*, New York, 1975.

6)　アングロサクソンなどのゲルマン時代の刑法については、つぎのものを参照。Berman, *Law and Revolution*, pp. 52-61.

7)　ノルマン人は「決闘による神判 the battle serving as the ordeal」の形をとった「決闘裁判 trial by combat」の制度もイギリスに持ち込んできた。つぎのものを参照。T. F. T. Plucknett, *A Concise History of the Common Law*, 5th ed., Boston, 1956, p. 427.

8)　第4回ラテラノ公会議で決定された決議(「教会法 canon」第18条に収録)を参照。Norman P. Tanner, ed., *Decrees of the Ecumenical Councils*, vol. 1, London, 1990, p. 244. つぎのものも参照。John W. Baldwin, "The Intellectual Preparation for the Canon of 1215 against Ordeals," *Speculum* 36 (1961), 613.　12世紀末-13世紀初めに行なわれた神判をめぐる議論がまとめられている。

9)　1166年に制定された「クラレンドン条令 Assize of Clarendon」で陪審員は、自分たちが住む地域で悪事を働いた者を判事に告発することが義務づけられた。被疑者は神判あるいは「雪冤宣誓 oath-helping」によって自分が「無実であること purgtion」を証明する必要があったが、この最初の「大陪審」が告発するか否かを決めるやり方と、「無実であること」を「雪冤宣誓」で決めるやり方は教会法と似ていた。このことについては、つぎのものを参照。Richard H. Helmholz, "The Early History of the Grand Jury and the Canon Law," *University of Chicago Law Review* 50 (1983), 613 ; Roger D. Groot, "The Jury of Presentment before 1215," *American Journal of Legal History* 26 (1982), 1. 「大陪審」の構成員は、Bakerによれば「ふつう12人以上で、のちに23人に増やされた」そうである。つぎのものを参照。John H. Baker, *An Introduction to English Legal History*, 3rd ed., London, 1990, p. 577 n. 24. 「小陪審」が最初に導入されたのは土地の不法占拠をめぐる争いなどの民事裁判で、刑事裁判に取り入れられるようになったのは、1215年の第4

回ラテラノ公会議で聖職者が神判にかかわることが禁止されてからであった。

10) 14世紀に死刑が適用された殺人犯は被疑者の10-20%であった。死刑を求刑されていても、事故のためであったとか自衛のためであったということで死刑を免れる者が多かった。死刑が適用されない場合、被告は自動的に国王によって財産を没収され（国王による恩赦があれば釈放された）、さらに被害者の身内から損害賠償を求める訴訟を起こされる可能性があった。Green, *Verdict According to Conscience*, p. 59 n. 122. この論文には、つぎの3つの研究が詳しく紹介されている。James B. Given, *Society and Homicide in Thirteenth-Century England*, Stanford, 1977 ; Barbara Hanawalt, *Crime and Conflict in English Communities, 1300-1348*, Cambridge, Mass., 1979 ; Ralph B. Pugh, "Some Reflections of a Medieval Criminologist," *Proceedings of the British Academy* 59 (1973), 83. つぎのものも参照。Thomas A. Green, "Societal Concepts of Criminal Liability in Medieval England," *Speculum* 47 (1972), 669. 13-15世紀のイギリスで死刑が少なかったのは、「権威とされた法律書に掲載されている on the books」法令と社会通念では殺人に対する考え方が違っていたからである。

11) Green, *Verdict According to Conscience*, p. 105.

12) 1170年以降、イギリスの聖職者は「聖職者の特権 benefit of clergy」によって世俗の裁判所に訴追されることはなかったが（世俗の裁判所で訴追され有罪判決を受けても、刑罰を科せられない）、それは「重罪」に限られ、「軽罪」では「特権」の適用は認められていなかった。なお、フランスの場合は逆で、聖職者が世俗の裁判所で訴追を受けたのは、深刻な犯罪に限られていた。Berman, *Law and Revolution*, pp. 256-264.

13) つぎのものを参照。Langbein, *Prosecuting Crime in Renaissance*.

14) 12世紀になると国王は都市に特許状を与えて、都市の裁判所が罰金刑を科す権利を認めるようになった。さらに13-15世紀に国王は14の都市に対して「重要産品 staple products」（羊毛・革・鉛）を扱う特権を認め、「重要産品都市裁判所 court of the staple」の設置を認めている。また1353年の「重要産品法 Statute of the Staple」によって、「重要産品都市 staple town」で商人とその家族を裁く場合は、コモンローでなくて「商人法 law merchant」が適用されることになった。

15) 1327年のウエストミンスター制定法に初めて「平和の維持者 keepers of peace」が登場してくる。彼らは国王が任命した地方の有力者で、1349年に公布された「労働者に関する王令 Ordinance of Labourers」で定められた賃金を守ることも義務づけられていた（ペストの流行が原因で賃金が高騰していた）。1361年のウエストミンスター制定法で「平和の維持者」は「治安判事 justices of the peace」に代わり、「犯罪者・反乱者などを取り締まり、投獄し、王国の法律と慣習に従って罰すること、またみずからの判断で最善と思われる処置を行なうこと」が義務づけられた。Sir

Thomas Skyrme, *History of the Justices of the Peace*, 3 vols., Chichester, 1991, 1: 31. さらに14-15世紀の制定法で「治安判事」は、犯罪の取締りや経済的な規制の適用を義務づけられた。つぎのものを参照。Charles Beard, *The Office of the Justice of the Peace in England in Its Origin and Development*, New York, 1904. また「治安判事」の義務とされたものは、その多くがその地方で慣習とされていたことであった。つぎのものを参照。J. R. Lander, *English Justices of Peace, 1461-1509*, Gloucester, 1989, p. 7.

16) 「高等宗務官裁判所」における刑事裁判については、つぎのものを参照。Roland G. Usher, *The Rise and Fall of the High Commission*, Oxford, 1968. 「海事高等法院」における刑事裁判については、つぎのものを参照。Holdsworth, *History of English Law*, 1: 550. また「請願裁判所」における刑事裁判については、ibid., 1: 413 を参照。「大法官高等法院」における刑事裁判については、ibid., 1: 457-459 とつぎのものを参照。W. J. Jones, *The Elizabethan Court of Chancery*, Oxford, 1967, pp. 225-235; Penry Williams, "The Activity of the Council in the Marches under the Early Stuarts," *Welsh History Review* 1 (1960), 133-160; R. R. Davies, "The Law of the March," *Welsh History Review* 5 (1970), 1-30; Thomas Barnes, "Due Process and Slow Process in the Late Elizabethan and Early Stuart Star Chamber," *American Journal of Legal History* 5 (1962), 221.

17) つぎのものを参照。William Hudson, *A Treatise of the Court of Star Chamber*. この本は1621年に書かれたが、出版されたのは1792年である。のちにBarnesが序文をつけ、さらに表題を変更して再発行している。*A Treatise of the Court of Star Chamber as Taken from Collectanea Juridica*, Birmingham, 1986. つぎのものも参照。Barnes, "Due Process and Slow Process."; idem, "Star Chamber Mythology," *American Journal of Legal History* 5 (1961), 1.

18) Barnes, "Due Process and Slow Process," pp. 227-230.

19) John R. Dasent, ed., *Acts of the Privy Council*, 46 vols., London, 1890-, 1: 119 (1543). その本の表題は、『福音書とピストルに関する説教 *A Postilla upon the Gospels and Pistols*』というものであった。

20) Ibid., 1: 390 (1546).

21) Ibid., 1: 249 (1545).

22) Ibid., 11: 412 (1579).

23) W. P. Baildon, ed., *John Hawarde: Les reports del cases in camera stellata, 1593-1609* (April 29, 1596), privately printed, 1894, p. 39.

24) Ibid., p. 104. なお、以上の判例は1960年代-70年代にハーバード大学法科大学院の「法制史 Development of Law and Legal Institutions」講座でJohn P. Dawsonが学生用に編集した未刊の判例集から引用した。

25) Thomas G. Barnes, "The Making of the English Criminal Law: Star Chamber and the Sophistication of the Criminal law," *Criminal Law Review* (1977), 316.
26) Edward Coke, *Fourth Institute*, reprint, Buffalo, 1986, pp. 65-66.
27) Harold J. Berman, "Medieval English Equity," in *Faith and Order: The Reconciliation of Law and Religion*, Atlanta, 1993, pp. 55-82.
28) つぎのものによる。Holdsworth, *History of English Law*, 1: 609.
29) 「宣誓のうえで」の証言については、つぎのものを参照。Mary H. Magurie, "Attack of the Common Lawyers on the Oath Ex Officio as Administered in the Ecclesiastical Courts of England," in Carl Friedrich Wittke, ed., *Essays in History and Political Theory: In Hornor of Charles Howard McIlwain*, Cambridge, Mass., 1936, pp. 199-229. 「高等宗務官裁判所」については、つぎのものを参照。Usher, *Rise and Fall of the High Commission*, pp. 239-249.
30) Holdsworth, *History of English Law*, 1: 608.
31) 「高等宗務官裁判所」・「海事高等法院」・「請願裁判所」以外の「国王裁判所」、つまり「ウエールズ辺境評議会 Council of Wales and the Marches」・「北部評議会 Council of the North」は特定の案件だけを扱う裁判所ではなかったので管轄していた範囲も広く、「重罪」を担当していたし死刑を科す権限も有していた。
32) 16-17世紀初め、コモンロー裁判所が扱う刑事裁判の手続き方法に違いをもたらしたのは、「星室裁判所」の監督下で治安判事が行なう捜査と告発の権限強化であった。地方で治安判事の役割を担った「土地貴族 landed gentry」は、原告と証人の証言を聞いたり、告発するか否かを決める「大陪審」の審議を監督したり、「大陪審」・「小陪審」で証人が提出する証拠の審査を行なったりした。つぎのものを参照。Langbein, *Prosecuting Crime in the Renaissance*, pp. 72-72, 79-80; idem, "The Origins of Public Prosecution at Common Law," *American Journal of Legal History* 17 (1973), 313.
33) 1170年にベケット Thomas Becket が処刑されてからは、「重罪」を犯した「聖職者」は教会裁判所が裁くことになった。ただ「国王裁判所 prerogative courts」は「聖職者」か否かを確かめることなくまず裁判を行ない、有罪判決を受けた場合にのみ「聖職者の特権」を認めて裁判を教会裁判所に移すことにした。そのとき「聖職者」は親指に、将来の「重罪」に対しては「聖職者の特権」が認められない旨の焼印を押された。やがて「聖職者」か否かは、聖書の特定部分を読めるか、あるいは暗唱できるかということで決められることになり、初犯の場合は「保護観察 probation」が適用されることになった。17世紀末になって議会が制定法で「重罪」の種類を増やし始めると「国王裁判所」は、ほとんどの初犯の「聖職者」を「聖職者と認められない non-clergyable」として、国王が恩赦を認めない限り死刑に処するようになった。また、たとえ「聖職者の特権」が認められた場合でも、「聖職者」

は海外の植民地に移送されることになった。

34) 不倫については、つぎのものを参照。Keith Thomas, "The Puritans and Adultery: The Act of 1650 Reconsidered," in Donald Pennington and Keith Thomas, eds., *Puritans and Revolutionaries: Essays in Seventeenth-Century History Presented to Christopher Hill*, Oxford, 1978, pp. 257-282; Winfield E. Ohlson, "Adultery: A Review, Part I," *Boston University Law Review* 17 (1937), 350. 「悪質な暴力行為」については、つぎのものを参照。Holdsworth, *History of English Law*, 8: 421-423, 11: 535. 文書偽造については、つぎのものを参照。Ibid., 11: 534. 海賊行為については、つぎのものを参照。William Blackstone, *Commentaries on the Laws of England*, 4 vols., London, 1966, 4: 71-73. 密猟については、つぎのものを参照。Leon Radzinowicz, "The Waltham Black Act: A Study of the Legislative Attitude toward Crime in the Eighteenth Century," *Cambridge Law Journal* 9 (1947), 56-81. 「窃盗共犯」については、つぎのものを参照。Holdsworth, *History of English Law*, 11: 530-531. 「ウオルサム禁猟法 Waltham Black Act」が制定される以前にも、すでに17世紀末、密猟を禁じる法律がいくつか制定されていた。

35) Holdsworth, *History of English Law*, 11: 539-540; 6: 404.

36) Skyrme, *History of the Justices of the Peace*, 1: 110-111; 2: 69-73. マンスフィールド卿によると、1758年に「王座裁判所」には「治安判事が下した判決の理由を審査する権限がなくなった」のである。*Rex v. Young and Pitts*, quoted by Skyrme, 2: 70.

37) *LeRoy v. Sir Charles Sidley*, 1 Sid. 168, Eng. Rep. 82 (1664): 1036.

38) Holdsworth, *History of English Law*, 11: 530, 4: 71-73. そこに紹介されている裁判（4 George II c. 32）などを参照のこと。

39) つぎのものを参照。Radzinowicz, "Waltham Black Act"; Thompson, *Whigs and Hunters*.

40) 「狩猟法 game laws」の歴史については、つぎのものを参照。Roger Burrow Manning, *Hunters and Poachers: A Social and Cultural History of Unlawful Hunting, 1485-1640*, Oxford, 1993; Chester Kirby, "The English Game Law System," *American Historical Review* 38 (1933), 240-262; Chester Kirby and Ethyn Kirby, "The Stuart Game Prerogative," *English Historical Review* 56 (1931), 239-254. ジェイムズ1世の統治下で議会は、「獲物を自分の土地で殺す場合、自由土地保有者は年収が40ポンド以上、終身賃借土地保有者は80ポンド以上、その他の者は400ポンド以上の資産を保有することを資格として要求した」。Kirby and Kirby, "Stuart Game Prerogative," p. 241.

41) Munsche によれば、1671年の「狩猟法」は「狩猟権 game prerogative が国王の

手から土地貴族の手に渡ったことを意味する」そうである。P. B. Munsche, *Gentlemen and Poachers : The English Game Laws, 1671-1831*, Cambridge, 1981, p. 13.

42) Radzinowicz, *History of English Criminal Law*, 1 : 57-58.
43) 11 and 12 William III c. 7 (1700).
44) 11 George I c. 9 (1724); 12 George I c. 32 (1725).
45) Holdsworth, *History of English Law*, 11 : 533-534.
46) 2 George II c. 25.
47) Holdsworth, *History of English Law*, 11 : 489.
48) Douglas Hay, "Property, Authority, and the Criminal Law," in Hay, Linebaugh, and Thompson, *Albion's Fatal Tree*, pp. 17-18. 制定法によって死刑が適用される犯罪が急増したことについて、ヘイはつぎのものに依拠している。Radzinowicz, *History of English Criminal Law*, 1 : 3-4. ヘイが依拠している Radzinowicz によれば、制定法で死刑が適用されることになった犯罪の数は正確には判らないとのことである。なぜなら、挙げられている犯罪の数が調査年によって違っているからである。しかし、1703-72年のあいだにロンドンで絞首刑になった死刑囚の数が1242人以上であったことは、かなりの程度、確実視されている。つぎのものを参照。Linebaugh, *The London Hanged*, p. 91.
49) 4 George I c. 11, sec. 1.「聖職者として認められた者の重罪 clergyable felony」と「聖職者として認められなかった者の重罪 non-clergyable felony」については、注33を参照のこと。1718-69年のあいだに「重罪」で有罪とされた者のうち、15.5％が絞首刑を執行されており、69.5％がアメリカに移送されていた。その他の者は、もっと軽い刑で済んでいる。つぎのものを参照。Roger Ekirch, *Bound for America : The Transportation of British Convicts to the Colonies, 1718-1775*, Oxford, 1987, p. 21.
50) John Langbein, "Albion's Fatal Flaws," *Past and Present* 98 (1983), 96-120.「ふつう被害者は加害者ほど裕福ではなかったが、それでも稀に比較的裕福な者がいた。それは小商店主・職人・簡易宿泊所 lodging-house keepers や宿屋の経営者などであった」。Ibid., p. 106. つぎのものも参照。Peter King, "Dicision-Makers and Decision-Making in the English Criminal Law, 1750-1800," *Historical Journal* 27 (1984), 25-58, esp. pp. 27-28. なお King によれば、「幅広い社会層が法制度を利用し、法制度の枠内で問題を解決していたからといって、かならずしも法制度が少数の土地貴族 a small gentry elite によって支配されていなかったことにはならない。……ヘイ Douglas Hay も認めているように、幅広い社会層が利用することで法制度の正統性が認められ、それが法制度を支配する少数の土地貴族に好都合だったことも考えられるからである」(p. 51)。逆に Linebaugh は、陪審員になるために財

産資格を設けることで、有罪判決を下す権限が「土地貴族」に依存し、「土地貴族」の支配を受け入れやすい階級に委ねられたとしている。Linebaugh, *The London Hanged*, p. 78; Peter Linebaugh, "(Marxist) Social History and (Conservative) Legal History: A Reply to Professor Langbein," *New York University Law Review* 60 (1985), 213. もっとも、Linebaugh がほかの箇所で書いていることは、この主張と矛盾している。つまり、ロンドン市の陪審員は、よく被疑者を無罪放免にしたり、罪一等を減じたりしていたというのである。つぎのものを参照。*The London Hanged*, pp. 85-86. 1715年1月の巡回裁判 assize で、死刑を求刑されていた女性の50%、男性の40%が無罪放免になっているとのことである。Linebaugh の本に対する批判については、つぎのものを参照。Charles J. Reid, Jr., "Tyburn, Thanatos, and Marxist Historiography: The Case of the London Hanged," *Cornell Law Review* 79 (1994), 1158.

51) Langbein, "Albion's Fatal Flaws," p. 106.

52) ラングバインによれば、「合理的な疑いを覆すような beyond a reasonable doubt」という基準が18世紀末になるまで「明確に定義されていなかった lacked crisp formulation」とのことである。John Langbein, "The Historical Origins of the Privilege against Self-Incrimination at Common Law," *Michigan Law Review* 92 (1994), 1057. しかし Shapiro によれば、すでに17世紀末にある判事が基準の曖昧なことを陪審員に指摘しており、陪審員は証拠が「信じられる if you believe」場合に限って「良心の判断に従い if your conscience is satisfied」被告に有罪評決を下すべきであって、もし証拠が「少しでも疑わしいと思える any doubt」なら無罪評決をするようにといっていたとのことである。Shapiro は、こうした考え方が「道義的に許される程度の確実性 moral certainty」をめぐる科学者たちの議論から影響を受けていたことを証明してみせている。「合理的な疑問を覆すに十分な」証拠という考え方が「少しでも疑わしいと思える」証拠という考え方に取って代わったわけではないが、それでも「道義的に許される程度の確実性」ということの意味が判りやすくなっており、「良心 belief」を満足させるのに貢献していたことは確かである。Barbara Shapiro, *Beyond Reasonable Doubt and Probable Cause: Historical Perspectives on the Anglo-American Law of Evidence*, Berkley, 1991, p. 21.

　以上の Shapiro の議論に付け加えておきたいのは、「道義的に許される程度の確実性」という考え方が、17世紀にイギリスで展開されていた教義論争に由来するということである。Leeuwen によると、教皇のみが信仰の問題で何が正しいかを決めることができるというカトリック教会の考え方に反対してイギリス国教会が展開した議論に、この「道義的に許される程度の確実性」という言葉が初めて登場していた。17世紀の第2四半期に William Chillingworth をはじめ国教会の神学者たちは、聖書（こちらは神の言葉を記したもので過誤と無縁である）と「道義的に許さ

れる程度の確実性」しか期待できない聖書の解釈を区別することを始めたのである。教皇の聖書に関する知識は「道義的に許される程度の確実性」しか有せず、その点ではふつうの信者と違いはないのである。Leeuwen によると、「道義的に許される程度の確実性」とは「日常生活のなかで事実か否かを判断する基準となるもので、現実生活のなかで下される判断において過誤を避けるために必要な基準なのである」。「良識ある人間 sane, reasonable, thoughtful person」が入手可能なすべての証拠を可能な限り公平に判断した結果、確実だと思えること、それが「道義的に許される程度の確実性」なのである。Henry G. van Leeuwen, *The Problem of Certainty in English Thought, 1630-1690*, The Hague, 1963, p. 23.

53) ヘイル卿の日記が発見されたのは、彼の死後300年も経ってからであった。それを編集して活字にしたのがつぎのものである。Maija Jansson, "Matthew Hale on Judges and Judging," *Journal of Legal History* 9 (1988), 201. なお、引用した文章は p. 208 に掲載されている。

54) この「無罪の推定」という表現は、1789年に発表されたフランスの人権宣言でも使われている。「何人も有罪判決を受けるまでは無罪と推定され、逮捕が不可欠と判断された場合でも、身柄を確保するうえで必要とされない強制的な手段は禁止される」(人権宣言・第9条)。19世紀のイギリスやアメリカでは、17-18世紀初めに確立した考え方、つまり被疑者が有罪であることを証明するのは検察官の義務であるという考え方が残っており、これが「無罪の推定」という考え方を生み出したと考えられる。フランスの人権宣言が念頭に置いていたのは国王が頻発していた「逮捕令状 lettres de cachet」だったが、イギリスやアメリカでは、この問題はすでに「人身保護令状 writ of habeas corpus」で解決済みであった。その代わりフランスでは(その他のヨーロッパ大陸各国でも)、「疑わしき場合は被疑者に有利に in dubio pro reo」とか「有罪の判断は証拠だけによるべし onus probandi」という「法原則」が適用されていたのである。19世紀のイギリスにおける「無罪の推定」については、つぎのものを参照。C. K. Allen, *Legal Duties and Other Essays in Jurisprudence*, 1931, reprint, Aalen, 1977, pp. 253-294.

55) カルバン派がイギリス国教会の教義に与えた影響については、つぎのものを参照。Dudley W. R. Bajlman, *The Moral Revolution of 1688*, New Haven, 1957 ; Tina Isaacs, "The Anglican Hierachy and the Reformation of Manners, 1688-1738," *Journal of Ecclesiastical History* 33 (1982), 391.

56) 18世紀に死刑が適用される法律が増えたことについては、つぎのものを参照。Leon Radzinowicz, *History of English Criminal Law*, 1 : 231-267. 「神が行なう正義 divine justice」と死刑の関係については、つぎのものを参照。Randall McGowen, "The Changing Face of God's Justice : The Debate over Divine and Human Punishment in Eighteenth-Century England," *Criminal Justice History* 9 (1988),

63-98.
57) 第2章「ルター派の法思想」・第3節「オルデンドルプの法思想」(2)「公正であること Equity の意味」を参照。
58) つぎのものから引用した。Thomas Wood, *English Casuistical Divinity during the Sevententh Century with Special Reference to Jeremy Taylor*, London, 1952, p. 138.
59) 17世紀のイギリス国教会の主教 John Davenant によれば、「大罪 mortal」という言葉を使って「ローマの神学者 Romish Divines」がやっているように罪に程度の差を設けるのは間違っている。すべての罪が（どんな些細な罪も）万死に値するのである。H. R. McAdoo, *The Structure of Caroline Moral Theory*, London, 1949, p. 105. 他方でイギリス国教会の神学者は、「改悛して contrition・罪を告白し confession・生き方を改めて amendment of life・真の信仰をもつ faith」ことで「心から悔い改め repentance」れば、すべての罪は許されるとも説いていたのである (p. 121)。また「心からの悔い改め」は、すべての信者に神が与える「慈悲 grace」によって可能になるのである (pp. 54-55)。つぎのものも参照。C. FitzSimons Allison, *The Rise of Moralism: The Proclamation of the Gospel from Hooker to Baxter*, New York, 1966, pp. 64-65.
60) 両者の違いについては、つぎのものを参照。McAdoo, *Caroline Moral Theory*, pp. 112-119.
61) King, "Decision-Makers," pp. 56-57.
62) Bishop Robert Sanderson, Ad Populum, Sermon 4 (*The Collected Works of Robert Sanderson*, vol. 3), quoted in Wood, *English Casuistical*, pp. 58-59.
63) Bahlman, *Moral Revolution*, pp. 1-30; Edward Bristow, *Vice and Vigilance: Purity Movements in Britain since 1700*, Dublin, 1977, pp. 11-31.
64) 「聖職者として認められる者による重罪」も初犯の場合は、「保護観察 probation」に代えて国外移送が適用されるようになったことに注意。注33を参照。
65) Beattie, *Crime and the Courts in England*, p. 52.
66) 第12章「イギリス革命と社会法」第3節「不道徳な行為の禁止」を参照。
67) 1760年代以降、陪審員が密猟や家畜略奪の罪で告発された者を死刑にしないのに立腹した「土地貴族 landed gentry」は「重罪犯・告発協会 Association for the Prosecution of Felons」を結成し、密告者を雇って告発をさせるようになった。しかし陪審員が死刑の判決を避ける傾向は収まらず、多くの被疑者は治安判事が軽罪で有罪宣告するしかない事態が続いた。18世紀には4000もの「告発協会」が結成され、そのうちの少なくとも1000が活発に活動していたそうである。David Phillips, "Good Men to Associate and Bad Men to Conspire: Associations for the Prosecution of Felons in England, 1760-1860," in V. A. C. Gatrell, Bruce Lenman,

and Geoffrey Parker, eds., *Crime and the Law : The Social History of Crime in Western Europe since 1500*, London, 1980, p. 120 ; Adrian Shuert, "Private Initiative in Law Enforcement : Associations for the Prosecution of Felons, 1744-1856," in Victor Bailey, ed., *Policing and Punishment in Nineteenth-Century Britain*, New Brunswick, N.J., 1981, pp. 25-41.

68) 「重罪時の殺人は謀殺とする考え方」の登場については、つぎのものを参照。David Lanham, "Felony Murder – Ancient and Modern," Criminal Law Journal 7 (1983), 91-97 ; J. M. Kaye, "The Early History of Murder and Manslaughter, Part II," *Law Quarterly Review* 83 (1967), 587-601.

69) Paul H. Robinson, "A Brief History of Distinctions of Criminal Culpability," *Hastings Law Journal* 31 (1980), 815, 838-839 ; J. F. Quinn and J. M. B. Crawford, *The Christian Foundations of Criminal Responsibility : Historical and Philosophical Analysis of the Common Law*, Lewiston, N. Y., 1991, pp. 306-308.

70) Green, *Verdict According to Conscience*, pp. 72-85.

71) William Hawkins, Pleas of the Crown 1716-1721, vol. 1, London, 1716, pp. 80-82. つぎのものも参照。Graeme Coss, "'God is a Righteous Judge Strong and Patient, and God is Provoked Every Day' : A Brief History of the Doctrine of Provocation in England," *Sydney Law Review* 13 (1991), 570-577.

72) つぎのものを参照。Percy Henry Winfield, *The History of Conspiracy and Abuse of Legal Procedure*, Cambridge, 1921 ; James Wallace Bryan, *The Development of the English Law of Conspiracy*, Baltimore, 1909, pp. 9-50 ; R. S. Wright, *The Law of Criminal Conspiracies and Agreements as Found in the American Cases*, Philadelphia, 1887, pp. 5-6 ; Francis B. Sayre, "Criminal Conspiracy," *Harvard Law Review* 35 (1921-22), 393-398.

73) *The Poulterers' Case*, 9 Coke 55b (1611).

74) *Bags' Case*, 11 Coke 93b, 98a (1616).

75) *Rex v. Starling*, 1 Sid. 168 and 1 Keb. 650 (1664).

76) *Rex v. Armstrong, Harrison, et al.*, 1 Vent. 305, 86 *Eng. Rep.* 196 (1677-78) の裁判で、被告が虚偽の告発をしようとしただけであって「たんなる共同謀議」にすぎず、「目に見える何らかの行為」はなかったので *Poulterers' Case* と同様、無罪であると主張したのに対して、裁判所は「この共同謀議の性質と意図から、目に見える行為があったと判断できる there was as much an overt act as the nature and design of this conspiracy did admit」とした。

77) *Regina v. Bass*, 11 Mod. 55, 88 *Eng. Rep.* 881 (1705). ホルト卿は、*Poulterers' Case* にも *Rex v. Armstrong* にも言及していない。

78) 1994年、麻薬取締法に違反する共同謀議を禁じた法律で目に見える何らかの行為

があったことを証明する必要がない根拠として、アメリカ合衆国連邦最高裁判所は *Regina v. Bass* 裁判を挙げていた。*United States v. Shabani*, 513 U.S. 10, 16 (1994). 法廷を代表して Justice O'Connor は、つぎのように書いている。「この裁判に関して、つぎのことを付け加えておきたい。犯罪を考えるだけでは犯罪にはならず、したがって目に見える何らかの行為を欠く単なる共同謀議も犯罪とはみなされるべきでない。今回、告発された犯罪も考えられただけの犯罪である。犯罪の共同謀議を禁止したからといっても、ただ犯罪を考えただけでは犯罪にはならない。しかし犯罪行為の実行に合意 agreement すれば、それは犯罪行為 actus reus であって、そのことは *Regina v. Bass* 裁判で認められていたことである」。Ibid. at 16. 問題は「目に見える overt」という言葉の意味である。「合意」は頭のなかだけの思考とはいえず、たしかに行為の一種には違いないが、「目に見える行為 overt act」という場合、それは「第三者の目にも見える open or manifest」行為という意味のはずで、単なる「合意」の意味ではないはずである。「連邦控訴裁判所・第9区 Cout of Appeals for the Ninth Circuit」の判決文には、つぎのような文言がある。「連邦法に違反する共同謀議にかならず伴っていなければならないとされている目に見える行為は、単なる共同謀議では不十分で、共同謀議の目的となっていることを実現するための行為でなければならない。合意のあと、さらに合意された目的を実現する行為が存在しなければならない」。*Marino v. United States*, 91 F. 2d 691, 694-695 (9th Cir., 1937).

79) つぎのものから引用した。Sayre,"Criminal Conspiracy," p. 402.
80) *Rex v. Journeymen Tailors*, 8 Mod. 10 (1721). この判決で裁判所が適用したのは、1349年の「労働者規正法 Statute of Labourers」(23 Edward III c. 7) と1351年の「労働者規正法」(25 Edward III c. 1) であった。のちにイギリスとアメリカでは、共同謀議を有罪とする根拠を「労働者規正法」に求めることが伝統になっているが、それは間違っている。「労働者規正法」は、法律に違反した合意を行なうことだけでなく、さらに合意の実行がなければ犯罪とは認めていない。
81) *Rex v. Edwards*, 8 Mod. 320 (1724).
82) *Jones v. Randall*, 98 *Eng. Rep.* 706, 707 (K.B. 1774).
83) 5 Anne, c. 6, sec. 2 (1706).
84) Joanna Innes, "Prisons for the Poor : English Bridewells, 1500-1800," in Francis Snyder and Douglas Hay, eds., *Labour, Law, and Crime : An Historical Perspective*, London, 1987, p. 42.
85) R. B. Pugh, *Imprisonment in Medieval England*, London, 1968, pp. 1-47.
86) John Witte, Jr., "'Blest be the Ties that Bind': Covenant and Community in Puritan Thought," *Emory Law Journal* 16 (1987), 579, 584. この論文で Witte が証明しているように、勤勉は救済をえるための手段であったばかりか、すでに救済さ

れている証拠でもあった。信者の救済は神との「慈悲の契約 covenant of grace」だけが可能にしてくれるが、たとえ救済が約束されていなくても、信者には「労働契約 covenant of works」によって正直や服従が義務づけられていた。

87)　「労働契約」を重視するピューリタンの登場と17世紀のイギリスで「土地貴族」と商人の利益に反する行為を刑法によって厳しく取り締まるやり方を結び付けて説明すると、まるで「ピューリタンの倫理 Puritan ethic」を「資本主義 capitalism」の登場と結びつけたウエーバー Max Weber の考え方が正しいということになりそうだが、ウエーバーはピューリタンの「神との契約 covenant」という考え方（つまり神学）をまるで無視していることに注意する必要がある。ピューリタンは「公共心 public spirit」・「謙虚さ humility」・「慈善 charity」・「共同体主義 communitarianism」・「自己犠牲 self-sacrifice」など聖書で説かれている考え方を重視するが、これはウエーバーのいうピューリタンの「禁欲」や「資本主義の精神 capitalist spirit」と結びつくものではない。本書の「序論」・第9章「新しい法学の登場」・第12章「イギリス革命と社会法」を参照。

88)　Zachariah Mudge, *Sermons on Different Subjects*, London, 1739, p. 315.

89)　Ibid., p. 317.

90)　「慈悲心 mercy」が必要なのは、つぎの理由による。つまり「1つの刑罰によって1万の犯罪を防げるかもしれないが、そのとき1万の犯罪のあいだに存在する違いは無視されているのである。1つの法律によって1万の裁判に裁定を下さねばならないが、それぞれの裁判のあいだに存在する違いは無視されたままなのである」。Ibid., p. 315.

91)　「正義の実現は、被害者や地域共同体に対する慈悲心の現れである。犯罪を無原則に許してしまい、刑罰を科さず、不道徳な行為に対して無原則に寛大さをみせるなら、それは慈悲心の現われとはいえない」。Ibid., p. 317.　刑法の適用に関連した説教は、すべて似たような内容になっている。1691年に処刑を待つ死刑囚に対してGeorge Halley が行なった説教でも、「正義の実現と公平さの実現はおなじことを意味し justice and equity are one」、「悪人 wicked men」を処刑するのは、悪行を止める方法が他にないからであるといっている。George Halley, *A Sermon Preached at the Castle of York to the Condemned Prisoners*, London, 1691.　しかし、巡回裁判で行なわれた説教のなかには、判事たちに「慈悲心」を説く内容のものもあった。たとえば、1698年にベリーセイントエドモンド市 Bury St. Edmund で開催された巡回裁判での説教は、つぎのようなものであった。「刑罰を決める権限をもつ者にも警告しておきたい。いかに賢明な判事といえども、軽率な判決を下すことがあってはいけない（単独で判決を下す場合でも、何人かで判決を下す場合でもおなじ）。罪をとがめる声が（たとえソドムの罪をとがめる声ほどに）大きくても、近くによって何事が起きているか十分に確かめ *descendite et videte*、細部が

どうなっているかよく確かめるべきである」。William Bedford, *Two Sermons Preached at St. Marie's in Bury St. Edmund's at the Assizes*, London, 1698, p. 13. また、エジンバラ市で開催された巡回裁判で行なわれた説教も似た内容になっていた。神ご自身も正義の実現は「自分がやるべきことではない strange work」と思っている。そこで止むをえない場合に限って仕方なく正義の実現を行なうのである（けっして喜んでやっているわけではない）。支配する立場に立つ者は、この堕落した世界に神が示している驚くべき好意を見習うべきである。可能な限り、この偉大な手本を真似るように努めるべきである。James Webster, *A Sermon Preached to the High Church at Edinburgh at the Election of the Magistrates of the City*, Edinburgh, 1694, p. 7. 以上で紹介した説教は、Gregory Lubkin の教示により存在を知ることができた。ここに感謝の意を表したい。なお、Webster が説教のなかで使っている「自分がやるべきことではない」という言葉は、1527年にルター派が作成した『和協信条 Formula of Concord』にある法制度づくりは「キリストの本来やるべきことではない Christ's strange work」という言葉を借用したものである。ルター派は法制度に3つの「効用 uses」を認めていた。Paul Tillich, *Love, Power, and Justice : Ontological Analyses and Ethical Application*, London, 1954, p. 49. なお、ルター派の法制度「効用」論については、第2章「ルター派の法思想」を参照。

第11章　イギリス革命と民法・経済法

1)　イギリス法制史の専門家は、所有権や契約に関するコモンローが12世紀から少しずつ変わってきて、18世紀末（専門家によっては20世紀とする者もいる）になって初めて、さまざまな「訴訟方式 forms of action」の整理・分析が実現して近代的な法原則の体系が完成したとする。たとえばプラクネットは、「金銭債務の支払いを求める訴訟 action of debt」や「証書によらない約束の履行を求める訴訟 action of assumpsit」から少しずつ契約法の原則が形成され、それがブラックストン卿・マンスフィールド卿によって完成されたとしている。T. F. T. Plucknett, *A Concise History of English Law*, 5th ed., Boston, 1956, pp. 627-656. おなじことが近代的な所有権についてもいえる。たとえば Milson は、その形成が「少しずつ step by forward step」前進してきたとしている。S. F. C. Milson, *Historical Foundations of the English Common Law*, London, 1969, p. 168. 専門家のなかには17世紀を大きな転換期とする者もいて、たとえば Baker は「契約 contract」という言葉が「イギリス法 English law」（この言葉が具体的に意味しているのは、「王座裁判所 King's Bench」と「民訴裁判所 Court of Common Pleas」の判決）で最初に使われたのは1651年のことで、その意味は「2人以上の者が何かをすることを約束することで、お互いに義務を負う場合もあれば、1人が一方的に義務を負う場合もある」

としている。John H. Baker, *An Introduction to English Legal History*, 3rd ed., London, 1990, p. 361. Baker がこの言葉の登場を重視するのは、そのことによって17世紀末に「契約」と「不法行為 tort」が区別されるようになったと考えるからである（p. 361）。専門家のなかには、17世紀が「株式会社」のような近代的な会社組織が登場した重要な時期でもあって、「動産 goods」や金銭に対する近代的な所有権が確立した時期で（「動産侵害訴訟 action of trover」が「動産所有権回復訴訟 action to try title to chattels」に変わり、「海事法 admiralty law」から「寄託法 law of bailments」が作られて、運送業者や倉庫業者に預けられた「動産」所有者の権利が保護されることになった）、「横領 embezzlement」が犯罪とされるようになったのも、この変化の結果である。この章では、こうした変化がイギリスの民法・経済法に劇的な変化をもたらしたことを示すつもりである。

2) A. W. B. Simpson, *A History of the Land Law*, 2nd ed., Oxford, 1986, pp. 21-24, 198-199; Charles J. Reid, Jr., "The Seventeenth-Century Revolution in the Englsih Land Law," *Cleveland State Law Review* 43 (1995), 221, 241-242.

3) イギリスの「軍役義務」は、ウイリアム征服王が国王に対して軍役を果たすことを条件に騎士たちに領地を与えたことに始まる。「後見権」も征服王に始まるもので、もともと騎士の領地と騎士自身に対する国王の「後見権」を意味した。騎士が死んだときに後継者が未成年の場合、領主は後継者が成年に達するまで、その領地を利用することができた。騎士自身に対する「後見権」とは、後継者の結婚相手を世話する権利のことで、後継者がこの領主の権利を拒否するためには、高額の賠償金を支払う必要があった。Reid, "Seventeenth-Century Revolution," pp. 235-236.

4) この「土地保有権 socage」というサクソン語は「ノルマンの征服」以後も残るが、もともと領主に対して土地賃借料の支払い義務や農作業義務は負っても、軍役義務を負わなかった「自由農民 sokeman」の土地保有権を意味した。13世紀になると移動の自由が認められていない農奴の「土地保有権 socage」が登場したが、彼らは領主による追放や土地賃借料の引き上げを受けない代わりに、「自由保有権をもつ農民 freeholder」に認められていた権利（たとえば、国王の裁判所に訴え出る権利）は認められていなかった。つぎのものを参照。Paul R. Hyams, *King, Lords, and Peasants in Medieval England: The Common Law of Villeinage in the Twelfth and Thirteenth Centuries*, New York, 1980, pp. 194-195. 自由な「犂奉仕保有権」をもつ農民は、農奴と「自由保有権」をもつ農民の中間的な存在であった。Ibid., pp. 199-200.

5) モアは、つぎのように書いていた。「お国の羊は、以前は大人しくて飼うのにも手間が掛からなかったのに、今では強欲で手に負えなくなり、人間をむさぼり食い、畑を荒らし、家屋を荒らし、街を荒らしているとのことです。……飽くことを知らない貪欲氏、自分の国を襲う疫病のような貪欲氏が畑を集め、何千エーカーもの畑

を垣根で囲い、小作人を追い立てるのです。……あらゆる手段で自宅を追われる惨めな人々（男と女・夫と妻・孤児と寡婦・親と子供）、農作業には多くの人手が必要なのに金もないのに人数ばかり多い家族が自宅から追われていくのです。……各地を放浪するうちに残された僅かな金も使い果たし、あげくのはてに盗みを働いて吊るされることになるのです（あなたなら当然だとおっしゃるでしょう）。あるいは、物乞いに出かけて行くのです。……こうして、かつてこの島を幸せの極みとまでしていたものが、今や一握りの貪欲氏たちによって破壊されているのです」。Thomas More, *Utopia*, vol. 4 of *The Complete Works of St. Thomas More*, New Haven, 1963, pp. 65-71.

6) つぎのものを参照。I. S. Leadam, *The Domesday of Enclosures 1517-1518*, Nottingham, 1897；Joan Thirsk, *Tudor Enclosures*, 2nd ed., London, 1989, pp. 214-216；Reid, "Seventeenth-Century Revolution," pp. 254-255. Thirk によれば、「囲い込み」は平和的・漸進的であって、農業経営を合理的なものにする効果をもたらしたとのことである。

7) クック卿が「囲い込み」禁止法を廃止しようとしたこと自体、当時の風潮の変化をよく象徴している。ラレイ卿 Sir Walter Raleigh は、1601年に「囲い込み」禁止法の廃止は「本物のイギリス人なら誰もが望んでいる個人の自由を実現するものである」といっていたし、ピューリタンにして万能の情報通であった Samuel Hartlib は1651年に、「共有地の存在が怠惰の原因となって貧者を増やしており、また彼らは国のためになるよりは絞首台や乞食稼業向けの訓練を受けている」といっていた。また、彼の弟子 Gabriel Plattes は師匠より早く、「囲い込み」が国の富を増やし、結果的に貧者のためにもなることだと主張していた。つぎに紹介されている史料を参照。Reid, "Seventeenth-Century Revolution," pp. 256-259.

8) Ibid., pp. 259-261.

9) 17世紀に「賃貸保有権 leaschold」が「不動産保有権 chatell real」（この保有権は「相続可能な不動産所有権 fee」や「生涯占有権 life estate」と違って直接に相続できず、「賃借人 lessee」の死後、遺言執行人を介してのみ相続ができた）とおなじ扱いを受けるようになった。つぎのものを参照。Simpson, *History of the Land Law*, pp. 249-250. このような制約条件はあったが、それでも「賃借人」の不動産に対する権利が損なわれることはなかった。実際、企業は長期のリースで土地を利用するのに問題を感じていない。

10) A. James Casner and W. Barton Leach, *Cases and Text on Property*, 2nd ed., Boston, 1969, pp. 357-358.

11) 『爵位貴族一覧 Burke's Peerage』は、1826年に John Burke によって作成されたもので、イギリスで最も権威があるとされているものである。その後も改訂が繰り返され、2004年の107版が最新版である（最新版は3巻本で、全部で4556ページも

ある)。『土地貴族一覧 Burke's Landed Gentry』は父親が作成を開始したものを (もともと Burke's Commoners と題されていた)、息子の John Barnard Burke が完成させた。

12) 譲渡証書に土地の譲渡を受ける者として名前が記載されている人物が死んでから21年以降は権利の効力を「引き伸ばす perpetuate」ことができないという「原則 rule against perpetuites」は、1681年に Lord Nottingham によって *Duke of Norfolk's Case* で初めて適用され、18世紀の歴代の大法官によって受け継がれてきたが、この「厳格な長子相続制」には適用されなかった。

13) しかし、1290年に制定された「不動産譲渡法 Quia Emptores」(18 Edward I c. 1) によって領主は「相続人が限定されていない土地保有権 fee simple」を売却した者に土地保有に付随した役務や上納金を要求できなくなり、「土地保有権」を購入した者を「再授封 subinfeudation」したことにして、「土地保有権」を購入した者から役務や上納金を要求することになった。つぎのものを参照。Sir Frederick Pollock, *The Land Laws*, 3rd ed., 1896, reprint, Littleton, 1979, pp. 70-71. また、1285年に制定された「土地譲渡法 De Donis Conditionalibus」では (13 Edward I c. 1)、「相続人が限定されている土地保有権 fee tail」を譲渡するには領主の許可が必要とされていた。

14) 都市の土地は「都市保有権 burgage tenure」と呼ばれる権利によって保有されており、「警備義務 wardship」以外に封建的な義務は付随していなかった。この「保有権」は売買も自由で、借金の抵当に入れることもできた。

15) ノッティンガム卿 Heneage Finch, 1st Earl of Nottingham は、1682年に死ぬまでの10年間、大法官の地位にあったが、その10年間に「古い信託制度 use」が「新しい信託制度 trust」に取って代わられることになった。Austin Wakeman Scott, *The Law of Trusts*, 3rd ed., vol. 1, Boston, 1967, p. 22. この時期にコモンロー裁判所も「古い信託制度」を「積極信託 active use」(「新しい信託制度 trust」とおなじ) と「二重信託 use upon use」(「古い信託制度」とおなじで「消極信託 passive use」とも呼ばれた) に区別するようになった。つぎのものを参照。Percy Bordwell, "The Conversion of the Use to a Legal Interest," *Iowa Law Review* 21 (1935), 1-46 ; John L. Barton, "The Statute of Uses and the Trust of Freeholds," *Law Quarterly Review* 82 (1966), 215-225.

16) Harold Dexter Hazeltine, "The Gage of Land in Medieval England," in *Select Essays in Anglo-American Legal Hisory*, vol. 3, New York, 1909, pp. 646-650. 抵当に取られた土地は、「生きた抵当 *vif gage*」(土地から上がる利益が借金の支払いに当てられた) と「死んだ抵当 *mort gage*」に区別されたが、そこから現在の「抵当 *mortgage*」という言葉が生まれた。

17) Berman, *Law and Rvolution*, pp. 245-250, 348-354. ゲルマン法やローマ法の契

約制度を整備するうえで教会法が果たした役割は、まだ十分に理解されていないようである。Zimmermann は教会法の役割について簡単に触れているだけだし (Reinhard Zimmermann, *The Law of Obligations : Roman Foundations of the Civilian Tradition*, Oxford, 1996)、Godley も13-16世紀の教会法とローマ法の影響を比べて、ローマ法の影響の方が大きかったとしており (James R. Godley, *The Philosophical Origins of Modern Contract Doctrine*, Oxford, 1991)、バルドス Baldus de Ubaldis が教会法でいう「正当な目的 causa」の契約でなければ無効としているのは、ローマ法からの影響だとしている (p. 56)。そもそもバルドスが教会法の専門家でもあったことに気づいていないようだし、ユスチニアヌス法典には契約を目的によって有効か無効か区別する考え方はなかったことに気づいていないようである。この考え方は、フグッチオ Huguccio・ホスチエンシス Hostiensis らが教会法のなかで創りあげた考え方であった。Hostiensis, *Summa*, bk. 1, *De pactis*, sec. 1, written in 1240s. そこには、「契約 pactum」とは2人以上の者がお互いに物を与える、あるいは何かを実行することを約束する「意図 animo」を言葉で表明したものであり、「約束する意図」とわざわざ断わっているのは、教える・冗談をいうといった「目的 causa」は拘束力をもつ「約束」ではないからであるとも書いてある。また教会法学者のなかには、「正当な目的」という考え方を採用していない者もいた。たとえば、契約が効力を有するのは、違法でないこと・「公共の目的に反し *contra bonos mores*」ないこと・詐欺によらないことの条件が満された場合だけであるとしている教会法学者もいた。つぎのものを参照。Richard Helmholz, *Canon Law and the Law of England*, London, 1987, p. 272.

18) 商人法（手続き法）が *Lex Mercatoria* なるラテン語のタイトルで出版されたのは1280年頃のことであった。その英訳は、つぎのものを参照。Paul R. Teetor, "England's Earliest Treatise on the Law Merchant," *American Journal of Legal History* 6 (1962), 178-210. 商人法を扱った最初の本格的な研究は、つぎのものである。Gerard Malynes, *Consuetudo, vel Lex Mercatoria*, 1622. 著者の Malynes は、*Lex Mercatoria* なる古い呼称をタイトルに採用した理由として、それが「すべての王国によって昔から適用されている国際的な慣習法であって、特定の支配者が制定した法律ではないからである」としている。また、エドワード4世の大法官であった Stillinton は、*Carrier's Case* (Y. B. Edward IV 9, 64 *Selden Society* 30) の判決文で、「外国人商人がかかわる裁判では、世界中で適用される自然法である商人法が適用される」と書いている。つぎのものを参照。Mary Elizabeth Basile et al., eds., *Lex Mercatoria and Legal Pluralism : A Late-Thirteenth-Century Treatise and Its Afterlife*, Cambridge, Mass., 1998.

19) Baker によれば、1700年までは「商人法 law merchant」が特定の実体法を意味することはなかったそうである。John H. Baker, "The Law Merchant and the

Common Law before 1700," *Cambridge Law Journal* 38 (1979), 295-322. つぎのものも参照。James Steven Rogers, *The Early History of the Law of Bills and Notes : A Study of the Origins of Anglo-American Commercial Law*, Cambridge, 1955, pp. 20-21. 2人が書いていることによれば、市場で開催された裁判でも都市で開催された裁判でも、商人同士の争いには「商人法」が適用されたが、その他の争いではコモンローも適用されたそうである（コモンローとは、王座裁判所・民訴裁判所・財務府裁判所で適用された法律を意味する）。その際には、コモンロー裁判所は市場や都市の裁判所が下した判決も判例として参考にしていた。つまり「金銭債務の支払いを求める訴訟 action of debt」・「印章がついた証書に記された契約の不履行を理由に損害賠償を求める訴訟 action of covenant」・「集金を委託した者に支払いを求める訴訟 action of account」は市場や都市の裁判所でも管轄しており、訴えがあった場合はコモンローを適用して処理していたのである。ただし、口頭の約束はコモンロー裁判所が契約として認めていなかったので、これは「商人法」によって処理されていた。コモンロー裁判所は（そして現在のイギリス法制史の専門家も）「商人法」を「都市法 borough law」と呼んでいるが、ヘイル卿は17世紀後半に「商人法 *lex mercatoria* はコモンローの一部である」としていた。Matthew Hale, *The History of the Common Law of England*, ed. Charles M. Gray, Chicago, 1971, p. 18.

20) Willard T. Barbour, "The History of Contract in Early English Equity," in Paul Vinogradoff, ed., *Oxford Studies in Social and Legal History*, Oxford, 1909, p. 4.

21) A. W. B. Simpson, *A History of the Law of Contract : The Rise of the Action of Assumpsit*, Oxford, 1975, pp. 297-302, 316-488.

22) Samuel J. Stoljar, *A History of Contract at Common Law*, Canberra, 1975, pp. 147-163 ; Charles W. Francis, "The Structure of Judicial Administration and the Development of Contract in Seventeenth-Century England," *Columbia Law Review* 83 (1983), 35, 122-125 ; Holdsworth, *History of English Law,* 4 : 64, 72, 75.

23) Simpson, *History of Contract*, p. 446.

24) Aleyn 26, 82 *Eng. Rep.* 897 (1648). こちらの裁判記録の方がつぎの裁判記録より詳しい。Style 47, 82 *Eng. Rep.* 519 (1647). つぎのものを参照。David Ibbetson, "Absolute Liability in Contract : The Antecedents of *Paradine v. Jayne*," in F. D. Rose, ed., *Consensus as Idem*, London, 1996, p. 1.

25) Simpson, *History of Contract*, pp. 31-33.

26) Plucknett, *Concise History of the Common Law*, p. 652.

27) P. S. Atiyah, *The Rise and Fall of Contract*, Oxford, 1979, passim ; Grant Gilmore, *The Death of Contract*, Columbus, 1974 ; Morton Horwitz, *The Transformation of American Law, 1780-1860*, Cambridge, 1977. Atiyah は契約と不法行

為の区別が17-18世紀に時間をかけて登場してきたと述べているし (p. 144)、Grant は19世紀末になるまで契約と不法行為が明確に区別されることはなかったとしている (p. 140, n. 228)。また Horwitz によれば近代的な契約法は19世紀の産物で、19世紀になって初めて判事や法学者は契約が合意の産物であると考えるようになったという (p. 160)。このような意見はすべて間違っており、間違いの理由として考えられるのは、まず狭い意味でのコモンローしか考察の対象にしていないということである。商人法・海事法・教会法・国際法のみならず、コモンローなら「売買法 law of sales」まで考察の対象とすべきなのである。また、19世紀になってもコモンローの「訴訟方式」にばかり注意を払っていて、「訴訟方式」の背後に隠された法適用の実態や法廷で交わされた議論を無視していることも理由になっている。18世紀末-19世紀に契約法に関する論文が書かれるようになったことからコモンローの体系化が実現し、「訴訟方式」が廃止されたことでコモンローの整備が一層、進んだことは確かだが、約束が契約として拘束力をもつようになったのは、たとえば Atiyah がいうように18世紀末になってからなのではなく (p. 139)、遅くとも13世紀以降のことなのである。17世紀末にコモンロー裁判所で採用される以前から、すでに教会裁判所は契約の拘束力を認めていたし、都市裁判所・商人裁判所・海事裁判所・大法官裁判所も契約の拘束性は認めていた。

28) Rogers, *Early History of the Law of Bills and Notes*, pp. 94 ff. and passim.
29) Ibid., p. 103.
30) Max Weber, *The Protestant Ethic and the Spirit of Capitalism*, trans. Talcott Parsons, London, 1992, p. 104.
31) 「グリーンランド会社 Greenland Company」の設立に関しては、つぎのものを参照。Samuel Williston, "History of the Law of Business Corporation before 1800," *Harvard Law Review* 2 (1888), 111. イギリスにおける「株式会社」の登場に関しては、つぎのものを参照。William Robert Scott, *The Constitution and Finance of English, Scottish, and Irish Joint-Stock Companies to 1720*, 3 vols., 1912, reprint, Gloucester, Mass., 1968; Frank Evans, "The Evolution of the English Joint-Stock Limited Trading Company," *Columbia Law Review* 8 (1908), 339-361, 461-480. 残念なことに以上の論文は、すべて株式会社の「共同体的な性格 strong communitarian character」を当然のこととしていて、それが登場してきた理由を考えてみようとしない。
32) 5 & 6 William & Mary c. 20 (1694).
33) イングランド銀行の設立と設立者たちに関しては、つぎのものを参照。John Giuseppi, *The Bank of England : A History from its Foundation in 1694*, London, 1966, pp. 9-14; *Rules, Orders, and By-Laws for the Good Government of the Corporation of the Governor and Company of the Bank of England*, reprinted in *Bank*

of England : Selected Tracts, 1694-1804, Farnborough, U.K., 1968, pp. 11, 19. 銀行など「信用供与 crediting」の制度についても17世紀後半に登場していることは多くの論文が指摘しているが、「株式会社」の場合と同様、それが「共同体的な性格 strong communitarian character」をもっていたことは当然のことと前提にしており、なぜそれが登場してきたのか問題にしていない。たとえば、つぎのものを参照。Frank T. Melton, *Sir Robert Clayton and the Origins of English Deposit Banking, 1658-1685*, Cambridge, 1986 ; P. G. M. Dickson, *The Financial Revolution in England : A Study in the Development of Public Credit, 1688-1756*, London, 1967 ; Rogers, *Early History of the Law of Bills and Notes*, Cambridge, 1995.

34) Reid, "Seventeenth-Century Revolution," pp. 288-296.

35) *Darcy v. Allen*, 72 Eng. Rep. 830 (1602). この判決は、トランプカードの生産が国王の「特許状」による独占事業とされていることを無効だとしている。その理由は述べられていないが、クック卿はこの判決を紹介するに際して、まるで判決理由が述べられていたかのようなことを書いているが、判決理由でなくて弁護士の意見であった可能性がつよい。Jacob Corré, "The Arguments, Decision, and Reports of *Darcy v. Allen*," *Emory Law Journal* 45 (1996), 1261-1227.

36) William L. Letwin, "The English Common Law Concerning Monopolies," *University of Chicago Law Review* 21 (1954), 355-358 ; Donald W. Wagner, "Coke and the Rise of Economic Liberalism," *Economic History Review* 6 (1935), 30 ff. ; Donald O. Wagner, "The Common Law and Free Enterprise : An Early Case of Monopoly," *Economic History Review* 7 (1936), 217 ff. ; Barbara Malament, "The 'Economic Liberalism' of Sir Edward Coke," *Yale Law Journal* 76 (1967), 1321-1358.

37) Robert Ashton, *The Englsih Civil War : Conservatism and Revolution, 1603-1649*, London, 1989, pp. 84-85, 92 ; George Unwin, *The Gilds and Companies of London*, New York, 1964, pp. 336-339.

38) 16-17世紀にイギリス以外の国で支配者が戦費を調達するために採用していた方法については、つぎのものを参照。Carolyn Webber and Aaron Wildavsky, *A History of Taxation and Expenditure in the Western World*, New York, 1986, pp. 262-268. 貴金属の採掘権・土地や生産物に対する課税・財産没収・植民地の搾取・官職販売など、その方法はさまざまであった。

39) E. E. Rich and C. H. Wilson, eds., *The Cambridge Economic History of Europe*, vol. 5, Cambridge, 1977, p. 352. オランダからの影響で始められたこの種の資金調達方法は、「オランダ式資金調達法 Dutch finance」と呼ばれた。つぎのものを参照。Scott B. MacDonald and Albert L. Gastmann, *A History of Credit and Power in the Western World*, New Brunswick, N.J., 2001, pp. 132-133. イギリスでは、オラ

ンダから学んだやり方に工夫を凝らして、さらに優れた方法に改善していた。つぎのものを参照。Jan De Vries and Ad van der Woude, *The First Modern Economy: Success, Failure, and Perseverance of the Dutch Economy, 1500-1815*, Cambridge, 1997, pp. 131-132, 141-142, 152, 155.

40) つぎのものを参照。Edward Chancellor, *The Devil Take the Hindmost: A History of Financial Speculation*, New York, 1999. すでに1690年代には、大きな利益を狙った投機が行なわれるようになっていた。「潜水道具 diving bell」が発明されると沈没船から商品を回収することが可能になったということを売りに、100％以上の利益を約束して投資を募る会社が数多く登場してきた。Ibid., pp. 36-38. 「空売り selling short」や「オプション取引 purchase of options」といったことが始まったのも、この頃のことであった。Ibid., p. 39. 1690年代の株価の「暴騰 bubble」は収束していくが、それでも投機的な雰囲気は収まりきらず、1720年に有名な「南海泡沫事件 South Sea Bubble」が発生することになった。この会社の取締役は、株式の購入に新しく売り予約を受けることでえた代金を当てていたのである。Ibid., pp. 66-80. この事件後に議会は、「空売り」・「オプション取引」・「先物取引 futures」を禁止することになる。Ibid., p. 88. つぎのものも参照。Peter M. Garber, *Famous First Bubbles: The Fundamentals of Early Manias*, Cambridge, Mass., 2000, pp. 115-120.

41) 1690年代の株価暴騰までは、「売買仲介人 broker」という言葉は「女衒 procurer」とか「ポン引き pimp」の意味で使われていた。Garber, *Famous First Bubbles*, p. 31.

42) Chancellor, *Devil Take the Hindmost*, pp. 31-39.

43) エリザベス1世の時代、外国から新しい技術を取り入れるために「特許状」がさかんに交付された。Christine MacLeod, *Inventing the Industrial Revolution: The English Patent System, 1660-1800*, Cambridge, 1988, pp. 11-13. 特許に関する法制度を整備するうえでイタリアの都市国家、とくにベネチアが果たした役割が大きい。Pamela O. Long, *Openness, Secrecy, Authorship: Technical Arts and the Culture of Knowledge from Antiquity to the Renaissance*, Baltimore, 2001, pp. 90-95.

44) つぎのものを参照。Adam Mossoff, "Rethinking the Development of Patents: An Intellectual History, 1550-1800," *Hastings Law Journal* 52 (2001), 1255, 1272-1273.

45) Christine MacLeod, "The 1690s Patent Boom: Invention or Stock-Jobbing?" *Econmic History Rview* 39, 2nd ser. (1986), 549-571.

46) Richard Rogers Bowker, *Copyright: Its History and Its Law*, Boston, 1912, pp. 25-31. 印刷物の権利保護は1734年・35年の制定法で保護されることになったが、芝居と製造工程が保護の対象とされるようになったのは、19世紀なってからであり、

またイギリスが外国の特許権を尊重するようになったのも、19世紀になってからであった。

47) Peter L. Bernstein, *Against the Gods : The Remarkable Story of Risk*, New York, 1996, pp. 90 ff.
48) Ibid. また、つぎのものも参照。Ralph Straub, *Lloyd's : The Gentlemen at the Coffee-House*, New York, 1938.
49) Ian Hacking, *The Emergnce of Probability : A Philosophical Study of Early Ideas about Probability, Induction, and Statistical Inference*, Cambridge, 1975, pp. 102-110.

第12章 イギリス革命と社会法

1) エリザベス1世の即位にあわせて、1559年に改めて制定された「国王至上法 Act of Supremacy」でエリザベス1世と王位継承者は、「王国の世俗の君主であるだけでなく、教会の統治者 governour でもある」とされた。1 Elisabeth I c. 1 (1559).
2) 最初の『共通祈禱書』はクランマ大主教 Archbishop Thomas Cranmer によって起草され、1549年にエドワード6世が採用したものだが、カトリック教会の「変容 transubstantiation」（パンとワインが聖餐式でキリストの体と血に変わる）という考え方を認めていない。それだけプロテスタント的になっていたのである。Samuel Leuenberger, *Archbishop Cranmer's Immortal Bequest : The Book of Common Prayer of the Church of England : An Evangelical Liturgy*, Grand Rapids, Mich., 1990. 2番目の『共通祈禱書』は1552年に、おなじクランマ大主教が改訂したものだが、エドワード6世のあとを継いだメアリ1世がカトリック教会に復帰したためにこれは採用されず、1559年にエリザベス1世が最初の『共通祈禱書』と似た内容の3番目の『共通祈禱書』を採用した。1604年にジェイムズ1世が採用した4番目の『共通祈禱書』も、また1662年にチャールズ2世が採用した最終版の『共通祈禱書』も、その内容は最初のものとはほとんど違わない。『共通祈禱書』はカルバン派の教義を取り入れているが、カトリック教会的な特徴を残していたので長老派などは反対していた。William Sydnor, *The Real Prayer Books : 1549 to the Present*, Wilton, Conn., 1979, p. 10.
3) 初めて聖書を英語に訳したのはウイクリフ John Wyclif で（14世紀）、彼が底本に採用したのはカトリック教会が採用していたラテン語の聖書であった（ウルガタ版）。1407年に聖書を英語に訳すことが異端として禁止されたが、1526年に William Tyndale が新約聖書をギリシャ語から英語に翻訳し、さらに1530年には旧約聖書をヘブライ語から英語に翻訳している。16世紀末には他にもいくつか英訳聖書が存在していたが、1604年にジェイムズ1世が専門家に翻訳委員会を結成させて英訳を実現させ、それが1611年に欽定訳として出版された。これがイギリス国教会の正式な

聖書とされて現在に至っている。Brooke Foss Westcott, *A General View of the History of the English Bible*, 3rd ed. rev., New York, 1916.

4)　ツイングリ Huldrych Zwingli とおなじように、カルバン Jean Calvin も人間の感覚に訴えかけてくるもの、たとえば音楽・聖職者の祭服・儀式時の仕草・絵画彫像などは教会の儀式から省くべきだと考えていた。ただし音楽は歌詞が「詩篇」の内容に限定されたものなら、信者が讃美歌として唄うことを認めていた。イギリスで「詩篇」に曲をつけた最初の讃美歌が発表されたのは、1562年のことであった。Richard Arnold, *English Hymns of the Eighteenth Century*, New York, 1991, pp. 4-7. また、つぎのものを参照。Madeleine Marshall and Janet Todd, *English Congregational Hymns in the Eighteenth Century*, Lexington, Ky., 1982. この本の著者によれば、「讃美歌はカルバンがイギリス人に残した最大の贈り物である」とのことである（p. 12)。しかし、やがて信者は讃美歌の「単調さ alleged dullness」に飽きてきたので、1735年にウエスリ John Wesley は Issac Watts らの作曲した讃美歌を発表して「大変な好評を博すことになった attained an unpredictably high degree of popularity」。ただし1859年まで、この讃美歌を教会で唄うことはイギリス議会が禁止していた。Arnold, *English Hymns*, pp. 7-17.

5)　説教を重視したのはピューリタンであったが、他の宗派も説教を重視するようになった。16世紀にカンタベリー大主教であった Hugh Latimer は「聴衆を元気づける championed ... a rebirth offeeling」説教で有名で、「信仰こそが神への唯一の道である promise of justification by faith」ことを確信させたという。つぎのものを参照。Charles Montgomery Gray, *Hugh Latimer and the SixteenthCentury : An Essay in Interpretation*, Cambridge, Mass., 1950, p. 20.

6)　第7章「イギリス革命」第8節「名誉革命」(2)「宗教問題の解決」を参照。

7)　1714年に制定法で、主教・大主教の任命権は国王から首相に移された。Bernard Palmer, *High and Mitred : A Study of Prime Ministers as Bishop-Makers, 1837-1977*, London, 1992, pp. 1-8 ; Norman Doe, *The Legal Framework of the Church of England : A Critical Study in a Comparative Context*, Oxford, 1996, pp. 163-165.

8)　このようなピューリタンの要求が実現するのは、名誉革命後のことである。

9)　Christopher Lasch, "The Suppression of Clandestine Marriage in England : The Marriage Act of 1753," *Salmagundi* 26 (1974), 90-91.

10)　「1600年以降、国教会派・国教会系ピューリタンの多くは、このよき家族はよき教会員・よき国民という考え方を支持していた」。John Witte, Jr., "The Goods and Goals of Marriage," *Notre Dame Law Review* 76 (2001), 1059, quoting Willaim Gouge, *Of Domesticall Duties : Eight Treaties*, London, 1622, p. 17 ; idem, *From Sacrament to Contract : Marriage, Religion, and Law in the Western Tradition*, Louisville, Ky., 1997, p. 173.

11) Richard H. Helmholz, *Roman Canon Law in Reformation England*, Cambridge, 1990, pp. 69-70; Martin Ingram, *Church Courts, Sex, and Marriage in England, 1570-1640*, Cambridge, 1987, pp. 125-218.

12) 16 George II c. 33 (An Act for the better preventing of Clandestine Marriage). カップルの居住地に「公示」がされたあと、「牧師 pastor, minister」から許可をえることになっていたが、カンタベリー大主教やその「代理人 proper Officers」は許可の獲得を免除することもできた。またカップルが21歳以下の場合は、両親の許可が必要とされた。つぎのものも参照。Stephen Parker, *Informal Marriage, Cohabitation, and the Law, 1750-1989*, New York, 1990, pp. 29-47; James A. Brundage, *Law, Sex, and Christian Society in Medieval Europe*, Chicago, 1987, pp. 563-564.

13) 議会が離婚を認めたときの条件については、つぎのものを参照。Holdsworth, *History of English Law*, 11: 622-623.

14) 6, 7 William IV c. 85 (1836). つぎのものも参照。Holdsworth, *History of English Law*, 15: 208-209.

15) Holdsworth, *History of English Law*, 1: 619-620.

16) Helmholz, *Roman Canon Law*, pp. 109-114.

17) Holdsworth, *History of English Law*, 6: 404, 11: 539.

18) 6, 7 Willaim III and Mary II c. 11 (1694). 法律の周知徹底をはかるため、教会で年に4回、条文を読み上げることが義務づけられた。つぎのものを参照。Holdsworth, *History of English Law*, 6: 404.

19) 9 William III c. 35 (1697/98).

20) 12 George II c. 28.

21) 13 George II c. 19. さらにつぎの制定法も参照。18 George II c. 34 (1746). この制定法によって競走馬に体重制限などの条件が課せられることになった。

22) 劇場に対して要求された条件については、つぎの制定法を参照。10 George II c. 28 (1737). つぎのものも参照。Holdsworth, *History of English Law*, 11: 547-549; Dudley W. R. Bahlman, *The Moral Revolution of 1688*, New Haven, 1957, pp. 1-30.

23) Bahlman, *Moral Revolution*, pp. 31, 37-38, 40-41, 48-55, 58-59.

24) バールマンによれば、「素行改善協会」の活動が衰退した理由は「熱意と改善の可能性に対する期待 enthusiasm and hope」の消滅であった。Ibid., p. 66.

25) Leon Radzinowicz, *A History of English Criminal Law*, vol. 3, *The Reform of the Police*, London, 1956, pp. 144-156.

26) John H. Langbein, "Shaping the Eighteenth-Century Criminal Trial: A View From the Ryder Source," *University of Chicago Law Review* 50 (1983), 55-67.

1829年にピール卿 Sir Robert Peel の音頭とりで制定された「ロンドン警察法 Metropolitan Police Act」でロンドンに警察官が登場するが（創設者の名前ロバートの愛称ボビー Bobbie が警察官の呼称として使われている）、これがイギリス最初の国家警察である。また1878年の制定法によって「プロの検察官 director of public prosecutions」が「深刻な犯罪に限って for a limited sphere of serious crimes」任命されることになった。

27) エリザベス1世の治世下に寄付によって建設された「古典ギリシャ・ラテン語学校」の数は51校から280校に増え、1700年には400校に増えていた。James Bowen, *A History of Western Education*, vol. 3, New York, 1981, pp. 129-130.

28) S. J. Curtis, *History of Education in Great Britain*, 6th ed., London, 1965, p. 98; Helen M. Jewell, *Education in Early Modern England*, New York, 1988, pp. 25-37.

29) Lawrence Stone, "The Educational Revolution in England, 1560-1640," *Past and Present* 28 (1965), 41, 77-78.

30) つぎのものを参照。Samuel Hartlib, *Considerations Tending to the Happy Accomplishment of England's Refromation*, 1627; John Dury, *The Reformed School*, 1649. ともに、つぎのものに収録されている。Charles Webster, ed., *Samuel Hartlib and the Advancement of Learning*, Cambridge, 1970）。つぎのものも参照。John Milton, *Tractate of Education*, in Oliver Morey Ainsworth, ed., *Milton on Education*, New Haven, 1928, pp. 51-64. 17世紀にイギリスの教育制度に影響を与えたチェコのプロテスタント教育家コメニウス Johannes Comenius (Jan Komenský) については、つぎのものを参照。David Cressy, *Education in Tudor and Stuart England*, London, 1975, pp. 101-102. およびドイツのプロテスタント教育家フランケ Hermann Francke については、つぎのものを参照。Mary G. Jones, *The Charity School Movement: A Study of Eighteenth-Century Puritanism in Action*, Cambridge, 1938, pp. 37-38. つぎのものも参照。Irene Parker, *Dissenting Academies in England: Their Rise and Progress and Their Place among the Educational Systems of the Country*, Cambridge, 1914, pp. 1-44.

31) Dury, *The Reformed School*, in Webster, *Samuel Hartlib*, p. 148.

32) Ibid., p. 149.

33) Uniformity Act 1662, 1665 Act, Parker 46.

34) 「キリスト教普及協会 Society for Promoting Christian Knowledge」の創設メンバーであった5人は、いずれも国教会の有力な教会員であったが、革命のあと国教会は、他の宗派に対して一層「寛容に comprehensive」なっていた。

35) 1724年に公表された「初等学校の報告 Account of Charity Schools」に登場してくる1000を超える「初等学校」については、つぎのものを参照。Jones, *Charity School Movement*, pp. 364-371. 「初等学校」には、「寄付金によって運営される

endowed」場合と「会費によって運営される subscription」場合があったが、ともに貧者の子弟に宗教教育を施すことを目的としていた。資金に余裕がある場合、教育費は無料とされ、制服も無償で与えられて、さらに生徒には徒弟に支払われた賃金に相当する金銭が支給された。個人が提供する寄付金によって「初等学校」運動を展開していた「キリスト教普及協会(イングランド・ウエールズ地方) Society for Promoting Christian Knowledge in England and Wales」と、その「協力機関(スコットランド・アイルランド地方) Incorporated Societies in Scotland and Ireland」は、寄付金・会費による場合のいずれも「初等学校」という呼称を使っていた (p. 19)。

36) Craig Rose, "The Origins and Ideals of the SPCK, 1699-1716," in John Walsh, Colin Haydon, and Stephen Taylor, eds., *The Church of England, c. 1689-c. 1833*, Cambridge, 1993, p. 172. 会員のなかには会費を払わず、そこで集会で発言権も投票権も認められていない者もいた。

37) Jones, *Charity School Movement*, p. 19.

38) W. O. B. Allen and Edmund McClure, *Two Hundred Years : The History of the Society for Promoting Christian Knowledge, 1698-1898*, New York, 1970, pp. 22-23.

39) 最終的には、1714年の制定法で初等教育は「礼拝統一法 Act of Uniformity」の規定から外されることになった。Parker, *Dissenting Academies*, pp. 48-50.

40) Jones, *Charity School Movement*, p. 43-49.

41) W. K. Lowther Clarke, *A History of the SPCK*, London, 1959, pp. 43-44.

42) Jones, *Charity School Movement*, p. 73.

43) Clarke, *A History of the SPCK*, p. 27.

44) Jones, *Charity School Movement*, p. 74.

45) Ibid., pp. 106-109.

46) 「慈善学校」が女子教育で果たした役割については、つぎのものを参照。Jewell, *Education in Early Modern England*, pp. 89-91.

47) Norman Sykes, *Church and State in England in the Eighteenth Century*, New York, 1975, p. 379.

48) Sidney Webb and Beatrice Webb, *English Local Government : English Poor Law History*, pt. 1, *The Old Poor Law*, London, 1927, p. 397. 貧者の問題を扱った最初の法律は1531年の法律で、「乞食と浮浪者を罰するため」の法律であった。その前文に「怠惰は、すべての犯罪の母である」とある。乞食が許されたのは、老いた貧者と体力のない貧者に限られ、また乞食をしてよい場所も指定されていた」。22 Henry VIII c. 12.

49) 第6章「ドイツ革命と社会法」を参照。

50) 27 Henry VIII c. 25 (1536) によって教区に貧者の「貧者世話人 overseer of the poor」が作られ、5 & 6 Edward VI c. 12 (1552) によって教区ごとに寄付金や割当金の集金係が設けられた。また、14 Elizabeth I c. 5 (1572) によって「貧者世話人」と集金係に毎月、貧者の「再確認・再調査 reviews and searches」を行なうことが義務づけられた。さらに、39 Elizabeth I c. 2 (1602) によって「教区世話人 churchwarden」と4人の「貧者世話人」には貧者を働かせること、また貧者の子供には徒弟修業をやらせることが義務づけられた。43 Elizabeth I c. 2 (1602) は小さな教区の「貧者世話人」を2人に制限することにしたが、大きな教区の「貧者世話人」は従来どおりの人数が認められることになった。つぎのものを参照。Katherine L. French, Gary C. Gibbs, and Beat A. Kümin, eds., *The Parish in English Life, 1400-1600*, Manchester, 1997, pp. 74, 77, and n. 15.

51) ウエッブ夫妻の報告によると、17世紀末のイギリスには約3000人の治安判事がいて、約9000の教区があった。また、ほとんどの教区の人口は数百人かそれ以下であった。

52) 28 Henry VIII c. 6. 人選の方法や選ばれた「治安官」・「道路管理人」・「貧者世話人」を届け出る機関は地域によって大きく違っていた。つぎのものを参照。Webb and Webb, *English Local Government*, London, 1922, pp. 298-299.

53) Ibid., p. 398.

54) Ibid., p. 399. 治安判事については、つぎのものを参照。John P. Dawson, *A History of Lay Judges*, Cambridge, Mass., 1960, pp. 136-145.

55) Sidney Webb and Beatrice Webb, *English Prisons under Local Government*, London, 1922, pp. 12-13. ; Bronislaw Geremek, *Poverty : A History*, trans. Agnieszka Kolakowska, Oxford, 1997, pp. 217-219.

56) 救貧施設「ブライドウエル Bridewell」の活動状況については、つぎのものを参照。Webb and Webb, *English Prisons*, pp. 12-17.

57) 「ホスピタル」は、病人・貧者の子供・捨て子・老人を引き取って面倒を見た。つぎのものを参照。W. K. Jordan, *Philatrophy in England, 1480-1660 : A Study of the Changing Pattern of English Social Aspirations*, London, 1959 ; W. K. Jordan, *The Charities of London, 1480-1660 : The Aspirations and Achievements of the Urban Society*, New York, 1960.

58) 最初の「定住法 Act of Settlement」が制定されたのは、1662年のことであった。つぎの制定法を参照。13 & 14 Charles II c. 12 (1662). さらに2つの「定住法」が17世紀に制定されている。つぎの制定法を参照。3 William & Mary c. 11 (1692) ; 8 & 9 William III c. 30 (1697). 「定住法」は、1723年に大きく変更された。つぎの制定法を参照。9 George I c. 7 (1723). 「定住法」が目的としていたのは、仕事を求めて教区から出ていった者を連れ戻すことであった。

59) 17世紀の代表的な「自由放任経済 laissez-faire economy」論者 Sir Dudley North は、移動の自由を制限することに反対であった。つぎのものを参照。Richard Grassby, *The English Gentleman in Trade : The Life and Work of Sir Dudley North*, Oxford, 1994, pp. 247-250. North は、「国際的な労働力の移動を支持」していて、「定住法」が地域間に生産コストの違いを生み出し、賃金の平準化を妨げていると批判していた。Ibid., p. 247.

60) 「ブライドウエル」が失敗であったことについては、つぎのものを参照。Joanna Innes, "Prisons for the Poor : English Bridewells, 1555-1800," in Francis Snyder and Douglas Hay, eds., *Labour, Law, and Crime : An Historical Perspective*, London, 1987, pp. 42-122.

61) Valerie Pearl, "Puritans and Poor Relief : The London Workhouse, 1649-1660," in Donald Pennington and Keith Thomas, eds., *Puritans and Revolutionaries : Essays in Seventeenth-Century History Presented to Christopher Hill*, Oxford, 1978, pp. 206, 219.

62) 1647年の「王令 ordinance」によって「ロンドンにおける貧者のための公益法人 London Corporation of the Poor」が設立され、「救貧施設 workhouse」・「矯正施設 house of correction」を設置すること、また「法人の長 president」・「副長 deputy」・「会計係 treasurer」をそれぞれ1人と40人の「協力者 assistant」が毎年、開催される「総会 Common Counil」で選ばれることになった。Pearl, "Puritans and Poor Relief," pp. 222-223.

63) 1662年の「定住法」は1649年の「定住法」で認められていた「救貧施設」を復活させ、ロンドン・ウエストミンスター・ミドルセックス・サリ Surrey 各市に「救貧施設」を設置している。また、「ロンドンにおける貧民のための公益法人」の復活も認めている。ただし、「公益法人」の復活が実現するのは1698年のことである。

64) 9 George I c. 7.

65) Paul Slack, *The English Poor Law, 1531-1782*, Cambrige, 1995, p. 34.

66) *A Discourse Touching Provision for the Poor* [*1659*], written by Sir Matthew Hale, late Lord Chief Justice of the Kings Bench, London : printed by H. Hills, for the John Leigh at Stationers Hall, London, 1683, p. 25. 「改善法1：四半期ごとの会合で治安判事は県 county 内のいくつかの教区ごとに1つの救貧施設を共同で使用できるようにする……つまり、教区の大きさや事情に応じて、1～6の教区が1つの救貧施設を共同で使用できるようにする」(p. 27)。「改善法3：治安判事は毎年、救貧施設の長を選び、その長には救貧施設の資産ないしは収益から3年間、十分な給与が支払われる」(p. 30)。

67) Josiah Child, *A New Discourse of Trade*, London, 1670. チャイルドは共和国時代、軍隊に食糧補給を請け負って財をなした商人である。貿易に関して多くの「意

見を述べた小冊子 pamphlet」を書いており、東インド会社で総督を務めたときは、一時期、すべてを1人で決裁していた。

68) Josiah Child, *A New Discourse of Trade*, quoted in Webb and Webb, *English Local Government*, p. 103.

69) Ibid. 改革の推進力を提供したのは、イギリスの救貧活動とオランダ・ドイツの救貧活動の現状を比較してみせた「批判的な物書き pamphleteers」の存在であった。改革を提唱していた Richard Haines は、1678年につぎのように書いていた。「オランダでは……どの都市にも救貧施設が用意されていて、必要なら誰でもそこに収容できることになっている」。Quotd ibid., p. 106.

70) Timothy Hall Breen, "The Non-existent Contraversy: Puritan and Anglican Attitudes on Work and Health," *Church History* 35 (1966), 273-284.

71) Slack, *English Poor Law*, p. 42, summarizing David Owen, *English Philanthropy: 1660-1960*, Cambridge, 1964.

72) Slack, *English Poor Law*, p. 43, citing Owen, *English Philanthropy*.

73) Ibid., p. 44.

74) Matthew Hale, "A Discourse Touching on Provision for the Poor," in *The Works Moral and Religious of Sir Matthew Hale*, vol. 1, London, 1805, pp. 515, 516.

75) Christopher Hill, *Puritanism and Revolution: Studies in the Interpretation of the English Revolution of the Seventeenth Century*, New York, 1964, p. 225.

76) Geremek, *Poverty: A History*, p. 220.

77) デフォー Daniel Defoe は救貧施設の設置に反対して、つぎのように書いている。「すべての都市に救貧施設を作り、救貧施設の工場を特定の場所に限定せず、すべての教区に設置して誰もが商売に参加できるようにすれば、それは工場経営者にとって破滅を意味することになる。何千という家族が仕事を失い、浮浪者・盗人・乞食を養うためということで、勤勉で働き者の労働者から仕事を奪うことになる。浮浪者・盗人・乞食の方こそ自分で仕事を探すようにすべきである。したがってこの法律は、貧者を定住させて貧困から抜け出させるのではなく、貧者の数を増やし、最善の働き手を飢えさせることになるだけである」。Daniel Defoe, *Giving Alms no Charity*, 1704, reprint, Yorkshire, 1972, p. 23.

78) Hale, *Discourse*, 1: 7.

79) E. A. Gellner, "French Eighteenth-Century Materialism," in D. J. O'Connor, ed., *A Critical History of Western Philosophy*, New York, 1986, p. 278.

80) C. John Sommerville, *The Secularization of Early Modern England: From Religious Culture to Religious Faith*, Oxford, 1992, pp. 149, 163, 186. 「プロテスタントの教義が反体制的な異論の提唱を可能にし、反体制的な異論の提唱が可能になったことで違った意見の容認が可能になり、それが理神論を生み出し、さらに無神論を

生み出すことになったのである」(pp. 160-162)。

結　論

1)　近代化が始まったのは12世紀だとアメリカで最初に主張したのは、ハスキンズ Charles Homer Haskins であった。さらにハスキンズは弟子の Joseph Strayer と一緒になって、1920年代-80年代に「アメリカにおける中世研究の場 agenda of medievalists in America」を用意した。Paul Friedman and Gabrielle M. Spiegel, "Medievalisms Old and New: The Rediscovery of Alterity in North American Medieval Studies," *American Historical Review* 103 (June 1988), 682.

訳者あとがき

　原書の代わりになるような訳書づくりは不可能である。この訳書も、バーマンが英語で書いた原書の代わりにはなりえない。この訳書は、あくまでも訳者がバーマンの原書を訳者なりに読み取った結果にすぎない。訳者なりに読み取った結果を訳者なりの日本語で表現した結果にすぎない。本旨にとって重要と思えない意味不明箇所は省略してあるし、本旨とは無関係と思われる記述や繰り返しも訳者の判断で省略した（著者が若い頃に書いた前著『法と革命Ⅰ』と違って、晩年の本書には繰り返しが多い）。本書の正確な内容を知りたいという向きは、ぜひ原書を御覧いただきたい。この訳書は、あくまでもバーマンが書いていることを日本語で読むための便宜的な手段と心得ていただきたい。

　この理屈からすれば、当然のことながら著者の言葉と訳者の言葉を厳格に区別することも無意味だということになる。大切なのは著者が書いていることを「理解可能な日本語」で説明することであって、著者の言葉と訳者の言葉をいちいち区別する訳し方はしていない。訳文を読みにくくするので、丸括弧でくくった追加説明も、それが著者によるものか訳者によるものか断っていない。読めば判るような書き方にしてあるだけである。

　バーマンが書いた内容の大筋は日本語で表現したつもりである。訳者なりに理解した範囲で「理解可能な日本語」にしたつもりである。ただ、訳者はキリスト教の専門家でもないし法学の専門家でもない。いずれの分野にも素人である。素人なりに理解すべく努力したつもりだが、誤解や誤謬の可能性がないわけではない。願わくは、それが枝葉の問題でありますように。

　それにしても法律用語には、なぜこうも意味不明な「業界用語」が多いのか。とくに英米法がひどい。カタカナの専門用語にしても漢字に置き換えられた専門用語にしても、「業界関係者」は原語とその意味を知っているので問題ない

のだろうが、素人には意味不明で丸で歯が立たない。これでは、いつまで経っても「業界関係者」だけの独占物に留まってしまうのではないだろうか。あるいは、それが「業界関係者」の望むところなのだろうか。

　この訳書では、原語とその意味を知っていることが前提になっている「業界用語」は可能な限り避けることにした。「業界関係者」に不評を買うことは承知のうえで、あえて原語やその意味を知らない者にも「理解可能な日本語」に翻訳するよう努力してみた（どこまで成功したか自信はない）。ただ、それでは原語が何なのか判らなくなると困るので、括弧でくくった訳語（あるいは訳文）に原語を付してみた。それで問題が解決するとも思えないが、さしあたりそれ以外に方法はない。

　なお、訳語として問題になりそうな「国王裁判所 prerogative courts」について一言。この言葉は、ふつう「大権裁判所」と訳されているが、これでは意味が判らない。「王立裁判所 royal courts」である「コモンロー裁判所」と区別できれば、むしろ「大権裁判所」に「国王裁判所」の訳語を当て、「王立」の意味が薄くなってしまった「コモンロー裁判所」は、「コモンロー裁判所」で一貫させることにした。また聖書からの引用は、岩波書店の聖書翻訳委員会訳によった。

　さて「訳者あとがき」には欠かせない著者の紹介だが、バーマンが亡くなった直後に『ニューヨーク・タイムズ』に掲載された死亡告示記事（by Douglas Martin, *New York Times*, November 18, 2007）と Wikipedia から要点を紹介する。

　バーマンはコネチカット州の州都ハートフォード生まれで（1918年）、ダートマス大学を卒業後（ここでドイツから亡命してきたヒュシー Eugen Rosenstock-Huessy の学生となり、『法と革命』の構想をえることになる。なおヒュシーについては『法学新報』第112巻3・4号に掲載された拙稿の紹介「オイゲン・ローゼンシュトック゠ヒュシー『出自は革命：欧米人の自伝』」を参照）、ヒュシーの勧めもあってイギリス法制史を学ぶべくロンドン大学に留学し、帰国後にイエール大学で歴史学の修士号を取得している（1942年）。その後、アメリカ陸軍に徴用されてヨーロッパ

戦線で暗号解読に携わったあと (1942-45年)、復員後にイエール大学に戻って博士号を取得し (1947年)、スタンフォード大学で１年間、教えてからハーバード大学に移っている (1948年)。イエール大学に復員から戻ったあとロシア語を独学で習得してソ連法の研究に携わり、ソ連法の権威となっている。

しかし彼の最大の業績は、つぎに紹介する『法と革命Ⅰ』(ちなみに、『法と革命Ⅰ』も日本比較法研究所から翻訳・出版の予定) と今回、翻訳した『法と革命Ⅱ』の著述であろう。ハーバード大学で70歳まで教えたあと名誉教授として引退することになっていたが、これを嫌って (当時はアメリカの大学にも定年制があった)、1985年にエモリ大学に移っている。2007年11月13日に逝去。

５年半前、『法学新報』(第110巻11・12号) に『法と革命Ⅰ』を紹介した小論を書いた。この訳書の「序論」と内容が重複するが、訳者なりにバーマンをどう読むべきか論じてみた。読者の参考になりそうなので、ここに転載する (部分的に訂正してある。なお、本書の原注も気がついた誤植は訂正してある)。

ハロルド・バーマン『法と革命Ⅰ：法制度における欧米的な伝統とは何か』[1]

ハロルド・バーマンは、すでに半世紀以上も前にソ連の法制度を解説した著書が邦訳されており (明山和夫訳『ソヴェト法制度論』朋文社、昭和31年)[2]、またアメリカの法制度を解説した編者書も邦訳されている (伊藤正巳ほか訳『アメリカ法のはなし』有信堂、昭和38年、昭和43年)[3]。

『ソヴェト法制度論』の「訳者あとがき」によれば、バーマンは早くから谷口知平や鈴木安蔵によって日本で紹介され、よく知られた人物なのだそうである (当時はともかく、いまはどうであろうか)。『思想』1951年11月号には、バーマンに対する鈴木安蔵の批判が掲載されているが、その批判たるやバーマンの着実な法制度の紹介ぶりは評価しながらも、「わがマルクス主義法学界は、おそらく別して学ぶべきものがあるとは考えられない」(前掲書、89ページ) といったもので、当時の雰囲気が感じられる (「マルクス主義法学界」なるものが存在していた！)。

バーマン自身は、1938年にロンドン大学に留学してイギリス革命がイギリス法に与えた影響を研究したのが研究生活を始めたきっかけだと書いているが[4]、戦後に発表された初期の論文は、すべてソ連の法制度紹介になっている。彼も、冷戦開始と同時にアメリカで盛んになったソ連研究の一環を担っていたのであろう。しかし、1960年代になるとソ連の法制度とアメリカの法制度を比較する内容の論文を書き始め、さらに法制度の背景にあるロシア正教会とカトリック教会の教義の違いについて論じ始める。そして1970年代中頃から「欧米（つまり、カトリック教会圏）の法制度がもつ特徴は何か」という、もっと大きな問題に答えようとするようになる。

　その成果が、『法と革命I』である。1983年にアメリカで出版されたこの本は、1991年にドイツ語に訳され、1993年には中国語、1994年にはイタリア語とロシア語（筆者が手に入れたロシア語版は、1998年に出版された第2刷）、1996年にはポーランド語とスペイン語に翻訳されており、また2001年にはフランス語にも訳されている（ちなみにフランス語訳は、中央大学の提携校であるエクス・マルセイユ第3大学と協力関係にあるという出版社から出ている）。筆者が最近、入手した英語版の第10刷は1999年に出版されており、この本が出版された当初から欧米で注目され、ながく読み継がれていることが判る。ところが中国語にまで翻訳されたこの本が、なぜか日本語には翻訳されていない。

　半世紀以上も前に紹介されたことがある研究者を、あらためて紹介しようとする理由は何なのか。それは、いわゆる「グローバル化」が進展するなかで、欧米の法制度と日本の法制度の違いを見直してみる必要性を感じるからである。何となく似ているようでもあり、違っているようでもある位で済まされてきたものが、そんな曖昧なことでは済まなくなって来ていると考えるからである。

　とくに注意を要するのが、法制度の根底にある宗教の違いである。宗教は違いが簡単に見えてこないので、それだけ厄介である。外見上、日本の法制度は欧米の法制度と違わない。また簡単に欧米を訪問できるので、見聞の体験が裏付けになって、ますます違いが見えなくなっている。個人的な体験から（森有

正によれば、個人的な「体験」は他人に理解可能な「経験」とはいえないということになる[5]、そのような「外見上、似ている」ということが、とんでもない誤解の原因になりかねないことを危惧するものである[6]。

丸山眞男や川島武宜は、欧米と日本の違いを強調する[7]。しかし欧米をモデルにした彼らの考え方には「何が違うのか」という発想はあっても、「なぜ違うのか」という発想はない。また日本の欧米化が目標になっているので、日本の欧米化が「可能であるはずだ」という前提は崩せない。「違いをなくすべきだ」という発想はあっても、「違いをなくすのは不可能ではないのか」といった発想はあり得ない。

山本七平は、その点で違っていた。彼自身がキリスト教徒であったためか、欧米と日本の違いにキリスト教の問題があることは自覚していたようである（とくに陸軍での体験が重要な意味をもったと考えられる）[8]。また彼は、遠藤周作のようにキリスト教の日本化をよしとしない。むしろ逆に、日本のキリスト教徒が特殊な存在であることに注目している。日本の仏教が戒律をすべてなくしてしまって外国の仏教徒には仏教と思えないものになってしまったように、日本のキリスト教も日本化してしまって（遠藤周作のキリスト教は殉教抜きであり、神抜きの可能性すらある）[9]、欧米のキリスト教徒にいわせると、おなじキリスト教徒とは認められないものになっているという。

しかし、それでも山本七平は丸山眞男らに似て、日本を測る尺度を欧米に求める傾向があった。キリスト教徒になれない日本人の「宿命（？）」を指摘して見せながら、どこかで日本の欧米化を期待していたような節がある。日本人の行動原理や組織原理を日本の過去に求め、みごとに説明して見せる手腕には感心させられるが[10]、それでもキリスト教世界の欧米を目指すべき目標にしているような節が感じられる[11]。しかし彼が提起した問題は、何が何故どう違うのかということのはずであった。

この問題を考えるうえで、ハロルド・バーマンの『法と革命Ⅰ』は参考になる。バーマンは欧米の法制度がキリスト教の教義を前提にしていること、それもバーマンのいう「教皇革命」（従来、歴史学者が「叙任権闘争」ないしは「グレゴ

リウス改革」と呼んできた事件）以後のカトリック教会の教義を前提にしていることを判りやすく説明しているからである。

　日本は欧米の法制度を取り入れながら、その前提にあるカトリック教会の教義は無視したままである。あたかも日本の法制度が欧米の法制度とおなじ原理で動いているかのような前提で議論がなされているが、はたしてそうなのであろうか。他人の褌で相撲をとるどころか、べつの土俵で独り相撲をとっている可能性はないのであろうか[12]。いま一度あらためて何が、どう違うのか再確認してみる必要があると考える。

　キリスト教徒でもないのに、日本の歴史家は「われわれ」と称して欧米のキリスト教徒とおなじ立場で議論を展開する[13]。日本では、欧米の研究書をかき集めて日本語の「研究書」にアレンジしなおすことが「研究」とされているからだろうが[14]、欧米の研究紹介に留まらず、自分なりに納得しようとする姿勢が見られる場合でも（納得しようとする姿勢は評価されてよい）、とかく独り相撲になりがちである。たとえば聖餐の儀式で、パンとブドウ酒がキリストの肉と血に変容するという聖体論を理解しようとするとき、これを紙幣に喩えるのは如何なものであろうか[15]。後述するように聖俗分離の結果、カトリック教会は奇蹟をはじめ「天上の国」のことは、信者に判断停止を義務づけたと考えるべきである（人間が神の問題に頭を突っ込むことを瀆神行為と考える）。資格のある者が決められた手続きに従って行なった儀式は、その結果が人間の目にどう見えるかに関係なく決められた効果をもたらすと考えるのである[16]。紙幣のように、紙とインキで作られたものが不思議な効果をもつようになると考えるのは、「教皇革命」までのカトリック教会や現在の東方正教会であり（東方正教会では聖餐の儀式を「聖体礼儀」と呼んでいるが、東方正教会ではその「聖体礼儀」によって聖霊が降下し、人間の目には見えない聖霊がパンのなかに籠ると考える）、そして我々、日本人であろう（たとえば神社のお払いは目指す効果が逆だが、目に見えない何かが存在していると考えている点では、おなじである）[17]。

　従来、歴史学者が「叙任権闘争」とか「グレゴリウス改革」と呼んできたものを、バーマンがあえて「革命」と呼ぶのは、それが根本的な変化を欧米にも

たらしたと考えるからである。おなじキリスト教会といっても、1050年から1150年の「教皇革命」を経験するまでのカトリック教会と、「教皇革命」後のカトリック教会は別物であるという。また東方正教会は「教皇革命」を経験しておらず、これがロシアの政治や社会のあり方を欧米とは異なったものにしているという。なお、バーマンはバルカン諸国を取り上げていないが、バルカン諸国もロシアとおなじ東方正教会に属しており、政治や社会のあり方はロシアとおなじと考えてよいはずである。

　バーマンのいう「教皇革命」が世俗の支配者による教会支配を排除したことは、よく知られた史実である。しかし、その結果、聖俗分離が実現したことの意味は本当に理解されているのだろうか。バーマンが「グレゴリウス改革」をあえて「革命」と呼ぶのは、その結果、実現した聖俗分離こそが現代の欧米を動かしている原理だと考えるからだが、もし聖俗分離の意味が理解できていないとすれば、現代の欧米を動かしている原理も理解できていないことになるし、ひいては「欧米とは何か」が判っていないということにならないだろうか。少なくとも、わたし自身はバーマンの『法と革命』を読むまで、その意味が理解できていなかった。

　ヨーロッパは6つの革命によって大きな変革を経験してきたとバーマンは考えるが、この「革命の繰り返し」がヨーロッパ史の特徴でもあるという。まず「教皇革命」があり、さらにドイツでルターが始めた「ドイツ革命」（ふつう「宗教改革」と呼ばれているものをバーマンがあえて「ドイツ革命」と呼ぶのは、それがドイツ人の考え方を規定してきたと考えるからである）、さらに「イギリス革命」（清教徒革命と名誉革命）、「アメリカ革命」（独立戦争）、そして「フランス革命」と「ロシア革命」である。

　6つの革命に共通する特徴としてバーマンが挙げているのは、急激で大規模な社会制度の変革が武力によって実現し、しかも変革の結果が永続的であること、また変革の正統性が「神の法」や「自然法」に求められ[18]、それは過去にあった理想的な状態への回帰を意味し、また同時に終末論的な未来像（理想的な状態の実現は「歴史の終わり」でもある）の実現をも意味するという[19]。社会制

度の変革は法制度の変革ということであり、またクーンのいう「パラダイム（考え方の枠組み）の変革」ということでもある[20]。

なかでも「教皇革命」は、ほかの5つの革命と違ってカトリック教会圏全体に影響を与え、影響範囲が特定の民族（あるいは国民国家）に限定されていないのが特徴である。また、革命によって社会制度を変革できるという考え方を生み出したのも、「教皇革命」であった[21]。

もともとキリスト教には、ある時代はかならず終わり、その後で新しい時代が始まるという考え方がある[22]。それをバーマンは、ユダヤ人の直線的な時間意識（神が「この世」を創ったときに時間は経過をはじめ、「この世」の終末に向かってまっすぐに進む）に、ギリシャ人の円還的な時間意識（毎年、おなじことが繰り返されると考える考え方で、我々の時間意識も円環的である）を付加したものと考える[23]。

「教皇革命」までのカトリック教会は、アウグスチヌスの考え方に従って「地上の国」に積極的な存在理由を認めず、理想的な世界（千年王国）は「天上の国」でしか実現しないと考えていた。千年王国は、アウグスチヌスのいう「地上の国」の時代が終わり、「神の国（天上の国）」の時代になって初めて実現するものであった。ところが「教皇革命」は、アウグスチヌスがあり得ないとした「地上の国」における「千年王国」の実現を可能にしたのである。

アウグスチヌスが「地上の国」では実現不可能と考えた「千年王国」の実現が、なぜ11世紀から12世紀にかけて可能だと考えられるようになったのか。バーマンは、その理由について詳しく論じていない。サザーン R. W. Southernとホワイト Lynn White を引いて、農業革命と技術革命があったことに触れているだけである。しかし他の箇所で、この12世紀が「ルネサンス」と呼ばれる変革の時代であり、「地上の国」をよくしていけるという確信がヨーロッパの人々に進歩史観をもたせるに至ったことを指摘している[24]。

興味深いのは、「教皇革命」以前のヨーロッパの法制度についてバーマンが挙げている特徴が、そのまま日本についても当てはまることである。聖俗分離がなかったことはいうまでもないが、さらに訴訟が好まれなかったとか[25]、と

もかく目前の争いを丸く収めることが優先されて解決方法が正しいか否かといったことは、さして問題にされなかったとか[26]、「正義の実現」よりも「和」が優先されたとか[27]、あるいは法制度は「作る」ものではなく、自然に「成る」ものであったといった指摘である[28]。

「教皇革命」の「歴史的な展開」については、あらためて紹介するまでもない[29]。そこで「教皇革命」の結果だけをバーマンに従って挙げておくと、まず従来、皇帝や国王が僭称していた「キリストの代理人」、つまり「最後の審判」でキリスト教徒の救済を保証できる者が教皇だけに限定されたこと（それまでの教皇は、「聖ペテロの代理人」にすぎなかった）、また教皇が独裁的な権限を振るうカトリック教会の階層制が完成し（ヨーロッパ最初の近代国家）、聖職者の叙任・聖職位への任免・修道会の許認可・教会財産の処分・教義内容の決定・免罪や聖人の承認など、「神の法」つまり『聖書』に示された神の意志と「自然法（これも神が定めたもの）」以外、教皇は何ものにも制約されることのない権限をもつ教会の支配者とされ（選挙によって選ばれたヨーロッパ最初の主権者）、公会議（ヨーロッパ最初の立法議会）を招集する権限をもち、教皇の決定を実施するために教皇庁（ヨーロッパ最初の官僚機構）が設置されたのである。その結果、聖職者は全欧規模で1つにまとまることになり、聖俗分離が実現するのである[30]。

「教皇革命」の結果、世俗の支配者は聖なる存在ではなくなったが、だからといって存在理由を失ったわけではなかった。むしろ結果は逆で、世俗の支配者は聖なる役割を「捨てた（あるいは、奪われた）」代わりに、独自の存在理由を「主張できるようになった（あるいは、主張せざるをえなくなった）」のである（バーマンによれば、「平和の維持」と「正義の実現」が世俗の支配者の存在理由である）[31]。それは教会が聖俗分離によって「天上の国」の問題と「地上の国」の問題を区別するようになり、教会自身を「世俗化」したことと表裏の関係にあった。教会も「神頼みを止めた」のである。「天上の国」の問題は、人知を超えたこととして「判断を停止した」のである。教会の役割も世俗の支配者と同様、「地上の国」の問題に限定されることになった。

アウグスチヌスは、教会すら「地上の国」にある限り「神の国（天上の国）」

とは無縁のものとしたが（「地上の国」に生きながら「天上の国」で「永遠の命」を保証されることを望む者は、いったん「この世で死んで die to this world」修道院に入るしかなかった。東方正教会では、いまでもこの教義が生きている）、11世紀初めにカトリック教会は、死に際して「最後の審判」に代えて「さしあたりの審判」を下し、罪を犯した魂が「さしあたりの罰」として滞在する「煉獄」のアイデアを教義に採用した。もちろん、このアイデアが意味をもつためには「最後の審判」と、そのとき再来するキリスト（神が肉体を帯びて人間の目に見える形をとったのがキリストである）が罪人に下す「永遠の罰」が絶えず意識されなければならない。そこで「最後の審判」について死者と共に考える日が、「全聖者の日（11月1日）」の翌日に「全死者の日（11月2日）」として設けられたのである[32]。

　こうなると、罪と罰の関係が法的な問題として捉えられるようになる。罪に対する罰は、どうなるか判らない神の審判ではなくなり（どうなるか判らないからこそ神に祈る）、資格をもつ聖職者が決められた手続きに従って決定することができることになった。罪を犯した者は、そのことを聖職者に告白し、聖職者はその場で罪を償うのにふさわしい罰を言い渡し、「汝の罪を許す」と宣告できることになった（東方正教会の聖職者に、そんな恐れ多い権限はない。神の許しを請うため、信者と一緒に祈ってくれるだけである）[33]。

　こうした考え方の背景には、イエスの刑死を人類の祖先たるアダムが犯した原罪（エデンの園で神の禁令を破って知恵の木の実を食べたためにエデンの園を追われ、人間は死を宿命づけられ、さらに女は生みの苦しみ、男は労働の苦しみを負うことになった）を償うための死と考える教義の存在があった。しかし「教皇革命」後のカトリック教会では、それでも個人が犯す罪に対して個人は責任を免れないと考えるのである（東方正教会では、イエスの刑死によって原罪は償われたと考え、もっぱら関心をイエスの死後の復活に寄せる）。アンセルムスに始まる新しい「神学」の登場である。

　アンセルムスによれば、罪に対する罰は正当なものでなければならず、神ですら「恩寵 grace」（「恩恵」あるいは「慈悲」の方が訳語として判りやすいと思うが、

いかがなものであろうか)と称して不当に罪を許したり、正当な罰を不当な罰に変更したりできないのである。聖俗分離とは、聖なる世界である「天上の国」について人間が判断停止をする(言い換えれば「介入しない」)代わりに、このように「地上の国」の問題に神は介入できないと考えることなのである。「天上の国」のことは神に任せる代わりに、「地上の国」のことは人間に任せるべきだというわけである。このアンセルムスの「神学」をバーマンは、「神の神学」ではなく、「法の神学」と呼んでいる[34]。教会内部でも「宗教的な罪 sin」と「法的な罪 crime」が区別されるようになり、法的な罪である犯罪は、それを禁止する法律の存在が前提とされるようになった(これが、いわゆる「罪刑法定主義」である)。

　このアンセルムスの「神学」を完成させ、聖俗分離を完成させたのが、ルターであった。ルターによる「ドイツ革命」の結果、教会は完全に「地上の国」の問題から閉め出されることになり(ルター登場までのカトリック教会は、教会法によって家族の問題や相続の問題など、さまざまな形で「地上の国」の問題にも介入していたし、「地上の国」で教会の教えを守ることが「天上の国」における救済を保証するとも説いていた)、「地上の国」の問題は「地上の国」の支配者である諸侯や国王、皇帝などの専管事項とされ、法律を作ることができるのも彼らだけになった(おなじ頃、マキャベッリが宗教的な意味を失った「国家」の概念を登場させる)。逆に、信仰は純粋に個人の内心の問題とされ、いかなる支配者も個人の信仰の問題、言い換えれば個人の内心の問題には介入できないということになった。これが個人の意志決定を絶対視する考え方を生み出し、さらに個人の意志決定によって交わされる契約の絶対化、さらには契約の結果、発生する所有権の絶対化などといった考え方を生み出すことになるのである。なお注意しなければならないのは、聖俗分離が完成しても、支配者と被支配者がキリスト教徒であるという前提に変わりはないということである[35]。

　その前提が崩れ、欧米の法制度の前提にキリスト教の教義があることを忘れると、欧米の法制度は機能不全に陥ることになるという。これをバーマンは危惧しており、その危険性について警鐘を鳴らしている。『法と革命』が出版さ

れる10年ほどまえ、すでにバーマンは『法と宗教』という小冊子を出版しているが[36]、これはその警鐘を形にしたものである。法をたんに法律による処罰の問題としか考えず、宗教を個人の内心だけの問題にしてしまうと、契約を守るかどうかは違約金の額の問題になってしまうからである[37]。法制度の背後にあるキリスト教の教義、とくに「最後の審判」に対する信仰を18世紀から19世紀の啓蒙主義と自由神学が排除してしまったあとに登場してきたのは、形を変えた終末論であるマルクス主義とニーチェ哲学であったという[38]。それが欧米に何をもたらしたかは歴史が示すとおりである。しかしバーマンの警鐘は、欧米が相変わらずキリスト教世界であることの証拠でもある。啓蒙主義と自由神学によって、欧米の人たちがキリスト教徒であることを止めたわけではない。

このように、バーマンは欧米の法制度の出発点を11世紀から12世紀に実現した「教皇革命」に求めるが、そこで彼は政治学説史（あるいは、政治思想史）の通説も批判することになる。通説によれば、現代の欧米の法制度（あるいは、政治制度）は、15世紀から16世紀のギリシャ哲学の再発見（いわゆる「ルネサンス」）に始まるとされている。現代の欧米の法制度（あるいは、政治制度）は、13世紀におけるアリストテレスの『政治学』のラテン語訳完成や、14世紀のパドアのマルシリウスによる「公会議の理論」が準備し、16世紀にマキャベッリが『君主論（正確には支配者論）』によって完成させたとされている[39]。

これに対してバーマンは、「教皇革命」を政治学の分野で実現したのは、12世紀にソルズベリーのジョン John of Salisbury が書いた『支配者論 Policraticus』だという。その理由としてバーマンは、まず権威とされていた当時の政治論をすべて集めて集大成していること、さらにお互いに矛盾する議論を抽象的な概念によって統一的にまとめるよう努力していること（マキャベッリが使った「支配者」というラテン語の一般概念は、ジョンがすでにおなじ意味で使っているという）、また目の前にある現実は神が与えたものとして認めるが、それが神の教えに反する場合は変更を信者に義務づけていること（悪い支配者も神が与えたものと認めて命令に従うべきだとしてはいるが、命令が神の教えに反する場合は拒否すべきであるとしている）の3点を挙げている。「教皇革命」を準備した神学にお

けるアベラール(アベラルドス)や、法学におけるグラチアヌスとおなじ方法を用いて、ソルズベリーのジョンは支配者のあるべき姿を論じているのである[40]。

アベラールは、『是と否 sic et non』において聖書や教父など、当時の権威とされた文献からお互いに矛盾する教説を150も集めて見せたそうだが[41]、『弁証論 Dialectica』では、さまざまな事例から一般的な原則を引き出す方法を論じており[42]、またグラチアヌスは『教令集 Decretum(正確には、お互いに矛盾する教令の集大成 Concordia discordantium canonum)』を編纂し、これを統一した形で整理するために「神の法(支配者といえども改変することのできない律法)」と「人の法(支配者が自由に改変できる制定法)」のあいだに、支配者も縛り同時に神の教えに反すると考えられる場合は人間の「分別 reason」によって改変可能な「自然法」という概念を置いたのである。

「教皇革命」の結果、カトリック教会はヨーロッパに初めて登場してきた近代国家、教皇は最初の近代的な主権者、教皇庁は最初の近代的な行政機関となったことは、すでに紹介したとおりである。また、「教皇革命」後の教会法は最初の近代法であったが、その基礎になったのがグラチアヌスの『教令集』であった。グレゴリウス7世の「教令」(1075年)を受けてグラチアヌスは、教皇が「古い教令」を改変できるとした。慣習法の変更と新法の制定を可能にしたのは、18世紀や19世紀の歴史学派ではなく「教皇革命」であったというのがバーマンの考え方である[43]。

さらにバーマンは、さまざまな近代法が教会法から派生してきたとして、教会法に定められた婚姻法・相続法・財産法・契約法・刑法・訴訟法について詳しく説明している[44]。さらに「教皇革命」が切っ掛けで生まれてきた法制度ということで、君主と家臣の関係を定めた「封建法」・農村共同体のあり方を定めた「荘園法」・商業に関する規則集である「商人法」・都市のあり方を定めた「都市法」・領域国家のあり方を定めた「王国法」を詳しく説明している[45]。「都市法」と「王国法」は、さまざまな事例を挙げて説明するしかないということで都市ごと・国ごとに例を挙げて説明しているが、「封建法」・「荘園法」、「商人法」も含めて、いずれも内容を誰もが確認できる形になっているという意味

で「客観的」であり（文書化）、どこでも、またどんな場合にもすべての人間に適用されるという意味で「普遍的」であり、関係する者が一方的に規則を押しつけられることがないという意味で「相互的」であり、すべての関係者が規則の適用に際して関与を保証されているという意味で「参加型」であり（陪審制）、さまざまな事例を一般的な概念で統一的に説明し、処理しようという意味で「統合的」であり、時代とともに変わりうると考えているという意味で「発展型」であるとしている[46]。

　本書の半分は、封建法・荘園法・商人法・都市法・王国法の説明に当てられているが、これ以上のことは原書を読んで頂いた方がよさそうである。最後に、マルクスとウエーバーに対する批判が付加されているが、マルクスとウエーバーに対する批判はバーマンの考え方からすれば当然であろう。興味深いのは、批判の根拠に日本とロシアの封建制が西欧の封建制と違うことを指摘していることである。法制度が前提にしているキリスト教の有無・教義の違いと関連してくるが、この問題についても、これ以上、言及する余裕はない。原書を参照していただければ幸いである[47]。

　何はともあれ、この本に関心をもって頂ければ、この小論は目的を達したことになる。できることなら、日本語でも読めるときが早く訪れることを願うのみである。欧米に関心をもつ法律畑以外の方々はもちろんのこと、とくに法律の専門家を自任している方々には、ぜひバーマンの主張に耳を傾けて頂きたいと願っている。
　　　　　　　　　　　　　　　　　　　　　　　　　　　　（2003年10月8日）

1) *Law and Revolution : The Formation of Western Legal Tradition*, Harvard University Press, 1983.
2) *Justice in Russia : An Interpretation of Soviet Law*, Harvard University Press, 1950. これは、バーマンが初めて本にした論文である。
3) *Talks on American Law*, Random House, 1961. 1963年にポルトガル語版がリオデジャネイロで出版されたあと（最初の日本語版も同年に出版されている）、1964年にはアラビア語版がカイロで、1965年にはフランス語版がパリ、スペイン語版がチリとメキシコで出版され、1968年にはベトナム語版がサイゴン（現在のホーチミン）で出版されている。

4) *Law and Revolution*, p. 636. 主著ともいうべきこの本は、そのときに書き始めたそうである。一冊の本を書き上げるのに、およそ半世紀かけたことになる。なお、ロンドン大学での研究成果が、10年前に出版された論文集に収録されている。'Medieval English Equity', in Harold J. Berman, *Faith and Order : The Reconciliation of Law and Religion*, Emory University 1993, pp. 55-82.

5) 森有正「経験と思想」(筑摩書房『森有正全集』第12巻)を参照。この論文で森有正は、日本人と欧米のキリスト教徒の違いを文法用語で説明している(彼が念頭に置いているキリスト教徒はフランス人であろう)。彼によると、我々は二人称だけの世界に住んでおり、そこには一人称も三人称も存在しないそうである。我々は、つねに相手の立場に立って話をするが、そのことを彼は、「あなた」と「あなたのあなた」しか存在しない世界と呼んでいる(批判の意味も込めて「私的二項方式」とも呼んでいる。援助交際の例に見られるように、他人に迷惑をかけていなければ2人だけの話し合いで何でもできるというわけである。2人だけの関係に第3者が介入することは許されない)。それに対して欧米のキリスト教徒の場合、逆に二人称の世界は存在せず、一人称(「自分は、自分が」という彼らの自己主張の強さを思い出してほしい)と三人称(おなじルールに縛られているという確信を共有し、そのルールに一人称の人間が従っているかどうか監視している一人称以外の人たち全員を指す。ヨーロッパ語の「社会」とは、この三人称の世界を意味するそうである。ふつう「あなた」と呼ぶ相手は、たまたま目の前にいる三人称の世界の1人にすぎない)だけの世界に住んでいるのだという。

6) この点については、阿部謹也が「神判の世界とケガレ」(『西洋中世の愛と人格:「世間」論序説』朝日新聞社)以降に発表した、『「世間」とは何か』、『「教養」とは何か』(ともに講談社現代新書)、『学問と「世間」』(岩波新書)、『世間学への招待』(青弓社)、『日本社会で生きるということ』(朝日文庫)などを参照。なお、阿部謹也もキリスト教徒の考え方を説明する場合には「教義抜き」で、説明がよく判らないのが難点である。この小論で紹介しているバーマンの前掲書を、あわせ読まれるようお勧めしたい。

7) たとえば、岩波新書に収録されている『日本の思想』(丸山眞男)や『日本人の法意識』(川島武宜)を参照。

8) 『私の中の日本軍(上・下)』朝日新聞社(『山本七平ライブラリー2』文藝春秋社)、『一下級将校の見た帝国陸軍』朝日新聞社、『ある異常体験者の偏見』文藝春秋社(いずれも『山本七平ライブラリー7』文藝春秋社に収録)を参照。戦争体験を単なる体験談に終わらせず、みごとな比較文化論になっている。

9) 『沈黙』の最後で、踏み絵をためらうフェレイラ司祭をキリストが励ます場面が殉教抜きの良い例であろう。なお、踏み絵がもつ教義上の問題点については、注12を参照のこと。また遠藤周作は『イエスの生涯』や『キリストの誕生』で、判りに

くいキリスト論（イエス・キリストとは何者なのかを論じる。カトリック教会では、イエス・キリストは人間であり、かつ神でもあるとする）を日本人にも判るように説明しようと苦労しているが（彼自身も納得できる説明を模索しているということでもあろう）、そこに展開されている議論は、まさに山本七平が危惧しているような「神抜きのキリスト教」である。

10) 『山本七平ライブラリー5：指導者の条件』（文藝春秋社）の第一部「日本型組織と西欧型組織」で展開されている議論、とくに日本軍が「ラインとスタッフ」に分ける西欧型の組織を模倣しながら、それが機能しなかったこと、あるいは日本人の組織原理を戦国時代に登場してきた「一揆」で説明している箇所など、みごとなものである。ただし、山本七平は日本人の行動様式を稲作で説明してしまうことがよくあるが（たとえば同書、37ページ）、これは頂けない。「稲作文化論」に対する歴史家の批判については、たとえば網野善彦・石井進『米・百姓・天皇：日本史の虚像のゆくえ』（大和書房）を参照。

11) 山本七平は、著書のあちこちで「大日本帝国」の崩壊を夢想すらしなかった自分を反省している。キリスト教の教義が判っていたつもりで、実は判っていなかったという反省である。山本七平遺稿集『宗教からの呼びかけ』（山本書店）に収録されている「『新約聖書』と現代」（西南学院大学が刊行している『チャペル講話集』からの転載なので、その多くがキリスト教徒である学生を相手にした講演と思われる）でも、永遠に続くものは人間の世界には存在しないということ、いまの時代も何時かは終わり、やがて新しい時代が始まることになるという『新約聖書』の教えを忘れないで欲しいと説いている。キリスト教徒であるからには当然の反省であろうが、キリスト教徒でない日本人には無理な注文であろう。

12) 山本七平によれば、キリシタン狩りに使われた踏み絵は日本的な発想が生み出した独特なものであって、キリストの顔を神聖視して足で踏むのをためらうこと自体、偶像崇拝になりかねないとのことである。隠れキリシタンも日本的な発想の産物で、キリスト教徒なら「四つ辻に立って大声で」自分がキリスト教徒であることを公言する義務があるという。この隠れキリシタンの存在などは、独り相撲の最たるものではないだろうか。『山本七平全対話2：おしゃべり聖書学』（学習研究社）に収録されている山崎正和との対話を参照（309-310ページ）。

13) 阿部謹也は、その点で違っていた。自分で納得したことだけを論文に書くという研究姿勢は評価されてよい。注6)も参照。

14) もちろん、英語・ドイツ語・フランス語など欧米の言葉で書かれた専門書の概要を日本語で知ることができるという利点は認められる。たとえば、野口洋二『グレゴリウス改革の研究』（創文社、昭和53年）は、ドイツやフランス、イギリスにおける研究を詳しく紹介しており、これほどの「総合的研究は、欧米においても発表されていない」という著者の言葉（同書、24ページ）も、さもありなんと思わせる

内容になっている。しかし著者は、そもそも「改革」が欧米にもたらした聖俗分離の意味を考えたことがあるのだろうか。同書の「あとがき」で著者は、「この改革の歴史的展開や本質については必ずしも充分に理解されていない」ので、この本を書いたというが（同書、483ページ）、「歴史的な展開」はともかく、我々にとって一番、問題になる「本質」について、その目的は達成されたのであろうか。

15) 瀬戸一夫『時間の政治史：グレゴリウス改革の神学・政治理論』（岩波書店、2001年）では、「争点の理解に向けて」ということで聖体の変容を紙幣に喩えている（18-20ページ）。あるいは「祭壇のパンとワインはキリストの真の体と血である」というランフランクスの聖体論を、札束の百万円と価値としての百万円の違いで説明しているが（同書、185-187ページ）、バーマンによれば、このように目に見えない何かが目に見えるもののなかに潜んでいると考えるのは、ランフランクスではなくてベレンガリウスの方であり、また「教皇革命」までのカトリック教会や現在の東方正教会なのである（ibid. pp. 173-174）。また、瀬戸一夫も「信仰を失った現代のわれわれ」（140ページ）ということで、欧米人とおなじ立場に立って議論する。しかし、「夫が湯豆腐のある食卓を期待しながら帰宅する」（193ページ）光景など、欧米では考えられないことであろう。この種の例は日本人には判りやすいが、理解を助けるより誤解を大きくするだけである。論理学を使った説明も、その意図することはよく判らない。近著の『時間の民族史：教会改革とノルマン征服の神学』（勁草書房、2003年）でも、バーマンがイギリスとフランスの違いで片づけていることを（ibid. pp. 255-268）、なぜか奇妙な時間論と論理学で判りにくく説明（？）している。また西欧中世の事情を説明するのに、現代の（日本の？）事情を例に挙げているのも問題である（前掲書、339ページ、注94）。

16) Ibid. p. 174.

17) 東方正教会の教義が日本人の考え方に似ている点については、神田ニコライ堂の司祭を務めたことがある高橋保行が『ギリシャ正教』（講談社学術文庫）で分かりやすく説明している。なお、この本のタイトルに使われている「ギリシャ」は国名ではなく、言語名である。もともと東方正教会がギリシャ語を儀式の用語（典礼用語）に採用していたことに由来した教会名であって、この本で高橋保行が説明しているのは、主としてロシア正教会のことである。なお東方正教会の教義については、高橋保行『イコンのこころ』（春秋社）が判りやすい。

18) 後述するように、この「自然法」はグラチアヌスが「神の法」と「人の法」のあいだに置いたもので、支配者も含めてすべての人間を拘束しながら（「人の法」は支配者が自由に改廃できるので、改変によって拘束を免れることも可能である）、なおかつ神の教えに反すると考えられる場合は改変可能なものである（「神の法」は支配者といえども改変できない）。

19) Ibid. p. 19. ロシアをカトリック教会圏に属していないということで欧米と区別

して考えるなら、ロシア革命は欧米の革命と区別されるべきだと考えるが、なぜかバーマンは、ロシア革命を欧米の革命とおなじものだとしている(『法と革命Ⅱ』では違いを挙げながら、その密接な関係を理由に欧米の革命と同列に考えるべきだとしている)。ロシアは19世紀に「西欧化」に成功し、20世紀には日本も中国も「西欧化」に成功したというが (ibid. p. 67.)、輸入された欧米の制度が建前通りに機能をしていないことは、日本の例が示しているとおりである。

20) Ibid. p. 22.
21) バーマンは、いわゆる英米法と大陸法を区別することに反対である。イギリスは、もともとカトリック教国であり、またアメリカはイギリスの法制度を受け継いでいるからである。その論拠としてバーマンは、バーク Edmund Burk やメイトランド Frederic Maitland の言葉を挙げている。Ibid. p. 18.
22) 注11)を参照。
23) Ibid. p. 26.
24) Ibid. pp. 101, 118. なお、農業革命や技術革命をはじめ当時、ヨーロッパで起きた大きな変化について、堀米庸三編『西欧精神の探求：革新の十二世紀』日本放送出版協会、昭和51年 (NHK ライブラリー、2001年) が詳しい。ただし、そこで展開されている議論は遠藤周作の場合と同様、「神抜きのキリスト教」であり「教義抜きのキリスト教」である。注9)も参照。
25) Ibid. p. 74.
26) Ibid. p. 77. バーマンにいわせると、これがアジア・アフリカ・南アメリカのいわゆる「原始的な人々 (primitive societies)」の法意識なのだそうである。つまり、日本人も「原始的な人々」ということになる。これについては、注19)も参照。
27) Ibid. p. 78. 「正義の実現」および「和」の原語は、'giving each his due' と 'social harmony' である。
28) Ibid. p. 82. 注7)で挙げた『日本の思想』で丸山眞男が、「である」ことと「する」ことの違いとして論じているのが、まさにこの問題である。
29) 「歴史的な展開」については、注14)に挙げてある野口洋二『グレゴリウス改革』を参照されたい。
30) Ibid. pp. 98-99, 206-208.
31) Ibid. p. 404.
32) Ibid. pp. 169-170. 「さしあたりの審判」と「さしあたりの罰」の原語は、'intermediate judgment' と 'intermediate punishment' である。
33) Ibid. pp. 172-173. 「汝の罪を許す」の原語は、'ego te absolvo' というラテン語である。
34) Ibid. p. 180. バーマンが取り上げているアンセルムスの著書は、「なぜ神は人となったか Cur Deus Homo」である。
35) Ibid. pp. 29-30. なおルターによる「ドイツ革命」については、『法と革命』の後

に出版された論文集に本格的な論文が2本、発表されているし('Law and Belief in Three Revolutions', 'Western Legal Tradition in Lutheran Germany' in *Faith and Order*, pp. 83-139, 141-185)、さらに近刊予定の『法と革命Ⅱ』が、その問題を正面から取り上げた内容になることを予測させる副題に代わっている。*Law and Revolution II : The Impact of Protestant Reformations on the Western Legal Tradition*, February 2004.

36) *The Interaction of Law and Religion*, London 1974.
37) *Faith and Order*, p. 347. バーマンは有名なホームズ判事の「契約を守るか違約金を払うかのいずれを選択してもよい」という言葉に、カトリック教徒のメキシコ系アメリカ人学生が驚いた話を紹介している。彼らにとって契約を守らないことは、違約金の問題ではなく宗教的な罪を意味するからである。
38) *The Interaction of Law and Religion*, p. 120. ここでバーマンは、みずからの師である Eugen Rosenstock-Huessy の言葉を引用している。なおローゼンシュトック＝ヒュシーについては、『法学新報』第112巻3・4号に「紹介」がある。そちらを参照されたい。
39) *Law and Revolution*, p. 275. バーマンが批判の対象に取り上げている通説のよい例が最近、刊行されている。素人向けの講演にしては、あまり明快な内容になっていないが、佐々木毅『宗教と権力の政治：「政治と哲学」講義Ⅱ』(講談社) を参照。
40) 'John of Salisbury, Founder of Western Political Science', ibid. pp. 276-288.
41) Ibid. p. 132.
42) Ibid. p. 140. なお、アベラールは『倫理論 Ethica』で、罪の問題は反逆罪と異端以外は内心の問題であって罰の対象となりえないとしており (人の心が読めるのは神だけ)、のちの宗教改革 (バーマンは「ドイツ革命」と呼ぶ) を先取りするようなことを主張していたそうである。Ibid. pp. 187-189.
43) Ibid. pp. 202-203.
44) 'Structural Elements of the System of Canon Law', ibid. pp. 225-254.
45) Ibid. pp. 295-519. 原語は、Feudal Law・Manorial Law・Mercantile Law・Urban Law・Royal Law である。
46) Ibid. pp. 303, 321, 341, 392, 534. なお、「客観的」・「普遍的」・「相互的」・「参加型」・「統合的」・「発展型」の原語は、objectivity・universality・reciprocity・participatory adjudication・integration・growth である。
47) 'Beyond Marx, beyond Weber', ibid. pp. 538-558.

2010年1月

宮島直機

人名索引

あ 行

アウグスチヌス Augustinus　186, 188, 594, 596
アクィナス Thomas Aquinas　63, 72, 91, 95, 103, 246, 269
明山和夫　589
アダムズ John Adams　15
アックルシウス Accursius　108
阿部謹也　601, 602
アベラール（アベラルドス）Abélard (Abelardus)　250, 599
アペル Johann Apel　72, 74, 126, 129, 179, 180, 181
アボガドロ Birago Avogadro　216
アリストテレス Aristoteles　92, 94, 118, 127, 598
アルチアツス Andreas Alciatus (Andrea Alciato)　111-113
アルツジウス Johann Althusius　131
アン女王（ジェイムズ2世の次女）Ann　241
アンセルムス Anselmus Cantuariensis　115, 250, 596, 597
アンリ2世 Henri Ⅱ　52
アンリ4世 Henri Ⅳ　212
イエール D. E. C. Yale　280
イサベラ1世 Isabella Ⅰ　71
伊藤正巳　589
インノケンチウス8世 Iunocentius Ⅷ　70
ウイアーカー Franz Wieacker　122, 163
ウイクリフ John Wyclif　40, 157
ウイゲリウス Nicolaus Vigelius　131, 161
ウイッテ John Witte Jr.　194, 197
ウイリアム→オレンジ候ウイリアム（オラニエ候ウイレム）
ウイリアム3世 William Ⅲ→オレンジ候ウイリアム
ウイリアム侯→オレンジ候ウイリアム
ウイルソン James Wilson　15
ウイルバフォース William Wilberforce　393
ウイルヘルム5世 Wilhllm Ⅴ　174
ウエーゼンベック Mattheus Wesenbeck　169
ウエーバー Max Weber　24-26, 28, 29, 172, 203, 204, 273, 376, 377, 408, 600
ウエスリ John Wesley　393
ウエッブ夫妻 Sidney and Beatrice Webb　400, 401
ウエルギリウス Publius Vergilius Maro　196
ウオルフ Erik Wolf　162
エドワード1世 Edward Ⅰ　235
エドワード6世 Edward Ⅵ　220, 221, 385
エラスツス Thomas Erastus　256
エラスムス Desiderius Erasmus　40, 50, 98, 111, 196
エリザベス1世 Elisabeth Ⅰ　61, 212, 218, 220, 222, 224, 225, 228, 243, 253, 254, 401
エルトン G. R. Elton　220
エンゲルス Friedrich Engels　165
遠藤周作　591, 604
オウイディウス Publius Ovidius Naso　196

人名索引　609

オズメント　Steven Ozment　55, 56, 59
オッカム　William of Ockham　246, 269, 72
オトマヌス　Franciscus Hotmannus　136
オラニエ侯ウイレム　Vilhelm de Oranie →オレンジ侯ウイリアム
オルデンドルプ　Johann Oldendorp　8, 72, 181
オレンジ侯ウイリアム　William of Orange　61, 239-243, 379

か行

カール5世　Karl V　47, 53
カーン＝フロイント　Otto Kahn-Freund　329, 330
カタリナ　Katharina von Bora　48
ガリレオ　Galileo Galilei　285, 286
カルバン　Jean Calvin　8, 50, 60
川島武宜　591
ガンディヌス　Albertus Gandinus　163
カント　Immanuel Kant　94, 425
キケロ　Marcus Tulius Cicero　196
ギルバート卿　Sir Jeffrey Gilbert　317, 319
ギルモア　Myron Gilmore　6, 40
キング　Peter King　351, 352
クーン　Thomas Kuhn　594
クック卿　Sir Edward Coke　226, 227, 253, 254-260, 262, 265, 270, 271, 274, 275, 278-280, 282, 283, 289, 313, 314
クヤチウス　Jacobus Cujacius　136
グラチアヌス　Gratianus　4, 36, 91, 599
クラレンドン伯　Claredon　236
グランビル　Raulf de Glanville　274
クランマ大司教　Archbishop Thomas Cranmer　220
グレイ　Charles M. Gray　266, 267
グレゴリウス7世　Gregorius Ⅶ　3, 4, 6, 41, 42, 187
クロムエル　Oliver Cromwell　231, 232, 266
クロムエル　Thomas Cromwell　223
クロムエル父子　Oliver/Richard Cromwell　216
コペルニクス　Nicolaus Copernicus　286

さ行

ザクセン選帝侯フリードリヒ　Kurtürst von Sachsem Friedrich　51
サザーン　R. W. Southern　594
ザシウス　Uldarius Zasius (Ulrich Zäsi)　111-113, 169
サビニー　Friedrcih Carl von Savigny　273, 302
ジェイムズ1世　James Ⅰ　225, 226, 238, 243, 249-258, 345, 364, 425
ジェイムズ2世　James Ⅱ　217, 236-240
ジェファソン　Thomas Jefferson　14
ジェルソン　Jean Gerson　246
ジギスムント　Sigismund　40
シスネロス　Francisco Jimenez de Cisneros　62

ジッキンゲン Franz von Sickingen 50
シドリ卿 Sir Charles Sidley 344
シュティンツィンク Roderich von Stintzing 89, 156, 161
シュルフ Hieronymus Sch 74
ジョーンズ Mary G. Jones 397
ジョット Giotto di Bondone 23
ジョン＝ドウ John Doe 299, 300
シルズ Edward Shils 2
ズアレヌス Franciucus Duarenus 137
スコットランド国王ジェイムズ6世 James VI 225
鈴木安蔵 589
スティーブン卿 Sir James Fitzjames Stephen 311, 312
スティリングフリート主教 Bishop Stillingfleet 392
ストーリー Joseph Story 8
ストラフォード伯 earl of Strafford 229
瀬戸一夫 603
セルデン John Selden 261, 262, 263, 264, 265, 270, 274, 282, 283, 289
セント＝ジャーマン Christopher St. Germain 245, 246
ソルズベリーのジョン John of Salisbury 598, 599

た　行

高橋保行 603
タキツス Tacitus 262
ダグラス判事 Justice William O. Douglas ii
谷口知平 589

ダミアニ Petrus Damiani 49
ダンテ Dante Alighièri 23
チャーチル Winston Churchill 228
チャールズ1世 Charles I 1, 216, 218, 225, 227-229, 231, 233, 236, 238, 253, 350
チャールズ2世 Charles II 216, 236, 237, 238, 239, 244
チャイルド Josiah Child 403
ツイングリ Ulrich Zwingli 50, 57
妻のメアリ 243
ディケンズ A. G. Dickens 221
テイラー主教 Bishop Jeremy Taylor 350
ディルタイ Wilhelm Dilthey 78
デカルト René Descartes 251, 285, 286, 326
テヤール＝ド＝シャルダン Pierre Teilhard de Chardin ii
Dupont de Nemours 426
デュリ John Dury 395, 396
デュルケーム Emile Durkheim 273
テレンチウス Publius Terentius Afer 196
トックビル Alexis de Toqueville 207
ドネルス Hugo Donellus 137, 179
トマス Thomas Cromwell 233
トリボニアヌス Tribonianus 108
トレーバー＝ローパー Hugh Redwald Trevor-Roper 211
トレルチ Ernst Troeltsch 72

な行

ナポレオン1世 Napoleon I　12, 13
ナポレオン3世 Napoleon III　21
ニュートン Isaac Newton　287, 296, 326, 327, 382
ネイラ James Naylor　234
野口洋二　604
ノッティンガム卿 Lord Nottingham　369

は行

バーク Edmund Burk　ii, 14, 15
ハードウィック卿 Lord Hardwicke's　389
バイアー Christian Baier　155
バクスタ Richard Baxter　388
バッラ Lorenzo Valla　107, 109, 111, 122
ハリントン James Harrington　256
バルドス Baldus de Ubaldis　163
バルトルス Bartolus de Saxoferrato　108, 163, 98
ヒエロニムス Hieronimus　62
ビトリア Francisco de Vitoria　63
ヒュシー Eugen Rosenstock-Huessy　424, 588
ヒルデブラント Hildebrand　49
ヒルデブラント→グレゴリウス7世　49
フィシャ司教 Bishop John Fisher　220
フィルマ Robert Filmer　251
フィルマ Richard Filmer　256
フェリペ2世 Felipe II　215
フェルディナンド2世 Ferdinand II　71
フォックス George Fox　234
フォテスキュー Sir John Fortescue　245
ブゲンハーゲン Johann Bugenhagen　49, 189, 196, 201
フス Jan Hus　157
ブダエウス Guillelmus Budaeus (Guillaume Budé)　111, 136
ブツァー Martin Bucer　49, 90
フッカー Richard Hooker　247, 264
ブッシェル Edward Bushell　309
フッテン Ulrich von Hutten　50
プラウツス Titus Macius Plautus　196
ブラクトン Henry de Bracton　5, 261, 293, 304
プラクネット T. F. T. Plucknett　331
ブラックストン卿 Sir William Blackstone　322, 323-325
フランクリン Benjamin Franklin　15, 26, 426
フランクリン Julian H. Franklin　252
フランソワ1世 François I　9
フリードリヒ賢侯 Friedrich der weise Kurfürst Friedrich von Sachsen　47
ブリックレ Peter Blickle　57
ブリッジマン卿 Sir Orlando Bridgman　367
ブルーメンベルク Hans Blumenberg

203

ブレイク提督 Admiral Robert Blake
（クロムエル Oliver Cromwell）
216

フレーザ Antonina Fraser　235

フレッチャー George Fletcher
328

ブローデル Fernand Braudel　173

ヘイ Douglas Hay　347, 348

ベイコン Francis Bacon　251, 286

ヘイル卿 Sir Matthew Hale　15,
261, 265-269, 271, 273, 274, 276, 279,
280, 282, 283, 289, 295, 296, 317,
320-325, 403

ペイン Thomas Paine　14, 15

ヘクシャー Eli Heckscher　185

ヘッセン侯国のフィリップ侯 Phulip
von Hessen　173

ヘッセン侯フィリップ Landgraf
Philip von Hessen　49, 51, 90

ペトラルカ Francesco Petrarca
107

ペリカン Jaroslav Pelican　2

ヘルマン枢機卿 Hermann von Wied
90

ペン William Penn　309

ベンサム Jeremy Bentham　301,
302

ヘンリ7世　223

ヘンリ8世 Henry Ⅷ　9, 219, 223,
228, 233, 337, 382, 388, 402

ホイッタカー Jeremiah Whittaker
215

ボイル Robert Boyle　287, 289,
296, 327, 382

ボーガン卿 Sir John Vaughan

309, 310

ホーキンズ William Hawkins　319,
321, 323, 357, 359

ホームズ George Holmes　605

ホールズ卿 Sir John Hawles　310

ポステマ Gerald Postema　295

ボダン Jean Bodin　9, 45, 249, 250,
251, 252, 256

ボッカチオ Giovanni Boccacio
107

ホッブズ Thomas Hobbes　72,
250, 256, 268, 275-280, 288

堀米庸三　604

ホルズワース William S. Holdsworth
239, 340

ホルト卿 Sir John Holt　304

ホワイト Lynn White　594

ま 行

マートン Robert Merton　332, 333

マウラッハ Reinhart Maurach
147

マキシミリアン1世 Maximilian Ⅰ
38

マキャベッリ Niccoló Machiavelli
44, 269, 597, 598

マザラン Jules Mazarin　215

マジソン James Madison　15

マッケ Peter Macke　98

マッジ牧師 Reverend Zachariah
Mudge　361

マルクス Karl Marx　600

マルシリウス Marsilius of Padova
41, 269, 598

丸山眞男　591, 604

マンスフィールド卿 Lord Mansfield

人名索引 613

306, 359
ミーオシュ CzesBaw MiBosz　21
ミード William Mead　309
ミュンツァー Thomas Müntzer　57
ミルトン John Milton　11, 15, 262, 386
メアリ1世 Mary I　221, 379, 392
メイトランド F. W. Maitland　244
メイン Henry Sumner Maine　273
メランヒトン Philip Melanchthon　7, 49, 51, 72, 90, 161, 179, 189, 195, 196
モア卿 Sir Thomas More　220, 341
森有正　601
モリナエウス Molinaeus (Charles Du Moulin)　137

や　行

山本七平　602, 591
ユスチニアヌス帝 Justinianus　5, 37, 274

ら　行

ラグス Konrad Lagus　72, 179, 180
ラムス Petrus Ramus　119
ラレイ卿 Sir Walter Raleigh　313
ラングバイン John Langbein　154, 161, 348
リアンクール公爵 Duke Liancourt　3
リチャード゠ロウ Richard Roe　299, 300
リトルトン Thomas de Littleton　268, 319
リルバーン John Lilburne　227
リンカーン Abraham Lincoln　207
ルエリン Karl Llewellyn　20
レプガウ Eike von Repgau　5, 35
ローゼンシュトック゠ヒュシー Eugen Rosenstock-Huessy　22, 206
ロード William Laud　228, 229, 234, 364
ロジャーズ James Steven Rogers　375
ロック John Locke　72, 247, 256, 287, 318, 327
ロヨラ Ignatius Loyola　62

訳者紹介

宮島直機（みやじま なおき）

1942年	岐阜県に生まれる
1966年	東京大学法学部卒業後、中央大学法学部助手就任
1969-72年	ワルシャワ大学歴史学部留学（ポーランド政府留学生）
1972年	中央大学法学部助教授就任
1973-74年	北海道大学スラブ研究センター非常勤研究員
1974-75年	ワルシャワ大学歴史学部留学（中央大学在外研究員）
1975-77年	東京大学教養学部非常勤講師
1978年	中央大学法学部教授就任
1980-81年	ポーランド科学アカデミー歴史研究所留学（日本学術振興会派遣研究員）
1990-93年	国際基督教大学教養学部兼任講師
1994-96年	東京外国語大学ポーランド語学科非常勤講師

〈著書、共著、編著書〉
矢田俊隆編『東欧史』山川出版社、1977
『近代ポーランド政治史研究』中央大学生協出版局、1978
德永康元編『世界の図書館』丸善株式会社、1981
高柳先男・古城利明編著『世界システムと政治文化』有信堂、1986
羽場久浘子編『ロシア革命と東欧』彩流社、1990
南塚信吾・宮島直機編『'89東欧改革』講談社現代新書、1990
南塚信吾編『東欧革命と民衆』朝日新聞社、1992
『もっと知りたいポーランド』弘文堂、1992

〈訳書、共訳書〉
ジョン・ダン『現代革命の系譜・その比較社会学的研究序説』中央大学出版部、1978
バラクロウ編『新しいヨーロッパ像の試み・中世における東欧と西欧』刀水書房、1979
マイヤーズ『中世ヨーロッパの身分制議会・新しいヨーロッパ像の試みⅡ』刀水書房、1996
カプラン『バルカンの亡霊たち』NTT出版、1996
シャルル・イグネ『ドイツ植民と東欧世界の形成』彩流社、1997
ピーター・ブラウン『古代末期の世界』刀水書房、2002

法と革命 Ⅱ

日本比較法研究所翻訳叢書（58）

2010年2月25日　初版第1刷発行

訳　者　宮島直機

発行者　玉造竹彦

発行所　中央大学出版部

〒192-0393
東京都八王子市東中野742-1
電話042(674)2351・FAX042(674)2354
http://www2.chuo-u.ac.jp/up/

© 2010　　ISBN978-4-8057-0359-5　　大森印刷

日本比較法研究所翻訳叢書

0	杉山直治郎訳	仏 蘭 西 法 諺	B6判 (品切)
1	F. H. ローソン 小堀憲助他訳	イギリス法の合理性	A5判 1260円
2	B. N. カドーゾ 守屋善輝訳	法 の 成 長	B5判 (品切)
3	B. N. カドーゾ 守屋善輝訳	司法過程の性質	B6判 (品切)
4	B. N. カドーゾ 守屋善輝訳	法律学上の矛盾対立	B6判 735円
5	P. ヴィノグラドフ 矢田一男他訳	中世ヨーロッパにおけるローマ法	A5判 (品切)
6	R. E. メガリ 金子文六他訳	イギリスの弁護士・裁判官	A5判 1260円
7	K. ラーレンツ 神田博司訳	行為基礎と契約の履行	A5判 (品切)
8	F. H. ローソン 小堀憲助他訳	英米法とヨーロッパ大陸法	A5判 (品切)
9	I. ジュニングス 柳沢義男他訳	イギリス地方行政法原理	A5判 (品切)
10	守屋善輝編	英 米 法 諺	B6判 3150円
11	G. ボーリー他 新井正男他訳	〔新版〕消費者保護	A5判 2940円
12	A. Z. ヤマニー 真田芳憲訳	イスラーム法と現代の諸問題	B6判 945円
13	ワインスタイン 小島武司編訳	裁判所規則制定過程の改革	A5判 1575円
14	カペレッティ編 小島武司編訳	裁判・紛争処理の比較研究(上)	A5判 2310円
15	カペレッティ 小島武司他訳	手続保障の比較法的研究	A5判 1680円
16	J. M. ホールデン 高窪利一監訳	英国流通証券法史論	A5判 4725円
17	ゴールドシュティン 渥美東洋監訳	控 え め な 裁 判 所	A5判 1260円
18	カペレッティ編 小島武司編訳	裁判・紛争処理の比較研究(下)	A5判 2730円
19	ドゥローブニク他編 真田芳憲他訳	法社会学と比較法	A5判 3150円

日本比較法研究所翻訳叢書

20	カペレッティ編 小島・谷口編訳	正義へのアクセスと福祉国家	A5判 4725円
21	P. アーレンス編 小島 武司編訳	西独民事訴訟法の現在	A5判 3045円
22	D. ヘーンリッヒ編 桑田 三郎訳	西ドイツ比較法学の諸問題	A5判 5040円
23	P. ギレス編 小島 武司編訳	西独訴訟制度の課題	A5判 4410円
24	M. アサド 真田 芳憲訳	イスラームの国家と統治の原則	A5判 2040円
25	A. M. プラット 藤本・河合訳	児童救済運動	A5判 2549円
26	M. ローゼンバーグ 小島・大村編訳	民事司法の展望	A5判 2345円
27	B. グロスフェルト 山内惟介訳	国際企業法の諸相	A5判 4200円
28	H. U. エーリヒゼン 中西又三編訳	西ドイツにおける自治団体	A5判 (品切)
29	P. シュロッサー 小島 武司編訳	国際民事訴訟の法理	A5判 (品切)
30	P. シュロッサー他 小島 武司編訳	各国仲裁の法とプラクティス	A5判 1575円
31	P. シュロッサー 小島 武司編訳	国際仲裁の法理	A5判 1470円
32	張 晋 藩 真田芳憲監修	中国法制史(上)	A5判 (品切)
33	W. M. フライエンフェルス 田村五郎編訳	ドイツ現代家族法	A5判 (品切)
34	K. F. クロイツァー 山内惟介監修	国際私法・比較法論集	A5判 3675円
35	張 晋 藩 真田芳憲監修	中国法制史(下)	A5判 4095円
36	G. レジエ他 山野目章夫他訳	フランス私法講演集	A5判 1575円
37	G. C. ハザード他 小島武司編訳	民事司法の国際動向	A5判 1890円
38	オトー・ザンドロック 丸山秀平編訳	国際契約法の諸問題	A5判 1470円
39	E. シャーマン 大村雅彦編訳	ADRと民事訴訟	A5判 1365円

日本比較法研究所翻訳叢書

40	ルイ・ファボルー他 植野妙実子 編訳	フランス公法講演集	A5判 3150円
41	S. ウォーカー 藤本哲也 監訳	民衆司法——アメリカ刑事司法の歴史	A5判 4200円
42	ウルリッヒ・フーバー他 吉田 豊・勢子 訳	ドイツ不法行為法論文集	A5判 7665円
43	スティーヴン・L・ペパー 住吉 博 編訳	道徳を超えたところにある法律家の役割	A5判 4200円
44	W.マイケル・リースマン他 宮野洋一他 訳	国家の非公然活動と国際法	A5判 3780円
45	ハインツ・D・アスマン 丸山秀平 編訳	ドイツ資本市場法の諸問題	A5判 1995円
46	デイヴィド・ルーバン 住吉 博 編訳	法律家倫理と良き判断力	A5判 6300円
47	D. H. ショイイング 石川敏行 監訳	ヨーロッパ法への道	A5判 3150円
48	ヴェルナー・F・エプケ 山内惟介 訳	経済統合・国際企業法・法の調整	A5判 2835円
49	トビアス・ヘルムス 野沢・遠藤 訳	生物学的出自と親子法	A5判 3885円
50	ハインリッヒ・デルナー 野沢・山内 編訳	ドイツ民法・国際私法論集	A5判 2415円
51	フリッツ・シュルツ 眞田芳憲・森 光 訳	ローマ法の原理	A5判 (品切)
52	シュテファン・カーデルバッハ 山内惟介 編訳	国際法・ヨーロッパ公法の現状と課題	A5判 1995円
53	ペーター・ギレス 小島武司 編	民事司法システムの将来——憲法化・国際化・電子化	A5判 2730円
54	インゴ・ゼンガー 古積・山内 編訳	ドイツ・ヨーロッパ民事法の今日的諸問題	A5判 2520円
55	ディルク・エーラース 山内・石川・工藤 編訳	ヨーロッパ・ドイツ行政法の諸問題	A5判 2625円
56	コルデュラ・シュトゥンプ 楢﨑・山内 編訳	変革期ドイツ私法の基盤的枠組み	A5判 3360円
57	ルードフ・V・イエーリング 眞田・矢澤 訳	法学における冗談と真面目——法学書を読む人へのクリスマスプレゼント	A5判 5670円

＊価格は消費税5％を含みます。